Literatura del Siglo XX

Literatura

del Siglo XX

NUEVA EDICIÓN, REVISADA Y AUMENTADA

Ernesto G. Da Cal
The University of
the City of New York

Margarita Ucelay
Barnard College

HOLT, RINEHART AND WINSTON
New York · London · Toronto

A ENRIQUE

To read well, that is, to read true books in a true spirit, is a noble exercise, and one that will task the reader more than any exercise which the customs of the day esteem. It requires a training such as the athletes underwent, the steady intention almost of the whole life to this object. Books must be read as deliberately and reservedly as they were written. It is not enough even to be able to speak the language of that nation by which they are written, for there is a memorable interval between the spoken and the written language, the language heard and the language read. The one is commonly transitory, a sound, a tongue, a dialect merely, almost brutish, and we learn unconsciously, like the brutes, of our mothers. The other is the maturity and experience of that; if that is our mother tongue, this is our father tongue, a reserved and select expression, too significant to be heard by the ear, which we must be born again in order to speak. The crowds of men who merely *spoke* the Greek and Latin tongues in the Middle Ages were not entitled by the accident of birth to *read* the works of genius written in those languages; for these were not written in that Greek or Latin they knew, but in the select language of literature.

Henry David Thoreau
Walden, Chapter III, "Reading"

❧ Preface to the Revised Edition

We were highly gratified by the reception accorded *Literatura del Siglo XX* when it was first published in 1954. We have been even more pleased by the continued favor shown to it by our colleagues in the colleges and high schools of the U.S. and Canada, for more than a decade.

The years since elapsed have given added historical perspective and, therefore, made it advisable to revise this book. In this revision we want not only to bring it up-to-date in matters of detail, but also to enlarge its scope to cover more fully the rich contemporary period in the Hispanic literature.

In the selection and presentation of the new texts, we have adhered to the same principles which guided us in the first edition. These were based on our belief both in the maturity and intelligence of the average student and in the professional capability and pedagogic initiative of the teacher. The success of our humble endeavor gave added strength to our convictions.

In the introductions, we have again aimed to give the student as clear an idea as possible of the significance of the author presented, and enough interpretative analysis to make him aware of the literary value of the particular work.

To the list of authors and heirs whom we thanked in the first edition for their generous permission to reproduce the works therein included, we have to add the names of Da. Ana María Matute, Da. Josefina Manresa, Vda. de Hernández, Da. María de Lourdes Valdés Tous, Vda. de Palés Matos and Srs. Francisco Ayala, Jorge Luis Borges, Camilo José Cela, Gabriel Celaya, Miguel Delibes, Jorge Guillén, Pablo Neruda, Blas de Otero and the heirs of José Santos Chocano and Horacio Quiroga, to all of whom we feel equally and deeply indebted.

We acknowledge the collaboration of our son, Enrique U. Da Cal, who prepared the revised vocabulary of the present edition.

E. G. Da Cal
M. Ucelay

ÍNDICE

ÍNDICE

ÍNDICE

I ESPAÑA

INTRODUCCIÓN

La literatura española del siglo XX empieza con la llamada «Generación del 98». Esta denominación se aplica colectivamente al grupo de escritores más directamente afectados, desde un punto de vista espiritual, por la catástrofe colonial de la guerra con los Estados Unidos. En el año 1898 acaban, desastrosamente, las últimas ilusiones imperiales del país, y empieza una nueva época, un nuevo período literario, que casi coincide con el principio de la nueva centuria. El desastre dió forma concreta a unos deseos de reforma que llevaban ya tiempo gestándose. Ese movimiento se caracteriza por su desacuerdo con la mayoría de los valores aceptados de la vida española y por una rebeldía dirigida a imponer otros nuevos. Este impulso de renovación, que produjo un verdadero renacimiento en las letras, casi coincidió también con el llamado «Modernismo», que remozó la sensibilidad poética de Hispanoamérica, y que influyó sobre los escritores españoles del principio de siglo, a través de la fuerte personalidad creadora del poeta nicaragüense Rubén Darío.

Aunque los conceptos «Modernismo» y «Generación del 98» contienen diferencias indudables, sería, sin embargo, difícil establecer entre ellos una clara línea divisoria, pues las notas comunes son también muy numerosas.

La «Generación del 98» trae una nueva manera de ver la vida, una nueva manera de sentir a España e interpretar su historia y su paisaje y unas formas literarias también nuevas, naturalmente —es decir, un cambio radical en el pensamiento, la sensibilidad y el estilo. Todos los escritores de ese grupo reaccionan contra la literatura inmediatamente anterior, al mismo tiempo que tratan de personalizarse, de distinguirse, individualmente.

Las figuras más destacadas de ese movimiento intelectual y artístico constituyen hoy una constelación de valores establecidos en la literatura y en el pensamiento de nuestro siglo, la mayoría de los cuales goza de un prestigio internacional.

La novela encuentra caminos fuera del realismo, y, abandonando la pintura de la vida colectiva y de la realidad exterior, se hace subjetiva, poemática y egocéntrica. Al angustiado pensador Miguel de Unamuno le sirve como vehículo de expresión, puramente artístico, de su sentido apasionado, agónico e individualista de la vida. Sus novelas son historias de pasiones, que a fuerza de ser humanas, llegan a ser sobrehumanas. «Azorín» intenta en sus narraciones captar el espíritu último de la realidad, el temblor de cada momento, la emoción del tiempo psíquico. Ramón del Valle-Inclán usa el relato para canalizar su sensacionismo esteticista y aristocrático, buscando la realidad artística, ya en la pura belleza, ya en los aspectos feos y grotescos de la vida. Pío Baroja proyecta en sus novelas su deseo de encontrar el Hombre y la Vida, auténticos, no deformados por la cultura y la civilización, y nos da una visión del mundo, huraña, anárquica y sentimental.

En la poesía, Antonio Machado, depués de un pasajero contacto con el «Modernismo», encuentra una forma sobria, sencilla e intransferible, en la que virilmente se enfrenta con los temas eternos del Hombre y de Dios. Algo más joven, Juan Ramón Jiménez extrae de la estética modernista todo cuanto ésta tenía que ofrecer de delicadeza, fluidez, y musicalidad, dejando de lado todos los elementos de brillo y pompa exteriores. Con su fórmula personal de lirismo puro reúne a su alrededor y orienta a lo mejor de la poesía de la generación siguiente.

Benavente renueva el drama, trayendo al teatro español aires de fuera, y poniéndolo de acuerdo con las corrientes de Europa, tanto en los temas como en la técnica y en el estilo escénicos. Abre nuevos horizontes a sus seguidores en el drama filosófico-simbólico y en la tragedia rural.

El ensayo pasa a ser uno de los géneros más cultivados de las letras de ese momento, a pesar de su débil tradición en el pasado literario español. Los ensayistas son numerosos y de elevada calidad. La figura capital de este género es tal vez el filósofo José Ortega y Gasset, ensayista puro, ya que usa solamente ese medio de expresión, al cual comunica una flexibilidad y un carácter objetivo y crítico que no tenía hasta entonces y que ha ejercido una duradera influencia dentro y fuera de España.

La generación cronológicamente de este siglo —es decir, la de los nacidos alrededor de 1900— continuó sin descensos el alto nivel de creación de los hombres del «98». Damos aquí muestras de tres de los más originales representantes de las tendencias de ese grupo: Jorge Guillén, Rafael Alberti y Federico García Lorca. El primero es el más alto exponente de la llamada «poesía pura», en la que se afirma el predominio del intelecto y de la sensibilidad perceptiva sobre la pura emoción, eliminando todo lo que es accesorio a la última realidad lírica. Alberti es una voz de variadísimas tonalidades que ha sabido aliar un imaginismo atrevido y una visión finamente culta de las cosas, con una capacidad igualmente penetrante para captar e interpretar elementos populares. Lorca, poeta y dramaturgo, ha sido, tal vez, después de Rubén Darío, la influencia más fuerte en la poesía de todo el mundo hispánico —y aún fuera de él. Su lírica renovadora, impregnada de la honda y rica tradición de su tierra andaluza, se combina con una intensa emotividad y con tendencias irracionalistas de expresión surrealista en una fórmula originalmente personal.

Como dramaturgo creó un teatro trágico de gran altura e intensidad poética, que es leído, admirado y representado por el mundo entero.

En 1936, el sangriento paréntesis de la Guerra Civil (1936-1939), puso fin a una era —la que comenzaron los hombres del «98». Hoy, ya con perspectiva histórica de ese período, se puede afirmar que quedará como uno de los más esplendorosos de la literatura española.

Durante los tres años de la terrible lucha —seguida inmediatamente por la segunda Guerra Mundial, y después por el aislamiento causado por el ostracismo internacional del régimen franquista— la vida intelectual de España quedó interrumpida, sumergida bajo la violencia y la propaganda. La literatura tardó en reponerse del choque —el más fuerte sufrido por el país en los tiempos modernos— y al final de ese traumatismo físico y espiritual, quedó escindida: de un lado, los escritores que se quedaron en España, tanto los del bando vencedor como los del vencido, y del otro, los que fueron lanzados al exilio por el terrible torbellino. En la poesía, los representantes más significativos de las generaciones anteriores o estaban muertos o en el destierro. Otros, habían quedado silenciados por el terror de la represión. Uno de éstos es Miguel Hernández, tal vez la figura de mayor relieve de la última promoción que ya se había revelado antes del estallido del conflicto. Su fórmula poética había sido una brillante y original alianza de esencias populares y formas neobarrocas. Los sufrimientos de la prisión, donde murió, hicieron que derivase hacia un lirismo personal, hondo y sencillo, de acongojado latido humano y de alta calidad. La mayor parte de la generación joven sobreviviente de la anteguerra se refugió en un elegante y uniforme retoricismo que repetía o reinterpretaba las formas de la lírica de los siglos clásicos. La guerra había roto la continuidad de la tradición. No había guías ni maestros y la atmósfera era de desesperanza y desilusión. Pocos años después, de entre las ruinas, comenzó a brotar una nueva poesía: la de los nacidos a la literatura después de la cruenta discordia civil. Una generación rebelde ante los valores de la España oficial, protestataria en los temas y en el tono, angustiada y desencantada, y que aparecía hablando en un lenguaje lírico enérgico, directo y claro. Damos aquí ejemplos de dos de las voces más caracterizadas de esa nueva tendencia: Gabriel Celaya y Blas de Otero. Son poetas con una fuerte conciencia social, enemigos del esteticismo que mantiene una actitud indiferente ante los problemas colectivos inmediatos. Su obra vibra con una cálida solidaridad humana que rehusa inhibirse en la lucha por una España y por un mundo mejores.

En la novela la situación era muy semejante. Los grandes prosistas del «98» y sus seguidores estaban cancelados —o por la muerte o por no tener ya nada que ofrecer a la nueva generación, producto de la profunda crisis de una doble posguerra: la española y la mundial. El vacío de casi una década en la prosa de imaginación vino a llenarlo Camilo José Cela, que con su primera novela abre el ciclo de la nueva ficción, renovando los temas, la técnica y el estilo. Violencia desnuda, soledad, protesta y tristeza son las notas capitales que marcan las nuevas tendencias del arte de la narración que Cela inaugura —aunque al mismo tiempo en muchos aspectos continúa la tradición de Baroja y Valle-Inclán.

Después de Cela, un crecido número de novelistas hace su aparición. Entre éstos, dos de indiscutible rango son Ana María Matute y Miguel Delibes. Igual que aquél, se alejan éstos del esteticismo puro, para vibrar humana y vitalmente con su tiempo y con el cuerpo social con el que conviven —en una actitud inconformista. Tanto la una como el otro tienen inconfundible personalidad y rumbos propios, como demuestran los relatos que aquí los representan.

Un numeroso núcleo de escritores, inéditos o poco conocidos antes de la guerra, fueron lanzados al destierro por la derrota. Constituyen el grupo de la literatura española del exilio. Alejados de sus raíces culturales, han hecho su obra y su prestigio fuera de España. Conocidos en su patria hasta hace poco tiempo por las minorías lectoras más selectas, han comenzado en los últimos años a ser valorizados por sectores cada vez más amplios de su público natural. La exploración e interpretación artística del carácter y el sentido de la realidad histórica de España son preocupaciones principales de esta rama de la literatura nacional, desgajada violentamente de su tronco. Los prosistas de ficción son entre ellos notables, por su número y por su calidad. Uno de los más destacados es Francisco Ayala, novelista y cuentista de vigorosa originalidad, no sólo en la elección de los temas sino también en la flexible variedad de su estilo y de su técnica narrativa. Su formación de sociólogo y su sagaz intuición psicológica las ha puesto al servicio de impresionantes exploraciones de las simas oscuras del alma humana, como demuestra, brillantemente, el cuento que de él incluimos.

En general el trauma de la Guerra Civil llevó a todos estos escritores —así a los de dentro como los de fuera— a crear visiones de arte que reflejan un mundo de realidades humanas próximas, ineludibles —y nada placenteras. La dolorosa meditación sobre las causas y efectos del conflicto fratricida del «36» ha dado en ellos nueva y diferente validez al tema de España —que ya fue obsesión de los hombres del «98». La inseguridad general del mundo y la crisis de valores de todo orden que la última Guerra Mundial trajo consigo, planteando con renovada e intensa pungencia los problemas eternos del Hombre en relación con Dios, con su propio destino y con el de sus semejantes, han contribuido a acentuar en todos estos escritores ese dramático clima espiritual que los caracteriza.

1 ❧ *Miguel de Unamuno*
(1864–1936)

Una de las personalidades literarias y humanas de mayor vigor de todo el mundo hispánico, en la época moderna. Vasco de nacimiento, absorbido por el espíritu de Castilla, donde pasó la mayor parte de su vida como profesor de griego y rector de la universidad de Salamanca, la más antigua de la Península. Filósofo, ensayista, dramaturgo, poeta, y novelista —en él todos los géneros se reducen a una unidad y son simples medios incidentales para la expresión de sus ideas, o tal vez sería mejor decir de sus sentimientos, sus emociones, o sus preocupaciones fundamentales: España, la Vida y la Muerte.

En un país como España donde lo humano y lo divino, el hoy y la eternidad, no han estado nunca claramente separados y a menudo se confunden, aparece Unamuno tratando de resolver el problema del conflicto entre Razón y Fe —y de paso definir la esencia del alma española. Su vida entera fue una ardorosa campaña de agitación de las conciencias, reduciendo todas las cuestiones al último problema humano, para sacar a las gentes de su tranquilidad, predicándoles la inquietud y la angustia. Prédica que realizaba a menudo por medio de paradojas, que no son tales, pues en al fondo de todas ellas, de sus aparentes contradicciones, hay una verdad vital, alógica, humana que las concilia en una unidad superior, que pertenece al terreno de lo emotivo, y no de lo racional. El hombre «de carne y hueso» no quiere morir, no quiere desaparecer, tiene ansia de inmortalidad, pero sabe que ese deseo es irracional —y de ahí lo que Unamuno llama «el sentimiento trágico de la vida». Por eso necesita fe, pero no una fe satisfecha, resignada, como la que pueden proporcionar las religiones positivas. Tiene que ser una fe angustiada, nacida de la duda y conquistada de ella, que surja de la convicción absoluta de la imposibilidad de saber, del fondo mismo de la duda. Unamuno quiere desalojar de su confortable tranquilidad lo mismo a los que viven a la sombra de la religión, que a los que viven a la sombra de la razón. Y los quiere llevar a un terreno intermedio, a una zona agónica, de lucha, la zona de la angustia: «Vivir de la lucha de la fe es dudar; una fe que no duda es una fe muerta.

Lucho, agonizo como hombre, mirando hacia lo irrealizable, hacia la eternidad». Y ¿cuál es la fe por la que lucha Unamuno?: «...mi obra —iba a decir mi misión— es quebrantar la fe de unos y de otros y de los terceros, la fe en la afirmación, la fe en la negación y la fe en la abstención, y esto *por fe en la fe misma*; es combatir a todos los que se resignan, sea al catolicismo, sea al racionalismo, sea al agnosticismo; es hacer que vivan todos inquietos y anhelantes». Toda su obra está dirigida, de una manera o de otra, a ese propósito intranquilizador.

Los temas de sus novelas, por tanto, son los del vivir acongojado, son los de la agonía de la lucha del hombre contra lo que está dentro de sí, contra lo que lleva inseparablemente consigo. Novelas trágicas —las mejores— o tragicómicas, cuando entra el humor a suavizar el drama. Unamuno no era un novelista de observación del tipo realista. Para empezar, sólo le interesaban, del hombre, como tema literario, los problemas interiores, pero generales, no individuales, no casuísticos. Le interesaba más lo que une a los hombres que lo que los diferencia. Por eso sus novelas son historias trágicas de pasión, basadas en conflictos existentes en la misma naturaleza humana. Sus temas son el amor, la muerte, la envidia, la voluntad de dominio, el instinto de maternidad, la fe y la razón, y el problema último de la personalidad individual. No siendo Unamuno un observador, esos temas tenían el grave peligro de conducir la novela al terreno abstracto de las zonas de la experiencia intelectual, general. Pero Unamuno compensaba la falta de observación hacia afuera con la introspección, en dramáticos sondajes, de su propia personalidad humana. Todas sus figuras novelescas tienen, evidentemente, un fondo de autobiografía espiritual, que es el que les da su palpitación, su tensa angustia. Sus experiencias interiores han sido vividas por el autor, por lejanas que las circunstancias objetivas del protagonista puedan parecer a las suyas. Claro que esa realidad, extraída de las zonas íntimas de la personalidad de Unamuno, sufre a veces, como es natural, de desmesura. Al hacer encarnar en un personaje una determinada pasión, que en la vida convive y se manifiesta conjuntamente con el resto de los caracteres del individuo, y hacerla actuar sola, como única posible proyección del personaje, éste sufre de unilateralidad. Todas las figuras de Unamuno padecen de la hipertrofia de una pasión, a expensas del resto de su ser; tienen dolencias de la personalidad, que, como es natural, hacen que acaben trágicamente, destruyéndose a sí propios y a los demás. Son casos extremos, aspectos parciales del hombre, convertidos en totalidad. Pero parciales y todo, iluminan dolorosamente esas facetas del ente humano.

Unamuno tenía conciencia de todo esto, y se burlaba agudamente de lo que se entiende por realismo literario. Él, que tenía un concepto muy lato de la novela, bautizó sus narraciones con el nombre caprichoso e irónico de «nivolas», para chasquear a los críticos. Y suprime de ellas todo lo que es ajeno al tema de la pasión, toda descripción, todo decorado. Las sitúa en un tiempo y un espacio abstractos y queda la pura novela interior del personaje, en profundidad: la exploración de las «hediondas simas del alma humana». Él mismo ha definido estas «nivolas» como «relatos acezantes de realidades íntimas, entrañadas, sin bambalinas, ni realismos en los que suele faltar la verdadera, la eterna realidad, la realidad de la personalidad».

La muestra que aquí ofrecemos del arte novelesco de Unamuno es una de las tres narraciones breves que componen *Tres novelas ejemplares y un prólogo* (1921). Es uno de sus más intensos relatos, y toca al problema de «la realidad de la personalidad». Alejandro Gómez —nótese el carácter simbólico del nombre— el hombre salido de la nada, que se ha hecho a sí mismo, personifica la voluntad pura y simple, indomable. Con un absoluto dominio de la vida, en la convicción satánica de que no hay nada que pueda oponérsele, este superhombre, seguro de sí, actúa con una absoluta indiferencia hacia todos los demás y todo lo demás. Los valores sentimentales no cuentan para él. Logra someter a su voluntad a Julia, que, dominada, se le entrega. Alejandro la ama con ferocidad, pero jamás se lo deja entrever, jamás lo manifiesta. Eso sería un signo de debilidad de que él —«todo un hombre»— no es capaz. Ni un hijo lo saca de su férrea soberbia. Esta actitud empuja a Julia al adulterio y la lleva al borde de la locura, sin que el hombre de acero se doble. Cuando al fin Julia consigue una prueba del amor de su «amo» y marido, la conmoción es demasiado fuerte para su naturaleza debilitada en la lucha. A las puertas de la muerte adquiere la seguridad triunfante de la pasión de Alejandro. Y éste se encuentra, con su voluntad y su orgullo, impotente ante lo irremediable. Y aún desafía a la muerte, la reta. Pero finalmente se rompe el hombre de hierro. El que había vencido a la vida es vencido por la muerte y redimido por el amor. Y abrazado a Julia se desangra.

¿Cuál es la última realidad de la hermética personalidad de Alejandro? Eso queda en un vago misterio. Su imagen titánica está dada oblicuamente. Está vista desde dentro de Julia. Quizás el más acertado efecto literario de la novela sea justamente esa impenetrabilidad del carácter del superhombre, del cual apenas sabemos unos vagos antecedentes fragmentarios, y sólo nos es permitido conocer las reacciones exteriores. Del drama interno de Julia sabemos todos los incidentes; de la vida y la tragedia interiores de Alejandro poco nos dice Unamuno.

Este personaje es no sólo un héroe típico de Unamuno, sino también del «98» en general. Voluntad y abulia son temas frecuentes y preocupación común de casi todos estos escritores.

❧ Nada menos que todo un hombre

La fama de la hermosura de Julia estaba esparcida por toda la comarca que ceñía a la vieja ciudad de Renada;[1] era Julia algo así como su belleza oficial, o como un monumento más, pero viviente y fresco, entre los tesoros arquitectónicos de la capital. «Voy a Renada —decían algunos— a ver la Catedral y a ver a Julia Yáñez». Había en los ojos de la hermosa como un agüero de tragedia. Su porte inquietaba a cuantos la miraban. Los viejos se entristecían al verla pasar, arrastrando tras sí las miradas de todos, y los mozos se dormían aquella noche más tarde. Y ella, consciente de su poder, sentía sobre sí la pesadumbre de un porvenir fatal. Una voz muy recóndita, escapada de lo más profundo de su conciencia, parecía decirle: «¡Tu hermosura te perderá!» Y se distraía para no oírla.

El padre de la hermosura regional, don Victorino Yáñez, sujeto de muy brumosos antecedentes morales, tenía puestas en la hija todas sus últimas y definitivas esperanzas de redención económica. Era agente de negocios, y éstos le iban de mal en peor. Su último y supremo negocio, la última carta que le quedaba por jugar, era la hija. También tenía un hijo; pero era cosa perdida, y hacía tiempo que ignoraba su paradero.

—Ya no nos queda más que Julia —solía decirle a su mujer—; todo depende de cómo se nos case o de cómo la casemos. Si hace una tontería y me temo que la haga, estamos perdidos.

—¿Y a qué le llamas hacer una tontería?

—Ya saliste tú con otra.[2] Cuando digo que apenas si tienes sentido común, Anacleta...

[1] *Renada*—a fictitious Spanish city, where Unamuno places the action of several of his novels. This symbolical name is a combination of *nada* (nothing) and the prefix *re*, which reinforces and reiterates the meaning of the word to which it is attached. The result is barely translatable because of its paradoxical nature. "Absolutely nothing" is an approximation of the idea. It may also allude to Salamanca (*Renada*= *renacida*), basically a Renaissance town.

[2] *Ya saliste tú con otra*   There you go again

—¡Y qué le voy a hacer, Victorino! Ilústrame tú, que eres aquí el único de algún talento...

—Pues lo que aquí hace falta, ya te lo he dicho cien veces, es que vigiles a Julia y le impidas que ande con esos noviazgos estúpidos, en que pierden el
5 tiempo, las proporciones y hasta la salud las renatenses todas. No quiero nada de reja, nada de pelar la pava³; nada de novios estudiantillos.

—¿Y qué le voy a hacer?

—¿Qué le vas a hacer? Hacerla comprender que el porvenir y el bienestar de todos nosotros, de ti y mío, y la honra, acaso, ¿lo entiendes...?

10 —Sí, lo entiendo.

—¡No, no lo entiendes! La honra, ¿lo oyes?, la honra de la familia depende de su casamiento. Es menester que se haga valer.

—¡Pobrecilla!

—¿Pobrecilla? Lo que hace falta es que no empiece a echarse novios
15 absurdos, y que no lea esas novelas disparatadas que lee y que no hacen sino levantarle los cascos y llenarle la cabeza de humo.⁴

—¡Pero y qué quieres que haga...!

—Pensar con juicio, y darse cuenta de lo que tiene con su hermosura, y saber aprovecharla.

20 —Pues yo, a su edad...

—¡Vamos, Anacleta, no digas más necedades! No abres la boca más que para decir majaderías. Tú, a su edad... Tú, a su edad... Mira que te conocí entonces...

—Sí, por desgracia...

25 Y separábanse los padres de la hermosura para recomenzar al siguiente día una conversación parecida.

Y la pobre Julia sufría, comprendiendo toda la hórrida hondura de los cálculos de su padre. «Me quiere vender —se decía—, para salvar sus negocios comprometidos; para salvarse acaso del presidio». Y así era.

---

³ *nada de reja, nada de pelar la pava*   until the early part of this century, single girls, in provincial Spain, were strictly chaperoned and not allowed alone on the street. The boy-girl relationship developed, therefore, according to norms different from those prevailing today. When a boy became interested in a girl, he followed her at a distance to her home; if she liked him, she made herself discreetly visible at her balcony. The next step for the boy was *pasearle la calle* and *rondarle la casa* (to walk her street, stopping in front of her home looking at her window) for several days. Then he would write to her asking her to receive him at her *reja* (the iron-grated ground floor window) for a rendez-vous. If the boy was acceptable to her and her family, she would write back acceding to his request. This type of courtship at the *reja* was colloquially known as *pelar la pava* ("to pluck the turkey").

⁴ *levantarle los cascos ... humo*   make her restless and give her crazy notions

Y por instinto de rebelión, aceptó Julia al primer novio.

—Mira, por Dios, hija mía —le dijo su madre—, que ya sé lo que hay,[5] y le he visto rondando la casa, y hacerte señas, y sé que recibiste una carta suya, y que le contestaste...

—¿Y qué voy a hacer, mamá? ¿Vivir como una esclava, prisionera, 5 hasta que venga el sultán a quien papá me venda?

—No digas esas cosas, hija mía...

—¿No he de poder tener un novio, como le tienen las demás?

—Sí, pero un novio formal.

—¿Y cómo se va a saber si es formal o no? Lo primero es empezar. Para 10 llegar a quererse, hay que tratarse antes.

—Quererse..., quererse...

—Vamos, sí, que debo esperar al comprador.

—Ni contigo ni con tu padre se puede.[6] Así sois los Yáñez. ¡Ay, el día que me casé! 15

—Es lo que yo no quiero tener que decir un día.

Y la madre, entonces, la dejaba. Y ella, Julia, se atrevió, afrontándolo todo, a bajar a hablar con el primer novio a una ventana del piso bajo, en una especie de lonja. «Si mi padre nos sorprende así —pensaba—, es capaz de cualquier barbaridad conmigo. Pero, mejor, así se sabrá que soy una víctima, 20 que quiere especular con mi hermosura». Bajó a la ventana, y en aquella primera entrevista le contó a Enrique, un incipiente tenorio[7] renatense, todas las lóbregas miserias morales de su hogar. Venía a salvarla, a redimirla. Y Enrique sintió, a pesar de su embobecimiento por la hermosa, que le abatían los bríos.[8] «A esta mocita —se dijo él—, le da por lo trágico;[9] lee novelas sentimentales». 25 Y una vez que logró que se supiera en toda Renada cómo la consagrada hermosura regional le había admitido a su ventana, buscó el medio de desentenderse del compromiso.[10] Bien pronto lo encontró. Porque una mañana bajó Julia descompuesta, con los espléndidos ojos enrojecidos, y le dijo:

—¡Ay, Enrique; esto no se puede ya tolerar; esto no es casa ni familia: 30 esto es un infierno! Mi padre se ha enterado de nuestras relaciones, y está furioso. ¡Figúrate que anoche, porque me defendí, llegó a pegarme!

---

[5] *ya sé lo que hay* = ya sé lo que pasa
[6] *Ni contigo ni con tu padre se puede* Both you and your father are impossible
[7] *tenorio* a Don Juan. *Don Juan Tenorio* is the full name of the traditional Spanish seducer, created by Tirso de Molina (1584-1648) in his play *El burlador de Sevilla* and later introduced as a universal type in European literature.
[8] *que le abatían los bríos* that his ardor dwindled
[9] *le da por lo trágico* she loves to dramatize
[10] *desentenderse del compromiso* to break off the relationship

—¡Qué bárbaro!

—No lo sabes bien. Y dijo que te ibas a ver con él...

—¡A ver, que venga! Pues no faltaba más.

Mas por lo bajo se dijo: «Hay que acabar con esto, porque ese ogro es
5 capaz de cualquier atrocidad si ve que le van a quitar su tesoro; y como yo
no puedo sacarle de trampas...»

—Di, Enrique, ¿tú me quieres?

—¡Vaya una pregunta ahora!...

—Contesta, ¿me quieres?

10 —¡Con toda el alma y con todo el cuerpo, nena!

—¿Pero de veras?

—¡Y tan de veras![11]

—¿Estás dispuesto a todo por mí?

—¡A todo, sí!

15 —Pues bien, róbame, llévame. Tenemos que escaparnos; pero lejos,
muy lejos, adonde no pueda llegar mi padre.

—¡Repórtate, chiquilla!

—¡No, no, róbame; si me quieres, róbame! ¡Róbale a mi padre su tesoro,
y que no pueda venderlo! ¡No quiero ser vendida: quiero ser robada!
20 ¡Róbame!

Y se pusieron a concertar la huída.

Pero al día siguiente, el fijado para la fuga, y cuando Julia tenía preparado su hatito de ropa y hasta avisado secretamente el coche, Enrique no
compareció. «¡Cobarde, más que cobarde! ¡Vil, más que vil! —se decía la
25 pobre Julia, echada sobre la cama y mordiendo de rabia la almohada—. ¡Y
decía quererme! No, no me quería a mí; quería a mi hermosura. ¡Y ni esto!
Lo que quería es jactarse ante toda Renada de que yo, Julia Yáñez, ¡nada
menos que yo!, le había aceptado por novio. Y ahora irá diciendo cómo le
propuse la fuga. ¡Vil, vil, vil! ¡Vil como mi padre; vil como hombre!» Y
30 cayó en mayor desesperación.

—Ya veo, hija mía —le dijo su madre—, que eso ha acabado, y doy
gracias a Dios por ello. Pero mira, tiene razón tu padre: si sigues así, no harás
más que[12] desacreditarte.

—¿Si sigo cómo?

35 —Así, admitiendo al primero que te solicite. Adquirirás fama de coqueta
y...

---

11 *¡Y tan de veras!* but of course!
12 *no harás más que...= solamente conseguirás...*

—Y mejor, madre, mejor. Así acudirán más. Sobre todo, mientras no pierda lo que Dios me ha dado.

—¡Ay, ay! De la casta de tu padre,[13] hija.

Y, en efecto, poco después admitía a otro pretendiente a novio. Al cual le hizo las mismas confidencias, y le alarmó lo mismo que a Enrique. 5 Sólo que Pedro era de más recio corazón. Y por los mismos pasos contados llegó a proponerle lo de la fuga.

—Mira, Julia —le dijo Pedro—, yo no me opongo a que nos fuguemos; es más, estoy encantado con ello ¡figúrate tú! Pero, y después que nos hayamos fugado, ¿adónde vamos, qué hacemos? 10

—¡Eso se verá!

—¡No, eso se verá, no! Hay que verlo ahora. Yo, hoy por hoy, y durante algún tiempo, no tengo de qué mantenerte; en mi casa sé que no nos admitirían; ¡y en cuanto a tu padre!... De modo que, dime, ¿qué hacemos después de la fuga? 15

—¿Qué? ¿No vas a volverte atrás?

—¿Qué hacemos?

—¿No vas a acobardarte?

—¿Qué hacemos, di?

—Pues... ¡suicidarnos! 20

—¡Tú estás loca, Julia!

—Loca, sí; loca de desesperación, loca de asco, loca de horror a este padre que me quiere vender... Y si tú estuvieses loco, loco de amor por mí, te suicidarías conmigo.

—Pero advierte, Julia, que tú quieres que esté loco de amor por ti para 25 suicidarme contigo, y no dices que te suicidarás conmigo por estar loca de amor por mí, sino loca de asco a tu padre y a tu casa. ¡No es lo mismo!

—¡Ah! ¡Qué bien discurres! ¡El amor no discurre!

Y rompieron también sus relaciones. Y Julia se decía: «Tampoco éste me quería a mí, tampoco éste. Se enamoran de mi hermosura, no de mí. ¡Yo doy 30 cartel!» Y lloraba amargamente.

—¿Ves, hija mía —le dijo su madre—: no lo decía? ¡Ya va otro![14]

—E irán cien mamá; ciento, sí, hasta que encuentre el mío, el que me liberte de vosotros. ¡Querer venderme!

—Eso díselo a tu padre. 35

---

[13] *De la casta de tu padre* You are just like your father
[14] *¡Ya va otro!* There goes another one!

Y se fue doña Anacleta a llorar a su cuarto, a solas.

—Mira, hija mía —le dijo, al fin, a Julia su padre—, he dejado pasar eso de tus dos novios, y no he tomado las medidas que debiera; pero te advierto que no voy a tolerar más tonterías de ésas. Conque ya lo sabes.

5 —¡Pues hay más! —exclamó la hija con amarga sonrisa y mirando a los ojos de su padre en son de desafío.

—¿Y qué hay? —preguntó éste, amenazador.

—Hay... ¡que me ha salido otro novio!

—¿Otro? ¿Quién?

10 —¿Quién? ¿A qué no aciertas quién?

—Vamos, no te burles, y acaba, que me estás haciendo perder la paciencia.

—Pues nada menos que don Alberto Menéndez de Cabuérniga.

—¡Qué barbaridad! —exclamó la madre. Don Victorino palideció, sin decir nada. Don Alberto Menéndez de Cabuérniga era un riquísimo hacen-
15 dado, disoluto, caprichoso en punto a mujeres, de quien se decía que no reparaba en gastos para conseguirlas: casado, y separado de su mujer. Había casado ya a dos, dotándolas espléndidamente.

—¿Y qué dices a eso, padre? ¿Te callas?

—¡Que estás loca!

20 —No, no estoy loca ni veo visiones. Pasea la calle, ronda la casa. ¿Le digo que se entienda contigo?

—Me voy, porque si no, esto acaba mal.

Y levantándose, el padre se fue de casa.

—¡Pero hija mía, hija mía!

25 —Te digo, madre, que esto ya no le parece mal; te digo que era capaz de venderme a don Alberto.

La voluntad de la pobre muchacha se iba quebrantando. Comprendía que hasta una venta sería una redención. Lo esencial era salir de casa, huir de su padre, fuese como fuese.[15]

* * *

30 Por entonces compró una dehesa en las cercanías de Renada —una de las más ricas y espaciosas dehesas— un indiano,[16] Alejandro Gómez. Nadie

[15] *fuese como fuese* no matter what

[16] *un indiano*—in the past the term "*indiano*" was applied to anyone or anything from the Indies, as the Spanish-American colonies were known in Spain. Today its meaning is restricted to a person who, having emigrated as a poor man to the American continent, returns to Spain with newly acquired wealth. Since the social origin, manners, and education of the *indiano* do not befit the new position granted him in society because of his financial means, he is generally regarded as an upstart and looked upon with scorn.

sabía bien de su origen, nadie de sus antecedentes, nadie le oyó hablar nunca ni de sus padres, ni de sus parientes, ni de su pueblo, ni de su niñez. Sabíase solo que, siendo muy niño, había sido llevado por sus padres a Cuba, primero, y a Méjico, después, y que allí, ignorábase cómo, había fraguado una enorme fortuna, una fortuna fabulosa —hablábase de varios millones de duros—, antes de cumplir los treinta y cuatro años, en que volvió a España, resuelto a afincarse en ella. Decíase que era viudo y sin hijos, que corrían respecto a él las más fantásticas leyendas. Los que le trataban teníanle por hombre ambicioso y de vastos proyectos, muy voluntarioso, y muy tozudo, y muy reconcentrado. Alardeaba de plebeyo.

—Con dinero se va a todas partes —solía decir.

—No siempre, ni todos —le replicaban.

—¡Todos, no; pero los que han sabido hacerlo, sí! Un señoritingo[17] de ésos que lo han heredado, un condesito o duquesín de alfeñique,[18] no, no va a ninguna parte, por muchos millones que tenga; ¿pero yo? ¿Yo? ¿Yo, que he sabido hacerlo por mí mismo, a puño? ¿Yo?

¡Y había que oír cómo pronunciaba «yo»![19] En esta afirmación personal se ponía el hombre todo.[20]

—Nada que de veras me haya propuesto he dejado de conseguir. ¡Y si quiero, llegaré a ministro! Lo que hay es que yo no lo quiero.[21]

*　*　*

A Alejandro le hablaron de Julia, la hermosura monumental de Renada. «¡Hay que ver eso!» —se dijo. Y luego que la vio: «¡Hay que conseguirla!»

—¿Sabes, padre —le dijo un día al suyo[22] Julia—, que ese fabuloso Alejandro,[23] ya sabes, no se habla más que de él hace algún tiempo... el que ha comprado Carbajedo...?

—¡Sí, sí, sé quién es! ¿Y qué?

—¿Sabes que también ése me ronda?

[17] *señoritingo*—derogative for *señorito*, a young scion of the upper classes, a playboy.
[18] *un condesito o duquesín de alfeñique*   a namby-pamby little count or duke
[19] *¡Y había que oír...« yo»!*   And you should have heard him utter the word *I*. Note that *yo* as a noun means "ego," and Unamuno always brings into play this meaning when Alejandro refers to himself.
[20] *se ponía el hombre todo*   he poured his whole self
[21] *Lo que hay es que yo no lo quiero*   But the fact is that I simply don't want to
[22] *al suyo=a su padre*
[23] *fabuloso Alejandro*—note the symbolic meaning in the name of the main character, by the allusion to the "fabulous" Alexander the Great, king of Macedonia (356-323 B.C.), the founder of the Western idea of empire, and one of the outstanding conquerors in history. He is considered the archetype of the iron-willed man of action, intelligent, attractive, unscrupulous, and convinced of his own divinity. At thirty-three, and at the peak of his power, after an uninterrupted series of astounding victories, death conquered him.

—¿Es que quieres burlarte de mí, Julia?

—No, no me burlo, va en serio; me ronda.

—¡Te digo que no te burles...!

—¡Ahí tienes su carta!

Y sacó del seno una, que echó a la cara de su padre.

—¿Y qué piensas hacer? —le dijo éste.

—¡Pues qué he de hacer...! ¡Decirle que se vea contigo y que convengáis el precio!

Don Victorino atravesó con una mirada a su hija y se salió sin decirle palabra. Y hubo unos días de lóbrego silencio y de calladas cóleras en la casa. Julia había escrito a su nuevo pretendiente una carta contestación henchida de sarcasmos y de desdenes, y poco después recibía otra con estas palabras, trazadas por mano ruda y en letras grandes, angulosas y claras: «Usted acabará siendo mía. Alejandro Gómez sabe conseguir todo lo que se propone».

Y al leerla, se dijo Julia: «¡Este es un hombre! ¿Será mi redentor? ¿Seré yo su redentora?» A los pocos días de esta segunda carta llamó don Victorino a su hija, se encerró con ella y casi de rodillas y con lágrimas en los ojos le dijo:

—Mira, hija mía, todo depende ahora de tu resolución: nuestro porvenir y mi honra. Si no aceptas a Alejandro, dentro de poco no podré ya encubrir mi ruina y mis trampas, y hasta mis...

—No lo digas.

No, no podré encubrirlo. Se acaban los plazos. Y me echarán a presidio. Hasta hoy he logrado parar el golpe... ¡por ti! ¡Invocando tu nombre! Tu hermosura ha sido mi escudo. «Pobre chica», se decían.

—¿Y si le acepto?

—Pues bien; voy a decirte la verdad toda. Ha sabido mi situación, se ha enterado de todo, y ahora estoy libre y respiro, gracias a él. Ha pagado todas mis trampas; ha liberado mis...

—Sí, lo sé, no digas. ¿Y ahora?

—Que dependo de él, que dependemos de él, que vivo a sus expensas, que vives tú misma a sus expensas.

—Es decir, ¿que me has vendido ya?

—No, nos ha comprado.

—¿De modo que, quieras que no,[24] soy ya suya?

—¡No, no exige eso; no pide nada, no exige nada!

—¡Qué generoso!

[24] *quieras que no*   whether I like it or not

—¡Julia!

—Sí, sí lo he comprendido todo. Dile que, por mí,[25] puede venir cuando quiera.

Y tembló después de decirlo. ¿Quién había dicho esto? ¿Era ella? No; era más bien otra que llevaba dentro y la tiranizaba.   5

—¡Gracias, hija mía, gracias!

El padre se levantó para ir a besar a su hija; pero ésta, rechazándolo, exclamó:

—¡No, no me manches!

—Pero hija.   10

—¡Vete a besar tus papeles! O mejor, las cenizas de aquellos que te hubiesen echado a presidio.

*   *   *

—¿No le dije yo a usted, Julia, que Alejandro Gómez sabe conseguir todo lo que se propone? ¿Venirme con aquellas cosas a mí? ¿A mí?[26]

Tales fueron las primeras palabras con que el joven indiano potentado se   15
presentó a la hija de don Victorino, en la casa de ésta. Y la muchacha tembló ante aquellas palabras, sintiéndose, por primera vez en su vida, ante un hombre. Y el hombre se le ofreció más rendido y menos grosero que ella esperaba.

A la tercera visita, los padres los dejaron solos. Julia temblaba. Alejandro 20
callaba. Temblor y silencio se prolongaron un rato.

—Parece que está usted mala, Julia —dijo él.

—¡No, no; estoy bien!

—Entonces, ¿por qué tiembla así?

—Algo de frío acaso...   25

—No, sino miedo.

—¿Miedo? ¿Miedo de qué?

—¡Miedo... a mí!

—¿Y por qué he de tenerle miedo?

—¡Sí, me tiene miedo!   30

Y el miedo reventó deshaciéndose en llanto. Julia lloraba desde lo más hondo de las entrañas, lloraba con el corazón. Los sollozos le agarrotaban, faltándole el respiro.

---

[25] *por mí*   so far as I am concerned
[26] *¿Venirme con aquellas cosas a mí? ¿A mí?*   As if your scornful attitude could deter me! Me!

—¿Es que soy algún ogro? —susurró Alejandro.

—¡Me han vendido! ¡Me han vendido! ¡Han traficado con mi hermosura! ¡Me han vendido!

—¿Y quién dice eso?

5 —¡Yo, lo digo yo! ¡Pero no, no seré de usted... sino muerta!

—Serás mía, Julia, serás mía... ¡Y me querrás! ¿Vas a no quererme a mí? ¿A mí? ¡Pues no faltaba más!

Y hubo en aquel *a mí* un acento tal, que se le cortó a Julia la fuente de las lágrimas, y como que[27] se le paró el corazón. Miró entonces a aquel hombre,

10 mientras una voz le decía: «¡Este es un hombre!»

—¡Puede usted hacer de mí lo que quiera!

—¿Qué quieres decir con eso? —preguntó él, insistiendo en seguir tuteándola.

—No sé... No sé lo que me digo...

15 —¿Qué es eso de que puedo hacer de ti lo que quiera?

—Sí, que puede...

—Pero es que lo que yo —y este *yo* resonaba triunfador y pleno— quiero es hacerte mi mujer.

A Julia se le escapó un grito, y con los grandes ojos hermosísimos

20 irradiando asombro, se quedó mirando al hombre que sonreía y se decía: «Voy a tener la mujer más hermosa de España».

—¿Pues qué creías...?

—Yo creí..., yo creí...

Y volvió a romper el pecho en lágrimas ahogadas. Sintió luego unos

25 labios sobre sus labios y una voz que le decía:

—Sí, mi mujer, la mía..., mía..., mía.... ¡Mi mujer legítima, claro está! ¡La ley sancionará mi voluntad! ¡O mi voluntad la ley!

—¡Sí... tuya!

Estaba rendida. Y se concertó la boda.

* * *

30 ¿Qué tenía aquel hombre rudo y hermético que, a la vez que le daba miedo, se le imponía?[28] Y, lo que era más terrible, le imponía una especie de extraño amor. Porque ella, Julia, no quería querer a aquel aventurero, que se había propuesto tener por mujer a una de las más hermosas y hacer que luciera

---

[27] *como que* [she felt] as if
[28] *se le imponía* dominated her

sus millones; pero, sin querer quererle, sentíase rendida a una sumisión que era una forma de enamoramiento. Era algo así como el amor que debe encenderse en el pecho de una cautiva para con un arrogante conquistador. ¡No la había comprado, no! Habíala conquistado.

«Pero él —se decía Julia—, ¿me quiere de veras? ¿Me quiere a mí? ¿A mí?, como suele decir él. ¡Y cómo lo dice! ¿Cómo pronuncia *yo*! ¿Me quiere a mí, o es que no busca sino lucir mi hermosura? ¿Seré para él algo más que un mueble costosísimo y rarísimo? ¿Estará de veras enamorado de mí? ¿No se saciará pronto de mi encanto? De todos modos va a ser mi marido, y voy a verme libre de este maldito hogar, libre de mi padre. ¡Porque no vivirá con nosotros, no! Le pasaremos una pensión, y que siga insultando a mi pobre madre, y que se enrede con las criadas. Evitaremos que vuelva a entramparse. ¡Y seré rica, muy rica, inmensamente rica!»

Mas esto no la satisfacía del todo. Sabíase envidiada por las renatenses, y que hablaban de su suerte loca, y de que su hermosura le había producido cuanto podía producirla. Pero, ¿la quería aquel hombre? ¿La quería de veras? «Yo he de conquistar su amor —decíase—. Necesito que me quiera de veras; no puedo ser su mujer sin que me quiera, pues eso sería la peor forma de venderse. ¿Pero es que yo le quiero?» Y ante él sentíase sobrecogida, mientras una voz misteriosa, brotada de lo más hondo de sus entrañas, le decía: «¡Este es un hombre!» Cada vez que Alejandro decía *yo*, ella temblaba. Y temblaba de amor, aunque creyera otra cosa o lo ignorase.

*   *   *

Se casaron y fuéronse a vivir a la corte. Las relaciones y amistades de Alejandro eran merced a su fortuna, muchas, pero algo extrañas. Los más de los que frecuentaban su casa, aristócratas de blasón[29] no pocos, antojábasele a Julia que debían ser deudores de su marido, que daba dinero a préstamos con sólidas hipotecas. Pero nada sabía de los negocios de él ni éste le hablaba nunca de ellos. A ella no le faltaba nada; podía satisfacer hasta sus menores caprichos; pero le faltaba lo que más podía faltarle.[30] No ya el amor de aquel hombre a quien se sentía subyugada y como por él hechizada, sino la certidumbre de aquel amor. «¿Me quiere, o no me quiere? —se preguntaba—. Me colma de atenciones, me trata con el mayor respeto,

---

[29] *aristócratas de blasón*   members of the nobility. This expression, which literally translated means "titled aristocrats" (*blasón*=coat of arms), suggests the existence of an aristocracy other than a hereditary one, that is, "the best" according to individual merit.

[30] *lo que más podía faltarle*   what she needed most

aunque algo como a una criatura voluntariosa; hasta me mima; ¿pero me quiere?» Y era inútil querer hablar de amor, de cariño, con aquel hombre.

—Solamente los tontos hablan de esas cosas —solía decir Alejandro—. «Encanto..., rica..., hermosa..., querida...»[31] ¿Yo? ¿Yo esas cosas? ¿Con esas
5 cosas a mí? ¿A mí?[32] Esas son cosas de novela.[33] Y ya sé que a ti te gustaba leerlas.

—Y me gusta todavía.

—Pues lee cuantas quieras. Mira, si te empeñas, luego hago construir en ese solar que hay ahí al lado un gran pabellón para biblioteca y te la lleno de
10 todas las novelas que se han escrito desde Adán acá.

—¡Qué cosas dices...!

Vestía Alejandro de la manera más humilde y más borrosa posible. No era tan sólo que buscase pasar, por el traje, inadvertido: era que afectaba cierta ordinariez plebeya. Le costaba cambiar de vestidos, encariñándose con
15 los que llevaba. Diríase que el día mismo en que estrenaba un traje se frotaba con él en las paredes para que pareciese viejo. En cambio, insistía en que ella, su mujer, se vistiese con la mayor elegancia posible y del modo que más hiciese resaltar su natural hermosura. No era nada tacaño en pagar;[34] pero lo que mejor y más a gusto pagaba eran las cuentas de modistos y modistas,
20 eran los trapos para su Julia.

Se complacía en llevarla a su lado y que resaltara la diferencia de vestido y porte entre uno y otra. Recreábase en que las gentes se quedasen mirando a su mujer, y si ella, a su vez, coqueteando, provocaba esas miradas, o no lo advertía él, o más bien fingía no advertirlo. Parecía ir diciendo a aquellos que
25 la miraban con codicia de la carne: «¿Os gusta, eh? Pues me alegro: pero es mía; conque... ¡rabiad!»[35] Y ella, adivinando este sentimiento, se decía: «¿Pero me quiere o no me quiere este hombre?» Porque siempre pensaba en él como en *este hombre* como en su *hombre*. O mejor, el hombre de quien era ella, el amo.[36] Y poco a poco se le iba formando alma de esclava de harén,
30 de esclava favorita, de única esclava; pero de esclava al fin.

Intimidad entre ellos, ninguna. No se percataba de qué era lo que pudiese interesar a su señor marido. Alguna vez se atrevió ella a preguntarle por su familia.

---

[31] *Encanto...querida* honey ..., sweety ..., darling ..., dearie ... [terms of endearment]
[32] *¿Yo esas cosas? ¿Con esas cosas a mí?* I should say those things? You mean I should say those things? I?
[33] *Esas son cosas de novela* They talk like that only in the novels
[34] *No era nada tacaño en pagar* He was not the least stingy when it came to paying
[35] *conque... ¡rabiad!* so ... it's just too bad for you!
[36] *el hombre de quien era ella, el amo* the man to whom she belonged, her master

—¿Familia? —dijo Alejandro—. Yo no tengo hoy más familia que tú, ni me importa. Mi familia soy yo, yo y tú, que eres mía.

—Pero, ¿y tus padres?

—Haz cuenta que no los he tenido. Mi familia empieza en mí. Yo me he hecho solo. 5

—Otra cosa querría preguntarte, Alejandro, pero no me atrevo...

—¿Que no te atreves? ¿Es que te voy a comer? ¿Es que me he ofendido nunca de nada de lo que me hayas dicho?

—No, nunca, no tengo queja...

—¡Pues no faltaba más!37 10

—No, no tengo queja; pero...

—Bueno, pregunta y acabemos.

—No, no te lo pregunto.

—¡Pregúntamelo!

Y de tal modo lo dijo, con tan redondo egoísmo, que ella, temblando de 15 aquel modo, que era, a la vez que miedo, amor, amor rendido de esclava favorita, le dijo:

—Pues bueno, dime ¿tú eres viudo...?

Pasó como una sombra, un leve fruncimiento de entrecejo por la frente de Alejandro, que respondió: 20

—Sí, soy viudo.

—¿Y tu primera mujer?

—A ti te han contado algo...

—No; pero...

—A ti te han contado algo, di... 25

—Pues sí, he oído algo...

—¿Y lo has creído?

—No..., no lo he creído.

—Claro, no podías, no debías creerlo.

—No, no lo he creído. 30

—Es natural. Quien me quiere como me quieres tú, quien es tan mía como tú lo eres, no puede creer esas patrañas.

—Claro que te quiero... —y al decirlo esperaba provocar una confesión recíproca de cariño.

—Bueno, y te he dicho que no me gustan frases de novelas sentimentales. 35 Cuanto menos se diga que se le quiere a uno, mejor.

---

37 *¡Pues no faltaba más!* How could you!

Y, después de una breve pausa, continuó:

—A ti te han dicho que me casé en Méjico, siendo yo un mozo, con una mujer inmensamente rica y mucho mayor que yo, con una vieja millonaria, y que la obligué a que me hiciese su heredero y la maté luego. ¿No te han
5 dicho eso?

—Sí, eso me han dicho.

—¿Y lo creíste?

—No, no lo creí. No puedo creer que matases a tu mujer.

—Veo que tienes aun mejor juicio que yo creía. ¿Cómo iba a matar a
10 mi mujer, a una cosa mía?

¿Qué es lo que hizo temblar a la pobre Julia al oír esto? Ella no se dio cuenta del origen de su temblor; pero fue la palabra *cosa* aplicada por su marido a su primera mujer.

—Habría sido una absoluta necedad —prosiguió Alejandro—. ¿Para
15 qué? ¿Para heredarla? ¡Pero si yo disfrutaba de su fortuna lo mismo que disfruto hoy de ella! ¡Matar a la propia mujer! ¡No hay razón ninguna para matar a la propia mujer!

—Ha habido maridos, sin embargo, que han matado a sus mujeres —se atrevió a decir Julia.

20 —¿Por qué?

—Por celos, o porque les faltaron ellas...[38]

—¡Bah, bah, bah! Los celos son cosas de estúpidos. Sólo los estúpidos pueden ser celosos, porque sólo a ellos les puede faltar su mujer. ¿Pero a mí? ¿A mí? A mí no me puede faltar mi mujer. ¡No pudo faltarme aquélla, no
25 me puedes faltar tú!

—No digas esas cosas. Hablemos de otras.

—¿Por qué?

—Me duele oírte hablar así. ¡Como si me hubiese pasado por la imaginación, ni en sueños, faltarte!

30 —Lo sé, lo sé sin que me lo digas; sé que no me faltarás nunca.

—¡Claro!

—Que no puedes faltarme. ¿A mí? ¿Mi mujer? ¡Imposible! Y en cuanto a la otra, a la primera, se murió ella sin que yo la matara.

Fue una de las veces en que Alejandro habló más a su mujer. Y ésta
35 quedóse pensativa y temblorosa. ¿La quería, sí o no, aquel hombre?

* * *

[38] *les faltaron ellas...* they were unfaithful to them . . .

23

¡Pobre Julia! Era tan terrible aquel su nuevo hogar; tan terrible como el de su padre. Era libre, absolutamente libre; podía hacer en él lo que se le antojase, salir y entrar, recibir a las amigas y aun amigos que prefiriera. ¿Pero la quería o no, su amo y señor? La incertidumbre del amor del hombre la tenía como presa en aquel dorado y espléndido calabozo de puerta abierta. 5

Un rayo de sol naciente entró en las tempestuosas tinieblas[39] de su alma esclava cuando se supo encinta de aquel su señor marido.[40] «Ahora sabré si me quiere o no», se dijo.

Cuando le anunció la buena nueva, exclamó aquél:

—Lo esperaba. Ya tengo un heredero y a quien hacer un hombre, otro 10 hombre como yo. Le esperaba.

—¿Y si no hubiera venido? —preguntó ella.

—¡Imposible! Tenía que venir. ¡Tenía que tener un hijo yo, yo!

—Pues hay muchos que se casan y no lo tienen…

—Otros, sí. ¡Pero yo no! Yo tenía que tener un hijo. 15

—¿Y por qué?

—Porque tú no podías no habérmelo dado.

Y vino el hijo; pero el padre continuó tan hermético. Sólo se opuso a que la madre criara al niño.

—No, yo no dudo de que tengas salud y fuerza para ello; pero las 20 madres que crían se estropean mucho; y yo no quiero que te estropees; yo quiero que te conserves joven el mayor tiempo posible.

Y sólo cedió cuando el médico le aseguró que, lejos de estropearse, ganaría Julia con criar al hijo, adquiriendo una mayor plenitud de su hermosura. 25

El padre rehusaba besar al hijo. «Con eso de los besuqueos no se hace más que molestarlos», decía. Alguna vez lo tomaba en brazos y se le quedaba mirando.

—¿No me preguntabas una vez por mi familia? —dijo un día Alejandro a su mujer—. Pues aquí la tienes. Ahora tengo ya familia y quien me herede 30 y continúe mi obra.

Julia pensó preguntar a su marido cuál era su obra; pero no se atrevió a ello. «¡Mi obra! ¿Cuál sería la obra de aquel hombre?» Ya otra vez le oyó la misma expresión.

* * *

[39] *las tempestuosas tinieblas*   the stormy and dark recesses
[40] *de aquel su señor marido*   that lordly husband of hers

De las personas que más frecuentaban la casa eran los condes de Borda-viella, sobre todo él, el conde, que tenía negocios con Alejandro, quien le había dado a préstamo usurario cuantiosos caudales. El conde solía ir a hacerle la partida de ajedrez a[41] Julia, aficionada a ese juego, y a desahogar
5 en el seno de la confianza de su amiga, la mujer de su prestamista, sus infortunios domésticos. Porque el hogar condal de los Bordaviella era un pequeño infierno, aunque de pocas llamas. El conde y la condesa ni se entendían ni se querían. Cada uno de ellos campaba por su cuenta,[42] y ella, la condesa, daba cebo a la maledicencia escandalosa.[43] Corría siempre una adivinanza a ella
10 atañedera:[44] «¿Cuál es el cirineo de tanda del conde de Bordaviella?»;[45] y el pobre conde iba a casa de la hermosa Julia a hacerle la partida de ajedrez y a consolarse de su desgracia buscando la ajena.

—¿Qué, habrá estado también hoy el conde ese?[46]—preguntaba Alejandro a su mujer.

15 —El conde ese..., el conde ese...; ¿qué conde?

—¡Ése! No hay más que un conde, y un marqués, y un duque. O para mí todos son iguales y como si fuesen uno mismo.[47]

—¡Pues sí, ha estado!

—Me alegro, si eso te divierte. Es para lo que sirve el pobre mentecato.

20 —Pues a mí me parece un hombre inteligente y culto, y muy bien educado y muy simpático...

—Sí, de los que[48] leen novelas. Pero, en fin, si eso te distrae...

—Y muy desgraciado.

—¡Bah; él tiene la culpa!

25 —¿Y por qué?

—Por ser tan majadero. Es natural lo que le pasa. A un mequetrefe como el conde ese[49] es muy natural que le engañe su mujer. ¡Si eso no es un hombre![50] No sé cómo hubo quien se casó con semejante cosa. Por supuesto,

---

41 *hacerle la partida de ajedrez a*   to play a game of chess with
42 *campaba por su cuenta*   did as they pleased
43 *daba cebo a la maledicencia escandalosa*   gave grounds for scandalous gossip.
44 *a ella atañedera*   concerning her
45 *¿Cuál es el cirineo de tanda...Bordaviella?*   Whose turn is it now to help Bordaviella carry his cross? *Simón el Cirineo*—Simon of Cyrene, according to the Gospel (Mark 15:21; Luke 23:26; Mat. 27:32), was ordered to help Jesus carry the cross on His way to Calvary.
46 *¿Qué, habrá estado también hoy el conde ese?*   Say, I bet that count was here again today, wasn't he?
47 *O para mí todos...mismo*   [which means that] for me they are all alike as if they were all one and the same.
48 *de los que*   one of those who
49 *el conde ese*—the demonstrative adj. *este, ese* placed after the noun often implies scorn.
50 *¡Si eso no es un hombre!*   That thing is not even a man!

que no se casó con él, sino con el título. ¡A mí me había de hacer una mujer lo que a ese desdichado le hace la suya!...[1]

Julia se quedó mirando a su marido y, de pronto, sin darse apenas cuenta de lo que decía, exclamó:

—¿Y si te lo hiciese? ¿Si te saliese tu mujer como a él le ha salido la 5 suya?

—Tonterías —y Alejandro se echó a reír—. Te empeñas en sazonar nuestra vida con sal de libros. Y si es que quieres probarme dándome celos, te equivocas. ¡Yo no soy de ésos! ¿A mí con ésas? ¿A mí?[2] Diviértete en embromar al majadero de Bordaviella. 10

«¿Pero será cierto que este hombre no siente celos? —se decía Julia—. ¿Será cierto que le tiene sin cuidado que el conde venga y me ronde y me corteje como me está rondando y cortejando? ¿Es seguridad en mi fidelidad y cariño? ¿Es seguridad en su poder sobre mí? ¿Es indiferencia? ¿Me quiere o no me quiere?» Y empezaba a exasperarse. Su amo y señor marido le estaba 15 torturando el corazón.

La pobre mujer se obstinaba en provocar celos en su marido, como piedra de toque de su querer,[3] mas no lo conseguía.

—¿Quieres venir conmigo a casa del conde?

—¿A qué? 20

—¡Al té!

—¿Al té? No me duelen las tripas. Porque en mis tiempos y entre los míos no se tomaba esa agua sucia más que cuando le dolían a uno las tripas. ¡Buen provecho te haga! Y consuélale un poco al pobre conde. Allí estará también la condesa con su último amigo, el de turno. ¡Vaya una sociedad! 25 ¡Pero, en fin, eso viste!

* * *

En tanto, el conde proseguía el cerco de Julia. Fingía estar acongojado por sus desventuras domésticas para así excitar la compasión de su amiga, y por la compasión llevarla al amor, y al amor culpable, a la vez que procuraba darla[4] a entender que conocía algo también de las interioridades del hogar de 30 ella.

—Sí, Julia, es verdad; mi casa es un infierno, un verdadero infierno, y

---

[1] *¡A mí me había...la suya!...* I'd like to see a woman do to me what his wife does to that poor devil!...
[2] *¿A mí con ésas [amenazas]? ¿A mí?* Do you think those threats have any effect on me? On *me?*
[3] *como piedra de toque de su querer* since that would be to her a proof of his love
[4] *darla (coll.)=darle*

hace usted bien en compadecerme como me compadece. ¡Ah, si nos hubiésemos conocido antes! ¡Antes de yo haberme uncido a mi desdicha! Y usted...

—Yo a la mía, ¿no es eso?

—¡No, no; no quería decir eso..., no!

5 —¿Pues qué es lo que usted quería decir, conde?

—Antes de haberse usted entregado a ese otro hombre, a su marido...

—¿Y usted sabe que me habría entregado entonces a usted?

—¡Oh, sin duda, sin duda...!

—¡Qué petulantes son ustedes los hombres!

10 —¿Petulantes?

—Sí, petulantes. Ya se supone usted irresistible.

—¡Yo..., no!

—¿Pues quién?

—¿Me permite que se lo diga, Julia?

15 —¡Diga lo que quiera!

—¡Pues bien, se lo diré! ¡Lo irresistible habría sido, no yo, sino mi amor! ¡Sí, mi amor!

—¿Pero es una declaración en regla,⁵ señor conde? Y no olvide que soy una mujer casada, honrada, enamorada de mi marido...

20 —Eso...

—¿Y se permite usted dudarlo? Enamorada, sí, como lo oye, sinceramente enamorada de mi marido.

—Pues lo que es él...⁶

—¿Eh? ¿Qué es eso? ¿Quién le ha dicho a usted que él no me quiere?

25 —¡Usted misma!

—¿Yo? ¿Cuándo le he dicho yo a usted que Alejandro no me quiere? ¿Cuándo?

—Me lo ha dicho con los ojos, con el gesto, con el porte...

—¡Ahora me va a salir⁷ con que he sido yo quien le he estado provo-
30 cando a que me haga el amor...! ¡Mire usted, señor conde, ésta va a ser la última vez que venga a mi casa!

—¡Por Dios, Julia!

—¡La última vez, he dicho!

—¡Por Dios, déjeme venir a verla, en silencio, a contemplarla, a enju-
35 garme, viéndola, las lágrimas que lloro hacia adentro!...

---

⁵ *una declaración en regla*   a formal declaration [of love]
⁶ *Pues lo que es él...*   Well, as for him . . .
⁷ *¡Ahora me va a salir...!*   So now you are going to tell me . . .!

—¡Qué bonito!

—Y lo que le dije, que tanto pareció ofenderla...

—¿Pareció? ¡Me ofendió!

—¿Es que puedo yo ofenderla?[8]

—¡Señor conde...!

—Lo que la dije[9] y que tanto la ofendió, fue tan sólo que, si nos hubiésemos conocido antes de haberme yo entregado a mi mujer y usted a su marido, yo la habría querido con la misma locura que hoy la quiero... ¡Déjeme desnudarme el corazón! Yo la habría querido con la misma locura con que hoy la quiero y habría conquistado su amor con el mío. No con mi valor, no; no con mi mérito, sino sólo a fuerza de cariño. Que no soy yo, Julia, de esos hombres que creen domeñar y conquistar a la mujer por su propio mérito, por ser quienes son; no soy de esos que exigen se los quiera, sin dar, en cambio, su cariño. En mí, pobre noble venido a menos,[10] no cabe tal orgullo.

Julia absorbía lentamente y gota a gota el veneno.

—Porque hay hombres —prosiguió el conde— incapaces de querer; pero que exigen que se los quiera, y creen tener derecho al amor y a la fidelidad incondicionales de la pobre mujer hermosa y famosa por su hermosura para envanecerse de ello, de llevarla al lado como podrían llevar una leona domesticada, y decir: «Mi leona; ¿veis cómo me está rendida?» ¿Y por eso querría a su leona?

—Señor conde..., señor conde, que está usted entrando en un terreno...

Entonces el de Bordaviella se le acercó aún más, y casi al oído, haciéndola sentir en la oreja, hermosísima rosada concha de carne entre zarcillos de pelo castaño refulgente, el cosquilleo de su aliento entrecortado, le susurró:

—Donde estoy entrando es en tu conciencia, Julia.

El *tú* arreboló la oreja culpable.

El pecho de Julia ondeaba como el mar al acercarse la galerna.

—Sí, Julia, estoy entrando en tu conciencia.

—¡Déjeme, por Dios, señor conde, déjeme! ¡Si entrase él ahora...!

—No, él no entrará. A él no le importa nada de ti. El nos deja así, solos, porque no te quiere... ¡No, no te quiere! ¡No te quiere, Julia, no te quiere!

—Es que tiene absoluta confianza en mí....

—¡En ti, no! En sí mismo. ¡Tiene absoluta confianza, ciega, en sí

---

[8] *¿Es que puedo yo ofenderla?* But could I possibly insult you?
[9] *la dije* (colloq.)= *le dije.*
[10] *venido a menos* who has come down in the world

mismo! Cree que a él, por ser él, él, Alejandro Gómez, el que ha fraguado una fortuna..., no quiero saber cómo..., cree que a él no es posible que le falte mujer alguna. A mí me desprecia, lo sé...

—Sí, le desprecia a usted...

5 —¡Lo sabía! Pero tanto como a mí te desprecia a ti...

—¡Por Dios, señor conde, por Dios, cállese, que me está matando!

—¡Quien te matará es él, él, tu marido, y no serás la primera!

—¡Eso es una infamia, señor conde; eso es una infamia! ¡Mi marido no mató a su mujer! ¡Y váyase, váyase; váyase y no vuelva!

10 —Me voy; pero... volveré. Me llamarás tú.

Y se fue, dejándola malherida en el alma. «¿Tendrá razón este hombre? —se decía. ¿Será así? Porque él me ha revelado lo que yo no quería decirme ni a mí misma. ¿Será verdad que me desprecia? ¿Será verdad que no me quiere?»

* * *

15 Empezó a ser pasto de los cotarros de maledicencia[11] de la corte lo de las relaciones entre Julia y el conde de Bordaviella. Y Alejandro, o no se enteraba de ello, o hacía como si no se enterase. A algún amigo que empezó a hacerle veladas insinuaciones le atajó diciéndole: «Ya sé lo que me va usted a decir; pero déjelo.[12] Esas no son más que habladurías de las gentes. ¿A mí? ¿A mí

20 con ésas? ¡Hay que dejar que las mujeres románticas se hagan las interesantes!»[13]

¿Sería un...? ¿Sería un cobarde?

Pero una vez que en el Casino se permitió uno, delante de él, una broma de ambiguo sentido respecto a cuernos,[14] cogió una botella y se la arrojó a la

25 cabeza, descalabrándole. El escándalo fue formidable.

—¿A mí? ¿A mí con bromitas de ésas? —decía con su voz y su tono más contenidos—. Como si no le entendiese... Como si no supiera las necedades que corren por ahí, entre los majaderos, a propósito de los caprichos novelescos de mi pobre mujer... Y estoy dispuesto a cortar de raíz estas hablillas...

30 —Pero no así, don Alejandro —se atrevió a decirle uno.

—¿Pues cómo? ¡Dígame cómo!

—¡Cortando la raíz y motivo de las tales hablillas!

---

[11] *pasto de los cotarros de maledicencia*   food for idle talk in the gossiping circles
[12] *déjelo*   don't bother
[13] *¡Hay que dejar...interesantes!*   One must allow romantic women to play their part!
[14] *respecto a cuernos*   about cuckolds

—¡Ah, ya! ¿Que prohiba la entrada del conde en mi casa?

—Sería lo mejor.

—Eso sería dar razón a los maldicientes. Y yo no soy un tirano. Si a mi pobre mujer le divierte el conde ese, que es un perfecto y absoluto mentecato, se lo juro a usted, es un mentecato, inofensivo, que se las echa de tenorio...;[15] si a mi pobre mujer le divierte ese fantoche, ¿voy a quitarle la diversión porque los demás mentecatos den en decir esto o lo otro? ¡Pues no faltaba más...! Pero, ¿pegármela a mí? ¿A mí? ¡Ustedes no me conocen!

—Pero don Alejandro, las apariencias...

—¡Yo no vivo de apariencias, sino de realidades!

Al día siguiente se presentaron en casa de Alejandro dos caballeros, muy graves, a pedirle una satisfacción en nombre del ofendido.

—Díganle ustedes —les contestó— que me pase la cuenta del médico o cirujano que le asista y que la pagaré, así como los daños y perjuicios a que haya lugar.

—Pero don Alejandro...

—¿Pues qué es lo que ustedes quieren?

—¡Nosotros, no! El ofendido exige una reparación..., una satisfacción..., una explicación honrosa...

—No les entiendo a ustedes... ¡o no quiero entenderles!

—¡Y si no, un duelo!

—¡Muy bien! Cuando quiera. Díganle que cuando quiera. Pero para eso no es menester que ustedes se molesten. No hacen falta padrinos. Díganle que en cuanto se cure de la cabeza, que iremos donde él quiera, nos encerraremos y la emprenderemos uno con otro a trompada y a patada limpias. No admito otras armas. Y ya verá quién es Alejandro Gómez.

—¡Pero, don Alejandro, usted se está burlando de nosotros! —exclamó uno de los padrinos.

—¡Nada de eso! Ustedes son de un mundo y yo de otro. Ustedes vienen de padres ilustres, de familias linajudas... Yo, se puede decir que no he tenido padres ni tengo otra familia que la que yo me he hecho. Yo vengo de la nada, y no quiero entender esas andróminas del código del honor. ¡Conque ya lo saben ustedes!

Levantáronse los padrinos, y uno de ellos, poniéndose muy solemne, con cierta energía, mas no sin respeto —que al cabo se trataba de un poderoso millonario y hombre de misteriosa procedencia —exclamó:

[15] *que se las echa de tenorio...* who boasts of being a Don Juan ...

—Entonces, señor don Alejandro Gómez, permítame que se lo diga...

—Diga usted todo lo que quiera; pero midiendo sus palabras, que ahí tengo a la mano otra botella.

—¡Entonces —y levantó más la voz —señor don Alejandro Gómez,
5 usted no es un caballero!

—¡Y claro que no lo soy, hombre, claro que no lo soy! ¡Caballero yo! ¿Cuándo? ¿De dónde? Yo me crié burrero y no caballero,[16] hombre. Y ni en burro siquiera solía ir a llevar la merienda al que decían que era mi padre, sino a pie, a pie y andando. ¡Claro que no soy un caballero! ¿Caballerías?
10 ¿Caballerías a mí?[17] ¿A mí? Vamos..., vamos...

—Vamónos, sí —dijo un padrino al otro— que aquí no hacemos ya nada. Usted, señor Alejandro, sufrirá las consecuencias de ésta su incalificable conducta.

—Entendido, y a ella me atengo. Y en cuanto a ése..., a ese caballero
15 de lengua desenfrenada a quien descalabré la cabeza, díganle, se lo repito, que me pase la cuenta del médico, y que tenga en adelante cuenta con lo que dice. Y ustedes, si alguna vez —que todo pudiera ser— necesitaran algo de este descalificado, de este millonario salvaje, sin sentido del honor caballeresco, pueden acudir a mí, que los serviré, como he servido y sirvo a otros
20 caballeros.

—¡Esto no se puede tolerar, vámonos! —exclamó uno de los padrinos. Y se fueron.

*   *   *

Aquella noche contaba Alejandro a su mujer la escena de la entrevista con los padrinos, después de haberle contado lo del botellazo, y se regodeaba
25 en el relato de su hazaña. Ella le oía despavorida.

—¿Caballero yo? ¿Yo caballero? —exclamaba él—. ¿Yo? ¿Alejandro Gómez? ¡Nunca! ¡Yo no soy más que un hombre, pero todo un hombre, nada menos que un hombre!

—¿Y yo? —dijo ella, por decir algo.

30 —¿Tú? ¡Toda una mujer! Y una mujer que lee novelas. ¡Y él, el condesito ese del ajedrez, un nadie, nada más que un nadie! ¿Para qué te he de

---

[16] *burrero y no caballero*—here Unamuno puns on the original meaning of *caballero* (a horseman, then a nobleman, today a gentleman) in contrast with *burrero* (one who deals, rides, or leads donkeys, therefore a man of humble extraction).

[17] *¿Caballerías? ¿Caballerías a mí?*—again a play on the double meaning of the word: on the one hand, chivalry, gentlemanliness, and on the other, a collective term for horses, mules, and donkeys.

privar el que te diviertas con él como te divertirías con un perro faldero? Porque compres un perrito de esos de lanas, o un gatito de Angora, o un tití, y le acaricies y hasta lo besuquees, ¿voy a coger el perrito, o el michino, o el tití y voy a echarlos por el balcón a la calle? ¡Pues estaría bueno![18] Mayormente, que podían caerle encima a uno que pase. Pues lo mismo es el condesito ese, otro gozquecillo, o michino, o tití. ¡Diviértete con él cuanto te plazca!

—Pero, Alejandro, tienen razón en lo que te dicen... Tienes que negarle la entrada a ese hombre...

—¿Hombre?

—Bueno. Tienes que negarle la entrada al conde de Bordaviella.

—¡Niégasela tú! Cuando no se la niegas es que maldito lo que ha conseguido ganar tu corazón.[19] Porque si hubieras llegado a empezar a interesarte por él, ya le habrías despachado para defenderte del peligro.

—¿Y si estuviese interesada...?

—¡Bueno, bueno...! ¡Ya salió aquello! ¡Ya salió lo de querer darme celos![20] ¿A mí? ¿Pero cuándo te convencerás, mujer, de que yo no soy como los demás?

*   *   *

Cada vez comprendía menos Julia a su marido; pero cada vez se encontraba más subyugada a él y más ansiosa de asegurarse de si le quería o no. Alejandro, por su parte, aunque seguro de la fidelidad de su mujer, o mejor de que a él, a Alejandro—, ¡nada menos que todo un hombre!—, no podía faltarle su mujer— ¡la suya! —diciéndose: «A esta pobre mujer le está trastornando la vida de la corte y la lectura de novelas», decidió llevarla al campo. Y se fueron a una de sus dehesas.

—Una temporadita de campo te vendrá muy bien —le dijo—. Eso templa los nervios. Por supuesto, si es que piensas aburrirte sin tu michino, puedes invitarle al condezuelo ese a que nos acompañe. Porque ya sabes que yo no tengo celos, y estoy seguro de ti, de mi mujer.

Allí, en el campo, las cavilaciones de la pobre Julia se exacerbaron. Aburríase grandemente. Su marido no la dejaba leer.

—Te he traído para eso, para apartarte de los libros y cortar de raíz tu neurastenia, antes de que se vuelva cosa peor.

---

[18] *¡Pues estaría bueno!*   That would be a fine thing!
[19] *maldito lo que ha conseguido ganar tu corazón*   he has not gotten very far in winning your heart
[20] *¡Ya salió aquello! ¡Ya... celos!*   There you go again! Trying to make me jealous again!

—¿Mi neurastenia?

—¡Pues claro! Todo lo tuyo no es más que eso. La culpa de todo ello la tienen los libros.

—¡Pues no volveré a leer más!

5 —No, yo no exijo tanto… Yo no te exijo nada. ¿Soy acaso algún tirano yo? ¿Te he exigido nunca nada?

—No. ¡Ni siquiera exiges que te quiera!

—¡Naturalmente, como sé que eso no se puede exigir! Y, además, como sé que me quieres y no puedes querer a otro… Después de haberme 10 conocido y de saber, gracias a mí, lo que es un hombre, no puedes ya querer a otro, aunque te lo propusieras. Te lo aseguro yo… Pero no hablemos de cosas de libros.[21] Ya te he dicho que no me gustan novelerías. Esas son bobadas para hablar con condesitos al tomar el té.

Vino a aumentar la congoja de la pobre Julia el que llegó a descubrir que 15 su marido andaba en torpes enredos con una criada zafia y nada bonita. Y una noche, después de cenar, encontrándose los dos solos, la mujer dijo de pronto:

—No creas, Alejandro, que no me he percatado del lío que traes con[22] la Simona…

20 —Ni yo lo he ocultado mucho. Pero eso no tiene importancia. Siempre gallina, amarga la cocina.[23]

—¿Qué quieres decir?

—Que eres demasiado hermosa para diario.

La mujer tembló. Era la primera vez que su marido la llamaba así, a 25 boca llena: hermosa. Pero, ¿la quería de veras?

—¿Pero con ese pingo?… —dijo Julia por decir algo.

—Por lo mismo. Hasta su mismo desaseo me hace gracia. No olvides que yo casi me crié en un estercolero, y tengo algo de lo que un amigo mío llama la voluptuosidad del pringue. Y ahora, después de este entremés 30 rústico, apreciaré mejor tu hermosura, tu elegancia y tu pulcritud.

—No sé si me estás adulando o insultando.

—¡Bueno! ¡La neurastenia! ¡Y yo que te creía[24] en camino de curación!…

—Por supuesto, vosotros los hombres podéis hacer lo que se os antoje, y 35 faltarnos…

---

[21] *cosas de libros=cosas de novelas*
[22] *el lío que traes con…*   the way you are carrying on with . . .
[23] *Siempre gallina, amarga la cocina*—a proverb meaning "variety is the spice of life"
[24] *¡Y yo que…*   Now that I thought you were . . .

—¿Quién te ha faltado?

—¡Tú!

—¿A eso llamas faltarte? ¡Bah, bah! ¡Los libros, los libros! Ni a mí se me da un pitoche de[25] la Simona, ni...

—¡Claro! ¡Ella es para ti como una perrita, o una gatita, una mona! 5

—¡Una mona, exacto; nada más que una mona! Es a lo que más se parece. ¡Tú lo has dicho: una mona! ¿Pero he dejado por eso de ser tu marido?

—Querrás decir que no he dejado yo por eso de ser tu mujer...

—Veo, Julia, que vas tomando talento...[26]

—¡Claro, todo se pega! 10

—¿Pero de mí, por supuesto,[27] y no del michino?

—¡Claro que de ti!

—Pues bueno; no creo que este incidente rústico te ponga celosa... ¿Celos tú? ¿Tú? ¿Mi mujer? ¿Y de esa mona? Y en cuanto a ella, ¡la doto, y encantada![28] 15

—Claro, en teniendo dinero...[29]

—Y con esa dote se casa volando, y le aporta ya al marido, con la dote, un hijo. Y si el hijo sale a su padre, que es nada menos que todo un hombre, pues el novio sale con doble ganancia.[30]

—¡Calla, calla, calla![31] 20

La pobre Julia se echó a llorar.

—Yo creí —concluyó Alejandro— que el campo te había curado la neurastenia. ¡Cuidado con empeorar!

A los dos días de esto volvíanse a la corte.

*   *   *

Y Julia volvió a sus congojas, y el conde de Bordaviella a sus visitas, 25 aunque con más cautela. Y ya fue ella, Julia, la que, exasperada, empezó a prestar oídos a las venenosas insinuaciones del amigo, pero sobre todo a hacer ostentación de la amistad ante su marido, que alguna vez se limitaba a decir: «Habrá que volver al campo y someterla a tratamiento.»

---

[25] *Ni a mí se me da un pitoche de...*   Neither do I give a darn about . . .
[26] *vas tomando talento*   you are getting clever
[27] *todo se pega!—¿Pero de mí, por supuesto...*   it is catching!—But, of course, you caught it from me . . .
[28] *¡la doto, y encantada!*   I'll give her a dowry and that will be the end of it!
[29] *en teniendo dinero...*   when one has money . . .
[30] *el novio sale con doble ganancia*   the bridegroom will profit doubly
[31] *¡Calla, calla, calla!*   Stop it please, don't say any more!

Un día, en el colmo de la exasperación, asaltó Julia a su marido, diciéndole:

—¡Tú no eres un hombre, Alejandro, no, no eres un hombre!

—¿Quién, yo? ¿Y por qué?

5 —¡No, no eres un hombre, no lo eres!

—Explícate.

—Ya sé que no me quieres; que no te importa de mí nada; que no soy para ti ni la madre de tu hijo; que no te casaste conmigo nada más que por vanidad,[32] por jactancia, por exhibirme, por envanecerte con mi hermosura, 10 por...

—¡Bueno, bueno; ésas son novelerías! ¿Por qué no soy hombre?

—Ya sé que no me quieres...

—Ya te he dicho cien veces que eso de querer y no querer, y amor, y todas esas andróminas, son conversaciones de té condal o danzante.[33]

15 —Ya sé que no me quieres...

—Bueno, ¿y qué más?

—Pero eso de que consientas que el conde, el michino, como tú le llamas, entre aquí a todas horas...

—¡Quien lo consiente eres tú!

20 —¿Pues[34] no he de consentirlo, si es mi amante? Ya lo has oído, mi amante. ¡El michino es mi amante!

Alejandro permanecía impasible mirando a su mujer. Y ésta, que esperaba un estallido del hombre, exaltándose aún más, gritó:

—¿Y qué? ¿No me matas ahora como a la otra?

25 —Ni es verdad que maté a la otra, ni es verdad que el michino sea tu amante. Estás mintiendo para provocarme. Quieres convertirme en un Otelo. Y mi casa no es teatro. Y si sigues así, va a acabar todo ello en volverte loca y en que tengamos que encerrarte.

—¿Loca? ¿Loca yo?

30 —¡De remate! ¡Llegarse a creer[35] que tiene un amante! ¡Es decir,

---

[32] *que no te casaste conmigo nada más que por vanidad* = *que te casaste conmigo sólo por vanidad*. The negative in colloquial language sometimes stands for an emphatic affirmative. Note also the preceding negative sentences.

[33] *té condal o danzante* = *té con el conde o té danzante* (tea dance). *Té danzante* is a poor but widely accepted translation of the French *thé dansant*. In pure Spanish *danzante* means a fickle, frivolous person. Note that Alejandro makes *condal* and *danzante* synonymous. The English custom of five o'clock tea was adopted at the turn of the century by the cosmopolitan circles of Spain. The deliberate scorn with which Alejandro refers to that foreign custom throughout the story expresses his conscious hostility for aristocracy.

[34] *¿Pues...?* Why . . . ?

[35] *¡Llegarse a creer...!* Imagine, to reach the point of believing . . . !

querer hacérmelo creer! ¡Cómo si mi mujer pudiese faltarme a mí! ¡A mí! Alejandro Gómez no es ningún michino; ¡es nada menos que todo un hombre! Y no, no conseguirás lo que buscas, no conseguirás que yo te regale los oídos con palabras de novela y de tés danzantes o condales. Mi casa no es un teatro. 5

—¡Cobarde! ¡Cobarde! ¡Cobarde! —gritó ya Julia, fuera de sí—. ¡Cobarde!

—Aquí va a haber que tomar medidas —dijo el marido.

Y se fue.

* * *

A los dos días de esta escena, y después de haberla tenido encerrada a su 10 mujer durante ellos, Alejandro la llamó a su despacho. La pobre Julia iba aterrada. En el despacho la esperaban, con su marido, el conde de Bordaviella y otros dos señores.

—Mira, Julia —le dijo con terrible calma su marido—. Estos dos señores son dos médicos alienistas, que vienen, a petición mía, a informar sobre tu 15 estado para que podamos ponerte en cura. Tú no estás bien de la cabeza, y en tus ratos lúcidos debes comprenderlo así.

—¿Y qué haces tú aquí, Juan? —preguntó Julia al conde, sin hacer caso a su marido.

—¿Lo ven ustedes? —dijo éste dirigiéndose a los médicos—. Persiste en 20 su alucinación; se empeña en que este señor es...

—¡Sí, es mi amante! —le interrumpió ella—. Y si no que lo diga él.

El conde miraba al suelo.

—Ya ve usted, señor conde —dijo Alejandro al de Bordaviella—, cómo persiste en su locura. Porque usted no ha tenido, no ha podido tener ningún 25 género de esas relaciones con mi mujer...

—¡Claro que no! —exclamó el conde.

—¿Lo ven ustedes? —añadió Alejandro volviéndose a los médicos.

—Pero cómo[36] —gritó Julia—, ¿te atreves tú, tú, Juan, tú, mi michino, a negar que he sido tuya? 30

El conde temblaba bajo la mirada fría de Alejandro y dijo:

—Repórtese, señora, y vuelva en sí. Usted sabe que nada de esto es verdad. Usted sabe que si yo frecuentaba esta casa era como amigo de ella,[37]

---

[36] *Pero cómo*   But, is it possible?

[37] *amigo de ella* = *amigo de la casa*

tanto de su marido como de usted misma, señora, y que yo, un conde de
Bordaviella, jamás afrentaría así a un amigo como...

—Como yo —le interrumpió Alejandro—. ¿A mí? ¿A mí? ¿A Alejandro
Gómez? Ningún conde puede afrentarme, ni puede mi mujer faltarme. Ya
5 ven ustedes, señores, que la pobre está loca...

—¿Pero también tú, Juan? ¿También tú, michino? —gritó ella—.
¡Cobarde! ¡Cobarde! ¡Cobarde! ¡Mi marido te ha amenazado, y por miedo,
por miedo, cobarde, cobarde, cobarde, no te atreves a decir la verdad y te
prestas a esta farsa infame para declararme loca! ¡Cobarde, cobarde, villano!
10 Y tú también, como mi marido...

—¿Lo ven ustedes, señores? —dijo Alejandro a los médicos.

La pobre Julia sufrió un ataque, y quedó como deshecha.

—Bueno; ahora, señor mío —dijo Alejandro dirigiéndose al conde—,
nosotros nos vamos, y dejemos que estos dos señores facultativos, a solas con
15 mi pobre mujer, completen su reconocimiento.

El conde le siguió. Y ya fuera de la estancia, le dijo Alejandro:

—Conque ya lo sabe usted, señor conde: o mi mujer resulta loca, o les
levanto a usted y a ella las tapas de los sesos.[38] Usted escogerá.

—Lo que tengo que hacer es pagarle lo que le debo, para no tener más
20 cuentas con usted.

—No; lo que debe hacer es guardar la lengua. Conque quedamos en
que mi mujer está loca de remate y usted es un tonto de capirote. ¡Y ojo con
ésta![39] —y le enseñó una pistola.

Cuando, algo después, salían los médicos del despacho de Alejandro,
25 decíanse:

—Esta es una tremenda tragedia. ¿Y qué hacemos?

—¿Qué vamos a hacer sino declararla loca? Porque, de otro modo, ese
hombre la mata a ella y le mata a ese desdichado conde.

—Pero, ¿y la conciencia profesional?

30 —La conciencia consiste aquí en evitar un crimen mayor.

—¿No sería mejor declararle loco a él, a don Alejandro?

—No, él no es loco: es otra cosa.

—Nada menos que todo un hombre, como dice él.

—¡Pobre mujer! ¡Daba pena oírla! Lo que yo me temo es que acabe por
35 volverse de veras loca.

---

[38] *les levanto a usted y a ella... sesos*   I'll blow both your brains out
[39] *¡Y ojo con ésta!*   And watch out for this!

—Pues con declararla tal, acaso la salvamos.[40] Por lo menos se la apartaría de esta casa.

Y, en efecto, la declararon loca. Y con esa declaración fue encerrada por su marido en un manicomio.

*   *   *

Toda una noche, espesa, tenebrosa y fría, sin estrellas, cayó sobre el alma   5
de la pobre Julia al verse encerrada en el manicomio. El único consuelo que le dejaban es el de que le llevaran casi a diario a su hijito para que lo viera. Tomábalo en brazos y le bañaba la carita con sus lágrimas. Y el pobrecito niño lloraba sin saber por qué.

—¡Ay, hijo mío, hijo mío! —le decía. ¡Si pudiese sacarte toda la 10
sangre de tu padre…! ¡Porque es tu padre!

Y a solas se decía la pobre mujer, sintiéndose al borde de la locura: «¿Pero no acabaré por volverme de veras loca en esta casa, y creer que no fue sino un sueño y alucinación lo de mi trato con ese infame conde? ¡Cobarde, sí, cobarde, villano! ¡Abandonarme así! ¡Dejar que me encerraran 15
aquí! ¡El michino, sí, el michino! Tiene razón mi marido. Y él, Alejandro, ¿por qué no nos mató? ¡Ah, no! ¡Esta es más terrible venganza! ¡Matarle a ese villano michino…! No, humillarle, hacerle mentir y abandonarme. ¡Temblaba ante mi marido, sí, temblaba ante él! ¡Ah, es que mi marido es un hombre! ¡Y por qué no me mató? ¡Otelo me habría matado! Pero Alejandro 20
no es Otelo, no es tan bruto como Otelo. Otelo era un moro impetuoso pero poco inteligente. Y Alejandro… Alejandro tiene una poderosa inteligencia al servicio de su infernal soberbia plebeya. No, ese hombre no necesitó matar a su primera mujer; la hizo morir. Se murió ella de miedo ante él. ¿Y a mí me quiere?»
  25

Y allí, en el manicomio, dio otra vez en trillar su corazón y su mente con el triturador dilema: «¿Me quiere, o no me quiere?» Y se decía luego: «¡Yo sí que le quiero! ¡Y ciegamente!»

Y por temor a enloquecer de veras, se fingió curada, asegurando que habían sido alucinaciones lo de su trato con el de Bordaviella. Avisáronselo 30
al marido.

Un día llamaron a Julia adonde su marido la esperaba, en un locutorio. Entró él, y se arrojó a sus pies sollozando:

—¡Perdóname, Alejandro, perdóname!

---

[40] *Pues con declararla tal, acaso la salvamos*   Then by pronouncing her insane, perhaps we could save her

—Levántate, mujer —y la levantó.

—¡Perdóname!

—¿Perdonarte? ¿Pero de qué? Si me habían dicho que estabas ya curada..., que se te habían quitado[41] las alucinaciones...

5 Julia miró a la mirada fría y penetrante de su marido con terror. Con
terror y con un loco cariño. Era un amor ciego, fundido con un terror no
menos ciego.

—Sí, tienes razón, Alejandro, tienes razón; he estado loca, loca de remate. Y por darte celos, nada más que por darte celos, inventé aquellas cosas.
10 Todo fue mentira. ¿Cómo iba a faltarte yo? ¿Yo? ¿A ti? ¿A ti? ¿Me crees
ahora?

—Una vez, Julia —le dijo con voz de hielo su marido—, me pregun-
taste si era o no verdad que yo maté a mi primera mujer, y, por contestación,
te pregunté yo a mi vez que si podías creerlo. ¿Y qué me dijiste?

15 —¡Que no lo creía, que no podía creerlo!

—Pues ahora yo te digo que no creí nunca, que no pude creer que tú
te hubieses entregado al michino ese. ¿Te basta?

Julia temblaba, sintiéndose al borde de la locura, de la locura del terror y
del amor fundidos.

20 —Y ahora —añadió la pobre mujer abrazando a su marido y hablándole
al oído—; ahora, Alejandro, dime, ¿me quieres?

Y entonces vió en Alejandro, su pobre mujer, por primera vez, algo
que nunca antes en él viera;[42] le descubrió un fondo del alma terrible y
hermética que el hombre de la fortuna guardaba celosamente sellado. Fue
25 como si un relámpago de luz tempestuosa alumbrase por un momento el
lago negro, tenebroso, de aquella alma, haciéndole relucir su sobrehaz. Y fue
que vio asomar dos lágrimas en los ojos fríos y cortantes como navajas de
aquel hombre. Y estalló:

—¡Pues no he de quererte, hija mía, pues no he de quererte! ¡Con toda
30 el alma, y con toda la sangre, y con todas las entrañas;[43] más que a mí mismo!
Al principio, cuando nos casamos, no. ¿Pero ahora? ¡Ahora sí! Ciegamente,
locamente. Soy yo tuyo más que tú mía.

Y besándola con una furia animal, febril, encendido, como loco,
balbuceaba: «¡Julia! ¡Julia! ¡Mi diosa! ¡Mi todo!»

---

[41] *que se te habían quitado* that you did not have any more

[42] *viera= había visto*—the *ra* form of the imperfect subjunctive is used sometimes with the value of a pluperfect

[43] *con todas las entrañas* with all I have inside of me

Ella creyó volverse loca al ver desnuda el alma de su marido.

—Ahora quisiera morirme, Alejandro —le murmuró al oído, reclinando la cabeza sobre su hombro.

A estas palabras, el hombre pareció despertar y volver en sí como de un sueño; y como si se hubiese tragado con los ojos, ahora otra vez fríos y 5 cortantes, aquellas dos lágrimas, dijo:

—Esto no ha pasado, ¿eh, Julia? Ya lo sabes; yo no he dicho lo que he dicho. ¡Olvídalo!

—¿Olvidarlo?

—¡Bueno, guárdatelo, y como si no lo hubieses oído! 10

—Lo callaré...[44]

—¡Cállatelo a ti misma![45]

—Me lo callaré; pero...

—¡Basta!

—Pero, por Dios, Alejandro, déjame un momento, un momento 15 siquiera... ¿Me quieres por mí, por mí, y aunque fuese de otro, o por ser cosa tuya?

—Ya te he dicho que lo debes olvidar. Y no me insistas, porque si insistes, te dejo aquí. He venido a sacarte; pero has de salir curada.

—¡Y curada estoy! —afirmó la mujer con brío. 20

Y Alejandro se llevó su mujer a su casa.

*　　*　　*

Pocos días después de haber vuelto Julia del manicomio, recibía el conde de Bordaviella, no una invitación, sino un mandato de Alejandro para ir a comer a su casa.

«Como ya sabrá usted, señor conde —le decía en una carta— mi mujer 25 ha salido del manicomio completamente curada; y como la pobre, en la época de su delirio le ofendió a usted gravemente, aunque sin intención ofensiva, suponiéndole capaz de infamias de que es usted, un perfecto caballero, absolutamente incapaz, le ruega, por mi conducto, que venga pasado mañana, jueves, a acompañarnos a comer, para darle las satisfacciones que a 30 un caballero, como es usted, se le deben. Mi mujer se lo ruega y yo se lo ordeno. Porque si usted no viene ese día a recibir esas satisfacciones y explicaciones, sufrirá las consecuencias de ello. Y usted sabe bien de lo que es capaz   *Alejandro Gómez.*»

[44] *Lo callaré...*   I'll keep it to myself
[45] *¡Cállatelo a ti misma!*   Keep it even from yourself!

El conde de Bordaviella llegó a la cita pálido, tembloroso y desencajado. La comida transcurrió en la más lóbrega de las conversaciones. Se habló de todas las mayores frivolidades —los criados delante—, entre las bromas más espesas y feroces de Alejandro. Julia le acompañaba. Después de los postres, Alejandro, dirigiéndose al criado, le dijo: «Trae el té.»

—¿Té? —se le escapó al conde.[46]

—Sí, señor conde —le dijo el señor de la casa—. Y no es que me duelan las tripas, no; es para estar más a tono. El té va muy bien con las satisfacciones entre caballeros.

Y volviéndose al criado: «¡Retírate!»

Quedáronse los tres solos. El conde temblaba. No se atrevía a probar el té.

—Sírveme a mí primero, Julia —dijo el marido—. Y yo lo tomaré antes para que vea usted, señor conde, que en mi casa se puede tomar todo con confianza.

—Pero si yo...

—No, señor conde; aunque yo no sea un caballero, ni mucho menos, no he llegado aún a eso. Y ahora mi mujer quiere darle a usted unas explicaciones.

Alejandro miró a Julia, y ésta, lentamente, con voz fantasmática, empezó a hablar. Estaba espléndidamente hermosa. Los ojos le relucían con un brillo como relámpago. Sus palabras fluían frías y lentas, pero se adivinaba que por debajo de ellas ardía un fuego consumidor.

—He hecho que mi marido le llame, señor conde —dijo Julia—, porque tengo que darle una satisfacción por haberle ofendido gravemente.

—¿A mí, Julia?

—¡No me llame usted Julia! Sí, a usted. Cuando me puse loca, loca de amor por mi marido, buscando a toda costa asegurarme de si me quería o no, quise tomarle a usted de instrumento[47] para excitar sus celos, y en mi locura llegué a acusarle a usted de haberme seducido. Y esto fue un embuste, y habría sido una infamia de mi parte si yo no hubiese estado, como estaba, loca. ¿No es así, señor conde?

—Sí, así es, doña Julia...

—Señora de Gómez —corrigió Alejandro.

—Lo que le atribuí a usted, cuando le llamábamos mi marido y yo el michino..., ¡perdónenoslo usted!

---

[46] *se le escapó al conde* said the count without thinking
[47] *tomarle a usted de instrumento* use you as a tool

—¡Por perdonado![48]

—Lo que le atribuí entonces fue una acción villana e infame, indigna de un caballero como usted...

—¡Muy bien —agregó Alejandro—, muy bien! Acción villana e infame, indigna de un caballero; ¡muy bien! 5

—Y aunque, como lo repito, se me puede y debe excusar en atención a mi estado entonces, yo quiero, sin embargo, que usted me perdone. ¿Me perdona?

—Sí, sí; le perdono a usted todo; les perdono a ustedes todo —suspiró el conde más muerto que vivo y ansioso de escapar cuanto antes de aquella casa. 10

—¿A ustedes? —le interrumpió Alejandro—. A mí no me tiene usted nada que perdonar.

—¡Es verdad, es verdad!

—Vamos, cálmese —continuó el marido—, que le veo a usted agitado. Tome otra taza de té. Vamos, Julia, sírvele otra taza al señor conde. ¿Quiere 15 usted tila[49] en ella?

—No..., no...

—Pues bueno, ya que mi mujer le dijo lo que tenía que decirle, y usted le ha perdonado su locura, a mí no me queda sino rogarle que siga usted honrando nuestra casa con sus visitas. Después de lo pasado, usted comprenderá 20 que sería de muy mal efecto que interrumpiéramos nuestras relaciones. Y ahora que mi mujer está ya, gracias a mí, completamente curada, no corre usted ya peligro alguno con venir acá. Y en prueba de mi confianza en la total curación de mi mujer, ahí les dejo a ustedes dos solos, por si ella quiere decirle algo que no se atreva a decírselo delante de mí o que yo, por delicadeza, no 25 deba oír.

Y se salió Alejandro, dejándolos cara a cara y a cual de los dos más sorprendidos de aquella conducta. «¡Qué hombre!» pensaba él, el conde, y Julia: «¡Este es un hombre!»

Siguióse un abrumador silencio. Julia y el conde no se atrevían a mirarse. 30 El de Bordaviella miraba a la puerta por donde saliera el marido.

—No —le dijo Julia—, no mire usted así; no conoce usted a mi marido, a Alejandro. No está detrás de la puerta espiando lo que digamos.

—¡Qué sé yo...![50] Hasta es capaz de traer testigos...

—¿Por qué dice usted eso, señor conde? 35

[48] *¡perdónenoslo usted!* —*¡Por perdonado!* forgive us for it!—You are forgiven!
[49] *tila* is commonly used as a sedative against nervousness.
[50] *¡Qué sé yo...!* Who knows ...!

—¿Es que no me acuerdo de cuando trajo a los dos médicos en aquella horrible escena en que me humilló cuanto más se puede y cometió la infamia de hacer que la declarasen a usted loca?

—Y así era la verdad, porque si no hubiese estado yo entonces loca, no habría dicho, como dije, que era usted mi amante...

—Pero...

—¿Pero qué, señor conde?

—¿Es que quieren ustedes declararme a mí loco o volverme tal?[1] ¿Es que va usted a negarme, Julia...?

—¡Doña Julia o señora de Gómez!

—¿Es que va usted a negarme, señora de Gómez que, fuese por lo que fuera, acabó usted, no ya sólo aceptando mis galanteos...; no, galanteos, no; mi amor...?

—¡Señor conde...!

—¿Que acabó, no sólo aceptándolos, sino que era usted la que provocaba y que aquello iba...?

—Ya le he dicho a usted, señor conde, que estaba entonces loca, y no necesito repetírselo.

—¿Va usted a negarme que empezaba yo a ser su amante?

—Vuelvo a repetirle que estaba loca.

—No se puede estar ni un momento más en esta casa. ¡Adiós!

El conde tendió la mano a Julia, temiendo que se la rechazaría. Pero ella se la tomó y le dijo:

—Conque ya sabe usted lo que le ha dicho mi marido. Usted puede venir acá cuando quiera, y ahora que estoy yo, gracias a Dios y a Alejandro, completamente curada, curada del todo, señor conde, sería de mal efecto que usted suspendiera sus visitas.

—Pero, Julia...

—¿Qué? ¿Vuelve usted a las andadas? ¿No le he dicho que estaba entonces loca?

—A quien le van a volver ustedes loco, entre su marido y usted, es a mí...

—¿A usted? ¿Loco a usted? No me parece fácil...

—¡Claro! ¡El michino!

Julia se echó a reír. Y el conde, corrido y abochornado, salió de aquella casa decidido a no volver más a ella.

*   *   *

---

[1] *volverme tal*   actually turn me insane

Todas estas tormentas de su espíritu quebrantaron la vida de la pobre Julia, y se puso gravemente enferma, enferma de la mente. Ahora sí que parecía de veras que iba a enloquecer. Caía con frecuencia en delirios, en los que llamaba a su marido con las más ardientes y apasionadas palabras. Y el hombre se entregaba a los transportes dolorosos de su mujer procurando calmarla. 5 «¡Tuyo, tuyo, tuyo sólo tuyo y nada más que tuyo!» le decía al oído, mientras ella abrazada a su cuello, se lo apretaba casi a punto de ahogarlo.

La llevó a la dehesa a ver si el campo la curaba. Pero el mal la iba matando. Algo terrible le andaba por las entrañas.[2]

Cuando el hombre de fortuna vió que la muerte le iba a arrebatar su 10 mujer, entró en un furor frío y persistente. Llamó a los mejores médicos. «Todo era inútil,» le decían.

—¡Sálvemela usted! —le decía al médico.

—¡Imposible, don Alejandro, imposible!

—¡Sálvemela usted, sea como sea![3] ¡Toda mi fortuna, todos mis millones 15 por ella, por su vida!

—¡Imposible, don Alejandro, imposible!

—¡Mi vida, mi vida por la suya! ¿No sabe usted hacer eso de la transfusión de la sangre? Sáqueme toda la mía y désela a élla. Vamos, sáquemela.

—¡Imposible, don Alejandro, imposible! 20

—¿Cómo imposible?[4] ¡Mi sangre, toda mi sangre por ella!

—¡Sólo Dios puede salvarla!

—¡Dios! ¿Dónde está Dios? Nunca pensé en Él.

Y luego a Julia, su mujer, pálida, pero cada vez más hermosa, hermosa con la hermosura de la inminente muerte, le decía: 25

—¿Dónde está Dios, Julia?

Y ella, señalándoselo con la mirada hacia arriba, poniéndosele con ello los grandes ojos casi blancos,[5] le dijo con una hebra de voz:

—¡Ahí le tienes!

Alejandro miró el crucifijo, que estaba a la cabecera de la cama de su 30 mujer, lo cogió y apretándolo en el puño le decía: «Sálvamela, sálvamela y pídeme todo, todo; mi fortuna toda, mi sangre toda, yo todo... todo yo.»

Julia sonreía. Aquel furor ciego de su marido le estaba llenando de una

---

[2] *Algo terrible le andaba por las entrañas* Something terrible was eating her heart out

[3] *sea como sea!* at whatever cost!

[4] *¿Cómo imposible?* What do you mean impossible?

[5] *señalándoselo... blancos* pointing at Him with an upward glance that made her large eyes appear almost entirely white

luz dulcísima el alma. ¡Qué feliz era al cabo! ¿Y dudó nunca de[6] que aquel hombre la quisiese?

Y la pobre mujer iba perdiendo la vida gota a gota. Estaba marmórea y fría. Y entonces el marido se acostó con ella y la abrazó fuertemente, y quería
5 darle todo su calor, el calor que se le escapaba a la pobre.[7] Y le quiso dar su aliento. Estaba como loco. Y ella sonreía.

—Me muero, Alejandro, me muero.

—¡No, no te mueres —le decía él—, no puedes morirte!

—¿Es que no puede morirse tu mujer?

10 —No; mi mujer no puede morirse. Antes me moriré yo. A ver, que venga la muerte, que venga. ¡A mí! ¡A mí la muerte! ¡Que venga![8]

—¡Ay, Alejandro, ahora lo doy todo por bien padecido!... ¡Y yo que dudé[9] de que me quisieras!...

—¡Y no, no te quería, no! Eso de querer, te lo he dicho mil veces, Julia,
15 son tonterías de libros. ¡No te quería, no! ¡Amor..., amor! Y esos miserables cobardes, que hablan de amor, dejan que se les mueran sus mujeres. No, no es querer... No te quiero...

—¿Pues qué? —preguntó Julia con la más delgada hebra de su voz, volviendo a ser presa de su vieja congoja.

20 —No, no te quiero... ¡Te... te... te..., no hay palabra! —estalló en secos sollozos, en sollozos que parecían un estertor, un estertor de pena y de amor salvaje.

—¡Alejandro!

Y en esta débil llamada había todo el triste júbilo del triunfo.

25 —¡Y no, no te morirás; no te puedes morir; no quiero que te mueras! ¡Mátame, Julia, y vive! ¡Vamos, mátame, mátame!

—Sí, me muero...

—¡Y yo contigo!

—¿Y el niño, Alejandro?

30 —Que se muera también. ¿Para qué le quiero sin ti?

—Por Dios, por Dios, Alejandro, que estás loco...

—Sí, yo, yo soy el loco, yo el que estuve siempre loco..., loco de ti, Julia, loco por ti... Yo, yo el loco. ¡Y mátame, llévame contigo!

---

[6] *¿Y dudó nunca de...?* And how could she have ever doubted...?

[7] *el calor que se le escapaba a la pobre* the warmth of life she was losing, poor soul

[8] *A ver, que venga la muerte, que venga. ¡A mí! ¡A mí la muerte! ¡Que venga!* All right, then let death come, let it come. I'll face it! Let me face death!

[9] *lo doy todo por bien padecido!... ¡Y yo que dudé...!* I take all my suffering as worthwhile!... And to think that I doubted...!

—Si pudiera.

—Pero no, mátame y vive, y sé tuya...[10]

—¿Y tú?

—¿Yo? ¡Si no puedo ser tuyo, de la muerte![11]

Y la apretaba más y más, queriendo retenerla.

—Bueno, al fin, dime, ¿quién eres, Alejandro? —le pregunto al oído Julia.

—¿Yo? ¡Nada más que tu hombre..., el que tú me has hecho![12]

Este nombre sonó como un susurro de ultramuerte,[13] como desde la ribera de la vida, cuando la barca parte por el lago tenebroso.[14]

Poco después sintió Alejandro que no tenía entre sus brazos de atleta más que un despojo. En su alma era noche cerrada y arrecida. Se levantó y quedóse mirando a la yerta y exánime hermosura. Nunca la vió tan espléndida. Parecía bañada por la luz del alba eterna de después de la última noche.[15] Y por encima de aquel recuerdo, en su carne ya fría sintió pasar, como una nube de hielo, su vida toda, aquella vida que ocultó a todos, hasta a sí mismo. Y llegó a su niñez terrible y a cómo se estremecía bajo los despiadados golpes del que pasaba por su padre, y como maldecía de él, y cómo una tarde, exasperado, cerró el puño, blandiéndolo, delante de un Cristo de la iglesia de su pueblo.

Salió al fin del cuarto, cerrando tras sí la puerta. Y buscó al hijo. El pequeñuelo tenía poco más de tres años. Lo cogió el padre y se encerró con él. Empezó a besarlo con frenesí. Y el niño, que no estaba hecho a los besos de su padre, que nunca recibiera uno de él, y que acaso adivinó la salvaje pasión que los llenaba, se echó a llorar.

—¡Calla, hijo mío, calla! ¿Me perdonas lo que voy a hacer? ¿Me perdonas?

El niño callaba, mirando despavorido al padre, que buscaba en sus ojos, en su boca, en su pelo, los ojos, la boca, el pelo de Julia.

—¡Perdóname, hijo mío, perdóname!

---

[10] *sé tuya* belong to no one but yourself
[11] *de la muerte!*=*seré de la muerte!*
[12] *el que tú me has hecho!* the one you made of me!
[13] *un susurro de ultramuerte* a murmur from beyond death. *Ultramuerte* is a word coined by Unamuno as a variation on *ultratumba* (beyond the grave).
[14] *como desde la... lago tenebroso*—an allusion to Charon, who, according to Greek mythology, ferried the souls of the dead across the river Styx into the infernal regions. Note that the equivalent of "river Styx" in Spanish is *laguna Estigia*.
[15] *del alba eterna... noche* of the eternal dawn after the world has slept its last night

Se encerró un rato a arreglar su última voluntad. Luego se encerró de nuevo con su mujer, con lo que fue su mujer.

—Mi sangre por la tuya —le dijo, como si le oyera, Alejandro—. La muerte te llevó. ¡Voy a buscarte!

5 Creyó un momento ver sonreír a su mujer y que movía los ojos. Empezó a besarla frenéticamente por si así la resucitaba,[16] a llamarla, a decirle ternezas terribles al oído. Estaba fría.

Cuando más tarde tuvieron que forzar la puerta de la alcoba mortuoria, encontráronlo abrazado a su mujer y blanco del frío último, desangrado y
10 ensangrentado.

Salamanca, abril de 1916.

---

[16] *por si así la resucitaba* to see if thus he could bring her back to life

2 ❧ *Ramón del Valle-Inclán*
(1866–1936)

En comparación con los otros miembros de la «Generación del 98», se suele definir a Valle-Inclán como el «artista puro». Eso realmente no quiere decir que en su obra —como en la de todo escritor— no haya, implícito, un sistema de ideas. Significa simplemente que Valle-Inclán no las expresa, como sus compañeros, directamente, sino sumergidas en su creación literaria.

Es, de todos los escritores de primera fila de este momento, el que aparece más vinculado a la estética del «Modernismo», que trajo de América Rubén Darío. Y la prosa de ese movimiento literario le debe a él tanto como la poesía a Rubén.

Nació en Galicia, una de las regiones de España de pasado más arcaico —país de origen céltico, envuelto en un ambiente de tradiciones misteriosas y de creencias milenarias, habitado por una raza de carácter acentuadamente subjetivo, lírico, irónico, y musical. En Galicia pasó Valle-Inclán su infancia y su adolescencia, y de su tierra extrajo la mejor substancia de su arte y de su estilo.

Valle-Inclán fue una figura singular en lo personal y en lo literario. Físicamente se distinguió siempre de los demás por sus largas barbas y su atavío pintoresco, mezcla de bohemio y gran señor. Como escritor también es inconfundible. Sólo podría indentificarse con un personaje suyo, pues hizo literatura de su propia vida, y vida propia de su literatura, hasta el punto de que ambas cosas son difícilmente separables.

Cultivó los géneros más varios: la novela, el cuento, el drama, la poesía; pero las fronteras entre unos y otros no están nunca suficientemente claras en su obra. Es, antes que nada, un estilista. Era un fanático de la forma, del valor artístico de la palabra por sí misma, única llave que con su «milagro musical» puede revelar «el secreto de las conciencias». Llevado de esa fe en el valor sonoro, cromático y plástico de la materia verbal, dedicó toda su vida a una experimentación constante, combinando lo más tradicional y antiguo con las formas más nuevas de la sensibilidad literaria. Y de ahí surgió un estilo propio, inequívocamente personal. Con él, el Valle-Inclán prosador nos ofrece siempre un mundo que, aunque aparentemente distante de la experiencia diaria, contiene, sin embargo, —como todo gran arte— una fuerte proyección de extraña realidad, tan aceptable y tan convincente, o incluso más, que aquella que la vida nos muestra.

Como dijimos, Galicia ocupa un lugar importante en casi toda su obra: ya como tema central, ya como fondo, ya por el carácter de los personajes. El más destacado de todos ellos es el Marqués de Bradomín, proyección ideal de Valle-Inclán, con el que hizo todo lo posible por confundirse. Bradomín un hidalgo gallego, altivo, donjuanesco, cínico, y sensual, es el héroe de las cuatro *Sonatas* (1902-1905), una para cada estación del año, estaciones también de la vida amorosa del Marqués, cuyas memorias son. Gallego es también el escenario, y gallegas las figuras de las *Comedias bárbaras* (1907-1908-1922), entre las que sobresale don Juan Manuel Montenegro, personaje magnífico, reliquia de un pasado feudal, turbulento, cruel, y pecador, pero capaz de nobleza y de generosidad —seguido de sus hijos, verdaderos lobos, ya sin grandeza, dados a la maldad a la rapiña y al bandidaje.

Pero más importante y profundo que el tema o los caracteres es el sentimiento galaico que anima toda la obra de Valle-Inclán. Ese sentimiento está en el fondo mismo de su estilo, de su lengua, que tiene como base el castellano hablado en Galicia, es decir, una mezcla de castellano y gallego, tanto en el vocabulario como en la sintaxis. De esa mixtura lingüística saca Valle-Inclán efectos estéticos de extraordinaria expresividad, incorporando al castellano todas las suaves y matizadas cadencias líricas del idioma vernáculo de su tierra natal.

Casi todos los temas galaicos de su obra están esbozados en dos de sus primeras colecciones de cuentos: *Jardín umbrío* (1903) y *Jardín novelesco* (1905). Se trata de una serie de historias «de santos, de almas en pena, de duendes y de ladrones.» Historias tomadas de la tradición oral de Galicia, llenas de «cosas misteriosas, trágicas, raras», de amores y crímenes terribles, de visiones, de hechizos, y de poéticas supersticiones. Un mundo poblado de cosas «que viven y que no se ven», donde las almas tienen aún los ojos «abiertos para el milagro», y la realidad tiene una cuarta dimensión.

Del primero de esos libros proceden las dos narraciones que aquí incluímos —ambas muy características del arte de este autor. «Tragedia de ensueño» ejemplifica muy eficazmente la manera como Valle-Inclán sabía fundir el mundo poético imaginativo, de procedencia literaria, del «Modernismo», con la realidad honda y auténtica de Galicia. Por una parte nos encontramos con esas «azafatas de los palacios del Rey» que lavan en el río ropas

49

de «hilo de Arabia» y cuyos nombres, de cuento de hadas, son «Andara», «Isabela», y «Aladina». Todos estos son elementos estilizados de conseja infantil, visión abstracta del mundo tradicional folklórico. Y por otra parte está el fuerte patetismo, vivo y directo, de la figura ciega de la abuela campesina, a quien se le muere el nieto, último vástago, en los brazos. Esta figura no procede del mundo literario; por su carácter —y su lenguaje— pertenece al paisaje montañés de la Galicia pastoril.

«Mi hermana Antonia» es, sin duda alguna, uno de los mejores relatos de Valle-Inclán. Tanto en la técnica de la composición, como en el estilo, muestra el patrón esencial que ha de regir todo el arte narrativo del autor. El hilo de la historia aparece escindido en unidades breves, que van presentando distintos planos de los hechos relatados. En el estilo ya hallamos incorporados a la prosa castellana todos los mejores procesos del impresionismo literario europeo.

La historia del maleficio de Antonia está contada en primera persona por su hermano pequeño. Y todos los incidentes están percibidos desde el nivel infantil —incluso de tamaño— y referidos, con extraordinaria intuición y justeza psicológicas, a las formas peculiares que el mundo toma ante los ojos de los niños, un campo específico de experiencia humana de difícil elaboración literaria. La presencia de fuerzas obscuras, inciertas, pero amenazadoras, que determinan la vida y la muerte de las personas, está sugerida desde el plano de la creencia colectiva, indisputada, en esos inquietantes poderes sobrenaturales. El terror callado del niño impregna las páginas de este cuento, en que, en estancias obscuras, mientras la lluvia azota los cristales, se siente el escalofrío de lo desconocido, de lo invisible, que acecha detrás del muro, de la cortina, de la vida aparente. Y vemos al niño tratar de captar el hilo de la vida lógica a través de una serie de experiencias pavorosas, que lo rodean nebulosamente, como una pesadilla cuyo sentido se le escapa a cada momento.

El elemento colectivo, el ambiente, es lo mejor del cuento. Y está tan bien creado, que hace verosímil y normal lo extraño y sobrenatural: los poderes maléficos del demoniaco estudiante de Bretal, que puede tomar la forma de un fraile ausente o transformarse en gato para destruir a su enemigo y conseguir gozar a su amada, animalmente; o la madre de Antonia, esa impresionante figura, blanca, con su guante negro, que recorre espectralmente la casa; o la belleza lunar, fantasmal y fría, de Antonia, posesa por el amor satánico del seminarista; o todo el coro de extrañas figuras que se mueven confusamente en la obscuridad del fondo, como gárgolas de catedral animadas.

Todos los elementos estilísticos —lógicos, imaginativos, y afectivos—

están manejados con extraordinario virtuosismo artístico. La selección de las palabras, el ritmo y la cadencia de las frases —e incluso la puntuación— están en todo momento sirviendo el propósito evocativo y estético que el autor les asigna. En este cuento, pequeña joya literaria del arte narrativo, están representadas las mejores cualidades del estilista Valle-Inclán.

❧ Jardín Umbrío

Tenía mi abuela una doncella muy vieja que se llamaba Micaela la Galana: Murió siendo yo todavía niño: Recuerdo que pasaba las horas hilando en el hueco de una ventana, y que sabía muchas historias de santos, de almas en pena, de duendes y de ladrones. Ahora yo cuento las que ella me contaba, mientras sus dedos
5 *arrugados daban vueltas al huso. Aquellas historias de un misterio candoroso y trágico, me asustaron de noche durante los años de mi infancia y por eso no las he olvidado. De tiempo en tiempo todavía se levantan en mi memoria, y como si un viento silencioso y frío pasase sobre ellas, tienen el largo murmullo de las hojas secas. ¡El murmullo de un viejo jardín abandonado! Jardín Umbrío.*

Tragedia de ensueño

10   *Han dejado abierta la casa y parece abandonada... El niño duerme fuera, en la paz de la tarde que agoniza, bajo el emparrado de la vid. Sentada en el umbral, una vieja mueve la cuna con el pie, mientras sus dedos arrugados hacen girar el huso de la rueca. Hila la vieja, copo tras copo, el lino moreno de su campo. Tiene cien años, el cabello plateado, los ojos faltos de vista, la barbeta temblorosa.*

15 LA ABUELA. ¡Cuántos trabajos nos aguardan en este mundo! Siete hijos tuve, y mis manos tuvieron que coser siete mortajas... Los hijos me fueron dados para que conociese las penas de criarlos, y luego, uno a uno, me los

quitó la muerte cuando podían ser ayuda de mis años.[1] Estos tristes ojos aun no se cansan de llorarlos. ¡Eran siete reyes,[2] mozos y gentiles!... Sus viudas volvieron a casarse, y por delante de mi puerta vi pasar el cortejo de sus segundas bodas, y por delante de mi puerta vi pasar después los alegres bautizos... ¡Ah! Solamente el corro de mis nietos se deshojó como una rosa de Mayo... ¡Y eran tantos, que mis dedos se cansaban hilando día y noche sus pañales!... A todos los llevaron por ese camino donde cantan los sapos y el ruiseñor. ¡Cuánto han llorado mis ojos! Quedé ciega viendo pasar sus blancas cajas de ángeles. ¡Cuánto han llorado mis ojos y cuánto tienen todavía que llorar! Hace tres noches que aúllan los perros a mi puerta. Yo esperaba que la muerte me dejase este nieto pequeño, y también llega por él... ¡Era, entre todos, el que más quería!... Cuando enterraron a su padre aún no era nacido: Cuando enterraron a su madre aun no era bautizado...[3] ¡Por eso era, entre todos, el que más quería!... Íbale criando con cientos de trabajos. Tuve una oveja blanca que le servía de nodriza, pero la comieron los lobos en el monte... ¡Y el nieto mío se marchita como una flor! ¡Y el nieto mío se muere lenta, lentamente, como las pobres estrellas, que no pueden contemplar el amanecer!

La vieja llora y el niño se despierta. La vieja se inclina sollozando sobre la cuna, y con las manos temblorosas la recorre a tientas, buscando donde está la cabecera. Al fin se incorpora con el niño en brazos: le oprime contra el seno, árido y muerto, y lloran hilo a hilo sus ojos ciegos: Con las lágrimas detenidas en el surco venerable de las arrugas, canta por ver de acallarle.[4] Canta la abuela una antigua tonadilla. Al oírla se detienen en el camino tres doncellas que vuelven del río, cansadas de lavar y tender, de sol a sol, las ricas ambas[5] de hilo de Arabia. Son tres hermanas azafatas en los palacios del Rey: La mayor se llama Andara, la mediana Isabela, la pequeña Aladina.

LA MAYOR. ¡Pobre abuela, canta para matar su pena!

LA MEDIANA. ¡Canta siempre que llora el niño!

LA PEQUEÑA. ¿Sabéis vosotras por qué llora el niño?... Aquella oveja blanca que le criaba se extravió en el monte, y por eso llora el niño...

---

[1] *ayuda de mis años*   help in my old age

[2] *eran siete reyes=eran como siete reyes*

[3] *era nacido... era bautizado...* (arch.)=*había nacido... estaba bautizado...*

[4] *por ver de acallarle*   to see whether she could quiet him

[5] *ambas*—a word not to be found in any standard Spanish or Galician dictionary. It is either a word made up by Valle-Inclán or, and more probably, a printer's error for *albas* (white sheets or robes).

LAS DOS HERMANAS. ¿Tú le has visto?... ¿Cuándo fue que le has visto?

LA PEQUEÑA. Al amanecer le vi dormido en la cuna. Está más blanco que la espuma del río donde nosotras lavamos. Me parecía que mis manos al tocarle se llevaban algo de su vida, como si fuese un aroma que las santifi-
5   case.

LAS DOS HERMANAS. Ahora al pasar nos detendremos a besarle.

LA PEQUEÑA. ¿Y qué diremos cuando nos interrogue la abuela?... A mí me dio una tela hilada y tejida por sus manos para que la lavase, y al mojarla se la llevó la corriente...

10 LA MEDIANA. A mí me dio un lenzuelo de la cuna, y al tenderlo al sol se lo llevó el viento...

LA MAYOR. A mí me dió una madeja de lino, y al recogerla del zarzal donde la había puesto a secar, un pájaro negro se la llevó en el pico...

LA PEQUEÑA. ¡Yo no sé qué le diremos!...

15 LA MEDIANA. Yo tampoco, hermana mía.

LA MAYOR. Pasaremos en silencio. Como está ciega no puede vernos.

LA MEDIANA. Su oído conoce las pisadas.

LA MAYOR. Las apagaremos en la hierba.

LA PEQUEÑA. Sus ojos adivinan las sombras.

20 LA MAYOR. Hoy están cansados de llorar.

LA MEDIANA. Vamos, pues, todo por la orilla del camino,[6] que es donde la hierba está crecida.

Las tres hermanas, Andara, Isabela y Aladina, van en silencio andando por la orilla del camino. La vieja levanta un momento los ojos sin vista: Despúes sigue
25 *meciendo y cantando al niño. Las tres hermanas, cuando han pasado, vuelven la cabeza: Se alejan y desaparecen, una tras otra, en la revuelta. Allá, por la falda de la colina, asoma un pastor. Camina despacio, y al andar se apoya en el cayado: Es muy anciano, vestido todo de pieles, con la barba nevada y solemne: Parece uno de aquellos piadosos pastores que adoraron al Niño Jesús en el Establo de Belén.*

30 EL PASTOR. Ya se pone el sol. ¿Por qué no entras en la casa con tu nieto?

LA ABUELA. Dentro de la casa anda la muerte... ¿No la sientes batir las puertas?

EL PASTOR. Es el viento que viene con la noche...

LA ABUELA. ¡Ah!... ¡Tú piensas que es el viento!... ¡Es la muerte!...

---

[6] *Vamos, pues, todo por la orilla del camino*   Let's then keep along on the side of the road

53

EL PASTOR. ¿La oveja no ha parecido?

LA ABUELA. La oveja no ha parecido, ni parecerá...

EL PASTOR. Mis zagales la buscaron dos días enteros... Se han cansado ellos y los canes...

LA ABUELA. ¡Y el lobo ríe en su cubil!...

EL PASTOR. Yo también me cansé buscándola.

LA ABUELA. ¡Y todos nos cansaremos!... Solamente el niño seguirá llamándola en su lloro, y seguirá, y seguirá...

EL PASTOR. Yo escogeré en mi rebaño una oveja mansa.

LA ABUELA. No la hallarás. Las ovejas mansas las comen los lobos.

EL PASTOR. Mi rebaño tiene tres canes vigilantes. Cuando yo vuelva del monte, le ofreceré al niño una oveja con su cordero blanco.

LA ABUELA. ¡Ah! ¡Cuánto temía que la esperanza llegase y se cobijara en mi corazón como en un nido viejo abandonado bajo el alar!

EL PASTOR. La esperanza es un pájaro que va cantando por todos los corazones.

LA ABUELA. Soy una pobre desvalida, pero mientras conservasen tiento mis dedos, hilarían para tu regalo cuanta lana diere[7] la oveja. ¡Pero no vivirá el nieto mío!... Hace ya tres días, desde que aúllan los perros, cuando le alzo de la cuna siento batir sus alas de ángel como si quisiese aprender a volar...

Vuelve a llorar el niño, pero con un vagido cada vez más débil y desconsolado: Vuelve su abuela a mecerle con la antigua tonadilla. El pastor se aleja lentamente, pasa por un campo verde, donde están jugando a la rueda... Canta el corro infantil la misma tonadilla que la abuela: Al deshacerse, unas niñas con la falda llena de flores se acercan a la vieja, que no las siente, y sigue meciendo a su nieto. Las niñas se miran en silencio y se sonríen. La abuela deja de cantar y acuesta al nieto en la cuna.

LAS NIÑAS. ¿Se ha dormido, abuela?

LA ABUELA. Sí, se ha dormido.

LAS NIÑAS. ¡Qué blanco está!... ¡Pero no duerme, abuela!... Tiene los ojos abiertos... Parece que mira una cosa que no se ve...

LA ABUELA. ¡Una cosa que no se ve!... ¡Es la otra vida!...

LAS NIÑAS. Se sonríe y cierra los ojos...

LA ABUELA. Con ellos cerrados seguirá viendo lo mismo que antes veía. Es su alma blanca la que mira.

[7] *diere* (fut. subj., arch.)=*diese*

LAS NIÑAS. Se sonríe... ¿Por qué se sonríe con los ojos cerrados?...

LA ABUELA. Sonríe a los ángeles.

Una ráfaga de viento pasa sobre las sueltas cabelleras, sin ondularlas. Es un viento frío que hace llorar los ojos de la abuela. El nieto permanece inmóvil en la
5 *cuna. Las niñas se alejan pálidas y miedosas, lentamente, en silencio, cogidas de la mano.*

LA ABUELA. ¿Dónde estáis?... Decidme: ¿Se sonríe aún?

LAS NIÑAS. No, ya no se sonríe...

LA ABUELA. ¿Dónde estáis?

10 LAS NIÑAS. Nos vamos ya...

Se sueltan las manos y huyen. A lo lejos suena una esquila. La abuela se encorva escuchando. Es la oveja familiar, que vuelve para que mame el niño: Llega como el don de un Rey Mago,[8] con las ubres llenas de bien.[9] Reconoce los lugares y se acerca con dulce balido: Trae el vellón peinado por los tojos y las zarzas del
15 *monte. La vieja extiende sobre la cuna las manos para levantar al niño. ¡Pero las pobres manos arrugadas, temblonas y seniles, hallan que el niño está yerto!*

LA ABUELA. ¡Ya me has dejado, nieto mío! ¡Qué sola me has dejado! ¡Oh! ¿Por qué tu alma de ángel no puso un beso en mi boca y se llevó mi alma cargada de penas?... Eras tú como un ramo de blancas rosas en esta capilla
20 triste de mi vida... Si me tendías los brazos eran las alas inocentes de los ruiseñores que cantan en el Cielo a los Santos Patriarcas:[10] Si me besaba tu boca, era una ventana llena de sol que se abría sobre la noche... ¡Eras tú como un cirio de blanca cera en esta capilla oscura de mi alma!... ¡Vuélveme[11] al nieto mío, muerte negra! ¡Vuélveme al nieto mío!...

25 *Con los brazos extendidos, entra en la casa desierta seguida de la oveja. Bajo el techado resuenan sus gritos. Y el viento anda a batir las puertas.[12]*

[8] *el don de un Rey Mago* the gift of one of the Wise Men of the East. According to Biblical tradition (Mat. 2:1) the three Magi or three Kings (*Los Reyes Magos*) came from the Orient guided by the star of Bethlehem, to adore the Child Jesus, and to bring Him presents of gold, myrrh, and frankincense. In Spanish life they are the equivalent of Santa Claus, and it is a common belief among children that on the eve of the Epiphany (Jan. 6) the Wise Men come mounted on camels and leave presents in the shoes that the children have placed on the balconies.

[9] *de bien* of [milk] a good thing

[10] *los Santos Patriarcas*—the forefathers of the Jews (i.e., Abraham, Isaac, Jacob, and the sons of Jacob). The fathers or founders of the Catholic Church are also called Patriarchs.

[11] *vuélveme* = *devuélveme*

[12] *anda a batir las puertas* (Gal. construction) = *anda batiendo* goes about slamming doors

Mi hermana Antonia

I.—¡Santiago de Galicia[13] ha sido uno de los santuarios del mundo, y las almas todavía guardan allí los ojos atentos para el milagro!...[14]

II.—Una tarde, mi hermana Antonia me tomó de la mano para llevarme a la catedral.[15] Antonia tenía muchos años más que yo. Era alta y pálida, con los ojos negros y la sonrisa un poco triste. Murió siendo yo niño. ¡Pero cómo recuerdo su voz y su sonrisa y el hielo de su mano[16] cuando me llevaba por las tardes a la catedral!... Sobre todo, recuerdo sus ojos y la llama luminosa y trágica con que miraban a un estudiante que paseaba en el atrio, embozado en una capa azul. Aquel estudiante a mí me daba miedo. Era alto y cenceño, con cara de muerto y ojos de tigre, unos ojos terribles bajo el entrecejo fino y duro. Para que fuese mayor su semejanza con los muertos, al andar le crujían los huesos de la rodilla. Mi madre le odiaba, y por no verle, tenía cerradas las ventanas de nuestra casa, que daban al Atrio de las Platerías.[17] Aquella tarde

---

[13] *Santiago de Galicia= Santiago de Compostela*—an old city in the historical Spanish province of Galicia, one of the medieval kingdoms of the Iberian Peninsula. In the Middle Ages Santiago was, with Rome and Jerusalem, one of the three great shrines of the Christian World and a celebrated goal of European pilgrimages (cf. Chaucer's Wife of Bath: "thrice had she been at Jerusalem . . . at Rome she had been . . . in Galice at Saint James . . ." [*The Canterbury Tales*, Prologue]). A cathedral, the seat of an archbishopric, was constructed in the ninth century on the site where, according to tradition, the remains of the Apostle St. James the Greater (*Sant-Yago*) were found. From ancient times, it was believed that this disciple of Christ preached in Spain, and many poetic legends explaining the presence of his relics in Galicia arose. One of them relates that, before he died in Palestine, James asked his disciples to carry his body to that faraway land on the unknown sea, which he had brought into the fold of Christendom. Through a series of miracles the body finally reached its last resting place. Then, in 835 a bishop of Iria was led to the spot by the light of a bright star that was twinkling directly above it. The word *Compostela* is supposedly derived from the Latin *Campus Stellae* (field of the star). In modern times—the period in which the action of the story takes place—this once thriving religious and cultural center became a city noted mainly for its artistic treasures and its ecclesiastical importance. It is also the seat of one of the oldest and most famous universities of Spain.

[14] *el milagro* the miraculous

[15] *la catedral* the cathedral. Its construction was begun in the eleventh century and it was not completed until the eighteenth century. It is a very fine example of both the early Romanesque and the late Baroque architecture in Spain. The whole town grew around it, and its huge mass of gray stone still seems to protect, to dominate, and to overpower the city.

[16] *el hielo de su mano* her ice-cold hand. According to tradition the body of those possessed by the devil was always cold.

[17] *Atrio de las Platerías*—one of the courts of the cathedral, where the silversmiths had their shops.

recuerdo que paseaba, como todas las tardes, embozado en su capa azul. Nos alcanzó en la puerta de la catedral, y sacando por debajo del embozo su mano de esqueleto, tomó agua bendita y se la ofreció a mi hermana, que temblaba. Antonia le dirigió una mirada de súplica, y él murmuró con una sonrisa:

5   —¡Estoy desesperado!

III.—Entramos en una capilla, donde algunas viejas rezaban las Cruces.[18] Es una capilla grande y oscura, con su tarima llena de ruidos bajo la bóveda románica. Cuando yo era niño, aquella capilla tenía para mí una sensación de paz campesina. Me daba un goce de sombra como la copa de un viejo 10 castaño, como las parras delante de algunas puertas, como una cueva de ermitaño en el monte. Por las tardes siempre había corro de viejas rezando las Cruces. Las voces, fundidas en un murmullo de fervor, abríanse bajo las bóvedas y parecían iluminar las rosas de la vidriera como el sol poniente. Sentíase un vuelo de oraciones glorioso y gangoso, y un sordo arrastrarse[19] 15 sobre la tarima, y una campanilla de plata agitada por el niño acólito, mientras levanta su vela encendida, sobre el hombro del capellán, que deletrea en su breviario la Pasión.[20] ¡Oh, Capilla de la Corticela,[21] cuándo esta alma mía, tan vieja y tan cansada, volverá a sumergirse en tu sombra balsámica!

20   IV.—Lloviznaba, anochecido, cuando atravesábamos el atrio de la catedral para volver a casa. En el zaguán, como era grande y oscuro, mi hermana debió tener miedo, porque corría al subir las escaleras, sin soltarme la mano. Al entrar vimos a nuestra madre que cruzaba la antesala y se desvanecía por una puerta. Yo, sin saber por qué, lleno de curiosidad y de temor, 25 levanté los ojos mirando a mi hermana, y ella, sin decir nada, se inclinó y me besó. En medio de una gran ignorancia de la vida, adiviné el secreto de mi hermana Antonia. Lo sentí pesar sobre mí como pecado mortal, al cruzar aquella antesala donde ahumaba un quinqué de petróleo que tenía el tubo roto. La llama hacía dos cuernos, y me recordaba al Diablo. Por la noche, acostado 30 y a oscuras, esta semejanza se agrandó dentro de mí sin dejarme dormir, y volvió a turbarme otras muchas noches.

[18] *las Cruces* the prayers at the stations of the Cross said in the Roman Catholic Church in front of each of a series of crosses, small altars, or pictures representing the various steps taken by Christ as he ascended Calvary.
[19] *un sordo arrastrarse* a muffled dragging [of feet]
[20] *la Pasión* the Passion [of Christ]
[21] *Capilla de la Corticela* one of the chapels of the cathedral

V.—Siguieron algunas tardes de lluvia. El estudiante paseaba en el atrio de la catedral durante los escampos, pero mi hermana no salía para rezar las Cruces. Yo, algunas veces, mientras estudiaba mi lección en la sala llena de aroma de las rosas marchitas, entornaba una ventana para verle: Paseaba solo, son una sonrisa crispada, y al anochecer su aspecto de muerto 5 era tal, que daba miedo. Yo me retiraba temblando de la ventana, pero seguia viéndole sin poder aprenderme la lección. En la sala grande, cerrada y sonora, sentía su andar con crujir de canillas y choquezuelas... Maullaba el gato tras de la puerta, y me parecía que conformaba su maullido sobre el nombre del estudiante:[22]   10

¡Máximo Bretal!

VI.—Bretal es un caserío en la montaña, cerca de Santiago. Los viejos llevan allí montera picuda y sayo de estameña, las viejas hilan en los establos por ser más abrigados que las casas, y el sacristán pone escuela en el atrio de la iglesia: Bajo su palmeta, los niños aprenden la letra procesal de alcaldes y 15 escribanos, salmodiando las escrituras forales de una casa de mayorazgos ya deshecha.[23] Máximo Bretal era de aquella casa. Vino a Santiago para estudiar Teología, y los primeros tiempos, una vieja que vendía miel, traíale de su aldea el pan de borona para la semana, y el tocino. Vivía con otros estudiantes de clérigo en una posada donde sólo pagaban la cama. Son estos los semina- 20 ristas pobres a quienes llaman códeos.[24] Máximo Bretal ya tenía Ordenes Menores[25] cuando entró en nuestra casa para ser mi pasante de Gramática Latina. A mi madre se lo había recomendado como una obra de caridad el Cura de Bretal. Vino una vieja con cofia a darle las gracias, trajo de regalo un azafate de manzanas reinetas. En una de aquellas manzanas dijeron después 25 que debía estar el hechizo que hechizó a mi hermana Antonia.

---

[22] *Maullaba el gato... el nombre del estudiante*—the sorcerer, practitioner of black magic—whose powers were derived from his contact with the devil—was thought to be able to change at will into a black cat, a bat, or a werewolf. The subsequent role of the cat in this story and its identification with the diabolical student, who through his black art had bewitched Antonia, is based on that ancient superstition.

[23] *escrituras forales... deshecha*   deeds of tenantry of an old manor long since disappeared.

[24] *códeos*—this nickname is a masculine variation of the Galician word *códea*, a piece of stale bread. An allusion to the frugal life those students led.

[25] *Ordenes Menores*—the Holy Orders are the sacred investitures which in the Catholic Church set the clergy apart from the laity. They are properly speaking only one sacrament but are conferred in seven degrees. The first four, called "Minor Orders," do not actually have the sacramental value of a deaconate or a priesthood. They are chiefly concerned with duties such as caring for the church, reading the Scriptures, and serving as an acolyte during the Mass. Therefore, those ordained in the Minor Orders are not yet obligated to the breviary and celibacy.

VII.—Nuestra madre era muy piadosa y no creía en agüeros ni brujerías,[26] pero alguna vez lo aparentaba por disculpar la pasión que consumía a su hija. Antonia, por entonces, ya comenzaba a tener un aire del otro mundo, como el estudiante de Bretal. La recuerdo bordando en el fondo de
5 la sala, desvanecida como si la viese en el fondo de un espejo, toda desvanecida, con sus movimientos lentos que parecían responder al ritmo de otra vida, y la voz apagada, y la sonrisa lejana de nosotros: Toda blanca y triste, flotando en un misterio crepuscular, y tan pálida, que parecía tener cerco como la luna... ¡Y mi madre, que levanta la cortina de una puerta,[27] y la
10 mira, y otra vez se aleja sin ruido!

VIII.—Volvían las tardes de sol con sus tenues oros, y mi hermana, igual que antes, me llevaba a rezar con las viejas en la Capilla de la Corticela. Yo temblaba de que otra vez se apareciese el estudiante y alargase a nuestro paso su mano de fantasma, goteando agua bendita. Con el susto miraba a mi
15 hermana, y veía temblar su boca. Máximo Bretal, que estaba todas las tardes en el atrio, al acercarnos nosotros desaparecía, y luego, al cruzar las naves de la catedral, le veíamos surgir en la sombra de los arcos. Entrábamos en la capilla, y él se arrodillaba en las gradas de la puerta besando las losas donde acababa de pisar mi hermana Antonia. Quedaba allí arrodillado como el
20 bulto de un sepulcro,[28] con la capa sobre los hombros y las manos juntas. Una tarde cuando salíamos, vi su brazo de sombra alargarse por delante de mí, y enclavijar entre los dedos un pico de la falda de Antonia:

—¡Estoy desesperado!... Tienes que oírme, tienes que saber cuánto sufro... ¿Ya no quieres mirarme?...

25 Antonia murmuró, blanca como una flor:

—¡Déjeme usted, Don Máximo!

—No te dejo. Tú eres mía, tu alma es mía... El cuerpo no lo quiero, ya vendrá por él la muerte. Mírame, que tus ojos se confiesen con los míos. ¡Mírame!

30 Y la mano de cera tiraba tanto de la falda de mi hermana, que la

---

[26] *agüeros ni brujerías*—in Galicia, as in Ireland (which it resembles in many ways), the acceptance of the supernatural in all its forms, including witchcraft, has always been widespread. As is true everywhere else, these superstitions mainly affect the lower classes in Galicia, but until the end of the last century they were shared to a certain extent by all.

[27] *¡Y mi madre, que levanta la cortina de una puerta...!* And [I can also remember] my mother drawing the drapes of a doorway . . .!

[28] *como el bulto de un sepulcro* like the kneeling statue on a tomb

desgarró. Pero los ojos inocentes se confesaron con aquellos ojos claros y terribles. Yo, recordándolo, lloré aquella noche en la oscuridad, como si mi hermana se hubiera escapado de nuestra casa.

IX.—Yo seguía estudiando mi lección de latín en aquella sala, llena con el aroma de las rosas marchitas. Algunas tardes, mi madre entraba como una   5
sombra y se desvanecía en el estrado. Yo la sentía suspirar hundida en un rincón del gran sofá de damasco carmesí, y percibía el rumor de su rosario. Mi madre era muy bella, blanca y rubia, siempre vestida de seda, con guante negro en una mano, por la falta de dos dedos, y la otra, que era como una camelia, toda cubierta de sortijas. Esta fue siempre la que besamos nosotros y   10
la mano con que ella nos acariciaba. La otra, la del guante negro, solía disimularla entre el pañolito de encaje, y sólo al santiguarse la mostraba entera, tan triste y tan sombría sobre la albura de su frente, sobre la rosa de su boca, sobre su seno de Madona Litta.[29] Mi madre rezaba sumida en el sofá del estrado, y yo, para aprovechar la raya de luz que entraba por los balcones   15
entornados, estudiaba mi latín en el otro extremo, abierta la Gramática sobre uno de esos antiguos veladores con tablero de damas. Apenas se veía en aquella sala de respeto,[30] grande, cerrada y sonora. Alguna vez, mi madre, saliendo de sus rezos, me decía que abriese más el balcón. Yo obedecía en silencio, y aprovechaba el permiso para mirar al atrio, donde seguía paseando   20
el estudiante, entre la bruma del crepúsculo. De pronto, aquella tarde, estando mirándolo, desapareció. Volví a salmodiar mi latín, y llamaron en la puerta de la sala. Era un fraile franciscano, hacía poco llegado de Tierra Santa.

X.—El Padre Bernardo en otro tiempo había sido confesor de mi madre,   25
y al volver de su peregrinación no olvidó traerle un rosario hecho con huesos de olivas del Monte Oliveto.[31] Era viejo, pequeño, con la cabeza grande y calva, recordaba los santos románicos del Pórtico de la Catedral.[32] Aquella

---

[29] *Madona Litta*—a Madonna or picture of the Virgin Mary attributed to Leonardo da Vinci (1452–1519) and at present in the collection of the Hermitage Museum in Leningrad. The name "Litta" was given to this painting because it once belonged to the Duke of Litta, of Milan.

[30] *sala de respeto*—a parlor reserved only for state occasions.

[31] *Monte Oliveto*   Mount of Olives, or Olivet. A ridge to the east of Jerusalem, mentioned in both the Old and the New Testaments, where Jesus often went in search of peace and where He prayed on the eve of His death.

[32] *Pórtico de la Catedral*—the main portal of the cathedral, generally known as *Pórtico de la Gloria* because it represents in sculpture the Kingdom of Heaven. It was hewn in 1188 and is one of the outstanding examples of Romanesque sculpture in Spain.

tarde era la segunda vez que visitaba nuestra casa, desde que estaba devuelto[33]
a su convento de Santiago. Yo, al verle entrar, dejé mi Gramática y corrí a
besarle la mano. Quedé arrodillado mirándole y esperando su bendición, y
me pareció que hacía los cuernos.[34] ¡Ay, cerré los ojos, espantado de aquella
5 burla del Demonio! Con un escalofrío comprendí que era asechanza suya, y
como aquellas que traían las historias de santos que yo comenzaba a leer en
voz alta delante de mi madre y de Antonia. Era una asechanza para hacerme
pecar, parecida a otra que se cuenta en la vida de San Antonio de Padua.[35] El
Padre Bernardo, que mi abuela diría un santo sobre la tierra, se distrajo
10 saludando a la oveja de otro tiempo,[36] y olvidó formular su bendición sobre
mi cabeza trasquilada y triste,[37] con las orejas muy separadas, como para
volar. Cabeza de niño sobre quien pesan las lúgubres cadenas de la infancia:
El latín de día, y el miedo a los muertos, de noche. El fraile habló en voz baja
con mi madre, y mi madre levantó su mano del guante:
15 —¡Sal de aquí, niño!

XI.—Basilisa la Galinda, una vieja que había sido nodriza de mi madre,
se agachaba tras de la puerta. La vi y me retuvo del vestido, poniéndome en
la boca su palma arrugada:
—No grites, picarito.
20 Yo la miré fijamente porque le hallaba un extraño parecido con las
gárgolas de la catedral. Ella, después de un momento, me empujó con
blandura:
—¡Vete, neno!
Sacudí los hombros para desprenderme de su mano, que tenía las
25 arrugas negras como tiznes, y quedé a su lado. Oíase la voz del franciscano:
—Se trata de salvar un alma...
Basilisa volvió a empujarme:

[33] *estaba devuelto = había vuelto*
[34] *hacía los cuernos*—he extended his index and little fingers while his middle and ring fingers folded with the thumb over them, thus making the image of a head with horns. This in popular lore is considered to be the symbol of the devil.
[35] *San Antonio de Padua*—St. Anthony of Padua (1195-1231), Franciscan friar born in Lisbon, who later went to Italy where he achieved renown through his preaching and his holy life. He is not primarily associated with temptations as is St. Anthony the Abbot (251?-c. 350), the Egyptian hermit and founder of Christian monasticism, who according to tradition experienced every temptation the devil could devise but repelled them all. It is quite likely that Valle-Inclán here mistook one Anthony for the other.
[36] *la oveja de otro tiempo*   the member of his old flock [Antonia's mother]
[37] *olvidó formular su bendición... triste*—imparting his benediction would have meant making the sign of the cross with his hand over the child's head.

—Vete, que tú no puedes oír...

Y toda encorvada metía los ojos por la rendija de la puerta. Me agaché cerca de ella. Ya sólo me dijo estas palabras:

—¡No recuerdes más lo que oigas, picarito!

Yo me puse a reír. Era verdad que parecía una gárgola. No podía 5 saber si perro, si gato, si lobo. Pero tenía un extraño parecido a aquellas figuras de piedra, asomadas o tendidas sobre el atrio, en la cornisa de la catedral.

XII.—Se oía conversar en la sala. Un tiempo largo la voz del franciscano:

—Esta mañana fue a nuestro convento un joven tentado por el Diablo. 10 Me contó que había tenido la desgracia de enamorarse, y que desesperado, quiso tener la ciencia infernal... Siendo la medianoche había impetrado el poder del Demonio.[38] El ángel malo se le apareció en un vasto arenal de ceniza, lleno con gran rumor de viento, que lo causaban sus alas de murciélago, al agitarse bajo las estrellas. 15

Se oyó un suspiro de mi madre:

—¡Ay, Dios!

Proseguía el fraile.

—Satanás le dijo que le firmase un pacto y que le haría feliz en sus amores. Dudó el joven, porque tiene el agua del bautismo[39] que hace a los cristianos, 20 y le alejó con la cruz. Esta mañana, amaneciendo, llegó a nuestro convento, y en el secreto del confesionario me hizo su confesión. Le dije que renunciase a sus prácticas diabólicas, y se negó. Mis consejos no bastaron a persuadirle. ¡Es un alma que se condenará!...

Otra vez gimió mi madre: 25

—¡Preferiría muerta a mi hija!

Y la voz del fraile, en un misterio de terror, proseguía:

—Muerta ella, acaso él triunfase del Infierno. Viva, quizá se pierdan los

---

[38] *Siendo la medianoche... Demonio*—witchcraft or sorcery was a survival of pagan magic. During the Middle Ages, under Christian tradition, its powers were associated with the devil, and witches and sorcerers were considered evil souls. In spite of persecutions, the practice and belief persisted and were widespread. By the fourteenth century witchcraft, which was intimately allied to satanism or devil worship, and therefore closely related to religion, had developed into a complex system rooted in demonology and popular lore. The essence of this infernal science was the surrendering of the soul to Satan through a pact and the willingness to accept damnation in order to secure the fulfillment of earthly desires through supernatural powers. The pact was usually made at midnight, after the devil had been conjured up at a crossroads, and was signed with the conjurer's own blood. The best known literary treatments of this theme are Marlowe's *Doctor Faustus*, Calderón's *El mágico prodigioso*, and Goethe's *Faust*.

[39] *tiene el agua del bautismo*   he has been baptized

dos... No basta el poder de una pobre mujer como tú para luchar contra la ciencia infernal...

Sollozó mi madre:

—¡Y la gracia de Dios!

Hubo un largo silencio. El fraile debía estar en oración meditando su respuesta: Basilisa la Galinda me tenía apretado contra su pecho. Se oyeron las sandalias del fraile, y la vieja me aflojó un poco los brazos para incorporarse y huir. Pero quedó inmóvil, retenida por aquella voz que luego sonó:

—La Gracia no está siempre con nosotros, hija mía. Mana como una fuente y se seca como ella. Hay almas que sólo piensan en su salvación, y nunca sintieron amor por las otras criaturas: Son las fuentes secas. Dime, ¿qué cuidado sintió tu corazón al anuncio de estar en riesgo de perderse un cristiano? ¿Qué haces tú por evitar ese negro concierto con los poderes infernales? ¡Negarle tu hija para que la tenga de manos de Satanás!

Gritó mi madre:

—¡Más puede el Divino Jesús!

Y el fraile replicó con una voz de venganza:

—El amor debe ser por igual para todas las criaturas. Amar al padre, al hijo o al marido, es amar figuras de lodo. Sin saberlo, con tu mano negra también azotas la cruz como el estudiante de Bretal.

Debía tener los brazos extendidos hacia mi madre.[40] Después se oyó un rumor como si se alejase. Basilisa escapó conmigo, y vimos pasar a nuestro lado un gato negro. Al Padre Bernardo nadie le vio salir. Basilisa fue aquella tarde al convento, y vino contando que estaba en una misión a muchas leguas.

XIII.—¡Cómo la lluvia azotaba los cristales y cómo era triste la luz de la tarde en todas las estancias!

Antonia borda cerca del balcón, y nuestra madre, recostada en el canapé, la mira fijamente, con esa mirada fascinante de las imágenes que tienen los ojos de cristal. Era un gran silencio en torno de nuestras almas, y sólo se oía el péndulo del reloj. Antonia quedó una vez soñando con la aguja en alto. Allá en el estrado suspiró nuestra madre, y mi hermana agitó los párpados como si despertase. Tocaban entonces todas las campanas de muchas iglesias.

---

[40] *Debía tener los brazos... madre*—the spell was cast by stretching both arms forward in the direction of the victim. This gesture was usually accompanied by the utterance of an incantation that included the naming of an evil spirit; in this instance Bretal mentions his own name. By virtue of this spell, and transformed into a cat, he will seek the destruction of his enemy and the fulfillment of his aims.

Basilisa entró con luces, miró detrás de la puertas y puso los tranqueros en las ventanas. Antonia volvió a soñar inclinada sobre el bordado. Mi madre me llamó con la mano, y me retuvo. Basilisa trajo su rueca, y sentóse en el suelo, cerca del canapé. Yo sentía que los dientes de mi madre hacían el ruido de una castañeta. Basilisa se puso de rodillas mirándola, y mi madre gimió: 5

—Echa el gato que araña bajo el canapé.

Basilisa se inclinó:

—¿Dónde está el gato? Yo no lo veo.

—¿Y tampoco lo sientes?

Replicó la vieja, golpeando con la rueca: 10

—¡Tampoco lo siento!

Gritó mi madre:

—¡Antonia! ¡Antonia!

—¡Ay, diga, señora!

—¿En qué piensas?   15

—¡En nada, señora!

—¿Tú oyes cómo araña el gato?

Antonia escuchó un momento:

—¡Ya no araña!

Mi madre se estremeció toda: 20

—Araña delante de mis pies, pero tampoco lo veo.

Crispaba los dedos sobre mis hombros. Basilisa quiso acercar una luz, y se le apagó en la mano bajo una ráfaga que hizo batir todas las puertas. Entonces, mientras nuestra madre gritaba, sujetando a mi hermana por los cabellos, la vieja, provista de una rama de olivo, se puso a rociar agua bendita 25 por los rincones.[41]

XIV.—Mi madre se retiró a su alcoba, sonó la campanilla y acudió corriendo Basilisa. Después, Antonia abrió el balcón y miró a la plaza con ojos de sonámbula. Se retiró andando hacia atrás, y luego escapó. Yo quedé solo, con la frente pegada a los cristales del balcón, donde moría la luz de la 30 tarde. Me pareció oír gritos en el interior de la casa, y no osé moverme, con la vaga impresión de que eran aquellos gritos algo que yo debía ignorar por ser niño. Y no me movía del hueco del balcón, devanando un razonar

---

[41] *provista de una rama... rincones*—aspersions with holy water were considered to have among other powers that of chasing away the devil and evil spirits and of protecting one against their influence. Olive branches were also believed to have similar virtues.

medroso y pueril, todo confuso con aquel nebuloso recordar de represiones bruscas y de encierros en una sala oscura. Era como envoltura de mi alma, esa memoria dolorosa de los niños precoces, que con los ojos agrandados oyen las conversaciones de las viejas y dejan los juegos por oírlas. Poco a poco 5 cesaron los gritos, y cuando la casa quedó en silencio escapé de la sala. Saliendo por una puerta encontré a la Galinda:

—¡No barulles, picarito!

Me detuve sobre la punta de los pies ante la alcoba de mi madre. Tenía la puerta entornada, y llegaba de dentro un murmullo apenado y un gran 10 olor de vinagre. Entré por el entorno de la puerta, sin moverla y sin ruido. Mi madre estaba acostada, con muchos pañuelos a la cabeza. Sobre la blancura de la sábana destacaba el perfil de su mano en el guante negro. Tenía los ojos abiertos, y al entrar yo los giró hacia la puerta, sin remover la cabeza:

—¡Hijo mío, espántame ese gato que tengo a los pies!

15 Me acerqué, y saltó al suelo un gato negro, que salió corriendo. Basilisa la Galinda, que estaba en la puerta, también lo vio, y dijo que yo había podido espantarlo porque era un inocente.[42]

XV.—Y recuerdo a mi madre un día muy largo, en la luz triste de una habitación sin sol, que tiene las ventanas entornadas. Está inmóvil en su sillón, 20 con las manos en cruz,[43] con muchos pañuelos a la cabeza y la cara blanca. No habla, y vuelve los ojos cuando otros hablan, y mira fija, imponiendo silencio. Es aquél un día sin horas, todo en penumbra de media tarde. Y este día se acaba de repente, porque entran con luces en la alcoba. Mi madre está dando gritos:

25 —¡Ese gato!... ¡Ese gato!... ¡Arrancármelo,[44] que se me cuelga a la espalda!

Basilisa la Galinda vino a mí, y con mucho misterio me empujó hacia mi madre. Se agachó y me habló al oído, con la barbeta temblona, rozándome la cara con sus lunares de pelo.

30 —¡Cruza las manos!

[42] *porque era un inocente*—small children, being yet without sin, were also supposed to have the power of chasing the devil away.

[43] *las manos en cruz* with her arms folded over her breast in the form of a cross. This is a traditional attitude for prayer and as such is supposed to offer protection against diabolic influences.

[44] *Arrancármelo=Arrancádmelo*—in speaking, commands in the second person plural are often given in the infinitive.

Yo crucé las manos, y Basilisa me las impuso sobre la espalda de mi madre. Me acosó después en voz baja:

—¿Qué sientes, neno?

Respondí asustado, en el mismo tono que la vieja:

—¡Nada!... No siento nada, Basilisa. 5

—¿No sientes como lumbre?[45]

—No siento nada, Basilisa.

—¿Ni los pelos del gato?

—¡Nada!

Y rompí a llorar, asustado por los gritos de mi madre. Basilisa me tomó 10 en brazos y me sacó al corredor:

—¡Ay, picarito, tú has cometido algún pecado, por eso no pudiste espantar al enemigo malo!

Se volvió a la alcoba. Quedé en el corredor, lleno de miedo y de angustia, pensando en mis pecados de niño. Seguían los gritos en la alcoba, e iban 15 con luces por toda la casa.

XVI.—Después de aquel día tan largo, es una noche también muy larga, con luces encendidas delante de las imágenes y conversaciones en voz baja, sostenidas en el hueco de las puertas que rechinan al abrirse. Yo me senté en el corredor, cerca de una mesa donde había un candelero con dos velas, y 20 me puse a pensar en la historia del Gigante Goliat.[46] Antonia, que pasó con el pañuelo sobre los ojos, me dijo con una voz de sombra:

—¿Qué haces ahí?

—Nada.

—¿Por qué no estudias? 25

La miré asombrado de que me preguntase por qué no estudiaba, estando enferma nuestra madre. Antonia se alejó por el corredor, y volví a pensar en la historia de aquel gigante pagano que pudo morir de un tiro de piedra. Por aquel tiempo, nada admiraba tanto como la destreza con que manejó la honda el niño David: Hacía propósito de ejercitarme en ella 30 cuando saliese de paseo por la orilla del río. Tenía como un vago y novelesco presentimiento de poner mis tiros en la frente pálida del estudiante de Bretal. Y volvió a pasar Antonia con un braserillo donde se quemaba espliego:

---

45 *¿No sientes como lumbre?* = *¿No sientes como [si hubiese] lumbre?*
46 *el Gigante Goliat* Goliath, the Philistine giant who according to the Old Testament (I Sam., 27:4) was killed by the boy David with his sling.

—¿Por qué no te acuestas, niño?

Y otra vez se fue corriendo por el corredor. No me acosté, pero me dormí con la cabeza apoyada en la mesa.

XVII.—No sé si fue una noche, si fueron muchas, porque la casa estaba
5 siempre oscura y las luces encendidas ante las imágenes. Recuerdo que entre sueños oía los gritos de mi madre, las conversaciones misteriosas de los criados, el rechinar de las puertas y una campanilla que pasaba por la calle. Basilisa la Galinda venía por el candelero, se lo llevaba un momento y lo traía con dos velas nuevas, que apenas alumbraban. Una de estas veces, al levantar la sien
10 de encima de la mesa, vi a un hombre en mangas de camisa que estaba cosiendo, sentado al otro lado: Era muy pequeño, con la frente calva y un chaleco encarnado. Me saludó sonriendo:

—¿Se dormía, estudioso puer?

Basilisa espabiló las velas:

15 —¿No te recuerdas de mi hermano, picarito?

Entre las nieblas del sueño, recordé al señor Juan de Alberte. Le había visto algunas tardes que me llevó la vieja a las torres de la Catedral. El hermano de Basilisa cosía bajo una bóveda, remendando sotanas. Suspiró la Galinda:

20 —Está aquí para avisar los óleos[47] en la Corticela.

Yo empecé a llorar, y los dos viejos me dijeron que no hiciese ruido. Se oía la voz de mi madre:

—¡Espantarme ese gato! ¡Espantarme ese gato!

Basilisa la Galinda entra en aquella alcoba, que estaba al pie de la escalera
25 del fayado, y sale con una cruz de madera negra. Murmura unas palabras oscuras, y me santigua por el pecho, por la espalda y por los costados. Después, me entrega la cruz, y ella toma las tijeras de su hermano, esas tijeras de sastre, grandes y mohosas, que tienen un son de hierro al abrirse:

—Hemos de libertarla, como pide...

30 Me condujo con la mano a la alcoba de mi madre, que seguía gritando:

—¡Espantarme ese gato! ¡Espantarme ese gato!

Sobre el umbral me aconsejó en voz baja:

---

[47] *avisar los óleos*   to call for Extreme Unction. In the ritual of the Roman Catholic Church those who are on the verge of death are given the sacrament of Extreme Unction for the remission of sins; the ceremony consists of anointment with an oil blessed for this purpose.

—Llega muy paso y pon la cruz sobre la almohada... Yo quedo aquí en la puerta.

Entré en la alcoba. Mi madre estaba incorporada, con el pelo revuelto, las manos tendidas y los dedos abiertos como garfios. Una mano era negra y otra blanca. Antonia la miraba, pálida y suplicante. Yo pasé rodeando, y vi 5 de frente los ojos de mi hermana, negros, profundos y sin lágrimas. Me subí a la cama sin ruido, y puse la cruz sobre las almohadas. Allá en la puerta, toda encogida sobre el umbral, estaba Basilisa la Galinda. Sólo la vi un momento, mientras trepé a la cama, porque apenas puse la cruz en las almohadas, mi madre empezó a retorcerse, y un gato negro escapó de entre las ropas hacia 10 la p.erta. Cerré los ojos, y con ellos cerrados, oí sonar las tijeras de Basilisa: Después la vieja llegóse a la cama donde mi madre se retorcía, y me sacó en brazos de la alcoba: En el corredor, cerca de la mesa que tenía detrás la sombra enana del sastre, a la luz de las velas, enseñaba dos recortes negros que le manchaban las manos de sangre, y decía que eran las orejas del gato. 15 Y el viejo se ponía la capa, para avisar los santos óleos.

XVIII.—Llenóse la casa de olor de cera y murmullo de gente que reza en confuso son... Entró un clérigo revestido, andando de prisa, con una mano de perfil sobre la boca. Se metía por las puertas guiado por Juan de Alberte. El sastre, con la cabeza vuelta, corretea tieso y enano, arrastra la capa y mece 20 en dos dedos, muy gentil, la gorra por la visera, como hacen los menestrales en las procesiones. Detrás seguía un grupo oscuro y lento, rezando en voz baja. Iba por el centro de las estancias, de una puerta a otra puerta, sin extenderse. En el corredor se arrodillaron algunos bultos, y comenzaron a desgranarse las cabezas. Se hizo una fila que llegó hasta las puertas abiertas de la 25 alcoba de mi madre. Dentro, con mantillas y una vela en la mano, estaban arrodilladas Antonia y la Galinda. Me fueron empujando hacia delante algunas manos que[48] salían de los manteos oscuros, y volvían prestamente a juntarse sobre las cruces de los rosarios: Eran las manos sarmentosas de las viejas que rezaban en el corredor, alineadas a lo largo de la pared, con el 30 perfil de la sombra pegado al cuerpo. En la alcoba de mi madre, una señora llorosa que tenía un pañuelo perfumado, y me pareció toda morada como una dalia con el hábito nazareno,[49] me tomó de la mano y se arrodilló conmigo,

---

[48] *Me fueron empujando hacia adelante algunas manos que...* Some hands which ... kept pushing me forward.

[49] *hábito nazareno*—a purple habit, worn either temporarily or throughout a lifetime by deeply religious women as a vow to Jesus (the Nazarene).

ayudándome a tener una vela. El clérigo anduvo en torno de la cama, con un murmullo latino, leyendo en su libro...

Después alzaron las coberturas y descubrieron los pies de mi madre rígidos y amarillentos. Yo comprendí que estaba muerta, y quedé aterrado y
5 silencioso entre los brazos tibios de aquella señora tan hermosa, toda blanca y morada. Sentía un terror de gritar, una prudencia helada, una aridez sutil, un recato perverso de moverme entre los brazos y el seno de aquella dama toda blanca y morada, que inclinaba el perfil del rostro al par de mi mejilla y me ayudaba a sostener la vela funeraria.

10 XIX.—La Galinda vino a retirarme de los brazos de aquella señora, y me condujo al borde de la cama donde mi madre estaba yerta y amarilla, con las manos arrebujadas entre los pliegues de la sábana. Basilisa me alzó del suelo para que viese bien aquel rostro de cera:

—Dile adiós, neno. Dile: Adiós, madre mía, más no te veré.

15 Me puso en el suelo la vieja, porque se cansaba, y después de respirar, volvió a levantarme metiendo bajo mis brazos sus manos sarmentosas:

—¡Mírala bien! Guarda el recuerdo para cuando seas mayor... Bésala, neno.

Y me dobló sobre el rostro de la muerta. Casi rozando aquellos párpados
20 inmóviles, empecé a gritar, revolviéndome entre los brazos de la Galinda. De pronto, con el pelo suelto, al otro lado de la cama aparecióse Antonia. Me arrebató a la vieja criada y me apretó contra el pecho sollozando y ahogándose. Bajo los besos acongojados de mi hermana, bajo la mirada de sus ojos enrojecidos, sentí un gran desconsuelo... Antonia estaba yerta, y llevaba en
25 la cara una expresión de dolor extraño y obstinado. Ya en otra estancia, sentada en una silla baja, me tiene sobre su falda, me acaricia, vuelve a besarme sollozando, y luego, retorciéndome una mano, ríe ríe, ríe... Una señora le da aire con su pañolito; otra, con los ojos asustados, destapa un pomo; otra entra por una puerta con un vaso de agua, tembloroso en la bandeja de metal.

30 XX.—Yo estaba en un rincón, sumido en una pena confusa, que me hacía doler las sienes como la angustia del mareo. Lloraba a ratos y a ratos me distraía oyendo otros lloros. Debía ser cerca de medianoche cuando abrieron de par en par una puerta, y temblaron en el fondo las luces de cuatro velas. Mi madre estaba amortajada en su caja negra. Yo entré en la alcoba sin ruido,
35 y me senté en el hueco de la ventana. Alrededor de la caja velaban tres mujeres y el hermano de Basilisa. De tiempo en tiempo el sastre se levantaba y escupía

69

en los dedos para espabilar las velas. Aquel sastre enano y garboso, del chaleco encarnado, tenía no sé qué destreza bufonesca al arrancar el pabilo e inflar los carrillos soplándose los dedos.

Oyendo los cuentos de las mujeres, poco a poco fui dejando de llorar: Eran relatos de aparecidos y de personas enterradas vivas.   5

XXI.—Rayando el día, entró en la alcoba una señora muy alta, con los ojos negros y el cabello blanco. Aquella señora besó a mi madre en los ojos mal cerrados, sin miedo al frío de la muerte y casi sin llorar. Después se arrodilló entre dos cirios y mojaba en agua bendita una rama de olivo y la sacudía sobre el cuerpo de la muerta. Entró Basilisa buscándome con la mi- 10 rada, y alzó la mano llamándome:

—¡Mira la abuela, picarito!

¡Era la abuela! Había venido en una mula desde su casa de la montaña, que estaba a siete leguas de Santiago. Yo sentía en aquel momento un golpe de herraduras sobre las losas del zaguán donde la mula había quedado atada. 15 Era un golpe que parecía resonar en el vacío de la casa llena de lloros. Y me llamó desde la puerta mi hermana Antonia:

—¡Niño! ¡Niño!

Salí muy despacio, bajo la recomendación de la vieja criada. Antonia me tomó de la mano y me llevó a un rincón.   20

—¡Esa señora es la abuela! En adelante viviremos con ella.

Yo suspiré:

—¿Y por qué no me besa?

Antonia quedó un momento pensativa, mientras se enjugaba los ojos:

—¡Eres tonto! Primero tiene que rezar por mamá.   25

Rezó mucho tiempo. Al fin se levantó preguntando por nosotros, y Antonia me arrastró de la mano. La abuela ya llevaba un pañuelo de luto sobre el crespo cabello, todo de plata, que parecía realzar el negro fuego de los ojos. Sus dedos rozaron levemente mi mejilla, y todavía recuerdo la impresión que me produjo aquella mano de aldeana, áspera y sin ternura. 30 Nos habló en dialecto:[50]

—Murió la vuestra madre y ahora la madre lo seré yo... Otro amparo no tenéis en el mundo... Os llevo conmigo porque esta casa se cierra. Mañana, después de las misas, nos pondremos al camino.

---

[50] *en dialecto*—refers to the Galician tongue, one of the neo-Latin languages of the Peninsula, related to Portuguese, and still spoken daily by the rural population of this province. Valle-Inclán conveys here the impression of that ancient language by using certain turns of phrase characteristic of Galician (i.e., *la vuestra madre; nos pondremos al camino*).

XXII.—Al día siguiente mi abuela cerró la casa, y nos pusimos en camino para San Clemente de Brandeso. Ya estaba yo en la calle montado en la mula de un montañés que me llevaba delante en el arzón, y oía en la casa batir las puertas y gritar buscando a mi hermana Antonia. No la encon-
5 traban, y con los rostros demudados salían a los balcones, y tornaban a entrarse y a correr las estancias vacías donde andaba el viento a batir[51] las puertas, y las voces gritando por mi hermana. Desde la puerta de la catedral una beata la descubrió desmayada en el tejado.[52] La llamamos y abrió los ojos bajo el sol matinal, asustada como si despertase de un mal sueño. Para
10 bajarla del tejado, un sacristán con sotana y en mangas de camisa saca una larga escalera. Y cuando partíamos, se apareció en el atrio, con la capa revuelta por el viento, el estudiante de Bretal. Llevaba a la cara una venda negra y bajo ella creí ver el recorte sangriento de las orejas rebanadas a cercén.

XXIII.—En Santiago de Galicia, como ha sido uno de los santuarios del
15 mundo, las almas todavía conservan los ojos abiertos para el milagro.

---

[51] *a batir* (Gal.)= *batiendo*

[52] *desmayada en el tejado*—note that here Antonia is found senseless on the tile roof of the house, the usual meeting place for cats at night (the Spanish equivalent of "alley cat" is *gato de tejado*) but a rather unlikely, precarious, and difficult place for a woman to reach unless in some mysterious way she had been temporarily changed into a cat.

3 ❦ *Pío Baroja* ❧
(1872–1956)

El más conocido y traducido de los novelistas de la «Generación del 98». Dedicado casi exclusivamente a la novela —aunque publicó algunos volúmenes de ensayos. Vasco, como Unamuno. Su independencia económica le permitió escribir como quiso sin tener que amoldarse a gustos ajenos. Su obra novelesca es extensísima y se acerca casi al centenar de volúmenes. Por su rebeldía esencial encarna perfectamente el espíritu del «98». Misógino, reflexivo, abúlico, y sedentario, sus obras expresan sus represiones, su insaciable deseo de libertad absoluta, física y espiritual. Individualista integral ve en la sociedad y en la vida —tal como aparecen contemporáneamente organizadas— una farsa, que impide que el hombre pueda manifestarse con naturalidad, con fuerza, con belleza, y con dignidad. Por eso su actitud esencial es de protesta contra todas las formas institucionales establecidas: Gobierno, Iglesia, Ejército, Universidad, etc., que son para él los verdaderos enemigos del ser humano, individual y colectivo, que limitan y deforman al hombre convirtiéndolo en algo fútil, bajo, ignorante, hipócrita y falsificado.

Esta actitud de irritada desconformidad, evidente en todas sus novelas, tiene, sin embargo, un carácter absoluto; va dirigida contra la vida misma, pues Baroja parece no tener esperanzas en una mejora por medio de la revolución organizada. Es en el fondo un anarquista total, un místico de la idea de la perfección humana, cuyo desencantado pesimismo de la realidad del hombre le lleva a una actitud de escepticismo irónico, de humor amargo. Bajo esa desilusión irritada se percibe, no obstante, un hondo substrato de sentimentalismo y de ternura, que él trata de ocultar, pero que surge aquí y allá, por toda su obra, reventando en desahogos líricos.

Llevado de la indignación que le producía el falseamiento sistemático que advertía en la vida y en el hombre, practicó siempre en su obra lo que él llamaba «la estética del improperio», que consistía en decir, con una independencia casi salvaje, lo que pensaba de las cosas, y en términos que no dejan lugar a dudas. Pocos grupos humanos o instituciones se libraron de esos apasionados y violentos juicios verbales: españoles, americanos, franceses, católicos, judíos, protestantes, etc. fueron objecto de esa estética del mal humor y del vituperio. Por otra parte, no nos extrañará advertir que Baroja simpatiza instintivamente con todas las personalidades rebeldes a lo establecido o lo convencional, con todos los tipos inadaptados, extraños o antisociales —que son los que predominan en su larga galería de personajes. Todos sus héroes son, por tanto, de una manera o de otra gentes inquietas, vagabundos, insatisfechos, gentes que se mueven constantemente de un lado para otro, sin que sus propósitos estén claros. O son personas que se resisten a participar en el engaño universal que es la vida, y a colaborar en él, y que se sitúan en una posición marginal, crítica, comparando constantemente la triste realidad con el ideal teórico de una vida absolutamente natural. Todos esos héroes no parecen encontrar más solución que el ejercicio de la voluntad en la acción. Sólo así se puede hacer llevadera y darle algún sentido a la existencia humana, que es sólo «crueldad, ingratitud, inconsciencia», que es «fea, dolorosa, e indomable», cuyos móviles son «egoístas y bajos». En esta vida, que es una lucha feroz, sin sentido, se encuentran, sin embargo, almas buenas, corazones puros, sentimientos nobles y generosos, destinados a vivir perdidos en una serie interminable de azares y frustraciones. Pero Baroja jamás se mofa de ellos. Su humorismo cínico está condicionado por ese vasto fondo de caliente humanidad, de emotividad sencilla, y de idealismo fallido a que antes hicimos referencia.

La estética de Baroja tiene una base realista: reflejar la vida con veracidad. Pero la vida es para él todo lo contrario de una fórmula con unas relaciones lógicas de causas y efectos. Es algo esencialmente irracional e ilógico: una serie de acontecimientos inconexos, sin una significación articulada, ni una causa esencial, producto de misteriosas casualidades, y por lo tanto no reducible a una unidad significativa. Por esto, si la novela tiene que reflejar o expresar la vida, tiene que tener el mismo carácter que ésta, es decir, tiene que ser también informe, invertebrada, y confusa. Tiene que ser elástica: «un saco en el que cabe todo». De ahí que Baroja renuncie a toda estructura aceptada y construya sus novelas de una manera casual, con un mínimo de artificio técnico, sin un argumento definido, sin principio ni fin. Hace de ellas mundos en los que se mueven una serie interminable de personajes incidentales, que ya pasan al plano principal de la narración, ya desaparecen sin dejar rastro. Por la misma razón, caben también en su novela todas las reacciones emocionales del autor, sus comentarios, sus opiniones, que surgen a cada momento, tengan o no tengan que ver con el hilo narrativo.

Su fórmula de composición favorita es lineal y episódica, y casi todos sus personajes son itinerantes —es decir, la técnica de la novela española clásica, picaresca y cervantina.

Su estilo se caracteriza por un absoluto desprecio de la retórica literaria. Por principio no emplea sino el lenguaje diario, común, de la conversación corriente. Por eso todas sus obras tienen un ambiente de completa naturalidad, de una total falta de afectación, que a veces llega al excesivo prosaísmo. «El estilo de un hombre en zapatillas», se ha dicho. Eso le hace maestro del diálogo que siempre es vivo, directo, veraz. Este dominio de la lengua hablada le llevó a dar a algunas de sus novelas la forma dramática, usando exclusivamente expresión oral como vehículo de la narración.

Por todos estos procedimientos Baroja logra dar una impresión de realidad vital, cálida. Y su obra, como ha dicho «Azorín», aparece como «un gran fragmento auténtico de la realidad española».

La novela que aquí incluímos, *Paradox, Rey* (1906), aunque es una obra independiente, tiene relación con otra anterior, *Aventuras, inventos y mixtificaciones de Silvestre Paradox* (1901), donde está la historia y antecedentes del héroe. *Paradox, Rey* es una de las mejores obras de Baroja, y de las más significativas. El protagonista es —empezando por el nombre— una proyección simbólica de la personalidad de su autor. En esta novela se realiza la utopía que está implícita en todos sus ataques a la organización de la sociedad. Un grupo internacional de aventureros, hombres de buena voluntad, libres de prejuicios convencionales, consigue realizar una sociedad más lógica, más racional, y más armónica —dentro de los límites, fatales, de la naturaleza humana— que la del mundo llamado «civilizado». Esta sociedad utópica es finalmente destruida por las fuerzas de la «civilización», oficialmente organizada, que imponen su hipócrita crueldad y su estupidez. Aquí están expresadas todas las ideas centrales de Baroja sobre la naturaleza, sobre la libertad, sobre la guerra, sobre la colonización, la ciencia, el arte, la educación, la propiedad, la religión, la política, el trabajo, etc. Todo aparece sometido a su implacable análisis sarcástico. El carácter multinacional de la colonia le permite asimismo expresar simpatías y antipatías, y apuntar trazos de psicología comparada de los distintos países, y satirizarlos a todos. Sus ideas sobre la mujer también aparecen a través de los personajes femeninos. Los elementos de la naturaleza y los animales están personalizados, y juegan en la obra un papel fundamental. Y el lirismo aflora vigorosamente (véase «Elogio de los caballitos»).

La preocupación ideológica y de acción sobrepasa aquí, con mucho, a la puramente literaria. Quizás por eso esta novela dialogada tiene una estructura más compacta que las otras de Baroja. El interés de *Paradox, Rey* es muy grande. No sólo por contener lo mejor del arte de Baroja, sino porque, como se ha dicho, es un documento fundamental para conocer y entender la crisis de la conciencia española en el tránsito del siglo —crisis de la que nació la literatura contemporánea.

❧ Paradox, Rey

PRIMERA PARTE

I

EL PROYECTO DE PARADOX

[Silvestre Paradox y su compañero de aventuras Avelino Diz de la Iglesia
están en la plaza de un pueblo próximo a Valencia.[1] Es de noche. Paradox
pregunta a su amigo si está dispuesto a hacer un gran viaje, porque él tiene
el proyecto de ir al golfo de Guinea, en las costas de Africa. Diz manifiesta
5 gran sorpresa e interés, y quiere saber más detalles. Para tratar del asunto con
más detenimiento se van a casa.]

II

EXPLICACIONES

*Un cuarto pequeño, bajo, pintado de azul. De la ventana, abierta, entra el aire
tibio de la noche. La luz de un quinqué, colocado sobre una mesa-consola, que tiene
un hule blanco lleno de dibujos hechos con tinta, alumbra la estancia. Hay un
10 armario con cortinillas ya rotas, a través de las cuales aparecen montones de libros
desencuadernados, papeles, prensas, tarros de goma, y en medio de este batiburrillo una
calavera con rayas y nombres escritos con tinta azul y roja. Arrimados a la pared hay
un sofá y varias sillas, todas de distinta clase y forma.*

DIZ (*Sentándose en el sofá de golpe y hablando con amargura*). Otra vez ha pre-
15   parado usted algo sin contar para nada conmigo.[2]

---

[1] *Valencia*—a city on the Mediterranean shore of Spain. It is the capital of the old historical province
of the same name.
[2] *sin contar para nada conmigo*   without taking me into consideration at all

PARADOX. ¡Bah! Pensaba comunicarle a usted mi proyecto en el momento de ir a realizarlo.

DIZ. ¿Y por qué no exponerme antes el plan?

PARADOX. Es que[3] es usted tan impaciente...

DIZ. ¿Eso quiere decir que soy un fatuo, un mentecato, un botarate? 5

PARADOX. No inventemos, don Avelino. No dé usted suelta a su imaginación volcánica. Yo no he dicho eso.

DIZ. No, pero es igual; lo ha dado usted a entender.

PARADOX. Si viene usted con esas susceptibilidades de siempre[4] aplazaremos la explicación para otro día; hoy está usted, sin duda, nervioso. 10

DIZ. ¿Yo?... Estoy tan nervioso como usted; ni más, ni menos.

PARADOX (*Sonriendo*). Mi pulso marcará ahora mismo setenta y dos pulsaciones por minuto.

DIZ. El mío no marcará ni setenta. ¿Quiere usted explicar su proyecto, sí o no? 15

PARADOX. No tengo inconveniente alguno. Usted no se habrá enterado, porque usted tiene el privilegio de no enterarse de nada; usted no se habrá enterado,[5] repito, de que hace unos meses hubo un Congreso de judíos en Basilea.[6]

DIZ (*Muy fosco*). Ciertísimo; no me he enterado. 20

PARADOX. Pues bien; en ese Congreso se discutió el porvenir del pueblo judío...

DIZ. Un pueblo de granujas y de usureros.

PARADOX. Conforme; pero usted no debía hablar así, porque tiene usted un tipo semita. 25

DIZ. Yo me río de mi tipo.

PARADOX. Eso es otra cosa. Pues bien; como decía, se discutió el porvenir del pueblo hebreo en esa reunión y se señalaron dos tendencias: una, la de los tradicionalistas, que querían comprar la Palestina e instaurar en ella la nación judía, con Jerusalén como capital; otra, la de los modernistas, que 30 encontraban más práctico, más económico y más factible el fundar una nueva nación hebrea en África.[7]

---

[3] *Es que* Because

[4] *Si viene usted... de siempre* If you are as touchy as usual

[5] *usted no se habrá enterado* you are probably not aware of the fact

[6] *un Congreso de judíos en Basilea*—the first world Zionist Congress met at Basel in 1897, called by Theodor Herzl (1860-1904), the initiator of the Zionist movement.

[7] *se discutió el porvenir del pueblo hebreo... una nueva nación hebrea en África*—in the first Zionist Congress, the issue of the Jewish National Home split the delegates into two groups; those who believed Palestine

DIZ (*Fríamente*). No sé adónde va usted a parar.

PARADOX. Lo irá usted sabiendo.[8]

DIZ. Es que...

PARADOX. Si me interrumpe usted, no sigo.

5 DIZ. Seré mudo como una tumba.

    (*Se extiende en el sofá y apoya los pies en la mesa*).

PARADOX. Entonces, continuaré. Hará ya unos meses, no sé si usted recordará, que traje de Valencia, cubriendo una caja de sobres, un trozo de un periódico inglés. Usted no se fija en estos detalles, y, sin embargo, en esos 10 detalles está muchas veces un descubrimiento tan importante como el de la gravedad. ¿No le parece a usted?

DIZ. He dicho que seré mudo.

PARADOX. Muy bien. Está usted en su derecho. Leí el periódico por curiosidad y lo guardé. Aquí lo tengo; dice así (*Lee*): «El acaudalado banquero 15 de Londres Mr. Abraham Wolf, uno de los príncipes de la banca judía, partidario entusiasta de la fundación de la patria israelita en el África, piensa hacer en breve un viaje por la costa de los Esclavos.[9] Con este objeto, el señor Wolf ha invitado a la excursión a algunos hombres de ciencia, naturalistas y exploradores. Parece ser que el proyecto del señor 20 Wolf es formar un gran sindicato, con el objeto de ir transportando[10] al África a los judíos pobres, dándoles luego tierras y útiles de labranza. El señor Wolf está actualmente en Tánger,[11] desde donde partirá la primera expedición a principios del...»

DIZ. ¿Por qué no sigue usted?

25 PARADOX. Porque no sigue el trozo del periódico que traje. Inmediatamente de leer esto, se me ocurrió la idea de que debía escribir a ese Wolf. ¡Idea luminosa!

DIZ. ¿Y lo hizo usted?

PARADOX. En el acto.

30 DIZ. ¿Y le ha contestado?

---

to be essential to the Jewish state and those who were ready to accept any other suitable place. The majority of the delegates of the seventh Zionist Congress in 1905 (probably the year in which *Paradox* was written) rejected the British offer of a homeland in Uganda, East Africa. As we see, Baroja has altered the facts to make them suit the purposes of his fiction.

[8] *Lo irá usted sabiendo*   You will find out in due course

[9] *la costa de los Esclavos*   the Slave Coast, the coast of west Africa bordering the Gulf of Guinea. It was the main source of slaves from the sixteenth to the eighteenth centuries.

[10] *ir transportando*   gradually transporting

[11] *Tánger*   Tangier, formerly the capital city of the Moroccan international zone of the same name, in northwest Africa, now a part of the independent kingdom of Morocco.

PARADOX. Sí.

DIZ. ¿Y qué dice? ¡Tiene usted una calma verdaderamente inaguantable!

PARADOX (*Registrándose los bolsillos*). ¿Dónde está ese demonio de carta?...
¡Ah!, aquí la tengo. Verá usted; dice así: «No puedo ofrecerles por ahora,
más que el viaje y la asistencia gratis en mi goleta *Cornucopia*.[12] Si después 5
encuentran ustedes alguna ventaja en quedarse en el Cananí,[13] trataremos
del asunto más despacio. Para tomar parte en la expedición, que saldrá el
veinte de enero, tienen ustedes que encontrarse aquí antes del día quince.

Si no han hecho sus preparativos para esta fecha, no se molesten
en venir.   10

Si, por el contrario, están dispuestos a llevar a cabo el viaje, pueden
tomar el vapor el día ocho. Con la carta que adjunta les envío, para el jefe
de mis oficinas de la Trasatlántica,[14] les facilitarán pasaje gratis hasta Tánger.

De ustedes, etc., etc.,[15] Abraham Wolf».

DIZ (*Levantándose del sofá y poniéndose de pie*). Entonces no hay tiempo que 15
perder.

PARADOX. ¿Qué?... ¿Se decide usted?

DIZ. ¿Quién se atreverá a impedirlo? Hay que prepararlo todo inmediatamente. ¿Dónde está el Conill?[16]

PARADOX. Estará durmiendo.   20

DIZ. Voy a despertarlo; tengo que darle órdenes.

PARADOX. Deje usted a ese apreciable roedor que duerma. Quedan dos
días aún para hacer los preparativos.

DIZ. Vamos a ver el mapa. (*Buscando en el armario febrilmente*). Pero, ¿dónde
está el mapa?   25

PARADOX. Debajo de esos papeles, ahí al lado de la calavera, lo tiene usted.

DIZ. ¡Ah!, es verdad. (*Hojeando el mapa*). Aquí está... Europa..., España...,
Francia..., Inglaterra..., Asia..., América... ¿Y África?

PARADOX. Se la ha pasado a usted.[17] ¡Va usted con la velocidad de un exprés
americano!   30

DIZ. ¡Ah!, está aquí, ya la encontré. ¡África! ¡Admirable país! ¡Verdadera

---

[12] *Cornucopia*—the Latin name for the horn of plenty.

[13] *Cananí*—a fictional African name contrived by Baroja.

[14] *la [Compañía] Trasatlántica*—a steamship line.

[15] *De ustedes, etc., etc.*—the etceteras stand for the long Spanish formulas for ending formal letters, the
equivalent of "Sincerely yours," "Yours truly."

[16] *el Conill* (Valencian)=*el Conejo* the Rabbit. A nickname. It is logical to assume that he is the
servant of the two friends.

[17] *Se le ha pasado a usted* You skipped over it.

cuna de la civilización!... Es el único lugar donde se puede vivir dignamente.

PARADOX. ¿Cree usted?...

DIZ. No lo ponga usted en duda. ¡África! ¡Tierra sublime no perturbada por
5   la civilización!... ¿Tocaremos en las Canarias,[18] eh?

PARADOX. Es probable.

DIZ. ¿Luego, en Cabo Verde?[19]

PARADOX. Es casi seguro.

DIZ. Y después, ya, hacia el golfo de Guinea... Derechos al misterio... A lo
10   desconocido... A la esfinge...[20] ¿Y dónde desembarcaremos?

PARADOX. No lo sé todavía.

DIZ. ¿En el Senegal? ¿En el Camerón?... ¿Quizá en el Congo?[21]

PARADOX. *Ignoramus, ignorabimus,*[22] como dijo el ilustre fisiólogo Du Boys-
Reimond[23] en su célebre discurso de Berlín.

15 DIZ. ¡Qué admirable idea! Voy a realizar el sueño de toda mi vida.

PARADOX. ¿De veras tenía usted el pensamiento de ir a África? No le había
oído a usted expresar ese deseo nunca.

DIZ. Es que era un pensamiento oculto; vago, ideal, lejano; tan oculto, que
casi yo mismo no me he dado cuenta de él. Amigo Paradox, ¡abracé-
20   monos!; un proyecto así es nuestra gloria; es el triunfo decisivo sobre los
que nos han calumniado, sobre los que han hecho a nuestro alrededor la
conspiración del silencio.

PARADOX. ¿Para qué recordar esas pequeñeces? No vale la pena.

DIZ. Tiene usted razón; olvidemos lo minúsculo. Pensemos en lo grande.
25   ¡Qué magnífica idea ha tenido usted! ¡Exploraremos, Paradox!

PARADOX. Seguramente.

---

[18] *las Canarias*—the Canaries, a group of seven islands in the Atlantic, off the northwestern coast of Africa. They constitute two provinces of Spain.

[19] *Cabo Verde*—Cape Verde, another group of islands, also in the Atlantic, off the coast of West Africa; a Portuguese possession.

[20] *A la esfinge*—Diz cannot mean the Sphinx (*la Esfinge*), since he probably knows that Egypt lies in the opposite direction from the Gulf of Guinea. He is merely using a figure of speech (*esfinge=enigma*) referring to Africa as the inscrutable continent of the Sphinx.

[21] *el Senegal, el Camerón, el Congo...* Senegal, formerly a part of French West Africa, now the independent Republic of Senegal; Cameroons, a former German colony in the Gulf of Guinea, divided after the First World War between France and England—the larger part, today, constitutes the Republic of Cameroun and the other part is now integrated into independent Nigeria; Congo, a territory in Equatorial Africa formerly under Belgian, French, and Portuguese rule—the French and Belgian parts form today the two Republics of the Congo.

[22] *Ignoramus ignorabimus* (Latin) we don't know, and we never shall

[23] *Du Boys-Reimond, Émile* (1818-1896)—celebrated German physiologist.

DIZ. Descubriremos.

PARADOX. Es muy probable.

DIZ. Remontaremos ríos inexplorados.

PARADOX. Sin duda alguna.

DIZ. Escalaremos montañas inaccesibles. 5

PARADOX. Inaccesibles hasta el momento en que las subamos nosotros.

DIZ. Y nuestros nombres, unidos como los de Lavoisier y Laplace...[24]

PARADOX. Los de Cailletet y Pictet...[25]

DIZ. Los de Dulong y Petit...[26]

PARADOX. Los de Pelouze y Frémy...[27] 10

DIZ. ...Y tantos otros, pasarán al panteón de la Historia.

PARADOX. ¿De la historia de la ciencia, por supuesto?

DIZ. Naturalmente, de la historia de la ciencia.

PARADOX (*Aparte*). Amigo mío, dijo Dinarzada,[28] ¡qué cuento más maravilloso! 15

(*Voces lejanas de chicos que cantan*).

III

[Paradox y Diz han llegado a Tánger. Se entrevistan en un hotel con el Sr.
Wolf. Allí conocen a varios de sus compañeros de expedición: Hachi Omar,
criado moro de Wolf, Hardibrás, el guerrero, mutilado de varias campañas,
y Dora, la hija de un general venezolano.] 20

[24] *Lavoisier y Laplace*—Antoine Laurent Lavoisier (1743-1794), French scientist, one of the founders of modern chemistry; Pierre Simon, Marquis de Laplace (1749-1827), French astronomer and mathematician, propounder of the nebular hypothesis that is associated with his name. There is no particular reason to link the names of these two scientists—aside from their eminence—as there is in the case of those mentioned below. Diz must have been led to the association by the identity of the first syllable of their names.

[25] *Cailletet y Pictet*—French scientist Louis Paul Cailletet (1832-1913) and Swiss scientist Raul Pictet (1842-1909), who, working separately, discovered a few days apart a process for liquefying oxygen and hydrogen.

[26] *Dulong y Petit*—Pierre Louis Dulong (1785-1838) and Alexis Thérèse Petit (1791-1820), French physicists, who working together evolved "Dulong and Petit's law" concerning specific heats and atomic weights.

[27] *Pelouze y Frémy*—French chemists Théophile Jules Pelouze (1807-1867) and Edmond Frémy (1814-1894), who in collaboration made valuable discoveries in industrial chemistry.

[28] *dijo Dinarzada* as Dinarzade would say. In the narrative frame of the collection of tales known as *The Thousand and One Nights*, or *Arabian Nights*, assembled in Cairo from many sources from the fifteenth to the sixteenth centuries, a sultan, Schahriar, had decreed that all his brides should die at dawn following the wedding night. The vizier's daughter, Scheherazade, helped by her younger sister Dinarzade, so fascinated the Sultan with her unending stories that after 1,001 nights she saved her life and obtained the annulment of the bloody decree. Dinarzade, always near dawn, would praise her sister's tales, stimulating Schahriar's curiosity.

IV

A BORDO DE LA «CORNUCOPIA»

Está amaneciendo; llovizna y sopla un viento frío. Paradox, Diz de la Iglesia, Hardibrás, Hachi Omar y otros esperan en el muelle a que venga el bote que ha de conducirles a la «Cornucopia». Paradox, con gabán amarillo de verano y su som-brerito jovial, está acompañado de su fiel Yock;[29] Diz de la Iglesia viste una gorra
5 *inglesa y un impermeable; Hardibrás, derecho sobre su pierna de palo, apoyado en un bastón, espera tranquilo; su brazo izquierdo, que es de madera, termina en un gancho de hierro, y colgando de él lleva todo su equipaje, que consiste en una caja de sobres con unos cuellos postizos y un paquete de tabaco. Hachi Omar anda de un lado a otro con un farol.*

10 PARADOX. Pero, ¡cómo tarda esa gente! A ver si se olvidan de nosotros.[30]
   DIZ (*Asustado por el mal tiempo, con cierta íntima esperanza de que se olviden de ellos*). No, no se olvidarán.
   HARDIBRÁS. Nos fastidian.[31]
   PARADOX. No se les ve.
15 EL MAR. Desecha tu impaciencia, Paradox. Olvida tus proyectos. ¡Retírate! ¡Huye! Pronto, si no,[32] sobre débil bajel, en la ancha mar de los ruídos tempestuosos, te verás estremecido de espanto y tu existencia será juguete de las grandes y obscuras olas azotadas por el soplo del Aquilón.[33]
   PARADOX. No, nunca volver atrás.
20 HACHI. Allá está; ahí viene el bote.

   Se ve acercarse una lancha entre la neblina. Salta uno de los marineros a la escalera del muelle y sujeta el bote. Van bajando todos,[34] y a la luz del farol de Hachi Omar, se van colocando en los bancos. Hardibrás, trabajosamente, comienza tam-bién a bajar.

25 PARADOX. Venga usted, deme usted la mano.

---

[29] *su fiel Yock*—Paradox's dog. He is described in *Aventuras... de Silvestre Paradox* as *un pequeño mon-struo informe sin apariencia de animal.*
[30] *A ver si se olvidan de nosotros* I hope they won't forget us
[31] *Nos fastidian* They'd really fix us
[32] *si no* if you don't
[33] *Aquilón* (poet.) the north wind
[34] *Van bajando todos* One by one all go down into the boat

Hardibrás pone su gancho de hierro en la mano de Paradox, entra en la lancha y se sienta. Los marineros comienzan a remar y se aleja el bote en medio de la bruma y de la llovizna.

PARADOX (*Señalando a Hardibrás*). ¡Pobre hombre! La verdad, cuando me ha dado el brazo de madera con su gancho de hierro, creo que le temblaba de 5 emoción.

DIZ. ¿Qué, el gancho?

PARADOX. Sí.

DIZ. ¡Qué farsante es usted!... Decían en el hotel que Wolf no iba a venir; ¿será verdad? 10

PARADOX. Oye, Hachi Omar, ¿no venir[35] el amo con nosotros?

HACHI. No, él tener negocios. Nosotros esperarle a él en las Canarias.

PARADOX. ¿En las antiguas Hespérides o Afortunadas?[36] Muy bien.

DIZ. ¿Y esos otros señores que en la mesa dijeron ayer que vendrían, sí se atreverán?...[37] 15

PARADOX. Sí; creo que sí. Aquí tengo la lista de los que vamos. Me la dio Wolf y la apunté anoche en mi diario.

DIZ. Vamos a ver.

PARADOX (*Tomando el farol de Hachi Omar, y leyendo*). «Lista de la tripulación y pasajeros del *yacht* inglés *Cornucopia*, de 350 toneladas, de la matrícula de 20 Liverpool»... Entre los pasajeros hay algunos que forman parte de la expedición y otros que van en calidad de turistas; yo todavía no sé cuáles son los de una clase y los de otra. En la lista los he puesto juntos.

(*Leyendo*).

Dora Pérez. 25

DIZ. ¿Vendrá su padre con ella?

PARADOX. ¡Ca! Ha dicho que no.

(*Sigue leyendo*).

Monsieur Ganerau, y su hija Beatriz.

Arthur Sipsom, fabricante de agujas de Mánchester. 30

Eichthal Thonelgeben, geólogo y naturalista.

---

[35] *venir*—Paradox addresses Hachi Omar in the same type of broken Spanish that he uses; see below (*él tener; nosotros esperarle*).

[36] *Hespérides o Afortunadas*—the Hesperides in Greek mythology were the nymphs who, aided by a dragon, guarded a tree which bore golden apples, on an enchanted island in the western sea. Called the Garden of the Hesperides, it has been given many locations, among them the Fortunate Isles, or Isles of the Blest, as the Canaries were known in ancient times.

[37] ¿*... sí se atreverán?* do you think they will dare to?

Avelino Diz de la Iglesia, inventor.

Hachi Omar, intérprete.

Ignacio Goizueta, técnico.

Silvestre Paradox, agrimensor.

5 John Hardibrás.

A este último no le he puesto profesión. Señor Hardibrás, ¿qué profesión le pongo a usted?

HARDIBRÁS. Ponga usted soldado.

PARADOX. Muy bien.

10 DIZ. ¿No hay más?

PARADOX. No; por ahora, no.

Se acerca el bote a la Cornucopia, y van subiendo a bordo los pasajeros...

GOIZUETA. Viento fuerte y mucha mar.[38]

EL CAPITÁN JENKINS. ¿Están todos?[39]

15 UN MARINERO. Sí.

La lancha en que han venido los viajeros se dirige hacia el puerto. Larga la «Cornucopia» el práctico y se pone en derrota para las Canarias.

V–VI

[En el barco Paradox conoce a otros pintorescos personajes, pasajeros también de la *Cornucopia*: el caballero Piperazzini, un italiano alto, flaco y
20 acicalado, tahur profesional, que va al Cananí a poner una casa de juego; Miss Pich, feminista inglesa; la Môme Fromage,[40] una vieja gorda y pintada, ex-bailarina del Moulin Rouge[41] de París, y otros tres aventureros españoles: el Coronel Ferragut, antiguo militar y estafador, con tipo de perdonavidas, que va de Ministro de la Guerra de la nueva colonia; Don Pelayo, un
25 hombrecito chiquirritín, de cabeza gorda y facha de chino—en el que Paradox

---

38 *mucha mar* a heavy sea

39 *¿Están todos?* Is everybody aboard?

40 *la Môme Fromage* (Fr.) "The Cheese Kid." It seems that there was, near the turn of the century, a can-can dancer by this name at the Moulin Rouge in Paris.

41 *Moulin Rouge*—well-known Parisian theater and music hall.

reconoce a un antiguo secretario suyo que huyó robándole su dinero—[42] que va de administrador de Aduanas; y Bonifacio Mingote, otro sinvergüenza, compinche del anterior, que va de recaudador general de contribuciones directas e indirectas de la República del Cananí.]

VII

LA TEMPESTAD

Es el tercer día de navegación, de noche; corre un viento fresco. Paradox y Miss 5
Pich pasean sobre cubierta. Miss Pich es flaca, de color de orejón y pelo azafranado.
Tiene un cuello de nuez puntiaguda, con un sistema muscular que parece hecho de
cuerdas.

MISS PICH. ¿Ha leído usted ya el número de mi «Revista Neosófica», señor
Paradox? 10

PARADOX. Sí, sí; muy interesante. Hay artículos verdaderamente atrevidos.

MISS PICH. ¿Se ha fijado usted en el estudio de la señorita Dubois sobre «Las
anomalías nasales de los soldados, en Inglaterra»?

PARADOX. Sí, tiene un gran interés. ¡Oh!, un interés extraordinario. Y diga
usted, Miss Pich, se me ocurre una duda: ¿esas observaciones nasales son 15
todas oculares?

MISS PICH. ¡Oh!, completamente oculares.

PARADOX. También he creído observar que la revista entera está escrita por
mujeres.

MISS PICH. (*Sonriendo.*) En mi redacción no pone la pluma ningún hombre. 20

PARADOX. ¿Los desprecian ustedes?

MISS PICH. Sí; los desdeñamos.

PARADOX. Vamos, los consideran ustedes como unos pobres pingüinillos.

MISS PICH. Eso es. Los hombres son seres inferiores. Para la fecundación y
la procreación de la especie son indispensables, por ahora al menos; pero 25
para los trabajos especulativos, filosóficos, artísticos..., las mujeres. Ellos,
los pobres, son negados para eso.

PARADOX. Sin embargo, Miss Pich, Sócrates, Shakespeare...

MISS PICH (*Vivamente*). Es que ésos eran mujeres.

PARADOX. ¿De veras? 30

[42] See *Aventuras... de Silvestre Paradox*

MISS PICH. Está demostrado.[43] El rey David también era mujer; y en el texto hebreo de la Biblia, pone la reina David.

PARADOX. ¿Qué me dice usted?

MISS PICH. Lo que usted oye.

5 PARADOX. ¿Y cómo se explica usted ese cambio de sexo tan escandaloso?

MISS PICH. Muy sencillamente. Es que los hombres, con la necia vanidad que les caracteriza, han querido que la reina David fuera de su sexo, y han falseado la Historia.

PARADOX. ¡Ah! Ahí está el secreto. Creo que ha puesto usted el dedo en la 10 llaga.

GANEREAU. ¡Hola, Paradox!

MISS PICH (*Aparte*). Este francés insubstancial viene a interrumpirnos. Ya hablaremos, señor Paradox. ¡Buenas noches!

GANEREAU. ¿Estaba usted oyendo las explicaciones de esa vieja loca?

15 PARADOX. Sí.

GANEREAU. ¿Qué le parece a usted?

PARADOX. Creo que estamos en presencia de una gallinácea vulgar. Ya sabe usted que estas aves tienen la mandíbula superior abovedada, las ventanas de la nariz cubiertas por una escama cartilaginosa, el esternón óseo y en 20 él dos escotaduras anchas y profundas, las alas pequeñas y el vuelo corto. Son los caracteres de Miss Pich.

GANEREAU. ¿Cree usted que miss Pich tiene el vuelo corto?

PARADOX. Estoy convencido de ello.

GANEREAU. Pues yo la consideraba como una arpía.

25 PARADOX. Error. Error profundo. Es una gallinácea vulgar.

GANEREAU. Y hablando de otra cosa, ¿usted sabe hacia dónde estamos ya? No debe de faltarnos mucho para llegar a las Canarias. Hemos perdido de vista, hace tiempo, la costa de África. ¿En qué dirección se encuentran ahora Las Palmas?[44]

30 PARADOX. Yo creo que por ahí.

GANEREAU. A mí me parece todo lo contrario. (*A Sipsom, que pasea sobre cubierta*). ¿En qué dirección estarán las Canarias, señor Sipsom?

SIPSOM. No sé, no me lo figuro. El capitán lo sabrá a punto fijo.

GANEREAU. No; yo no le quiero decir nada. Ayer, a una pregunta que le hice, 35 me contestó diciéndome que él no tenía necesidad de darme explicaciones.

[43] *Está demostrado* It has been proven

[44] *Las Palmas*—one of the two Spanish provinces into which the Canaries are divided. It includes three islands: Gran Canaria, Lanzarote, Fuerteventura.

SIPSOM. Es un imbécil. Consulten ustedes con el ingeniero alemán.

PARADOX. No, hombre, dejadlo. Está muy distraído charlando con la americana. Le explicará geología. Es una ciencia muy interesante. (*A Goizueta, que está cerca de la borda mirando al mar*). ¿Qué hay, Goizueta? Usted siempre tan pensativo.   5

GOIZUETA. Dígales usted a esos señores que se retiren. Vamos a tener mal tiempo.

PARADOX. ¿Cree usted?...

GOIZUETA. Antes de media hora ha caído[45] el primer chubasco.

PARADOX. ¿Y usted no piensa retirarse?   10

GOIZUETA. Yo, no; a mí me gusta ver de cerca la tempestad.

PARADOX. A mí, también. Le acompañaré a usted.

GOIZUETA. ¡Vaya un capricho de mojarse![46]

PARADOX. Si ha de haber tempestad, prefiero presenciarla sobre cubierta que no[47] padecerla en el camarote. Vuelvo en seguida.   15

Paradox avisa a Thonelgeben y a Ganereau para que indiquen a Dora y a Beatriz la conveniencia de retirarse.

Van entrando todos en las cámaras de popa. Goizueta y Paradox, con su perro, quedan sobre cubierta.

Las nubes comienzan a avanzar y ocultan la luna. Sopla un viento frío 20
mezclado con llovizna. El tiempo se va cerrando en agua,[48] con truenos y relámpagos; el viento ligero se hace más rudo y se convierte luego en un vendaval furioso, acompañado de una lluvia continua.

El mar toma un aspecto imponente. A veces, sale la luna entre las nubes y se ve el agua blanca y espumosa. Olas como montañas entran por las bordas, barren la 25
cubierta y vuelven al mar con un estruendo de catarata. Goizueta y Paradox se agarran a dos anillas del puente, y, callados, contemplan la tempestad.

GOIZUETA. Este capitán no sabe lo que se hace.[49] Ha perdido la cabeza. (*A un marinero que corre a clavar la escotilla*). ¿Por qué no tomamos hacia alta mar?

EL MARINERO. No hay modo de enderezar el rumbo.   30

Un monte de agua, reventando sobre popa, sube por el puente y sale por la

---

[45] *ha caído* = habrá caído
[46] *¡Vaya un capricho de mojarse!*   You seem bent on getting wet!
[47] *que no*   rather than
[48] *El tiempo se va cerrando en agua*   The storm is gathering, and it is beginning to rain
[49] *lo que se hace*   what he is doing

*proa, arrastrando una porción de objetos, que no se distinguen en la obscuridad de la
noche. La obra muerta chasquea y cruje; las olas caen de través, una tras otra, como
golpes de ariete, sobre la cubierta. El barco se balancea de un modo violento y terrible.*

GOIZUETA. Pero ese timonel ¿qué hace? ¿En qué está pensando?

5   *Paradox se separa un momento y mira hacia el puente.*

PARADOX. No hay nadie ahí arriba.
GOIZUETA. ¿No?
PARADOX. No.
THADY BRAY ([*El grumete del barco*] *que viene corriendo*). Una ola se ha llevado al
10   capitán.
GOIZUETA. Avisadle al teniente.
THADY BRAY. El teniente está borracho.
GOIZUETA. Entonces vamos nosotros al timón.

Goizueta, Paradox y Thady Bray, con el agua hasta las rodillas llegan hasta
15 *la escalera del puente y van subiendo con gran trabajo.*
Durante horas y horas, siguen los tres en el puente.
*Comienza a amanecer; nubarrones rojizos aparecen en el cielo; el viento se
calma un tanto; la niebla va tomando un color blanquecino; luego comienza a
hacerse transparente y se ve el mar, que sigue encrespado, con grandes olas espumosas.*

20 GOIZUETA. Aprenda usted, para que pueda substituirme.
PARADOX. Ya veo lo que usted hace.
GOIZUETA. Las olas que vienen de través son las peores; la ola hay que tenerla[50] delante o atrás, nunca a los lados. La mejor manera de pasarlas es
cortarlas por derecho. Vea usted cómo vienen.
25 PARADOX. Esta es tremenda.
GOIZUETA. Hay que orzar más, ¡más aún!, que[51] no nos coja de lado... así.

*El barco se levanta de proa hasta mirar con el bauprés al cielo, y luego se hunde
en el abismo. El agua rebasa por las bordas con un estrépito de torrente.*

PARADOX. ¿Y hay que conservar la brújula en esta dirección?

[50] *la ola hay que tenerla*   one must keep the waves
[51] *que = para que*

GOIZUETA. A poder ser, sí. Casi siempre pasan tres olas fuertes; luego viene un momento de calma y entonces se debe virar. ¿Se atreve usted a quedarse solo?

PARADOX. Sí; venga[1] el timón.

GOIZUETA. Ojo a la brújula, y cortarlas siempre en derecho. Vamos a ver qué 5 le pasa al teniente y si hay algo que comer por abajo.

PARADOX. De paso, tranquilicen ustedes a las mujeres.

GOIZUETA. Ya lo haremos.

Bajan Goizueta y Thady Bray del puente. Paradox queda solo con Yock, que sacude a cada paso sus lanas mojadas. 10

El viento le ha llevado el sombrero a Paradox, y se ata el pañuelo a la cabeza. La lluvia, pulverizada por las ráfagas de aire, le cala la ropa.

PARADOX. (*Agarrado a la rueda del timón*). ¡Quién te había de decir a ti, pobre hombre dedicado a las ciencias naturales y a la especulación filosófica, que habías de luchar tú solo con el mar inmenso, hasta dominarlo y vencerlo, 15 por lo menos, durante un instante!

EL VIENTO. Hu... hu... hu... Yo soy el látigo de estas grandes y obscuras olas que corren sobre el mar. Yo las azoto, las empujo hasta el cielo, las hundo hasta el abismo... Hu... hu... hu...

EL MAR. Yo no tengo albedrío; no tengo voluntad; soy masa inerte, soy la 20 fuerza ciega, la fatalidad que salva o condena, que crea o que destruye.

EL VIENTO. Mis cóleras son sus cóleras; mis mandatos, sus furias.

EL MAR. Esta ola que embiste como un toro furioso, que golpea como un ariete, que salta, que rompe, que deshace, no ansía el daño, no busca la destrucción; ayer brillaba en perlas[2] en las flores al amanecer, en el campo. 25 Corrió luego por el río, fue nube roja en el crepúsculo esplendoroso de una tarde, y hoy es ola, y mañana volverá a ser lo que fue, rodando por el círculo eterno de la eterna substancia...

PARADOX. Sí, todo cambia, todo se transforma en los límites del Espacio y del Tiempo, y todo, sin embargo, sigue siendo igual y lo mismo... No me 30 asustas, tempestad, por más que brames; no eres más que un aspecto, y un aspecto insignificante del mundo de los fenómenos.

YOCK. No hay otro hombre como mi amo. No le asustan ni el mar tempes-

---

[1] *venga* let's have
[2] *brillaba en perlas* it sparkled in pearls [of dew]

tuoso, ni el terrible huracán; en vez de quejarse contra el destino, discurre sobre la esencia de las cosas. ¡Hombre admirable; eres casi digno de ser perro!...

Pasan así durante más de una hora Paradox y Yock. En esto sube Goizueta al
5 *puente.*

GOIZUETA. Aquí le traigo a usted un poco de galleta y de ron.
PARADOX. (*Sorprendido*). ¡Ah! ¿Es usted?
GOIZUETA. No hay que olvidarse, mirando a las olas, de que hay que comer y beber. Conviene tener fuerzas.
10 PARADOX. Y abajo, ¿qué ocurre?
GOIZUETA. Un escándalo. Una cosa repugnante. Los marineros están borrachos; los otros, mareados y locos de miedo.
PARADOX. ¿Tan poca filosofía tienen?
GOIZUETA. ¿Y usted cree que la filosofía quita el miedo?
15 PARADOX. ¡No lo ha de quitar![3] El miedo no es más que un aspecto de la ignorancia. Ignorar es el principio de temer.
GOIZUETA. Es posible.
PARADOX. Es seguro.

Comen y beben los dos y se substituyen en la rueda del timón.

20 PARADOX. ¿Y el grumete?
GOIZUETA. Ha ido abajo, a las calderas. Es un chico templado.

En esto, el palo mayor cruje, se rompe, y queda colgando, torcido, sujeto por el cordaje.
Goizueta sube por la escala con el cuchillo en la boca, corta las cuerdas rápida-
25 *mente y el palo cae al mar, donde desaparece. A medida que el día avanza, comienza a subir la bruma y se va viendo[4] a lo lejos, a intervalos, entre las masas de niebla que corren a impulsos del huracán, una costa bravía de arrecifes sobre la que saltan montañas de espuma.*

PARADOX. ¿Y no se podrá desembarcar ahí?

---

[3] *¡No lo ha de quitar!* Of course it does!
[4] *se va viendo* there can be seen more and more clearly

GOIZUETA. ¿En dónde?... Es imposible.

(*Calma un poco el viento*).

PARADOX. Esto parece que se arregla.[5]

GOIZUETA. Creo que no.

PARADOX. Pues ahora el barco no cabecea.   5

GOIZUETA. Caprichos... Los barcos tienen sus locuras, como las mujeres...
Al mediodía el tiempo estará peor.

*A pesar de la opinión de Goizueta, el mar llega a calmarse algo, y Paradox
baja del puente y entra en las cámaras de popa.*

PARADOX. Vamos, señores; ya empieza a pasar el peligro.   10

DORA. ¡Ay, yo me muero!

BEATRIZ. Yo me encuentro muy mala.

PIPERAZZINI. Estoy malísimo...

PARADOX. Salgan ustedes un momento a respirar; esto les hará bien.

*   *   *

Todos los viajeros aparecen sobre cubierta y comienzan a andar de un lado a   15
otro, a pesar de los balanceos del barco.

DIZ (*Con una palidez sepulcral*). ¡Esto ha sido una traición!

PARADOX. ¿Por qué?

DIZ. Porque sí. Me han tenido aquí encerrado con las mujeres. He intentado
salir y no he podido. Si se hubiese usted ahogado me alegraría, porque es   20
usted un imbécil, un farsante, que viene aquí a echárselas de héroe.

PARADOX. ¡Don Avelino!

DIZ. ¿Qué?... He dicho que es usted un imbécil y lo sostengo; he dicho que
me hubiera alegrado de verle a usted en el agua, y lo sostengo también.

PARADOX. Pero, mientras tanto, usted no se puede sostener. ¿Qué quiere   25
usted que hiciera?[6] Cuando le cuente a usted lo que ha pasado comprenderá
usted que no le he podido avisar.

*Diz se calla, iracundo. Los demás viajeros respiran con delicia el aire del mar.
Al anochecer, vuelve de nuevo a soplar el viento y a llover de una manera persistente.*

---

[5] *Esto parece que se arregla*   The weather seems to be improving
[6] *¿Qué quiere usted que hiciera?*   What did you expect me to do?

VIII–IX–X

[El vasco Goizueta es elegido capitán y se hace cargo del mando de la *Cornucopia*. Ordena prender al piloto Duncan. Continúa el mal tiempo; pierden el rumbo en la niebla y se les agota el carbón. Van a la deriva. Después de una semana ven a lo lejos una costa baja de arena. El piloto, los marineros
5 rebeldes y algunos pasajeros, entre ellos Miss Pich, huyen en el único bote de desembarco. Para recuperarlo, los que quedan a bordo tienen que acercar demasiado la goleta a los arrecifes de la costa. De noche, se reanuda la tempestad, se rompe la amarra del ancla y la *Cornucopia* queda varada en un bajo de piedras. Finalmente Paradox y sus compañeros logran desembarcar.]

XI

EN TIERRA

10 *Está amaneciendo. Dora, Beatriz y Môme Fromage calientan agua en una gran tetera; los demás hablan alrededor del fuego.*

SIPSOM. Creo que es conveniente hacer el resumen de nuestra situación. Estamos en África. ¿En qué latitud?... No lo sabemos; pero lo más probable es que el punto en donde nos encontramos esté en la costa de
15 Guinea. No quedan víveres más que para unos días.

BEPPO [El cocinero]. Hay dos sacos de arroz.

SIPSOM. Todo eso lo consumiremos pronto, y entonces lo más probable es que el hambre nos obligue a internarnos en el continente. Tendremos que sufrir grandes contrariedades: y como la desgracia desune, es posible
20 que cada uno quiera tirar por su lado, lo cual sería un grave inconveniente para la salvación de todos. Propongo, pues, que se nombre un jefe.

TODOS. Aceptado.

PARADOX. Goizueta ha sido nuestro capitán en el mar, ¿por qué no ha de serlo también en tierra?

25 SIPSOM. Yo propongo al señor Paradox.

THONELGEBEN. Me parece el mejor.

TODOS. Aceptado, aceptado.

PARADOX. No, yo no.

GOIZUETA. No tiene usted más remedio que aceptar.

PARADOX. Entonces, acepto.

DIZ (*Por lo bajo*). ¡Farsante! ¡No quiere más que darse tono!

PARADOX. Puesto que me asignan ustedes un papel tan importante, trataré de salvar, como mejor pueda, los intereses comunes. 5

SIPSOM. Usted dispone lo que tengamos que hacer ya desde hoy.[7]

PARADOX. Lo primero que vamos a hacer es construir una balsa sólida y sacar todo lo que podamos de la *Cornucopia*.

DIZ. ¿Y no sería mejor...?

PARADOX. No, no sería mejor, don Avelino. Creo que la *Cornucopia* se va a 10 desbaratar muy pronto; ¿no le parece a usted, Goizueta?

GOIZUETA. Es muy probable que antes de una semana no le quede ni un madero.

PARADOX. Vamos, señores.

BEATRIZ (*Sirviendo el té*). Tienen ustedes suerte. Hay tazas para todos; no se 15 pueden ustedes quejar.

(*Van tomando el té*).

PARADOX. ¿Estamos?[8]

SIPSOM. Sí.

PARADOX (*A las mujeres*). Ustedes, mientras nosotros hacemos la balsa, se 20 dedican a secar los fusiles y las armas por si les ha atacado la humedad.

DORA. Muy bien, señor Paradox.

PARADOX. Hardibrás y Beppo el cocinero, les harán compañía.

HARDIBRÁS. A la orden, mi capitán.

PARADOX. Puede usted dedicarse a pescar, señor Hardibrás, mientras Beppo 25 hace la comida. Es un entretenimiento muy filosófico.

BEPPO. ¡Hacer la comida! ¿Con qué, señores, si no hay más que arroz y queso...?

PARADOX. ¿Y le parece a usted poco un alimento tan completo que tiene una gran cantidad de nitrógeno? 30

SIPSOM. Una advertencia a las señoras. Como el desembarcadero no está cerca y, en el caso de que gritaran ustedes, no les oiríamos, la bandera de la *Cornucopia* está aquí; si nos necesitan, la tremolan en el aire. Habrá quien tenga cuidado de mirar a cada momento.

DORA. Está muy bien, señor Sipsom. ¡Muchas gracias! 35

[7] *ya desde hoy* from now on
[8] *¿Estamos?* Are we ready?

Marchan todos y, bajo la dirección de Goizueta, se ponen a trabajar en la balsa hasta darle la suficiente consistencia. Le ponen un palo con un petifoque, y unas veces a impulsos del viento, y otras a remolque de la lancha, llegan a la «Cornucopia».

5 *Arrancan del barco todas las tablas que pueden, forman otra balsa con maderas y barriles, y las dos cargadas vuelven a la isla, a fondear en el desembarcadero.*

Al mediodía van a la tienda de campaña. Hardibrás ha encontrado un criadero de ostras. Beppo ha hecho una sopa de arroz. Comen y, durante la tarde, van descargando las dos balsas.

10 *Al día siguiente por la mañana, al levantarse, miran al mar. Del casco de la «Cornucopia» no queda más que la armazón batida por las olas que se cruzan y llevan flotando entre sus espumas trozos de cordajes y de maderas.*

SIPSOM. Ahora debemos empezar la construcción de la casa. Creo que no nos podremos quejar. Vamos a estar mejor de lo que queremos.[9]

15 DORA. ¿De veras?

PARADOX. Hay hasta cristales. Eso me parece un lujo inútil. Hay agua, comida… Beppo ha encontrado unas bananas que, machacadas, se comen como pan. ¿Qué más se puede desear?

BEATRIZ. La verdad es que, dentro de la desgracia, tenemos suerte.

20 SIPSOM. Yo prefiero estar aquí que no[10] en Europa. Es mucho más divertido.

DIZ. Yo también.

PARADOX. Yo casi lo preferiría si no pesara sobre mí este cargo que me han conferido ustedes.

DIZ. ¡Farsante!

25 *Mientras hablan, dos negros espían y escuchan la conversación. Pasa el día. Los náufragos entran en la tienda de campaña y, en este momento, dos grandes canoas que bajan por el río doblan la punta de la isla, entran en el canal y van acercándose con precaución, sin meter ruido alguno, al embarcadero.*

Atracan las dos canoas, y de ellas van saliendo negros y más negros armados de 30 *lanzas, hachas y azagayas. Uno de los salvajes corta las cuerdas que sostienen la tienda de campaña, que cae sobre los que duermen, envolviéndolos en los pliegues de la tela.*

---

[9] *mejor de lo que queremos* better than we could wish
[10] *que no* rather than

TODOS. Pero ¿qué hay? ¿Qué pasa?

LOS NEGROS. ¡Masinké![11] ¡Masinké!

Los van prendiendo uno a uno, atándoles las manos y llevándolos a sus canoas.
Yock y Dan, el perro danés de Sipsom, les siguen.

SEGUNDA PARTE

I

EL PRIMER MINISTRO

En la ciudad de Bu-Tata, capital del reino de Uganga,[12] que es un conjunto 5
de aduares formado por cabañas y cuevas pobrísimas, a orillas de un ancho río que
se despeña en grandes cascadas. En un corral, cercado por una valla, están todos los
náufragos.

LOS NEGROS (*Alrededor, a coro*). ¡Ron...! ¡Ron!

GOIZUETA. ¡Granujas! ¡Ya os daría yo[13] ron con buena estaca!... 10

BEATRIZ. ¿Nos matarán, papá?

GANEREAU. No, hija mía; no.

PARADOX. ¿Qué clase de negros son éstos?

GOIZUETA. Una clase bastante fea.

THONELGEBEN. Son mandingos;[14] una raza poco inteligente y muy cruel. 15
Venden sus mujeres y sus chicos por cualquier cosa.

PARADOX. ¿Qué ángulo facial[15] cree usted que tendrán?

THONELGEBEN. No sé. Es un punto que no me preocupa, señor Paradox.

---

[11] *¡Masinké!*—a word made up by Baroja as a war cry of these African tribesmen.

[12] *Bu-Tata, Uganga*—fictitious names, suggestive of real African place names (cf. Ubangi, in equatorial Africa, and the former British protectorate of Uganda, now an independent nation since 1962).

[13] *Ya os daría yo* I'd indeed give you

[14] *mandingos*—an ethnic group of the African Negro, occupying the African west coast from Senegal to Liberia.

[15] *ángulo facial*—the angle formed by the intersection of the axis of the skull with the axis of the face. It was once considered by physical anthropologists to be an index to the development of man: the wider the angle, the higher the type.

Se produce en la masa de negros un movimiento de curiosidad, y se ve aparecer sobre las cabezas, en un palaquín dorado, un negrazo con sombrero de tres picos, levita azul con charreteras y sin zapatos.

El personaje desciende arrogantemente del palanquín y entra en el vallado, en
5 *donde están los náufragos prisioneros, seguido de su comitiva.*

EL MINISTRO FUNANGUÉ. ¡Ron! ¡Ron!

GOIZUETA. No hay ron.

Funangué frunce el ceño, Paradox, para apaciguarle, le ofrece su reloj.

FUNANGUÉ. Yo no querer[16] tu animal; morirse en mis manos.
10 PARADOX. No morirse, no. Todos los días darle vida así.

Funangué sonríe, dándole cuerda al reloj.

FUNANGUÉ. ¿Sois ingleses?

PARADOX. Sí.

FUNANGUÉ. ¿Tenéis huesos?

15 PARADOX. Sí. Muchos. Sólo en la cabeza tenemos el frontal, los dos parietales, los dos temporales, el occipital...

FUNANGUÉ. ¿Y sois blancos por todo el cuerpo?

PARADOX. Por todas partes. Eso depende de que los corpúsculos de Malpighio...[17]

20 FUNANGUÉ (*Indicando el reloj*). ¿Tu animal es para mí?

PARADOX. Sí.

FUNANGUÉ. Gracias; muchas gracias. (*Agarrando a uno de su escolta de la oreja y dirigiéndose a Paradox*). Toma este otro animal para ti. Sabe un poco de inglés.

25 *El caballero Piperazzini saca un terrón de azúcar del bolsillo y se lo ofrece al primer ministro. El hombre lo prueba; luego lo come y se relame después.*

FUNANGUÉ. ¿No tenéis ron, de veras?

---

[16] *Yo no querer*—the natives reduce Spanish verbs to infinitives just as Hachi Omar does (see note 35 above, p. 91), and Paradox answers accordingly.

[17] *Malpighio* Marcello Malpighi (1628-1694), Italian microscopist, one of the greatest contributors to anatomical and physiological knowledge. He described the red blood corpuscles in 1665.

SIPSOM. No; aquí no. Pero lo sabemos hacer.

FUNANGUÉ. ¿En cuánto tiempo lo podéis hacer?

SIPSOM. En siete u ocho días.

FUNANGUÉ. Yo pensaba mataros, pero esperaré a que hagáis el ron.

SIPSOM. Te advierto que necesitamos instrumentos que se han quedado en 5
el sitio donde estábamos.

FUNANGUÉ. Se irá a buscarlos[18] y os los traerán.

SIPSOM. Nadie los conoce más que nosotros.

FUNANGUÉ. Entonces pediré permiso al rey para que os deje marchar. Bagú,
el Gran Mago, ha dicho que es necesario mataros para apaciguar a la 10
Luna, pero esperaremos.

SIPSOM. Harás bien. La Luna esperará también sin impacientarse. Te daremos
ron; te daremos oro; te daremos telas bonitas; todo será para ti.

FUNANGUÉ. ¿Todo para mí?

SIPSOM. Todo.   15

FUNANGUÉ. Hasta mañana.

*El primer ministro sale del vallado, sube al palanquín poniendo el pie en la
espalda de un negro, y se aleja.*

GOIZUETA. (*Contemplando al negro regalado por el ministro*). Y este chato se ha
quedado aquí. ¿Qué hacemos con él?   20

PARADOX (*Al negro*). ¿Y tú no te vas?

UGÚ. Yo no; yo soy vuestro.

PARADOX. ¿Cómo te llamas?

UGÚ. Ugú, que en nuestro idioma quiere decir el bello.

PARADOX. ¡Hombre, es interesante! Ugú..., que quiere decir el bello...; voy 25
a apuntarlo.

SIPSOM. ¿Y tú crees que nos matarán?

UGÚ. Sí.

SIPSOM. ¿Y no habrá medio de salvarnos?

UGÚ. Prometedle algo a Bagú el Mago.   30

SIPSOM. ¿Y quién es ese hombre?

UGÚ. Es el mago más sabio de toda Uganga.

SIPSOM. ¿Y qué hace?

UGÚ. Conoce las treinta y tres maneras de aplacar al Fetiche.[19] Tiene además

---

[18] *Se irá a buscarlos* They will be sent for

[19] *Fetiche* fetish   An image or charm, an object of worship. Fetishism, a form of animism common in
Africa, is one of the most primitive forms of religion.

una calabaza llena de cosas excelentes para contentar a la Luna, y unas bolas de estiércol muy eficaces para acertar el porvenir.

PARADOX. ¿Y acierta?

UGÚ. Pocas veces.

5 PARADOX. Vamos…, casi nunca.

UGÚ. Es verdad.

PARADOX. ¿Pero se sigue creyendo en él?

UGÚ. Es natural; es mago.

SIPSOM. ¿Y qué vicios tiene ese hombre? ¿Es borracho?

10 UGÚ. No.

SIPSOM. ¿Es avaro?

UGÚ. Algo.

PARADOX. Sí; es vicio de magos y de hierofantes.

SIPSOM. ¿Es fanático?

15 UGÚ. Mucho.

SIPSOM. ¿Es cruel?

UGÚ. Más.

SIPSOM. ¿Es ambicioso?

UGÚ. Más aún.

20 SIPSOM. ¿Le gustan las mujeres?

UGÚ. Quiere casarse con la princesa Mahu, la hija del rey.

SIPSOM. ¿Y ella le quiere?

UGÚ. No. Ella quiere a Hi-Ji, que es un esclavo de su padre.

PARADOX. ¿Quién será este otro pingüinillo que viene por ahí?

II

EL PRIMER SACERDOTE

25 *Se oye el sonido de un «tan-tan»; después un estrépito acompasado de cascabeles y de campanillas. Se abre de nuevo la multitud y aparece un negro pintarrajeado de arriba abajo. Lleva un moño lleno de lazos, plumas y adornos de latón; un collar de calaveras de pájaros que le cae sobre el pecho; en la cintura una especie de falda llena de campanillas, y entre los dientes una pipa.*

BAGÚ. Yo soy el primer sacerdote de Uganga. Tengo esta calabaza llena de cosas excelentes para aplacar las iras de la Luna y de los Fetiches.

SIPSOM (*Inclinándose*). ¡Señor, eres un grande hombre!

BAGÚ. Habéis ofendido con vuestra presencia a la Luna; mañana, al amanecer, se os cortará la cabeza a todos.   5

SIPSOM. Tu sabiduría es grande, señor. Tienes la fuerza del león...

PARADOX. Y la astucia de la serpiente.

SIPSOM. Dígnate escucharme un momento a solas, hombre extraordinario.

BAGÚ. Te escucho. (*A los de la comitiva*). Alejaos.

SIPSOM. Entre nosotros, señor, hay también un mago. Yo no puedo indicar 10 quién es. Él ha dicho hace un momento: el sabio hechicero Bagú conoce las treinta y tres maneras de aplacar al Fetiche; tiene las mejores bolas, del mejor estiércol, en la mejor calabaza de todas las calabazas posibles; sabe adivinar el porvenir; pero hay una mujer que no le quiere porque el sabio Bagú no conoce la flor que abre los corazones, como yo la conozco.   15

BAGÚ. ¿Y quién de vosotros es el mago?

SIPSOM. No lo puedo decir, me está prohibido.

BAGÚ. ¿Y no ha dicho más?

SIPSOM. Sí, algo más ha indicado; pero no sé si atreverme...

BAGÚ. Habla, habla sin miedo.   20

SIPSOM. Ha dicho también que su vida y la tuya, ¡oh gran mago!, dependen de la misma estrella. Que el día que tú mueras, él morirá; que el día que él muera, tú morirás necesariamente.

BAGÚ. ¿Y quién es..., quién es ese hombre?

SIPSOM. No puedo responderte. No puedo indicar ni si soy yo, ni si son los 25 demás, ni si es hombre o mujer.

BAGÚ. ¿Tú crees que me dará esa flor que abre los corazones?

SIPSOM. Sí; te dará algo más.

BAGÚ. ¿Qué?   30

SIPSOM. La flor que sirve para hacerse rey.

BAGÚ (*Pensativo*). ¿Qué hay que hacer para obtener esa flor?

SIPSOM. Nosotros hemos dejado, en el sitio donde nos prendieron, un aparato extraño que indica dónde se cría la planta de esa flor. Si permites que vayamos allá, antes de poco te entregaremos esa flor, serás dueño del cora- 35 zón de una mujer y serás rey.

BAGÚ. Está bien; iréis.

Dicho esto, el primer sacerdote de Uganga se aleja de Sipsom y se reúne a su gente. Suena de nuevo el «tan-tan».

EL VERDUGO. Mañana a la mañana, gran mago, ¿verdad?
BAGÚ. No; hay que esperar. La Luna lo manda.
5 PARADOX. ¡Hurra! ¡Hurra por la pérfida Albión![20]

III

NO ESTÁ LA FELICIDAD EN LAS ALTURAS

En el palacio real, que es una barraca hecha con adobes, la princesa Mahu se pasea, completamente desnuda, a lo largo de sus habitaciones. La princesa tiene negros y hermosos ojos. Una gargantilla de corales, unidos con pelo de dromedario, le da muchas vueltas al cuello.[21]
10 *La princesa Mahu da al aire sus tristes lamentos.*

LA PRINCESA MAHU. Lejos de estas vanidades yo quisiera vivir. ¡Ah!, que la suerte es cruel[22] para mí. Mi padre, el gran rey de Uganga, me destina al sabio Bagú. Es viejo, es feo, es triste; pero sabe conocer el tiempo y conjurar las enfermedades y los males. En cambio, Hi-Ji todo lo ignora; ¡pero
15 es tan bello!, ¡su color es tan negro!, ¡su nariz es tan chata!... ¡Tiene tantas facultades! ¡Qué feliz sería yo, si quisiera robarme y llevarme a su cabaña! Antes, muchas veces, soñaba con ser su esposa, soñaba con el placer de guisarle los saltamontes necesarios para la cena, y de amasar para él el pan con las bananas. Ya no hay ilusiones para mí, ya no hay bananas,[23] en este
20 bajo mundo. Lejos, lejos de estas vanidades, yo quisiera vivir. Lejos de estos refinamientos; sin taparrabos, sin plumas, sin collares...

BAGÚ (*Paseando preocupado y melancólico por el jardín del alcázar*). No seas cándido, Bagú; la princesa Mahu te engaña. ¡Un mago, un adivino a quien engaña su prometida! ¿Hay cosa más absurda? Pero ¿qué le ha

---

[20] *la pérfida Albión* perfidious England. A traditional way, in continental Europe, of referring to Great Britain. The expression is believed to have been coined by Napoleon I.
[21] *le da muchas vueltas al cuello* is wound many times around her neck
[22] *que la suerte es cruel = qué cruel es la suerte*
[23] *ya no hay bananas* I don't care about bananas any more

podido entusiasmar de ese gañán? ¿Tiene la nariz agujereada? No. ¿Sabe, como yo, la manera de aplacar al Fetiche? Tampoco. No tiene ciencia ni poder, no tiene más que juventud..., ¡pse!..., ¡qué minucia! ¡Oh corazón femenino, cuántos enigmas guardas en tu seno! ¿Qué mago los averiguará? Hay que salvar a esos extranjeros; hay que conservar sus vidas hasta 5 que me entreguen esa planta que es la llave del amor y de la ambición.

EL REY KIRI (*Pensativo*). Y es que, en el fondo, soy un hombre sensible; soy sentimental... Mis eunucos me traen las mujeres más hermosas del reino; mis cortesanos me ofrecen las suyas; todos me temen, todos tiemblan en mi presencia, todos me adoran, y yo me aburro. 10

...Y es que, en el fondo, soy un hombre sentimental; soy un sentimental.

A veces me entretengo en matar pajarillos con mis flechas; ¡infantil distracción! Cuando esto no me divierte, hago que le corten la cabeza, delante de mí, a alguno de mis criados o a alguna de mis mujeres. Y, a 15 pesar de estos amables esparcimientos, me aburro... Y es que, en el fondo, soy un hombre sensible; soy un sentimental.

Mi poeta me dice que soy lo más alto, lo más bello, lo más admirable que hay en la tierra; me dice que mi palacio es el mejor de todos los palacios; que mis camellos son los mejores de todos los camellos; que mis 20 generales son los más expertos de todos los generales; y, a pesar de mi palacio, de mis camellos, de mis generales, de mis nobles y de mis mujeres mi labio belfo se alarga de tristeza y toma proporciones considerables, y me aburro, me aburro soberanamente...[24] Y es que, en el fondo, soy un hombre sensible; soy un sentimental. 25

IV

LA RECEPCIÓN

El rey Kiri, vestido con casaca y botas de montar, está en su trono, en medio de la corte. A su alrededor se congregan los magos, los nobles y los soldados. Las damas de palacio, perfectamente desnudas, con los vientres arrugados y las ubres que les llegan hasta el ombligo, rodean a la princesa Mahu.

[24] *soberanamente*—a pun on two possible meanings: "supremely" and "royally"

EL REY. Que se acerquen esos extranjeros.

Se van presentando todos ante el rey.

FUNANGUÉ. Gran rey, una palabra antes de que pronuncies tu sentencia. Estos insignificantes extranjeros, estos insectos que se atreven a presentarse
5   ante tu trono, son unos insectos sabios e industriosos; conocen un sinfín de secretos importantísimos. Han asegurado que, para ti, ¡oh gran rey!, harán ron; traerán oro y telas bonitas.

EL REY. ¿Sí?

FUNANGUÉ. Sí.

10 EL REY. ¿Y si la Luna se incomoda? Bagú ha dicho que la Luna está ofendida con la presencia de esos blancos, y que es necesario que mueran.

BAGÚ (*Con gran entereza*). La Luna ha cambiado de opinión... Ahora manda conservar sus vidas.

SIPSOM. ¡He aquí una luna simpática!

15 MAHU (*Compasivamente*). Entonces, no hay que matarlos; ¡pobrecillos!

EL REY. ¡Yo que esperaba divertirme! ¿Con qué me voy a entretener? Que me traigan unos cuantos niños, y pasaré el rato cortándoles la cabeza.

LOS CORTESANOS. ¡Eres admirable! ¡Eres sublime! ¡Eres maravilloso!

EL REY (*A Funangué*). Enséñales a esos débiles insectos sus obligaciones, mien-
20   tras yo me distraigo un rato con estos pobres niños.

FUNANGUÉ. Voy, gran rey. Miserables extranjeros, viles gusanos, rastreras alimañas, os voy a explicar, en pocas palabras, la admirable constitución de nuestro reino. Oíd y admiraos: en Uganga, todo es del rey; las casas, las tierras, los árboles, los hombres, las mujeres..., todo.

25 PARADOX. Muy buena idea.

SIPSOM. Sobre todo, muy original.

FUNANGUÉ. Lo que le sobra al rey, es para su madre; luego, para sus hijos y sus hermanos; después van tomando parte[25] sus primos, sus tíos, sus criados; luego, vengo yo; después de mí, los nobles; luego, los magos, y, por
30   último, los soldados.

GANEREAU. ¿Y el pueblo?

FUNANGUÉ. El pueblo bastante tiene con la honra de trabajar para que vivamos el rey y su familia, yo, los magos, los nobles y los soldados. La Constitución del reino de Uganga es la mejor del mundo.

---

[25] *después van tomando parte*   then [his cousins, etc.] take their respective shares

SIPSOM. Sobre todo, para vosotros.

PARADOX. ¿Y los nobles, no trabajan?

FUNANGUÉ. No; son criaturas demasiado perfectas para comprometer su honor en viles menesteres. Ellos cazan, montan sobre sus camellos, cobran sus rentas... 5

PARADOX. ¿Y qué méritos tienen para vivir así?

FUNANGUÉ. Que son hijos de sus padres.

PARADOX. ¿Todos?

FUNANGUÉ. Algunos quizá no lo sean.

PARADOX. Los magos no trabajarán tampoco?[26] 10

FUNANGUÉ. Es natural. Esos se dedican a leer en el libro del porvenir.

PARADOX. ¿Y lo leen bien?

FUNANGUÉ. No; la mayoría de las veces se equivocan. En muchas ocasiones pronostican que hará buen tiempo, y suele llover; pero eso no es culpa suya. 15

PARADOX. Es más bien culpa de las nubes. ¿Y los soldados?

FUNANGUÉ. Los soldados, en tiempo de paz, roban lo que pueden.

PARADOX. ¿Y en tiempo de guerra?

FUNANGUÉ. En tiempo de guerra, corren.

PARADOX. Es un buen ejercicio gimnástico. 20

FUNANGUÉ. La Constitución de Uganga es como ninguna. Ya sabéis, pues, viles gusanos, cuáles son vuestras obligaciones. Trabajaréis para nosotros, para el rey, para su respetable familia, para los magos, para los nobles y para los soldados. Nosotros os daremos lo bastante para que no os muráis de hambre. 25

PARADOX. Eres magnánimo, gran señor. Te obedeceremos, trabajaremos con gusto por tu rey, por su señora madre,[27] por su familia, por ti y por toda la demás tropa que honra este bello país de Uganga. Ahora, danos permiso para ir cuanto antes a la isla en donde nos prendieron, y traer lo que dejamos allí; si no, no podremos darte el ron, ni el oro, ni las telas bonitas. 30

FUNANGUÉ. ¿Todos tenéis que ir?

PARADOX. Sí, todos.

FUNANGUÉ. ¿No podríais dejar una de las muchachas que os acompañan?

PARADOX. Es imposible.

FUNANGUÉ. ¿Y por qué tenéis que ir todos? Queréis escaparos. 35

[26] *no trabajarán tampoco* don't work either, I suppose
[27] *su señora madre* his most respected mother [the Queen Mother]

PARADOX. No, no lo creas.

FUNANGUÉ. ¿Lo juras por la Luna?

PARADOX. Lo juro por la Luna, por el Sol y por todo el sistema planetario.

FUNANGUÉ. A pesar de tu palabra, os irán vigilando.[28]

5 PARADOX. Está bien; no nos oponemos.

V

[Los indígenas llevan a sus prisioneros río abajo en tres canoas, hasta la isla donde desembarcaron. Van vigilados pero libres de movimiento. Durante el viaje planean retrasar lo más posible el regreso a Bu-Tata y aprovechar la primera oportunidad para huir. Ugú, que se ha dado cuenta de estos pro-
10 yectos, les informa de la existencia de una isla, llamada Afortunada, situada en el mismo río, a unas diez millas del mar, que es habitable y de fácil defensa.]

VI

DISCUSIONES TRASCENDENTALES

Han transcurrido dos semanas. Una de las canoas, por la torpeza de Ugú, el criado negro regalado por Funangué a Paradox, ha zozobrado, y para ponerla a flote ha habido que retrasar la vuelta. La carga de las balsas se ha hecho también
15 *con gran lentitud. A pesar de las precauciones del jefe, los náufragos se han armado con fusiles y revólveres y no han querido abandonarlos.*

Todos los días los blancos se dedican a embrutecer a los negros, dándoles espectáculos extraordinarios y estupefacientes. Tan pronto es Sipsom, que echa chispas por los pelos, agarrado a una máquina eléctrica, como[29] Piperazzini, que
20 *se traga un sable y saca de la boca una porción de cintas encendidas... Además de estos espectáculos mágicos, Ganereau, como republicano y demócrata, idiotiza a los mandingos hablándoles de los derechos del hombre. A pesar de todos los aplazamientos y dilaciones, llega un día en que el jefe no quiere esperar más y se da la orden de marcha. Por la mañana, antes de partir, están reunidos blancos y negros en la desem-*
25 *bocadura del río. Ganereau perora.*

[28] *os irán vigilando*   they will keep close watch over you
[29] *Tan pronto es... como...*   Now it is . . . now . . .

GANEREAU. Pero yo os pregunto: ¿de qué sirve el rey? ¿Por qué no os gobernáis por vosotros mismos? Nada tan hermoso como una república. ¡Figuraos vosotros el placer que sentiríais si tuvierais diputados y senadores!

PARADOX. Creo que no le entienden a usted, mi querido amigo.

GANEREAU (*Insistiendo*). Sí me entienden. Decidme: ¿de qué os sirve el rey? 5 Os quita vuestra libertad, conculca vuestros derechos, os envilece.

SIPSOM. ¡Este hombre empeñado en[30] figurarse que está en un mitin de Montrouge o de Belleville![31]

THONELGEBEN (*Por su parte*). No debéis permitir que el rey os maltrate. ¿Por qué consentís que os robe? ¿Por qué dejáis que venda vuestras mujeres y 10 vuestros hijos?

GANEREAU (*Elocuentemente*). Mirad alrededor vuestro,[32] ciudadanos; los pájaros no tienen rey; las flores no tienen tampoco rey; y el sol alumbra la tierra para todos.

EL JEFE LANGA-RA. Sois ignorantes y orgullosos. Negáis lo que todos afirman. 15 Si el rey manda en nosotros es porque Dios le ha conferido ese poder. ¿Quiénes sois vosotros para negar la armonía de nuestras leyes? Vivimos, por la voluntad de nuestro rey; estamos en el mundo, porque nuestro rey lo quiere.

PARADOX. Sin embargo, tú confesarás, apreciable salvaje, que nosotros hemos 20 vivido hasta ahora sin necesidad de vuestro rey.

EL JEFE. Pero tendréis otro; el vuestro.

GANEREAU. No; no lo tenemos.

PARADOX. Si[33] yo no digo que no tengáis rey; pero ¿por qué no tenéis otro que sea justo, equitativo y bueno?   25

EL JEFE. Es que[34] él es el único indicado por Dios.

PARADOX. ¿Y en qué se conoce que es él?

EL JEFE. Primeramente, es hijo de su padre.

PARADOX. Es una razón.

EL JEFE. Además, todos los magos le reconocen como rey.   30

PARADOX. Pero los magos no aciertan siempre.

EL JEFE. Siempre, no; pero son magos.

---

[30] *¡Este hombre empeñado en...!* How absurd of this man to persist in . . .

[31] *Montrouge o Belleville*—two industrial districts on the outskirts of Paris, inhabited mainly by workingmen and having a strong tradition of socialist and radical agitation.

[32] *vuestro = de vosotros*

[33] *Si* But

[34] *Es que* Because

PARADOX. Yo creo que los magos que no aciertan no son magos verdaderos.

SIPSOM. Mi querido Paradox, creo que se pierde usted en un laberinto filosófico-político-religioso. Déjeme usted que intente yo arengar a las masas.

5 PARADOX. Sí, hágalo usted. A ver si tiene usted más fuerza de convencimiento que nosotros.

SIPSOM (*Dirigiéndose a los negros*). ¿A vosotros os gustan las habichuelas?

TODOS. ¡Sí, sí!

SIPSOM. ¿Os gusta el buen tocino?

10 TODOS. ¡Sí, sí!

SIPSOM. ¿Os gusta el ron?

TODOS. ¡Sí, sí! ¡Ya lo creo!

SIPSOM. ¿Os gustan las chicas guapas, con la nariz bien chata y el pecho colgante?

15 TODOS. ¡Sí, sí! ¡Eso, eso!

SIPSOM. Pues bien; si venís con nosotros tendréis habichuelas a pasto; tendréis buen tocino; tendréis ron y tendréis chicas guapas, más negras que el betún.

TODOS. ¡Iremos con vosotros!

20 SIPSOM. Pues vamos ahora mismo.

EL JEFE. ¡Yo, no! Yo no obedezco más que a mi rey.

HARDIBRÁS. Entonces quedas preso. Trae las manos. Te ataremos.

[Entre Goizueta y él le atan. Entonan los mandingos su himno de guerra —«que tantas veces les ha llevado a la victoria y otras tantas a la derrota»— y
25 se da la orden de partir. Las tres canoas y el bote de la *Cornucopia* comienzan a remolcar las dos balsas grandes, cargadas con todos los útiles de la goleta, y remontan el río hasta la Isla Afortunada, indicada por Ugú.]

VII–VIII

[Llegan a la Isla Afortunada. Acampan, se establecen y comienzan a fortificar su posición. Construyen un foso, una muralla y una torrecilla blindada, para
30 montar la ametralladora sacada de la *Cornucopia*. Después empiezan a edificar una casa común, a la que dan el nombre de Fortunate-House. Hardibrás da instrucción militar a los treinta mandingos que trabajan a las órdenes de los europeos.]

IX

EL ATAQUE

La casa está ya a medio concluir. En ella hay departamentos para todos. Se está trabajando en un tejar. Es al amanecer. Paradox sale de Fortunate-House, hablando a su perro, que ladra delante de unas matas.

PARADOX. Pero, vamos a ver, ¿qué pasa, señor Yock?
YOCK. ¡Guau! ¡Guau! Parece mentira que no comprendas que aquí hay algo. 5
PARADOX. Anda, vamos, no seas estúpido, que tengo prisa.
YOCK. ¡Guau! ¡Guau! No te vayas, hombre; no te vayas.
PARADOX. Bueno, pues quédate ahí.

Paradox se dispone a bajar la cuesta, pero Yock sigue ladrando con furia.

SIPSOM (*Desde la muralla*). ¿Qué le pasa a ese perro? 10
PARADOX. Nada, manías que se le ponen en la cabeza; ¡como[35] es ya viejo!
YOCK. Sí, ¡buenas manías![36] Es que sois tontos.
SIPSOM. Quizá haya por ahí algún bicho. Le voy a soltar a Dan a ver qué hace.

Sipsom suelta al perro danés, que se pone también a ladrar con furia al lado de 15
Yock.

PARADOX. Debe de haber algo ahí.
SIPSOM. Indudablemente. Vamos a verlo.

Entran los dos por la maleza y van dando garrotazos a los arbustos. De pronto, sale un negro por entre unas matas y echa a correr. Dan y Yock le siguen. El hombre 20 *llega al extremo de la meseta y, no atreviéndose a tirarse al río, corre a la parte baja de la isla, seguido por los perros. Luego, acosado, se decide y se zambulle en el agua desde una gran altura.*

SIPSOM. Bajemos al río a cogerle.

---

[35] *manías que se le ponen en la cabeza; ¡como...!* just crazy notions he gets into his head because . . .
[36] *¡buenas manías!* notions, my eye!

PARADOX. ¿Y para qué?

SIPSOM. Porque si no[37] va a indicar dónde estamos a los de Bu-Tata.

Paradox y Sipsom bajan hasta el desembarcadero de la isla, toman el bote y recorren el río; pero el hombre no aparece.

5 SIPSOM. Es una contingencia desagradable. Antes de pocos días tenemos aquí a los de Bu-Tata.

PARADOX. ¿Cree usted...?

SIPSOM Seguramente. Ese era un espía. Hay que prepararse.

PARADOX. ¿Pero usted supone que nos atacarán?

10 SIPSOM. Claro que sí.

PARADOX. Con unos cuantos tiros les ahuyentaremos.

SIPSOM. No se haga usted ilusiones. Saben que somos pocos y apretarán de firme; tenemos que estar prevenidos.

Vuelven a Fortunate-House y cuentan lo que ha pasado. Llaman a Ugú.

15 SIPSOM. Es muy probable que, dentro de unos días, los de Bu-Tata nos ataquen. Adviérteles a tus compañeros y diles que estén tranquilos.

Beatriz y Dora, por indicación de Hardibrás, cosen un trapo grande, de distintos colores, que sirve de bandera, y se enarbola sobre la torrecilla de la fortaleza, a los acordes de una marcha que toca Thady Bray en el acordeón.

20 HARDIBRÁS (*A los negros*). Con esta bandera podéis estar seguros que nuestros enemigos no asaltarán la fortaleza.

Los mandingos contemplan el trapo de colores con verdadero respeto, pensando que a lo mejor puede estallar. Después de este acto solemne de izar la bandera, se toman precauciones más prácticas, se revisan las armas, se fabrican cartuchos. Las tres
25 *canoas y el bote se guardan en un sitio escondido de la orilla del río. Durante la noche dos centinelas pasean continuamente por la muralla. Una semana después, un día, al amanecer, se ve una multitud de negros, que han acampado en la isla; luego a cada instante van llegando canoas llenas de gente.*

---

[37] *si no*   if we don't

Ya entrada la mañana[38] *van subiendo los indígenas la cuesta de la isla hasta que, al llegar a unos doscientos metros de Fortunate-House, se detienen.*

PARADOX. No nos atacarán; ya lo verán ustedes.

SIPSOM. No sea usted niño; dentro de un momento se han lanzado[39] sobre nosotros.   5

PARADOX. Al menos, no dispararemos mientras ellos no nos ataquen.

HARDIBRÁS. Déjeme usted a mí. Yo soy el jefe militar. Usted, con sus miramientos, nos puede comprometer a todos.

Hardibrás va colocando a cada uno de los tiradores detrás de su aspillera. Thonelgeben sube a la torrecilla blindada, en donde han colocado la ametralladora. 10 *De pronto, uno de los salvajes, un jefe lleno de adornos pintados en el pecho, se adelanta y dispara una flecha; y a esta señal, todos los demás se lanzan corriendo y escalan la primera trinchera.*

HARDIBRÁS (*Levantando el brazo de madera con su gancho correspondiente*). No apresurarse.[40] Esperad. Ahora. ¡Fuego!   15

Se oye una descarga cerrada; caen algunos de los indígenas; los que vienen detrás retroceden un instante, pero vuelven al poco rato, lanzando una nube de flechas.

HARDIBRÁS. ¡Apuntad bien! ¡Que no se pierda un tiro!...[41] ¡Fuego!

Suena una nueva descarga.   20

PARADOX. Es un disparate lo que estamos haciendo.

SIPSOM. ¿Pero no ve usted que sino nuestra gente podía sublevarse?

PARADOX. Sin embargo...

HARDIBRÁS. Calle usted; soy capaz, si no, de fusilarlo.

Vacilan los de Uganga en lanzarse definitivamente al asalto. Los jefes se 25 *consultan entre sí. La fortaleza está muda. Luego se deciden, y más de trescientos hombres saltan la trinchera, atraviesan el foso y comienzan a escalar la muralla. Entonces las descargas cerradas se suceden sin intervalo.*

---

[38] *Ya entrada la mañana*   When it is daylight
[39] *se han lanzado=se habrán lanzado*
[40] *No apresurarse=No os apresuréis*
[41] *Que no se pierda*   Let's not waste

HARDIBRÁS (*Gritando*). ¡Fuego! ¡Fuego!

SIPSOM. ¡Pero esa ametralladora!

THONELGEBEN. Es que no funciona.

Paradox corre por encima de la muralla, en medio de las flechas, entra en la
5 *torre blindada, y el ingeniero y él se dedican a limpiar los cañones de la ametralladora*
y a ponerla en marcha.

De pronto, cuando más recio es el combate, la ametralladora comienza a
disparar por sus cañones una nube de fuego. La mayoría de los salvajes retrocede;
dos han llegado a la parte alta de la muralla. Sipsom y Hardibrás, al verlos, se
10 *dirigen a ellos. Uno de los mandingos les amenaza levantando su cortacabezas, y el*
inglés le hunde la bayoneta en el vientre. El otro se rinde y queda prisionero. Al
anochecer, todos los asaltantes se retiran al extremo de la isla.

HARDIBRÁS. Mañana nos volverán a atacar... Afortunadamente, les daremos
otra buena lección.

15 SIPSOM Yo creo que no. Es muy probable que, cuando se haga completamente de noche, se vayan retirando.

PARADOX. Lo podremos ver. Tenemos un reflector eléctrico, y lanzaremos
el cono de luz hacia donde han acampado.

Efectivamente, poco después, en la obscuridad de la noche, Paradox prepara el
20 *reflector en lo alto de la muralla. Tras de muchos ensayos infructuosos consigue hacer*
funcionar el aparato y el cono de luz va iluminando el río, los árboles de la isla,
hasta que se detiene, inundando con la claridad de sus ráfagas el campamento de los
mandingos.

En este mismo instante se oye un gran grito de terror y se ve a todos los salvajes
25 *que se lanzan a sus canoas y huyen precipitadamente por el río arriba.*

PARADOX. ¿Qué les habrá pasado?

SIPSOM. Que les ha asustado usted con su reflector. Esto les ha hecho más
efecto que la ametralladora. No queda nadie; podemos ya salir.

PARADOX. Recogeremos los heridos.

30 (*Tienden el puente levadizo y salen todos. Van recogiendo los heridos en pari-*
huelas y llevándolos a Fortunate-House. Beatriz y Dora los curan).

109

PARADOX. Y de los muertos, ¿qué hacemos?

SIPSOM. Los echaremos al río.

PARADOX. ¿No cree usted que olerán?

SIPSOM. No, se los comerán pronto los peces.

DIZ. ¡Esta es la guerra! Esos imbéciles querían dominarnos a nosotros, cuando 5
por estar[42] aquí no les hacíamos ningún daño.

SIPSOM. Podríamos estar contentos si todas las luchas concluyeran dando la
razón al que la tiene, como aquí.

PARADOX. ¿Y cree usted que la tenemos?

SIPSOM. Vamos, no diga usted tonterías, mi querido amigo. Además, tenga- 10
mos o no tengamos razón,[43] yo creo que la guerra es una cosa buena.

PARADOX. Buena para los fabricantes de fusiles, que se arruinarían si no la
hubiera.

SIPSOM. Y para nosotros también. La guerra es un tónico para los nervios
debilitados de las razas sedentarias. Es el aprendizaje más fuerte para hacerse 15
hombre de voluntad.

PARADOX. No le creía a usted tan militarista.

SIPSOM. No lo soy. Yo odio al militar de oficio y amo la guerra.

*Entran todos en Fortunate-House. Hardibrás pasea por la muralla. Los demás
están sin acostarse, por si se renueva el ataque. Al alba, salen al campo. No hay* 20
*nadie en la isla. Va amaneciendo. El aire está puro y embalsamado; las hierbas,
granizadas de flores. El sol comienza a brillar, la pradera ríe...*

PARADOX. Yo no comprendo la maldad, el odio, la guerra, ante un sol como
éste.

SIPSOM. Es que es usted un poeta, un pobre hombre, Paradox. Mire usted a 25
nuestro general haciendo ondear la gloriosa bandera.

*Hardibrás ha izado la bandera en medio de las aclamaciones de todos. Los
mandingos ya se consideran invencibles. Al prisionero se le viste[44] con una túnica
blanca y se le envía a Bu-Tata.*

---

[42] *por estar*   by our being
[43] *tengamos o no tengamos razón*   whether we are right or not
[44] *Al prisionero se le viste*   The prisoner is dressed

X

EL GRAN PROYECTO

Ya conjurado el peligro, en Fortunate-House se trabaja con tranquilidad.

Las mujeres de los mandingos han ido a refugiarse dentro de la muralla, y la confianza es tal que, aun fuera de ella, se van haciendo chozas, habitadas por negros que escapan de Bu-Tata.

5   *Por la noche se dan funciones de linterna mágica en una barraca, y entre Diz de la Iglesia y Paradox han publicado el primer número del «Fortunate-House Herald», número interesantísimo, en donde viene un artículo de Diz acerca de la flora de la isla; otro de Thonelgeben sobre el porvenir de la colonia, y una lacónica narración de la guerra, por J. Sipsom.*

10   *Una mañana, al asomarse a la muralla, ven a tres hombres, que se acercan despacio.*

Los tres llevan ramas verdes en la mano y las agitan en el aire. De cuando en cuando se arrodillan.

PARADOX. ¿Quiénes serán estos hombres?
15 UGÚ. Vienen a pedirnos protección.
PARADOX. Diles entonces que se acerquen.

Ugú va con el recado, y se presenta delante de la muralla Funangué, el primer ministro, con dos negros, que le acompañan.

GOIZUETA. ¿A qué viene este granuja aquí? ¿Quiere todavía ron?
20 FUNANGUÉ. Los puhls[45] han saqueado Bu-Tata. Reunidos con algunos moros, han rodeado el pueblo durante la noche, y, de repente, han comenzado a dar gritos, más terribles que los rugidos del león. Luego, han disparado tiros. Todos los hombres han huído, y los moros y los puhls se han llevado mujeres, chicos y rebaños. Por eso os pedimos protección.
25 SIPSOM. ¿Cómo vamos a fiarnos de vosotros? Antes, quisisteis matarnos; luego, vinisteis aquí a atacarnos en nuestra fortaleza.
FUNANGUÉ. Os pedimos perdón. Venid ahora a Bu-Tata para enseñarnos a rechazar a los puhls.

---

[45] *Los puhls*—the Fulani, a warlike African people of Hamitic stock, mostly Moslem in religion, occupying the Niger river region. Some of them are seminomadic shepherds.

111

SIPSOM. ¿Y si vamos allí y queréis matarnos?

FUNANGUÉ. Os daremos rehenes.

SIPSOM. ¿Qué rehenes vais a dar?

FUNANGUÉ. Os dejaremos nuestras mujeres y nuestros hijos.

SIPSOM. ¿Qué os importa a vosotros vuestras mujeres y vuestros hijos, si 5
los vendéis, como si fueran carneros?

FUNANGUÉ. ¿Qué necesitáis entonces para vuestra seguridad?

SIPSOM. Si vienen el rey y Bagú aquí, iremos a Bu-Tata.

FUNANGUÉ. No vendrán.

SIPSOM. No iremos nosotros tampoco. 10

FUNANGUÉ. ¿Qué pensáis hacer con ellos?

SIPSOM. Nada. Ellos nos darán la seguridad de que vosotros respetaréis a los
que vayan a Bu-Tata.

FUNANGUÉ. ¿No pensáis hacerles ningún daño?

SIPSOM. No; porque vosotros os podíais vengar. 15

FUNANGUÉ. Entonces esperad un instante. Los dos aguardan en la canoa. Si
me dais la seguridad de que no les pasará nada, ellos desembarcarán;
mientras tanto, uno de vosotros, el que sepa hacer estas fortalezas, que
venga[46] conmigo al pueblo.

Acceden; desembarcan el rey y su mago, y, en la misma canoa, entran Thonel- 20
geben y Paradox y van subiendo el río, hasta Bu-Tata.

Llegan los dos a la ciudad al día siguiente, navegando durante toda la noche;
ven el punto por donde han asaltado los puhls y los moros, e inmediatamente se
preparan para la vuelta. Durante la travesía hablan.

PARADOX. ¿Y qué?[47] ¿Encuentra usted algún procedimiento para defender 25
la ciudad?

THONELGEBEN. No. No se me ocurre nada. Me parece muy difícil fortifi-
carla.

PARADOX. Yo he pensado una cosa, que quizá le parezca a usted absurda.

THONELGEBEN. ¿Cuál es? 30

PARADOX. Yo, señor Thonelgeben, tengo alguna fama de chiflado,[48] y
quizá le hayan dicho....

---

[46] *uno de vosotros... que venga* let one of you . . . come
[47] *¿Y qué?* Well, then?
[48] *fama de [ser] chiflado* reputation for being somewhat flighty

THONELGEBEN. Yo no hago caso de lo que me cuentan.

PARADOX (*Sacando un papel del bolsillo*). Se habrá usted fijado en que el río traza una curva, formando una C.

THONELGEBEN. Sí, en un recorrido de unos treinta kilómetros.

5 PARADOX. Entre los dos brazos de la C se encuentra el pueblo, y en un extremo de ambas ramas de la C hay un valle frondoso, que recorre un riachuelo en su parte más honda. ¿Cómo se ha podido formar este riachuelo?

THONELGEBEN. Yo creo que este riachuelo fue el cauce anterior del río, que iba en línea recta, y que por un levantamiento de terreno, por una acumula-
10 ción de tierras de aluvión, la corriente de aguas se desvió y fue buscando los sitios más bajos, hasta formar el nuevo cauce y dar la vuelta que ahora da.

PARADOX. Eso mismo he pensado yo. Este valle, comprendido entre las dos ramas de la C, el antiguo cauce del río, según usted supone, es el camino de los moros y de los puhls. Ni unos ni otros, según dice Funangué, se aven-
15 turan a pasar los ríos; los moros, porque son poco aficionados a las vías acuáticas, y los puhls porque su dios les prohibe atravesar el agua.

THONELGEBEN. Todavía no comprendo adónde va usted a parar.

PARADOX. Además este riachuelo que cruza el valle se inunda en la estación de las lluvias y forma un pantano que, hasta desecarse, es un semillero de
20 fiebres palúdicas, algunas terribles, que en diez o doce horas producen la muerte.

THONELGEBEN. Pero bien; todo eso, ¿qué relación tiene con la defensa de Bu-Tata?

PARADOX. Nosotros no podemos contener a los moros ni a los puhls con
25 murallas, porque, probablemente, las asaltarían.

THONELGEBEN. ¡Claro!

PARADOX. Pero podemos contenerlos por el agua.

THONELGEBEN. ¿Y cómo?

PARADOX. Podíamos romper el contrafuerte que impide al río seguir por su
30 antiguo cauce y abrirle un boquete, por el cual caería una catarata que llenaría el valle, transformándolo en un lago. De este manera, el terreno que ocupa la ciudad quedaría convertido en una isla.

THONELGEBEN ¡Qué disparate!

PARADOX (*Con ansiedad*). ¿Le parece a usted imposible?

35 THONELGEBEN. No; imposible quizá no es. Habría que estudiarlo.

PARADOX. ¡Si tuviéramos[49] dinamita!

---

[49] *Si tuviéramos* If we only had . . . !

THONELGEBEN. La dinamita se hace.[50]

PARADOX. ¿A usted le parece fácil?

THONELGEBEN. Facilísimo.

PARADOX. ¿Pero la podrá usted hacer aquí?

THONELGEBEN. Sí.   5

PARADOX. ¿Tiene usted ácido nítrico?

THONELGEBEN. Lo haré.

PARADOX. ¿Y la glicerina?

THONELGEBEN. Eso se extrae fácilmente. Se necesita también ácido sulfúrico y carbonato de sosa. Este último nos lo da la Naturaleza hecho. Lo hay[1] en 10 nuestra misma isla.

PARADOX. Entonces no hay más que[2] lanzar un ¡hurra! de entusiasmo.

THONELGEBEN. No, todavía no.

PARADOX. Eso está hecho.[3] ¡Hurra! ¡Hurra!

Grita, con admiración de los salvajes. Al llegar a Fortunate-House dos días 15 *después de la salida, desembarcan. El rey y Bagú entran en su canoa, y Paradox y Thonelgeben suben a la casa.*

SIPSOM. ¿Y qué van ustedes a hacer? ¿Han encontrado algún procedimiento para fortificar Bu-Tata?

PARADOX. Vamos a desviar el curso del río. Vamos a convertir un valle en 20 un lago.

DIZ. Eso no se puede hacer.

PARADOX. ¿Por qué?

DIZ. Porque no.

PARADOX. Esa no es una razón.   25

DIZ. Pero es una verdad...

PARADOX. Usted se convencerá cuando vea formado el lago.

DIZ. Es que[4] no lo veré; tengo la seguridad de ello.[5]

PARADOX. ¿Lo conceptúa usted imposible?

DIZ. De todo punto.   30

PARADOX. En mi diccionario, señor Diz, no existe la palabra «imposible».

---

[50] *se hace*   can be made
[1] *Lo hay*   There is some
[2] *no hay más que*   we have only to
[3] *Eso está hecho*   It is as good as done
[4] *Es que*   But
[5] *de ello*   of it

114

XI

EL MOMENTO SOLEMNE

Durante algunos meses, una porción de trabajadores negros, dirigidos por Sipsom y por Paradox, han abierto dos galerías profundas en el lugar que cierra el antiguo cauce del río. Cerca, Thonelgeben ha construído sus hornos para hacer los componentes de la nitroglicerina.

5 *Un día, en las galerías, ya profundamente socavadas, se han ido poniendo grandes tinajas[6] llenas de la líquida substancia explosiva hasta los bordes.*

En cada tinaja se ha colocado, flotando, una calabaza repleta de pólvora, con una mecha azufrada larga de varios metros, los bastantes para que tarde[7] dos horas en quemarse y hacer estallar el explosivo.

10 *El día de la prueba la ciudad entera cruza el río, y las seis mil personas huyen en todas direcciones.*

En el momento solemne, Paradox y Thonelgeben se internan cada uno en su galería y encienden las mechas. Salen luego precipitadamente. Goizueta y Thady Bray les esperan en una canoa.

15 *Entran en ella, y se alejan a impulso de los remos y de la corriente.*

Thonelgeben mira su reloj con impaciencia.

Pasa el tiempo. Luego se oye un rumor largo, sordo y continuado.

XII

ELOGIO METAFÍSICO DE LA DESTRUCCIÓN

Un cíclope, atraído por el estruendo, asoma su cabeza gigantesca por encima de las montañas y mira con sorpresa el valle convertido en lago, con el único ojo, terrible
20 *y amenazador, que tiene en su frente.*

EL CÍCLOPE. Destruir es cambiar; nada más. En la destrucción está la necesidad de la creación. En la destrucción está el pensamiento de lo que anhela llegar a ser.

Destruir es cambiar; destruir es transformar.

---

[6] *se han ido poniendo grandes tinajas*   large earthen jars have been set at intervals
[7] *para que tarde*   for it to take

En el mundo en que nada se aniquila, en el mundo en que nada se crea, en el mundo físico, en el mundo moral, en el mundo en que la nada no existe...

Destruir es cambiar; destruir es transformar.

En el volcán que se levanta en medio del océano, en la isla que se 5 hunde en el mar, en la ola que se evapora, en la nube que se condensa en la lluvia...

Destruir es cambiar; destruir es transformar.

En la tierra que se rompe con el arado, en el mineral que se funde en el horno, en el cuerpo que se volatiliza, en el prejuicio que desaparece... 10

Destruir es cambiar; destruir es transformar.

Pálidas imágenes del pensar humano, brutales explosiones de la materia inerte: sois igualmente destructoras, sois igualmente creadoras.

Destruir es cambiar. No, algo más. Destruir es crear.

XIII

Al día siguiente, el pueblo lanza una exclamación de asombro. Ha desaparecido 15 el valle y se ha formado en su lugar un lago... En su fondo se refleja el azul del cielo; cerca de las orillas, el agua transparente está sombreada por los espesos bosques y las tupidas frondas.... Paradox, Thonelgeben, Diz, Sipsom, Beatriz y Dora cruzan el lago en una lancha [y van poniendo nombres a los diferentes lugares].

XIV

LOS BUENOS Y LOS MALOS

BAGÚ. ¿Cómo se atreven esos extranjeros a cambiar las leyes del mundo? 20 ¿Quién les autoriza para trastornar el curso sagrado de los ríos? Cambiar, cambiar, ¡qué horror! Audaces y rebeldes estos blancos, quieren saber más que los magos, que lo sabemos todo por inspiración divina.

Y el pueblo les sigue, el pueblo les cree; en cambio, empiezan a dudar los hombres de nuestros amuletos y de nuestras bolas de estiércol. Hay que 25 imponerles la creencia por la fuerza, hay que hacerles creer de nuevo; si no, ¿qué sería de los magos?

LAS SERPIENTES. ¿Qué es esta avalancha que destruye nuestros nidos? ¿Quién ha desencadenado esta terrible inundación? Son esos extranjeros; son ellos los audaces. ¡Ssss! ¡Silbemos! ¡Alarguemos nuestra lengua bífida! ¡Hagamos sonar los cascabeles de nuestras colas! ¡Descarguemos en la carne de
5 los hombres toda la ponzoña de nuestros huecos dientes!

EL PEZ. Antes, en los rápidos del río, tenía que luchar con desesperación contra la corriente; ahora, en esta inmensidad insondable, hallo lugar para correr a mi capricho, para hundirme en los abismos de agua transparente y salir a la superficie a juguetear entre las ondas. Generosos extranjeros, yo os
10 doy las gracias.

EL SAPO. He vivido siempre solo. En el fondo de mi agujero, mis únicos amigos eran los golpes de mi corazón, que hacían tac..., tac..., tac..., continuamente. El agua me ha obligado a salir de mi escondrijo, y he visto, con vergüenza y con espanto, que hay un sol y unas estrellas allá arriba y
15 flores de oro entre las hierbas. Y no quiero ver nada, no quiero saber nada. Yo os maldigo, extranjeros, porque me obligáis a salir de mi cueva; yo os maldigo, porque me obligáis a admirar lo que no quiero admirar, y me hacéis ver a la luz del día mi cuerpo deformado, sucio y viscoso, como los pensamientos de la envidia.

20 UNA GOLONDRINA. ¡Hermoso lago para deslizarse sobre él! ¡Qué claro! ¡Qué transparente! En su fondo hay otra golondrina hermana que corre al mismo tiempo que yo.

LA HIENA. ¿Quién ha llenado de agua el valle? ¿Quién ha cerrado mi paso al pueblo? Antes, de noche, iba a desenterrar los cadáveres de los hombres.
25 Cuando no,[8] devastaba los rebaños. Ahora nada puedo. ¡Maldición, maldición para esos extranjeros que así condenan a los infelices al hambre!

EL SEÑOR BUHO (*Mirando con su lente*). Ayer, si no me engaño, había aquí una rama donde estuve descansando. Sí, era aquí. Venía indignado de la estupidez de los demás pájaros, y me detuve un momento a pensar en los
30 beneficios de la soledad. Hoy no hay más que agua. ¿Quiénes han sido los audaces que han hecho esta substitución escandalosa? ¡Hombres! Hombres seguramente... Esos seres frívolos, llenos de vanidad y de petulancia.

LA LUNA. Antes, en la noche serena, veía brillar mis rayos en las espumas del río; ahora, más dulce, más amable, veo mi pupila blanca reflejada en el
35 agua argentada de ese lago. En ese espejo yo me miro, dama errante de la noche; en ese espejo me contemplo cuando las brumas azules adornan mi faz risueña. ¡Yo os bendigo, extranjeros; yo os bendigo!

---

[8] *Cuando no* When I did not do that

XV

UN INDIFERENTE

EL MURCIÉLAGO. ¿Han cambiado el río y han hecho un lago? Pse... Nada me importa. Yo vuelo por las calles, no por la campiña. No soy campesino, pero tampoco soy ciudadano; no tengo cédula de vecindad en el aire ni en el suelo; no soy pájaro ni soy terrestre. Soy voluble por naturaleza. Vuelo constantemente en zigzags, y parece que busco algo, pero no busco nada. 5

Soy fantástico y alegre, egoísta y jovial. Me divierto, me aturdo, y de todo no me importa nada. ¿Que han hecho un lago donde había un valle? Pse. Me es igual. ¿Que son buenos? ¿Que son malos? Nada me importa. Soy fantástico y alegre, egoísta y jovial. Vuelo constantemente en zigzags, y parece que busco algo, pero no busco nada. 10

TERCERA PARTE

I

LOS CONJURADOS

Varios negros van subiendo hacia la parte alta de la isla, al compás de una música de tambores. En Fortunate-House todos se asoman a la muralla.

PARADOX. ¿Qué será eso? ¿Vendrán a atacarnos de nuevo?
UGÚ. No; seguramente, no.
DIZ. ¿Qué llevarán en la punta de esa lanza? 15
SIPSOM (*Que ha sacado su anteojo y mira por él*). Es una cabeza de hombre.
BEATRIZ. ¡Oh, qué horror!

Toda la comitiva se va acercando hasta colocarse a unos cuantos metros de la fortaleza.

UGÚ (*Saliendo a la muralla*). ¿Qué es lo que queréis? 20
UN SUBLEVADO. Queremos hablar con los extranjeros. Nos hemos levantado contra el rey Kiri y le hemos cortado la cabeza. Venimos a ofrecérosla y a pediros que, desde hoy, nos gobernéis vosotros.

Ugú communica a Paradox y a Sipsom los deseos de sus paisanos, y ambos cruzan el puente levadizo y salen de la fortaleza. Los sublevados se inclinan ante ellos y les ofrecen el resto sangriento del rey Kiri.

PARADOX. Echad eso al río y hablemos después. ¿Qué habéis hecho?

5 EL SUBLEVADO. Hartos de las vejaciones y de los crímenes de este hombre, nos hemos conjurado unos cuantos,[9] y esta madrugada hemos entrado en su palacio y le hemos dado muerte. El pueblo entero, al saberlo, se ha reunido con nosotros, y todos han celebrado que se haya concluído el reinado de este monstruo; pero después...

10 PARADOX. Os habéis arrepentido de lo hecho.

EL SUBLEVADO. No; lo que nos ha sucedido es que nos hemos quedado sin saber qué hacer, a quién nombrar rey, y entonces hemos pensado en vosotros.

SIPSOM. ¿Y qué queréis que hagamos nosotros?

15 EL SUBLEVADO. Sabéis más y conocéis una porción de cosas de las cuales no tenemos idea. Queremos un rey justo y bueno; os pedimos que nos lo indiquéis.

SIPSOM. Es una tarea difícil la que nos encargáis. Dadnos a lo menos un plazo para que tengamos tiempo de elegir.

20 EL SUBLEVADO. Tomaos todo el día. El pueblo no puede esperar mucho tiempo sin rey. Reñirían unos con otros y estallaría la guerra civil.

PARADOX. Pero comprended que es muy poco tiempo el que nos dais. Podríais después quejaros y protestar contra nuestra decisión.

EL SUBLEVADO. No protestaremos; lo que elijáis vosotros bien elegido 25 está.[10] Decidid cuanto antes; nosotros esperaremos vuestro fallo. Mirad: el pueblo entero, que conoce ya nuestro proyecto, viene a la isla.

Efectivamente se ven llegar más canoas y una gran masa de negros se va reuniendo en la parte baja de la Isla Afortunada.

SIPSOM. Está acordado. Antes de que se haga de noche os diremos quién ha de 30 ser vuestro rey.

---

9 *unos cuantos* a few of us
10 *lo que elijáis vosotros bien elegido está* whatever decision you make we shall accept

II

LA CONSTITUCIÓN DE UGANGA

En el gran salón de Fortunate-House se han reunido todos los europeos, más Ugú, que ha sido admitido a las deliberaciones. Paradox actúa de presidente.

GANEREAU. Pido la palabra para una cuestión previa.

PARADOX. Tiene la palabra Ganereau.

GANEREAU. Señores: Yo no comprendo por qué vamos a[11] seguir al pie de la 5
letra lo dicho por los sublevados.

Al pedir éstos un rey, lo que quieren indicar es que necesitan un
gobierno; y creo que mejor que un gobierno personal es una república.

GOIZUETA. A mí me parece todo lo contrario.

HARDIBRÁS. A mí también. 10

SIPSOM. Además, el deseo de ellos es explícito: quieren un rey.

GANEREAU. ¡Un rey! ¿Para qué sirve un rey?

PARADOX. Hombre, sirve poco más o menos para las mismas cosas que un
presidente de la república; para cazar conejos, para matar pichones y
hasta en algunos casos, según se dice, han servido para gobernar. 15

GANEREAU. A mí, mi dignidad no me permite obedecer a un rey.

PARADOX. ¡Si[12] no se obedece en ningún país al rey! Se obedece a una serie
de leyes. En eso nada tiene que ver la dignidad. En todos los pueblos de
Europa tenemos por jefe de Estado una especie de militar vestido de
uniforme, con toda una quincallería de cruces y de placas en el pecho, y 20
ustedes[13] tienen una especie de notario de frac y de sombrero de copa con
una cinta en el ojal.[14]

GANEREAU. No estoy conforme.

PARADOX. Pues es igual.[15]

SIPSOM. Pero todo esto, ¿qué tiene que ver para nuestro caso? 25

GANEREAU. Yo lo que quiero decir es que no sospechan los naturales de
Uganga que el país se puede gobernar de otra manera.

---

[11] *vamos a* we should
[12] *Si* But
[13] *ustedes [los franceses]*
[14] *cinta en el ojal* [red] ribbon [of the Legion of Honor] in his buttonhole
[15] *Pues es igual* Well, that doesn't make any difference

SIPSOM. ¿Y les vamos a convencer de lo contrario en unas cuantas horas? (*Por lo bajo*). Ya está pensando este hombre que se encuentra en Montrouge.

PARADOX. A mí me parece que no debemos intentar con los mandingos un gobierno a la europea.

5 THONELGEBEN. A mí me parece lo mismo.

GANEREAU. Si les damos un rey absoluto, corren el peligro de que el nuevo rey sea un tirano abominable como el antiguo.

PARADOX. Entonces, ¿qué hacemos? ¿Intentamos una Constitución, o simplemente señalamos a uno cualquiera para que sea rey?

10 GANEREAU. Yo creo que la Constitución tiene grandes ventajas, y que debíamos hacer dos o tres proyectos y discutirlos.

PARADOX. ¿Se acepta la idea de Ganereau?

TODOS. Aceptada. Ensayaremos eso, a ver si da algún resultado.

Ganereau se marcha a un extremo de la mesa y Diz a otro, y se ponen los dos
15 *a escribir rápidamente. Al cabo de media hora se levantan los dos con los papeles en la mano.*

PARADOX. ¿Han terminado ustedes ya?

GANEREAU Y DIZ. Sí.

PARADOX. Bueno; pues vamos a ver esos proyectos.

20 GANEREAU. He suprimido todo comentario para que el escrito sea más breve. Los artículos principales de la Constitución son éstos:

Primero. Todos los habitantes de Uganga serán libres.

PARADOX (*Por lo bajo, a la Môme Fromage*). Libres de comer, si tienen qué;[16] de rascarse, de espulgarse, de pasear; pero no libres de fastidiar a los demás.

25 GANEREAU. Segundo. Todos los habitantes de Uganga serán iguales.

PARADOX (*A la Môme Fromage*). Seguirán siendo desiguales en estatura, en nariz y en todos los demás atributos que da la Naturaleza. Creo, por lo tanto, que no se debe permitir cortar la nariz al que la tenga larga para hacerle igual al chato.

30 GANEREAU. Tercero. Todos los habitantes de Uganga se considerarán como hermanos.

PARADOX. Lo cual no impedirá que al hermano que muerda se le ponga su correspondiente bozal.

---

[16] *si tienen qué = si tienen [algo] que [comer]*

GANEREAU. Cuarto. El Gobierno se regirá por un sistema representativo con el voto proporcional.

THONELGEBEN. ¡Alto ahí! Creo que no debemos aceptar el sistema parlamentario tal como se practica en Europa.

DIZ. A mí me parece lo mismo.   5

PARADOX. Yo soy también contrario al sistema representativo. No creo en la sublimidad de ese procedimiento que hace que la mayoría tenga siempre la razón.

GANEREAU. Y entonces ¿cómo se va a regir el país?

PARADOX. Yo encuentro lo más apropiado para Uganga un gobierno   10
paternal.

THONELGEBEN. A mí el procedimiento mejor me parece una dictadura socialista, que puede irse renovando a medida que el dictador se canse o deje de cumplir bien con su deber. Creo que primeramente debemos declarar que la tierra de Bu-Tata será de todos; que habrá un depósito   15
común de las herramientas de trabajo y que a cada uno se le dará según sus necesidades.

PARADOX. Creo, amigo, que usted quiere colocar a los mandingos en un nivel más alto del que en realidad están.

THONELGEBEN. No; ¿por qué? El comunismo es lo natural. Además, es   20
económico. Las sociedades europeas son más artificiales porque se han separado de la realidad.

PARADOX. Me parece que eso sería muy largo de discutir, y que además la solución en pro o en contra no nos resolvería ningún problema.

THONELGEBEN. ¿No piensan ustedes que aquí lo principal es hacer que el   25
pueblo viva feliz?

PARADOX. Sí; en eso estamos todos. En lo que disentimos es en la manera de darle esta felicidad.

GOIZUETA. ¿Y la religión? Yo supongo que se intentará hacer a estos negros cristianos.   30

PARADOX. ¿Y por qué? Cada uno tendrá la religión que quiera. Ya ve usted, entre nosotros mismos no hay completa unanimidad; yo soy panteísta.[17]

DIZ. Yo, haekeliano.[18]

---

[17] *panteísta* pantheist, one who believes that the universe taken as a whole is God and who therefore identifies God with the combined forces and laws which manifest themselves in the existing order.

[18] *haekeliano* Haekelian, a follower of Ernst Heinrich Haekel (1834-1919), German biologist and thinker, who applied Darwin's theory of evolution to philosophy and religion and evolved a mechanistic conception of the universe, denying the immortality of the soul and the existence of a personal God.

THONELGEBEN. Yo también.

GANEREAU. Yo soy deísta, como Voltaire.[19]

PARADOX. ¿Y usted, Sipsom?

SIPSOM. Yo, anglicano. Aunque, la verdad, no practico gran cosa.

5 PARADOX. ¿Y usted, Thady Bray?

THADY BRAY. Yo, presbiteriano.

DORA. Pues yo soy católica.

BEATRIZ. Y yo.

GOIZUETA. Y yo. Y tenemos la seguridad de creer en la religión verdadera.

10 HACHI OMAR. La verdad única es que no hay más que Alá y Mahoma[20] su
enviado.

GOIZUETA. Cállate, perro moro. Mahoma es un granuja.

Hachi Omar saca un rosario y se pone a rezar por lo bajo.

PARADOX. Y usted, Piperazzini, ¿qué religión tiene?

15 PIPERAZZINI. ¡Corpo di Baco![21] Yo creo, la verdad, que soy pagano.

PARADOX. ¿Y usted, Ugú?

UGÚ. Yo todavía creo en las bolas de estiércol.

PARADOX. ¿Y usted, Beppo?

BEPPO. Yo, señor, no soy más que cocinero.

20 PARADOX. ¿Y usted, Hardibrás?

HARDIBRÁS. Yo no tengo más religión que la disciplina militar y el honor.

PARADOX. Pues, señor, hay una unanimidad verdaderamente encantadora
entre nosotros. Desde Beppo, que no cree más que en los manuales
culinarios, hasta los que se elevan a las alturas del Korán[22] y de la Biblia,

25 ¡qué abismo!

*Sigue la discusión de una manera tempestuosa. Dora exige que no se permita a
un hombre el que tenga[23] varias mujeres, y Beatriz le apoya en su petición;*

---

[19] *deísta, como Voltaire* deist, one who holds that the course of nature is sufficient proof of the existence
of God but who rejects formal religion as superfluous and scorns all supernatural revelation. Today the
term is synonymous with "freethinker." Most of the eighteenth-century rationalists were deists, not
only the French philosopher Voltaire (1694-1778) but the Americans Benjamin Franklin and Thomas
Jefferson as well.

[20] *Alá y Mahoma*—Allah is the name for God in the Islamic or Moslem religion founded by Mohammed
(570?-632).

[21] *¡Corpo di Baco!* (Ital.: By the body of Bacchus!) By Jove!

[22] *Korán*—the sacred book of Islam, containing Mohammed's revelations.

[23] *el [hecho de] que tenga*

*Ganereau quiere la declaración de los derechos del hombre y una Cámara de
Diputados, y Diz y Thonelgeben se empeñan en que lo primero que debe hacerse es
la repartición de las tierras.*

*Mientras discuten, va pasando la tarde sin que lleguen a un acuerdo. Sipsom,
que sale con frecuencia, comprueba la agitación que existe entre los negros. Entra en* 5
el cuarto en donde están deliberando y se acerca a Thonelgeben.

SIPSOM. Estamos perdiendo el tiempo de una manera lastimosa. Los negros
se impacientan.

THONELGEBEN. ¿Y qué le vamos a hacer?[24]

SIPSOM. Tengo un proyecto. 10

THONELGEBEN. ¿Cuál es?

SIPSOM. Hacer rey a Paradox. ¿Qué le parece a usted?

THONELGEBEN. Me parece muy bien.

SIPSOM. ¿Usted encuentra algún obstáculo? ¿Cree usted que su elección
molestará a alguno? 15

THONELGEBEN. Me parece que no. A no ser que le moleste a él.

SIPSOM. Entonces, manos a la obra. Ayúdeme usted. Dígale usted a Paradox
que le tenemos que enseñar una cosa desde la muralla.

THONELGEBEN. Bueno.

Thonelgeben le habla a Paradox con gran misterio y salen los dos. 20

PARADOX. ¿Qué querrá este hombre? ¿Qué proyecto traerá?

*Suben Paradox y Thonelgeben a la muralla. Sipsom, extendiendo sus brazos y
mostrando a las turbas a Paradox.*

SIPSOM. ¡Pueblo de Bu-Tata, aquí tienes a tu rey!

Todos los negros se acercan a la muralla y comienzan a dar gritos de 25
entusiasmo.

PARADOX (*Indignado, queriendo bajar de la muralla*). Pero ¿qué han hecho
ustedes? ¡Me han engañado! ¡Yo no quiero ser rey!

SIPSOM (*Sin dejarle bajar*). El voto popular lo ha decidido. El pueblo quiere
que Paradox sea su rey: ¡viva el rey Paradox! 30

Dentro y fuera de Fortunate-House:

¡Viva!

[24] *¿... qué le vamos a hacer?*   what can we do about it?

PARADOX. Antes que la voluntad del pueblo está, en esta cuestión, la voluntad mía, y yo no quiero ser rey; que lo sea don Avelino.

TODOS. ¡Viva el rey Paradox!

HACHI. ¡Viva Muley[25] Paradox!

5 TODOS. ¡Viva!

SIPSOM. ¡Viva la dinastía de los Paradoxidas!

TODOS. ¡Viva!

THONELGEBEN. ¡Viva Silvestre I!

TODOS. ¡Viva!

10 PARADOX. ¡Señores, señores! ¡Creo que están ustedes abusando de mi benevolencia real! Concluyamos pronto, porque si no ahora mismo abdico, y acaban en seguida los Paradoxidas.

Paradox baja de la muralla.

UN SUBLEVADO (*Acercándosele*). ¡Señor! Las vírgenes de Bu-Tata piden
15 permiso para saludarte, ¡gran rey!, en este momento solemne.

PARADOX. Que pasen esas buenas señoras.

Entra una cáfila de negras horribles y van haciendo grotescas ceremonias delante del rey. Después viene una comisión de guerreros y sacerdotes, que invitan al rey Paradox a ir a Bu-Tata a coronarse allí.

III

LAS FIESTAS DE LA CORONACIÓN

20 *Salen Paradox y Diz de la Iglesia, que ha sido nombrado ministro, de la catedral de Bu-Tata, un granero en donde los magos se han reunido para coronar a Paradox. Suben al palanquín.*

PARADOX. No se va del todo mal[26] encima de estos bárbaros. ¿Verdad, señor ministro?

25 DIZ. ¡Pse!... No.

PARADOX. ¡Y pensar que estos idiotas podrían darnos dos patadas y echarnos de aquí!

---

25 *Muley*—in Morocco an honorary title for men of importance and distinction.
26 *del todo mal* so badly

DIZ. Pero eso no les conviene a ellos.

PARADOX. ¿Cree usted que no?

DIZ. Claro que no; porque si ahora mismo se vieran sin rey, dentro de un momento empezarían a andar a linternazos.

PARADOX. ¡Y pensar que eso mismo ocurre en Europa! El pueblo es siempre imbécil. Necesita llevar algo encima.

DIZ. ¡Es claro! Además, nosotros no pesamos gran cosa.

PARADOX. Es nuestra falta. Si hubiéramos aplastado a dos o tres, tendrían de nosotros mucha mejor idea. ¡Ah, idiotas! Diga usted: ¿qué diría el Conill[27] si nos viera, eh? ¡A mí de rey, y a usted de ministro! ¿Que asombro no sería el suyo?

DIZ. ¡Figúrese usted! Cuando le dije que nos íbamos lejos, me preguntó: «¿Van ustedes más allá de Francia?» «Más allá del moro»,[28] le contesté. «Entonces van ustedes a la China», me dijo él. En la geografía del Conill el final de la tierra es la China.

PARADOX. Cuando volvamos y le contemos lo que hemos visto se va a asombrar de veras.

DIZ. ¡Ah! Pero ¿usted piensa volver?

PARADOX. Yo sí. ¿Usted no?

DIZ. ¿Para qué? ¿Que tiene usted en España que no tenga usted aquí?

PARADOX. ¡Oh, tantas cosas! Aquél es un país ideal, hombre. Va usted por cualquier pueblo y toma usted a la derecha... y un convento; y toma usted a la izquierda... y otro convento. Luego aquellos frailes tan simpáticos, aquellos curas tan inteligentes y tan limpios, aquellos empleados de las oficinas tan amables, aquellas porteras tan serviciales...[29]

DIZ. Yo no niego las bellezas de España, pero esto también tiene sus encantos.

PARADOX. ¡Qué quiere usted que le diga! Estoy harto de ver pieles negras y narices chatas. Antes tenía un gran entusiasmo por la vida salvaje; ahora pienso en aquella guardilla de la calle de Tudescos[30] como si fuese un lugar de delicias.

DIZ. ¡Es usted una veleta!

PARADOX. ¡Qué se le va a hacer, amigo Avelino! Las ilusiones son como las

---

[27] *el Conill*—see note 16 above, p. 123
[28] *el moro* the land of the Moors
[29] *Aquél es un país ideal,... tan serviciales*—note the ironical tone of this entire paragraph.
[30] *aquella guardilla de la calle de Tudescos*—In *Aventuras, inventos y mixtificaciones de Silvestre Paradox*, both friends occupied the garret of a house in that street, in Madrid.

flores, como las mariposas, como todo lo que es muy delicado y muy bonito. Brillan entre las ideas unas, y entre las matas las otras; se las coge entre los dedos, y se marchitan.

DIZ. Siempre descontentadizo.

5 PARADOX. Es la condición humana. Además, yo soy hombre de ideas, de proyectos, de lucha; lo establecido me cansa. ¿Qué vamos a hacer ya aquí?

Bajan Paradox y Diz de su palanquín y se les acerca el general Ma.

MA. Señor, el ejército quiere saludar a su majestad.

PARADOX. Que venga y que me salude.

10 BAGÚ. Los magos de Uganga quieren inclinarse ante su majestad.

PARADOX. Que se inclinen, pero acabemos pronto. Van a empezar las fiestas.

Thonelgeben ha preparado a orillas del lago fuegos artificiales que se van a quemar de noche. El pueblo entero de Bu-Tata espera con impaciencia que obscurezca para que empiecen los festejos.

15 *Se queman los fuegos artificiales ante la admiración del público; luego comienzan los bailes. Bailan las mujeres y los hombres a la luz de la luna, al son de los tan-tan y de las flautas. La alta luna ilumina el lago con su luz de plata, y, a lo lejos, brotan las islas con sus arboledas misteriosas, y escapa de la superficie del agua una neblina azulada.*

20 *En la piel negra de las mujeres, alrededor de los cuellos, de las muñecas y de los tobillos, los collares de cuentas de cristal brillan y lanzan destellos. Es una noche de calma y de amor. Los amantes se buscan en las enramadas; algunos van en grupos en las canoas alumbrándose con farolillos hechos con cortezas, y se oye por todas partes el rumor de las panderetas y de los crótalos.*

25 SIPSOM (*Pensativo*). Yo cambiaría toda mi vida de hombre civilizado por una noche como ésta, de amor y de inconsciencia.

PARADOX. ¿De veras?

SIPSOM. No encuentra usted ridículos ante la vida natural todos los refinamientos de la civilización?

30 PARADOX. Ahora en este momento, no.

SIPSOM. Para mí, ahora y siempre. Todas esas máquinas y artefactos del progreso para correr, para marchar siempre más de prisa, ¡qué necios me parecen!

PARADOX. ¿Y el progreso moral?

127

SIPSOM. ¡Qué progreso moral! La moralidad no es más que la máscara con que se disfraza la debilidad de los instintos. Hombres y pueblos son inmorales cuando son fuertes.

PARADOX. Sí, es cierto. Las naciones vigorosas atraviesan lagos de sangre para satisfacer sus apetitos. 5

SIPSOM. Y los hombres hacen igual.

PARADOX. En el fondo, es triste.

SIPSOM. Pero es así. En la vida no hay nada grande más que el amor y el trabajo.

PARADOX. Y la muerte después. 10

SIPSOM. Y la muerte después... Son las únicas verdades de la vida.

IV

EL PROGRESO DE BU-TATA

En la sala de sesiones de la Casa del Pueblo de Bu-Tata.

GANEREAU. Yo confieso, señores, que la ciudad ha entrado en un período de progreso; se ha hecho la distribución de las tierras, y nadie tiene más terreno que el que él y su familia pueden labrar. Me parece muy bien. Thonelgeben 15 ha implantado un sistema de bonos de trabajo para la retribución y para el cambio, que da buen resultado. Pero ya, ¿por qué no seguimos adelante? ¿Por qué no se implanta el sistema representativo?

PARADOX. Pero, ¿para qué?

GANEREAU. Aunque no sea más que por la dignidad del país. 20

PARADOX. ¿Es que usted considera ofendida su dignidad porque yo soy rey? Pues lo dejaré.[31]

GANEREAU. No, no; pero, la verdad, nada tan bello como el sistema parlamentario funcionando libremente.

PARADOX. ¿Y rigiéndose por la ley de las mayorías? Me parece una cosa 25 absurda e irritante.

SIPSOM. Dejemos esa cuestión. Como juez, tengo que hacer una pregunta: ¿qué hacemos con ese hombre que ha asesinado a un viejo?

PARADOX. Creo que habíamos proyectado poner a los asesinos al otro lado del lago. 30

---

[31] *lo dejaré = dejaré de serlo*

SIPSOM. ¿Para siempre?

PARADOX. Claro que para siempre.

SIPSOM. A los dos ladrones los hemos dejado en una de las islas por tiempo limitado.

5 UGÚ. A mí me han preguntado cuándo comenzará a echar agua la fuente de la plaza.

THONELGEBEN. Dentro de unos días estará terminado el acueducto.

UGÚ. También me han dicho[32] si se podrá llevar al mismo tiempo, del almacén general, un arado y azadas el mismo día.

10 PARADOX. Si hay de sobra, sí.

DIZ. Se ha suprimido el cuartel y la cárcel, lo que encuentro muy bien. Beatriz, Dora y la señora francesa enseñan a las jóvenes mandingas a hacer labores; creo que debemos fundar escuelas para hombres.

GANEREAU. Es verdad.

15 PARADOX. Está bien que fundemos escuelas, pero creo que debemos establecerlas sin maestros.

SIPSOM. Este Paradox es un hombre magnífico. Quiere hacer escuelas sin maestros.

PARADOX. Sí, sin maestros, sin profesores, sin autoridad, si les parece mejor.

20 DIZ. Pero para una escuela se necesitan profesores.

PARADOX. Yo creo que no; el profesor es una especie de papagayo del género Psittacus,[33] familia de los loros.

DIZ. Todo lo que usted quiera,[34] pero es necesario.

PARADOX. No veo la necesidad de los maestros. El hombre puede aprender 25 sin necesidad de maestro.

DIZ. No estamos conformes.

PARADOX. Pero fíjese usted en que casi todos los que han sobresalido en una ciencia o en un arte han aprendido su arte o su ciencia sin maestro. ¿Usted cree que hubo alguien que le enseñó a Darwin[35] a observar, a Claudio 30 Bernard[36] a experimentar, a Shakespeare a escribir dramas, a Napoleón a ganar batallas?

---

[32] *dicho = preguntado*

[33] *Psittacus*—the scientific name of a zoological genus of parrots and parrot-like birds.

[34] *Todo lo que usted quiera* That may be so

[35] *Darwin, Charles* (1809-1882)—the famous English biologist, propounder of the theory of the origin and evolution of species by natural selection.

[36] *Claudio Bernard* Claude Bernard (1817-1878), French physiologist known as the founder of experimental medicine.

DIZ. Pero esos eran genios; tenían una aptitud clara, determinada; ¿y el que no la tenga?

PARADOX. Por lo menos no se le violentará. Pondremos unos cuantos talleres, en donde puedan entrar los chicos y los hombres. Que vean lo que se hace; si tienen vocación se quedarán, querrán aprender; si no, se largarán. 5

DIZ. ¿Y usted cree que habrá alguno que tenga vocación para estudiar matemáticas?

PARADOX. No, seguramente que no; pero ¿para qué les sirve ahora estudiar matemáticas? Cuando lo necesiten estudiarán. Hay un grado de civilización material en Bu-Tata que por ahora nos basta y nos sobra. ¿Para qué 10 avanzar violentamente si no sentimos esa necesidad?

GANEREAU. ¿Y el arte?

PARADOX. ¡Ah! ¿Pero ustedes también tienen el fetichismo del arte, ese fetichismo ridículo que obliga a creer que las cosas inútiles son más útiles que las necesarias? 15

GANEREAU. Pero el arte es una cosa útil.

PARADOX. El arte es una cosa llamada a desaparecer, es un producto de una época bárbara, metafísica y atrasada.

SIPSOM. ¡Magnífico, Paradox! ¡Magnífico!

PARADOX. Y si del arte pasa usted al artista, ¿hay nada más repulsivo, más 20 mezquino, más necio, más francamente abominable que un hombrecillo de esos con los nervios descompuestos que se pasa la vida rimando palabras o tocando el violín?

SIPSOM. ¡Fuerte ahí! ¡Fuerte![37]

DIZ. Diga usted entonces que la ciencia también es inútil. 25

PARADOX. Si me aprieta usted mucho diré que es perjudicial.

DIZ. ¿Y por qué?

PARADOX. Porque produce un bárbaro desarrollo del cerebro a expensas de los demás órganos. Y en el cuerpo humano se necesita la armonía, no el predominio. 30

DIZ. Entonces abajo la ciencia, abajo el arte y vivamos hechos unos[38] bárbaros.

PARADOX. Sí. Vivamos hechos unos bárbaros. Vivamos la vida libre, sin trabas, sin escuelas, sin leyes, sin maestros, sin pedagogos, sin farsantes.

---

[37] *¡Fuerte ahí! ¡Fuerte!*   Hear! Hear! Let them have it!
[38] *hechos unos*   like a bunch of

SIPSOM. ¡Bravo! Vivan los hombres silvestres,[39] aunque sean reyes.

PARADOX. Y ¡abajo las Universidades, los Institutos, los Conservatorios, las escuelas especiales, las Academias, donde se refugian todas las pedanterías!

SIPSOM. ¡Abajo!

5 PARADOX. ¡Abajo esos viveros de calabacines que se llaman Ateneos![40]

SIPSOM. ¡Abajo!

PARADOX. ¡Abajo todos los métodos de enseñanza!

SIPSOM. ¡Abajo!

PARADOX. Acabemos con los rectores pedantes, con los pedagogos, con los 10 catedráticos, con los decanos, con los auxiliares, con los bedeles.

SIPSOM. Acabemos con ellos. ¡Hip! ¡Hip! ¡Hurra!

DIZ. De todos modos, al último no tendremos más remedio que establecer escuelas.

PARADOX. Pero no les enseñemos *musa, musae* a los chicos.[41]

15 DIZ. Eso por de contado.

PARADOX. Ni historia.

DIZ. Naturalmente que no.

PARADOX. Ni retórica.

DIZ. ¡Claro!

20 PARADOX. Ni psicología, lógica y ética.

DIZ. ¡Hombre, por Dios!

PARADOX. Entonces acepto la escuela. Hablando de otra cosa, ¿saben ustedes que Thonelgeben y yo tenemos un gran proyecto?

DIZ. ¿Sí? ¿Cuál?

25 PARADOX. Vamos a hacer un tiovivo en medio de la plaza. ¿Qué les parece a ustedes?

DIZ. Magnífico.

PARADOX. Ya verán ustedes dentro de una semana los caballos dando vueltas.

DIZ. Pero ¿habrá caballos?

30 PARADOX. ¡No ha de haber![42] Daremos un curso pedagógico de equitación en caballos de madera.

---

[39] *silvestres* (literally) wild, natural. Note that Silvestre (Sylvester) is the given name of Paradox.

[40] *Ateneos* artistic or scientific associations or clubs

[41] *no les enseñemos "musa, musae" a los chicos* let us not teach children Latin. The Latin words *musa, musae* exemplify the nominative and genitive of the first declension of Latin nouns, traditionally memorized in school.

[42] *¡No ha de haber!* Of course!

V

ELOGIO DE LOS VIEJOS CABALLOS DEL TIOVIVO

A mí[43] dadme los viejos, los viejos caballos del tiovivo.

No, no me entusiasman esas ferias elegantes, con sus cinematógrafos y sus barracas espléndidas y lujosas. No me encantan esos orquestiones grandes como retablos de iglesia, pintados, dorados, charolados. Son exageradamente científicos. Mirad esas columnas salomónicas que se retuercen como lom- 5 brices; mirad esas figuras de señoritas de casaca y calzón corto que llevan el compás dando con un martillito en una campana, mientras mueven la cabeza con coquetería; mirad esas bailarinas que dan vueltas graciosas sobre un pie, con una guirnalda entre las manos. Oíd la música, chillona, estrepitosa, complicada de platillos, flautas, bombos, que sale del interior del 10 aparato. Yo no quiero quitarles su mérito, pero...

A mí dadme los viejos, los viejos caballos del tiovivo.

No son mis predilectos esos tiovivos modernistas, movidos a vapor, atestados de espejos, de luces, de arcos voltaicos, que giran arrastrando coches llenos de adornos, elefantes con la trompa erguida, y cerdos blancos y 15 desvergonzados que suben y bajan con un movimiento cínico y burlesco. No les niego el mérito a esas montañas rusas cuyo vagón pasa vertiginosamente, con un estréptio de hierro y una algarabía de chillidos de mujer, pero...

A mí dadme los viejos, los viejos caballos del tiovivo.

Dadme el tiovivo clásico, el tiovivo con que se sueña en la infancia; 20 aquel que veíamos entre la barraca de la Mujer-Cañón[44] y la de las figuras de cera. Diréis que es feo, que sus caballos azules, encarnados, amarillos, no tienen color de caballo; pero eso ¿qué importa, si la imaginación infantil lo suple todo? Contemplad la actitud de estos buenos, de estos nobles caballos de cartón. Son tripudos, es verdad, pero fieros y gallardos como 25 pocos. Llevan la cabeza levantada, sin falso orgullo; miran con sus ojos vivos y permanecen aguardando a que se les monte en una postura elegantemente incómoda. Diréis que no suben y bajan, que no tienen grandes habilidades, pero...

A mí dadme los viejos, los viejos caballos del tiovivo. 30

¡Oh nobles caballos! ¡Amables y honrados caballos! Os quieren los

---

[43] *A mí* As for me
[44] *Mujer-Cañón*—the carnival's strong woman.

chicos, las niñeras, los soldados. ¿Quién puede aborreceros si bajo el manto de vuestra fiereza se esconde vuestro buen corazón? Allí donde[45] vais reina la alegría. Cuando aparecéis por los pueblos, formados en círculo, colgando por una barra del chirriante aparato, todo el mundo sonríe, todo el mundo se
5 regocija. Y, sin embargo, vuestro sino es cruel; cruel, porque, lo mismo que los hombres, corréis, corréis desesperadamente y sin descanso, y lo mismo que los hombres corréis sin objeto y sin fin...

A mí dadme los viejos, los viejos caballos del tiovivo.

VI

EN EL PALACIO

DIZ. ¿Sabe usted que Dora se casa con Thonelgeben?
10 PARADOX. ¡Hombre! Al fin.
DIZ. Sí, y Thady Bray con Beatriz.
PARADOX. ¿Se ha convencido Ganereau? Parece que no le gustaba la boda.
DIZ. Sí, se oponía porque Thady no es más que un grumete y él procede de los Ganereau de Pericard, que es una familia muy noble de Mont-de-
15 Marsan.[46]
PARADOX. ¡Demonio!
DIZ. Sí, además parece que una abuela de Ganereau fue querida de Napoleón el Grande.
PARADOX. Esos ya[47] son títulos de gloria.
20 DIZ. La verdad es que estos franceses son un poco farsantes.
PARADOX. Pero ellos no tienen la culpa. Es defecto de nacimiento. ¿Y cómo le ha convencido Thady? ¿Ha tenido él alguna otra abuela ligera de cascos, querida de algún otro hombre ilustre?
DIZ. No sé. Parece que el muchacho ha replicado, diciendo que los Bray
25 proceden de Greenock,[48] y que los primeros Bray estuvieron en las Cruzadas con Ricardo Corazón de León.[49] Además, ha añadido que tienen

---

[45] *Allí donde* Wherever
[46] *Mont-de-Marsan*—a district in south-west France.
[47] *ya* indeed
[48] *Greenock*—a city in Scotland, on the southern shore of the Firth of Clyde.
[49] *Ricardo Corazón de León*—Richard I of England, known as Coeur de Lion, or the Lion-Hearted.

en Escocia una torre que se está cayendo y un baúl lleno de pergaminos, con lo cual Ganereau de Pericard se ha dado por satisfecho.

PARADOX. Y luego, fíese usted de los demócratas.[50]

DIZ. De modo que vamos a tener dos bodas. Sipsom actuará de juez y usted pronunciará un discurso elocuente.   5

PARADOX. ¿Pero está instituído el matrimonio en Bu-Tata? Yo creo que no debemos dar un mal ejemplo.

DIZ. No tendremos más remedio que casar a estos novios; luego podemos abolir el matrimonio e instituir el amor libre...

[En este momento comparecen ante Paradox Don Pelayo y Mingote,   10
supervivientes del grupo de pasajeros que huyó en el bote de desembarco cuando naufragó la *Cornucopia*. Vienen desnudos y cuentan que los salvajes se comieron al Coronel Ferragut y violaron a Miss Pich. Piden quedarse en la colonia y se les autoriza, con tal de que produzcan, trabajando la tierra. De mala gana aceptan y deciden asociarse.]   15

VII

[Simpson ejerce justicia en Bu-Tata. Juzga varios casos difíciles de manera salomónica y con sagacidad sanchopancesca, entre ellos el de Don Pelayo y Mingote, que se han peleado porque ninguno de los dos quiere trabajar. Simpson los condena a darse uno al otro, por turno, diez varetazos.]

VIII

UN CAMPAMENTO

Frente al río de Bu-Tata, en una colina, sin que nadie se entere, sin que nadie 20
se dé cuenta, se ha establecido un campamento. Diez ametralladoras y otros tantos cañones de tiro rápido apuntan a la ciudad.

A la luz de las hogueras se ven las tiendas de campaña. Los centinelas se pasean con el fusil al brazo. Los soldados, en corrillos, charlan animadamente.

RABOULOT. Yo no sé qué demonio de ocurrencia tiene el gobierno de 25

---

[50] *Y luego, fíese usted de los demócratas.* Trust a democrat after that!

meterse con[1] estas gentes que a nosotros no nos hacen ningún daño. ¿Tú comprendes esto, caballero[2] Michel?

MICHEL. Yo no comprendo más sino que esta vida es una porquería.

RABOULOT. ¡Qué quieres![3] Es la vida del soldado.

5 MICHEL. Una vida sucia como pocas.

RABOULOT. ¡Pse!... Hay que aguantarse.

MICHEL. Pero ¿por qué esa cochina República nos obliga a andar a tiros con esta gente?

RABOULOT. Hay que civilizarlos, caballero Michel.

10 MICHEL. Pero si[4] ellos no lo quieren.

RABOULOT. No importa; la civilización es la civilización.

MICHEL. Sí; la civilización es hacer estallar a los negros metiéndoles un cartucho de dinamita, apalearlos a cada instante y hacerles tragar sopa de carne de hombre.

15 RABOULOT. Pero también se les civiliza de veras.

MICHEL. ¿Y para qué quieren ellos esa civilización? ¿Qué han adelantado esos[5] del Dahomey[6] con civilizarse? ¿Me lo quieres decir, caballero Raboulot? Ya tienen pantalones, ya tienen camisa, ya saben que un rifle vale más que un arco y que una flecha; ahora múdales el color de la piel,

20 ponles un poco más de nariz, un poco menos de labios, y llévalos a divertirse a Folies-Bergères.[7]

RABOULOT. ¡Je! ¡Je! Yo creo que este condenado parisiense es anarquista o cosa parecida.

MICHEL. ¡Pensar que uno está aquí y que podría uno andar por Batignolles o

25 por Montmartre![8]

RABOULOT. Yo también estaría más a gusto en mi aldea que aquí; pero hay que servir a la Francia.[9]

MICHEL. Que le sirvan sólo los aristócratas. Ellos son los únicos que se aprovechan del ejército.

---

[1] *qué demonio de... meterse con...* what the devil is the government's idea in picking on . . .

[2] *caballero*—a purposely awkward translation of *Monsieur*.

[3] *¡Qué quieres!* What do you expect!

[4] *Pero si* But

[5] *esos* those [poor natives]

[6] *Dahomey*—former French territory, in French West Africa, on the Slave Coast of the Gulf of Guinea, today an independent nation.

[7] *Folies-Bergères*—a famous music hall in Paris.

[8] *Batignolles, Montmartre*—the first is a suburb of Paris, the second a section in the Bohemian quarter of the city, famous for its night life.

[9] *la Francia*—Baroja is here imitating French usage for literary effect.

RABOULOT. Sí, es verdad. Luego se arma uno un lío que ya no sabe uno qué hacer. En unos lados se puede robar y llevarse todo lo que haya; en otros no se puede tomar ni un alfiler. Te digo que yo no comprendo esto, caballero Michel.

MICHEL. Ni nadie lo comprende. Hay que obedecer sin comprender; ésa es 5 la disciplina. ¡Qué no le pudiera uno[10] aplastar el cráneo al que ha inventado esta palabra!

RABOULOT. Hablando de otra cosa. ¿Has tenido noticias de París?

MICHEL. Haces pocos días leí en el periódico que un amigo mío había debutado en el Casino de Montmartre. 10

RABOULOT. ¿De qúe?[11]

MICHEL. De *chanteur*.[12] Ése es un hombre feliz. No le faltarán mujeres. En cambio, aquí...

RABOULOT. ¡Sacredieu![13] ¡Aquí hay negras muy guapas, caballero Michel! No las desacredites. 15

MICHEL. ¿De esas[14] que les bailan las ubres cuando corren? Yo no puedo con ellas.

RABOULOT. Sí, como dice Prichard, los parisienses sois muy delicados.

MICHEL. ¡Pse!... Es cuestión de estómago.

RABOULOT. ¿Y te falta mucho para cumplir? 20

MICHEL. Tres años todavía. Si pudiera escaparme...

RABOULOT. Pues no se está tan mal, caballero Michel. El coronel Barband no es del todo malo.

MICHEL. No; tiene un carácter cochino.

RABOULOT. El capitán Fripier sí es un poco duro con la ordenanza. 25

MICHEL. Yo le metería una bala en la cabeza por farsante. Siempre está con los bigotes rizados, mirándole a uno de arriba abajo, por si le falta a uno un botón o lleva uno una mancha. ¡Canalla!

RABOULOT. Anda, parisiense, no te desesperes. Vamos a echar un sueño, y ya veremos cómo amanece mañana.[15] 30

---

[10] *¡Qué no le pudiera uno...!* If one could only ...!
[11] *¿De qué?* In what capacity?
[12] *chanteur* (Fr.) a music hall singer
[13] *¡Sacredieu!* (Fr.) Good Heavens!
[14] *De esas...* You mean those ...
[15] *y ya veremos cómo amanece mañana* and we'll see how things are tomorrow

MICHEL. Mal; ¿cómo va a amanecer?[16]

RABOULOT. Hay días en que uno se divierte.

MICHEL. Hazte ilusiones. (*Echándose a dormir*). No debía haber ejército, ni naciones, ni nada...

IX

DESPUÉS DE LA BATALLA

5   *Está anocheciendo. Bu-Tata entera arde por los cuatro costados. Los cañones franceses han lanzado una lluvia de granadas de melinita que han incendiado casas, chozas, almacenes, todo. A media tarde, dos batallones de dahomeyanos y uno de tropas disciplinarias se han acercado al pueblo, han colocado las ametralladoras a su entrada y han acabado con lo que quedaba.*

10   *Como si hubiera habido un terremoto, Bu-Tata se ha desmoronado; los tejados se han hundido, las paredes se han ido cayendo, cerrando las callejas con sus escombros. En la escuela, que por una casualidad no se ha venido abajo, está reunido el Estado Mayor francés, y sobre el tejado de este edificio ondea la bandera tricolor.*

RABOULOT. A la orden, mi coronel.

15 EL CORONEL BARBAND. ¿Qué hay?

RABOULOT. Unos europeos que iban huyendo por el río han sido hechos prisioneros.

BARBAND. ¿Dónde están?

RABOULOT. Aquí vienen.

20 BARBAND. Que pasen. (*Entran todos los de Fortunate-House a presencia del coronel*). ¿Quiénes son ustedes?

PARADOX. Nosotros somos los que hemos civilizado este pueblo, al cual ustedes, bárbaramente, y sin motivo, acaban de incendiar y de pasar a cuchillo; nosotros somos...

25 BARBAND. Nada de comentarios. Al que los haga le mandaré fusilar inmediatamente. Los nombres, nada más.

GANEREAU. Aquiles Ganereau, rentista, y mi hija Beatriz con su marido.

BARBAND. ¿Y usted?

---

[16] *¿cómo va a amanecer?* How else could it be?

SIPSOM. Sipsom Senior, de Mánchester.

BARBAND. ¿Y usted?

THONELGEBEN. Eichtal Thonelgeben, de Colonia.

BARBAND (*Frunciendo el ceño*). ¿Prusiano?

THONELGEBEN. Sí, señor; gracias a Dios. Esta señora es mi mujer.   5

DIZ. Estos señores son italianos, y nosotros españoles, y éste marroquí.

BARBAND (*a la Môme Fromage*). ¿Y usted?

LA MÔME FROMAGE. Mi coronel, yo soy parisiense.

BARBAND. ¿De veras?

LA MÔME FROMAGE. Ex bailarina del Moulin Rouge.   10

BARBAND. ¡Sacredieu! ¡Qué encuentro! ¿Estos señores son amigos de usted?

LA MÔME FROMAGE. Sí.

BARBAND. Entonces seré clemente. Quedarán ustedes prisioneros hasta que expliquen su presencia en Bu-Tata. Pueden ustedes retirarse.

Quedan solos el coronel y la ex bailarina, y charlan animadamente. Cuando 15 *más entretenidos están en su conversación se abre la puerta y entra Bagú seguido de dos soldados.*

BAGÚ. ¡Musiú, musiú!

BARBAND. ¿Quién es esta especie de mono?

MICHEL. Parece que es el obispo del pueblo.   20

BARBAND. ¿Qué quiere?

MICHEL. No se le entiende nada.

BARBAND. Bueno; que lo fusilen.

MICHEL (*Llevándose al mago*). Vamos, *mon vieux,*[17] tienes mala suerte. ¿Quién te manda a ti hacer reclamaciones teniendo la cara negra?   25

Le llevan a un rincón y lo fusilan. Bu-Tata sigue ardiendo. En las callejuelas del pueblo, cerca de las tapias de las huertas, se ven niños degollados, mujeres despatarradas, hombres abiertos en canal. Un olor de humo y de sangre llena la ciudad. Los oficiales reunidos beben y charlan animadamente; los soldados saquean las casas.   30

Se oyen luego los sonidos de las cornetas. Los soldados se retiran al campamento, y en las calles solitarias, entre los escombros de las casas derruídas y los restos carbonizados del incendio, se escuchan los gritos y los lamentos de los heridos y de los moribundos.

[17] *mon vieux* (Fr.) pal, chum, buddy

X

EN LA CÁMARA FRANCESA

El ministro de la guerra sube a la tribuna.

EL MINISTRO. Señores: Para convencer a los honorables diputados de la derecha de que el ejército expedicionario francés que opera en el golfo de Guinea no está inactivo por imposiciones diplomáticas de determinadas potencias, como se ha supuesto, voy a leer el parte que acabo de recibir.
5 Dice así:

«Cuartel general de Bu-Tata. Señor ministro de la guerra.

Después de cuatro días de marcha, el cuerpo expedicionario que tengo la honra de mandar llegó a las proximidades de la ciudad de Bu-Tata.
10 El enemigo se había atrincherado en el pueblo, en número de diez mil, con armas y municiones. Tras un día de cañoneo, las tropas al mando del comandante Gauguin atacaron la ciudad por el flanco izquierdo, desalojando inmediatamente las posiciones del enemigo. Sus pérdidas han sido quinientos muertos y más de tres mil prisioneros. Entre éstos se encuentran
15 varios europeos, ingleses y alemanes, que habían organizado la defensa de la ciudad.— *El coronel Barband*, comandante en jefe de la columna expedicionaria.»

DÉROULÈDE[18] (*Levantándose*). ¡Viva el ejército! ¡Viva Francia! (*Aplausos frenéticos y vivas en la derecha*).
20 *Unas horas después todos los marmitones y carniceros de París pasan por los bulevares con una bandera tricolor, dando vivas al ejército y a Déroulède.*

XI

TRES AÑOS DESPUÉS

En el despacho del médico de guardia del hospital de Bu-Tata.

EL DOCTOR. ¿Qué entradas tenemos hoy?

EL AYUDANTE. Ayer ingresaron diez variolosos.
25 EL DOCTOR. ¿Diez?

EL AYUDANTE. Ni uno menos. Entraron, además, cinco sifilíticos; seis de gripe infecciosa; ocho de tuberculosis; dos con delirio alcohólico...

---

[18] *Déroulède, Paul* (1846-1914)—a French politician of extreme imperialistic and nationalistic views.

EL DOCTOR. ¡Qué barbaridad!

EL AYUDANTE. Y, además, una mujer cuyo marido le dió una puñalada por celos, que murió a las pocas horas.

EL DOCTOR. Si seguimos así, no va a haber camas[19] en este hospital. ¡Fíese usted de los naturalistas![20] 5

EL AYUDANTE. ¿Por qué?

EL DOCTOR. Porque hay un informe de Lanessan[21] diciendo que Uganga es un país muy sano.

EL AYUDANTE. Lo era.

EL DOCTOR. ¿Y cree usted que habrá variado? 10

EL AYUDANTE. Sí, señor.

EL DOCTOR. ¿Y por qué?

EL AYUDANTE. Por la civilización.

EL DOCTOR. ¿Y qué tiene que ver civilización con eso?

EL AYUDANTE. Mucho. Antes no había aquí enfermedades, pero las hemos 15 traído nosotros. Les hemos obsequiado a estos buenos negros con la viruela, la tuberculosis, la sífilis y el alcohol. Ellos no están, como nosotros, vacunados para todas estas enfermedades, y, claro, revientan.

EL DOCTOR (*Riendo*). Es muy posible que sea verdad lo que usted dice.

EL AYUDANTE. ¡Si es verdad! El año pasado fui yo a un pueblo de al lado; 20 ¿y sabe usted lo que pasó?

EL DOCTOR. ¿Qué?

EL AYUDANTE. Que les inficioné con la viruela, y, sin embargo, yo no la tenía.

EL DOCTOR. Es curioso ese caso; ¿y cómo se lo explica usted?

EL AYUDANTE. Yo me lo explico sencillamente. Entre nosotros, los orga- 25 nismos débiles que no podían resistir las enfermedades, el trabajo abrumador y el alcohol, han muerto. A los que quedamos no nos parte un rayo; llevamos los gérmenes morbosos en nuestro cuerpo como quien lleva un reloj de bolsillo; así sucede que, mientras los blancos estamos magníficamente, los negros se van marchando al otro mundo con una unanimidad 30 asombrosa.

EL DOCTOR. Mientras vayan ellos solos, ¿eh?

EL AYUDANTE. Poco se pierde.

---

[19] *no va a haber* [*bastantes*] *camas* there won't be enough beds

[20] *¡Fíese usted de los naturalistas!* Never trust a naturalist!

[21] *Lanessan, Jean Marie Antoine* (1843-1919)—French naturalist who published studies on colonial questions.

EL DOCTOR. Además, hay pasta abundante.[22] Hasta que se acabe.

EL AYUDANTE. Ya acabaremos con ella.[23] ¿No acabaron los civilizados yanquis con los pieles rojas? Nosotros sabremos imitarles.

EL DOCTOR. Bueno, vamos a hacer la visita. ¿Y el otro ayudante?

5 EL AYUDANTE. Le va usted a tener que dispensar. Creo que no vendrá.

EL DOCTOR. Pues, ¿qué le pasa?

EL AYUDANTE. Que ayer le vi en este café-concierto que han puesto hace poco, con una negra, y parecía un tanto intoxicado.

EL DOCTOR. Cosas de muchacho. ¿Y qué es lo que hay en ese café-concierto?

10 EL AYUDANTE. Hay grandes atracciones. Ayer, precisamente, era el debut de la princesa Mahu, que bailaba desnuda la danza del vientre, a estilo del Moulin Rouge, de París.

EL DOCTOR. Un número sensacional.

EL AYUDANTE. ¡Ya lo creo! Y ejecutado por una princesa.

15 EL DOCTOR. ¿Auténtica?

EL AYUDANTE. En absoluto.

EL DOCTOR. Veo que están adelantados en Bu-Tata.

EL AYUDANTE. No se lo puede usted figurar. Aquí ya hay de todo. Esto es Sodoma, Gomorra, Babilonia, Lesbos,[24] todo en una pieza.

20 EL DOCTOR. ¿Qué me cuenta usted?

EL AYUDANTE. Lo que usted oye.[25] Usted no sale de noche. Si saliera, lo vería. En cada esquina hay sirenas de color que le hacen a usted proposiciones extraordinarias. Por todas partes ve usted negros borrachos.

EL DOCTOR. ¿De veras?

25 EL AYUDANTE. Sí. Si hacemos un consumo de ajenjo extraordinario.

EL DOCTOR. No lo sabía.

EL AYUDANTE. Sí, señor. Luego los blancos tratan a puntapiés a los negros, y éstos se vengan, cuando pueden, asesinándonos.

EL DOCTOR. Muy bien.

30 EL AYUDANTE. Son los beneficios de la civilización.

EL DOCTOR. Bueno; vamos a hacer la visita.

---

[22] *hay pasta abundante*   there are plenty of them

[23] *Ya acabaremos con ella*   Give us time. We'll finish them off

[24] *Sodoma, Gomorra, Babilonia, Lesbos*—an array of wicked cities: Sodom and Gomorrah, the biblical cities destroyed by fire from heaven because of their depravity (Genesis, Chapter 19); Babylon, the Mesopotamian city, capital of the Empire of Babylonia, notorious for its luxury and immorality; and Lesbos, an island in the Aegean Sea, famous in ancient times for its erotic excesses.

[25] *Lo que usted oye*   The plain truth

XII

UNA NOTICIA

De « L'Écho » de Bu-Tata:

«Tras de la misa, el abate Viret pronunció una elocuentísima arenga. En ella enalteció al Ejército, que es la escuela de todas las virtudes, el amparador de todos los derechos. Y terminó diciendo: Demos gracias a Dios, hermanos míos, porque la civilización verdadera, la civilización de paz y de 5 concordia de Cristo, ha entrado definitivamente en el reino de Uganga.»

Madrid, enero 1906.

4   "*Azorín*"
(*1873–1967*)

Por este seudónimo es conocido el escritor José Martínez Ruiz —otro de los más destacados miembros de la «Generación de 98.» De hecho él fue el primero en señalar las características de tal grupo y adscribirle esa denominación. "Azorín"— que adoptó el nombre del héroe de dos de sus novelas, *La voluntad* (1902) y *Antonio Azorín* (1903) —ha cultivado todos los géneros de la prosa: la novela, el cuento, el drama, y el ensayo. Pero por el carácter de su arte literario la clasificación que mejor le corresponde es la de «prosista», dado que el valor esencial de su obra, más que de las ideas o de los temas, deriva de la naturaleza intrínseca de su estilo, del poder de encanto y de sugestión de su prosa, que revela una visión de la vida original y personalísima.

Levantino de nacimiento, de la provincia de Alicante, donde la meseta central baja al mar, "Azorín" participa de la rica y delicada percepción sensorial del hombre del Mediterráneo y de la sobriedad y austera sencillez del castellano. Sobre él, como sobre todos los noventayochistas, Castilla ejerce una poderosa atracción, y la interpretación de su pasado y su paisaje es uno de sus temas más importantes.

En toda su obra puramente literaria —novela, cuento, o ensayo— los temas esenciales son siempre los mismos: su Yo, las cosas —en las que entran las gentes y el paisaje— y el tiempo. Todos los escritos de "Azorín" constituyen en realidad una extensa autobiografía emocional, cuyas vibraciones más intensas obedecen siempre a uno, o varios, de esos motivos fundamentales. Apenas pasa nada, en las obras de "Azorín" —sólo pasa el tiempo, por él y por las cosas. Pero ese paso del tiempo nos lo hace sentir con rara intensidad. La falta de acción de sus relatos obedece a los postulados artísticos del autor: «La vida no tiene argumento, es diversa, multiforme, ondulante y contradictoria.

Todo menos simétrica, rígidamente geométrica, como aparece en las novelas»— dice. Por eso en sus narraciones no hay propiamente una trama, en un
sentido convencional; todas ellas se resuelven en cuadros, en los que no ocurre
nada, no hay sino un mínimo de acción. Pero impregnándolo todo de una
sutil desesperanza, dulce y nostálgica, está la sensación inexorable del decorrer del tiempo, sobre las gentes y las cosas, las ciudades y los paisajes. Todo es,
y está siempre igual: hoy igual que ayer, mañana lo mismo que hoy. Todo
pasa —y todo vuelve: «Vivir es ver volver. Es ver volver todo,— angustias,
alegrías, esperanzas.» En esta fatalista melancolía está mucho del espíritu
de la generación del «98.» «España —para "Azorín"— no vive, repite su
historia; nada nuevo empieza, nada viejo acaba.»

Del espectáculo de la vida no le interesa lo excepcional, lo extraordinario.
Su atención, por el contrario, se dirige hacia lo cotidiano, lo humilde, lo que
siempre acontecerá igual, los actos acostumbrados, las cosas insignificantes y
diarias —en las que raramente nos fijamos. Esos detalles y esos objetos
familiares, ordinarios, anodinos son los únicos que nos pueden dar la realidad
última del temblor de eternidad de la vida. Esa serie de imágenes y de impresiones mínimas —repetición de momentos iguales en el tiempo y en el
espacio— "Azorín" las reduce a una unidad, a un todo psíquico, intemporal e
inespacial. Todas esas percepciones, agrandadas por la lente de aumento de su
Yo, se vuelven poesía— poesía de emociones sutiles, en las que sensación y
estilo se nos aparecen inseparablemente fundidos.

"Azorín" es un «sensitivo de la Historia», un poeta del tiempo. Lo siente
fluir, tangiblemente, dramáticamente, en un eterno círculo vicioso: «¿Habrá
sensación más trágica que aquélla de quien sienta el Tiempo, la de quien vea
ya en el presente el pasado y en el pasado lo por venir?»

En los capítulos de *Doña Inés* —una de sus narraciones largas— que
aquí ofrecemos, este tema, cardinal de "Azorín", aparece con particular
belleza e intensidad. En el ambiente cargado de historia de una vieja ciudad
castellana, el idilio fugaz de doña Inés con el joven poeta plantea, de manera
poemática, la idea del retorno eterno de las cosas, de la interminable repetición
de la vida. Y a doña Inés se le escapa su realidad y alucinada se pregunta si
no habrá vivido antes otra vez, si no habrá sido ella, siglos antes, doña
Beatriz, su antepasada, la de la romántica y macabra historia amorosa que su
tío Pablo le relata— si existe el tiempo, en realidad. Aquí tenemos también
otra manifestación del problema de la personalidad, que tanto inquietaba a
Unamuno.

La sugestividad lírica del estilo de "Azorín", la delicada atmósfera de
vibración poética que comunica a todo aquello sobre lo que fija su atención,
es su más alta virtud como escritor.

❦ Doña Inés

La flecha invisible

Todas las tardes, Diego el de Garcillán[1] viene a la terraza del Alcázar.[2] El tiempo está sereno en estos días del verano. Los árboles se muestran llenos de sombra. Las aves pían alegres. Relumbra la bóveda azul del cielo. Diego, junto al antepecho de piedra, contempla a ratos el paisaje; otras 5 veces lee en un libro. La arboleda cubre las claras linfas del Eresma.[3] La iglesita de la Vera Cruz[4] acompaña al poeta. En el otero se yergue solitaria. Junto a su puerta principal pasa el camino y se aleja sinuoso hasta el pueblecito que asoma en el horizonte. Todo respira vida y fuerza. Las cosas se ven claras; el aire es vivo y cálido. Con el brazo caído[5] y el libro en la mano, el poeta 10 contempla el panorama. Diego experimenta una ansiedad que no puede definir; a veces se siente exaltado, y otras parece hundirse en un abismo. Quisiera hacer algo que no sabe lo que es. Cuando la naturaleza toda ríe, él siente honda melancolía; en los crepúsculos vespertinos, al tiempo que surge el lucero, su espíritu se estremece con una sensación indefinible.

15 Ha llegado Diego el de Garcillán esta tarde a la terraza del Alcázar. Absorto está leyendo cuando ha llegado también, lenta y silenciosa, una dama —doña Inés—. Cerca del poeta se ha colocado, junto al antepecho de

---

[1] *Garcillán*—a little town in the vicinity of Segovia, a historical city of Old Castile.

[2] *Alcázar* (in Arabic: the fortress)—the old royal castle of Segovia, built on the top of the mass of rock on which the city stands. At the base of that rock the rivers Eresma and Clamores join. The Alcázar was originally an Arabic structure, partially destroyed at one time and rebuilt by Alphonse VI. In the fourteenth century it became the favorite residence of the kings of Castile. Later various kings of Spain lived there for extended periods of time. In 1862 it was gutted by fire and only the outer walls remained; in 1890 it was restored.

[3] *Eresma*—the little river that flows around the hill on which Segovia stands.

[4] *Vera Cruz* Church of the True Cross. One of the landmarks in Segovia. It was built in the thirteenth century by the Knights Templar as a unique replica of Christ's tomb in Jerusalem and an unusual example of Spanish Romanesque architecture.

[5] *Con el brazo caído* With his arm limp

145

piedra, la señora. No han hecho ruido ninguno los pasos de doña Inés; quieta está ahora contemplando también el paisaje. Nada ni nadie turba en la terraza el silencio. Y de pronto, sin saber por qué, misteriosamente, Diego ha vuelto la cabeza y ha visto a doña Inés. La mirada del poeta ha quedado clavada en los ojos de la dama; la mirada de la dama se ha posado en los ojos 5 del poeta. El aire es más resplandeciente ahora. Los pájaros trinan con más alegría. Canta la calandria y contesta el ruiseñor.[6] Las flores tienen sus matices más vivos. Las montañas son más azules. El agua es más cristalina. El cielo es más brillante. Todo parece en el mundo fuerte, nuevo y espléndido. ¿Es el primer día de la creación? ¿Ha nacido ahora el primer hombre? Los ojos del 10 poeta no se apartan de la faz de la dama, ni los ojos de la dama del rostro del poeta. Una flecha —invisible— ha partido de corazón a corazón.

Doña Beatriz

Entra, Inés —ha dicho don Pablo.

Doña Inés permanecía indecisa en la puerta.

—He terminado ya de trabajar —ha añadido el caballero. 15

Tío Pablo estaba en su biblioteca. La mesa de trabajo es un ancho y recio tablero de nogal. Sobre la mesa se ve una gruesa carpeta henchida de papeles. Las manos del caballero añudaban[7] las cintas verdes de la carpeta.

—He terminado ya de trabajar —ha reiterado don Pablo—; estoy un poco cansado; pero en estos momentos de laxitud veo más claras las cosas. 20 Lo que estoy haciendo es el último libro que escribiré en mi vida. No sé si te diga que estoy un poco satisfecho de mi trabajo.

La carpeta quedaba ya cerrada. La tenía entre sus manos don Pablo; ha señalado el tejuelo blanco que aparecía en uno de sus lados y ha dicho:

—Lee, Inés, este rótulo. 25

---

[6] *Canta la calandria y contesta el ruiseñor*—here Azorín recalls a full line from a fifteenth-century Castilian ballad:
Por el mes era de mayo cuando hace la calor
cuando canta la calandria y responde el ruiseñor
cuando los enamorados van a servir al amor…
It is his intention to evoke the atmosphere of that period in the medieval setting of the Alcázar.
[7] *añudaban* (arch.)= *anudaban*

En el tejuelo se leía: *Doña Beatriz* (*Historia de amor*).

—La postrera obra de mi vida será la biografía de esta señora. Estoy todavía en los preparativos.

Don Pablo ha cogido la carpeta y la ha guardado en un armario. El
5 caballero trabaja lentamente; poco a poco va reuniendo los materiales para sus libros; poco a poco va empapándose y saturándose del asunto que ha de tratar. Llega a sentirse compenetrado con el tema, y a sentirlo en todas las horas y momentos del día. Siente entonces una intensa obsesión por el asunto de su libro. Los más pequeños pormenores están presentes a sus ojos.
10 De pronto, en el paseo, en la calle, durante una visita, cuando está pensando en otra cosa, se le aparece limpio y definido un detalle que completa la visión que tenía del tema. Y en esos momentos, en un papelito que saca de la cartera, escribe cuatro o seis renglones. De innumerables papelitos de ésos están llenos gruesos sobres que figuran en la carpeta. Y el tiempo va
15 pasando. Don Pablo ha escrito ya su libro. El libro se ha publicado. Lentamente se va realizando la operación contraria a la ya descrita: la materia, tratada en el libro se va desvaneciendo; desaparecen los pormenores en la mente del escritor; van borrándose luego los trozos más genéricos. Y al cabo de algunos meses, en una conversación se suscita un tema análogo al tratado
20 por don Pablo en su libro, y el caballero que un tiempo conociera hasta los más pequeños detalles del asunto, parece ahora un hombre completamente estúpido, al ignorar lo más elemental de la materia que se debate.

—Este libro, querida Inés —dice don Pablo—, será la última obra de mi vida. ¿No has ido a visitar en la catedral el sepulcro de don Esteban de Silva
25 y de doña Beatriz su mujer? Iremos los dos una mañana. Tú eres el último descendiente de la familia. Desde don Esteban y doña Beatriz, la línea viene limpia y recta hasta ti. Cuando has aparecido ahora en la puerta y yo te estaba mirando, creía tener ante mí a la misma doña Beatriz.

—¿Es bonita la historia? —ha preguntado doña Inés.

30 —La historia es terrible —ha dicho el caballero—; hay en la vida de doña Beatriz una pavorosa tragedia. Ya te la contaré otro día. Ven cuando quieras a esta misma hora de hoy; yo trabajo más temprano.

El trabajo de don Pablo es breve. Sólo una hora u hora y media puede permanecer el caballero con la atención fija en un asunto. La fatiga le sobre-
35 coge pronto. Su productividad es escasa; escasa, pero intensa. Se podría comparar su pluma a la piquera de un alambique que fuera dejando caer gota a gota un precioso licor.

Comienza la historia de doña Beatriz

Don Pablo está saturado del asunto de su libro; todo lo ve claro y limpio;
siente un gran entusiasmo por la obra. El trabajo oscuro de lo subconsciente
se realiza en todos los momentos del día y de la noche. Y por la mañana, a
primera hora, cuando el aire es sutil, don Pablo escribe quince o veinte
cuartillas. Todo lo que emana entonces de su pluma se halla henchido de 5
emoción. La obra va a ser perfecta... Y un día don Pablo amanece como
todos los días. Ha pasado bien la noche; su sueño ha sido dulce. La personalidad del escritor se halla en tono de plenitud.[8] Se sienta don Pablo ante
las cuartillas y comienza a escribir. La letra no es la misma: enrevesada y
difícil, no tiene, dentro de su irregularidad acostumbrada, la normalidad de 10
siempre.[9] El pensamiento discurre tardo. Un estremecimiento de pavor
recorre entonces los nervios del caballero; don Pablo ya sabe de qué se trata.
Sin darse cuenta de ello el mismo don Pablo, sin avisos premonitorios, se ha
presentado el período de la sequedad. A partir de este momento, la esfumación del asunto en la sensibilidad del escritor va a comenzar. No habrá fuerza 15
humana que pueda impedirlo. Y se va a entablar entre los personajes y el
escritor una lucha desesperada: el escritor tratará de recobrarse y de entusias-
marse artificiosamente para lograr que los personajes no se le escapen, y los
personajes, por su parte, lentamente, silenciosamente, se irán alejando de la
mente del escritor. ¿Qué influencias misteriosas determinan este cambio en la 20
sensibilidad del artista? ¿Es éste acaso el período de sequedad, como le hemos
nombrado, de que hablan los místicos?[10] Y si ahora se ha presentado en don
Pablo la repugnancia instintiva e invencible hacia el asunto, ¿podrá recobrarse
estando como está demediado[11] el libro, y logrará terminarlo? La comprobación de su estado de repugnancia ha entristecido al caballero. Se 25

---

[8] *La personalidad del... plenitud.* The writer feels that he is fully inspired.

[9] *no tiene, dentro... de siempre* it is irregular, as usual, and yet even more so

[10] *los místicos.* the Spanish mystics, e.g., St. Theresa of Avila (1515-1582), St. John of the Cross (1542-
1591), who excelled in their analysis of spiritual life.

[11] *demediado* half-way written

resistía a la inacción; durante media hora ha estado comenzando cuartillas y rasgándolas en seguida. Inmóvil ante la mesa, con el codo apoyado en el tablero, ha visto cómo doña Inés penetraba en la biblioteca.

—Te agradezco, querida Inés —ha dicho tío Pablo—, estas flores que has 5 tenido la bondad de mandarme para que me inspiraran; pero la inspiración no ha llegado. No haré el libro que pensaba escribir. Lo que he hecho no vale nada; creo que es cosa completamente anodina.

Don Pablo, en los momentos de plenitud, suele leer libros de compañeros suyos; esa lectura sirve para confirmarle en la idea del valor de su 10 prosa. Sí; lo que él escribe puede parangonarse con lo que sus compañeros escriben. Y en los momentos de sequedad, lee también esos libros; pero lo hace para comprobar, entristecido, cómo su prosa es lacia y desmalazada, junto a la prosa viva y elegante de sus colegas. ¿Logrará don Pablo, para terminar su libro, salir de este atolladero de ahora? El asunto ha comenzado 15 a escapársele; si la fuga y el alejamiento continúan, don Pablo llegará a la más completa insensibilidad con relación a sus personajes.

—No podré ya escribir el libro que había comenzado —dice—; tú Inés, no comprenderías, aunque te lo explicara, todo esto que a mí me sucede. Lo que llevo escrito me parecía antes excelente; ahora veo que me he 20 equivocado.

Doña Inés trata de animar a tío Pablo.

—Pero, querido tío Pablo —le dice—, no hay motivo ninguno para tal abatimiento.

—El asunto era bonito —contesta el caballero—; figúrate tú la tragedia 25 de una mujer buena y candorosa. Doña Beatriz González de Tendilla era mujer, como tú sabes, de don Esteban de Silva, nuestro ilustre antecesor. Doña Beatriz nació en 1425 y murió en 1466. Don Esteban era copero del rey Enrique IV.[12] Un día se presentó en el palacio de los Silvas un trovador. He logrado reunir curiosos documentos; hubiera podido contar la historia con 30 toda clase de pormenores. El trovador era casi un niño; componía poesías, trovas, que luego recitaban los juglares. Era el trovador un mozo alto, rubio, con los ojos azules, y traía una larga melena de oro.

Doña Inés escuchaba curiosa. Se ha detenido don Pablo y sus manos apartaban con profundo ademán de cansancio los libros que había sobre la 35 mesa.

[12] *Enrique IV*—King of Castile (1454-1474). The Alcázar of Segovia was one of his royal residences. His successor was his sister Isabel I whose marriage to Ferdinand V of Aragón brought about the unification of Spain.

149

—Es interesantísima la historia, querido tío Pablo —dice doña Inés—.
Yo quiero que siga usted trabajando en el libro.

Y el caballero ha replicado:

—No sé si podré terminarlo; no tengo ya ningún entusiasmo. Tú no
sabes los lances que ocurrieron en el palacio de los Silvas con el trovador. 5
Doña Beatriz se enamoró del poeta. Y el poeta escribía endechas a la dama.
He visto algunas de las poesías del trovador...

Se ha detenido de nuevo tío Pablo; su mirada se posaba en el cesto lleno
de cuartillas rotas; sus manos acariciaban los libros colocados sobre la mesa.

Sigue la historia de doña Beatriz

¿Quién será capaz de explicar los misterios de la gestación artística? Seis 10
días arreo ha permanecido don Pablo en estado de repugnancia; repugnancia
a escribir, a leer, a pensar en cosas literarias. No sentía apetencia por los libros
viejos; no le interesaba la pesquisición del volumen raro y curioso.[13] Su
salud era perfecta; estaba descansado el cerebro. Y de pronto, una noche, al
acostarse, ha comenzado a sentirse desazonado. Ha pasado la noche de un 15
modo deplorable; se han recrudecido sus achaques y se han avivado sus
aprensiones. En los momentos en que un ligero sopor le aletargaba, cruzaban
por ese tenue sueño —a manera de luces lívidas a través de las tinieblas—
pesadillas y espantos. Cuando se ha levantado por la mañana, no estaba para
nada; por hacer algo ha cogido la pluma y ha comenzado a escribir. A la 20
segunda o tercera palabra ha visto don Pablo, con grata sorpresa, que la letra,
dentro de su engarabitamiento habitual,[14] era regular y uniforme. La prosa
fluía límpida y exacta. Sentía don Pablo una intensa emotividad y se veía por
momentos próximo a sollozar. Rápidamente iban quedando llenas de
renglones las cuartillas. En tanto que iba escribiendo, él pensaba que hoy iba a 25
feriarse un libro raro[15] que había visto en la tienda de un anticuario la noche
anterior. Y este artificio que él solía emplear frecuentemente, hacía que su
pluma, excitado el cerebro, corriera más ágil y presta. No solía usar don
Pablo de otro excitante mental; ni el alcohol ni el café eran por él usados.

[13] *la pesquisición del volumen raro y curioso*   the search for the rare and curious book
[14] *dentro de su engarabitamiento habitual*   although it was as scrawling as usual
[15] *iba a feriarse un libro raro*   he was going to buy himself a rare book

Sencillamente, como un niño, se prometía para después de la tarea el goce de una adquisición de libros codiciados.

La tarea del día, quince o veinte cuartillas, estaba terminada. Cuando ha entrado en la biblioteca doña Inés, el caballero sonreía. Han comenzado a
5 charlar. Tío Pablo se siente retozón y festivo.

—¿En dónde habíamos quedado de nuestra historia, Inés?

—Habíamos quedado en que el trovador estaba enamorado de doña Beatriz.

—Y doña Beatriz del trovador. Se llamaba el trovador Guillén de
10 Treceño; era un guapo muchacho. Doña Beatriz, sí, estaba enamorada del trovador. Don Esteban de Silva, el marido de doña Beatriz, era un hombre de acción. Los hombres de acción, si tuvieran sensibilidad, no serían hombres de acción. No podrían hacer nada. La sensibilidad es el disolvente de la acción. Si América se hubiera descubierto un poco antes, don Esteban de Silva
15 hubiera sido un conquistador admirable; hubiera fundado un gran imperio. Don Esteban no tenía sensibilidad. Los hombres de acción...

Y doña Inés interrumpe sin poder contenerse:

—¿Y el trovador?

—¡Ah, el trovador! —exclama don Pablo—. El trovador moría de
20 amores por la bella doña Beatriz. Y la bella doña Beatriz no podía vivir sin su trovador. ¿He dicho ya que Beatriz era una mujer que estaba en el otoño de la vida? El trovador tenía dieciocho años; la amada tenía muchos más. Doña Beatriz no había gustado nunca del amor. Su marido era un hombre violento. No podía reparar don Esteban de Silva en los matices finos del
25 sentimiento. Los hombres fuertes pasan por la vida sin recoger lo que la vida tiene de más bello. ¿Es que las grandes cosas que hacen los hombres de acción valen acaso el sutil cambiante de un sentimiento o de un afecto? Los hombres de acción...

—¿Y el trovador?

30 —¡Ah, el trovador! Perdona, querida Inés. El trovador pasaba los días en la cámara de la dama. Nadie podía sospechar de este adolescente. ¿He dicho ya que sus ojos eran azules y era rubia su larga melena? La melena del trovador era lo que más hechizaba a doña Beatriz. El marido, don Esteban, no veía nada. Don Esteban de Silva era un hombre de acción. Ni la naturaleza,
35 ni el arte, ni el pensamiento existen para los hombres de acción. Pasan ellos por la vida como si pasaran con los ojos cerrados. Si los llevaran abiertos, ¿podrían caminar hacia su objetivo? Los hombres de acción...

—¿Y el trovador?

Tío Pablo sonríe; sonríe con una sonrisa de bondad y de malicia.

—¡Ah, el trovador! ¡Su melena rubia era lo que más amaba doña Beatriz! La melena era larga, sedosa. Envolvía su faz como una aureola resplandeciente de oro. Las manos de doña Beatriz ansiaban acariciar la seda 5 suave de la melena del trovador. Un día estaban solos en la estancia doña Beatriz y el poeta. Don Esteban se había marchado de caza. Don Esteban no gustaba de los goces de la casa y de la familia; era un hombre de acción. Los hombres de acción...

—¿Y el trovador? 10

—¡Ah, el trovador! —exclama tío Pablo volviendo a sonreír—. El trovador estaba en la cámara de la dama sentado en una tajuela. Doña Beatriz, con un escarpidor de plata, le iba desenredando la enmarañada melena. Ese día el trovador había caminado por el bosque; sus guedejas estaban enmarañadas. Doña Beatriz, con gran cuidado, lentamente, como si se tratara 15 de un niño, pasaba y repasaba el peine por el cabello largo y sedoso del trovador. Y de pronto...

Se ha detenido don Pablo, se ha dado una palmada en la frente y ha dicho:

—¡Qué memoria la mía! A esta hora me esperaban en el Círculo del 20 Recreo.[16]

—¿Y el trovador? ¿Y el trovador, tío Pablo? —ha preguntado ansiosamente Inés.

Estaba ya en pie el caballero. Con la mano en la puerta ha dicho:

—En el fondo de la cámara en que estaban el trovador y la dama, había 25 una puertecita. Daba esa puertecita a una escalera de caracol. La puerta estaba perfectamente cerrada; doña Beatriz la había cerrado bien. Y, sin embargo, de pronto, la puertecita chirrió. Las manos de doña Beatriz se detuvieron; el rostro de la dama se había tornado pálido.

Don Pablo ha franqueado ya la puerta para marcharse. 30

—¿Y el trovador? ¿Y el trovador?

—Perdona, querida Inés; otro día proseguiremos. La puertecita que daba a la escalera de caracol estaba entornada. Doña Beatriz lo vió cuando se levantó y fue hacia ella; pero detrás de la puertecita, ni en la escalera, ni en la estancia de arriba, no había nadie. 35

---

[16] *Círculo del Recreo*—a common name for a social club.

Acaba la historia de doña Beatriz

Sobre el ancho tablero de nogal, junto al cuadrado blanco de las cuartillas, ponen sus redondeles encendidos unas rosas bermejas.[17] Y al lado de las rosas, en un reloj de arena, el dorado hilillo va cayendo incesantemente. La arena se amontona en el fondo y forma una montañita; cae un poco de
5 arena más y la montaña se desmorona; de nuevo se levanta la cima del montón; el hilillo no cesa de caer y otra vez la montaña se derrumba.

—Detrás de la puertecita misteriosa no había nadie; pero al día siguiente el paje había desaparecido.

—¿Había desaparecido? Tengo miedo de oír esa historia. ¿Qué sucedió
10 después?

—Nadie sabía nada del trovador; no estaba ni en la ciudad, ni en el bosque, ni en la montaña. El señor del palacio sonreía. Doña Beatriz estaba triste.

—¿Estaba muy triste doña Beatriz? No quisiera escuchar más de esa
15 historia. ¿Qué es lo que pasó luego?

—Doña Beatriz estaba muy triste. Abatida andaba por el palacio; sus camareras la miraban con melancolía; no se hablaba nada en la cámara de la dama; pero todos tenían fijo el pensamiento en el trovador. La cara de doña Beatriz se ponía pálida; sus ojos estaban melancólicos. Y don Esteban quiso
20 alegrar a doña Beatriz.

—¿Don Esteban quiso alegrar a doña Beatriz? No sé lo que presiento; no quisiera oír la continuación de esa historia. ¿Después qué aconteció?

—En el palacio se preparó una fiesta magnífica; vinieron de lejanas tierras todos los deudos del señor; se aprestaron viandas exquisitas y los
25 cocineros trabajaban desde muchos días antes. Los juglares preparaban sus cantos: sus cantos que habían sido compuestos, muchos de ellos, por el pobre trovador.

—¿Por el pobre trovador? No quisiera oír más. ¿Qué sucedió el día de la fiesta?

---

[17] *ponen sus... rosas bermejas*   some red roses project their round forms and their vivid redness

—El día de la fiesta doña Beatriz hubo de ataviarse con sus mejores galas. Ya le dan de vestir a la señora; el palacio bulle de gente; ya le trae una camarera el blanco brial; en el palacio los caballeros y las damas van y vienen por corredores y galerías. Ya una camarera le ajusta el corpiño a la dama, y otra la baña con aguas de olor.[18] En el palacio los juglares ríen y 5 chancean con los caballeros. Doña Beatriz está pálida y cabizbaja. Sus camareras le traen las galas y ella se las deja poner como una muerta. En el palacio resuenan risas y cantos. Ya está ataviada doña Beatriz. Un hondo suspiro se escapa de su pecho.

—¿Suspiraba doña Beatriz? No puedo escuchar más. ¿Qué sucedió 10 luego?

—La mirada de la dama estaba clavada en el suelo. Todo el palacio resplandece de luz. Suenan albogues y tamboretes. Los pebeteros hinchan el aire de aromas orientales. Las vihuelas mezclan sus vocecillas a las sonoridades de las trompetas. En el patio representan sus farsas los zamarrones,[19] los 15 mismos zamarrones que hoy todavía siguen a los desposados en las bodas entre los maragatos.[20] Ni las más ingeniosas burlerías hicieran sonreír a la desdichada señora. Sólo falta que doña Beatriz se prenda sus joyas.[21] Las camareras han traído la arquilla de las alhajas. Delante de la señora está una dueña que le presenta puesta de hinojos el cofrecillo. Las manos pálidas y 20 lacias de doña Beatriz avanzan hacia la arqueta. La señora torna a suspirar; estas joyas de que ella gustaba tanto antes, ahora ya no las quiere; su espíritu está muy lejos del mundo y sus vanidades. Sin mirar el cofrecillo, con sus manos débiles doña Beatriz lo ha abierto; una de sus manos penetra en la arqueta. Y de pronto sus ojos se han ensanchado con asombro, y al asombro 25 ha sucedido, en un segundo, el terror.

—¿El terror? No, no quiero escuchar más. ¿Qué sucedió después?

—Por el reborde del cofrecillo asomaban las hebras sedosas de una cabellera rubia. Doña Beatriz cayó desplomada.[22] No vivió ya en su sano

---

[18] *la baña con aguas de olor*   perfumes her with sweet-smelling waters

[19] *zamarrones*—the meaning here is *juglares* or "jongleurs," who in the Middle Ages were members of an itinerant class of entertainers skilled in juggling, singing, playing musical instruments, and performing little farces. Azorín uses the term *zamarrones* because it is the name by which the descendants of those performers are known in certain regions of Spain.

[20] *maragatos*—natives of a certain section in the province of Leon, known for their stubborn clinging to their own ancient customs. Among their quaint folkways, one of the most characteristically traditional is the entertainment provided at the weddings by the *zamarrones*, definitely a vestige of the medieval jongleurs.

[21] *Sólo falta que... joyas.*   All she has to do is put on her jewels, and she will be ready.

[22] *cayó desplomada*   fell in a dead faint

juicio.[23] Días después se la llevaron a una casa de campo. En el campo vivió cuatro o seis años más. No podían tocar sus manos nada que fuera blando, suave, parecido al cabello largo y sedoso. Sus servidores habían de traer sus cabelleras ocultas bajo capirotes y tocas. Cuando por un azar veía las guedejas
5 asomar por los sombreros o las mantillas, su angustia le hacía entrar en la más exaltada locura.

—¡Oh, qué espanto, qué espanto! No hubiera querido oír nada.

El hilillo de arena de la ampolleta ha cesado de caer. Ha pasado una hora: una hora como otra hora en la sucesión de los siglos. Las rosas dan su
10 fragancia; rojas como la sangre del pobre trovador. Y en los espacios inmensos los astros trazan sus órbitas.

En la capilla

Don Pablo e Inés han ido a visitar en la catedral el sepulcro de los Silvas. En uno de los muros de la capilla del Consuelo está abierto un alto y espacioso nicho sin zócalo. A lo largo se hallan colocadas dos tumbas: la de don
15 Esteban de Silva, el marido, arriba, y la de doña Beatriz González de Tendilla, la mujer, abajo. En la lápida se lee esta inscripción: "Aquí yace el noble caballero don Esteban de Silva, camarero del rey don Enrique IV nuestro señor; finó en Riaza jueves dos día del mes de Noviembre de mil y cuatrocientos y setenta y un años.[24] Y la muy noble su mujer cuya ánima Dios
20 haya[25] finó en Cuéllar a cinco días por andar del mes[26] de Octubre año del nascimiento de Nuestro Salvador Jesucristo de mil cuatrocientos sesenta y seis años."... Las dos estatuas que yacen sobre las tumbas tienen las manos juntas. La cabeza de doña Beatriz reposa en dos almohadas con borlitas en las esquinas; la de don Esteban, en un brazado de laureles. Las esculturas tienen
25 toda la finura y suavidad del mármol pario.

—Convendrás, querida Inés —ha dicho don Pablo—, en que nuestro antecesor tenía bien ganados sus laureles.

La luz entra en la capilla por un elevado ventanal. Una cortina puede

---

23 *No vivió ya en su sano juicio.*   She never recovered her mind.
24 *finó en… setenta y un años* = murió en Riaza el jueves día 2… del año mil cuatrocientos setenta y uno
25 *cuya ánima Dios haya*   may God keep her soul
26 *a cinco días por andar del mes*   five days before the end of the month

velar la luminosidad del pleno sol. Don Pablo e Inés contemplan en silencio el sepulcro. El marido y la mujer parecen dormir; no reflejan en sus semblantes los horrores del tránsito fatal:[27] ni afilamientos, ni concavidades. La escuela de escultura funeraria que se placía en marcar las huellas de la muerte en los personajes representados, no es la que ha esculpido estas estatuas. Don 5 Esteban y doña Beatriz parecen entregados a un dulce sueño. La mano del visitante se va hacia el cordel con que se corre la cortina para hacer que se cubra el ancho ventanal y los rayos del sol no despierten a los yacentes. La faz de la dama es serena y sus ojos van a pestañear.

—La escultura, seguramente —observa don Pablo—, fue hecha según 10 algún retrato antiguo, antes de la tragedia.

La tragedia no ha separado en su sueño eternal al marido y a la mujer. Con satisfacción diríase que descansa sobre sus laureles la cabeza de don Esteban.

—Duermen y van a despertar, acaso, dentro de un momento —dice don 15 Pablo—. Cuando despierte don Esteban, lo primero que hará será llevarse a casa sus laureles.

Doña Inés no aparta su vista de la cara de doña Beatriz. Poco a poco se ha ido acercando a la estatua. Y primero ha tocado las borlitas y el repulgo de los almohadones. Y luego ha puesto su mano en la frente y en las mejillas de 20 doña Beatriz. El mármol era fino y suave. Y la sensación de frescor que ha sentido la dama en la yema de los dedos, ha estremecido, mezclada a otra sensación indefinible, todo su cuerpo.

Los dos besos

¿Existe el tiempo? Doña Inés experimentaba una sensación extraña. Las tinieblas iban iniciándose en las vastas naves de la catedral; declinaba la tarde. 25 Con paso lento caminaba la dama; repentinamente se detenía suspensa. ¿Hemos vivido ya otras veces? Diríase que en una vida anterior, de que no podemos tener ni la menor conciencia, a veces se hace un ligero resquicio; la luz de una vida pretérita penetra en la presente; un fulgor de conciencia nos llega de lejanías remotas e insospechadas. Y entonces, en un minuto de 30

[27] *del tránsito fatal = de la muerte*

certeza, en un momento de angustia suprema, sentimos que este momento de ahora lo hemos vivido ya, y que estas cosas que ahora vemos por primera vez las hemos visto ya en una existencia anterior. Doña Inés no es ahora doña Inés: es doña Beatriz. Y estos instantes en que ella camina por las naves en
5 sombra los ha vivido ya en otra remota edad. El espanto la sobrecoge. No sabe ya ni dónde está ni en qué siglo vive. Las sombras van espesándose. En el espacio libre, en la campiña, las sombras del crepúsculo vespertino se difunden suavemente por el ancho ámbito. Se mezclan, a determinada hora, las sombras iniciales de la noche y los fulgores postreros del día. Blanda y
10 suavemente —en una vaga claror— el día va cediendo a la noche. En un ámbito cerrado, en las naves de una catedral, las sombras son violentas y brutales. Del fondo de los ábsides y de lo recóndito de las capillas, se levantan espesas y tangibles. Ascienden por los muros y rechazan formidables las claridades fallecientes que aletean en las anchas ventanas. Todo lo bajo está
15 ya en sombra.[28] Y cuando las elevadas vidrieras han acabado de palidecer y la oscuridad es en el fondo impenetrable, sólo acá y allá, en el mármol de un sepulcro, en la corona de una imagen, en el dorado de un marco queda un mortecino y suplicante resplandor. El silencio entra entonces en alianza pavorosa con la negrura. Y el más pequeño ruido —el estridor del carretón
20 de una lámpara, el chirriar de un quicio, el resoplido de una lechuza— hace resaltar más terrible la noche y nos estremece.

Doña Inés camina lentamente. Sus pasos quedos la llevan hacia el sepulcro de los Silvas. Se halla ya rodeada de sombras ante la estatua de doña Beatriz. ¿Es ella doña Beatriz? ¿Doña Beatriz o doña Inés? Las manos de la
25 dama se extienden hacia el rostro marmóreo. La alucinación llena el cerebro de doña Inés. La cabeza de la señora se inclina; sus labios húmedos, rojos, ponen en el blancor del mármol un beso largo, implorador.

Y cuando ya de retorno, en la puerta de la catedral, en los umbrales, ha oído una voz que decía susurrante: "¡Inés, Inés!". La dama ha vuelto el
30 rostro. Y repentinamente, Diego de Garcillán, mientras pasaba un brazo por la nuca de la señora para sujetarla, ponía sus labios en los húmedos labios de ella, apretándolos, restregándolos con obstinación, con furia. Doña Inés se entregaba inerte, cerrados los ojos, con una repentina y profunda laxitud. Desfallecía en arrobo inefable. Sin saber cómo, sus manos se encontraron en
35 las manos del mozo. Y los dos se miraron en silencio, jadeantes, durante un largo rato que pareció un segundo.

---

[28] *Todo lo bajo está ya en sombra*   Everything low is now hidden in shadows

5 ❧ *Antonio Machado* ❧❧❧
(1875–1939)

Es sin duda uno de los poetas de más hondo sentimiento de la lengua española. Andaluz de nacimiento y castellano por adopción espiritual, es el cantor del alma del paisaje de Castilla. Se casó y al poco tiempo perdió a su mujer, a quien adoraba. Dedicado profesionalmente a la enseñanza pasó la mayor parte de su vida en ciudades provinciales, solitario y alejado del centro de la vida literaria española. En la Guerra Civil española de 1936 se puso decididamente al lado de la causa del pueblo, y al final de la lucha, viejo y enfermo, abandonó España, cruzando a pie los Pirineos, confundido en el éxodo general, en el año 1939. Al poco tiempo murió en tierra francesa, en un pueblecito próximo a la frontera española.

Su poesía es como su vida, noble, austera y sencilla, impregnada de genuina emoción humana y de hondura de pensamiento, sin que sea posible separar una de la otra. Por su formación y su mentalidad pertenece al grupo de escritores de la llamada «Generación del 98». Comenzó como poeta modernista, influido —como casi todos los poetas españoles de su tiempo— por las nuevas formas líricas que había revelado el hispanoamericano Rubén Darío. Pronto, sin embargo, abandonó esa forma y esa estética, para buscar caminos propios. Su temperamento le llevaba hacia los motivos de la vida interior, tratados en una fórmula de depurada sencillez y de una absoluta originalidad. El tema más importante de su poesía es «el hombre», y los límites de su mundo poético son las fronteras «humanas» de ese tema. Sus motivos esenciales son el amor y la muerte, Dios y el tiempo. Toda su lírica es un caudal de experiencia personal, inmediata y trascendente, expresada de una manera natural, delicada, ardiente y plena. Sus poemas parecen nacer más de una imperiosa necesidad emotiva que de una intención artística, y todos ellos están traspasados de una dolorosa, íntima melancolía, de un pesimismo resignado, y a veces de un humor suave y triste. Sus poemas más intensos parecen trozos de una larga conversación con su Yo —«el hombre que siempre va conmigo»— y en ese diálogo consigo mismo su espíritu se adentra en los temas sin fondo del ser y del vivir humanos, en los cuales, para Machado, la última realidad es el tiempo, y Dios es un problema.

Espíritu reflexivo y soñador, «pobre hombre en sueños», «siempre buscando a Dios entre la niebla», huye de la realidad inmediata, dolorosa, para entrar en sí mismo, y sueña que lo encuentra «dentro de su corazón». Y así va tejiendo un mundo poético, hecho mitad de ensueños, mitad de recuerdos. Recuerdos que son de un tiempo eterno, de ayer, de hoy y de siempre, de un tiempo personal —como el de la reminiscencia infantil del poema «Caballitos». Ese mundo entre concreto e ilusorio, entre material e imaginado, va expresándose cada vez de una forma más simple, suprimiendo todo ornamento, hasta llegar a la absoluta sencillez, pura, reconcentrada, que esconde, como en las dos «Parábolas» una densa carga significativa filosófico-metafísica.

La honda calidad de este poeta, «luminoso y profundo», tradicional y moderno, selecto y popular, solitario explorador de las galerías de la angustia humana, preocupado por el ideal de una España mejor, es hoy unánimemente reconocida. Este representante lírico de «la Generación del 98» es uno de los poetas españoles de acento más auténtico de todos los tiempos. Su obra, más bien breve, está recogida en un volumen de *Poesías Completas* (1934).

✎ Caballitos

Tournez, tournez, chevaux de bois.[1]
Verlaine.

Pegasos,[2] lindos pegasos,
caballitos de madera.
. . . .

Yo conocí, siendo niño,
la alegría de dar vueltas
sobre un corcel colorado,   5
en una noche de fiesta.

En el aire polvoriento
chispeaban las candelas,
y la noche azul ardía
toda sembrada de estrellas.   10

Alegrías infantiles
que cuestan una moneda
de cobre, lindos pegasos,
caballitos de madera.

---

[1] *Tournez, tournez, chevaux de bois*—the quotation is from a poem by Paul Verlaine (1844-1896), French symbolist poet. The actual line is "*Tournez, tournez bons chevaux de bois.*" The poem is included in the collection entitled *Romances sans paroles* (1874).

[2] *Pegaso*—in Greek mythology, Pegasus was an immortal winged horse, which with a hoof beat caused Hippocrene, the sacred fountain of the Muses, to spring from Mount Helicon. All who drank of its waters acquired the gift of song. Because of Pegasus' connection with that fountain he came to symbolize poetry. Just as poets are supposed to ride Pegasus when inspired, Machado imagines that children enter the magic realm of fantasy when they ride the wooden horses on the merry-go-round.

⚘ [Anoche cuando dormía...]

Anoche cuando dormía
soñé ¡bendita ilusión!
que una fontana fluía
dentro de mi corazón.
Dí, ¿por qué acequia escondida,
agua, vienes hasta mí,
manantial de nueva vida
en donde nunca bebí?

Anoche cuando dormía
soñé ¡bendita ilusión!
que una colmena tenía
dentro de mi corazón;
y las doradas abejas
iban fabricando en él,
con las amarguras viejas
blanca cera y dulce miel.

Anoche cuando dormía
soñé ¡bendita ilusión!
que un ardiente sol lucía
dentro de mi corazón.
Era ardiente porque daba
calores de rojo hogar,
y era sol porque alumbraba
y porque hacía llorar.

Anoche cuando dormía
soñé ¡bendita ilusión!
que era Dios lo que tenía
dentro de mi corazón.

❧ [Caminante, son tus huellas...]

Caminante, son tus huellas
el camino, y nada más;
caminante, no hay camino,
se hace camino al andar.
Al andar se hace camino,
y al volver la vista atrás
se ve la senda que nunca
se ha de volver a pisar.
Caminante, no hay camino,
sino estelas en la mar.

❧ [Y no es verdad, dolor...]

Y no es verdad, dolor, yo te conozco,
tu eres nostalgia de la vida buena
y soledad de corazón sombrío,
de barco sin naufragio y sin estrella.

Como perro olvidado que no tiene
huella[3] ni olfato y yerra
por los caminos, sin camino; como
el niño que en la noche de una fiesta

---

[3] *que no tiene huella*   that has no trail to follow

se pierde entre el gentío
y el aire polvoriento y las candelas
chispeantes, atónito, y asombra
su corazón de música y de pena,

así voy yo, borracho, melancólico,
guitarrista lunático, poeta,
y pobre hombre en sueños,
siempre buscando a Dios entre la niebla.

❧ Parábola

Érase de[4] un marinero
que hizo un jardín junto al mar,
y se metió a jardinero.
Estaba el jardín en flor,
y el jardinero se fue
por esos mares de Dios.[5]

---

[4] *Érase de...=Había una vez* Once upon a time there was ... Traditional beginning of all Spanish storytelling for children.
[5] *se fue por esos mares de Dios* sailed away across the seven seas

✿ Parábola

Era un niño que soñaba
un caballo de cartón.
Abrió los ojos el niño
y el caballito no vió.
Con un caballito blanco   5
el niño volvió a soñar;
y por la crin lo cogía...
"¡Ahora no te escaparás!"
Apenas lo hubo cogido,
el niño se despertó.   10
Tenía el puño cerrado.
¡El caballito voló!
Quedose el niño muy serio
pensando que no es verdad
un caballito soñado.   15
Y ya no volvió a soñar.
Pero el niño se hizo mozo
y el mozo tuvo un amor,
y a su amada le decía:
"¿Tú eres de verdad o no?"   20
Cuando el mozo se hizo viejo
pensaba: "Todo es soñar,
el caballito soñado
y el caballo de verdad."
Y cuando vino la muerte,   25
el viejo a su corazón
preguntaba: "¿Tú eres sueño?"
¡Quién sabe si despertó!

6 ❧ *Jacinto Benavente*
(1866–1954)

El maestro del teatro español de nuestro siglo nació en Madrid, y en Madrid vivió toda su vida. Apareció, en los comienzos de su carrera literaria unido al grupo de escritores de la llamada «Generación del 98». Poco después se separó de ellos para seguir un rumbo totalmente aparte. Es el autor de la renovación del drama español en los fines del siglo XIX. Él fue quien abolió la grandilocuencia de forma, y el seudo-trascendentalismo post-romántico de fondo, que prevalecían en los escenarios, substituyéndolos por unos conflictos cotidianos, expresados en un tono diario, discreto, conversacional —completamente nuevo.

El mundo de sus comedias y una gran parte de sus dramas es el de la burguesía y la aristocracia madrileñas, a las que satiriza de manera sutil y refinada, haciendo un análisis de sus valores morales y éticos, divertido y fiel, y, en el fondo, ferozmente corrosivo, a pesar de su urbanidad —o justamente por ella. La sátira de Benavente, sin embargo, parece tener su fin en sí misma, pues no trata de educar, ni de moralizar. El núcleo de su teatro, copiosísimo, está constituido por este tipo de obras, en las que dentro de ese marco, hay una rica variedad de temas. Con ellas monopolizó los escenarios de España y América, desde 1905 a 1930, aproximadamente.

Toda su creación dramática está impregnada de un escepticismo elegante y de una visión pesimista, y ligeramente cínica, de la naturaleza humana. Sin embargo, en muchas de sus obras, sirviendo de contrapeso, se percibe una vaga ideología cristiana, antiviolenta, una simpatía hacia los humildes y los desheredados —de los que jamás hizo un motivo de risa— y un vago deseo, no revolucionario, de un mundo mejor. Pero lo que en sus comedias surge siempre a la vista con más claridad son las debilidades humanas observadas desde un ángulo irónico y picaresco; y su tema básico es la inseparabilidad, en el hombre, del mal y del bien.

Del conjunto de su teatro destacan con extraordinario vigor varias obras que son las que elevan, sin duda, su creación a un plano más universal.

En todas estas, abandona la pintura directa de la alta sociedad madrileña para situarse en otros ambientes y climas dramáticos.

En unas lo vemos trasladarse a un plano simbólico, donde puede sentirse en completa libertad para jugar con las paradojas esenciales de la vida y la naturaleza humanas y hacer más evidentes aún sus contradicciones. Su pieza de más alto mérito de este tipo es *Los intereses creados* (1907). En ella Benavente nos da la esencia de su visión del hombre y de la sociedad. Para ello vuelve a traer a la escena los viejos fantoches de la farsa, los polichinelas de la «Comedia del arte» de Italia, que personifican en pantomina caricatural los tipos sociales y las debilidades humanas eternas, juntamente con los juegos de intereses que determinan la conducta de las personas y sirven de mecanismos capitales de la vida colectiva.

En otras creaciones escénicas se aleja del medio urbano. Y en la vida campesina se enfrenta también con las pasiones y los vicios, que se manifiestan en toda su primitiva y elemental violencia, sin los disfraces hipócritas de la civilización citadina. Una de estas tragedias rurales es *La Malquerida* (1913). Aquí Benavente se encara con uno de los grandes temas de la tragedia clásica: el incesto —en la relación padrastro-hijastra. El escenario de esa pasión es un pueblo de la llanura de Castilla, tierra calcinada por el sol donde las almas arden por debajo de la fuerte y arisca austeridad del carácter castellano. Los personajes principales del drama pertenecen a la clase labradora acomodada y Benavente, a través de la compleja trama dramática nos da la totalidad del ambiente aldeano, con su estructura social, sus costumbres, sus enemistades tradicionales de familias y lugares, la violencia primaria de los odios y venganzas, las hablillas —en fin, la vida toda que sirve de contexto a la tragedia.

Los tres personajes centrales tienen vigorosa vida propia y candente realidad escénica. A Esteban, hombre sensual, débil y cobarde, pero no malo, lo vemos llegar al crimen, víctima de su propia naturaleza, que no le permite resistir la pasión inconfesable que roe su existencia lentamente, y que finalmente lo empuja al homicidio, haciéndolo ceder a la influencia funesta y dominadora de su criado y confidente, el Rubio, —tipo elemental, sobria y magistralmente trazado— cuyo único incentivo vital es el deseo de mando.

Los dos personajes femeninos del triángulo tienen dimensiones clásicas. De una parte, Acacia, «la malquerida», es una figura hermética de psicología complejísima y contradictoria, cuyos sentimientos luchan oscuramente en choques internos. Los celos de infancia ante el hombre extraño, que ha venido a substituir al padre muerto y a robarle la atención de su madre, han ido creando en ella poco a poco un odio activo, bajo el cual se esconde un hondo amor sensual. Este sentimiento inconsciente que la lleva a rivalizar con su madre y a provocar oblicuamente la pasión de su padrastro, estalla en la última escena, desencadenando la catástrofe final. Del otro lado está Raimunda, figura fuerte de madre tierna y esposa apasionada, cuya alma se escinde entre estos dos amores igualmente intensos y cuyo espíritu, según la tragedia se va desenvolviendo, se debate entre sentimientos ambivalentes, tanto hacia su hija como hacia su marido. La solución trágica de este conflicto es el sacrificio de su vida para que el incesto no se consume.

El argumento se desarrolla en un ritmo de tensiones, incertidumbres y crisis crecientes —como en un relato policiaco— seguidas de sucesivas revelaciones en la acción externa, a su vez acompañadas de angustiosas confesiones paralelas y mutuas de la vida interior de los tres protagonistas, que van desnudando sus almas ante nosotros. El realismo del ambiente dramático se apoya en la compacta riqueza del diálogo, basado en un lenguaje auténticamente coloquial, con hábiles toques de colorido dialecto rústico. En esta gran obra, que pertenece al repertorio internacional, Benavente crea la tragedia moderna española de ambiente rural, que tendrá su eco en Lorca en la generación siguiente.

❧ La Malquerida

DRAMA EN TRES ACTOS Y EN PROSA

REPARTO:

ESTEBAN, *labrador rico*

LA RAIMUNDA, *su esposa*

LA ACACIA, *hija de Raimunda, hijastra de Esteban*

LA JULIANA, *antigua criada de Raimunda*

DOÑA ISABEL, *vecina*

MILAGROS, *hija de doña Isabel*

LA FIDELA, *vecina*

LA ENGRACIA, *vecina*

LA BERNABEA, *vecina*

LA GASPARA, *vecina*

NORBERTO, *primo de Acacia*

FAUSTINO, *novio de Acacia*

EL TÍO EUSEBIO, *padre de Faustino*

BERNABÉ, *criado de Raimunda*

EL RUBIO, *criado y confidente de Esteban*

Mujeres

Mozas

Mozos

En un pueblo de Castilla

NOTE ON DIALECT FORMS
The dialectal forms of Castilian peasant speech as rendered by Benavente throughout the play are rather simple. They reflect general phenomena of rustic speech wherever Spanish is spoken. They affect mostly adjectives and participles ending in *-ado* and *-ido* which are rendered thus: *-ado* = *-ao*, feminine and plurals: *-ada* = *-á*, *-ados* = *-aos*, *-adas* = *-ás*, *-ido* = *-ío*; feminine and plurals: *-ida* = *-ía*, *-idos* = *-íos*, *-idas* = *-ías*.

EXAMPLES: abraz*ao* = abraz*ado*   abraz*á* or abraz*áa* = abraz*ada*

abraz*aos* = abraz*ados*   abraz*ás* = abraz*adas*

aborrec*ío* = aborrec*ido*   aborrec*ía* = aborrec*ida*

aborrec*íos* = aborrec*idos*   aborrec*ías* = aborrec*idas*

Since the above forms show the greatest frequency throughout the text, they are not listed in the vocabulary. The student should look for their standard equivalents. All other dialect variations are listed with the standard forms alongside.

ACTO PRIMERO

Sala en casa de unos labradores ricos

ESCENA PRIMERA

LA RAIMUNDA, LA ACACIA, DOÑA ISABEL, MILAGROS,
LA FIDELA, LA ENGRACIA, LA GASPARA Y LA BERNABEA[1]

Al levantarse el telón todas en pie, menos doña Isabel, se despiden de otras cuatro o cinco, entre mujeres y mozas.

GASPARA. Vaya, queden ustedes con Dios; con Dios, Raimunda.

BERNABEA. Con Dios, doña Isabel... Y tú, Acacia, y tu madre, que sea para bien.[2]

RAIMUNDA. Muchas gracias. Y que todos lo veamos.[3] Anda, Acacia, sal tú
5   con ellas.

TODAS. Con Dios, abur.

(*Gran algazara. Salen las mujeres y las mozas y Acacia con ellas.*)

---

[1] Among the popular classes, the feminine article is used colloquially in front of a woman's Christian name

[2] *que sea para bien* may this bring you happiness

[3] *Y que todos lo veamos* May we all [live to] see it

169

DOÑA ISABEL. Qué buena moza está la Bernabea.

ENGRACIA. Pues va para el año bien mala que estuvo.⁴ Nadie creíamos que lo contaba.⁵

DOÑA ISABEL. Dicen que se casa también muy pronto.

FIDELA. Para San Roque,⁶ si Dios quiere.   5

DOÑA ISABEL. Yo soy la última que se entera de lo que pasa en el pueblo. Como en mi casa todo son calamidades... está una tan metida en sí.⁷

ENGRACIA. ¡Qué! ¿No va mejor su esposo?

DOÑA ISABEL. Cayendo y levantando;⁸ aburridas nos tiene. Ya ven todos lo que salimos de casa; ni para ir a misa los más de los domingos. Yo por mí 10 ya estoy hecha, pero esta hija se me está consumiendo.

ENGRACIA. Ya, ya. ¿En qué piensan ustedes? Y tú, mujer, mira que está el año de bodas.

DOÑA ISABEL. Sí, sí, buena es ella.⁹ No sé yo de dónde haya de venir el que le caiga en gracia.   15

FIDELA. Pues para monja no irá, digo yo; así, ella verá.¹⁰

DOÑA ISABEL. Y tú, Raimunda. ¿Es a gusto tuyo esta boda? Parece que no te veo muy cumplida.

RAIMUNDA. Las bodas siempre son para tenerles miedo.

ENGRACIA. Pues hija, si tú no casas la chica a gusto no sé yo quién podamos 20 decir otro tanto; que denguna como ella ha podido escoger entre lo mejorcito.

FIDELA. De comer no ha de faltarles, dar gracias a Dios, y como están las cosas no es lo que menos hay que mirar.¹¹

RAIMUNDA. Anda, Milagros, anda abajo con Acacia y los mozos; que me da 25 no sé qué de verte tan parada.¹²

DOÑA ISABEL. Ve, mujer. Es que esta hija es como Dios la ha hecho.¹³

MILAGROS. Con el permiso de ustedes. (*Sale*).

RAIMUNDA. Y anden ustedes con otro bizcochito y con otra copita.

---

⁴ *va para el año bien mala que estuvo*   a year ago she was very sick
⁵ *que lo contaba*   that she would live to tell it
⁶ *Para San Roque*   About San Roque's day. August 16 is the day on which the Church celebrates that saint.
⁷ *está una tan metida en sí*   one is so wrapped up in one's own problems
⁸ *Cayendo y levantando*   He has his ups and downs
⁹ *Sí, sí, buena es ella*   Well, well, she is so apathetic
¹⁰ *ella verá* [*lo que hace*]   she will have to do something about it
¹¹ *no es lo menos que hay que mirar*   it is something one cannot disregard
¹² *me da no sé que de verte tan parada*   it unnerves me to see you just standing there
¹³ *es como Dios la hecho*   she is just that way [and nothing will ever change her]

DOÑA ISABEL. Se agradece, pero yo no puedo con más.

RAIMUNDA. Pues andar vosotras,[14] que esto no es nada.

DOÑA ISABEL. Pues a la Acacia tampoco la veo como debía de estar un día como el de hoy que vienen a pedirla.

5 RAIMUNDA. Es que también esta hija mía es como es.[15] ¡Más veces me tiene desesperada! Callar[16] a todo, eso sí, hasta que se descose, y entonces no quiera usted oírla, que la dejará a usted bien parada.

ENGRACIA. Es que se ha criao siempre tan consentida... como tuvisteis la desgracia de perder a los tres chicos y quedó ella sola, hágase usted cargo...

10 Su padre, pajaritas del aire que le pidiera la muchacha, y tú dos cuartos de lo mismo...[17] Luego, cuando murió su padre, esté en gloria, la chica estaba tan encelada contigo; así es que cuando te volviste a casar le sentó muy malamente. Y eso es lo que ha tenido siempre esa chica, pelusa.

RAIMUNDA. ¿Y qué iba yo a hacerle? Yo bien hubiera querido no volverme

15 a casar... Y si mis hermanos hubieran sido otros...[18] Pero digo, si no entran aquí unos pantalones[19] a poner orden, a pedir limosna andaríamos mi hija y yo a estas horas; bien lo saben todos.

DOÑA ISABEL. Eso es verdad. Una mujer sola no es nada en el mundo. Y que te quedaste viuda muy joven.

20 RAIMUNDA. Pero yo no sé que esta hija mía y[20] haya podido tener pelusa de nadie; que su madre soy y no sé yo quién la quiera y la consienta más de los dos; que Esteban no ha sido nunca un padrastro pa ella.

DOÑA ISABEL. Y es razón que así sea. No habéis tenido otros hijos.

RAIMUNDA. Nunca va y viene, de ande quiera que sea, que no se acuerde de

25 traerle algo... No se acuerda tanto de mí, y nunca me he sentido por eso; que al fin es mi hija, y el que la quiera de ese modo me ha hecho quererle más. Pero ella... ¿Querrán ustedes creer que ni cuando era chica, ni ahora, no se diga, y ha permitido nunca de[21] darle un beso? Las pocas veces que le he puesto la mano encima no ha sido por otra cosa.

---

[14] *Pues andar vosotras* Then, you take it

[15] *es como es* is very peculiar

[16] *callar* (Coll.)=calla

[17] *su padre, pajaritas del aire... tú dos cuartos de lo mismo* her father would give her the world if she should ask for it, and you would do the same

[18] *otros* different

[19] *unos pantalones* a man

[20] *y* linking expletive of popular speech, not to be translated. It appears frequently throughout the text.

[21] *de* (dial.) omit

FIDELA. Y a mí que no hay quien me quite de la cabeza que tu hija y a quien quiere y es a su primo.

RAIMUNDA. ¿A Norberto? Pues bien plantao le dejó de la noche a la mañana. Esa es otra; lo que pasó entre ellos no hemos podido averiguarlo nadie.

FIDELA. Pues ésa es la mía,[22] que nadie hemos podido explicárnoslo y tiene 5 que haber su misterio.

ENGRACIA. Y ella puede, y que no se acuerde de su primo; pero él aún le tiene su idea.[23] Si no, mira y como hoy en cuanto se dijo que venía el novio con su padre a pedir a tu hija, cogió y bien temprano se fue[24] pa los Berrocales, y los que le han visto dicen y que iba como entristecío. 10

RAIMUNDA. Pues nadie podrá decir que ni Esteban ni yo la hemos aconsejao en ningún sentío. Ella de por sí dejó plantao a Norberto, todos lo saben, que ya iban a correrse las proclamas, y ella consintió de[25] hablar con Faustino. A él siempre le pareció ella bien, ésa es la verdad... Como su padre ha sido siempre muy amigo de Esteban, que siempre han andao muy 15 unidos en sus cosas de la política y de las elecciones, cuantas veces hemos ido al Encinar por la Virgen[26] o por cualquier otra fiesta o han venido aquí ellos, el muchacho pues no sabía qué hacerse con mi hija; pero como sabía que ella y hablaba aquí con su primo, puede decirse que nunca le dijo nada... Y hasta que ella por lo que fuera, que nadie lo sabemos, plantó al 20 otro, éste no dijo nada. Entonces, sí, cuando supieron y que ella había acabao con su primo, su padre de Faustino[27] habló con Esteban y Esteban habló conmigo y yo hablé con mi hija y a ella no le pareció mal; tanto es así que ya lo ven todos, a casarse va, y si a gusto suyo no fuera, pues no tendría perdón de Dios, que lo que hace, nosotros, a gusto suyo, y bien que 25 a su gusto la hemos dejao.[28]

DOÑA ISABEL. Y a su gusto será. ¿Por qué no? El novio es buen mozo y bueno parece.

ENGRACIA. Eso sí. Aquí todos le miran como si fuera del pueblo mismamente; que aunque no sea de aquí es de tan cerca y la familia es tan conocida 30 que no están miraos como forasteros.

---

[22] *ésa es la mía*   that's what I say
[23] *él aún le tiene su idea*   he's still interested in her
[24] *cogió y... se fue*   he upped ... and left
[25] *consintió de* (dial.)=consintió en
[26] *por la Virgen*   on the day of the feast of the Virgin
[27] *su padre de Faustino* (dial.)=el padre de Faustino
[28] *que lo que hace... a su gusto la hemos dejao*   for, whatever she does, it is because it pleases her, since we always allowed her to do as she darn well pleases

FIDELA. El tío Eusebio puede y que tenga más tierras en la jurisdicción[29] que en el Encinar.

ENGRACIA. Y que así es. Hazte cuenta; se quedó con todo lo del tío Manolito y a más con las tierras de propios que se subastaron va pa dos años.

5 DOÑA ISABEL. No,[30] la casa es la más fuerte de por aquí.

FIDELA. Que lo diga usted,[31] y que aunque sean cuatro hermanos todos cogerán buen pellizco.[32]

ENGRACIA. Y la de aquí que tampoco va descalza.[33]

RAIMUNDA. Que es ella sola y no tiene que partir con nadie y que Esteban ha
10 mirado por la hacienda que nos quedó de su padre; que no hubiera mirado más por una hija suya.

(*Se oye el toque de Oraciones*).

DOÑA ISABEL. Las Oraciones. (*Rezan todas entre dientes*). Vaya, Raimunda, nos vamos para casa; que a Telesforo hay que darle de cenar temprano;
15 digo, cenar,[34] la pizca de nada que toma.

ENGRACIA. Pues quiere decirse que nosotras también nos iremos si te parece.

FIDELA. Me parece.

RAIMUNDA. Si queréis acompañarnos a cenar... A doña Isabel no le digo nada, porque estando su esposo tan delicado no ha de dejarle solo.

20 ENGRACIA. Se agradece; pero cualquiera gobierna aquella familia si una falta.[35]

DOÑA ISABEL. ¿Cena esta noche el novio con vosotras?

RAIMUNDA. No señora, se vuelven él y su padre pa el Encinar; aquí no habían de hacer noche y no es cosa de andar el camino a deshora, y estas
25 noches sin luna... Como que ya me parece que se tardan, que ya van acortando mucho los días y luego, luego es noche cerrada.

ENGRACIA. Acá suben todos. A la cuenta es la despedida.

RAIMUNDA. ¿No lo dije?

---

29 *en la jurisdicción*   within this township
30 *No*   Truly
31 *Que lo diga usted*   you can say that again
32 *buen pellizco*   a sizeable share
33 *Y la de aquí... descalza*   And your daughter is not exactly poor either
34 *digo, cenar*   dinner, that's a manner of speech
35 *pero cualquiera... si una falta*   who could manage my family if I'm not there

ESCENA II

DICHAS, LA ACACIA, MILAGROS, ESTEBAN, EL TÍO EUSEBIO
Y FAUSTINO

ESTEBAN. Raimunda; aquí, el tío Eusebio y Faustino que se despiden.

EUSEBIO. Ya es hora de volvernos pa casa; antes que se haga noche, que con las aguas de estos días pasados están esos caminos que es una perdición.[36]

ESTEBAN. Sí, que hay ranchos muy malos.

DOÑA ISABEL. ¿Qué dice el novio? Ya no se acuerda de mí. Verdad que bien   5
irá para cinco años que no le había visto.

EUSEBIO. ¿No conoces a doña Isabel?

FAUSTINO. Sí, señor; pa servirla. Creí que no se recordaba de mí.

DOÑA ISABEL. Sí, hombre; cuando mi marido era alcalde; va para cinco años. ¡Buen susto nos diste por San Roque, cuando saliste al toro y 10
creímos todos que te había matado!

ENGRACIA. El mismo año que dejó tan mal herido a Julián, el de la Eudosia.

FAUSTINO. Bien me recuerdo, sí, señora.

EUSEBIO. Aunque no fuera más que por los lapos que llevó luego en casa...
muy merecidos...   15

FAUSTINO. ¡La mocedad!

DOÑA ISABEL. Pues no te digo nada,[37] que te llevas la mejor moza del pueblo; y que ella no se lleva mal mozo tampoco. Y nos vamos, que ustedes aún tendrán que tratar de sus cosas.

ESTEBAN. Todo está tratao.   20

DOÑA ISABEL. Anda, Milagros... ¿Qué te pasa?

ACACIA. Que la digo que se quede a cenar con nosotros y no se atreve a pedirle a usted permiso. Déjela usted, doña Isabel.

RAIMUNDA. Sí que la dejará. Luego la acompañan de aquí Bernabé y la Juliana y si es caso también irá Esteban.   25

DOÑA ISABEL. No, ya mandaremos de casa a buscarla. Quédate, si es gusto de la Acacia.

RAIMUNDA. Claro está, que tendrán ellas que hablar de mil cosas.

DOÑA ISABEL. Pues con Dios todos, tío Eusebio, Esteban.

---

[36] *que es una perdición*   in a terrible condition
[37] *no te digo nada*   I don't need to tell you

EUSEBIO. Vaya usted con Dios, doña Isabel... Muchas expresiones a su esposo.

DOÑA ISABEL. De su parte.[38]

ENGRACIA. Con Dios; que lleven buen viaje.

5 FIDELA. Queden con Dios...

(*Salen todas las mujeres*).

EUSEBIO. ¡Qué nueva está doña Isabel! Y a la cuenta debe de andarse por mis años. Pero bien dicen: quien tuvo, retuvo y guardó para la vejez[39]... porque doña Isabel ha estao una buena moza ande las haya habío.[40]

10 ESTEBAN. Pero siéntese usted un poco, tío Eusebio. ¿Qué prisa le ha entrao?

EUSEBIO. Déjate estar, que es buena hora de volvernos, que viene muy oscuro.[41] Pero tú no nos acompañes; ya vienen los criados con nosotros.

ESTEBAN. Hasta el arroyo siquiera; es un paseo.

(*Entran la Raimunda, la Acacia y la Milagros*).

15 EUSEBIO. Y vosotros deciros[42] too lo que tengáis que deciros.

ACACIA. Ya lo tenemos todo hablao.

EUSEBIO. ¡Eso te creerás tú![43]

RAIMUNDA. Vamos, tío Eusebio; no sofoque usted a la muchacha.

ACACIA. Muchas gracias de todo.

20 EUSEBIO. ¡Anda ésta! ¡Qué gracias![44]

ACACIA. Es muy precioso el aderezo.

EUSEBIO. Es lo más aparente que se ha encontrao.

RAIMUNDA. Demasiado para una labradora.

EUSEBIO. ¡Qué demasiado! Dejarse estar.[45] Con más piedras que la Custodia

25 de Toledo[46] lo hubiera yo querido. Abraza a tu suegra.

---

[38] *De su parte*   In your name

[39] *quien tuvo y retuvo... la vejez*—a proverb meaning "he who has and knows how to keep it will still have something to show in his old age".

[40] *ande las haya habío*   among the best anywhere

[41] *viene muy oscuro*   it is getting very dark

[42] *deciros* (coll.)= decíos

[43] *¡Eso te creerás tú!*   That's what you think!

[44] *¡Anda ésta! ¡Qué gracias!*   Come on! You don't have to thank me!

[45] *Dejarse estar*   Nonsense

[46] *la Custodia de Toledo*   a famous monstrance in the cathedral of Toledo, see of the primate church of Spain. It is the outstanding work of the renowned goldsmith Enrique de Arfe who made it in 1523. It is a piece eight feet high of intricate and delicate lacework in late Gothic style. Commissioned by Cardinal Jiménez de Cisneros, it was made from the first gold to reach Spain from the Indies and is richly studded with precious stones.

RAIMUNDA. Ven acá, hombre; que mucho tengo que quererte pa perdonarte lo que te me llevas. ¡La hija de mis entrañas!

ESTEBAN. ¡Vaya! Vamos a jipar ahora... Mira la chica. Ya está hecha una Madalena.[47]

MILAGROS. ¡Mujer!... ¡Acacia! (*Rompe también a llorar*). 5

ESTEBAN. ¡Anda la otra! ¡Vaya, vaya![48]

EUSEBIO. No ser[49] así... Los llantos pa los difuntos. Pero una boda como ésta, tan a gusto de toos... Ea, alegrarse... y hasta muy pronto.

RAIMUNDA. Con Dios, tío Eusebio. Y a la Julia[50] que no le perdono y que no haya venido un día como hoy. 10

EUSEBIO. Si ya sabes cómo anda de la vista.[1] Había que haber puesto el carro y está esa subida de los Berrocales pa matarse el ganao.[2]

RAIMUNDA. Pues déle usted muchas expresiones y que se mejore.

EUSEBIO. De tu parte.

RAIMUNDA. Y andarse ya, andarse ya, que se hace noche. (*A Esteban*). 15
¿Tardarás mucho?

EUSEBIO. Ya le he dicho que no venga...

ESTEBAN. ¡No faltaba otra cosa! Iré hasta el arroyo. No esperarme a cenar.

RAIMUNDA. Sí que te esperamos. No es cosa de cenar solas un día como hoy.
Y a la Milagros le da lo mismo cenar un poco más tarde. 20

MILAGROS. Sí, señora; lo mismo.

EUSEBIO. ¡Con Dios!

RAIMUNDA. Bajamos a despedirles.

FAUSTINO. Yo tenía que decir una cosa a la Acacia...

EUSEBIO. Pues haberlo dejao pa mañana. ¡Como no habéis platicao todo el 25
día!

FAUSTINO. Si es que... unas veces que no me he acordao, y otras, con el bullicio de la gente...

EUSEBIO. A ver po ande sales...[3]

---

[47] *una Madalena* Mary Magdalen, traditionally believed to be a repentant prostitute forgiven by Christ. In Spanish she stands as the epitome of the weeping woman. "Estar hecha una Madalena" means to be bathed in tears.

[48] *¡Anda la otra! ¡Vaya, vaya!* Now it is the other's turn! Come, come!

[49] *No ser* (coll.)= *No seáis*

[50] *Y* [*dígale*] *a la Julia*

[1] *cómo anda de la vista* the condition of her eyesight

[2] *está esa subida... el ganao* the Berrocales climb is in such a condition that it is killing for hitched-up horses

[3] *A ver po ande sales* Let's see what you are driving at

FAUSTINO. Si no es nada... Madre, que al venir, como cosa suya, me dió este escapulario pa la Acacia; de las monjas de allá.

ACACIA. ¡Es muy precioso!

MILAGROS. ¡Bordao de lentejuela! ¡Y de la Virgen Santísima del Carmen!

5 RAIMUNDA. ¡Poca devoción que ella le tiene! Da las gracias a tu madre.

FAUSTINO. Está bendecío...

EUSEBIO. Bueno; ya hiciste el encargo. Capaz eras de haberte vuelto con él y ¡hubiera tenido que oír a tu madre!⁴ ¡Pero qué corto eres, hijo! No sé yo a quién hayas salío...

10 (*Salen todos. La escena queda sola un instante. Ha ido obscureciendo. Vuelven la Raimunda, la Acacia y la Milagros*).

RAIMUNDA. Mucho se han entretenido; salen de noche... ¿Qué dices, hija? ¿Estás contenta?

ACACIA. Ya lo ve usted.

15 RAIMUNDA. ¡Ya lo ve usted! Pues eso quisiera yo: verlo... ¡Cualquiera sabe contigo!⁵

ACACIA. Lo que estoy es cansada.

RAIMUNDA. ¡Es que hemos llevao un día!⁶ Desde las cinco y que estamos en pie en esta casa.

20 MILAGROS. Y que no habrá faltao nadie a darte el parabién.

RAIMUNDA. Pues todo el pueblo, puede decirse; principiando por el señor cura, que fue de los primeritos. Ya le he dao pa que diga una misa, y diez panes pa los más probrecitos, que de todos hay que acordarse un día así. ¡Bendito sea Dios, que nada nos falta! ¿Están ahí las cerillas?

25 ACACIA. Aquí están, madre.

RAIMUNDA. Pues enciende esa luz, hija; que da tristeza esta oscuridad. (*Llamando*). ¡Juliana! ¡Juliana! ¿Ande andará ésa?

JULIANA (*Dentro y como desde abajo*). ¿Qué?

RAIMUNDA. Súbete pa cá una escoba y el cogedor.

30 JULIANA (*Idem*). De seguida subo.⁷

RAIMUNDA. Voy a echarme otra falda; que ya no ha de venir nadie.

---

⁴ *¡hubiera tenido que oír a tu madre!* and wouldn't your mother have raised a rumpus
⁵ *¡Cualquiera sabe contigo!* Nobody knows what goes inside you!
⁶ *¡Es que hemos llevao un día!* This has been quite a day!
⁷ *De seguida* (coll.)= *enseguida*

ACACIA. ¿Quiere usted que yo también me desnude?

RAIMUNDA. Tú déjate estar, que no tienes que trajinar en nada y un día es un día...

(*Entra la Juliana*).

JULIANA. ¿Barro aquí?   5

RAIMUNDA. No; deja ahí esa escoba. Recoge todo eso; lo friegas muy bien fregao, y lo pones en el chinero; y cuidado con esas copas que es cristal fino.

JULIANA. ¿Me puedo comer un bizcocho?

RAIMUNDA. Sí, mujer, sí. ¡Que eres de golosona![8]

JULIANA. Pues sí que la hija de mi madre ha disfrutao de nada.[9] En sacar vino 10 y hojuelas pa todos se me ha ido el día, con el sin fin de gente que aquí ha habío... Hoy, hoy se ha visto lo que es esta casa pa todos; y también la del tío Eusebio, sin despreciar. Y ya se verá el día de la boda. Yo sé quien va a bailarte una onza de oro[10] y quien va a bailarte una colcha bordada de sedas, con unas flores que las ves tan preciosas de propias[11] que te dan ganas de 15 cogerlas mismamente. Día grande ha de ser. ¡Bendito sea Dios! de mucha alegría y de mucho llanto también; yo la primera, que, no diré yo como tu madre, porque con una madre no hay comparación de nada, pero quitao tu madre... Y que a más de lo que es pa mí esta casa, el pensar en la moza que se me murió, ¡hija de mi vida!, que era así y como eres tú ahora...   20

RAIMUNDA. ¡Vaya, Juliana! Arrea con todo eso[12] y no nos encojas el corazón tú también, que ya tenemos bastante ca uno con lo nuestro.

JULIANA. No permita Dios de afligir yo a nadie... Pero estos días así no sé qué tienen que todo se agolpa, bueno y malo, y quiere una alegrarse y se pone más entristecía... Y no digas, que no he querío mentar a su padre de 25 ella, esté en gloria. ¡Válganos Dios! ¡Si la hubiera visto este día! Esta hija que era pa él la gloria del mundo.

RAIMUNDA. ¿No callarás la boca?

JULIANA. ¡No me riñas, Raimunda! Que es como si castigaras a un perro fiel, que ya sabes que eso he sido yo siempre pa esta casa y pa ti y pa tu hija; 30

---

[8] *¡Que eres de golosona!*   You have such a sweet tooth!

[9] *Pues sí que la hija... de nada*   Poor me, I haven't had a chance to enjoy anything

[10] *bailarte una onza de oro*—alludes to the custom among the folk of bidding with valuable gifts for the first dances of the bride at the wedding party.

[11] *tan preciosas de propias*   so beautifully lifelike

[12] *Arrea con todo eso*   Take all that away (the refreshments, glasses, dishes, etc.)

como un perro leal, con la ley de Dios el pan que he comido siempre de esta casa, con la honra del mundo[13] como todos lo saben... (*Sale.*)

RAIMUNDA. ¡Qué Juliana!... Y dice bien; que ha sido siempre como un perro de leal y de fiel pa esta casa. (*Se pone a barrer.*)

5 ACACIA. Madre...

RAIMUNDA. ¿Qué quieres, hija?

ACACIA. ¿Me da usted la llave de esta cómoda, que quiero enseñarle a la Milagros unas cosillas?

RAIMUNDA. Ahí la tienes. Y ahí os quedáis, que voy a dar una vuelta a la cena.

10 (*Sale*).

(*La Acacia y la Milagros se sientan en el suelo y abren el cajón de abajo de la cómoda*).

ACACIA. Mira estos pendientes; me los ha regalao... Bueno, Esteban... ahora no está mi madre; mi madre quiere que le llame padre siempre.

15 MILAGROS. Y él bien te quiere.

ACACIA. Eso sí; pero padre y madre no hay más que unos... Estos pañuelos también me los trajo él de Toledo; las letras las han bordao las monjas... Estas son tarjetas postales; mira qué preciosas.

MILAGROS. ¡Que señoras tan guapetonas!

20 ACACIA. Son cómicas de Madrid y de París de Francia... Mira estos niños qué ricos... Esta caja me la trajo él también llena de dulces.

MILAGROS. Luego dirás...

ACACIA. Si no digo nada. Si yo bien veo que me quiere; pero yo hubiera querido mejor y estar yo sola con mi madre.

25 MILAGROS. Tu madre no te ha querido menos por eso.

ACACIA. ¡Qué sé yo! Está muy ciega por él. No sé yo si tuviera que elegir entre mí y ese hombre...

MILAGROS. ¡Qué cosas dices! Ya ves, tú ahora te casas y si tu madre hubiera seguido viuda, bien sola la dejabas.

30 ACACIA. ¿Pero tú crees que yo me hubiera casao si yo hubiera estao sola con mi madre?

MILAGROS. ¡Anda! ¿No te habías de haber casao?[14] Lo mismo que ahora.

---

[13] *con la ley... del mundo* the bread I have eaten in this house [was earned] always honorably in the sight of God and the world

[14] *¿No te habías de haber casao?* [You mean to tell me] you wouldn't have married?

ACACIA. No lo creas. ¿Ande iba yo haber estao más ricamente que con mi madre en esta casa?

MILAGROS. Pues no tienes razón. Todos dicen que tu padrastro ha sido muy bueno para ti y con tu madre. Si no hubiera sido así, ya tú ves, con lo que se habla en los pueblos... 5

ACACIA. Sí, ha sido bueno; no diré yo otra cosa. Pero yo no me hubiera casao si mi madre no vuelve a casarse.

MILAGROS. ¿Sabes lo que te digo?

ACACIA. ¿Qué?

MILAGROS. Que no van descaminados los que dicen que tú no quieres a 10 Faustino, que al que tú quieres es a Norberto.

ACACIA. No es verdad. ¡Qué voy a quererle! Después de la acción que me hizo.[15]

MILAGROS. Pero si todos dicen que fuistes tú quien le dejó.

ACACIA. ¡Que fui yo, que fui yo! Si él no hubiera dao motivo... En fin, no 15 quiero hablar de esto... Pero no dicen bien; quiero más a Faustino que le he querido a él.

MILAGROS. Así debe de ser. De otro modo mal harías en casarte. ¿Te han dicho que Norberto y se fue del pueblo esta mañana? A la cuenta no ha querido estar aquí el día de hoy. 20

ACACIA. ¿Qué más tiene pa él este día que cualquiera otro? Mira, ésta es la última carta que me escribió, después que concluímos... Como yo no he consentío volverle a ver... no sé pa qué la guardo... Ahora mismito voy a hacerla pedazos. (La rompe). ¡Ea!

MILAGROS. ¡Mujer, con qué rabia!... 25

ACACIA. Pa lo que dice... y quemo los pedazos...

MILAGROS. ¡Mujer, no se inflame la lámpara![16]

ACACIA (Abre la ventana). Y ahora a la calle, al viento. ¡Acabao y bien acabao está todo!... ¡Qué oscuridad de noche!

MILAGROS (Asomándose también a la ventana). Sí que está miedoso; sin luna y 30 sin estrellas...

ACACIA. ¿Has oído?

MILAGROS. Habrá sido una puerta que habrán cerrao de golpe.

ACACIA. Ha sonao como un tiro.

---

[15] ¡Qué voy a quererle! Después... me hizo   How could I possibly love him! After the way he acted towards me

[16] ¡Mujer, no se inflame la lámpara!   Hey, be careful not to set the lamp on fire!

MILAGROS. ¡Qué, mujer! ¿Un tiro a estas horas? Si no es que avisan de algún fuego y no se ve resplandor de ninguna parte.

ACACIA. ¿Querrás creerme que estoy asustada?

MILAGROS. ¡Qué, mujer!

5 ACACIA (*Corriendo de pronto hacia la puerta*). ¡Madre, madre!

RAIMUNDA (*Desde abajo*). ¡Hija!

ACACIA. ¿No ha oído usted nada?

RAIMUNDA (*Idem*). Sí, hija; ya he mandao a la Juliana a enterarse... No tengas susto.

10 ACACIA. ¡Ay, madre!

RAIMUNDA. ¡Calla, hija! Ya subo.

ACACIA. Ha sido un tiro lo que ha sonao, ha sido un tiro.

MILAGROS. Aunque así sea; nada malo habrá pasao.

ACACIA. ¡Dios lo haga!

15 (*Entra Raimunda*).

RAIMUNDA. ¿Te has asustao, hija? No habrá sido nada.

ACACIA. También usted está asustada, madre.

RAIMUNDA. De verte a ti... Al pronto, pues como está tu padre fuera de casa, sí me he sobresaltao... Pero no hay razón para ello. Nada malo puede

20 haber pasao... ¡Calla! ¡Escucha! ¿Quién habla abajo? ¡Ay, Virgen!

ACACIA. ¡Ay madre, madre!

MILAGROS. ¿Qué dicen, qué dicen?

RAIMUNDA. No bajes tú, que ya voy yo.

ACACIA. No baje usted, madre.

25 RAIMUNDA. Si no sé qué he entendido...¡Ay, Esteban de mi vida y que no le haya pasao nada malo! (*Sale*).

MILAGROS. Abajo hay mucha gente... pero de aquí no les entiendo lo que hablan.

ACACIA. Algo malo ha sido, algo malo ha sido. ¡Ay, lo que estoy pensando!

30 MILAGROS. También yo, pero no quiero decírtelo.

ACACIA. ¿Qué crees tú que ha sido?

MILAGROS. No quiero decírtelo, no quiero decírtelo.

RAIMUNDA (*Desde abajo*). ¡Ay, Virgen Santísima del Carmen! ¡Ay, qué desgracia! ¡Ay, esa pobre madre cuando lo sepa que han matado a su

35 hijo! ¡Ay, no quiero pensarlo! ¡Ay, qué desgracia, qué desgracia pa todos!

ACACIA. ¿Has entendido?... Mi madre...! Madre... madre!...

RAIMUNDA. ¡Hija, hija, no bajes! ¡Ya voy, ya voy!

(*Entran Raimunda, la Fidela, la Engracia y algunas mujeres*).

ACACIA. Pero, ¿qué ha pasao? ¿qué ha pasao? Ha habido una muerte, ¿verdad? ha habido una muerte.

RAIMUNDA. ¡Hija de mi vida! ¡Faustino, Faustino!... 5

ACACIA. ¿Qué?

RAIMUNDA. Que lo han matao, que lo han matao de un tiro a la salida del pueblo.

ACACIA. ¡Ay, madre! ¿Y quién ha sido, quién ha sido?

RAIMUNDA. No se sabe... no han visto a nadie... Pero todos dicen y que ha 10
sido Norberto; pa que sea mayor la desgracia que nos ha venido a todos.

ENGRACIA. No puede haber sido otro.

MUJERES. ¡Norberto!... ¡Norberto!

FIDELA. Ya han acudío los de justicia.

ENGRACIA. Lo traerán preso. 15

RAIMUNDA. Aquí está tu padre. (*Entra Esteban*). ¡Esteban de mi vida! ¿Cómo ha sido? ¿Qué sabes tú?

ESTEBAN. ¿Qué tengo de saber? Lo que todos... Vosotras no me salgáis de aquí, no tenéis que hacer nada por el pueblo.

RAIMUNDA. ¡Y ese padre, cómo estará! ¡Y aquella madre, cuando le lleven 20
a su hijo que salió esta mañana de casa lleno de vida y lleno de ilusiones, y vea que se lo traen muerto de tan mala muerte, asesinao de esa manera!

ENGRACIA. Con la horca no paga y el que haiga sío.[17]

FIDELA. Aquí, aquí mismo habían de matarlo.

RAIMUNDA. Yo quisiera verlo, Esteban; que no se lo lleven sin verlo... Y 25
esta hija también; al fin iba a ser su marido.

ESTEBAN. No acelerarse;[18] lugar habrá para todo. Esta noche no os mováis de aquí, ya os lo he dicho. Ahora no tiene que hacer allí nadie más que la justicia; ni el médico ni el cura han podido hacer nada. Yo me vuelvo pa allá, que a todos han de tomarnos declaración. (*Sale Esteban*). 30

RAIMUNDA. Tiene razón tu padre. ¿Qué podemos ya hacer por él? Encomendarle su alma a Dios... Y a esa pobre madre que no se me quita del pensamiento... No estés así, hija, que me asustas más que si te viera llorar y

---

[17] *Con la horca no paga y el que haiga sío* The gallows isn't enough for the one who did it
[18] *No acelerarse* Take it easy

gritar. ¡Ay, quién nos hubiera dicho esta mañana lo que tenía que sucedernos tan pronto!

ENGRACIA. El corazón y dicen que le ha partío.[19]

FIDELA. Redondo cayó del caballo.

5 RAIMUNDA. ¡Qué borrón y qué deshonra pa este pueblo y que de aquí haya salido el asesino con tan mala entraña! ¡Y que sea de nuestra familia pa mayor vergüenza!

GASPARA. Eso es lo que aún no sabemos nadie.

RAIMUNDA. ¿Y quién otro puede haber sido? Si lo dicen todos...

10 ENGRACIA. Todos lo dicen. Norberto ha sido.

FIDELA. Norberto, no puede haber sido otro.

RAIMUNDA. Milagros, hija, enciende esas luces a la Virgen y vamos a rezarle un rosario ya que no podamos hacer otra cosa más que rezarle por su alma.

GASPARA. ¡El Señor le haiga perdonao!

15 ENGRACIA. Que ha muerto sin confesión.

FIDELA. Y estará su alma en pena. ¡Dios nos libre!

RAIMUNDA (*A Milagros*). Lleva tú el rosario; yo ni puedo rezar. ¡Esa madre, esa madre! (*Empiezan a rezar el rosario. Telón.*)

ACTO SEGUNDO

Portal de una casa de labor. Puerta grande al foro, que da la campo. Reja
20 *a los lados. Una puerta a la derecha y otra a la izquierda.*

ESCENA PRIMERA

LA RAIMUNDA, LA ACACIA, LA JULIANA Y ESTEBAN

Esteban, sentado a una mesa pequeña, almuerza. La Raimunda, sentada también, le sirve. La Juliana entra y sale asistiendo a la mesa. La Acacia, sentada en una silla baja, junto a una de las ventanas, cose, con un cesto de ropa blanca al lado.

RAIMUNDA. ¿No está a tu gusto?

25 ESTEBAN. Sí, mujer.

RAIMUNDA. No has comido nada. ¿Quieres que se prepare alguna otra cosa?

---

[19] *El corazón... partío* They say it went through his heart

183

ESTEBAN. Déjate, mujer, si he comido bastante.

RAIMUNDA. ¡Qué vas a decirme! (*Llamando*). Juliana, trae pa acá la ensalada. Tú has tenido algún disgusto.

ESTEBAN. ¡Qué, mujer!

RAIMUNDA. Te conoceré yo.[20] Como que no has debío ir al pueblo. Habrás 5 oído allí a unos y a otros. Quiere decir que determinamos, muy bien pensao, de venirnos al soto por no estar allí en estos días, y te vas tú allí esta mañana sin decirme palabra. ¿Qué tenías que hacer allí?

ESTEBAN. Tenía... que hablar con Norberto y con su padre.

RAIMUNDA. Bueno está; pero les hubieras mandao llamar y que hubieran 10 acudío ellos. Podías haberte ahorrao el viaje y el oír a la demás gente, que bien sé yo las habladurías de unos y de otros que andarán por el pueblo.

JULIANA. Como que no sirve el estarse aquí, sin querer ver ni entender a ninguno, que como el soto es paso de toos estos lugares a la redonda no va y viene uno que no se pare aquí a oliscar y cucharetear lo que a nadie le 15 importa.

ESTEBAN. Y tú que no dejarás de conversar con todos.

JULIANA. Pues no, señor, que está usted muy equivocao, que no he hablao con nadie, y aun esta mañana le reñí a Bernabé por hablar más de la cuenta con unos que pasaron del Encinar. Y a mí ya pueden venir a 20 preguntarme, que de mi madre lo tengo aprendido, y es buen acuerdo: al que pregunta mucho, responderle poco, y al contrario.

RAIMUNDA. Mujer, calla la boca. Anda allá dentro. (*Sale Juliana*). Y ¿qué anda por el pueblo?[21]

ESTEBAN. Anda... que el tío Eusebio y sus hijos han jurao de matar a Nor- 25 berto, que ellos no se conforman con que la justicia y le haya soltao tan pronto, que cualquier día se presentan allí y hacen una sonada; que el pueblo anda dividío en dos bandos y mientras unos dicen que el tío Eusebio tiene razón y que no ha podío ser otro que Norberto, los otros dicen que Norberto no ha sío, y que cuando la justicia le ha puesto en la 30 calle es porque está bien probao que es inocente.

RAIMUNDA. Yo tal creo. No ha habido una declaración en contra suya; ni el padre mismo de Faustino, ni sus criados, ni tú que ibas con ellos.

ESTEBAN. Encendiendo un cigarro íbamos el tío Eusebio y yo; por cierto que nos reíamos como dos tontos; porque yo quise presumir con mi encen- 35

---

[20] *Te conoceré yo*   I know you so well
[21] *¿Que anda por el pueblo?*   What is new in town?

dedor y no daba lumbre y entonces el tío Eusebio fue y tiró de su buen
pedernal y su yesca y me iba diciendo muerto de risa: anda, enciende tú
con eso pa que presumas con esa maquinaria sacadineros, que yo con esto
me apaño tan ricamente... Y ése fue el mal, que con esta broma nos
5 quedamos rezagaos y cuando sonó el disparo y quisimos acudir, ya no
podía verse a nadie. A más que, como luego vimos que había caído muerto,
pues nos quedamos tan muertos como él, y nos hubieran matao a nosotros
que no nos hubiéramos dao cuenta.

(*La Acacia se levanta de pronto y va a salir*).

10 RAIMUNDA. ¿Dónde vas, hija, como asustada? ¡Sí que está una pa sobresaltos!
ACACIA. Es que no saben ustedes hablar de otra cosa. ¡También es gusto!²² No
habrá usted contao veces cómo fue y no lo tendremos oído otras tantas.
ESTEBAN. En eso lleva razón... Yo por mí no hablaría nunca; es tu madre.
ACACIA. Tengo soñao más noches... yo que antes no me asustaba nunca de
15 estar sola ni a oscuras y ahora hasta de día me entran unos miedos...
RAIMUNDA. No eres tú sola; sí que yo²³ duermo ni descanso de día ni de
noche. Y yo sí que²⁴ nunca he sido asustadiza, que ni de noche me daba
cuidao de pasar por el campo santo, ni la noche de ánimas que fuera, y
ahora todo me sobrecoge, los ruidos y el silencio... Y lo que son las cosas,
20 mientras creímos todos que podía haber sido Norberto, con ser de la
familia y ser una desgracia y una vergüenza pa todos, pues quiere decirse
que como ya no tenía remedio, pues... ¡que sé yo! estaba tan conforme...
al fin y al cabo tenía su explicación. Pero ahora... si no ha sío Norberto, ni
nadie sabemos quién ha sido y nadie podemos explicarnos por qué
25 mataron a ese pobre, yo no puedo estar tranquila. Si no era Norberto,
¿quién podía quererle mal? Es que ha sido por una venganza, algún
enemigo de su padre, quién sabe si tuyo también... y quién sabe si no iba
contra ti el golpe y como era de noche y hacía muy oscuro no se con-
fundieron y lo que no hicieron entonces lo harán otro día y... y vamos,
30 que yo no vivo ni descanso y ca vez que sales de casa y andas por esos
caminos me entra un desasosiego... Mismo hoy, como ya te tardabas, en
poco estuve de irme yo pa el pueblo.
ACACIA. Y al camino ha salido usted.
RAIMUNDA. Es verdad; pero como te vi desde el altozano que ya llegabas por

²² *¡También es gusto!* What fun!
²³ *sí que yo* I don't
²⁴ *Y yo sí que* And I, for one

los molinos y vi que venía el Rubio contigo, me volví corriendo pa que no me riñeras. Bien sé que no es posible, pero yo quisiera ir ahora siempre ande tú fueras, no desapartarme de junto a ti por nada de este mundo; de otro modo no puedo estar tranquila, no es vida ésta.

ESTEBAN. Yo no creo que nadie me quiera mal. Yo nunca hice mal a nadie. 5
Yo bien des cuidao voy ande quiera, de día como de noche.

RAIMUNDA. Lo mismo me parecía a mí antes, que nadie podía querernos mal... Esta casa ha sido el amparo de mucha gente. Pero basta una mala voluntad, basta con una mala intención; y ¡qué sabemos nosotros si hay quien nos quiere mal sin nosotros saberlo! De ande ha venido este golpe 10 puede venir otro. La justicia ha soltao a Norberto, porque no ha podido probarse que tuviera culpa ninguna... Y yo me alegro. ¿No tengo de alegrarme?, si es hijo de una hermana, la que yo más quería... Yo nunca pude creer que Norberto tuviera tan mala entraña pa hacer una cosa como ésa... ¡asesinar a un hombre a traición! Pero, ¿es que ya se ha terminado 15 todo? ¿Qué hace ahora la justicia? ¿Por qué no buscan, por qué no habla nadie? Porque alguien tié que saber, alguno tié que haber visto aquel día quién pasó por allí, quién rondaba por el camino... Cuando nada malo se trama, todos son a dar razón de²⁵ quién va y quién viene, sin nadie preguntar todo se sabe, y cuando más importa saber, nadie sabe, nadie ha visto 20 nada...

ESTEBAN. ¡Mujer! ¿Qué particular tiene que así sea? El que a nada malo va, no tiene por qué ocultarse; el que lleva una mala idea, ya mira de esconderse.

RAIMUNDA. ¿Tú quién piensas que pué haber sido? 25

ESTEBAN. ¿Yo? La verdad... pensaba en Norberto como todos; de no haber sido él,²⁶ ya no me atrevo a pensar de nadie.

RAIMUNDA. Pues mira: yo bien sé que vas a reñirme, pero, ¿sabes lo que he determinao?

ESTEBAN. Tú dirás... 30

RAIMUNDA. Hablar yo con Norberto. He mandado a Bernabé a buscarlo. Pienso que no tardará en acudir.

ACACIA. ¿Norberto? ¿Y qué quiere usted saber dél?

ESTEBAN. Eso digo yo. ¿Qué crees tú que él puede decirte?

RAIMUNDA. ¡Qué sé yo! Yo sé que él a mí no puede engañarme. Por la 35

---

²⁵ *todos son a dar razón de*   everybody volunteers information about
²⁶ *de no haber sido él*   if it wasn't he

memoria de su madre he de pedirle que me diga la verdá de todo. Aunque él hubiera sido, ya sabe él que yo a nadie había de ir a contarlo. Es que yo no puedo vivir así, temblando siempre por todos nosotros.

ESTEBAN. Y, ¿tú crees que Norberto va a decirte a ti lo que haya sido, si ha
5   sido él quien lo hizo?

RAIMUNDA. Pero yo me quedaré satisfecha después de oírle.

ESTEBAN. Allá tú, pero cree que todo ello sólo servirá para más habladurías si saben que ha venido a esta casa. A más, que hoy ha de venir el tío Eusebio y si se encuentran…

10 RAIMUNDA. Por el camino no han de encontrarse, que llegan de una parte ca uno… y aquí, la casa es grande, y ya estarán al cuidao.

(*Entra la Juliana*).

JULIANA. Señor amo…

ESTEBAN. ¿Qué hay?

15 JULIANA. El tío Eusebio que está al llegar y vengo a avisarle, por si no quiere usted verlo.

ESTEBAN. Yo, ¿por qué? Mira si ha tardao en acudir. Tú verás si acude también el otro.

RAIMUNDA. Por pronto que quiera…

20 ESTEBAN. Y, ¿quién te ha dicho a ti que yo no quiero ver al tío Eusebio?

JULIANA. No vaya usted a achacármelo a mí también; que yo por mí no hablo. El Rubio ha sido quien me ha dicho y que usted no quería verle, porque está muy emperrao en que usted no se ha puesto de su parte con la justicia y por eso y han soltao a Norberto.

25 ESTEBAN. Al Rubio ya le diré yo quién le manda meterse en explicaciones.

JULIANA. Otras cosas también había usted de decirle, que está de algún tiempo a esta parte[27] que nos quiere avasallar a todos. Hoy, Dios me perdone si le ofendo, pero me parece que ha bebido más de la cuenta.

RAIMUNDA. Pues eso sí que no pué consentírsele. Me va a oír.

30 ESTEBAN. Déjate, mujer. Ya le diré yo luego.

RAIMUNDA. Sí que está la casa en república; bien se prevalen de que una no está pa gobernarla… Es que lo tengo visto, en cuantito que una se descuida… ¡Buen hato de holgazanes están todos ellos!

JULIANA. No lo dirás por mí, Raimunda, que no quisiera oírtelo.

---

[27] *de algún tiempo a esta parte* for sometime now

RAIMUNDA. Lo digo por quien lo digo, y quien se pica ajos come.[28]

JULIANA. ¡Señor, Señor! ¡Quién ha visto esta casa! No parece sino que todos hemos pisao una mala yerba, a todos nos han cambiado; todos son a pegar unos con otros y todos conmigo...[29] ¡Válgame Dios y me dé paciencia pa llevarlo todo! 5

RAIMUNDA. ¡Y a mí pa aguantaros!

JULIANA. Bueno está. ¿A mí también? Tendré yo la culpa de todo.

RAIMUNDA. Si me miraras a la cara sabrías cuándo habías de callar la boca y quitárteme de delante sin que tuviera que decírtelo.

JULIANA. Bueno está. Ya me tiés callada como una muerta y ya me quito de 10 delante. ¡Válgame Dios, Señor! No tendrás que decirme nada. (Sale.)

ESTEBAN. Aquí está el tío Eusebio.

ACACIA. Les dejo a ustedes. Cuando me ve se aflige... y como está que no sabe lo que le pasa, a la postre siempre dice algo que ofende. A él le parece que nadie más que él hemos sentido a su hijo. 15

RAIMUNDA. Pues más no digo, pero puede que tanto como su madre y le haya llorao yo. Al tío Eusebio no hay que hacerle caso; el pobre está muy acabao. Pero tiés razón, mejor es que no te vea.

ACACIA. Estas camisas ya están listas, madre. Las plancharé ahora.

ESTEBAN. ¿Has estao cosiendo pa mí? 20

ACACIA. Ya lo ve usted.

RAIMUNDA. ¡Si ella no cose![30] Yo estoy tan holgazana... ¡Bendito Dios! No me conozco. Pero ella es trabajadora y se aplica. (Acariciándola al pasar para el mutis). ¿No querrá Dios que tengas suerte, hija? (Sale Acacia). ¡Lo que somos las madres! Con lo acobardada que estaba yo de pensar y que iba a 25 casárseme tan moza y ahora... ¡Qué no daría yo por verla casada!

---

[28] *quien se pica ajos come*—a proverb meaning "if the hat fits, wear it."
[29] *todos son... y todos conmigo* everyone is picking on everyone else and all of you are picking on me
[30] *¡Si ella no cose!* If she didn't sew! [who would take care of it]

ESCENA II

LA RAIMUNDA, ESTEBAN Y EL TÍO EUSEBIO

EUSEBIO. ¿Ande anda la gente?

ESTEBAN. Aquí, tío Eusebio.

EUSEBIO. Salud a todos.

RAIMUNDA. Venga usted con bien, tío Eusebio.

5 ESTEBAN. ¿Ha dejao usted acomodás las caballerías?

EUSEBIO. Ya se ha hecho cargo el espolique.

ESTEBAN. Siéntese usted. Anda, Raimunda, ponle un vaso del vino que tanto le gusta.

EUSEBIO. No, se agradece; dejarse estar,[31] que ando muy malamente y el vino
10 no me presta.

ESTEBAN. Pero si éste es talmente una medicina.

EUSEBIO. No, no lo traigas.

RAIMUNDA. Como usted quiera. Y, ¿cómo va, tío Eusebio, cómo va? ¿Y la Julia?

15 EUSEBIO. Figúrate, la Julia... Esa se me va etrás de su hijo;[32] ya lo tengo pronosticao.

RAIMUNDA. No lo quiera Dios, que aún le quedan otros cuatro por quien mirar.

EUSEBIO. Pa más cuidaos;[33] que aquella madre no vive pensando siempre en
20 todo lo malo que puede sucederles. Y con esto de ahora. Esto ha venido a concluir de aplanarnos. Tan y mientras confiamos que se haría justicia... Es que me lo decían todos y yo no quería creerlo... Y ahí le tenéis, al criminal, en la calle, en su casa, riéndose de tóos nosotros; pa afirmarme yo más en lo que ya me tengo bien sabido; que en este mundo no hay más
25 justicia que la que ca uno se toma por su mano. Y a eso darán lugar, y a eso te mandé ayer razón, pa que fueras tú y les dijeses que si mis hijos se presentaban por el pueblo que no les dejasen entrar por ningún caso, y si era menester, que los pusieran presos, todo antes que otro trastorno pa mi casa; aunque me duela que la muerte de mi hijo quede sin castigar, si Dios
30 no la castiga, que tié que castigarla o no hay Dios en el cielo.

---

[31] *dejarse estar* don't bother
[32] *Esa se me va etrás de su hijo* I know she won't survive her son much longer
[33] *Pa más cuidaos* More trouble

RAIMUNDA. No se vuelva usted contra Dios, tío Eusebio; que aunque la justicia no diera nunca con el que le mató tan malamente a su hijo, nadie quisiéramos estar en su lugar dél. ¡Allá él con su conciencia! Por cosa ninguna de este mundo quisiera yo tener mi alma como él tendrá la suya; que si los que nada malo hemos hecho ya pasamos en vida el purgatorio, el 5 que ha hecho una cosa así tié que pasar el infierno; tan cierto puede usted estar como hemos de morirnos.

EUSEBIO. Así será como tú dices, pero, ¿no es triste gracia que por no hacerse justicia como es debido, sobre lo pasao, tenga yo que andar ahora sobre mis hijos pa estorbarlos de que quieran tomarse la justicia por su mano y 10 que sean ellos los que, a la postre, se vean en un presidio? Y que lo harán como lo dicen. ¡Hay que oírles! Hasta el chequetico; va pa los doce años, hay que verle apretando los puños como un hombre y jurando que el que ha matao a su hermano se las tié que pagar,[34] sea como sea... Yo le oigo y me pongo a llorar como una criatura... y su madre, no se diga. Y la 15 verdad es que uno bien quisiera decirles: ¡Andar ya, hijos, y matarle a cantazos como a un perro malo y hacerle peazos aunque sea[35] y traérnoslo aquí a la rastra!... Pero tié uno que tragárselo tóo y poner cara seria y decirles que ni por el pensamiento se les pase semejante cosa, que sería matar a su madre y una ruina pa todos... 20

RAIMUNDA. Pero, vamos a ver, tío Eusebio, que tampoco usted quiere atender a razones; si la justicia ha sentenciao que no ha sido Norberto, si nadie ha declarao la menor cosa en contra suya, si ha podido probar ande estuvo y lo que hizo todo aquel día, una hora tras otra; que estuvo con sus criados en los Berrocales, que allí le vió también y estuvo hablando con él don 25 Faustino, el médico del Encinar, mismo a la hora que sucedió lo que sucedió... y diga usted, si nadie podemos estar en dos partes al mismo tiempo... Y de sus criados podrá usted decir que estarían bien aleccionados, por más que no es tan fácil ponerse tanta gente acordes pa una mentira;[36] pero don Faustino, bien amigo es de usted y bastantes favores le debe... y 30 como él otros muchos que habían de estar de su parte de usted, y todos han declarao lo mismo. Sólo un pastor de los Berrocales supo decir que él había visto de lejos a un hombre a aquellas horas, pero que él no sabría

---

[34] *se las tié que pagar* will have him to reckon with

[35] *aunque sea* if necessary

[36] *por más que... pa una mentira* besides, it isn't so easy for so many people to agree on a lie [that would stick]

decir quién pudiera ser; pero por la persona y el aire y el vestido, no podía ser Norberto.

EUSEBIO. Si a que no fuera él[37] yo no digo nada. Pero, ¿deja de ser uno el que lo hace, porque haiga comprao a otro pa que lo haga?[38] Y eso no 5 pué dudarse... La muerte de mi hijo no tié otra explicación... Que no vengan a mí a decirme que si éste, que si el otro.[39] Yo no tengo enemigos pa una cosa así. Yo no hice nunca mal a nadie. Harto estoy de perdonar multas a unos y a otros, sin mirar si son de los nuestros o de los contrarios.[40] Si mis tierras paecen la venta de mal abrigo.[41] ¡Si fuea yo a poner 10 todas las denuncias de los destrozos que me están haciendo todos los días! A Faustino me lo han matao porque iba a casarse con Acacia; no hay más razón y esa razón no podía tenerla otro que Norberto. Y si todos hubieran dicho lo que saben ya se hubiera aclarao todo. Pero quien más podía decir, no ha querido decirlo...

15 RAIMUNDA. Nosotros. ¿Verdad usted?[42]

EUSEBIO. Yo a nadie señalo.

RAIMUNDA. Cuando las palabras llevan su intención no es menester nombrar a nadie ni señalar con el dedo. Es que usted está creído, porque Norberto sea de la familia, que si nosotros hubiéramos sabido algo, habíamos de 20 haber callao.

EUSEBIO. Pero, ¿vas tú a decirme que la Acacia no sabe más de lo que ha dicho?

RAIMUNDA. No, señor, que no sabe más de lo que todos sabemos. Es que usted se ha emperrao en que no puede ser otro que Norberto, es que usted 25 no quiere creerse de que nadie pueda quererle a usted mal por alguna otra cosa. Nadie somos santos, tío Eusebio. Usted tendrá hecho mucho bien, pero también tendrá usted hecho algún mal en su vida; usted pensará que no es pa que nadie se acuerde,[43] pero al que se lo haiga usted hecho no

---

37 *Si a que no fuera él*   About it being him personally

38 *¿deja de ser uno... a otro pa que lo haga?*   is the one who did it not guilty because he may have hired another to do it for him?

39 *Que no vengan... que si el otro*   I will not listen to any stories whether it was this or the other one [who did it]

40 *de los nuestros o de los contrarios*   our friends or our enemies

41 *la venta de mal abrigo*   everybody's property

42 *¿Verdad usted?*= ¿No es verdad?

43 *no es pa que nadie se acuerde*   it's not worth remembering

pensará lo mismo. A más, que si Norberto hubiera estao enamorao de mi hija hasta ese punto, antes hubiera hecho otras demostraciones. Su hijo de usted no vino a quitársela; Faustino no habló con ella hasta que mi hija despidió a Norberto y le despidió porque supo que él hablaba con otra moza y él ni siquiera fue pa[44] venir y disculparse; de modo y manera que si a ver fuéramos,[45] él fue quien la dejó a ella plantada. Ya ve usted que nada de esto es pa hacer una muerte.

EUSEBIO. Pues si así es, ¿por qué a lo primero todos decían que no podía ser otro? Y vosotros mismos, ¿no lo ibais diciendo?

RAIMUNDA. Es que así, a lo primero, ¿en quién otro podía pensarse? Pero si se para uno a pensar, no hay razón pa creer que él y sólo él pueda haberlo hecho. Pero usted, no parece sino que quiere dar a entender que nosotros somos encubridores, y sépalo usted, que nadie más que nosotros quisiéramos que de una vez y se supiera la verdad de todo, que si usted ha perdío un hijo, yo también tengo una hija que no va ganando nada con todo esto.

EUSEBIO. Como que así es.[46] Y con callar lo que sabe, mucho menos. Ni vosotros... que Norberto y su padre, pa quitarse sospechas... no queráis saber[47] lo que van propalando de esta casa; que si fuera uno a creerse de ello...

RAIMUNDA. ¿De nosotros? ¿Qué puen ir propalando? Tú que has estao en el pueblo, ¿qué icen?

ESTEBAN. ¡Quién hace caso!

EUSEBIO. No, si yo no he de creerme de na que venga de esa parte, pero bien y que os agradecen el no haber declarao en contra suya.

RAIMUNDA. ¿Pero vuelve usted a las mismas? ¿Sabe usted lo que le digo, tío Eusebio? Que tié una que hacerse cargo de lo que es perder un hijo como usted lo ha perdío, pa no contestarle a usted de otra manera. Pero una también es madre, ¡caray!, y usted está ofendiendo a mi hija y nos ofende a todos.

ESTEBAN. ¡Mujer! No se hable más... ¡Tío Eusebio!

EUSEBIO. Yo a nadie ofendo. Lo que digo es lo que dicen todos; que vosotros por ser de la familia y todo el pueblo por quitarse de esa vergüenza, os habéis confabulao todos pa que la verdad no se sepa. Y si aquí todos creen que no ha sido Norberto, en el Encinar todos creen que no ha sido otro. Y

---

[44] *ni siquiera fue pa*   did not even have the decency of
[45] *si a ver fuéramos*   if we would consider it well
[46] *Como que así es*   It is indeed so
[47] *no queráis saber*   if you only knew

si no se hace justicia mu pronto, va a correr mucha sangre entre los dos pueblos, sin poder impedirlo nadie, que todos sabemos lo que es la sangre moza.

RAIMUNDA. Si usted va soliviantando a todos. Si pa usted no hay razón ni
5   justicia que valga. ¿No está usted bien convencío de que si no fue que él compró a otro pa que lo hiciera, él no pudo hacerlo? Y eso de comprar a nadie pa una cosa así... ¡Vamos, que no me cabe a mí en la cabeza! ¿A quién puede comprar un mozo como Norberto? Y no vamos a creer que su padre dél iba a mediar en una cosa así.

10 EUSEBIO. Pa comprar a una mala alma, no es menester mucho. ¿No tienes ahí, sin ir más lejos, a los de Valderrobles que por tres duros y medio mataron a los dos cabreros?

RAIMUNDA. ¿Y qué tardó en saberse?; que ellos mismos se descubrieron disputando por medio duro. El que compra a un hombre pa una cosa así,
15   viene a ser como un esclavo suyo ya pa toda la vida. Eso podrá creerse de algún señorón con mucho poder, que pueda comprar quien le quite de en medio a cualquiera que pueda estorbarle. Pero Norberto...

EUSEBIO. A nadie nos falta[48] un criado que es como un perro fiel en la casa pa obedecer lo que se le manda.

20 RAIMUNDA. Pué que usted los tenga de esa casta y que alguna vez los haya usted mandao algo parecido, que el que lo hace lo piensa.

EUSEBIO. Mírate bien en lo que estás diciendo.

RAIMUNDA. Usted es el que tié que mirarse.

ESTEBAN. ¿Pero no quiés callar, Raimunda?

25 EUSEBIO. Ya lo estás oyendo. ¿Qué dices tú?

ESTEBAN. Que dejemos ya esta conversación que todo será volvernos más locos.

EUSEBIO. Por mí, dejá está.[49]

RAIMUNDA. Diga usted que usted no pué conformarse con no saber quién le
30   ha matao a su hijo y razón tiene usted que le sobra; pero no es razón pa envolvernos a todos, que si usted pide que se haga justicia, más se lo estoy pidiendo yo a Dios todos los días, y que no se quede sin castigar el que lo hizo, así fuera un hijo mío el que lo hubiera hecho.

---

[48] *A nadie nos falta*   Nobody lacks
[49] *Por mí, dejá está*   As for me, it's over

ESCENA III

RUBIO. Con licencia.

ESTEBAN. ¿Qué hay, Rubio?

RUBIO. No me mire usted así, mi amo, que no estoy bebío... Lo de esta mañana fue que salimos sin almorzar y me convidaron y un traguete que bebió uno, pues le cayó a uno mal y eso fue todo... Lo que siento es que 5 usted se haya incomodao.

RAIMUNDA. ¡Ay, me parece que tú no estás bueno! Ya me lo había dicho la Juliana.

RUBIO. La Juliana es una enreaora. Eso quería ecirle al amo.

ESTEBAN. ¡Rubio! Después me dirás lo que quieras. Está aquí el tío Eusebio. 10 ¿No lo estás viendo?

RUBIO. ¿El tío Eusebio? Ya le había visto... ¿qué le trae por acá?

RAIMUNDA. ¡Qué te importa a ti que le traiga o le deje de traer! ¡Habráse visto!⁵⁰ Anda, anda y acaba de dormirla,¹ que tú no estás en tus cabales.

RUBIO. No me diga usted eso, mi ama. 15

ESTEBAN. ¡Rubio!

RUBIO. La Juliana es una enreaora. Yo no he bebío... y el dinero que se me cayó era mío, yo no soy ningún ladrón, ni he robao a nadie... Y mi mujer tampoco le debe a nadie lo que lleva encima... ¿Verdá usted, señor amo? 20

ESTEBAN. ¡Rubio! Anda ya, y acuéstate y no parezcas hasta que te hayas hartao de dormir. ¿Qué dirá el tío Eusebio? ¿No has reparao?

RUBIO. Demasiao que he reparao...² Bueno está... No tié usted que ecirme nada... (Sale).

RAIMUNDA. Pa lo que dice usted de los criados, tío Eusebio... sin tenerle que 25 tapar a uno nada,³ ya de por sí saben abusar... Dígame usted si tuviera algún cualquier tapujo con ellos...⁴ Pero ¿pué saberse qué le ha pasao hoy al Rubio? ¿Es que ahora va a emborracharse todos los días? Nunca había tenido él esa falta; pues no vayas a consentírsela que como empiece así...

ESTEBAN. ¡Qué, mujer! Si porque no tié costumbre es por lo que hoy se ha 30

---

⁵⁰ *¡Habráse visto!* The nerve!

¹ *acaba de dormirla* sleep it off

² *Demasiao que he reparao* I have noticed it all right

³ *sin tenerle que tapar a uno nada* without having anything on you

⁴ *Dígame usted... tapujo con ellos* Imagine [what would happen] if they did have something on you

194

achispao una miaja. A la cuenta mientras yo andaba a unas cosas y otras por el pueblo, le han convidao en la taberna... Ya le he reñío yo, y le mandé acostar; pero a la cuenta no ha dormío bastante y se ha entrao aquí sin saber entoavía lo que se habla... No es pa espantarse.

5 EUSEBIO. Claro está que no. ¿Mandas algo?

ESTEBAN. ¿Ya se vuelve usted, tío Eusebio?

EUSEBIO. Tú verás. Lo que siento es haber venío pa tener un disgusto.

RAIMUNDA. Aquí no ha habido disgusto ninguno. ¡Qué voy yo a disgustarme con usted!

10 EUSEBIO. Así debe de ser. ¡Hacerse cargo, con lo que a mí me ha pasao! Esa espina no se arranca así como así; clavada estará y bien clavada hasta que quiera Dios llevársele a uno de este mundo. ¿Tenéis pensao de estar muchos días en el Soto?

ESTEBAN. Hasta el domingo. Aquí no hay nada que hacer. Sólo hemos

15 venido por no estar en el pueblo en estos días; como al volver Norberto tóo habían de ser historias...[5]

EUSEBIO. Como que así será. Pues yo no te dejo encargao[6] otra cosa: cuando estés allí, que estés a la mira por si se presentan mis hijos, que no me vayan a hacer alguna,[7] que no quiero pensarlo.

20 ESTEBAN. Vaya usted descuidao; pa que hicieran algo estando yo allí, mal había yo de verme.[8]

EUSEBIO. Pues no te digo más. Estos días les tengo entretenidos trabajando en las tierras de la linde del río... Si no va por allí alguien que me los solivi-ante... Vaya, quedar con Dios. ¿Y la Acacia?

25 RAIMUNDA. Por no afligirle a usted no habrá acudío... Y que ella también de verle a usted se recuerda de muchas cosas.

EUSEBIO. Ties razón.

ESTEBAN. Voy a que saquen las caballerías.

EUSEBIO. Déjate estar. Yo daré una voz... ¡Francisco! Allá viene. No vengas

30 tú, mujer. Con Dios. (*Van saliendo*).

RAIMUNDA. Con Dios, tío Eusebio; y pa la Julia no le digo a usted nada... que me acuerdo mucho de ella, y que más tengo rezao por ella que por su hijo, que a él Dios le habrá perdonao, que ningún daño hizo pa tener el mal fin que tuvo... ¡Pobre! (*Han salido Esteban y el tío Eusebio*).

---

[5] *tóo habían de ser historias*   there was going to be a lot of gossip

[6] *encargao* (dial.)=*encargada*

[7] *alguna*   something bad

[8] *pa que hicieron algo... yo de verme*   for them to do anything with me around, I would have to be dead

ESCENA IV

BERNABÉ. ¡Señora ama!

RAIMUNDA. ¿Qué? ¿Viste a Norberto?

BERNABÉ. Como que aquí está; ha venido conmigo. ¡Más pronto! Él, de su parte, estaba deseandito de avistarse con usted.

RAIMUNDA. ¿No os habréis cruzao con el tío Eusebio?   5

BERNABÉ. A lo lejos le vimos llegar de la parte del río; con que nosotros echamos de la otra parte y nos metimos por el corralón y allí me dejé a Norberto agazapao, hasta que el tío Eusebio se volviera pa el Encinar.

RAIMUNDA. Pues mira si va ya camino.

BERNABÉ. Ende aquí le veo que ya va llegando por la cruz.   10

RAIMUNDA. Pues ya puedes traer a Norberto. Atiende antes. ¿Qué anda por el pueblo?

BERNABÉ. Mucha maldá, señora ama. Mucho va a tener que hacer la justicia si quiere averiguar algo.

RAIMUNDA. Pero, allí, ¿nadie cree que haya sío Norberto? ¿Verdad?   15

BERNABÉ. Y que le arrean un estacazo al que diga otra cosa. Ayer, cuando llegó, que ya venía medio pueblo con él, que salieron al camino a esperarle, todo el pueblo se juntó pa recibirle, y en volandas le llevaron hasta su casa, y todas las mujeres lloraban, y todos los hombres le abrazaban, y su padre se quedó como acidentao...⁹   20

RAIMUNDA. ¡Pobre! ¡No, no podía haber sío él!

BERNABÉ. Y como se susurra que los del Encinar y se han dejao decir que vendrán a matarlo el día menos pensao, pues toos los hombres, hasta los más viejos, andan con garrotes y armas escondías.

RAIMUNDA. ¡Dios nos asista! Atiende: el amo, cuando estuvo allí esta 25 mañana, ¿sabes si ha tenío algún disgusto?

BERNABÉ. ¿Ya le han venío a usted con el cuento?

RAIMUNDA. No... es decir, sí, ya lo sé.

BERNABÉ. El Rubio que se entró en la taberna y parece ser que allí habló cosas... Y como le avisaron al amo se fue allí a buscarle y le sacó a empe- 30 llones, y él se insolentó con el amo... Estaba bebío...

RAIMUNDA. Y ¿qué hablaba el Rubio, si pué saberse?

---

⁹ *se quedó como acidentao*   nearly collapsed

BERNABÉ. Que se fue de la lengua... Estaba bebío... ¿Quiere usted que le diga mi sentir? Pues que no debieran ustedes de parecer por el pueblo en unos cuantos días.

RAIMUNDA. Ya puedes tenerlo por seguro. Lo que hace a mí, no volvería
5 nunca... ¡Ay, Virgen!, que me ha entrao una desazón que echaría a correr tóo ese camino largo adelante y después me subiría por aquellos cerros y después no sé yo ande quisiea esconderme, que no parece sino que viene alguien detrás de mí, peor que pa matarme... Y el amo... ¿Ande está el amo?
10 BERNABÉ. Con el Rubio andaba.

RAIMUNDA. Ve y tráete a Norberto.

(*Sale Bernabé*).

ESCENA V

RAIMUNDA Y NORBERTO

NORBERTO. ¡Tía Raimunda!

RAIMUNDA. ¡Norberto! ¡Hijo! Ven que te abrace.

NORBERTO. Lo que me he alegrao de que usted quisiea verme. Después de mi
15 padre y de mi madre, en gloria esté, y más vale, si había de verme visto como me han visto todos... como un criminal,[10] de nadie me acordaba como de usted.

RAIMUNDA. Yo nunca he podido creerlo, aunque lo decían todos.

NORBERTO. Bien lo sé, y que usted ha sío la primera en defenderme. ¿Y la
20 Acacia?

RAIMUNDA. Buena está; pero con la tristeza del mundo en esta casa.

NORBERTO. ¡Decir que yo había matao a Faustino! ¡Y pensar que, si no puedo probar, como pude probarlo, lo que había hecho todo aquel día; si como lo tuve pensao, cojo la escopeta y me voy yo solo a tirar unos
25 tiros y no puedo dar razón de ande estuve, porque nadie me hubiera visto, me echan a un presidio pa toda la vida!

RAIMUNDA. ¡No llores, hombre!

---

[10] *y más vale... como un criminal* and it is better for her to be dead than to see me as a criminal, as everybody has seen me

NORBERTO. Si esto no es llorar, llantos los que tengo lloraos entre aquellas cuatro paeres de una cárcel; que si me hubiean dicho a mí que tenía que ir allí algún día... Y lo malo no ha concluío. El tío Eusebio y sus hijos y todos los del Encinar sé que quien matarme... No quien creerse de que yo estoy inocente de la muerte de Faustino, tan cierto como mi madre está 5 bajo tierra.

RAIMUNDA. Como nadie sabe quién haya sío... Como nada ha podido averiguarse... pues, ya se ve, ellos no se conforman... Tú, ¿de nadie sospechas?

NORBERTO. Demasiao que sospecho.[11] 10

RAIMUNDA. Y ¿no le has dicho nada a la justicia?

NORBERTO. Si no hubiea podido por menos pa verme libre, lo hubiea dicho todo... Pero ya que no haya habío necesidá de acusar a nadie... Así como así, si yo hablo... harían conmigo igual que hicieron con el otro.

RAIMUNDA. Una venganza. ¿Verdad? Tú crees que ha sío una venganza... 15 ¿Y de quién piensas tú que pué haber sido? Quisiera saberlo, porque, hazte cargo, el tío Eusebio y Esteban tien que tener los mismos enemigos; juntos han hecho siempre bueno y malo,[12] y no puedo estar tranquila... Esa venganza tanto ha sío contra el tío Eusebio como en contra de nosotros; pa estorbar que estuviean más unidas las dos familias; pero pueden no 20 contentarse con esto y otro día pueden hacer lo mismo con mi marido.

NORBERTO. Por tío Esteban no pase usted cuidao.

RAIMUNDA. Tú crees...

NORBERTO. Yo no creo nada.

RAIMUNDA. Vas a decirme todo lo que sepas. A más de que, no sé por qué me 25 paece que no eras tú solo a saberlo. Si será lo mismo que ha llegao a mi conocimiento. Lo que dicen todos.

NORBERTO. Pero no es que se haya sabío por mí... Ni tampoco pué saberse; es un runrún que anda por el pueblo na más. Por mí na se sabe.

RAIMUNDA. Por la gloria de tu madre, vas a decírmelo todo, Norberto. 30

NORBERTO. No me haga usted hablar. Si yo no he querido hablar ni a la justicia... Y si hablo me matan, tan cierto que me matan.

RAIMUNDA. Pero, ¿quién pué matarte?

NORBERTO. Los mismos que han matao a Faustino.

---

[11] *Demasiao que sospecho* I suspect all right
[12] *juntos han hecho siempre bueno y malo* whatever they've done, good or bad, they've done together

RAIMUNDA. Pero, ¿quién ha matao a Faustino? Alguien comprao pa eso, ¿verdad? Esta mañana en la taberna hablaba el Rubio...

NORBERTO. ¿Lo sabe usted?

RAIMUNDA. Y Esteban fue a sacarle de allí pa que no hablara...

5 NORBERTO. Pa que no le comprometiera.

RAIMUNDA. ¡Eh! ¡Pa que no le comprometiera!... Porque el Rubio estaba diciendo que él...

NORBERTO. Que él era el amo de esta casa.

RAIMUNDA. ¡El amo de esta casa! Porque el Rubio ha sío...

10 NORBERTO. Sí, señora.

RAIMUNDA. El que ha matao a Faustino...

NORBERTO. Eso mismo.

RAIMUNDA. ¡El Rubio! Ya lo sabía yo... y ¿lo saben todos en el pueblo?

NORBERTO. Si él mismo se va descubriendo; si ande llega principia a enseñar
15   dinero, hasta billetes... Y esta mañana, como le cantaron la copla en su cara, se volvió contra todos y fue cuando avisaron a tío Esteban y le sacó a empellones de la taberna.

RAIMUNDA. ¿La copla? Una copla que han sacao... Una copla que dice... ¿Cómo dice la copla?...

20 NORBERTO.   El que quiera a la del Soto.
                  tié pena de la vida.
                  Por quererla quien la quiere
                  le dicen la Malquerida.[13]

RAIMUNDA. Los del Soto somos nosotros, así nos dicen, es esta casa... Y la del
25   Soto no pué ser otra que la Acacia... ¡mi hija! Y esa copla... es la que cantan todos... Le dicen la Malquerida... ¿No dice así? Y quién la quiere mal? ¿Quién pué quererla mal a mi hija? La querías tú y la quería Faustino ... Pero ¿quién otro pué quererla y por qué le dicen Malquerida?... Ven acá.. ¿Por qué dejaste tú de hablar con ella, si la querías? ¿Por qué? Vas
30   a decírmelo tóo... Mira que peor de lo que ya sé no vas a decirme nada...

[13] *El que quiera... la Malquerida*   Whoever wants the Soto girl/will pay for it with his life./Because of the man who loves her/she is known as the Ill-beloved. Benavente makes this gossipy folk quatrain a key element of his play, which derives its title from it. *Malquerer* (or *querer mal*) in its legitimate usage means "to hold ill will" or "to feel animosity or hate" towards someone. Here the verb's participle is used in an entirely different sense, not accepted in the dictionary: to be loved by someone "wrongly," against the laws of man and God, in other words, incestuously—as Esteban loves his stepdaughter. In the context of the play, "*malquerida*" is an untranslatable word—"wrongly loved" or "ill-beloved" are rather unsatisfactory English approximations. When in the twenties an American version of Benavente's masterpiece took the U.S. by storm, with Nance O'Neill in the main role, it was presented under the title *The Passion Flower*.

NORBERTO. No quiera usted perderme y perdernos a todos. Nada se ha sabío por mí; ni cuando me vi preso quise decir náa... Se ha sabío, yo no sé cómo, por el Rubio, por mi padre, que es la única persona con quien lo tengo comunicao... Mi padre sí quería hablarle a la justicia, y yo no le he dejao, porque le matarían a él y me matarían a mí.   5

RAIMUNDA. No me digas náa; calla la boca... Si lo estoy viendo todo, lo estoy oyendo todo. ¡La Malquerida, la Malquerida! Escucha aquí. Dímelo a mí todo... Yo te juro que pa matarte a ti, tendrán que matarme a mí antes. Pero ya ves que tié que hacerse justicia, que mientras no se haga justicia el tío Eusebio y sus hijos van a perseguirte y de ésos sí que no   10 podrás escapar. A Faustino lo han matao pa que no se casara con la Acacia, y tú dejaste de hablar con ella pa que no hicieran lo mismo contigo. ¿Verdad? Dímelo todo.

NORBERTO. A mí se me dijo que dejara de hablar con ella, porque había el compromiso de casarla con Faustino, que era cosa tratada de antiguo con   15 el tío Eusebio, y que si no me avenía a las buenas, sería por las malas, y que si decía algo de todo esto... pues que...

RAIMUNDA. Te matarían. ¿No es eso? Y tú...

NORBERTO. Yo me creí de todo, y la verdad, tomé miedo, y pa que la Acacia se enfadara conmigo, pues principié a cortejar a otra moza, que náa me   20 importaba... Pero como luego supe que náa era verdad, que ni el tío Eusebio ni Faustino tenían tratao cosa ninguna con tío Esteban... Y cuando mataron a Faustino... pues ya sabía yo por qué lo habían matao; porque al pretender él a la Acacia, ya no había razones que darle como a mí; porque al tío Eusebio no se le podía negar la boda de su hijo, y como no se le   25 podía negar se hizo como que se consentía a todo, hasta que hicieron lo que hicieron, que aquí estaba yo pa achacarme la muerte. ¿Qué otro podía ser? El novio de la Acacia por celos... Bien urdío sí estaba.[14] ¡Valga Dios que algún santo veló por mí aquel día! Y que el delito pesa tanto que él mismo viene a descubrirse.   30

RAIMUNDA. ¡Quié decirse que todo ello es verdad! ¡Que no sirve querer estar ciegos pa no verlo!... Pero, ¿qué venda tenía yo elante los ojos?... Y ahora todo como la luz de claro... Pero, ¡quién pudiea seguir tan ciega!\[15]

NORBERTO. ¿Ande va usted?

---

[14] *Bien urdío sí estaba*   It was indeed well planned
[15] *¡quién pudiea seguir tan ciega!*   I wish I could still be as blind as I was!

RAIMUNDA. ¿Lo sé yo? Voy sin sentío...[16] Si es tan grande lo que me pasa, que paece que no me pasa nada. Mira tú, de tóo ello, sólo se me ha quedao la copla, esa copla de la Malquerida... Tiés que enseñarme el son pa cantarla... ¡Y a ese son vamos a bailar tóos hasta que nos muramos! ¡Acacia,
5 Acacia, hija!... ¡Ven acá!

NORBERTO. ¡No la llame usted! ¡No se ponga usted así, que ella no tié culpa!

ESCENA VI

DICHOS Y LA ACACIA

ACACIA. ¿Qué quié usted, madre? ¡Norberto!

RAIMUNDA. ¡Ven acá! ¡Mírame fijo a los ojos![17]

ACACIA. Pero, ¿qué le pasa a usted, madre?

10 RAIMUNDA. ¡No, tú no pués tener culpa!

ACACIA. Pero, ¿qué le han dicho a usted, madre? ¿Qué le has dicho tú?

RAIMUNDA. Lo que saben ya tóos... ¡La Malquerida! ¡Tú no sabes que anda en coplas tu honra!

ACACIA. ¡Mi honra! ¡No! ¡Eso no han podido decírselo a usted!

15 RAIMUNDA. No me ocultes náa. Dímelo todo. ¿Por qué no le has llamao nunca padre? ¿Por qué?

ACACIA. Porque no hay más que un padre; bien lo sabe usted. Y ese hombre no podía ser mi padre, porque yo le he odiao siempre, ende que entró en esta casa pa traer el infierno consigo.

20 RAIMUNDA. Pues ahora vas a llamarle tú y vas a llamarle como yo te digo, padre... Tu padre. ¿Entiendes? ¿Me has entendío? Te he dicho que llames a tu padre.

ACACIA. ¿Quié usted que vaya al campo santo a llamarle? Si no es el que está allí yo no tengo otro padre. Ése... es su marido de usted, el que usted
25 ha querido, y pa mí no pué ser más que ese hombre, ese hombre, no sé llamarle de otra manera. Y si ya lo sabe usted tóo, no me atormente usted. ¡Que le prenda la justicia y que pague tóo el mal que ha hecho!

RAIMUNDA. La muerte de Faustino, ¿quiés decir? Y a más...[18] dímelo todo.

---

[16] *Voy sin sentío* I don't know where I am going . . .
[17] *¡Mírame fijo a los ojos!* Look right into my eyes!
[18] *Y a más* And something else

ACACIA. No, madre; si yo hubiera sío consentidora no hubieran matao a Faustino. ¿Usted cree que yo no he sabío guardarme?

RAIMUNDA. Y, ¿por qué has callao? ¿Por qué no me lo has dicho a mí tóo?

ACACIA. ¿Y se hubiera usted creído de mí más que de ese hombre, si estaba usted ciega por él? Y ciega tenía usted que estar pa no haberlo visto... Si 5 elante de usted me comía con los ojos, si andaba desatinao tras mí a toas horas y, ¿quiere usted que le diga más? Le tengo odiao tanto, le aborrezco tanto que hubiera querío que anduviese entavía más desatinao a ver si se le quitaba a usted la venda de los ojos, pa que viera usted qué hombre es ése, el que me ha robao su cariño, el que usted ha querío tanto, más que 10 quiso nunca a mi padre.

RAIMUNDA. ¡Eso no, hija!

ACACIA. Pa que le aborreciera usted como yo le aborrezco, como me tié mandao mi padre que le aborrezca, que muchas veces lo he oído como una voz del otro mundo. 15

RAIMUNDA. ¡Calla, hija, calla! Y ven aquí junto a tu madre, que ya no me queda más que tú en el mundo y, ¡bendito Dios que aún puedo guardarte!

(*Entra Bernabé*).

BERNABÉ. ¡Señora ama, señora ama!

RAIMUNDA. ¿Qué traes tú tan acelerao? ¡De seguro nada bueno! 20

BERNABÉ. Es que vengo a darle aviso de que no salga de aquí Norberto por ningún caso.

RAIMUNDA. ¿Pues luego...?

BERNABÉ. Están apostaos los hijos del tío Eusebio con sus criados pa salirle al encuentro. 25

NORBERTO. ¿Qué le decía yo a usted? ¿Lo está usted viendo? ¡Vienen a matarme! ¡Y me matan, tan cierto que me matan!

RAIMUNDA. ¡Nos matarán a tóos! Pero eso tié que haber sío que alguien ha corrido a llamarles.

BERNABÉ. El Rubio ha sío; que le he visto yo correrse por la linde del río 30 hacia las tierras del tío Eusebio; el Rubio ha sido quien les ha dao el soplo.

NORBERTO. ¿Qué le decía yo a usted? Pa taparse ellos quieren que los otros me maten, pa que no haiga más averiguaciones; que los otros se darán por contentos creyendo que han matao a quien mató a su hermano... Y me matarán, tía Raimunda, tan cierto que me matan... Son muchos contra 35 uno, que yo no podré defenderme, que ni un mal cuchillo traigo, que no quiero llevar arma ninguna por no tumbar a un hombre, que quiero mejor que me maten antes que volverme a ver ande ya me he visto... ¡Sálveme usted, que es muy triste morir sin culpa acosao como un lobo!

RAIMUNDA. No tiés que tener miedo. Tendrán que matarme a mí antes, ya te
5   lo he dicho... Entra ahí con Bernabé. Tú coge la escopeta... Aquí no se atreverán a entrar, y si alguno se atreve, le tumbas sin miedo, sea quien sea. ¿Has entendío? Sea quien sea. No es menester que cerréis la puerta. Tú, aquí conmigo, hija. ¡Esteban!... ¡Esteban! ¡Esteban!

ACACIA. ¿Qué va usted a hacer?

10   (*Entra Esteban*).

ESTEBAN. ¿Que me llamas?

RAIMUNDA. Escucha bien. Aquí está Norberto, en tu casa; allí tiés apostaos a los hijos del tío Eusebio pa que lo maten; que ni eso eres tú hombre pa hacerlo por ti y cara a cara.

15   ESTEBAN (*Haciendo intención de sacar un arma*). ¡Raimunda!

ACACIA. ¡Madre!

RAIMUNDA. ¡No, tú no! Llama al Rubio pa que nos mate a todos, que a todos tié que matarnos pa encubrir tu delito... ¡Asesino, asesino!

ESTEBAN. ¡Tú estás loca!

20   RAIMUNDA. Más loca tenía que estar; más loca estuve el día que entraste en esta casa, en mi casa, como un ladrón pa robarme lo que más valía.

ESTEBAN. Pero ¿pué saberse lo que estás diciendo?

RAIMUNDA. Si yo no digo na, si lo dicen tóos, si lo dirá muy pronto la justicia, y si no quieres que sea ahora mismo, que no empiece yo a voces y
25   lo sepan todos... escucha bien; tú que los has traído, llévate a esos hombres que aguardan a un inocente para matarlo a mansalva. Norberto no saldrá de aquí más que junto conmigo, y pa matarle a él tien que matarme a mí... Pa guardarle a él y pa guardar a mi hija me basto yo sola, contra ti y contra tóos los asesinos que tú pagues. ¡Mal hombre! Anda ya y ve a esconderte
30   en lo más escondío de esos cerros, en una cueva de alimañas. Ya han acudido tóos, ya no puedes atreverte conmigo... ¡Y aunque estuviera yo sola con mi hija! ¡Mi hija, mi hija! ¿No sabías que era mi hija? Aquí la tiés. ¡Mi hija! ¡La Malquerida! Pero aquí estoy yo pa guardarla de ti, y hazte cuenta de que vive su padre... ¡Y pa partirte el corazón si quisieras
35   llegarte a ella![19] (*Telón*).

---

[19] *¡Y pa partirte el corazón si quisieras llegarte a ella!*   And to kill you if you would dare come close to her!

ACTO TERCERO

La misma decoración del segundo

ESCENA PRIMERA

RAIMUNDA Y LA JULIANA

Raimunda a la puerta, mirando con ansiedad a todas partes. Después la Juliana.

JULIANA. ¡Raimunda!

RAIMUNDA. ¿Qué traes?[20] ¿Está peor?

JULIANA. No, mujer, no te asustes.

RAIMUNDA. ¿Cómo está? ¿Por qué le has dejao solo?

JULIANA. Se ha quedao como adormilao,[21] pero no se queja de náa, y la   5
Acacia está allí junto. Es que me das tú más cuidao que el herido. Lo de él,
gracias a Dios, no es de muerte. ¿Pero es que te vas a pasar todo el día sin
querer tomar nada?

RAIMUNDA. ¡Déjate, déjate!

JULIANA. Pues ven pa allá dentro con nosotras. ¿Qué haces aquí?   10

RAIMUNDA. Miraba si Bernabé no estaría al llegar.[22]

JULIANA. Si vienen con él los que han de llevarse a Norberto no podrá estar
tan pronto de vuelta. Y si vienen también los de justicia...

RAIMUNDA. Los de justicia... La justicia en esta casa... ¡Ay, Juliana, y qué
maldición habrá caído sobre ella!   15

JULIANA. Vamos, entra y no mires más de una parte y de otra, que no es
Bernabé el que tú quisieas ver llegar; es otro, es tu marido, que no puede
dejar de ser tu marido.

RAIMUNDA. Así es, que lo que ha durao muchos años no puede concluirse en
un día. Sabiendo lo que sé, sabiendo que ya no puede ser otra cosa, y que   20
si le viea llegar sería pa maldecir dél y pa aborrecerle toda mi vida, estoy
aquí mirando de una parte y de otra, que quisiea pasar con los ojos las
piedras de esos cerros, y me paece que le estoy aguardando como otras veces,
pa verle llegar lleno de alegría y entrarnos de bracero como dos novios y

---

[20] *¿Qué traes?*   What [news] do you bring?
[21] *Se ha quedao como adormilao*   He's kind of drowsy
[22] *Miraba si Bernabé no estaría al llegar*   I was looking out to see whether Bernabé was already coming

204

sentarnos a comer, y sentaos a la mesa, contarnos todo lo que habíamos hecho, el tiempo que habíamos estao el uno sin el otro y reír unas veces y porfiar otras, pero siempre con el cariño del mundo. ¡Y pensar que todo ha concluído, que ya tóo sobra en esta casa, que ya pa siempre se fue la paz de Dios de con nosotros!

JULIANA. Sí que es pa no creerse ya de na de este mundo. Y yo por mí, vamos, que si no me lo hubieas dicho tú, y si no te viea como te veo, nunca lo hubiea creído. Lo de la muerte de Faustino, ¡anda con Dios!, aun podía tener algún otro misterio, pero lo que hace al mal querer que le ha entrao por la Acacia, vamos, que se me resiste a creerlo.[23] Y ello es que la una cosa sin la otra no hay quien pueda explicársela.

RAIMUNDA. ¿De modo que tú nunca habías reparado la menor cosa?

JULIANA. Ni por lo más remoto. Y tú sabes que ende que entró en esta casa pa enamorarte, nunca le he mirao con buenos ojos, que tú sabes cómo yo quería a tu primer marío, que hombre más de bien y más cabal no le ha habío en el mundo... y vamos, ¡Jesús! que si yo hubiea reparao nunca una cosa así, ¿de aónde me había yo de estar calláa?... Ahora que una lo sabe ya cae una en la cuenta de que era mucho regalar a la muchacha, y mucho no darse por sentío, por más de que ella le hiciera tantos desprecios,[24] que no ha tenío palabra buena con él ende que te casaste, que era ella un re- drojo y ya se le plantaba a insultarle,[25] que no servía reprenderla unos y otros, ni que tú la tundieas a golpes. Y mía tú, como digo una cosa digo otra.[26] Pué que si ella ende pequeña le hubiea tomao cariño y él se hubiea hecho a mirarla como hija suya no hubiea llegao a lo que ha llegao.

RAIMUNDA. ¿Vas tú a discuparle?

JULIANA. ¡Qué voy a disculpar, mujer, no hay disculpa pa una cosa así! Con solo que hubiea mirao que era hija tuya. Pero, vamos, quiero decirte que pa él, salvo ser tu hija, la muchacha era como una extraña, y ya te digo, otra cosa hubiea sío si ella le hubiea mirao como padre ende un principio, porque él no es un mal hombre, el que es malo es siempre malo, y a lo primero de casaros, cuando la Acacia era bien chica, más de cuatro veces

---

[23] *pero lo que... se me resiste a creerlo* but as for the evil love for Acacia that has taken hold of him, that, I find hard to believe

[24] *era mucho regalar... tantos desprecios* there were too many gifts for the girl and too much putting up with so many rebuffs from her

[25] *Era ella un redrojo... plantaba insultarle* She was a puny thing and she stood up to him in an in- sulting manner

[26] *como digo una cosa digo otra* I can see it from both sides

le he visto yo caérsele los lagrimones, de ver y que la muchacha le huía como al demonio.

RAIMUNDA. Verdad es, que son los únicos disgustos que hemos tenío, por esa hija siempre.

JULIANA. Después la muchacha ha crecío, como tóos sabemos, que no tié su 5 par ande quiea que se presenta,[27] y despegá dél como una extraña y siempre elante los ojos, pues nadie estamos libres de un mal pensamiento.

RAIMUNDA. De un mal pensamiento no te digo, aunque nunca había de haber tenío ese mal pensamiento. Pero un mal pensamiento se espanta, cuando no se tié mala entraña. Pa llegar a lo que ha llegao, a tramar la 10 muerte de un hombre, para estorbar y que mi hija se casara y saliera de aquí, de su lao, ya tié que haber más que un mal pensamiento, ya tié que estarse pensando siempre lo mismo, al acecho siempre como un criminal, con la maldad del mundo. Si yo también quisiea pensar que no hay tanta culpa, y cuanto más lo pienso más lo veo que no tiée disculpa ninguna... 15 Y cuando pienso que mi hija ha estao amenazá a toas horas de una perdición como ésa, que el que es capaz de matar a un hombre es capaz de tóo... Y si eso hubiea sido, tan cierto como me llamo Raimunda que a los dos los mato, a él y a ella, pués creérmelo. A él por su infamia tan grande, a ella si no se había dejao matar antes de consentirlo. 20

ESCENA II

DICHAS Y BERNABÉ

JULIANA. Aquí está Bernabé.

RAIMUNDA. ¿Vienes tú solo?

BERNABÉ. Yo solo, que en el pueblo tóos son a deliberar lo que ha de hacerse, y no he querío tardarme más.

RAIMUNDA. Has hecho bien, que no es vivir. ¿Qué dicen unos y otros? 25

BERNABÉ. Pa volverse uno loco si fuera uno a hacer cuenta.

RAIMUNDA. ¿Y vendrán pa llevarse a Norberto?

BERNABÉ. En eso está su padre. El médico dice que no le lleven en carro, que podía empeorarse, que le lleven en unas angarillas, y a más que debe venir

---

[27] *Despué la muchacha... se presenta* Then the girl grew, as we all know, into a beauty that stands out wherever she goes

el forense y el juez a tomarle aquí la declaración, no sea caso que cuando llegue allí esté peor, y como ayer no pudo declarar como estaba sin conocimiento... Si usted no sabe, ca uno es de un parecer y nadie se entiende. Ningún hombre ha salío hoy al campo, tóos andan en corrillos y las
5   mujeres de casa en casa y de puerta en puerta, que estos días no se habrá comío ni cenao a su hora en casa ninguna...

RAIMUNDA. Pero ya sabrán que las heridas de Norberto no son de cuidado.

BERNABÉ. Y cualquiera les concierta.[28] Ayer, cuando supieron y que los hijos del tío Eusebio le habían salío al encuentro yendo con el amo, y le
10   habían herío malamente, tóo eran llantos por el herío. Y hoy, cuando supieron y que no había sío pa tanto y que muy pronto estaría curao, los más amigos de Norberto ya dicen y que no había de haber sío tan poca cosa, que ya que le han herío tenía que haber sío algo más,[29] pa que los hijos del tío Eusebio tuviean su castigo, que ahora si se cura tan pronto,
15   tóo queará en un juicio y nadie se conforma con tan poco.

JULIANA. De modo que mucho quieren a Norberto, pero hubiean querido mejor y que los otros lo hubiean matao. ¡Serán de brutos![30]

BERNABÉ. Así es. Pues ya les he dicho, que den gracias a usted que dió aviso al amo y al amo que se puso de por medio y hasta llegó a echarse la
20   escopeta a la cara pa estorbarles de que le mataran.

RAIMUNDA. ¿Les has dicho eso?

BERNABÉ. A tóo el que se ha llegao a preguntarme. Y lo he dicho lo uno, porque así es la verdad, y lo otro porque no quiea usted saber lo que han levantao por el pueblo que aquí había habío.[31]

25 RAIMUNDA. No me digas na. ¿Y el amo? ¿No ha acudío por allí? ¿No has sabío dél?

BERNABÉ. Sé que le han visto esta mañana con el Rubio y con los cabreros del Encinar en los Berrocales, que a la cuenta ha pasao allí la noche en algún mamparo. Y si valiea mi parecer no había de andar así como
30   huído, que no están las cosas para que nadie piense lo que no ha sío.[32] Que

---

[28] *Y cualquiera les concierta*   And nobody can get them to agree

[29] *que ya que le han herío tenía que haber sío algo más*   that if he had to be wounded it should have been more seriously

[30] *¡Serán de brutos!*   How beastly can they be!

[31] *lo que han levantao por el pueblo que aquí había habío*   what stories they made up in the village about what had happened here

[32] *no están las cosas... que no ha sío*   the way things are nobody should be given grounds to imagine things that aren't so

207

el padre de Norberto anda diciendo lo que no debiera. Y esta mañana se ha avistao con el tío Eusebio pa imbuirle de que sus hijos no han tenío razón pa hacer lo que han hecho con su hijo.

RAIMUNDA. ¿Pero es que el tío Eusebio y a está en el lugar?

BERNABÉ. Con sus hijos ha ido, que esta mañana les pusieron presos. Atados 5
codo con codo les trajeron del Encinar y su padre ha venío tras ellos a pie tóo el camino con el hijo chico de la mano sin dejar de llorar, que no ha habío quien no haya llorao de verle, hasta los más hombres.[33]

RAIMUNDA. ¡Y aquella madre allí y aquí yo! ¡Si supiean los hombres!

ESCENA III

DICHOS Y LA ACACIA

ACACIA. ¡Madre! 10

RAIMUNDA. ¿Qué me quiés, hija?

ACACIA. Norberto la llama a usted. Se ha despertao y pide agua. Dice que se muere de sed. Yo no me atrevío a dársela no fuera caso que no le prestara.[34]

RAIMUNDA. Ha dicho el médico que pue beber agua de naranja toa la que quiera. Allí está una jarra. ¿Se queja mucho? 15

ACACIA. No, ahora no.

RAIMUNDA. (A Bernabé). ¿Te has traío lo que dijo el médico?

BERNABÉ. En las alforjas está todo. Voy a traerlo. (Vase).

ACACIA. ¿No oye usted, madre? Le está a usted llamando.

RAIMUNDA. Allá voy, hijo, Norberto. 20

ESCENA IV

LA JULIANA Y LA ACACIA

ACACIA. ¿No ha vuelto ese hombre?

JULIANA. No. Desde que sucedió lo que sucedió cogió la escopeta y salió como un loco, y el Rubio tras él.

---

[33] hasta los más hombres   even the toughest ones
[34] no fuera caso que no le prestara   lest it wouldn't be good for him

ACACIA. ¿No le han puesto preso?

JULIANA. Que sepamos.[35] Antes tendrá que declarar mucha gente.

ACACIA. Pero ya lo saben tóos, ¿verdad? Tóos oyeron a mi madre.

JULIANA. De aquí, quitao yo y Bernabé, que no dirá lo que no se quiea que
5   diga, que es un buen hombre y tié mucha ley a esta casa, los demás no han
podío darse cuenta. Oyeron que gritaba tu madre, pero tóos se han creío
que era tocante a Norberto, y a que los hijos del tío Eusebio venían a
matarle. Aquí, si la justicia nos pregunta, nadie diremos otra cosa que lo
que tu madre nos diga que hayamos de decir.

10 ACACIA. ¿Pero es que mi madre os va a decir que os calléis? ¿Es que ella no
va a decirlo tóo?

JULIANA. ¿Pero es que tú te alegrarías? ¿Es que miras la vergüenza que va a
caer sobre esta casa y pa ti muy principalmente, que ca uno pensará lo que
quiera y habrá y quien no puea creer que tú has sío consentiora, y habrá
15   quien no lo crea así, y la honra de una mujer no es pa andar en boca de
unos y otros, que na va ganando con ello?[36]

ACACIA. ¡Mi honra! Pa mí soy bien honrá. Pa los demás, allá ca uno.[37] Yo
ya no he de casarme. Si me alegro de lo que ha sucedío, es por no haberme
casao. Si me casaba sólo era por desesperarle.

20 JULIANA. Acacia, no quiero oírte, que eso es estar endemoniá.

ACACIA. Y lo estoy y lo he estao siempre, de tanto como le tengo aborrecío.

JULIANA. ¿Y quién te dice que ése no ha sío tóo el mal, que no has tenío
razón pa aborrecerle? Y mía que nadie como yo le hizo los cargos a tu
madre cuando determinó de[38] volverse a casar. Pero yo le he visto cuando
25   eras bien chica y tú no podías darte cuenta lo que ese hombre se tie
desesperao contigo.

ACACIA. Más me tengo yo desesperao de ver cómo le quería mi madre, que
andaba siempre colgá de su cuello y yo les estorbaba siempre.

JULIANA. No digas eso, pa tu madre has sío tú siempre lo primero en el
30   mundo. Y pa él también lo hubieas sío.

ACACIA. No, pa él sí lo he sío, pa él sí lo soy.

JULIANA. Pero no como dices, que paece que te alegras. Como tenía que

---

[35] *Que sepamos* Not that we know of

[36] *que na va ganando con ello* because she does not gain anything from it

[37] *Pa los demás, allá ca uno* As for the others' opinions, I couldn't care less

[38] *determinó de* (dial.)= *determinó*

haber sío, que no te hubiera él querido tan mal si tú le hubieras querido bien.³⁹

ACACIA. ¿Pero cómo había de quererle, si él ha hecho que yo no quiera a mi madre?

JULIANA. ¿Mujer, qué dices? ¿Que no quiés a tu madre? 5

ACACIA. No, no la quiero como tenía que haberla querido, si ese hombre no hubiea entrao nunca en esta casa. Si me acuerdo de una vez, era muy chica y no he podío olvidarlo, que toa una noche tuve un cuchillo guardao ebajo la almohada, y toa la noche me estuve sin dormir, pensando na más que en ir y clavárselo. 10

JULIANA. ¡Jesús! Muchacha, ¿qué estás diciendo? ¿Y hubieas tenío valor? ¿Y hubieas ido y le hubieas matao?

ACACIA. ¡Qué sé yo y a quién hubiea matao!

JULIANA. ¡Jesús! ¡Virgen! Calla esa boca. Tú estás dejá de la mano de Dios.⁴⁰ ¿Y quiés que te diga lo que pienso? Que no has tenío tú poca 15 culpa de todo.

ACACIA. ¿Que yo he tenío culpa?

JULIANA. Tú, sí, tú. Y más te digo. Que si le hubieas odiao como dices, le hubieas odiao sólo a él. ¡Ay, si tu madre supiera!

ACACIA. ¿Si supiera qué? 20

JULIANA. Que toa esa envidia no era de él, era de ella. Que cualquiera diría que sin tú darte cuenta le estabas queriendo.

ACACIA. ¿Qué dices?

JULIANA. Por odio na más, no se odia de ese modo. Pa odiar así tié que haber un querer muy grande. 25

ACACIA. ¿Que⁴¹ yo he querío nunca a ese hombre? ¿Tú sabes lo que estás diciendo?

JULIANA. Si yo no digo náa.

---

³⁹ *que no te hubiera él querido tan mal si tú le hubieras querido bien* because he wouldn't have loved you in such a wrong way if you had shown him proper affection (as a daughter). Here Benavente plays subtly again not only with his double meanings of *querer mal* but also by giving the same ambivalent treatment to its antonym *querer bien*, which in its accepted usage means "to have good will towards" or "have deep affection for" someone. Juliana blames Acacia for having provoked her stepfather's "wrong love" by having failed to show him the "right" kind of love—that of a daughter. In this scene, under Juliana's prodding, Acacia unwittingly reveals what has been the unconscious terrible secret of her tortured soul: she also has always loved Esteban the "wrong way", that is to say, with the passionate love of a woman—under the disguise of hate.

⁴⁰ *Tú estás dejá... de Dios* You have fallen from the grace of God

⁴¹ *¿Que...* Do you mean to tell me that...

ACACIA. No, y serás capaz de ir y decírselo lo mismo a mi madre.

JULIANA. ¿Te da miedo, verdad? ¿Lo ves como eres tú quien lo está diciendo tóo? Pero está descuidá. ¡Qué voy a decirle! ¡Bastante tié la pobre!⁴² Dios nos valga!

ESCENA V

DICHAS Y BERNABÉ

5 BERNABÉ. Ahí está el amo.

JULIANA. ¿Le has visto tú?

BERNABÉ. Sí, viene como rendío.

ACACIA. Vamos de aquí nosotras.

JULIANA. Sí, vamos, y no digas náa, que no sepa tu madre que te has podío
10   encontrar con él.

(*Salen las mujeres*).

ESCENA VI

BERNABÉ, ESTEBAN Y EL RUBIO, *con escopetas*

BERNABÉ. ¿Manda usted algo?

ESTEBAN. Nada, Bernabé.

BERNABÉ. ¿Quié usted que le diga al ama...?

15 ESTEBAN. No le digas na. Ya me verán.

RUBIO. ¿Cómo está el herío?

BERNABÉ. Va mejorcito. Allá voy con tóo esto de la botica, si no manda usted otra cosa. (*Vase*).

---

⁴² *Pero está descuidada. ¡Qué voy a decirle! ¡Bastante tié la pobre!* But don't worry. Of course I won't tell her! She has enough troubles, poor thing!

ESTEBAN. Ya me tiés aquí. Tú dirás ahora.[43]

RUBIO. ¿Qué voy yo a decirle a usted? Que aquí es ande tié usted que estar.
Que está usted en su casa y aquí pué usted hacerse fuerte; que eso de andar
huíos y no dar la cara, no es más que declararse y perdernos...

ESTEBAN. Ya me tiés aquí, te digo, ya me has traío como querías... Y ahora,   5
tú dirás, cuando venga esa mujer y vuelva a acusarme, y les llame a tóos y
venga la justicia y el tío Eusebio con ellos... Tú dirás...

RUBIO. Si hubiea usted dejao que los del tío Eusebio se las hubiesen entendío
solos con el que está ahí... náa más que herío, ya estaría tóo acabao... Pero
ahora hablará ése, hablará su padre dél, hablarán las mujeres... Y ésas son 10
las que no tién que hablar. Lo de Faustino nadie puede probárnoslo. Usted
iba junto con su padre, a mí naide pudo verme; tengo buenas piernas y me
habían visto casi a la misma hora a dos leguas de allí. Yo adelanté el reló
en la casa ande estaba, y al despedirme traje la conversación pa que
reparasen bien la hora que era. 15

ESTEBAN. Bueno estaría tóo eso, si después no hubieras sío tú el que ha ido
descubriéndose y pregonándolo.

RUBIO. Tié usted razón, y aquel día debió usted haberme matao; pero es que
aquel día, es la primera vez que he tenío miedo. Yo no esperaba que
saliea libre Norberto. Usted no quiso hacer caso de mí cuando yo le ecía a 20
usted: Hay que apretar con la justicia, que declare la Acacia y diga que
Noberto le tenía jurao de matar a Faustino... ¿Va usted a decirme que no
podía usted obligarla a que hubiea declarao... y como ella, ya hubiéamos
tenío otros que hubiean declarao de haberle entendío decir lo mismo?...
Y otra cosa hubiea sío; veríamos si la justicia le había soltao así como así. 25
Pues como iba diciendo, que no es que quiea negar lo malo que hice aquel
día; como vi libre a Norberto y pensé que la justicia y el tío Eusebio que
había de apretar con ella, y tóos habían de echarse a buscar por otra parte,
como digo, por primera vez me entró miedo y quise atolondrarme y bebí,
que no tengo costumbre y me fui de la lengua, que ya digo, aquel día me 30
hubiea usted matao y razón tenía usted de sobra... Por más de que el
runrún andaba ya por el pueblo, y eso fue lo que me acobardó, prin-

---

[43] *Tú dirás ahora*   Now, it is for you to tell me [where do we go from here]

212

cipalmente en oír la copla que tóo el mal está de esa parte,[44] créamelo usted, de que Norberto y su padre, por lo que había pasao entre usted y Norberto, ya tenían sus sospechas de que usted andaba tras la Acacia... Y ésa es la voz que hay que callar, sea como sea, que eso es lo que pué perdernos, que
5   el delito por la causa se saca;[45] por lo demás... que no supiean por qué había muerto y a ver de ande iban a saber quien lo había matao.

ESTEBAN.   Eso me digo yo ahora. ¿Por qué ha muerto nadie? ¿Por qué ha matao nadie?

RUBIO.   Eso, usted lo sabrá. Pero cuando se confiaba usted de mí, cuando me
10   decía usted un día y otro: Si esa mujer es pa otro hombre, no miraré náa. Y cuando me decía usted: Va a casarse, y esta vez no pueo espantar al que se la lleva, se casa, se la llevan de aquí y ca vez que lo pienso... ¿No se acuerda usted cuántas mañanas, apenas si había amanecío, venía usted a despertarme: Anda, Rubio, levántate, que no he podío pegar los ojos en
15   toa la noche, vámonos al campo, quiero andar, quiero cansarme... Y ca uno con nuestra escopeta, cogíamos y nos íbamos por ahí aelante,[46] los dos mano a mano, sin hablar palabra horas y horas... Allá, cuando caíamos en la cuenta, pa que no dijesen los que nos vían que salíamos de caza y no cazábamos, tirábamos unos tiros al aire: pa espantar la caza, que decía yo,
20   pa espantar pensamientos, que decía usted; y al cabo de andar y andar, nos dejábamos caer y tumbaos sobre algún ribazo, usted, siempre callao, hasta que al cabo soltaba usted como un bramío, como si se quitara usted un peso muy grande de encima, y me echaba usted un brazo por el cuello y se soltaba usted a hablar y a hablar, que usted mismo si hubiea querío
25   recordarse, no hubiea usted sabío decir lo que había hablao; pero todo ello venía a parar en lo mismo: Que estoy loco, que no pueo vivir así, que me muero, que no sé qué me pasa, que esto es un castigo, que esto es un infierno... Y vuelta a barajar las mismas palabras, pero con tanto barajar, siempre pintaba la misma, la de la muerte...[47] Y pintó tanto, que un día...
30   el cómo se acordó, ya usted lo sabe, pa qué voy a decirlo.

ESTEBAN.   ¿No quies callar?

RUBIO.   Cuidao, señor amo, cuidao con ponerme la mano encima. Y no vaya usted a creerse que antes, cuando veníamos, no le he visto a usted la

---

[44] *que tóo el mal está de esa parte*   for that is the source of all the trouble
[45] *que el delito por la causa se saca*   because the crime is discovered through the motives
[46] *cogíamos y nos íbamos por ahí aelante*   we upped and went through those fields
[47] *pero con tanto barajar, siempre pintaba la misma, la de la muerte*   but in spite of all the shuffling, the same card always turned up, that of death

intención, que más de cuatro veces, se ha quedao usted como rezagao y ha querío usted echarse la escopeta a la cara. Pa eso no hay razón, señor amo, no hay razón. Nosotros tenemos ya siempre que estar muy uníos... Yo bien sé que usted está ya pesaroso de tóo y que si pudiea usted, no quisiea usted verme más en su vida... Si con eso se quedaba usted en paz, ya me 5 había quitao de elante. Lo que ha de saber usted, es que a mí no me ha llevao interés nenguno. Lo que usted me haiga dao, por su voluntad ha sío. A mí me sobra tóo; yo no bebo, no fumo, tóos mis gustos no han sío siempre más que andar por esos campos a mi albedrío; lo único que me ha gustao siempre, eso sí, es tener yo mando... Yo quisiea que usted y 10 yo fuéamos como dos hermanos mismamente; yo hice lo que he hecho, porque usted hizo confianza en mí, como pue usted hacerla siempre, sépa- lo usted. Cuando los dos nos viéamos perdidos, me perdería yo sólo, que ya tengo pensao lo que he de decir. De usted ni palabra, antes me hacen peazos; por mí ni la tierra sabrá nunca náa. Diré que he sío yo sólo; yo 15 sólo por... lo que fuea, que a nadie le importa... Yo no sé lo que podrá salirme; diez años, quince; usted tié poder pa que no sean muchos, luego, con empeños, vienen los indultos; más han hecho otros y con cuatro o cinco años han cumplío. Lo que yo quiero es que usted no se olvide de mí, y cuando vuelva que yo sea pa usted, ya lo he dicho, como un hermano, 20 que no hay hombre sin hombre[48] y uníos los dos, podremos lo que quera- mos. Yo no quiero náa más que tener mando, eso sí, mucho mando, pero pa usted, usted me manda siempre...[49] ¡El ama!

(*Viendo llegar a Raimunda*).

ESCENA VIII

DICHOS Y RAIMUNDA

Raimunda sale con una jarra; al ver a Esteban y al Rubio se detiene asustada. 25 *Después de titubear un momento llena la jarra en un cántaro.*

RUBIO. Con licencia, señora ama.

---

[48] *no hay hombre sin hombre*   a man isn't anything without another man's help
[49] *pero pa usted, usted me manda siempre*   but as far as you are concerned, I will always obey your orders

RAIMUNDA. Quita, quítateme de delante. No te me acerques. ¿Qué haces tú aquí? No quiero verte.

RUBIO. Pues tiene usted que verme y oírme.

RAIMUNDA. ¡A lo que he llegao⁵⁰ en mi casa! ¿A mí, qué tiés tú que decirme?

5 RUBIO. Usted verá.¹ Mas tarde o más temprano nos ha de llamar a tóos la justicia. En bien de tóos, bueno será que estemos toos acordes. Usted dirá si por habladurías de unos y otros puede consentirse de echar un hombre a presidio.

RAIMUNDA. No iría uno sólo. ¿Piensas tú que ibas a escapar?

10 RUBIO. No he querío decir lo que usted se piensa. Iría uno sólo, pero ése no sería ningún otro más que yo.

RAIMUNDA. ¿Qué dices?

RUBIO. Pero tampoco es razón que yo me calle pa que los demás hablen. Usted verá.² A más de que las cosas no han sío como usted se piensa. 15 Todas esas habladurías que andan por el pueblo, han sío cosas de Norberto y de su padre. Y esa copla tan indecente que a usted le ha soliviantao haciéndole creer lo que no ha sío…

RAIMUNDA. Ah, os habéis concertao en tóo este tiempo. Yo no tengo que creerme de náa, ni de coplas ni de habladurías. Me creo de lo que es la 20 verdad, de lo que yo sé. Tan bien lo sé, que casi no han tenío que decírmelo. Lo he adivinao yo, lo he visto yo. Pero ni siquiera… Tú no, ¿cómo vas a tener esa nobleza? Pero él sería más noble que me lo confesara á mí tóo. Si bien pué saber que yo no he de ir a delatar a nadie… no por vosotros; por esta casa, que es la de mis padres, por mi hija, por mí. ¿Pero qué vale 25 que yo no lo diga si lo dicen toos, si hasta las piedras lo cantan y lo pregonan por too el contorno?

RUBIO. Deje usted que pregonen, usted es la que tié que callar.

RAIMUNDA. Porque tú lo quieres. Pues mira que sólo de oírtelo a ti, ya me entran ganas de gritarlo ande más puedan escucharme.

30 RUBIO. No se ponga usted así, que no hay razón pa ello.

RAIMUNDA. No hay razón y habéis dao muerte a un hombre. Y ahí tenéis a otro que han podío matar por causa vuestra.

RUBIO. Y ha sío lo menos malo que ha podío suceder.

RAIMUNDA. ¡Calla, calla! ¡Asesino, cobarde!

---

⁵⁰ *¡A lo que he llegao…* What I have to put up with
¹ *Usted verá* It's up to you
² *Usted verá* Isn't it so?

RUBIO. A usted le dicen, señor amo.

ESTEBAN. ¡Rubio!

RUBIO. ¿Qué?

RAIMUNDA. Así, tiés que bajar la cabeza delante de este hombre. ¡Qué más castigo! ¡Qué más caena que andar atao con él pa toa la vida! Ya tié amo 5 esta casa. ¡Gracias a Dios! ¡Pué que mire más por su honra de lo que has mirao tú!

ESTEBAN. ¡Raimunda!

RAIMUNDA. ¡Qué, también digo yo! ¡Pué que conmigo sí te atrevas!³

ESTEBAN. Tiés razón, tiés razón, que no he sío hombre pa meterme una 10 onza de plomo en la cabeza y acabar de una vez.

RUBIO. ¡Señor amo!

ESTEBAN. ¡Quita, quita! ¡Vete de aquí, vete! ¿Cómo quiés que te lo pida? ¿De rodillas, quiés que te lo pida?

RAIMUNDA. ¡Ah! 15

RUBIO. No, señor amo. Conmigo no tié usted que ponerse así. Ya me voy. (*A Raimunda*). Si no hubiea sío por mí, no habría muerto un hombre, pero quizá que se hubiea perdío su hija. Ahora, ahí le tié usted, acobardao como una criatura. Ya se ha pasao tóo, fue una ventolera, un golpe de sangre. ¡Ya está curao! Y pué que yo haiga sío el médico. ¡Eso tié usted que 20 agradecerme, pa que usted lo sepa!

ESCENA IX

RAIMUNDA Y ESTEBAN

ESTEBAN. No llores más, no quiero verte llorar. No valgo yo pa esos llantos. Yo no hubiea vuelto aquí nunca, me hubiea dejao morir entre esas breñas, si antes no me cazaban como a un lobo, que yo no había de defenderme. Pero no quiero tampoco que tú me digas nada. Tóo lo que 25 puedas decirme, me lo he dicho yo antes. Más veces que tú pueas decírmelo me he dicho yo criminal y asesino. Déjame, déjame, ya no soy de esta casa. Déjame, que aquí aguardo a la justicia; y no voy yo a buscarla y a entregarme a ella porque no pueo más, porque no podría tirar de mí pa

³ *¡Pué que conmigo sí te atrevas!* But you won't take it from me!

llevarme.[4] Pero si no quieres tenerme aquí me saldré en medio del camino pa dejarme caer en mitá de una de esas herrenes como si hubiean tirao una carroña fuera.[5]

RAIMUNDA. ¡Entregarte a la justicia, pa arruinar esta casa, pa que la honra de mi hija anduviea en dichos de unos y otros! Pa ti no tenía que haber habío más justicia que yo. En mí sólo que hubieas pensao.[6] ¿Crees que voy a creerme ahora esos llantos porque no te haya visto nunca llorar? El día que se te puso[7] ese mal pensamiento, tenías que haber llorao hasta secársete los ojos pa no haberlos puesto y ande menos debías. Si lloras tú, ¿qué tenía que hacer yo entonces? Y aquí me tiés, que quien me viera no podría creerse de tóo lo que a mí me ha pasao, y no sé yo qué más podría pasarme, y no quiero recordarme de náa, no quiero pensar otra cosa que en ver de esconder de tóos la vergüenza que ha caío sobre tóos nosotros. Estorbar que de esta casa puea decirse y que ha salío un hombre pa ir a un presidio, y que ese hombre sea el que yo traje pa que fuea como otro padre pa mi hija. A esta casa, que ha sío la de mis padres y mis hermanos, ande tóos ellos han vivío con la honra del mundo, ande los hombres que han salío de ella pa servir al Rey[8] o pa casarse o pa trabajar otras tierras, cuando han vuelto a entrar por esas puertas han vuelto con tanta honra como habían salío. No llores, no escondas la cara, que tiés que levantarla como yo cuando vengan a preguntarnos a tóos. Que no se vea el humo aunque se arda la casa. Límpiate esos ojos; sangre tenían que haber llorao. ¡Bebe una poca de agua! ¡Veneno había de ser! No bebas tan aprisa, que estás tóo sudao. ¡Mira cómo vienes, arañao de las zarzas! ¡Cuchillos habían de haber sío! ¡Trae aquí que te lave, que da miedo de verte!

ESTEBAN. ¡Raimunda, mujer! ¡Ten lástima de mí! ¡Si tú supieras! Yo no quiero que tú me digas náa. Pero yo sí quiero decírtelo tóo. Confesarme a ti, como me confesaría a la hora de mi muerte. ¡Su tú supieras lo que yo tengo pasao entre mí en tóo este tiempo! ¡Como si hubiea estao porfiando día y noche con algún otro que hubiea tenío más fuerza que yo y se hubiea empeñao en llevarme ande yo no quería ir!

RAIMUNDA. ¿Pero cómo te acudió ese mal pensamiento y en qué hora maldecía?

---

[4] *no podría tirar de mí pa llevarme* I couldn't drag myself from here in order to give myself up
[5] *como si hubiean tirao una carroña fuera = como una carroña que hubieran tirao fuera*
[6] *En mí sólo que hubieas pensao* If only you had thought about me
[7] *se te puso* you got
[8] *pa servir al Rey* to go into military service

ESTEBAN. Si no sabré decirlo. Fue como un mal que le entra a uno de pronto. Tóos pensamos alguna vez algo malo, pero se va el mal pensamiento y no vuelve uno a pensar más en ello. Siendo yo muy chico, un día que mi padre me riñó y me pegó malamente, con la rabia que yo tenía, me recuerdo de haber pensao así en un pronto: "Mía si se muriese", pero fue 5 na más que pensarlo y en seguía de haberlo pensao entrarme⁹ una angustia muy grande y mucho miedo de que Dios me le llevara. Y ende aquel día me apliqué más a respetarle. Y cuando murió, años después, que ya era yo muy hombre, tanto como su muerte tengo llorao por aquel mal pensamiento y así me creía yo que sería de este otro. Pero éste no se iba. 10 Más fijo estaba, cuanto más quería espantarle. Y tú lo has visto, que no podrás decir que yo haiga dejao de quererte, que te he querío más cada día. No podrás decir que yo haiga mirao nunca a ninguna otra mujer con mala intención. Y a ella no hubiea querío mirarla nunca. Pero sólo de sentirla andar cerca de mí se me ardía la sangre. Cuando nos sentábamos a 15 comer no quería mirarla y ande quiea que volvía los ojos la estaba viendo elante de mí siempre. Y las noches, cuando más te tenía junto a mí, en medio del silencio de la casa, yo no sentía más que a ella, la sentía dormir como si estuviea respirando a mi oído. Y tengo llorao de coraje. Y le tengo pedío a Dios. Y me tengo dao de golpes. Y me hubiea matao y la 20 hubiea matao a ella. Si yo no sabré decir como ha sío.¹⁰ Las pocas veces que no he podío por menos de encontrarme a solas con ella he tenío que escapar como un loco. Y no sabré decir lo que hubiea sío de no escapar,¹¹ si la hubiea dao de besos o la habiea dao de puñaladas.

RAIMUNDA. Es que sin tú saberlo has estao como loco, y alguien tenía que 25 morir de esa locura. ¡Si antes se hubiea casao, si tú no hubieas estorbao que se casase con Norberto!...

ESTEBAN. Si no era el casarse, era el salir de aquí. Era que yo no podía vivir sin sentirla junto a mí un día y otro. Que tóo aquel aborrecimiento suyo y aquel no mirarme a la cara, y aquel desprecio de mí que ha hecho siempre, 30 tóo eso que tanto había de dolerme, lo necesitaba yo pa vivir como algo mío. ¡Ya lo sabes tóo! Y casi puede decirse que ahora es cuando yo me he dao cuenta. Que hasta ahora que me he confesao a ti, tóo me parecía

⁹ *entrarme*=*me entraron*
¹⁰ *Si yo no sabré decir como ha sío* I couldn't even explain how it happened
¹¹ *de no escapar* if I hadn't run away

que no había sío. Pero así ha sío, ha sío pa no perdonármelo nunca, aunque tú quisieas perdonarme.

RAIMUNDA. No está ya el mal en que yo te perdone o deje de perdonarte. A lo primero de saberlo, sí, no había castigo que me paeciera bastante pa ti.
5 Ahora ya no sé. Si yo creyera[12] que eras tan malo pa haber tú querío hacer tanto mal como has hecho. Pero si has sío siempre tan bueno, si lo he visto yo, un día y otro, pa mí, pa esa hija misma, cuando viniste a esta casa y era ella una criatura, pa los criaos, pa tóos los que a ti se llegaban, y tan trabajaor y tan de casa.[13] Y no se pué ser bueno tanto tiempo pa ser tan
10 criminal en un día. Tóo esto ha sío, qué sé yo, miedo me da pensarlo. Mi madre, en gloria esté, nos lo decía muchas veces, y nos reíamos con ella, sin querer creernos de lo que nos decía. Pero ello es que a muchos les tié pronosticao cosas que después les han sucedío. Que los muertos no se van de con nosotros, cuando paece que se van pa siempre al llevarlos pa
15 enterrar en el campo santo, que andan día y noche alrededor de los que han querío y de los que han odiao en vida. Y sin nosotros verlos, hablan con nosotros. Que de ahí proviene que muchas veces pensamos lo que no hubiéamos creído de haber pensao nunca.

ESTEBAN. ¿Y tú crees?

20 RAIMUNDA. Que tóo esto ha sío pa castigarnos, que el padre de mi hija no me ha perdonao que yo hubiea dao otro padre a su hija. Que hay cosas que no puen explicarse en este mundo. Que un hombre bueno como tú, puea dejar de serlo. Porque tú has sío muy bueno.

ESTEBAN. Lo he sío siempre, lo he sío siempre y de oírtelo decir a ti, ¡qué
25 consuelo y qué alegría tan grande!

RAIMUNDA. Calla, escucha. Me paece que ha entrao gente de la otra parte de la casa. A la cuenta será el padre de Norberto y los que vienen con él pa llevársele. No deben haber venío los de justicia, que hubiean entrao de esta parte. Voy a ver. Tú, anda allá dentro, a lavarte y mudarte de camisa,
30 que no te vean así, que paeces...

ESTEBAN. No te pares en decirlo. Un malhechor, ¿verdad?

RAIMUNDA. No, no, Esteban. ¿Pa qué atormentarnos más? Ahora lo que importa es acallar a tóos los que hablan. Despúes ya pensaremos. Mandaré a la Acacia unos días con las monjas del Encinar que la quieren mucho y

---

[12] *Si yo creyera*   If I could only believe
[13] *tan de tu casa*   so fond of home life

siempre están preguntando por ella. Y después escribiré a mi cuñada
Eugenia, la de la Adrada, que siempre ha querío mucho a mi hija, y se la
mandaré con ella. ¿Y quién sabe? Allí pué casarse, que hay mozos de muy
buenas familias y bien acomodás y ella es el mejor partío de por aquí y
pué volver casada y luego tendrá hijos que nos llamarán abuelos y ya 5
iremos pa viejos y entoavía pué haber alegría en esta casa. Si no fuea...

ESTEBAN. ¿Qué?

RAIMUNDA. Si no fuea...

ESTEBAN. Sí. El muerto.

RAIMUNDA. Ése, que estará ya aquí siempre, entre nosotros. 10

ESTEBAN. Tiés razón. Pa siempre. Tóo pué borrarse menos eso. (*Sale*).

ESCENA X

RAIMUNDA Y LA ACACIA

RAIMUNDA. ¡Acacia! ¿Estabas ahí, hija?

ACACIA. Ya lo ve usted. Aquí estaba. Ahí está el padre de Norberto, con sus
criaos.

RAIMUNDA. ¿Qué dice? 15

ACACIA. Paece más conforme. Como le ha visto tan mejorao... Esperan al
forense que ha de venir a reconocerle. Ha ido al Sotillo a otra diligencia y
luego vendrá.

RAIMUNDA. Pues vamos allá nosotras.

ACACIA. Es que antes quisiea yo hablar con usted, madre. 20

RAIMUNDA. ¿Hablar tú? ¡Ya me tiés asustá! ¡Que hablas tan pocas veces!
¿Asunto de qué?

ACACIA. De que he entendío lo que tié usted determinao de hacer conmigo.

RAIMUNDA. ¿Andabas a la escucha?

ACACIA. Nunca he tenido esa costumbre. Pero ponga usted[14] que hoy he 25
andao. Es que me importaba lo que había usted de tratar con ese hombre.
Quié decirse que en esta casa la que estorba soy yo. Que los que no tenemos
culpa ninguna hemos de pagar por los que tién tanta. Y tóo pa quedarse
usted tan ricamente[15] con su marío. A él se lo perdona usted tóo, pero a

---

[14] *ponga usted*   let us suppose
[15] *tan ricamente*   cozily alone

mí, se me echa de esta casa, náa más que pa quedarse ustedes muy descansaos.

RAIMUNDA. ¿Qué estás diciendo? ¿Quién pué echarte a ti de esta casa? ¿Quién ha tratao semejante cosa?

5 ACACIA. Usted sabrá lo que ha dicho. Que me llevará usted al convento del Encinar, y pué que quisiea usted encerrarme allí pa toa mi vida.

RAIMUNDA. No sé como pueas decir eso. ¿Pues no has sío tú muchas veces la que me tié dicho que te gustaría pasar allí algunos días con las monjas? ¿Y no he sío yo la que nunca te ha consentío, por miedo no quisieas[16]

10 quedarte allí? Y con la tía Eugenia ¿cuántas veces no me has pedío tú misma de dejarte ir con ella? Y ahora que se dispone en bien de tóos, en bien de esta casa, que es tuya y na más que tuya, y a tóos importa poder salir de ella con la frente muy alta... ¿qué quisieas tú, que yo delatase al que has debío tú mirar como a un padre?

15 ACACIA. ¿Si querrá usted decir, como la Juliana, que yo he tenío la culpa de todo?

RAIMUNDA. No digo náa. Lo que yo sé, es que él no ha podío mirarte como hija, porque tú no lo has sío nunca pa él.

ACACIA. ¿Si habré sío yo la que se habrá ido a poner elante e sus ojos?[17] ¿Si

20 habré sío yo la que habrá hecho matar a Faustino?

RAIMUNDA. ¡Calla, hija, calla! ¡Si te entienden de allí!

ACACIA. Pues no se saldrá usted con la suya. Si usted quié salvar a ese hombre y callar tóo lo que aquí ha pasao, yo lo diré tóo a la justicia y a tóos. Yo no tengo que mirar más que por mi honra. No por la de quien no la tiene, ni

25 la ha tenío nunca, porque es un criminal.

RAIMUNDA. ¡Calla, hija, calla! ¡Frío me da de oírte![18] ¡Que tú le odies, cuando yo casi le he perdonao!

ACACIA. Sí, le odio, le he odiao siempre, y él también lo sabe. Y si no quiere verse delatao por mí, ya pué venir y matarme. ¡Si eso quisiea yo, que me

30 matase! ¡Sí, que me mate, pa ver si de una vez dejaba usted de quererle!

RAIMUNDA. ¡Calla, hija, calla!

---

[16] *no quisieas = de que quisieras*
[17] *¿Si habré sío yo la que se habrá ido a poner elante e sus ojos?* Are you implying that I was the one who provoked him?
[18] *¡Frío me da de oírte!* You send a chill through my spine!

ESCENA XI

RAIMUNDA. ¡Esteban!

ESTEBAN. ¡Tié razón, tié razón! ¡No es ella la que tié que salir de esta casa! Pero yo no quiero que sea ella quien me entregue a la justicia. Me entregaré yo mismo. ¡Descuida! ¡Y antes de que puean entrar aquí, les saldré yo al encuentro! ¡Déjame tú, Raimunda! Te queda tu hija. Ya sé que tú me 5 hubieas perdonao. ¡Ella no! ¡Ella me ha aborrecío siempre!

RAIMUNDA. No, Esteban. Esteban de mi alma.

ESTEBAN. Déjame, déjame, o llamo al padre de Norberto y se lo confieso tóo aquí mismo.

RAIMUNDA. Hija, ya lo ves. Y ha sío por ti. ¡Esteban, Esteban! 10

ACACIA. ¡No le deje usted salir, madre!

RAIMUNDA. ¡Ah!

ESTEBAN. ¿Quiés ser tú quien me delate? ¿Por qué me has odiao tanto? ¡Si yo te hubiea oído tan siquiera una vez llamarme padre! ¡Si tú pudieas saber cómo te he querío yo siempre! 15

ACACIA. ¡Madre, madre!

ESTEBAN. Malquerida habrás sío sin yo quererlo. Pero antes, ¡cómo te había yo querío!

RAIMUNDA. ¿No le llamarás nunca padre, hija?

ESTEBAN. No me perdonará nunca. 20

RAIMUNDA. Sí, hija, abrázale. Que te oiga llamarle padre. ¡Y hasta los muertos han de perdonarnos y han de alegrarse con nosotros!

ESTEBAN. ¡Hija!

ACACIA. ¡Esteban! ¡Dios mío, Esteban!

ESTEBAN. ¡Ah! 25

RAIMUNDA. ¿Aun no le dices padre? ¡Qué! ¿Ha perdío el sentío? ¡Ah! ¿Boca con boca y tú abrazao con ella? ¡Quita, aparta, que ahora veo por qué no querías llamarle padre! ¡Que ahora veo que has sío tú quien ha tenío la culpa de tóo, maldecía!

ACACIA. Sí, sí. ¡Máteme usted! Es verdad, es la verdad. ¡Ha sío el único 30 hombre a quien he querío!

ESTEBAN. ¡Ah!

RAIMUNDA. ¿Qué dice, qué dice? ¡Te mato! ¡Maldecía!

ESTEBAN. ¡No te acerques!

ACACIA. ¡Defiéndame usted! 35

222

ESTEBAN. ¡No te acerques te digo!

RAIMUNDA. ¡Ah! ¡Así! ¡Ya estáis descubiertos! ¡Más vale así! ¡Ya no podrá pesar sobre mí una muerte! ¡Que vengan tóos! ¡Aquí, acudir toa la gente! ¡Prender al asesino! ¡Y a esa mala mujer, que no es hija mía!

5 ACACIA. ¡Huya usted, huya usted!

ESTEBAN. ¡Contigo! ¡Junto a ti siempre! ¡Hasta el infierno! ¡Si he de condenarme por haberte querío! ¡Vamos los dos! ¡Que nos den caza si puen entre esos riscos! ¡Pa quererte y pa guardarte, seré como las fieras, que no conocen padres ni hermanos!

10 RAIMUNDA. ¡Aquí, aquí! ¡Ahí está el asesino! ¡Prenderle! ¡El asesino!

(*Han llegado por diferentes puertas, el Rubio, Bernabé y la Juliana, y gente del pueblo*).

ESTEBAN. ¡Abrir paso, que no miraré náa!¹⁹

RAIMUNDA. ¡No saldrás! ¡Al asesino!

15 ESTEBAN. ¡Abrir paso, digo!

RAIMUNDA. ¡Cuando me haigas matao!

ESTEBAN. ¡Pues así! (*Dispara la escopeta y hiere a Raimunda*).

RAIMUNDA. ¡Ah!

JULIANA. ¡Jesus! ¡Raimunda! ¡Hija!

20 RUBIO. ¿Qué ha hecho usted, qué ha hecho usted?

UNO. ¡Matarle!

ESTEBAN. ¡Matarme si queréis, no me defiendo!

BERNABÉ. ¡No; entregarle vivo a la justicia!

JULIANA. ¡Ese hombre ha sío, ese mal hombre! ¡Raimunda! ¡La ha matao!

25 ¡Raimunda! ¿No me oyes?

RAIMUNDA. ¡Sí, Juliana, sí! ¡No quisiea morir sin confesión! ¡Y me muero! ¡Mía cuánta sangre! ¡Pero no importa! ¡Ha sío por mi hija! ¡Mi hija!

JULIANA. ¡Acacia! ¿Ande está?

ACACIA. ¡Madre, madre!

30 RAIMUNDA. ¡Ah! ¡Menos mal, que creí que aún fuea por él por quien llorases!

ACACIA. ¡No, madre, no! ¡Usted es mi madre!

JULIANA. ¡Se muere, se muere! ¡Raimunda, hija!

ACACIA. ¡Madre, madre mía!

35 RAIMUNDA. ¡Ese hombre ya no podrá nada contra ti! ¡Estás salva! ¡Bendita esta sangre que salva, como la sangre de Nuestro Señor!

---

¹⁹ *que no miraré náa!* I won't stop at anything!

7 ❧ *Juan Ramón Jiménez*
(1881–1958)

Otro de los grandes poetas del siglo xx, que pertenece a la generación inmediatamente siguiente a la del «98». Nació en Moguer, un pueblecito de la Andalucía occidental, en cuyo ambiente blanco y fino se formó su sensibilidad lírica. Vivió siempre consagrado a la poesía, buscando única y simplemente lo bello en su mayor pureza y perfección, sin desviarse nunca de ese alto ideal que él llamó «pasión de mi vida» «mía para siempre». Su temperamento lo inclinaba a huir del ruido, de la violencia, y de la multitud, y a amar lo silencioso, lo solitario, lo suave, y lo melancólico. Su salud delicada contribuyó a acentuar esa inclinación, haciendo de él una especie de monje de la poesía, aislado de los choques de la vida, al margen de los cuales creó y vivió su propio mundo poético, diáfano y puro.

Juan Ramón Jiménez se definió a sí mismo como «un andaluz universal». Y así es también su poesía: profundamente enraizada en la tradición lírica española, y al mismo tiempo de una calidad sin fronteras, empapada de universalidad. Su lirismo es esencial, desnudo, y se manifiesta en una visión del mundo nostálgica, soñadora, y doliente. Los motivos y estímulos poéticos de la vida interior y de la exterior, toman en él un carácter íntimo, emotivo, y apacible. Su gran tema es la soledad, que aparece siempre, de múltiples maneras, por toda su obra. Prefiere de la realidad, los elementos bellos; y selecciona cuidadosamente matices de color, melodías suaves, y aromas delicados, creando atmósferas líricas vagas, dulces y musicales, en las que aparecen pueblos y paisajes dormidos bajo la luna, campanas que suenan en el atardecer, jardines con fuentes melancólicas, huertos con pozos blancos y pájaros que cantan, y valles cubiertos de cielos estrellados. Todas estas cosas son los símbolos externos, concretos, de que se vale el poeta para sugerir sus experiencias interiores, inefables.

La forma de su poesía, que él constantemente revisó e incansablemente pulió en busca de una total pureza, desnuda de adorno accesorio se distingue por una aparente sencillez de elementos, que encubre una gran riqueza de expresividad. Juan Ramón Jiménez no es un poeta difícil, como se puede ver por los poemas que aquí incluímos, tomados de la *Segunda antología poética* (1926). Pero tampoco es un poeta popular, por el carácter mismo de su poesía. En estos poemas, a través de referencias a cosas y a impresiones muy inmediatas y objetivas, consigue sugerir, muy sutilmente, estados de ánimo subjetivos, y proyectar la intimidad de su alma.

En 1914 publicó *Platero y yo*, un libro para chicos y para grandes —basado en recuerdos de infancia y adolescencia en Moguer— libro idílico en el que se manifiesta la ternura franciscana del autor hacia los niños, los animales, y la naturaleza. Juan Ramón Jiménez y Platero, su alegre burrito, pasean por las calles y los campos del pueblo y dialogan tiernamente, fraternalmente, como si el poeta hablase con otra parte de su espíritu, elemental, sencilla, e infantil. Los capítulos de este libro —de los cuales incluímos aquí cuatro— son los mejores poemas en prosa hasta ahora escritos en castellano. Constituyen una serie de impresiones líricas, fugaces, de la existencia diaria de un pueblecillo, bajo las cuales percibimos lo que hay de eterna poesía en las cosas humildes y cotidianas de todas partes.

Juan Ramón Jiménez es ya considerado como uno de los valores clásicos de la poesía de lengua española. Su influencia ha sido amplia y profunda, tanto en España como en América. Él ha sido uno de los guías y maestros de los poetas de nuestros días. Exilado voluntario de la España franquista, murió en Puerto Rico —donde había establecido su hogar— dos años después de recibir el Premio Nobel de Literatura.

❦ Como la pared riendo[1]

CUANDO de pronto le dije
que me iba de aquel pueblo,
se me quedó blanca y muda
como la pared, y luego
me dijo: 5

—¿Por qué te vas?
Le dije: —Porque el silencio
de estos valles me amortaja
como si estuviera muerto.

—¿Por qué te vas? —He sentido   10
que quiere gritar mi pecho,
y en estos valles callados
voy a gritar ¡y no puedo!

Y me dijo: —¿Adónde vas?
Y le dije: —Adonde el cielo   15
esté más alto y no brillen
sobre mí tantos luceros.

Hundió su mirada negra
por el valle del Beleño,
y se quedó muda y blanca   20
como la pared, riendo.

---

[1] We felt highly honored by the great poet and friend, who not only gave his kind permission to reproduce his work in the first edition of this anthology but obliged us further by graciously sending us this new and hitherto unpublished version of one of the selected poems, originally titled "Adolescencia." [Eds.]

❧ [Vino, primero, pura...]

Vino, primero, pura,
vestida de inocencia;
y la amé como un niño.

Luego se fue vistiendo
de no sé qué ropajes;
y la fui odiando, sin saberlo.

Llegó a ser una reina,
fastuosa de tesoros...
¡Qué iracundia de yel y sin sentido!

... Mas se fue desnudando.
Y yo le sonreía.

Se quedó con la túnica
de su inocencia antigua.
Creí de nuevo en ella.

Y se quitó la túnica,
y apareció desnuda toda...
¡Oh pasión de mi vida, poesía
desnuda, mía para siempre!

❧ [No era nadie...]

—No era nadie. El agua. —¿Nadie?
¿Que no es nadie el agua? —No
hay nadie. Es la flor. —¿No hay nadie?
Pero, ¿no es nadie la flor?

—No hay nadie. Era el viento. —¿Nadie?   5
¿No es el viento nadie? —No
hay nadie. Ilusión. —¿No hay nadie?
¿Y no es nadie la ilusión?

❧ El viaje definitivo

... Y yo me iré. Y se quedarán los pájaros
cantando;   10
y se quedará mi huerto, con su verde árbol,
y con su pozo blanco.
    Todas las tardes, el cielo será azul y plácido;
y tocarán, como esta tarde están tocando,
las campanas del campanario.   15
    Se morirán aquellos que me amaron;
y el pueblo se hará nuevo cada año;
y en el rincón aquel de mi huerto florido y encalado,
mi espíritu errará, nostálgico...
    Y yo me iré; y estaré solo, sin hogar, sin árbol   20
verde, sin pozo blanco,
sin cielo azul y plácido...
Y se quedarán los pájaros cantando.

❧ Platero y Yo

Platero

Platero es pequeño, peludo, suave; tan blando por fuera, que se diría
todo de algodón, que no lleva huesos. Sólo los espejos de azabache de sus
ojos son duros cual² dos escarabajos de cristal negro.

Lo dejo suelto, y se va al prado, y acaricia tibiamente con su hocico,
5 rozándolas apenas, las florecillas rosas, celestes y gualdas... Lo llamo
dulcemente «¿Platero?», y viene a mí con un trotecillo alegre que parece que
se ríe, en no sé qué cascabeleo ideal...

Come cuanto³ le doy. Le gustan las naranjas mandarinas, las uvas
moscateles, todas de ámbar, los higos morados, con su cristalina gotita de
10 miel...

Es tierno y mimoso igual que un niño, que una niña...; pero fuerte y
seco por dentro, como de piedra. Cuando paso sobre él, los domingos, por
las últimas callejas del pueblo, los hombres del campo, vestidos de limpio⁴ y
despaciosos, se quedan mirándolo:
15 —Tiene acero...

Tiene acero. Acero y plata de luna,⁵ al mismo tiempo.

El niño tonto

Siempre que volvíamos por la calle de San José estaba el niño tonto a la
puerta de su casa, sentado en su sillita, mirando el pasar de los otros. Era uno
de esos pobres niños a quienes no llega nunca el don de la palabra ni el regalo
20 de la gracia; niño alegre él y triste de ver; todo para su madre, nada para los
demás.

---

² *cual = como*
³ *cuanto = todo lo que*
⁴ *vestidos de limpio*   in their Sunday best
⁵ *Acero y plata de luna*   Steel and quicksilver [he is strong and lively]

229

Un día, cuando pasó por la calle blanca aquel mal viento negro,[6] no estaba el niño en su puerta. Cantaba un pájaro en el solitario umbral, y yo me acordé de Curros,[7] padre más que poeta, que, cuando se quedó sin su niño, le preguntaba por él a la mariposa gallega:

Volvoreta d'aliñas douradas...[8]   5

Ahora que viene la primavera, pienso en el niño tonto, que desde la calle de San José se fue al cielo. Estará sentado en su sillita, al lado de las rosas, viendo con sus ojos abiertos otra vez, el dorado pasar de los gloriosos.

El canario se muere

Mira, Platero: el canario de los niños ha amanecido hoy muerto en su jaula de plata. Es verdad que el pobre estaba ya muy viejo... El invierno, tú 10
te acuerdas bien, lo pasó silencioso, con la cabeza escondida en el plumón. Y al entrar esta primavera, cuando el sol hacía jardín la estancia abierta[9] y abrían[10] las mejores rosas del patio, él quiso también engalanar la vida nueva, y cantó; pero su voz era quebradiza y asmática, como la voz de una flauta cascada.   15

El mayor de los niños, que lo cuidaba, viéndolo yerto en el fondo de la jaula, se ha apresurado, lloroso, a decir:

—¡Pues no le ha faltado nada, ni comida, ni agua!

No. No le ha faltado nada, Platero. Se ha muerto porque sí —diría Campoamor, otro canario viejo...[11]   20

Platero, ¿habrá un paraíso de los pájaros? ¿Habrá un vergel verde sobre el cielo azul, todo en flor de rosales áureos, con almas de pájaros blancos, rosas, celestes, amarillos?

---

[6] *aquel mal viento negro*   death

[7] *Curros*—Manuel Curros Enríquez (1851-1908), one of the leading poets of the great nineteenth-century revival of Galician literature.

[8] *Volvoreta d'aliñas douradas...*   (Gal.) golden-winged butterfly. This is the first line in the last stanza of a poem composed by Curros Enríquez on the death of his little son.

[9] *hacía jardín la estancia abierta*   turned the open room into a garden

[10] *abrían= se abrían*

[11] *Campoamor, otro canario viejo*—Ramón de Campoamor (1817-1901), well-known Spanish poet, extremely popular in his day, who lived the contented and tranquil life of a placid, well-to-do gentleman of the middle class and continued to write mild philosophical poetry well into his old age. To most of the twentieth-century poets, he was no nightingale.

Oye: a la noche, los niños, tú y yo bajaremos el pájaro muerto al jardín. La luna está ahora llena, y a su pálida plata,[12] el pobre cantor, en la mano cándida de Blanca, parecerá el pétalo mustio de un lirio amarillento. Y lo enterraremos en la tierra del rosal grande.

5 Esta misma primavera, Platero, hemos de ver al pájaro salir del corazón de una rosa blanca. El aire fragrante se pondrá canoro, y habrá por el sol de abril un errar encantado de alas invisibles y un reguero secreto de trinos claros de oro puro.

Melancolía

Esta tarde he ido con los niños a visitar la sepultura de Platero, que 10 está en el huerto de la Piña, al pie del pino maternal. En torno, abril había adornado la tierra húmeda de grandes lirios amarillos.

Cantaban los chamarices allá arriba, en la cúpula verde, toda pintada de cenit azul, y su trino menudo, florido y reidor, se iba en al aire de oro de la tarde tibia, como un claro sueño de amor nuevo.

15 Los niños, así que iban llegando, dejaban de gritar. Quietos y serios, sus ojos brillantes en mis ojos, me llenaban de preguntas ansiosas.

—¡Platero amigo! —le dije yo a la tierra—: si como pienso, estás ahora en un prado del cielo y llevas sobre tu lomo peludo a los ángeles adolescentes, ¿me habrás, quizá, olvidado? Platero, dime: ¿te acuerdas aun de mí?

20 Y, cual contestando mi pregunta, una leve mariposa blanca, que antes no había visto, revolaba insistentemente, igual que un alma, de lirio a lirio…

---

[12] *pálida plata*   pale silver light

8 ❧ *José Ortega y Gasset*
(1883–1955)

Una de las figuras de mayor significación en el pensamiento, no sólo español sino europeo, del siglo XX. Su prestigio está internacionalmente reconocido. Como filósofo, como escritor, como conferenciante, y como director de revistas y publicaciones su influencia en la vida española ha sido extraordinaria. Tal vez mayor que la de Unamuno, cuyo influjo, emocional e individualista, sobre la juventud española, él atacó. Ortega fué de hecho el guía más importante de las nuevas generaciones intelectuales y literarias de España, desde la Guerra Mundial de 1914 hasta la Guerra Civil de 1936. Nacido en Madrid, hizo su primera formación universitaria con los Jesuítas, formación que amplió luego en Alemania. En 1910 obtuvo la cátedra de Metafísica de la Universidad de Madrid y la regentó hasta 1936.

Para exponer sus ideas cultivó exclusivamente el ensayo, en vez de las formas más amplias de exposición filosófica. En sus manos, esta forma literaria —de escasa tradición hasta el siglo XX en las letras españolas— se convierte en una entidad perfectamente definida y flexiblemente apta para la expresión de las ideas.

Los temas de los ensayos de Ortega son múltiples —desde los problemas trascendentales del pensamiento, de la historia, y de la cultura, hasta los motivos en apariencia más intrascendentes de la vida diaria. El que aquí se incluye es el que abre *La rebelión de las masas* (1930), el libro más famoso del pensador español, y que está considerado como uno de los análisis histórico-sociales más significativos de nuestra época.

En él Ortega señala el hecho de que en la edad presente las masas están suplantando a las minorías selectas —que son las que guían con un sentido superior la vida y la cultura— en todos los aspectos de la existencia. La población de Europa se ha triplicado en los últimos cien años; y como resultado de ese crecimiento extraordinario un fenómeno nuevo ha hecho su aparición: el «hombre-masa», que ha empezado a dominar en todos los órdenes de la vida y en todos los niveles de la sociedad —ya que este tipo de individuo aparece en todas las clases sociales. Esta crisis de la cultura occidental, manifestada en esa inversión de valores, está conduciendo a una «hiperdemocracia» en la cual hay, según Ortega, un riesgo de retorno a la barbarie, de naufragio de la civilización. El predominio en las esferas políticas, sociales, artísticas, y económicas, de la mentalidad inferior, del «hombre-masa» sobre la mentalidad superior, o minoritaria, puede conducir al desastre, apunta el filósofo. Es ése un libro penetrante que ofrece una nueva perspectiva de los problemas todos de nuestra sociedad y de nuestro tiempo.

Independientemente de la validez filosófica de sus ideas, Ortega y Gasset es un gran escritor, un gran artista de la prosa expositiva. Y en sus ensayos es imposible separar el valor ideológico del valor literario. Aparte de haber dado a la técnica de ese género un carácter magistral, y unas amplias posibilidades, su estilo ha ejercido una influencia muy perceptible en la literatura contemporánea. Ese estilo se distingue principalmente por su transparencia y claridad, por su exactitud, por la brillantez y eficacia de sus metáforas, por su equilibrio y su ritmo elegante, y por la mezcla sutil de formas cultas y refinadas con maneras de decir tomadas de la boca del pueblo. Tanto por lo seductor de sus conceptos, ideas, y análisis, como por la delicada sensibilidad estética de su expresión, es este escritor uno de los altos valores de la literatura de lengua española del siglo XX.

❧ La rebelión de las masas

El hecho de las aglomeraciones

Hay un hecho que, para bien o para mal, es el más importante en la vida pública europea de la hora presente. Este hecho es el advenimiento de las masas al pleno poderío social. Como las masas, por definición, no deben ni pueden dirigir su propia existencia, y menos regentar la sociedad, quiere decirse que Europa sufre ahora la más grave crisis que a pueblos, naciones, culturas, cabe padecer.[1] Esta crisis ha sobrevenido más de una vez en la historia. Su fisonomía y sus consecuencias son conocidas. También se conoce su nombre. Se llama la rebelión de las masas.

Para la inteligencia del formidable hecho conviene que se evite dar, desde luego, a las palabras «rebelión», «masas», «poderío social», etc., un significado exclusiva o primariamente político. La vida pública no es sólo política, sino, a la par y aun antes, intelectual, moral, económica, religiosa; comprende los usos todos colectivos e incluye el modo de vestir y el modo de gozar.

Tal vez la manera mejor de acercarse a este fenómeno histórico consista en referirnos a una experiencia visual, subrayando una facción de nuestra época que es visible con los ojos de la cara.[2]

Sencillísima de enunciar, aunque no de analizar, yo la denomino el hecho de la aglomeración, del «lleno».[3] Las ciudades están llenas de gente. Las casas, llenas de inquilinos. Los hoteles llenos de huéspedes. Los trenes,

---

[1] *que a pueblos . . . cabe padecer*   that can afflict peoples, nations and cultures
[2] *es visible con los ojos de la cara*   is visible to the naked eye
[3] *"lleno"* (lit.)   full house (in a theater). The author uses this term in quotation marks because he enlarges its meaning to cover what he considers the most significant social phenomenon of our times: the overcrowding of the world, its "fullness to capacity".

234

llenos de viajeros. Los cafés, llenos de consumidores. Los paseos, llenos de transeúntes. Las salas de los médicos famosos, llenas de enfermos. Los espectáculos, como no sean muy extemporáneos, llenos de espectadores. Las playas, llenas de bañistas. Lo que antes no solía ser problema empieza a 5 serlo casi de continuo: encontrar sitio.

Nada más. ¿Cabe hecho más simple,[4] más notorio, más constante, en la vida actual? Vamos ahora a punzar el cuerpo trivial de esta observación, y nos sorprenderá ver cómo de él brota un surtidor inesperado, donde la blanca luz del día, de este día, del presente, se descompone en todo su rico 10 cromatismo interior.

¿Qué es lo que vemos, y al verlo nos sorprende tanto? Vemos la muchedumbre, como tal, posesionada de los locales y utensilios creados por la civilización. Apenas reflexionamos un poco, nos sorprendemos de nuestra sorpresa. Pues qué, ¿no es el ideal?[5] El teatro tiene sus localidades para que se 15 ocupen; por tanto, para que la sala esté llena. Y lo mismo los asientos el ferrocarril y sus cuartos el hotel. Sí; no tiene duda. Pero el hecho es que antes ninguno de estos establecimientos y vehículos solía estar lleno, y ahora rebosan, queda fuera gente afanosa de usufructuarlos. Aunque el hecho sea lógico, natural, no puede desconocerse que antes no acontecía y ahora sí; 20 por tanto, que ha habido un cambio, una innovación, la cual justifica por lo menos en el primer momento, nuestra sorpresa.

Soprenderse, extrañarse, es comenzar a entender. Es el deporte y el lujo específico del intelectual. Por eso su gesto gremial[6] consiste en mirar el mundo con los ojos dilatados por la extrañeza. Todo el mundo es extraño 25 y es maravilloso para unas pupilas bien abiertas. Esto, maravillarse, es la delicia vedada al futbolista, y que, en cambio, lleva al intelectual por el mundo en perpetua embriaguez de visionario. Su atributo son los ojos en pasmo.[7] Por eso los antiguos dieron a Minerva la lechuza,[8] el pájaro con los ojos siempre deslumbrados.

30 La aglomeración, el lleno, no era antes frecuente. ¿Por qué lo es ahora? Los componentes de esas muchedumbres no han surgido de la nada.[9]

---

4 *¿Cabe hecho más simple...?*   Can there be any simpler fact . . .?

5 *Pues qué ¿no es el ideal?*   What of it? Is this not the ideal state of things?

6 *su gesto gremial*   the distinctive attitude of his tribe [the attitude that distinguishes the intellectuals as a group]

7 *ojos en pasmo*   starry eyes, eyes wide with astonishment

8 *los antiguos dieron a Minerva la lechuza*—Minerva was the Roman goddess of learning and wisdom, identified with the Greek deity Athena. The owl was her symbol.

9 *de la nada*   from nowhere

Aproximadamente, el mismo número de personas existía hace quince años. Después de la guerra parecería natural que ese número fuese menor. Aquí topamos, sin embargo, con la primera nota importante. Los individuos que integran estas muchedumbres preexistían, pero no como muchedumbre. Repartidos por el mundo en pequeños grupos, o solitarios, llevaban una 5 vida, por lo visto, divergente, disociada, distante. Cada cual —individuo o pequeño grupo— ocupaba un sitio, tal vez el suyo, en el campo, en la aldea, en la villa, en el barrio de la gran ciudad.

Ahora, de pronto, aparecen bajo la especie de aglomeración, y nuestros ojos ven dondequiera muchedumbres. ¿Dondequiera? No, no; precisamente 10 en los lugares mejores, creación relativamente refinada de la cultura humana, reservados antes a grupos menores, en definitava, a minorías.

La muchedumbre, de pronto, se ha hecho visible, se ha instalado en los lugares preferentes de la sociedad. Antes, si existía, pasaba inadvertida, ocupaba el fondo del escenario social; ahora se ha adelantado a las baterías, 15 es ella el personaje principal. Ya no hay protagonistas: sólo hay coro.

El concepto de muchedumbre es cuantitativo y visual. Traduzcámoslo, sin alterarlo, a la terminología sociológica. Entonces hallamos la idea de masa social. La sociedad es siempre una unidad dinámica de dos factores: minorías y masas. Las minorías son individuos o grupos de individuos 20 especialmente cualificados. La masa es el conjunto de personas no especialmente cualificadas. No se entienda, pues, por masas sólo ni principalmente «las masas obreras». Masa es el «hombre medio». De este modo se convierte lo que era meramente cantidad —la muchedumbre— en una determinación cualitativa: es la cualidad común, es lo mostrenco social,[10] es el hombre en 25 cuanto no se diferencia de otros hombres, sino que repite en sí un tipo genérico. ¿Qué hemos ganado con esta conversión de la cantidad a la cualidad? Muy sencillo: por medio de ésta comprendemos la génesis de aquélla. Es evidente, hasta perogrullesco,[11] que la formación normal de una muchedumbre implica la coincidencia de deseos, de ideas, de modo de ser,[12] 30 en los individuos que la integran. Se dirá que es lo que acontece con todo grupo social, por selecto que pretenda ser. En efecto; pero hay una esencial diferencia.

---

[10] *lo mostrenco social*   that which everybody has, the common social denominator

[11] *perogrullesco*   self-evident, trite. From *Pero Grullo,* a Spanish proverbial character who distinguished himself by his utterance of platitudes.

[12] *modo de ser*   psychology.

En los grupos que se caracterizan por no ser muchedumbre y masa, la coincidencia efectiva de sus miembros consiste en algún deseo, idea o ideal, que por sí solo excluye el gran número. Para formar una minoría, sea la que fuere, es preciso que antes cada cual se separe de la muchedumbre por 5 razones especiales, relativamente individuales. Su coincidencia con los otros que forman la minoría es, pues, secundaria, posterior, a haberse cada cual singularizado, y es, por tanto, en buena parte una coincidencia en no coincidir. Hay casos en que este carácter singularizador del grupo aparece a la intemperie:[13] los grupos ingleses que se llaman a sí mismos «no con- 10 formistas», es decir, la agrupación de los que concuerdan sólo en su discon- formidad respecto a la muchedumbre ilimitada. Este ingrediente de juntarse los menos precisamente para separarse de los más, va siempre involucrado en la formación de toda minoría.[14] Hablando del reducido público que escuchaba a un músico refinado, dice graciosamente Mallarmé[15] que aquel público 15 subrayaba con la presencia de su escasez la ausencia multitudinaria.

En rigor, la masa puede definirse, como hecho psicológico, sin necesidad de esperar a que aparezcan los individuos en aglomeración. Delante de una sola persona podemos saber si es masa o no. Masa es todo aquel que no se valora a sí mismo —en bien o en mal— por razones especiales, sino que se 20 siente «como todo el mundo» y, sin embargo, no se angustia, se siente a sabor al sentirse idéntico a los demás. Imagínese un hombre humilde que al intentar valorarse por razones especiales —al preguntarse si tiene talento para esto o lo otro, si sobresale en algún orden— advierte que no posee ninguna calidad excelente. Este hombre se sentirá mediocre y vulgar, mal 25 dotado; pero no se sentirá «masa».

Cuando se habla de «minorías selectas», la habitual bellaquería suele tergiversar[16] el sentido de esta expresión, fingiendo ignorar que el hombre selecto no es el petulante que se cree superior a los demás, sino el que se exige más que los demás, aunque no logre cumplir en su persona esas 30 exigencias superiores. Y es indudable que la división más radical que cabe hacer[17] en la humanidad es ésta, en dos clases de criaturas: las que se exigen

---

[13] *aparece a la intemperie*   comes out into the open
[14] *Este ingrediente de juntarse los menos... de toda minoría*   This mutual association of the few precisely in order to separate themselves from the many is a necessary factor in the formation of every minority
[15] *Mallarmé, Stéphane* (1842–1898)—French poet of the symbolist school, who is noted for his ex- tremely refined type of poetry.
[16] *la habitual bellaquería suele tergiversar*   it is usual for the evil-minded to twist
[17] *que cabe hacer*   that it is possible to make

237

mucho y acumulan sobre sí mismas dificultades y deberes, y las que no se exigen nada especial, sino que para ellas vivir es ser en cada instante lo que ya son, sin esfuerzo de perfección sobre sí mismas, boyas que van a la deriva.[18]

Esto me recuerda que el budismo ortodoxo se compone de dos religiones distintas: una, más rigurosa y difícil; otra, más laxa y trivial: el Mahayana [5] —«gran vehículo» o «gran carril»— y el Hinayana[19] —«pequeño vehículo», «camino menor»—. Lo decisivo es si ponemos nuestra vida a uno u otro vehículo, a un máximo de exigencias o a un mínimo.

La división de la sociedad en masas y minorías excelentes no es, por tanto, una división en clases sociales, sino en clases de hombres, y no puede [10] coincidir con la jerarquización en clases superiores e inferiores. Claro está que en las superiores, cuando llegan a serlo y mientras lo fueron de verdad, hay más verosimilitud de hallar hombres que adoptan el «gran vehículo», mientras las inferiores están normalmente constituídas por individuos sin calidad. Pero, en rigor, dentro de cada clase social hay masa y minoría [15] auténtica. Como veremos, es característico del tiempo[20] el predominio, aun en los grupos cuya tradición era selectiva, de la masa y el vulgo. Así, en la vida intelectual, que por su misma esencia requiere y supone la cualificación, se advierte el progresivo triunfo de los seudointelectuales incualificados, incalificables y descalificados por su propia contextura. Lo mismo en los [20] grupos supervivientes de la «nobleza» masculina y femenina. En cambio, no es raro encontrar hoy entre los obreros, que antes podían valer como el ejemplo más puro de esto que llamamos «masa», almas egregiamente disciplinadas.

Ahora bien: existen en la sociedad operaciones, actividades, funciones [25] del más diverso orden, que son, por su misma naturaleza, especiales, y, consecuentemente, no pueden ser bien ejecutadas sin dotes también especiales. Por ejemplo: ciertos placeres de carácter artístico y lujoso, o bien las funciones de gobierno y de juicio político sobre los asuntos públicos. Antes eran ejercidas estas actividades especiales por minorías calificadas —cali- [30] ficadas, por lo menos, en pretensión. La masa no pretendía intervenir en ellas: se daba cuenta de que si quería intervenir tendría congruentemente que

---

[18] *boyas que van a la deriva*   buoys adrift

[19] *el Mahayana... y el Hinayana*—the Mahayana (in Sanskrit, the "large vehicle") is the most elaborate and institutionalized form of Buddhism, which spread toward the North of Asia, mainly to China and Japan. The Hinayana (or "small vehicle"), its purer and simpler form, persisted mainly in Ceylon and Burma.

[20] *del tiempo*   of our times

adquirir esas dotes especiales y dejar de ser masa. Conocía su papel en una saludable dinámica social.

Si ahora retrocedemos a los hechos enunciados al principio, nos aparecerán inequívocamente como nuncios de un cambio de actitud en la masa. Todos ellos[21] indican que ésta ha resuelto adelantarse al primer plano social[21] y ocupar los locales y usar los utensilios y gozar de los placeres antes adscritos a los pocos.[22] Es evidente que, por ejemplo, los locales no estaban premeditados para las muchedumbres, puesto que su dimensión es muy reducida y el gentío rebosa constantemente de ellos, demostrando a los ojos y con lenguaje visible el hecho nuevo: la masa que, sin dejar de serlo, suplanta a las minorías.

Nadie, creo yo, deplorará que las gentes gocen hoy en mayor medida y número que antes, ya que tienen para ello el apetito y los medios. Lo malo es que esta decisión, tomada por las masas, de asumir las actividades propias de las minorías no se manifiesta, ni puede manifestarse, sólo en el orden de los placeres, sino que es una manera general del tiempo. Así —anticipando lo que luego veremos—, creo que las innovaciones políticas de los más recientes años no significan otra cosa que[23] el imperio político de las masas. La vieja democracia vivía templada por una abundante dosis de liberalismo y de entusiasmo por la ley. Al servir a estos principios el individuo se obligaba a sostener en sí mismo una disciplina difícil. Al amparo del principio liberal y de la norma jurídica podían actuar y vivir las minorías. Democracia y ley, convivencia legal, eran sinónimos. Hoy asistimos al triunfo de una hiperdemocracia en que la masa actúa directamente sin ley, por medio de materiales presiones, imponiendo sus aspiraciones y sus gustos. Es falso interpretar las situaciones nuevas como si la masa se hubiese cansado de la política y encargase a personas especiales su ejercicio. Todo lo contrario. Eso era lo que antes acontecía, eso era la democracia liberal. La masa presumía que, al fin y al cabo, con todos sus defectos y lacras, las minorías de los políticos entendían un poco más de los problemas públicos que ella. Ahora, en cambio, cree la masa que tiene derecho a imponer y dar vigor de ley a sus tópicos de café.[24] Yo dudo que haya habido otras épocas de la historia en que la

---

[21] *al primer plano social*   into the social foreground
[22] *adscritos a los pocos*   reserved for the few
[23] *no significan otra cosa que* = *sólo significan*
[24] *dar vigor de ley a sus tópicos de café*   to enforce its commonplace ideas as though they were laws. By *tópicos de café* the author means the usual ideas discussed by the average group of men meeting in a Spanish café.

239

muchedumbre llegase a gobernar tan directamente como en nuestro tiempo. Por eso hablo de hiperdemocracia.

Lo propio acaece en los demás órdenes, muy especialmente en el intelectual. Tal vez padezco un error; pero el escritor, al tomar la pluma para escribir sobre un tema que ha estudiado largamente, debe pensar que el 5 lector medio, que nunca se ha ocupado del asunto, si le lee, no es con el fin de aprender algo de él, sino, al revés, para sentenciar sobre él cuando no coincide con las vulgaridades que este lector tiene en la cabeza. Si los individuos que integran la masa se creyesen especialmente dotados, tendríamos no más que un caso de error personal, pero no una subversión 10 sociológica. *Lo característico del momento es que el alma vulgar, sabiéndose vulgar, tiene el denuedo de afirmar el derecho de la vulgaridad y lo impone dondequiera.* Como se dice en Norteamérica: ser diferente es indecente. La masa arrolla todo lo diferente, egregio, individual, calificado y selecto. Quien no sea como todo el mundo, quien no piense como todo el mundo, corre el 15 riesgo de ser eliminado. Y claro está que ese «todo el mundo» no es «todo el mundo». «Todo el mundo» era, normalmente, la unidad compleja de masa y minorías discrepantes, especiales. Ahora todo el mundo es sólo la masa.

Éste es el hecho formidable de nuestro tiempo, descrito sin ocultar la brutalidad de su apariencia. 20

9 ❧ *Federico García Lorca*
(1899–1936)

Lorca es —con Rubén Darío— uno de los pocos poetas de habla española que han logrado la alta estimación de la minoría al mismo tiempo que la popularidad entre la mayoría. Nacido en Granada, allí fue a morir, en la plenitud de su talento múltiple, víctima inocente del oscurantismo bárbaro, en la Guerra Civil de 1936. Dejó detrás de sí, no sólo su obra, sino la huella, viva y honda, de su rica personalidad humana. Su nombre ha alcanzado en poco tiempo una celebridad internacional, merecidamente, pues como poeta es una de las figuras hispánicas de tono más inconfundible, y como dramaturgo es el único impulso verdaderamente renovador aparecido en el teatro español de los últimos cuarenta años.

Su poesía es muy varia, tanto en motivos como en formas, y va de lo candoroso e infantil a lo intenso y dramático, siempre con un acento personalísimo. Con una fórmula lírica de gran originalidad funde elementos de la tradición popular con otros procedentes de la más refinada cultura literaria. Sus temas más característicos están relacionados con Andalucía, de la que hace una reinterpretación poética profunda, diametralmente opuesta a la elaboración superficial del pintoresquismo colorista.

De los poemas que aquí incluimos, la « Balada de la Placeta » pertenece al *Libro de poemas* (1921) y es obra de juventud; « La guitarra » está tomada del *Poema del cante jondo* (1931). Ambas composiciones expresan notas muy típicas de la poesía de Lorca: lo popular, lo infantil, y lo gitano andaluz. Pero, como siempre en él, esos motivos están estilizados y elevados a un plano estético universal. Los dos poemas tienen además en común el carácter musical de sus temas —que es básico de toda su obra. « Romance sonámbulo » es uno de los poemas más intensamente líricos del *Romancero gitano* (1928), su

241

poemario más famoso. Proyecta una misteriosa tragedia cuyos borrosos perfiles se pierden en una inquietante alucinación « verde », en esa zona crepuscular, fronteriza entre el sueño y la vigilia. El lenguaje del poema es también misterioso, a la vez claro y enigmático, como si el poeta se moviese en la misma atmósfera de neblina que los personajes.

Lorca pasó un año en Columbia University (1929-1930) y sus impresiones de Nueva York expresadas en poderosos y originales símbolos e imágenes surrealistas nos dan una visión apocalíptica de la gran urbe. En « La aurora » se nos presenta la ciudad en una noche eterna; la luz del amanecer lucha por llegar, pero no hay nadie para recibirla y queda sepultada bajo cosas horribles, enemigas de la esperanza de la mañana.

El *Llanto por Ignacio Sánchez Mejías* (1935) es obra poética de madurez. Canta la muerte trágica, en la plaza, de un torero, amigo del poeta, conocido por su inteligencia, su dignidad y su arrojo. Damos aquí dos de los cuatro movimientos en que el poema está dividido. En el primero se expresa la tragedia misma, sangrienta, en el ruedo y en la enfermería, y en el último, la angustia por el vacío de la desaparición definitiva e irrevocable de la presencia viva y del alma del héroe. En ambos encontramos una técnica de reiteración de temas, expresiones y versos completos, en estribillos obsesivos de gran intensidad lírico-emotiva. El *Llanto*, como las famosas *Coplas* de Jorge Manrique[1] a la muerte de su padre —cuyo noble eco percibimos en algunos versos— transforma un motivo de duelo personal en un canto elegíaco de significado universal ante la pesadumbre inapelable del morir.

El teatro de Lorca —traducido ya a todas las lenguas importantes— muestra también una gran flexibilidad temática y técnica. Va desde las farsas cómicas y poéticas a la tragedia pura, desnuda. Aquí ofrecemos una de sus piezas breves, en un acto. Como toda la obra del poeta, la farsa de *Don Perlimplín* (estrenada en 1933) es al mismo tiempo culta y popular. Está basada en literatura del pueblo, en una conocida « aleluya » (véase nota 16, p. 256). El dramaturgo refina ese tema de la calle, vulgar, chocarrero y candoroso y lo eleva a una « versión de cámara », delicada y musical, en un ambiente de salón dieciochesco. Quitándole su crudeza lo transforma en un fino y hondo motivo lírico y simbólico, de conflicto físico-espiritual. La eterna dualidad insoluble entre el espíritu y el cuerpo, planteada grotesca y dramáticamente por el matrimonio del inocente Don Perlimplín y la voluptuosa Belisa, se resuelve por el camino de la imaginación poética. Para superar su problema personal, así como el de su mujer, Don Perlimplín despliega su amor doloroso en dos personalidades: su triste realidad de

---

[1] Jorge Manrique (1440?-1479), a Spanish poet who owes his great renown to his *Coplas por la muerte de su padre*, an elegy of intense personal grief in 40 stanzas which won him undying fame

marido viejo y sin fuerzas, comprensivo y tolerante, y su estupenda invención de sí mismo como el joven seductor, apuesto, vigoroso y apasionado que ronda a su mujer y enciende en ella el fuego erótico del amor. Al dar una solución trágica al juego angustioso de su fantasía, el ridículo Don Perlimplín se sublima, y salva a Belisa, dotando de un alma su carne sensual. La sencillez esquemática del argumento está desarrollada en un ambiente melódico y plástico de pantomina irónico-lírica, en la que los rasgos patéticos y los cómicos se equilibran delicadamente. Esta pequeña obra maestra basta para mostrar las altas calidades del teatro de García Lorca —que hoy es representado en todos los escenarios del mundo.

❧ Balada de la placeta

Cantan los niños
en la noche quieta:
¡Arroyo claro,
fuente serena![1]

5   LOS NIÑOS
¿Qué tiene tu divino
corazón de fiesta?

     YO
Un doblar de campanas,
10 perdidas en la niebla.

[1] *¡Arroyo claro, fuente serena!*—these two lines belong to a traditional children's song.

243

LOS NIÑOS
Ya nos dejas cantando
en la plazuela.
¡Arroyo claro,
fuente serena!   5

¿Qué tienes en tus manos
de primavera?

YO
Una rosa de sangre
y una azucena.   10

LOS NIÑOS
Mójalas en el agua
de la canción añeja.
¡Arroyo claro,
fuente serena!   15
¿Qué sientes en tu boca
roja y sedienta?

YO
El sabor de los huesos
de mi gran calavera.   20

LOS NIÑOS
Bebe el agua tranquila
de la canción añeja.
¡Arroyo claro,
fuente serena!   25

¿Por qué te vas tan lejos
de la plazuela?

Yo
¡Voy en busca de magos
y de princesas!

Los niños
¿Quién te enseñó el camino
de los poetas?

Yo
La fuente y el arroyo
de la canción añeja.

Los niños
¿Te vas lejos, muy lejos
del mar y de la tierra?

Yo
Se ha llenado de luces
mi corazón de seda,
de campanas perdidas,
de lirios y de abejas,
y yo me iré muy lejos,
más allá de esas sierras,
más allá de los mares
cerca de las estrellas,
para pedirle a Cristo
Señor que me devuelva
mi alma antigua de niño,
madura de leyendas,
con el gorro de plumas
y el sable de madera.

Los niños
Ya nos dejas cantando
en la plazuela.
¡Arroyo claro,
fuente serena!   5

Las pupilas enormes
de las frondas resecas,
heridas por el viento,
lloran las hojas muertas.

❦ La guitarra

(Poema de la Siguiriya gitana.²)

Empieza el llanto   10
de la guitarra.
Se rompen las copas
de la madrugada.³
Empieza el llanto
de la guitarra.   15
Es inútil callarla.
Es imposible
callarla.
Llora monótona
como llora el agua,   20
como llora el viento
sobre la nevada.

---

² *Siguiriya gitana*—one of the oldest forms of the *cante jondo*, the purest tradition of *flamenco* singing. Both *cante jondo* and *flamenco* belong to the rich Andalusian folklore that resulted through the centuries from the mixing of many cultural and musical ingredients, Eastern as well as Western. The Gypsies, who have been in Spain at least since the fifteenth century, have preserved the *jondo* style of singing in its most archaic forms. The *siguiriya* is one of these. It is distinguished by a simple structure and its melody is based upon the predominance of a single note; hence its poignant monotonous quality that suggests a long, deeply felt lament.

³ *Se rompen las copas de la madrugada* the glasses break in the hour before dawn. The intensity of the moaning of the *siguiriya* causes the glasses to break. The poet has used the same image elsewhere: *Al gemir la santa niña quiebra el cristal de las copas*, ("Martirio de Santa Olalla", I, *Romancero gitano*).

Es imposible
callarla.
Llora por cosas
lejanas.
5 Arena del Sur caliente
que pide camelias blancas.
Llora flecha sin blanco,
la tarde sin mañana,
y el primer pájaro muerto
10 sobre la rama.
¡Oh, guitarra!
Corazón malherido
por cinco espadas.[4]

❧ Romance sonámbulo

Verde que te quiero verde.[5]
15 Verde viento. Verdes ramas.
El barco sobre la mar
y el caballo en la montaña.
Con la sombra en la cintura
ella sueña en su baranda,
20 verde carne, pelo verde,
con ojos de fría plata.
Verde que te quiero verde.
Bajo la luna gitana,
las cosas la están mirando
25 y ella no puede mirarlas.

---

[4] *Corazón malherido por cinco espadas*—a metaphor suggested by the visual impression of the five fingers of the player striking the strings of the instrument.

[5] The first line of the poem—which is repeated as a refrain several times—is untranslatable. Its objective meaning and syntax are obscure in Spanish. Like an incantation, it sets the mysterious dream-like mood which pervades the whole composition. Together with the next three lines it forms a stanza that appears again as the end of the poem, enclosing it in an unreal atmosphere.

Verde que te quiero verde.
Grandes estrellas de escarcha,
vienen con el pez de sombra
que abre el camino del alba.
La higuera frota su viento   5
con la lija de sus ramas,
y el monte, gato garduño,
eriza sus pitas agrias.[6]
¿Pero quién vendrá? ¿Y por dónde?
Ella sigue en su baranda,   10
verde carne, pelo verde,
soñando en la mar amarga.
Compadre, quiero cambiar
mi caballo por su casa,
mi montura por su espejo,   15
mi cuchillo por su manta.
Compadre, vengo sangrando,
desde los puertos de Cabra.[7]
Si yo pudiera, mocito.
ese trato se cerraba.   20
Pero yo ya no soy yo,
ni mi casa es ya mi casa.
Compadre, quiero morir
decentemente en mi cama.
De acero, si puede ser,   25
con las sábanas de holanda.
¿No ves la herida que tengo
desde el pecho a la garganta?
Trescientas rosas morenas[8]
lleva tu pechera blanca.   30
Tu sangre rezuma y huele
alrededor de tu faja.
Pero yo ya no soy yo,
ni mi casa es ya mi casa.

[6] *el monte, gato garduño... agrias* the mountain, like a wild cat bristles its sharp cacti
[7] *los puertos de Cabra* the mountain passes near Cabra—a town in the Andalucian province of Córdoba.
[8] *rosas morenas* dark roses—a metaphor for bloodstains.

Dejadme subir al menos
hasta las altas barandas,
¡dejadme subir!, dejadme
hasta las verdes barandas.
5   Barandales de la luna
por donde retumba el agua.

Ya suben los dos compadres
hacia las altas barandas.
Dejando un rastro de sangre.
10   Dejando un rastro de lágrimas.
Temblaban en los tejados
farolillos de hojalata.
Mil panderos de cristal,
herían la madrugada.

15   Verde que te quiero verde,
verde viento, verdes ramas.
Los dos compadres subieron.
El largo viento, dejaba
en la boca un raro gusto
20   de hiel, de menta y de albahaca.
¡Compadre! ¿Dónde está, dime?
¿Dónde está tu niña amarga?
¡Cuántas veces te esperó!
¡Cuántas veces te esperara,
25   cara fresca, negro pelo,
en esta verde baranda!

Sobre el rostro del aljibe
se mecía la gitana.[9]
Verde carne, pelo verde,
30   con ojos de fría plata.
Un carámbano de luna
la sostiene sobre el agua.

[9] *Sobre el rostro... gitana* the gypsy girl's body swayed on the cistern's surface [drowned, apparently by suicide, though this is not made clear]

La noche se puso íntima
como una pequeña plaza.
Guardias civiles[10] borrachos
en la puerta golpeaban.
Verde que te quiero verde.   5
Verde viento. Verdes ramas.
El barco sobre la mar.
y el caballo en la montaña.

❧ La aurora

La aurora de Nueva York tiene
cuatro columnas de cieno   10
y un huracán de negras palomas
que chapotean las aguas podridas.

La aurora de Nueva York gime
por las inmensas escaleras
buscando entre las aristas   15
nardos de angustia dibujada.

La aurora llega y nadie la recibe en su boca
porque allí no hay mañana ni esperanza posible.
A veces las monedas en enjambres furiosos
taladran y devoran abandonados niños.   20

Los primeros que salen comprenden con sus huesos
que no habrá paraíso ni amores deshojados;
saben que van al cieno de números y leyes,
a los juegos sin arte, a sudores sin fruto.

[10] *Guardias civiles* members of the Guardia Civil—a military police originally founded in the nineteenth century to protect the countryside against banditry. It evolved into a trusted instrument for the repression of the restiveness of the working classes. Gypsies, being roamers of the road often given to thievery and smuggling, were in general dealt with peremptorily by the Civil Guards. Lorca uses them frequently as a poetic symbol of the forces opposing natural freedom, personified by the gypsies.

La luz es sepultada por cadenas y ruidos
en impúdico reto de ciencia sin raíces.
Por los barrios hay gentes que vacilan insomnes
como recién salidas de un naufragio de sangre.

Llanto por Ignacio Sánchez Mejías

1 La cogida y la muerte

A las cinco de la tarde.
Eran las cinco en punto de la tarde.
Un niño trajo la blanca sábana
a las cinco de la tarde.
Una espuerta de cal ya prevenida
a las cinco de la tarde.
Lo demás era muerte y sólo muerte
a las cinco de la tarde.

El viento se llevó los algodones
a las cinco de la tarde.
Y el óxido sembró cristal y niquel
a las cinco de la tarde.
Ya luchan la paloma y el leopardo
a las cinco de la tarde.
Y un muslo con un asta desolada[11]
a las cinco de la tarde.

Comenzaron los sones del bordón
a las cinco de la tarde.
Las campanas de arsénico y el humo
a las cinco de la tarde.

---

[11] The dead bullfighter was fatally gored in the thigh.

En las esquinas grupos de silencio
a las cinco de la tarde.
¡Y el toro solo corazón arriba!
a las cinco de la tarde.
Cuando el sudor de nieve fue llegando   5
a las cinco de la tarde,
cuando la plaza se cubrió de yodo
a las cinco de la tarde,
la muerte puso huevos en la herida
a las cinco de la tarde.   10
A las cinco de la tarde.
A las cinco en punto de la tarde.

    Un ataúd con ruedas es la cama
a las cinco de la tarde.
Huesos y flautas suenan en su oído   15
a las cinco de la tarde.
El toro ya mugía por su frente
a las cinco de la tarde.
El cuarto se irisaba de agonía
a las cinco de la tarde.   20
A lo lejos ya viene la gangrena
a las cinco de la tarde.
Trompa de lirio por las verdes ingles
a las cinco de la tarde.
Las heridas quemaban como soles   25
a las cinco de la tarde,
y el gentío rompía las ventanas
a las cinco de la tarde.
A las cinco de la tarde.
¡Ay qué terribles cinco de la tarde!   30
¡Eran las cinco en todos los relojes!
¡Eran las cinco en sombra[12] de la tarde!

---

[12] *en sombra*—the word means shade, shadow, darkness, ghost and fate—all these multiple meanings enter here to enhance and reinforce the haunting refrain making it a climax of the whole development.

4 *Alma ausente*

No te conoce el toro ni la higuera,
ni caballos ni hormigas de tu casa.
No te conoce el niño ni la tarde
porque te has muerto para siempre.

5   No te conoce el lomo de la piedra,[13]
ni el raso negro[14] donde te destrozas.
No te conoce tu recuerdo mudo
porque te has muerto para siempre.

    El otoño vendrá con caracolas,
10   uva de niebla y montes agrupados,
pero nadie querrá mirar tus ojos
porque te has muerto para siempre.

    Porque te has muerto para siempre,
como todos los muertos de la Tierra,
15   como todos los muertos que se olvidan
en un montón de perros apagados.

    No te conoce nadie. No. Pero yo te canto.
Yo canto para luego tu perfil y tu gracia.
La madurez insigne de tu conocimiento.
20   Tu apetencia de muerte y el gusto de su boca.
La tristeza que tuvo tu valiente alegría.

    Tardará mucho tiempo en nacer, si es que nace,
un andaluz tan claro, tan rico de aventura.
Yo canto su elegancia con palabras que gimen
25   y recuerdo una brisa triste por los olivos.

[13] *el lomo de la piedra*   the back of the gravestone
[14] *el raso negro*   the black satin [of the casket lining]

❦ Amor de Don Perlimplín con Belisa en su jardín[15]

ALELUYA[16] ERÓTICA EN CUATRO CUADROS
VERSIÓN DE CÁMARA

(1931)

PERSONAJES:

Don Perlimplín.
Belisa.
Marcolfa.
Madre de Belisa.
Duende 1°.
Duende 2°.

---

[15] The text of the play as given here is that of the original Lorca manuscript in the possession of the editors [Eds.]

[16] *Aleluya*—the name given to a certain type of popular, bright-colored sheet of coarse paper, with a story crudely printed on one side in cartoon form, generally having rhyming couplets as captions. Its origin goes back to the eighteenth century; in the beginning it was religious in subject matter and intended to be cut into little squares and thrown from the balconies when a procession was passing. Hence its name (*aleluya= hallelujah* in Hebrew: "Praise the Lord"). Later the *aleluyas* became secular and profane in content. In recent times they found a market only among children, who knew them by heart and for whom they were almost exclusively reprinted until the "comics" killed them off. One of the most popular *aleluyas* was the one called *Vida de Don Perlimplín*, which told the story of the misfortunes of an old man. Judging from the drawings—the original copper cuts were still used in the thirties—it must be an early one, since the characters are depicted in eighteenth-century dress. The title of Lorca's play is rhymed in the fashion typical of the eight-syllable distich of the *aleluya* captions. He qualifies his *aleluya* as "*erótica*" in order to establish its mood and to set it apart from those for children or the religious ones.

PRÓLOGO

(*Casa de* don Perlimplín. *Paredes verdes, con las sillas y muebles pintados de negro. Al fondo, un balcón por el que se verá el balcón de* Belisa.

Perlimplín *viste casaca verde y lleva peluca blanca, llena de bucles;* Marcolfa, *criada, el clásico traje de rayas.*[17])

5 PERLIMPLÍN. ¿Sí?

MARCOLFA. Sí.

PERLIMPLÍN. Pero, ¿por qué sí?

MARCOLFA. Pues porque sí.

PERLIMPLÍN. ¿Y si yo te dijera que no?

10 MARCOLFA (*Agria*). ¿Que no?

PERLIMPLÍN. No.

MARCOLFA. Dígame, señor mío, las causas de ese no.

PERLIMPLÍN. Díme tú, doméstica perseverante, las causas de ese sí. (*Pausa*).

MARCOLFA. Veinte y veinte son cuarenta...

15 PERLIMPLÍN (*Escuchando*). Adelante.

MARCOLFA. Y diez, cincuenta.

PERLIMPLÍN. Vamos.

MARCOLFA. Con cincuenta años ya no se es un niño.

PERLIMPLÍN. Claro.

20 MARCOLFA. Yo me puedo morir de un momento a otro.

PERLIMPLÍN. ¡Caramba!

MARCOLFA (*Llorando*). ¿Y qué será de usted solo en este mundo?

PERLIMPLÍN. ¿Qué sería?

MARCOLFA. Por eso tiene que casarse.

25 PERLIMPLÍN (*Distraído*). ¿Sí?

MARCOLFA (*Enérgica*). Sí.

PERLIMPLÍN (*Angustiado*). Pero, Marcolfa... ¿Por qué sí? Cuando yo era niño una mujer estranguló a su esposo. Era zapatero. No se me olvida. Siempre he pensado no casarme. Yo con mis libros tengo bastante. ¿De qué me va

30 a servir?

---

17 *el clásico traje de rayas*—the typical striped dress of the servant or *soubrette* of the eighteenth-century French plays.

MARCOLFA. El matrimonio tiene grandes encantos, mi señor. No es lo que se ve por fuera. Está lleno de cosas ocultas. Cosas que no está bien que sean dichas por una servidora... Ya ve...

PERLIMPLÍN. ¿Y qué?

MARCOLFA. Me he puesto colorada. 5

(*Pausa. Se oye un piano*).

VOZ DE BELISA (*Dentro, cantando*).

Amor, amor.
Entre mis muslos cerrados
nada como un pez el sol. 10
Agua tibia entre los juncos,
amor.
¡Gallo, que se va la noche!
¡Que no se vaya, no!

MARCOLFA. Verá mi señor la razón que tengo. 15

PERLIMPLÍN (*Rascándose la cabeza*). Canta bien.

MARCOLFA. Ésa es la mujer de mi señor: la blanca Belisa.

PERLIMPLÍN. Belisa... Pero no sería mejor...

MARCOLFA. No... Venga ahora mismo.

(*Le coge de la mano y se acercan al balcón*). 20

Diga usted: Belisa...

PERLIMPLÍN. Belisa...

MARCOLFA. Más alto.

PERLIMPLÍN. ¡Belisa!...

(*El balcón de la casa de enfrente se abre y aparece Belisa resplandeciente de* 25 *hermosura, está medio desnuda*).

BELISA. ¿Quién me llama?

(*Marcolfa escondiéndose detrás de la cortina del balcón*).

MARCOLFA. Conteste.

PERLIMPLÍN (*Temblando*). La llamaba yo.

BELISA. ¿Sí?

PERLIMPLÍN. Sí.

BELISA. Pero... ¿por qué sí?

5 PERLIMPLÍN. Pues porque sí.

BELISA. ¿Y si yo le dijese que no?

PERLIMPLÍN. Lo sentiría... porque... hemos decidido que me quiero casar.

BELISA (*Ríe*). ¿Con quién?

PERLIMPLÍN. Con usted...

10 BELISA (*Seria*). Pero... (*A voces*). ¡Mamá, mamá, mamaíta!

MARCOLFA. Esto va bien.

(*Sale la Madre con una gran peluca dieciochesca, llena de pájaros, cintas y abalorios*).

BELISA. Don Perlimplín se quiere casar conmigo. ¿Qué hago?

15 MADRE. Buenísimas tardes, encantador vecinito mío. Siempre dije a mi pobre hija que tiene usted la gracia y modales de aquella gran señora que fue su madre, a la cual no tuve la dicha de conocer.

PERLIMPLÍN. ¡Gracias!...

MARCOLFA (*Furiosa desde la cortina*). He decidido que... ¡vamos!

20 PERLIMPLÍN. Hemos decidido que vamos...

MADRE. A contraer matrimonio, ¿no es así?

PERLIMPLÍN. Así es.

BELISA. Pero mamá... ¿Y yo?

MADRE. Tú estás conforme, naturalmente. Don Perlimplín es un encantador 25 marido.

PERLIMPLÍN. Espero serlo, señora.

MARCOLFA (*Llamando a don Perlimplín*). Esto está casi terminado.

PERLIMPLÍN. ¿Crees tú?

(*Hablan*).

30 MADRE (*A Belisa*). Don Perlimplín tiene muchas tierras; en las tierras hay muchos gansos y ovejas. Las ovejas se llevan al mercado. En el mercado dan dineros por ellas. Los dineros dan la hermosura... Y la hermosura es codiciada por los demás hombres.

PERLIMPLÍN. Entonces...

MADRE. Emocionadísima... Belisa... vete dentro... no está bien que una doncella oiga ciertas conversaciones.

BELISA. Hasta luego... (*Se va*).

MADRE. Es una azucena. ¿Ve usted su cara? (*Bajando la voz*). ¡Pues si la viese por dentro!... Como de azúcar... Pero... perdón. No he de ponderar estas 5 cosas a persona tan moderna y competentísima como usted...

PERLIMPLÍN. ¿Sí?

MADRE. Sí... lo he dicho sin ironía.

PERLIMPLÍN. No sé como expresarle nuestro agradecimiento.

MADRE. ¡Oh nuestro agradecimiento!... ¡qué delicadeza tan extraordinaria! 10 El agradecimiento de su corazón y el de usted mismo... Lo he entendido... lo he entendido... a pesar de que hace veinte años que no trato a un hombre.

MARCOLFA (*Aparte*). La boda.

PERLIMPLÍN. La boda... 15

MADRE. En cuanto quiera... aunque (*Saca un pañuelo y llora*) a todas las madres... hasta luego... (*Se va*).

MARCOLFA. ¡Por fin!

PERLIMPLÍN. ¡Ay, Marcolfa, Marcolfa! ¿En qué mundo me vas a meter?

MARCOLFA. En el mundo del matrimonio. 20

PERLIMPLÍN. Y si te soy franco siento una sed... ¿Por qué no me traes agua?

(Marcolfa *se le acerca y le da un recado al oído*).

¿Quién lo puede creer?

(*Se oye el piano. El teatro queda en la penumbra. Belisa descorre las cortinas de su balcón. Se ve a Belisa casi desnuda cantando lánguidamente*). 25

BELISA.   ¡Amor, amor!
Entre mis muslos cerrados
nada como un pez el sol.

MARCOLFA. ¡Hermosa doncella!

PERLIMPLÍN. ¡Como de azúcar!... blanca por dentro. ¿Será capaz de 30 estrangularme?

MARCOLFA. La mujer es débil si se la asusta a tiempo.

BELISA.   Amor...
                              ¡Gallo, que se va la noche!
                              ¡Que no se vaya, no!
PERLIMPLÍN. ¿Qué dice, Marcolfa? ¿Qué dice?

5   (Marcolfa *ríe*).

     ¿Y qué es esto que me pasa? ¿Qué es esto?

(*Sigue sonando el piano. Por el balcón pasa una bandada de pájaros de papel negro*).

MUTACIÓN.

ACTO ÚNICO

CUADRO PRIMERO

(*Sala de* don Perlimplín. *En el centro hay una gran cama con dosel y penachos*
10 *de plumas. En las paredes hay seis puertas. La primera de la derecha sirve de
entrada y salida a* don Perlimplín. *Es la primera noche de casados*).

(Marcolfa *con un candelabro, en la puerta primera de la izquierda*).

MARCOLFA. Buenas noches.
VOZ DE BELISA (*Dentro*). Adiós, Marcolfa.

15   (*Sale* Perlimplín, *vestido magníficamente*).

MARCOLFA. Buena noche de boda tenga mi señor.
PERLIMPLÍN. Adiós, Marcolfa.

(*Sale* Marcolfa. Perlimplín *se dirige de puntillas a la habitación de enfrente y
mira desde la puerta*).

20   Belisa, con tantos encajes pareces una ola y me das el mismo miedo que
de niño tuve al mar. Desde que tú viniste de la iglesia está mi casa llena de
rumores secretos, y el agua se entibia ella sola en los vasos. ¡Ay! Perlimplín...
¿Dónde estás, Perlimplín?

(*Sale de puntillas. Aparece* Belisa, *vestida con un gran traje de dormir lleno de encajes. Una cofia inmensa le cubre la cabeza y lanza una cascada de puntillas y entredoses hasta sus pies. Lleva el pelo suelto y los brazos desnudos*).

BELISA. La criada perfumó esta habitación con tomillo y no con menta como yo la indiqué... (*Va hacia el lecho*). Ni puso en la cama las finas ropas de 5 hilo que tiene Marcolfa...

(*En este momento suena una música suave de guitarras.* Belisa *cruza las manos sobre el pecho*).

¡Ay! El que me busque con ardor me encontrará. Mi sed no se apaga nunca, como nunca se apaga la sed de los mascarones que echan el agua en 10 las fuentes.

(*Sigue la música*).

¡Ay qué música, Dios mío! ¡Qué música! ¡Como el plumón caliente de los cisnes!... ¡Ay! ¿soy yo? ¿O es la música?

(*Se echa sobre los hombros una gran capa de terciopelo rojo y pasea por la* 15 *estancia. Calla la música y se oyen cinco silbidos*).

BELISA. ¡Son cinco!

(*Aparece* Perlimplín).

PERLIMPLÍN. ¿Te molesto?
BELISA. ¿Cómo es posible? 20
PERLIMPLÍN. ¿Tienes sueño?
BELISA (*Irónica*). ¿Sueño?
PERLIMPLÍN. La noche se ha puesto un poco fría. (*Se frota las manos. Pausa*).
BELISA. (*Decidida*). Perlimplín.
PERLIMPLÍN (*Temblando*). ¿Qué quieres? 25
BELISA (*Vaga*). Es un bonito nombre, Perlimplín.
PERLIMPLÍN. Más bonito es el tuyo, Belisa.
BELISA (*Riendo*). ¡Oh! ¡Gracias!

(*Pausa corta*).

PERLIMPLÍN. Yo quería decirte una cosa.

BELISA. ¿Y es?

PERLIMPLÍN. He tardado en decidirme... Pero...

BELISA. Dí.

5 PERLIMPLÍN. Belisa... ¡yo te amo!

BELISA. ¡Oh, caballerito!... es ésa tu obligación.

PERLIMPLIN. ¿Sí?

BELISA. Sí.

PERLIMPLÍN. ¿Pero por qué sí?

10 BELISA (*Mimosa*). Pues porque sí.

PERLIMPLÍN. No.

BELISA. ¡Perlimplín!

PERLIMPLÍN. No, Belisa; antes de casarme contigo yo no te quería.

BELISA (*Guasona*). ¿Qué dices?

15 PERLIMPLÍN. Me casé... por lo que fuera,[18] pero no te quería. Yo no había podido imaginarme tu cuerpo hasta que lo vi por el ojo de la cerradura cuando te vestían de novia. Y entonces fue cuando sentí el amor. ¡Entonces! Como un hondo corte de lanceta en mi garganta.

BELISA (*Intrigada*). Pero, ¿y las otras mujeres?

20 PERLIMPLÍN. ¿Qué mujeres?

BELISA. Las que tú conociste antes.

PERLIMPLÍN. Pero, ¿hay otras mujeres?

BELISA. ¡Me estás asombrando!

PERLIMPLÍN. El primer asombrado soy yo.

25 (*Pausa. Se oyen los cinco silbidos*).

¿Qué es eso?

BELISA. El reloj.

PERLIMPLÍN. ¿Son las cinco?

BELISA. Hora de dormir.

30 PERLIMPLÍN. ¿Me das permiso para quitarme la casaca?

BELISA. Desde luego (*Bostezando*), maridito. Y apaga la luz, si te place.

PERLIMPLÍN (*Apaga la luz; en voz baja*). Belisa.

BELISA (*En voz alta*). ¿Qué, hijito?

PERLIMPLÍN (*En voz baja*). He apagado la luz.

[18] *por lo que fuera*   for reasons that we don't need to go into

BELISA (*Guasona*). Ya lo veo.

PERLIMPLÍN. (*En voz mucho más baja*). Belisa...

BELISA (*En voz alta*). ¿Qué, encanto?

PERLIMPLÍN. ¡Te adoro!

(*Dos* Duendes, *saliendo por los lados opuestos del escenario corren una* 5 *cortina de tonos grises. Queda el teatro en penumbra, con dulce tono de sueño. Suenan flautas. Deben ser dos niños. Se sientan en la concha del apuntador, cara al público*).

DUENDE 1°. ¿Cómo te va por lo oscurillo?[19]

DUENDE 2°. Ni bien ni mal, compadrillo.   10

DUENDE 1°. Ya estamos.[20]

DUENDE 2°. ¿Y qué te parece? Siempre es bonito tapar las faltas ajenas.

DUENDE 1°. Y que luego el público se encargue de destaparlas.

DUENDE 2°. Porque si las cosas no se cubren con toda clase de precauciones...

DUENDE 1°. No se descubren nunca.   15

DUENDE 2°. Y sin este tapar y destapar...

DUENDE 1°. ¿Qué sería de[21] las pobres gentes?

DUENDE 2°. (*Mirando la cortina*). Que no quede ni una[22] rendija.

DUENDE 1°. Que[23] las rendijas de ahora son oscuridad mañana.

(*Ríen*).   20

DUENDE 2°. Cuando las cosas están claras...

DUENDE 1°. El hombre se figura que no tiene necesidad de descubrirlas...

DUENDE 2°. Y se va a las cosas turbias para descubrir en ellas secretos que ya sabía.

DUENDE 1°. Pero para eso estamos nosotros aquí. ¡Los duendes!   25

DUENDE 2°. ¿Tú conocías a Perlimplín?

DUENDE 1°. Desde niño.

DUENDE 2°. ¿Y a Belisa?

DUENDE 1°. Mucho. Su habitación exhalaba un perfume tan intenso que una vez me quedé dormido y desperté entre las garras de sus gatos.   30

(*Ríen*).

---

[19] *¿Cómo te va por lo oscurillo?*   How are you faring in the dark little corners?
[20] *Ya estamos*   Here we are
[21] *Qué sería de*   What would become of
[22] *Que no quede ni una*   Let us leave no
[23] *Que=porque*

DUENDE 2°. Este asunto estaba...

DUENDE 1°. ¡Clarísimo!

DUENDE 2°. Todo el mundo se lo imaginaba.

DUENDE 1°. Y el comentario huiría hacia medios más misteriosos.

5 DUENDE 2°. ¡Por eso! Que no se descorra todavía nuestra eficaz y socialísima pantalla.[24]

DUENDE 1°. ¡No, que no se enteren!

DUENDE 2°. El alma de Perlimplín, chica y asustada como un patito recién nacido, se enriquece y sublima en estos instantes...

10 (*Ríen*).

DUENDE 1°. El público está impaciente.

DUENDE 2°. Y tiene razón. ¿Vamos?

DUENDE 1°. Vamos. Ya siento un dulce fresquillo por mis espaldas.

DUENDE 2°. Cinco frías camelias de madrugada se han abierto en las paredes
15 de la alcoba.

DUENDE 1°. Cinco balcones sobre la ciudad.

(*Se levantan y se echan unas grandes capuchas azules*).

DUENDE 2°. Don Perlimplín. ¿Te hacemos un mal o un bien?

DUENDE 1°. Un bien... porque no es justo poner ante las miradas del público
20 el infortunio de un hombre bueno.

DUENDE 2°. Es verdad, compadrillo, que no es lo mismo decir: «yo he visto», que «se dice».

DUENDE 1°. Mañana lo sabrá toda la gente.

DUENDE 2°. Y es lo que deseamos.

25 DUENDE 1°. Comentario quiere decir mundo.

DUENDE 2°. ¡Chist!...

(*Empiezan a sonar las flautas*).

DUENDE 1°. ¿Vámonos por lo oscurillo?

DUENDE 2°. Vámonos ya, compadrillo.

30 DUENDE 1°. ¿Ya?

DUENDE 2°. Ya.

---

[24] *Que no se descorra todavía... pantalla*   Let's not remove our effective and socially useful screen as yet

(*Corren la cortina. Aparece* don Perlimplín *en la cama con unos cuernos dorados de ciervo en la cabeza.*[25] Belisa *a su lado. Los cinco balcones del foro están abiertos de par en par; por ellos entra la luz blanca de la madrugada*).

PERLIMPLÍN (*Despertando*). Belisa, Belisa, ¡contesta!
BELISA (*Fingiendo que despierta*). Perlimplinito, ¿qué quieres?   5
PERLIMPLÍN. ¡Díme pronto!
BELISA. ¿Qué te voy a decir? ¡Yo me quedé dormida mucho antes que tú!

(Perlimplín *se echa de la cama. Va vestido con casaca*).

PERLIMPLÍN. ¿Por qué están los balcones abiertos?
BELISA. Porque esta noche ha corrido el aire como nunca.   10
PERLIMPLÍN. ¿Por qué tienen los balcones cinco escalas que llegan al suelo?
BELISA. Porque así es la costumbre en el país de mi madre.
PERLIMPLÍN. ¿Y de quién son aquellos cinco sombreros que veo debajo de los balcones?
BELISA (*Saltando de la cama*). De los borrachitos que van y vienen, Perlimpli- 15
nillo. ¡Amor!

(Perlimplín *la mira, quedándose embobado*).

PERLIMPLÍN. ¡Belisa! ¡Belisa! ¿Y por qué no? Todo lo explicas bien. Estoy
conforme. ¿Por qué no ha de ser así?
BELISA (*Mimosa*). No soy mentirosilla.   20
PERLIMPLIN. ¡Y yo cada minuto te quiero más!
BELISA. Así me gusta.
PERLIMPLÍN. ¡Por primera vez en mi vida estoy contento!

(*Se acerca y la abraza. Pero en ese instante se separa bruscamente de ella*).

¿Quién te ha besado? ¡No mientas, que lo sé!   25
BELISA (*Recogiéndose el pelo*). ¡Ya lo creo que lo sabes! ¡Qué maridito tan
bromista tengo! (*En voz baja*). ¡Tú! ¡Tú me has besado!
PERLIMPLÍN. Sí. Yo te he besado... Pero... si te hubiera besado alguien
más... si te hubiera besado alguien más... ¿tú me quieres?
BELISA (*Levantando un brazo desnudo para abrazarle*). Sí, Perlimplín chiquitito. 30

[25] Horns, in the European tradition, are the symbols of cuckoldry.

PERLIMPLÍN. Entonces... ¡Qué me importa! ¿Eres Belisa?...

BELISA. ¡Sí! ¡Sí! ¡Sí! ¡Sí!

PERLIMPLÍN. ¡Casi me parece un sueño!

BELISA. Mira, Perlimplín, cierra los balcones, que antes de nada[26] se le-
5   vantará la gente.

PERLIMPLÍN. ¿Para qué? Como los dos hemos dormido lo bastante, veremos
  el amanecer... ¿No te gusta?

BELISA. Sí, pero... (*Se sienta en la cama*).

PERLIMPLÍN. Nunca había visto la salida del sol... Es un espectáculo que...
10   parece mentira... ¡me conmueve!... ¿A ti no te gusta? (*Se dirige hacia el
  lecho*). Belisa... ¿estás dormida?

BELISA. (*Entre sueños*). Sí.

(Perlimplín, *de puntillas, la cubre con el manto rojo. Una luz intensa,
dorada, entra por los balcones. Bandadas de pájaros de papel los cruzan entre el*
15 *sonido de las campanas matinales*).

(Perlimplín *se ha sentado al borde de la cama*).

PERLIMPLÍN.

    Amor, amor
    que estoy herido.
20   Herido de amor huido;
    herido,
    muerto de amor.
    Decid a todos que ha sido
    el ruiseñor.
25   Bisturí de cuatro filos
    garganta rota y olvido.
    Cógeme la mano, amor,
    que vengo muy mal herido,
    herido de amor huido,
30   ¡herido!
    ¡muerto de amor!

CORTINA

[26] *que antes de nada*   because before you know

CUADRO SEGUNDO

(*Comedor de* Perlimplín. *Las perspectivas están equivocadas deliciosamente. La mesa con todos los objetos pintados como en una Cena primitiva[27]*).

PERLIMPLÍN. ¿Lo harás como te digo?

MARCOLFA (*Llorando*). Descuide el señor.

PERLIMPLÍN. Marcolfa, ¿por qué sigues llorando?   5

MARCOLFA. Por lo que sabe su merced. La noche de bodas entraron cinco personas por los balcones. ¡Cinco! Representantes de las cinco razas de la tierra. El europeo con su barba; el indio, el negro, el amarillo y el norteamericano. Y usted sin enterarse.

PERLIMPLÍN. Eso no tiene importancia...   10

MARCOLFA. Figúrese, ayer la vi con otro.

PERLIMPLÍN (*Intrigado*). ¿Como?

MARCOLFA. Y no se ocultó de mí.

PERLIMPLÍN. Pero, yo soy feliz, Marcolfa.

MARCOLFA. Me deja asombrada el señor.   15

PERLIMPLÍN. Feliz como no tienes idea. He aprendido muchas cosas, y sobre todo puedo imaginarlas...

MARCOLFA. Mi señor la quiere demasiado.

PERLIMPLÍN. No tanto como ella merece.

MARCOLFA. Aquí llega.   20

PERLIMPLÍN. Véte.

(*Se va* Marcolfa *y* Perlimplín *se oculta en un rincón. Entra* Belisa).

BELISA. Tampoco he conseguido verlo. En mi paseo por la alameda venían todos detrás menos él. Debe tener la piel morena y sus besos deben perfumar y escocer al mismo tiempo como el azafrán y el clavo. A veces pasa 25 por debajo de mis balcones y mece su mano lentamente en un saludo que hace temblar mis pechos.

PERLIMPLÍN. ¡Ejem!

BELISA (*Volviéndose*). ¡Oh! Qué susto me has dado.

[27] *como en una Cena primitiva* as in a Holy Supper by a primitive painter. That is to say, in the manner of the medieval masters, whose technique is characterized by a childish ignorance of the methods of representing the relative positions and proportions of tridimensional objects on a flat surface. The principles of perspective were first formulated in the fifteenth century. Modern art has consciously and pointedly ignored the laws of perspective, seeking a neoprimitive effect. Lorca seems to be trying here to create through the scenery an atmosphere reminiscent of the naive spirit of the *aleluya.*

266

PERLIMPLÍN (*Acercándose cariñoso*). Observo que hablas sola.

BELISA (*Fastidiada*). ¡Quita!

PERLIMPLÍN. ¿Quieres que demos un paseo?

BELISA. No.

5 PERLIMPLÍN. ¿Quieres que vayamos a la confitería?

BELISA. ¡He dicho que no!

PERLIMPLÍN. Perdona.

(*Una piedra en la que hay una carta arrollada cae por el balcón. Perlimplín la recoge*).

10 BELISA (*Furiosa*). Dáme!

PERLIMPLÍN. ¿Por qué?

BELISA. Porque eso es para mí.

PERLIMPLÍN (*Burlón*). ¿Y quién te lo ha dicho?

BELISA. ¡Perlimplín! ¡No la leas!

15 PERLIMPLÍN (*Poniéndose fuerte en broma*). ¿Qué quieres decir?

BELISA (*Llorando*). ¡Dáme esa carta!

PERLIMPLÍN (*Acercándose*). ¡Pobre Belisa! Porque comprendo tu estado de ánimo te entrego este papel que tanto supone para ti...

(Belisa *coge el papel y lo guarda en el pecho*).

20 Yo me doy cuenta de las cosas. Y aunque me hieren profundamente, comprendo que vives un drama.

BELISA (*Tierna*). ¡Perlimplín!

PERLIMPLÍN. Yo sé que tú me eres fiel y lo seguirás siendo.

BELISA. No conocí más hombre que mi Perlimplinillo.

25 PERLIMPLÍN. Por eso quiero ayudarte como debe hacer todo buen marido cuando su esposa es un dechado de virtud... Mira.

(*Cierra las puertas y adopta un aire misterioso*).

¡Yo lo sé todo!... Me di cuenta en seguida. Tú eres joven y yo soy viejo... ¡qué le vamos a hacer![28]... pero lo comprendo perfectamente.

30 (*Pausa. En voz baja*).

¿Ha pasado por aquí?

---

[28] *¡qué le vamos a hacer!*   there is nothing we can do about it!

267

BELISA. Dos veces.

PERLIMPLÍN. ¿Y te ha hecho señas?

BELISA. Sí... pero de una manera un poco despectiva... ¡y eso me duele!

PERLIMPLÍN. No temas. Hace quince días vi a ese joven por primera vez. Te puedo decir con toda sinceridad que su belleza me deslumbró. Jamás he 5 visto un hombre en quien lo varonil y lo delicado se den de una manera más armónica.[29] Sin saber por qué pensé en ti.

BELISA. Yo no le he visto la cara... pero...

PERLIMPLÍN. No tengas miedo de hablarme... yo sé que tú le amas... Ahora te quiero como si fuera tu padre... ya estoy lejos de las tonterías... así es... 10

BELISA. Él me escribe cartas.

PERLIMPLÍN. Ya lo sé.

BELISA. Pero no se deja ver.

PERLIMPLÍN. Es raro.

BELISA. Y hasta parece... que me desprecia. 15

PERLIMPLÍN. ¡Qué inocente eres!

BELISA. Lo que no cabe duda es que me ama como yo deseo...

PERLIMPLÍN (*Intrigado*). ¿Dices?[30]

BELISA. Las cartas de los otros hombres que he recibido... y que no he contestado, porque tenía a mi maridito, me hablaban de países ideales, de 20 sueños y de corazones heridos... pero estas cartas de él... mira...

PERLIMPLÍN. Habla sin miedo.

BELISA. Hablan de mí... de mi cuerpo...

PERLIMPLÍN. (*Acariciándole los cabellos*). ¡De tu cuerpo!

BELISA. ¿Para qué quiero tu alma?, me dice. El alma es patrimonio de los 25 débiles, de los héroes tullidos y las gentes enfermizas. Las almas hermosas están en los bordes de la muerte, reclinadas sobre cabelleras blanquísimas y manos macilentas. Belisa, no es tu alma lo que yo deseo, ¡sino tu blanco y mórbido cuerpo estremecido!

PERLIMPLÍN. ¿Quién será ese bello joven? 30

BELISA. Nadie lo sabe.

PERLIMPLÍN (*Inquisitivo*). ¿Nadie?

BELISA. Yo he preguntado a todas mis amigas.

PERLIMPLÍN (*Misterioso y decidido*). ¿Y si yo te dijera que lo conozco?

BELISA. ¿Es posible? 35

---

[29] *lo varonil y lo delicado... armónica*   manliness and finesse are blended in a more harmonious manner
[30] *¿Dices?*   I beg your pardon?

PERLIMPLÍN. Espera. (*Va al balcón*). ¡Aquí está!

BELISA (*Corriendo*). ¿Sí?

PERLIMPLÍN. Acaba de volver la esquina.

BELISA (*Sofocada*). ¡Ay!

5 PERLIMPLÍN. Como soy un viejo quiero sacrificarme por ti... Esto que yo hago no lo hizo nadie jamás. Pero ya estoy fuera del mundo y de la moral ridícula de las gentes. Adiós.

BELISA. ¿Dónde vas?

PERLIMPLÍN (*Grandioso en la puerta*). ¡Más tarde lo sabrás todo! ¡Más tarde!

CORTINA

CUADRO TERCERO

10 (*Jardín de cipreses y naranjos. Al levantarse el telón aparecen* Perlimplín *y* Marcolfa, *en el jardín*).

MARCOLFA. ¿Es hora ya?

PERLIMPLÍN. No. Todavía no es hora.

MARCOLFA. Pero ¿qué ha pensado, mi señor?

15 PERLIMPLÍN. Todo lo que no había pensado antes.

MARCOLFA (*Llorando*). ¡Yo tengo la culpa!

PERLIMPLÍN. ¡Oh! ¡Si vieras qué agradecimiento guarda mi corazón hacia ti!

MARCOLFA. Antes todo era liso. Yo le llevaba por las mañanas el café con leche y las uvas...

20 PERLIMPLÍN. Sí... ¡las uvas!... las uvas pero... ¿y yo?... Me parece que han transcurrido cien años. Antes no podía pensar en las cosas extraordinarias que tiene el mundo... Me quedaba en las puertas...[31] En cambio, ahora... El amor de Belisa me ha dado un tesoro precioso que yo ignoraba... ¿Ves? Ahora cierro los ojos y... veo lo que quiero... por ejemplo... a mi madre

25 cuando la visitaron las hadas de los contornos... ¡Oh! ¿Tú sabes cómo son las hadas?... pequeñitas... ¡Es admirable!... pueden bailar sobre mi dedo meñique.

---

[31] *Me quedaba en las puertas* I was stopped short on the threshold [of the marvelous] [I couldn't appreciate the mystery of the world]

269

MARCOLFA. Sí. Sí... las hadas, las hadas, pero... ¿y lo otro?

PERLIMPLÍN. ¡Lo otro! ¡Ah! (*Con satisfacción*). ¿Qué le dijiste a mi mujer?

MARCOLFA. Aunque no sirvo para estas cosas, le dije lo que me indicó el señor... que ese joven... vendría esta noche a las diez en punto al jardín, envuelto, como siempre, en su capa roja.

PERLIMPLÍN. ¿Y ella?...

MARCOLFA. Ella se puso encendida como un geranio, se llevó las manos al corazón y se quedó besando apasionadamente sus hermosas trenzas de pelo.

PERLIMPLÍN (*Entusiasmado*). ¿De manera que se puso encendida como un geranio?... y ¿qué dijo?

MARCOLFA. Suspiró, nada más. Pero, ¡de qué manera!

PERLIMPLÍN. ¡Oh, sí!... Como nunca mujer alguna lo hizo ¿verdad?

MARCOLFA. Su amor debe rayar en la locura.

PERLIMPLÍN (*Vibrante*). ¡Eso es! Yo necesito que ella ame a ese joven más que a su propio cuerpo. Y no hay duda que lo ama.

MARCOLFA (*Llorando*). Me da miedo de oírlo... Pero ¡cómo es posible! Don Perlimplín, ¿cómo es posible? ¡Que usted mismo fomente en su mujer el peor de los pecados!

PERLIMPLÍN. Porque don Perlimplín no tiene honor y quiere divertirse. ¡Ya ves! Esta noche vendrá el nuevo y desconocido amante de mi señora Belisa. ¿Qué he da hacer sino cantar?

(*Cantando*). ¡Don Perlimplín no tiene honor! ¡No tiene honor!

MARCOLFA. Scpa mi señor[32] que desde este momento me considero despedida de su servicio. Las criadas tenemos también vergüenza.

PERLIMPLÍN. ¡Oh, inocente Marcolfa!... Mañana estarás libre como el pájaro... Aguarda hasta mañana... Ahora véte y cumple con tu deber... ¿Harás lo que te dije?

(Marcolfa, *yéndose. Enjugando sus lágrimas*).

MARCOLFA. ¿Qué remedio me queda? ¡Qué remedio![33]

PERLIMPLÍN. ¡Bien! ¡Así me gusta!

(*Empieza a sonar una dulce serenata. Don Perlimplín se esconde detrás de unos rosales*).

---

[32] *Sepa mi señor*   Let me tell you, for your information, sir
[33] *¿Qué remedio me queda? ¡Qué remedio!*   What else can I do? What else!

BELISA (*Dentro cantando*).   Por las orillas del río
se está la noche mojando.

VOCES.   Se está la noche mojando.

BELISA.   Y en los pechos de Belisa
5   se mueren de amor los ramos.

VOCES.   Se mueren de amor los ramos.

PERLIMPLÍN.   ¡Se mueren de amor los ramos!

BELISA.   La noche canta desnuda
sobre los puentes de marzo.

10 VOCES.   Sobre los puentes de marzo.

BELISA.   Belisa lava su cuerpo
con agua salobre y nardos.

VOCES.   Con agua salobre y nardos.

PERLIMPLÍN.   ¡Se mueren de amor los ramos!

15 BELISA.   La noche de anís y plata
relumbra por los tejados.

VOCES.   Relumbra por los tejados.

BELISA.   Plata de arroyos y espejos
y anís de tus muslos blancos.

20 PERLIMPLÍN.   ¡Se mueren de amor los ramos!

(*Aparece* Belisa *por el jardín. Viene espléndidamente vestida. La luna ilumina la escena*).

BELISA.   ¿Qué voces llenan de dulce armonía el aire de una sola pieza de la noche? He sentido tu calor y tu peso, delicioso joven de mi alma... ¡Oh!...
25   las ramas se mueven...

(*Aparece un hombre envuelto en una capa roja y cruza el jardín cautelosamente*).

271

BELISA. Chist... ¡Es aquí! ¡aquí!

(*El hombre indica con la mano que ahora vuelve*).

¡Oh! sí... ¡vuelve, amor mío! Jazminero flotante y sin raíces, el cielo caerá sobre mi espalda sudorosa... ¡Noche!... noche mía, de menta y lapislázuli...   5

(*Aparece* Perlimplín).

PERLIMPLÍN (*Sorprendido*). ¿Qué haces aquí?
BELISA. Paseaba.
PERLIMPLÍN. ¿Y nada más?
BELISA. En la clara noche.   10
PERLIMPLÍN (*Enérgico*). ¿Qué hacías aquí?
BELISA (*Sorprendida*). ¿Pero no lo sabías?
PERLIMPLÍN. Yo no sé nada.
BELISA. Tú me enviaste el recado.
PERLIMPLÍN (*Concupiscente*). Belisa... ¿Lo esperas aún?   15
BELISA. ¡Con más ardor que nunca!
PERLIMPLÍN (*Fuerte*). ¿Por qué?
BELISA. Porque lo quiero.
PERLIMPLÍN. ¡Pues vendrá!
BELISA. El olor de su carne le pasa a través de su ropa. ¡Le quiero! ¡Perlimplín, 20
    lc quiero! ¡Me parece que soy otra mujer!
PERLIMPLÍN. Ese es mi triunfo.
BELISA. ¿Qué triunfo?
PERLIMPLÍN. El triunfo de mi imaginación.
BELISA. ¡Es verdad que me ayudaste a quererlo!   25
PERLIMPLÍN. Como ahora te ayudaré a llorarlo.
BELISA (*Extrañada*). ¡Perlimplín, qué dices!

(*El reloj da las diez. Canta el ruiseñor*).

PERLIMPLÍN. ¡Ya es la hora!
BELISA. Debe llegar en estos instantes.   30
PERLIMPLÍN. Salta las tapias de mi jardín.
BELISA. Envuelto en su capa roja.
PERLIMPLÍN (*Sacando un puñal*). Roja como su sangre.
BELISA (*Sujetándole*). ¿Qué vas a hacer?

PERLIMPLÍN (*Abrazándola*). Belisa, ¿le quieres?

BELISA (*Con fuerza*). ¡Sí!

PERLIMPLÍN. Pues en vista de que le amas tanto, yo no quiero que te abandone. Y para que sea tuyo completamente, se me ha ocurrido que lo mejor es
5 clavarle este puñal en su corazón galante. ¿Te gusta?

BELISA. ¡Por Dios, Perlimplín!

PERLIMPLÍN. Ya muerto, lo podrás acariciar siempre en tu cama, tan lindo y peripuesto, sin que tengas el temor de que deje de amarte. Él te querrá con el amor infinito de los difuntos y yo quedaré libre de esta oscura pesadilla
10 de tu cuerpo grandioso... (*Abrazándola*). Tu cuerpo... que nunca podría descifrar... (*Mirando al jardín*). Míralo por dónde viene... Suelta, Belisa... ¡Suelta! (*Sale corriendo*).

BELISA (*Desesperada*). Marcolfa, bájame la espada del comedor, que voy a atravesar la garganta de mi marido... (*A voces*).

15 ¡Don Perlimplín,
Marido ruín!
Como le mates
te mato a ti.

(*Aparece entre las ramas un hombre envuelto en una amplia y lujosa capa roja.*
20 *Viene herido y vacilante*).

BELISA. ¡Amor!... ¿quién te ha herido en el pecho? (EL HOMBRE *se oculta la cara con la capa. Esta debe ser inmensa y cubrirle hasta los piés. Abrazándole*) ¿Quién abrió tus venas para que llenases de sangre mi jardín? ¡Amor! Déjame ver tu rostro por un instante siquiera... ¡Ay! ¿Quién te dio
25 muerte?... ¿Quién?

PERLIMPLÍN (*Descubriéndose*). Tu marido acaba de matarme con este puñal de esmeraldas.

(*Enseña el puñal clavado en el pecho*).

BELISA (*Espantada*). ¡Perlimplín!

30 PERLIMPLÍN. Él salió corriendo por el campo y no le verás más nunca. Me mató porque sabía que te amaba como nadie... Mientras me hería gritó: ¡Belisa ya tiene un alma!... Acércate.

(*Está tendido en el banco*).

BELISA. ¿Pero qué es esto?... ¡Y estás herido de verdad!

PERLIMPLÍN. Perlimplín me mató... ¡Ah, don Perlimplín! Viejo verde, monigote sin fuerza, tú no podías gozar el cuerpo de Belisa... El cuerpo de Belisa era para músculos jóvenes y labios de ascuas... Yo, en cambio, amaba tu cuerpo nada más... ¡tu cuerpo!... pero me ha matado... Con 5 este ramo ardiente de piedras preciosas.

BELISA. ¿Qué has hecho?

PERLIMPLÍN (*Moribundo*). ¿Entiendes? Yo soy mi alma y tú eres tu cuerpo... Déjame en este último instante, puesto que tanto me has querido, morir abrazado a él. 10

(Belisa *se acerca medio desnuda y lo abraza*).

BELISA. Sí... pero ¿y el joven? ¿Por qué me has engañado?

PERLIMPLÍN. ¿El joven?...

(*Cierra los ojos. La escena adquiere una luz mágica. Entra* Marcolfa).

MARCOLFA. ¡Señora! 15

BELISA (*Llorando*). ¡Don Perlimplín ha muerto!

MARCOLFA. ¡Lo sabía! Ahora le amortajaremos con el rojo traje juvenil con que paseaba bajo sus mismos balcones.

BELISA (*Llorando*). ¡Nunca creí que fuese tan complicado!

MARCOLFA. Se dio cuenta demasiado tarde. Yo le haré una corona de flores 20 como un sol de mediodía.

(Belisa, *extrañada y como en otro mundo*).

BELISA. Perlimplín, ¿qué cosa has hecho, Perlimplín?

MARCOLFA. Belisa, ya eres otra mujer. Estás vestida por la sangre gloriosísima de mi señor. 25

BELISA. ¿Pero quién era este hombre? ¿Quién era?

MARCOLFA. El hermoso adolescente al que nunca verás el rostro.

BELISA. Sí, sí, Marcolfa, lo quiero, lo quiero con toda la fuerza de mi carne y de mi alma. ¿Pero dónde está el joven de la capa roja?... Dios mío; ¿dónde está? 30

MARCOLFA. Don Perlimplín, duerme tranquilo... ¿La estás oyendo? Don Perlimplín... ¿la estás oyendo?

(*Suenan las campanas*).

TELÓN

10 ❧ Jorge Guillén
(1893–   )

Poeta de personalidad diferenciadísima. Su obra es lo más cercano en España a la llamada «poesía pura» —es decir, aquella que evita toda ornamentación ajena a la esencia lírica que se esconde bajo la apariencia de los elementos de la realidad. La poesía de Guillén traduce esa última substancia en imágenes en cuya formulación la inteligencia del poeta predomina sobre sus emociones, sin eliminarlas, pero disciplinándolas y depurándolas de todo lo que es accesorio y extraño a aquella esencia. Su verso ha sido calificado de «clásico», merecidamente, por su limpia, concisa y equilibrada arquitectura. Durante muchos años se dedicó a elaborar un único poemario, *Cántico* (1928-1950), enriqueciéndolo en ediciones sucesivas, tanto en el número de poemas como en la temática y en las formas. Guillén ha definido su libro como un diálogo entre el hombre y el mundo, y un canto de exaltación extática a la unidad y la perfección de la Creación. Que no se basa, sin embargo, en una contemplación mística, sino en la observación gozosa de las cosas de que está compuesta la realidad diaria, en sus múltiples formas simples e inmediatas. Cada una de esas observaciones se transforma en una revelación —concretada en el poema. *Cántico* es además un himno al amor, por ser esa la experiencia en la que el hombre adquiere no sólo la más honda

275

intuición de su realidad, sino la conciencia más plena de su unidad con la mujer —y de la del alma y el cuerpo. La fe optimista que late en todos los poemas del libro es la de que el mal no puede prevalecer. Guillén exalta la contemplación, pero también la acción, ya que, según él, el hombre debe luchar día a día contra las fuerzas caóticas que amenazan la armonía de la obra divina, ejercitando su deseo de vivir para defenderla— y defenderse—de ese ataque. En un segundo libro, *Clamor*, (1957, 1960), aparecen esos elementos negativos de la realidad, así como también los temas de la vida colectiva, social, ausentes de *Cántico*. El mal, el desorden y la muerte se expresan allí por medios poéticos distintos, satíricos, elegíacos e incluso narrativos.

Los dos poemas breves que aquí ofrecemos demuestran que Guillén no es un poeta tan hermético como algunos críticos dicen. En ambos están presentes en alto grado las características más intrínsecas de su arte. En «Perfección», el poeta aparece entregado a la pura contemplación de la plenitud de la naturaleza en un día de sol, a la hora del mediodía. La simple y total belleza de ese instante, el azul del cielo, la esplendorosa luz solar y todo lo que sus sentidos perciben, lo siente el poeta como integrado en un orden superior, arquitectónico —«todo es cúpula». El sol, en su cenit, es rey del firmamento; y en la tierra, reflejando en su hermosura la de la luz del cielo, está la rosa— epítome y cifra poética tradicional de la belleza —reinando también en el centro de todo lo terreno. La maravilla del momento parece eternizar el presente, y el poeta, en su temporalidad («pie caminante» por la vida), tiene entonces la visión de la armónica e intemporal unidad y perfección del mundo («la integridad del planeta»).

En el segundo poema se nos presenta el tema del amor en forma de epitalamio, con la misma delicada concentración. El poeta y su amada están en el lecho, bajo la luz de la luna: ella duerme, él vela y la contempla. En la inconsciencia del sueño, ella lo abraza y ese simple movimiento de amor dormido lleva al poeta a sentir que su concreta realidad física de hombre despierto en la noche se desvanece, para pasar a ser entidad irreal, perteneciente sólo al mundo del sueño de ella; y envuelto en los brazos de la mujer dormida se siente soñado por ella, pura materia de sueño.

❧ Perfección

Queda curvo el firmamento,
Compacto azul, sobre el día.
Es el redondeamiento
Del esplendor: mediodía.
Todo es cúpula. Reposa,
Central sin querer, la rosa,
A un sol en cenit sujeta.
Y tanto se da el presente
Que el pie caminante siente
La integridad del planeta.

❧ Amor dormido

Dormías, los brazos me tendiste y por sorpresa
Rodeaste mi insomnio. ¿Apartabas así
La noche desvelada, bajo la luna presa?
Tu soñar me envolvía, soñado me sentí.

11 ❧ *Rafael Alberti*
(1902–   )

La personalidad de este poeta se destaca vigorosamente en la lírica contemporánea. Es andaluz, y andaluzas son su gracia, su espontaneidad, y su habilidad técnica. Las facetas de su poesía son muy varias. Una de las más características —y tal vez la más valiosa— es la que enlaza con una antigua corriente de tradición popularista de la poesía española. Esa tradición Alberti la interpreta y la reelabora, estilizándola con moderno y delicado refinamiento. Los poemas que aquí se incluyen pertenecen al libro titulado *Marinero en tierra* (1925). El poeta, nacido y criado en la costa de Cádiz, desarrolla en ese libro el tema del mar —quizás sería más acertado decir el tema de la marinería: barcos, puertos, navegación— en notas muy sencillas y breves, de gran calidad lírica. El tema está evocado a distancia, en el espacio y en el tiempo, y basado en impresiones de infancia. Tierra adentro, ya hombre, lejos de ese mundo —real e imaginario— el poeta lo recrea, con melancólica añoranza. El niño «marinero» que él fue un día, ahora está definitivamente «en tierra» y jamás podrá volver a ese mar soñado de la primera fantasía. En estos tres poemas Alberti expresa con gran finura lírica esa doble sensación de «desterrado», del mar y de la niñez, que sueña melancólicamente con el retorno imposible. Mira su traje de marinero infantil, guardado, inútil, que ya no podrá ponerse; desde su balcón observa a la niña que viaja, con el dedo y con la imaginación, sobre los mares de un atlas; y ante la idea de la muerte, pide que, si muere tierra adentro, lleven al menos su voz, a la orilla del mar.

278

Ilusión

¡Traje mío, traje mío,
nunca te podré vestir,
que[1] al mar no me dejan ir!

Nunca me verás, ciudad,
con mi traje marinero.
Guardado está en el ropero,
ni me lo dejan probar.
Mi madre me lo ha encerrado,
para que no vaya al mar.

Elegía

La niña rosa, sentada.
Sobre su falda,
como una flor,
abierto, un atlas.

¡Cómo la miraba yo
viajar, desde mi balcón!

Su dedo, blanco velero,
desde las Islas Canarias
iba a morir al Mar Negro.

¡Cómo lo miraba yo
morir, desde mi balcón!

[1] que = porque

La niña —rosa sentada—.
Sobre su falda,
como una flor,
cerrado, un atlas.

Por el mar de la tarde   5
van las nubes llorando
rojas islas de sangre.

❧ [Si mi voz muriera en tierra...]

Si mi voz muriera en tierra,
llevadla al nivel del mar
y dejadla en la ribera.   10

Llevadla al nivel del mar
y nombradla capitana
de un blanco bajel de guerra.

¡Oh mi voz condecorada
con la insignia marinera: 15
sobre el corazón un ancla,
y sobre el ancla una estrella,
y sobre la estrella el viento,
y sobre el viento la vela!

12 ❦ *Francisco Ayala*
(*1906–*)

Granadino. Sociólogo, crítico literario y autor de ficción. Es el nombre de más sólido prestigio de la novelística de los escritores españoles lanzados al exilio en 1939 y figura capital de la prosa narrativa de lengua castellana de nuestros días. En la mayoría de sus relatos, tanto breves como largos, nos presenta un cosmos de profunda significación humana, acentuadamente pesimista, que parece estar basado en la convicción de la bajeza esencial del hombre —y por tanto de la sociedad; un mundo moralmente vacío, carente de todo idealismo, desprovisto de todo estímulo noble, en el que los personajes rivalizan en vileza, arrastrándose por el cieno de la miseria moral. Esa visión, percibida con una lúcida racionalidad, tiene a su servicio un estilo terso, flexible y sugestivo, de poderosa clarividencia analítica, permeado siempre de un punzante sarcasmo que subraya sardónicamente sus pavorosos sondajes de los fondos más crueles y oscuros de la naturaleza humana. Por debajo de todas sus creaciones, parece latir el amargo desengaño de un moralista melancólico que desearía poder creer en la posibilidad de un mundo más estimable.

«El Inquisidor», uno de sus mejores cuentos —forma literaria que Ayala magistralmente domina— aunque publicado en 1950, pertenece a la serie de relatos breves agrupados bajo el título *Los Usurpadores* (1949). El tema central de todos ellos es que «el poder ejercido por el hombre sobre su prójimo es una usurpación». En esta narración nos presenta una comedia de horrores en la que vemos a un ser humano, sometido, en circunstancias especialísimas, a la experiencia del poder, usurpador y destructor. Se trata de la tragedia de un judío converso que, en la sombría España inquisitorial, después de haber sido Gran Rabino de la comunidad israelita de una ciudad castellana, alcanza las cumbres del poder eclesiástico católico, como Obispo y como Presidente del tétrico Tribunal del Santo Oficio. Como tal lo vemos torturar, juzgar y condenar a la hoguera a un grupo de sus antiguos correligionarios, también conversos, acusados de herejía judaizante —entre ellos a un deudo cercano. En el escalofriante fin de la historia se ve forzado a procesar a su única hija, que es su orgullo y su esperanza, entregándola a la jurisdicción de la Inquisición, y presumiblemente al auto de fe. Tanto la trama como la materia narrativa llegan al lector refractadas, en su casi totalidad, por el prisma de la mente del protagonista; y así vamos siguiendo paso a paso, en todos sus pavorosos pormenores, el dislacerante drama interior de ese converso —que se hace aun más impresionante por la circunstancia de que la conversión del antes rabino y ahora obispo e inquisidor fue totalmente sincera, como es sincero el fanático celo escrutador con que se entrega a la vigilancia de la ortodoxia, en férrea defensa de su nueva fe católica. Conflicto terrible, que Ayala desarrolla con sutil destreza literaria en un estilo intencionadamente lento y moroso, muy apto para sugerir el clima mental del héroe, acuciado siempre por complejos escrúpulos teológicos y torturadores problemas de conciencia. Los antecedentes del caso, que explican los acontecimientos que tienen lugar en el «día más atroz» de la vida del protagonista, están relatados en forma de retrocesos evocativos mentales, algunos de los cuales tienen paralelos muy significativos en dos pesadillas en las que se revelan las recónditas inseguridades que atenazan el alma del inflexible prelado.

En el fin, lo encontramos radicalmente solo y patéticamente ridículo, en quieta y pálida desesperación, ante la inesperada catástrofe, para él inexorable, que viene a destruir aquello que más ama. En ese momento de último y total desamparo, aquella inseguridad evidenciada por los sueños, surge a la superficie, y el judío que en él hay soterrado invoca la protección de Abraham —y no la de Jesús, la Virgen o los Santos. La satánica soberbia en que se apoya la integridad inquebrantable de su celo perseguidor, dirigido a asegurar el cielo para sí y para el prójimo, lo ha transformado en un monstruo diabólico que convierte la tierra para el prójimo —y ahora especialmente para sí mismo— en una atroz antesala del infierno.

La historia, a pesar de que su acción se desarrolla en una época lejana a la nuestra en el tiempo —y aparentemente distante en el espíritu— tiene, a poco que meditemos sobre ella, viva ejemplaridad actual. Ayala nos presenta en este brillante relato «una realidad humana intemporal, patética e incómoda» que patentiza el tema de la usurpación del poder —que en este caso, es, además, demoniaca usurpación del poder divino. Amén de evidenciar otra idea suya, presente a lo largo de su obra: «cada cual es autor de su propia suerte».

❧ El Inquisidor

¡Qué regocijo! ¡qué alborozo! ¡Qué músicas y cohetes! El Gran
Rabino de la judería, varón de virtudes y ciencia sumas, habiendo
conocido al fin la luz de la verdad, prestaba su cabeza al agua del bautismo;
y la ciudad entera hacía fiesta.

5   Aquel día inolvidable, al dar gracias a Dios Nuestro Señor, dentro ya de
su iglesia, sólo una cosa hubo de lamentar el antiguo rabino; pero ésta, ¡ay!,
desde el fondo de su corazón: que a su mujer, la difunta Rebeca, no hubiera
podido extenderse el bien de que participaban con él, en cambio, felizmente,
Marta, su hija única, y los demás familiares de su casa, bautizados todos en el
10 mismo acto con mucha solemnidad. Ésa era su espina, su oculto dolor en día
tan glorioso; ésa, y —¡sí, también!— la dudosa suerte (o más que dudosa,
temible) de sus mayores, línea ilustre que él había reverenciado en su abuelo,
en su padre; generaciones de hombres religiosos, doctos y buenos, pero que,
tras la venida del Mesías, no habían sabido reconocerlo y, durante siglos, se
15 obstinaron en la vieja, derogada Ley.

    Preguntábase el cristiano nuevo en méritos de qué[1] se le había otorgado
a su alma una gracia tan negada a ellos, y por qué designio de la Providencia,
ahora, al cabo de casi los mil y quinientos años de un duro, empecinado y
mortal orgullo, era él, aquí, en esta pequeña ciudad de la meseta castellana
20 —él sólo, en toda su dilatada estirpe— quien, después de haber regido con
ejemplaridad la venerable sinagoga, debía dar este paso escandaloso y
bienaventurado por el que ingresaba en la senda de salvación. Desde antes,
desde bastante tiempo antes de declararse converso, había dedicado horas y
horas, largas horas, horas incontables, a estudiar en términos de Teología el
25 enigma de tal destino. No logró descifrarlo. Tuvo que rechazar muchas veces
como pecado de soberbia la única solución plausible que le acudía a las

---

[1] *en méritos de qué* by virtue of what merits

mientes, y sus meditaciones le sirvieron tan sólo para persuadirlo de que tal gracia le imponía cargas y le planteaba exigencias proporcionadas a su singular magnitud; de modo que, por lo menos, debía justificarla *a posteriori*, con sus actos. Claramente comprendía estar obligado para con la Santa Iglesia en mayor medida que cualquier otro cristiano. Dio por averiguado que 5 su salvación tenía que ser fruto de un trabajo muy arduo en pro de la fe; y resolvió —como resultado feliz y repentino de sus cogitaciones— que no habría de considerarse cumplido hasta no merecer y alcanzar la dignidad apostólica allí mismo, en aquella misma ciudad donde había ostentado la de Gran Rabino, siendo así asombro de todos los ojos y ejemplo de todas las 10 almas.²

Ordenóse, pues, de sacerdote, fue a la Corte, estuvo en Roma y, antes de pasados ocho años, ya su sabiduría, su prudencia, su esfuerzo incansable, le proporcionaron por fin la mitra de la diócesis desde cuya sede episcopal serviría a Dios hasta la muerte. Lleno estaba de escabrosísimos pasos —más, 15 tal vez, de lo imaginable— el camino elegido; pero no sucumbió; hasta puede afirmarse que ni siquiera llegó a vacilar por un instante. El relato actual corresponde a uno de esos momentos de prueba. Vamos a encontrar al obispo, quizás, en el día más atroz de su vida. Ahí lo tenemos, trabajando,

---

² The case of converted Jews attaining high positions in the Church was not unusual in Spain during the fourteenth, fifteenth, and sixteenth centuries. Under Isabella the Catholic, at least four prominent bishops were "conversos"—among them the saintly Hernando de Talavera, Archbishop of Granada and confessor of the Queen—as well as Cardinal Juan de Torquemada, uncle of the first Inquisitor General. There were even cases of distinguished rabbis, who, after baptism, became highly influential in ecclesiastical and religious life as princes of the Church and as leading members of the Inquisition. The most famous of these was Salomón Ha-Levi, Chief Rabbi of Burgos (c. 1350-1435), who, in 1390, voluntarily embraced Catholicism together with all his brothers and their children. He received at the font the name Pablo de Santamaría. Don Pablo earned a doctorate in theology at the University of Paris and embarked on a brilliant career. By 1396 he was already a Canon at the Burgos Cathedral; later he reached exalted positions: Chief Chaplain to Henry III, Papal Nuncio of Pope Benedict XIII, and Chancellor of Castile under John II. Finally, in 1416, he was appointed Bishop of Burgos—the very same city where he had held the Chief Rabbinate of the Jewish community. His eldest son, Gonzalo, was successively Bishop of Astorga, Plasencia, and Sigüenza, and attended the Councils of Constance and Basel. His second son, Alonso de Cartagena, succeeded his father to the see of Burgos. They were not the only ones. Rabbi Joshua Lorquí, a contemporary of Don Pablo, who, upon conversion, took the name Jerónimo de Sante Fe, also entered the Church and also became a trusted friend and assistant of Pope Benedict. He wrote a book, *The Scourge of Jews*, in which he practically preached the extermination of his former coreligionists. Still another case, later in the fifteenth century, was Fray Alonso de Espina, who, prior to his conversion, had earned renown as one of the most learned rabbis of his time. He entered the Franciscan Order, then was appointed Rector of the University of Salamanca, and eventually became a member of the Supreme Council of the Holy Office and a trusted associate of Inquisitor General Torquemada. All of them showed by word, pen, and deed a passionate orthodox zeal in the ruthless persecution of Jews and new-Christians suspected of Judaizing. Vid. Américo Castro, *La Realidad Histórica de España*, 1954. Ayala, as we see, had a sound basis for the historical probability of the background of his story.

284

casi de madrugada. Ha cenado muy poco: un bocado apenas, sin levantar la vista de sus papeles. Y empujando luego el cubierto a la punta de la mesa, lejos del tintero y los legajos, ha vuelto a enfrascarse en su tarea. A la punta de la mesa, reunidos aparte, se ven ahora la blanca hogaza de cuyo canto falta un
5 cuscurro, algunas ciruelas en un plato, restos en otro de carne fiambre, la jarrita del vino, un tarro de dulce sin abrir... Como era tarde, el señor obispo había despedido al paje, al secretario, a todos, y se había servido por sí mismo su colación. Le gustaba hacerlo así; muchas noches solía quedarse hasta muy tarde, sin molestar a ninguno. Pero hoy, difícilmente hubiera
10 podido soportar la presencia de nadie; necesitaba concentrarse, sin que nadie lo perturbara, en el estudio del proceso. Mañana mismo se reunía bajo su presidencia el Santo Tribunal;[3] esos desgraciados, abajo, aguardaban justicia, y no era él hombre capaz de rehuir o postergar el cumplimiento de sus deberes, ni de entregar el propio juicio a pareceres ajenos:[4] siempre, siempre,
15 había examinado al detalle cada pieza, aun mínima, de cada expediente, había compulsado trámites, actuaciones y pruebas, hasta formarse una firme convicción y decidir, inflexiblemente, con arreglo a ella. Ahora, en este caso, todo lo tenía reunido ahí, todo estaba minuciosamente ordenado y relatado ante sus ojos, folio tras folio, desde el comienzo mismo, con la denuncia
20 sobre el converso Antonio María Lucero, hasta los borradores para la sentencia que mañana debía dictarse contra el grupo entero de judaizantes complicados en la causa. Ahí estaba el acta levantada con la detención de Lucero, sorprendido en el sueño y hecho preso en medio del consternado

---

[3] *el Santo Tribunal* the Holy Office [of the Inquisition]. The introduction of the Inquisition in Castile was authorized by Pope Sixtus IV in a Bull in 1478 and it began to function there in 1480. It was extended to Aragon in 1481-1483. On this last year it was given jurisdiction over all the rest of Spain and an Inquisitor General was appointed unifying the Inquisition of the Spanish Crown under a single head and authority. In 1492 the fateful decree was issued by the Catholic monarchs which confronted their subjects of the Jewish faith with expulsion as the only alternative to forcible conversion. From there on the tribunal activities grew more and more sinister in the probing into the sincerity of the Catholic faith so brutally visited upon this new mass of unfortunate and reluctant new-Christians. The first Inquisitor General was Tomás de Torquemada (1420-1498), an ascetic Dominican friar, whose severity in the persecution of Judaizers and other heretics gave to his name and that of the Inquisition a lasting chilling ring. He was succeeded by Diego de Deza, Archbishop of Seville, who held the post until 1507. In connection with the story, it is interesting to point out that both Torquemada and Deza, while not converts themselves, were of rather immediate marrano origin. A later Inquisitor General, Alonso Manrique—also Archbishop of Seville—who held the office from 1523 to 1538, was also reputed to be of Jewish descent. For that matter, so were St. Theresa of Ávila, Fray Luis de León, Beato Juan de Ávila, and Fray Diego Laínez, who succeeded the founder, St. Ignatius Loyola, as General of the Jesuit Order, among other laymen and ecclesiastics equally renowned. Vid. Henry Kamen, *The Spanish Inquisition*, N.Y., 1965.
[4] *entregar el propio juicio a pareceres ajenos* let others judge what he was supposed to judge himself

revuelo de su casa;[5] las palabras que había dejado escapar en el azoramiento de la situación —palabras, por cierto, de significado bastante ambiguo— ahí constaban. Y luego, las sucesivas declaraciones, a lo largo de varios meses de interrogatorios, entrecortada alguna de ellas por los ayes y gemidos, gritos y súplicas del tormento, todo anotado y transcrito con escrupulosa puntualidad. 5 En el curso del minucioso procedimiento, en las diligencias premiosas e innumerables que se siguieron, Lucero había negado con obstinación irritante; había negado, incluso, cuando le estaban retorciendo los miembros en el potro. Negaba entre imprecaciones; negaba entre imploraciones, entre lamentos; negaba siempre. Mas —otro, acaso, no lo habría notado; a él, 10 ¿cómo podía escapársele?— se daba buena cuenta el obispo de que esas invocaciones que el procesado había proferido en la confusión del ánimo, entre tinieblas, dolor y miedo, contenían a veces, sí, el santo nombre de Dios envuelto en aullidos y amenazas; pero ni una sola apelaban a Nuestro Señor Jesucristo, la Virgen o los Santos, de quienes, en cambio, tan devoto se 15 mostraba en circunstancias más tranquilas...

Al repasar ahora las declaraciones obtenidas mediante el tormento —diligencia ésta que, en su día, por muchas razones, se creyó obligado a presenciar el propio obispo—[6] acudió a su memoria con desagrado la mirada que Antonio María, colgado por los tobillos, con la cabeza a ras del suelo, le 20 dirigió desde abajo. Bien sabía él lo que significaba aquella mirada: contenía una alusión al pasado, quería remitirse a los tiempos en que ambos, el procesado sometido a tortura y su juez, obispo y presidente del Santo Tribunal, eran aun judíos; recordarle aquella ocasión ya lejana en que el orfebre, entonces un mozo delgado, sonriente, se había acercado respetuosamente a su 25 rabino pretendiendo la mano de Sara, la hermana menor de Rebeca, todavía en vida, y el rabino, después de pensarlo, no había hallado nada en contra de ese matrimonio, y había celebrado él mismo las bodas de Lucero con su cuñada Sara, Sí, eso pretendían recordarle aquellos ojos que brillaban a ras del suelo, en la oscuridad del sótano, obligándole a hurtar los suyos;[7] es- 30 peraban ayuda de una vieja amistad y un parentesco en nada relacionados con el asunto de autos. Equivalía, pues, esa mirada a un guiño indecente, de complicidad, a un intento de soborno; y lo único que conseguía era proporcionar

---

[5] *en medio del consternado revuelo de su casa*   amid the consternation and commotion of his household
[6] *diligencia ésta que, ... el propio obispo*   a part of the trial which, for many reasons, the bishop himself had considered his duty to witness when it took place
[7] *obligándole a hurtar los suyos*   forcing him to turn his away

una nueva evidencia en su contra, pues ¿no se proponía acaso hablar y conmover en el prelado que tan penosamente se desvelaba por la pureza de la fe al judío pretérito de que tanto uno como otro habían ambos abjurado?

Bien sabía esa gente, o lo suponían —pensó ahora el obispo— cuál podía
5 ser su lado flaco, y no dejaban de tantear, con sinuosa pertinacia, para acercársele. ¿No habían intentado, ya al comienzo —y ¡qué mejor prueba de su mala conciencia! ¡qué confesión más explícita de que no confiaban en la piadosa justicia de la Iglesia!—, no habían intentado blandearlo por la mediación de Marta, su hijita, una criatura inocente, puesta así en juego?...
10 Al cabo de tantos meses, de nuevo suscitaba en él un movimiento de despecho el que así se hubieran atrevido a echar mano de lo más respetable: el candor de los pocos años. Disculpada por ellos, Marta había comparecido[8] a interceder ante su padre en favor del Antonio María Lucero, recién preso entonces por sospechas. Ningún trabajo costó establecer que lo había hecho
15 a requerimientos de su amiga de infancia y —torció su señoría el gesto—[9] prima carnal, es cierto, por parte de madre, Juanita Lucero, aleccionada a su vez, sin duda, por los parientes judíos del padre, el converso Lucero, ahora sospechoso de judaizar. De rodillas, y con palabras quizás aprendidas, había suplicado la niña al obispo. Una tentación diabólica; pues, ¿no son, acaso,
20 palabras de Cristo: *El que ama hijo o hija más que a mí, no es digno de mí?*[10]

En alto la pluma, y perdidos los ojos miopes en la penumbrosa pared de la sala, el prelado dejó escapar un suspiro de la caja de su pecho: no conseguía ceñirse a la tarea; no podía evitar que la imaginación se le huyera hacia aquella su hija única, su orgullo y su esperanza, esa muchachita frágil,
25 callada, impetuosa, que ahora, en su alcoba, olvidada del mundo, hundida en el feliz abandono del sueño, descansaba, mientras velaba él arañando con la pluma el silencio de la noche. Era —se decía el obispo— el vástago postrero de aquella vieja estirpe a cuyo dignísimo nombre debió él hacer renuncia para entrar en el cuerpo místico de Cristo,[11] y cuyos últimos rastros se bo-
30 rrarían definitivamente cuando, llegada la hora, y casada —si es que alguna vez había de casarse— con un cristiano viejo, quizás, ¿por qué no?, de sangre

---

[8] *Disculpada por ellos, Marta había comparecido*   Because of her tender years, Martha could not be blamed for having appeared

[9] *torció su señoría el gesto*   here, the most reverend one made a gesture of annoyance

[10] Second half of Verse 37, Chapter X, *Gospel according to St. Matthew*: "He that loveth father or mother more than me is not worthy of me: and he that loveth son or daughter more than me is not worthy of me."

[11] *cuerpo místico de Cristo*   the Church

noble, criara ella, fiel y reservada, laboriosa y alegre, una prole nueva en el fondo de su casa... Con el anticipo de esta anhelada perspectiva en la imaginación, volvió el obispo a sentirse urgido por el afán de preservar a su hija de todo contacto que pudiera contaminarla, libre de acechanzas, aparte; y, recordando cómo habían querido valerse de su pureza de alma en provecho 5 del procesado Lucero, la ira le subía a la garganta, no menos que si la penosa escena hubiera ocurrido ayer mismo. Arrodillada a sus plantas, veía a la niña decirle: «Padre: el pobre Antonio María no es culpable de nada; yo, padre —¡ella! ¡la inocente!—, yo, padre, sé muy bien que él es bueno. ¡Sálvalo!». Sí, que lo salvara. Como si no fuera eso, eso precisamente, salvar 10 a los descarriados, lo que se proponía la Inquisición... Aferrándola por la muñeca, averiguó en seguida el obispo cómo había sido maquinada toda la intriga, urdida toda la trama: señuelo, fue, es claro, la afligida Juanica Lucero; y todos los parientes, sin duda, se habían juntado para fraguar la escena que, como un golpe de teatro, debería, tal era su propósito, torcer la 15 conciencia del dignatario con el sutil soborno de las lágrimas infantiles. Pero está dicho que *si tu mano derecha te fuere ocasión de caer, córtala y échala de ti.*[12] El obispo mandó a la niña, como primera providencia, y no para castigo sino más bien por cautela, que se recluyera en su cuarto hasta nueva orden, retirándose él mismo a cavilar sobre el significado y alcance de este hecho: su 20 hija que comparece a presencia suya y, tras haberle besado el anillo y la mano, le implora a favor de un judaizante; y concluyó, con asombro, de allí a poco, que, pese a toda su diligencia, alguna falla debía tener que reprocharse en cuanto a la educación de Marta, pues que pudo haber llegado[13] a tal extremo de imprudencia. 25

Resolvió entonces despedir al preceptor y maestro de doctrina, a ese doctor Bartolomé Pérez que con tanto cuidado había elegido siete años antes y del que, cuando menos, podía decirse ahora que había incurrido en lenidad, consintiendo a su pupila el tiempo libre para vanas conversaciones y una disposición de ánimo proclive a entretenerse en ellas con más intervención 30 de los sentimientos que del buen juicio.

El obispo necesitó muchos días para aquilatar y no descartar por completo sus escrúpulos. Tal vez —temía—, distraído en los cuidados de su diócesis, había dejado que se le metiera el mal en en su propia casa, y se

---

[12] First phrase of Verse 43, Chapter X, *Gospel according to St. Mark.* "And if thy hand offend thee, cut it off."

[13] *pues que pudo haber llegado* since she was able to reach

clavara en su carne una espina de ponzoña. Con todo rigor, examinó de nuevo su conducta. ¿Había cumplido a fondo sus deberes de padre? Lo primero que hizo cuando Nuestro Señor le quiso abrir los ojos a la verdad, y las puertas de su Iglesia, fue buscar para aquella triste criatura, huérfana por obra
5 del propio nacimiento,[14] no sólo amas y criadas de religión irreprochable, sino también un preceptor que garantizara su cristiana educación. Apartarla en lo posible de una parentela demasiado nueva en la fe, encomendarla a algún varón exento de toda sospecha en punto a doctrina y conducta, tal había sido su designio. El antiguo rabino buscó, eligió y requirió para
10 misión tan delicada a un hombre sabio y sencillo, este Dr. Bartolomé Pérez, hijo, nieto y biznieto de labradores, campesino que sólo por fuerza de su propio mérito se había erguido en el pegujal sobre el que sus ascendientes vivieron doblados,[15] había salido de la aldea y, por entonces, se desempeñaba, discreto y humilde —tras haber adquirido eminencia en letras sagradas—,
15 como coadjutor de una parroquia que proporcionaba a sus regentes más trabajo que frutos. Conviene decir que nada satisfacía tanto en él al ilustre converso como aquella su simplicidad, el buen sentido y el llano aplomo labriego, conservados bajo la ropa talar como un núcleo indestructible de alegre firmeza. Sostuvo con él, antes de confiarle su intención, tres largas
20 pláticas en materia de doctrina, y le halló instruido sin alarde, razonador sin sutilezas, sabio sin vértigo, ansiedad ni angustia. En labios del Dr. Bartolomé Pérez lo más intrincado se hacía obvio, simple... Y luego, sus cariñosos ojos claros prometían para la párvula el trato bondadoso y la ternura de corazón que tan familiar era ya entre los niños de su pobre
25 feligresía. Aceptó, en fin, el Dr. Pérez la propuesta del ilustre converso después que ambos de consuno hubieron provisto al viejo párroco de otro coadjutor idóneo, y fue a instalarse en aquella casa donde con razón esperaba medrar en ciencia sin mengua de la caridad; y, en efecto, cuando su patrono recibió la investidura episcopal, a él, por influencia suya, le fue concedido el
30 beneficio de una canonjía. Entre tanto, sólo plácemes suscitaba la educación religiosa de la niña, dócil a la dirección del maestro. Mas, ahora... ¿cómo podía explicarse esto?, se preguntaba el obispo; ¿qué falla, qué fisura venía a revelar ahora lo ocurrido en tan cuidada, acabada y perfecta obra? ¿Acaso no

---

[14] *huérfana por obra del propio nacimiento*   left motherless as a result of her birth

[15] *se había erguido... vivieron doblados*   had risen above the hard land-toiling lot of his ancestors. People of peasant origin were believed, in Spain, to be of purer Catholic ancestry than city dwellers or even "hidalgos," since the Jews, who traditionally were artisans, professionals, or were connected with commercial activities, had married into the nobility and had never been tillers of the land.

habría estado lo malo, precisamente, en aquello —se preguntaba— que él, quizás con error, con precipitación, estimara como la principal ventaja: en la seguridad confiada y satisfecha del cristiano viejo, dormido en la costumbre de la fe?[16] Y aun pareció confirmarlo en esta sospecha el aire tranquilo, apacible, casi diríase aprobatorio con que el Dr. Pérez tomó noticia del hecho cuando   5
él le llamó a su presencia para echárselo en cara. Revestido de su autoridad impenetrable, le había llamado; le había dicho: «Óigame, doctor Pérez; vea lo que acaba de ocurrir: Hace un momento, Marta, mi hija...». Y le contó la escena sumariamente. El Dr. Bartolomé Pérez había escuchado, con preo- cupado ceño; luego, con semblante calmo y hasta con un esbozo de sonrisa.   10
Comentó: «Cosas, señor, de un alma generosa»; ése fue su solo comentario. Los ojos miopes del obispo lo habían escrutado a través de los gruesos vidrios con estupefacción y, en seguida, con rabiosa severidad. Pero él no se había inmutado; él —para colmo de escándalo— le había dicho, se había atrevido a preguntarle: «Y su señoría... ¿no piensa escuchar la voz de la   15
inocencia?» El obispo —tal fue su conmoción— prefirió no darle respuesta de momento. Estaba indignado, pero, más que indignado, el asombro lo anonadaba. ¿Qué podía significar todo aquello? ¿Cómo era posible tanta obcecación? O acaso hasta su propia cámara —¡sería demasiada audacia!—, hasta el pie de su estrado, alcanzaban... aunque, si se habían atrevido a valerse   20
de su propia hija, ¿por qué no podían utilizar también a un sacerdote, a un cristiano viejo?... Consideró con extrañeza, como si por primera vez lo viese, a aquel campesino rubio que estaba allí, impertérrito, indiferente, parado ante él, firme como una peña (y, sin poderlo remediar, pensó: ¡bruto!), a aquel doctor y sacerdote que no era sino un patán, adormilado en   25
la costumbre de la fe y, en el fondo último de todo su saber, tan inconsciente como un asno. En seguida quiso obligarse a la compasión: había que com- padecer más bien esa flojedad, despreocupación tanta en medio de los peligros. Si por esta gente fuera —pensó— ya podía perderse la religión: veían crecer el peligro por todas partes, y ni siquiera se apercibían... El   30
obispo impartió al Dr. Pérez algunas instrucciones ajenas el caso, y lo despidió; se quedó otra vez solo con sus reflexiones. Ya la cólera había cedido a una lúcida meditación. Algo que, antes de ahora, había querido sospechar varias veces, se le hacía ahora evidentísimo: que los cristianos viejos, con todo su orgulloso descuido, eran malos guardianes de la ciudadela   35

---

[16] *dormido en la costumbre de la fe?*   made unwatchful by a long undisturbed tradition of practice of the faith?

de Cristo, y arriesgaban perderse por exceso de confianza. Era la eterna historia, la parábola, que siempre vuelve a renovar su sentido. No, ellos no veían, no podían ver siquiera los peligros, las acechanzas sinuosas, las reptantes maniobras del enemigo, sumidos como estaban en una culpable con-
5 fianza. Eran labriegos bestiales, paganos casi, ignorantes, con una pobre idea de la divinidad, mahometanos bajo Mahoma y cristianos bajo Cristo, según el aire que moviera las banderas;[17] o si no, esos señores distraídos en sus querellas mortales, o corrompidos en su pacto con el mundo,[18] y no menos olvidados de Dios. Por algo su Providencia le había llevado a él —y ojalá que
10 otros como él rigieran cada diócesis— al puesto de vigía y capitán de la fe; pues, quien no está prevenido, ¿cómo podrá contrarrestar el ataque encubierto y artero, la celada, la conjuración sorda dentro de la misma fortaleza? Como un aviso, se presentaba siempre de nuevo a la imaginación del buen obispo el recuerdo de una vieja anécdota doméstica oída mil veces de
15 niño entre infalibles carcajadas de los mayores: la aventura de su tío-abuelo, un joven díscolo, un tarambana, que, en el reino moro de Almería,[19] había abrazado sin convicción el mahometismo, alcanzando por sus letras y artes a ser, entre aquellos bárbaros, muecín de una mezquita. Y cada vez que, desde su eminente puesto, veía pasar por la plaza a alguno de aquellos
20 parientes o conocidos que execraban su defección, esforzaba la voz y, dentro de la ritual invocación coránica, *Lã ilãha illa'llãh*,[20] injería entre las palabras árabes una ristra de improperios en hebreo contra el falso profeta Mahoma, dándoles así a entender a los judíos cuál, aunque indigno, era su creencia verdadera,[21] con escarnio de los descuidados y piadosos moros perdidos en
25 zalemas... Así también, muchos conversos falsos se burlaban ahora en Castilla, en toda España, de los cristianos incautos, cuya incomprensible con-

---

[17] *según el aire que moviera las banderas*   depending on who was the victor—in the see-saw war between the Cross and the Crescent in the Peninsula during the Middle Ages (711-1492).

[18] *en su pacto con el mundo*   by their worldliness

[19] *el reino moro de Almería*—one of the petty Moorish kingdoms of Southern Spain into which the great Caliphate of Córdoba was divided upon its disintegration at the beginning of the eleventh century.

[20] *la ritual invocación coránica, Lã ilãha illa'llãh*—this transcription from Arabic constitutes the first part of the "kalimah" (the Word) or fundamental declaration of Islamic faith: "There is no deity but God"; it occurs in verse xxi, Chapter 47, of the *Koran*, the sacred book of the Mohammedans. The second part of the statement: "*Muhammadun Rusũlu 'llah*"—"Mohammed is the Apostle of God"—appears in verse xxix, Chapter 48. The whole "kalimah" is cried out by the muezzin from the Mosque's tower to call for the divine services in the five daily "salats" or calls, and it recurs often in the prayers of every Moslem.

[21] *cuál, aunque indigno, era su creencia verdadera*   which was still his true faith, in spite of his personal debasement

fianza sólo podía explicarse por la tibieza de una religión heredada de padres a hijos, en la que siempre habían vivido y triunfado, descansando, frente a las ofensas de sus enemigos, en la justicia última de Dios. Pero, ¡ah!, era Dios, Dios mismo, quien lo había hecho a él instrumento de su justicia en la tierra, a él que conocía el campamento enemigo y era hábil para descubrir sus 5 espías, y no se dejaba engañar con tretas, como se engañaba a esos laxos creyentes que, en su flojedad, hasta cruzaban (a eso habían llegado, sí, a veces: él los había sorprendido, los había interpretado, los había descubierto), hasta llegaban a cruzar miradas de espanto —un espanto lleno, sin duda, de respeto, de admiración y reconocimiento, pero espanto al fin— por el rigor 10 implacable que su prelado desplegaba en defensa de la Iglesia. El propio Dr. Pérez ¿no se había expresado en más de una ocasión con reticencia acerca de la actividad depuradora de su Pastor? —Y, sin embargo, si el Mesías había venido y se había hecho hombre y había fundado la Iglesia con el sacrificio de su sangre divina, ¿cómo podía consentirse que perdurara y creciera en tal 15 modo la corrupción, como si ese sacrificio hubiera sido inútil?

Por lo pronto, resolvió el obispo separar al Dr. Bartolomé Pérez de su servicio. No era con maestros así como podía dársele a una criatura tierna el temple requerido para una fe militante, asediada y despierta; y, tal cual lo resolvió, lo hizo, sin esperar al otro día. Aun en el de hoy,[22] se sentía molesto, 20 recordando la mirada límpida que en la ocasión le dirigiera el Dr. Pérez. El Dr. Bartolomé Pérez no había pedido explicaciones, no había mostrado ni desconcierto ni enojo: la escena de la destitución había resultado increíblemente fácil; ¡tanto más embarazosa por ello! El preceptor había mirado al señor obispo con sus ojos azules, entre curioso y, quizás, irónico, acatando sin 25 discutir la decisión que así lo apartaba de las tareas cumplidas durante tantos años y lo privaba al parecer de la confianza del Prelado. La misma conformidad asombrosa con que había recibido la notificación, confirmó a éste en la justicia de su decreto, —que quién sabe si no le hubiera gustado poder revocar,— pues, al no ser capaz de defenderse, hacer invocaciones, discutir, 30 alegar y bregar en defensa propia, probaba desde luego que carecía del ardor indispensable para estimular a nadie en la firmeza. Y luego, las propias lágrimas que derramó la niña al saberlo fueron testimonio de suaves afectos humanos en su alma, pero no de esa sólida formación religiosa que implica mayor desprendimiento del mundo cotidiano y perecedero. 35

---

[22] *en el de hoy*   today

Este episodio había sido para el obispo una advertencia inestimable. Reorganizó el régimen de su casa en modo tal que la hija entrara en la adolescencia, cuyos umbrales ya pisaba, con paso propio;[23] y siguió adelante el proceso contra su concuñado Lucero sin dejarse convencer de ninguna
5 consideración humana. Las sucesivas indagaciones descubrieron a otros complicados, se extendió a ellos el procedimiento,[24] y cada nuevo paso mostraba cuánta y cuán honda era la corrupción cuyo hedor se declaró primero en la persona del Antonio María. El proceso había ido creciendo hasta adquirir proporciones descomunales; ahí se veían ahora, amontonados sobre la mesa,
10 los legajos que lo integraban; el señor obispo tenía ante sí, desglosadas, las piezas principales: las repasaba, recapitulaba los trámites más importantes, y una vez y otra cavilaba sobre las decisiones a que debía abocarse mañana el tribunal. Eran decisiones graves. Por lo pronto, la sentencia contra los procesados; pero esta sentencia, no obstante su tremenda severidad,[25] no era lo
15 más penoso: el delito de los judaizantes había quedado establecido, discriminado y probado desde hacía meses, y en el ánimo de todos, procesados y jueces, estaba descontada esta sentencia extrema que ahora sólo faltaba perfilar y formalizar debidamente. Más penoso resultaba el auto de procesamiento a decretar contra el Dr. Bartolomé Pérez, quien, a resultas de un
20 cierto testimonio, había sido prendido la víspera e internado en la cárcel de la Inquisición. Uno de aquellos desdichados, en efecto, con ocasión de declaraciones postreras, extemporáneas y ya inconducentes, había atribuido al Dr. Pérez opiniones bastante dudosas que, cuando menos, descubrían este hecho alarmante: que el cristiano viejo y sacerdote de Cristo había mantenido
25 contactos, conversaciones, quizás tratos con el grupo de judaizantes, y ello no sólo después de abandonar el servicio del prelado, sino ya desde antes. El prelado mismo, por su parte, no podía dejar de recordar el modo extraño con que, al referirle él, en su día, la intervención de la pequeña Marta a favor de su tío, Lucero, había concurrido casi el Dr. Pérez a apoyar sinuosamente el
30 ruego de la niña. Tal actitud, iluminada por lo que ahora surgía de estas averiguaciones, adquiría un nuevo significado. Y, en vista de eso, no podía el buen obispo, no hubiera podido, sin violentar su conciencia, abstenerse de promover una investigación a fondo, tal como sólo el procesamiento la consentía. Dios era testigo de cuánto le repugnaba decretarlo: la endiablada

---

[23] *con paso propio*   without the need of any guidance
[24] *se extendió a ellos el procedimiento*   they were also indicted
[25] *su tremenda severidad*   burning at the stake

materia de este asunto parecía tener una especie de adherencia gelatinosa, se pegaba a las manos, se extendía y amenazaba ensuciarlo todo: ya hasta le daba asco. De buena gana lo hubiera pasado por alto. Mas, ¿podía, en conciencia, desentenderse de los indicios que tan inequívocamente señalaban al Dr. Bartolomé Pérez? No podía, en conciencia; aunque supiera, como lo 5 sabía, que este golpe iba a herir de rechazo a su propia hija... Desde aquel día de enojosa memoria —y habían pasado tres años, durante los cuales creció la niña a mujer—, nunca más había vuelto Marta a hablar con su padre sino cohibida y medrosa, resentida quizás o, como él creía, abrumada por el respeto. Se había tragado sus lágrimas; no había preguntado, no había 10 pedido —que él supiera— ninguna explicación. Y, por eso mismo, tampoco el obispo se había atrevido, aunque procurase estorbarlo, a prohibirle que siguiera teniendo por confesor al Dr. Pérez. Prefirió más bien —para lamentar ahora su debilidad de entonces— seguir una táctica de entorpecimiento, pues que no disponía de razones válidas con que oponerse abiertamente... 15 En fin, el mal estaba hecho. ¿Qué efecto le produciría a la desventurada, inocente y generosa criatura el enterarse, como se enteraría sin falta, y saber que su confesor, su maestro, estaba preso por sospechas relativas a cuestión de doctrina? —lo que, de otro lado, acaso echara sombras, descrédito, sobre la que había sido su educanda, sobre él mismo, el propio obispo, que lo 20 había nombrado preceptor de su hija... *Los pecados de los padres...*[26] —pensó, enjugándose la frente.

Una oleada de ternura compasiva hacia la niña que había crecido sin madre, sola en la casa silenciosa, aislada de la vulgar chiquillería, y bajo una autoridad demasiado imponente, inundó el pecho del dignatario. Echó a un 25 lado los papeles, puso la pluma en la escribanía, se levantó rechazando el sillón hacia atrás, rodeó la mesa y, con andar callado, salió del despacho, atravesó, una tras otra, dos piezas más, casi a tientas, y, en fin, entreabrió con suave ademán la puerta de la alcoba donde Marta dormía. Allí, en el fondo, acompasada, lenta, se oía su respiración. Dormida, a la luz de la mariposa de 30 aceite, parecía, no una adolescente, sino mujer muy hecha; su mano, sobre la garganta, subía y bajaba con la respiración. Todo estaba quieto, en silencio; y ella, ahí, en la penumbra, dormía. La contempló el obispo un buen rato; luego, con andares suaves, se retiró de nuevo hacia el despacho y se acomodó

---

[26] The Inquisitor here may be thinking of *Lamentations*, Chapter V, Verse 7: "Our fathers have sinned ... and we have borne their iniquities...." or perhaps *Ezekiel*, Chapter XVIII, Verse 2: "The fathers have eaten sour grapes, and the children's teeth are set on edge," or Verse 20: "The son shall not bear the iniquity of the father, neither shall the father bear the iniquity of the son..."

ante la mesa de trabajo para cumplir, muy a pesar suyo, lo que su conciencia le mandaba. Trabajó toda la noche. Y cuando, casi al rayar el alba, se quedó, sin poderlo evitar, un poco traspuesto, sus perplejidades, su lucha interna, la violencia que hubo de hacerse, infundió en su sueño sombras turbadoras. Al
5 entrar Marta al despacho, como solía, por la mañana temprano, la cabeza amarillenta, de pelo entrecano, que descansaba pesadamente sobre los tendidos brazos, se irguió con precipitación; espantados tras de las gafas, se abrieron los ojos miopes. Y ya la muchacha, que había querido retroceder, quedó clavada en su sitio.

10   Pero también el prelado se sentía confuso; quitóse las gafas y frotó los vidrios con su manga, mientras entornaba los párpados. Tenía muy presente, vívido en el recuerdo, lo que acababa de soñar: había soñado —y, precisamente, con Marta— extravagancias que lo desconcertaban y le producían un oscuro malestar. En sueños, se había visto encaramado al alminar de una
15 mezquita, desde donde recitaba una letanía repetida, profusa, entonada y sutilmente burlesca, cuyo sentido a él mismo se le escapaba. (¿En qué relación podría hallarse este sueño —pensaba— con la celebrada historieta de su pariente, el falso muecín? ¿Era él, acaso, también, algún falso muecín?) Gritaba y gritaba y seguía gritando las frases de su absurda letanía. Pero, de
20 pronto, desde el pie de la torre, le llegaba la voz de Marta, muy lejana, tenue, mas perfectamente inteligible, que le decía —y eran palabras bien distintas, aunque remotas—: «Tus méritos, padre —le decía—, han salvado a nuestro pueblo. Tú sólo, padre mío, has redimido a toda nuestra estirpe». En este punto había abierto los ojos el durmiente, y ahí estaba Marta, enfrente de la
25 mesa, parada, observándolo con su limpia mirada, mientras que él, sorprendido, rebullía y se incorporaba en el sillón... Terminó de frotarse los vidrios, recobró su dominio, arregló ante sí los legajos desparramados sobre la mesa, y, pasándose todavía una mano por la frente, interpeló a su hija:
—Ven acá, Marta —le dijo con voz neutra—, ven, dime: si te dijeran que el
30 mérito de un cristiano virtuoso puede revertir sobre sus antepasados y salvarlos, ¿que dirías tú?

    La muchacha lo miró atónita. No era raro, por cierto, que su padre le propusiera cuestiones de doctrina: siempre había vigilado el obispo a su hija en este punto con atención suma. Pero, ¿qué ocurrencia repentina era ésta,
35 ahora, al despertarse? Lo miró con recelo; meditó un momento; respondió:
—La oración y las buenas obras pueden, creo, ayudar a las ánimas del purgatorio, señor.

—Sí, sí —arguyó el obispo—, sí, pero... ¿a los condenados?

Ella movió la cabeza: —¿Cómo saber quién está condenado, padre?

El teólogo había prestado sus cinco sentidos a la respuesta. Quedó satisfecho; asintió. Le dio licencia, con un signo de la mano, para retirarse. Ella titubeó y, en fin, salió de la pieza.

Pero el obispo no se quedó tranquilo; a solas ya, no conseguía librarse todavía, mientras repasaba los folios, de un residuo de malestar. Y, al tropezarse de nuevo con la declaración rendida en el tormento por Antonio María Lucero, se le vino de pronto a la memoria otro de los sueños que había tenido poco rato antes, ahí, vencido del cansancio, con la cabeza retrepada tal vez contra el duro respaldo del sillón. A hurtadillas, en el silencio de la noche, había querido —soñó— bajar hasta la mazmorra donde Lucero esperaba justicia, para convencerlo de su culpa y persuadirlo a que se reconciliara con la Iglesia implorando el perdón. Cautelosamente, pues, se aplicaba a abrir la puerta del sótano, cuando —soñó— le cayeron encima de improviso sayones que, sin decir nada, sin hacer ningún ruido, querían llevarlo en vilo hacia el potro del tormento. Nadie pronunciaba una palabra; pero, sin que nadie se lo hubiera dicho, tenía él la plena evidencia de que lo habían tomado por el procesado Lucero, y que se proponían someterlo a nuevo interrogatorio. ¡Qué turbios, qué insensatos son a veces los sueños! Él se debatía, luchaba, quería soltarse, pero sus esfuerzos ¡ay! resultaban irrisoriamente vanos, como los de un niño, entre los brazos fornidos de los sayones. Al comienzo había creído que el enojoso error se desharía sin dificultad alguna, con sólo que él hablase; pero cuando quiso hablar notó que no le hacían caso, ni le escuchaban siquiera, y aquel trato tan sin miramientos le quitó de pronto la confianza en sí mismo; se sintió ridículo entonces, reducido a la ridiculez extrema, y —lo que es más extraño— culpable. ¿Culpable de qué? No lo sabía. Pero ya consideraba inevitable sufrir el tormento: y casi estaba resignado. Lo que más insoportable se le hacía era, con todo, que el Antonio María pudiera verlo así, colgado por los pies como una gallina. Pues, de pronto, estaba ya suspendido con la cabeza para abajo, y Antonio María Lucero lo miraba; pero lo miraba como a un desconocido; se hacía el distraído y, entre tanto, nadie prestaba oído a sus protestas. Él, sí; el, él verdadero culpable, perdido y disimulado entre los indistintos oficiales del Santo Tribunal, conocía el engaño; pero fingía, desentendido; miraba con hipócrita indiferencia. Ni amenazas, ni promesas, ni súplicas rompían su indiferencia hipócrita. No había quien acudiera a su remedio. Y sólo Marta, que, inexplicablemente, aparecía también ahí, le enjugaba de vez en cuando, con solapada habilidad, el sudor de la cara...

El señor obispo se pasó un pañuelo por la frente. Hizo sonar una campanilla de cobre que había sobre la mesa, y pidió un vaso de agua. Esperó un poco a que se lo trajeran, lo bebió de un largo trago ansioso y, en seguida, se puso de nuevo a trabajar con ahinco sobre los papeles, iluminados ahora, gracias a Dios, por un rayo de sol fresco, hasta que, poco más tarde, llegó el Secretario del Santo Oficio.

Dictándole estaba aún su señoría el texto definitivo de las previstas resoluciones —y ya se acercaba la hora del mediodía— cuando, para sorpresa de ambos funcionarios, se abrió la puerta de golpe y vieron a Marta precipitarse, arrebatada en la sala. Entró como un torbellino, pero en medio de la habitación se detuvo y, con la mirada reluciente fija en su padre, sin considerar la presencia del subordinado ni más preámbulos, le gritó casi, perentoria: —¿Qué le ha pasado al Dr. Pérez?—, y aguardó en un silencio tenso.

Los ojos del obispo parpadearon tras de los lentes. Calló un momento; no tuvo la reacción que se hubiera podido esperar, que él mismo hubiera esperado de sí; y el Secretario no creía a sus oídos ni salía de su asombro, al verlo aventurarse después en una titubeante respuesta: —¿Qué es eso, hija mía? Cálmate. ¿Qué tienes? El doctor Pérez va a ser... va a rendir una declaración. Todos deseamos que no haya motivo... Pero —se repuso, ensayando un tono de todavía benévola severidad—, ¿qué significa esto, Marta?

—Lo han preso; está preso. ¿Por qué está preso? —insistió ella, excitada, con la voz temblona. —Quiero saber qué pasa.

Entonces, el obispo vaciló un instante ante lo inaudito; y, tras de dirigir una floja sonrisa de inteligencia al Secretario, como pidiéndole que comprendiera, se puso a esbozar una confusa explicación sobre la necesidad de cumplir ciertas formalidades que, sin duda, imponían molestias a veces injustificadas, pero que eran exigibles en atención a la finalidad más alta de mantener una vigilancia estrecha en defensa de la fe y doctrina de Nuestro Señor Jesucristo... Etcétera. Un largo, farragoso y a ratos inconexo discurso durante el cual era fácil darse cuenta de que las palabras seguían camino distinto al de los pensamientos. Durante él, la mirada relampagueante de Marta se abismó en las baldosas de la sala, se enredó en las molduras del estrado y por fin, volvió a tenderse, vibrante como una espada, cuando la

297

muchacha, en un tono que desmentía la estudiada moderación dubitativa de las palabras, interrumpió al prelado:

—No me atrevo a pensar —le dijo— que si mi padre hubiera estado en el puesto de Caifás,[27] tampoco él hubiera reconocido al Mesías.

—¿Qué quieres decir con eso? —chilló, alarmado, el obispo.   5

—*No juzguéis, para que no seáis juzgados.*[28]

—¿Qué quieres decir con eso? —repitió, desconcertado.

—Juzgar, juzgar, juzgar. —Ahora, la voz de Marta era irritada; y, sin embargo, tristísima, abatida, inaudible casi.

—¿Qué quieres decir con eso? —amenazó, colérico.   10

—Me pregunto —respondió ella lentamente, con los ojos en el suelo— cómo puede estarse seguro de que la segunda venida[29] no se produzca en forma tan secreta como la primera.

Esta vez fue el Secretario quien pronunció unas palabras: —¿La segunda venida?— murmuró, como para sí; y se puso a menear la cabeza. El obispo,   15
que había palidecido al escuchar la frase de su hija, dirigió al Secretario una mirada inquieta, angustiada. El Secretario seguía meneando la cabeza.

—Calla —ordenó el prelado desde su sitial. Y ella, crecida, violenta:

—¿Cómo saber —gritó— si entre los que a diario encarceláis, y torturáis, y condenáis, no se encuentra el Hijo de Dios?   20

—¡El Hijo de Dios! —volvió a admirarse el Secretario. Parecía escandalizado; contemplaba, lleno de expectativa, al obispo.

Y el obispo, aterrado: —¿Sabes, hija mía, lo que estás diciendo?

—Sí, lo sé. Lo sé muy bien. Puedes, si quieres, mandarme presa.

—Estás loca; vete.   25

—¿A mí, porque soy tu hija, no me procesas? Al Mesías en persona lo harías quemar vivo.

El señor obispo inclinó la frente, perlada de sudor; sus labios temblaron en una imploración: «¡Asísteme, Padre Abraham!», e hizo un signo al Secretario. El Secretario comprendió; no esperaba otra cosa. Extendió un   30
pliego limpio, mojó la pluma en el tintero y, durante un buen rato, sólo se oyó el rasguear sobre el áspero papel, mientras que el prelado, pálido como un muerto, se miraba las uñas.

---

[27] *Caifás* Caiaphas, high priest of the Jews who presided at the council which condemned Jesus to death.

[28] First part of Chapter VI, Verse 37, *Gospel according to St. Luke*: "Judge not, and ye shall not be judged"

[29] *la segunda venida* the second coming [of the Messiah]

13   *Miguel Hernández*
(1910–1942)

Levantino, de Alicante, como Azorín. De origen campesino, tuvo una infancia de pastor, ayudando a su padre en sus humildes faenas. Asistió brevemente a la escuela, pero tuvo que abandonarla, en las puertas de la adolescencia, para volver al pastoreo. Su formación fue, por tanto, casi totalmente autodidáctica. Familiarizado tempranamente con la lírica del Siglo de Oro e influido por el neo-barroquismo de la generación de Lorca, su primera fase poética muestra una extraordinaria capacidad para el uso de la brillante retórica del imaginismo de aquel grupo. Sin embargo, ya se percibía entonces en él una fuerte y auténtica ligazón emotiva con la realidad, que surgiría más tarde al primer plano de su lirismo. Durante la Guerra Civil fue poeta y soldado al servicio del Ejército Republicano. Después de la derrota fue preso por los franquistas y condenado a muerte—sentencia que le fue luego conmutada por la de cadena perpetua. Pasó el resto de sus días encarcelado. Los malos tratos, el hambre y el frío le causaron la muerte, de tuberculosis, en 1942. Durante los años de su encarcelamiento compuso su mejor poesía, fruto de la soledad y del dolor, desnuda de adornos, íntima, simple, sentida y madura. Esos poemas fueron parcialmente recogidos en la colección póstuma *Cancionero y Romancero de Ausencias* (*1938-1941*), (1958).

Los dos breves poemas que siguen, son bellas muestras de esa última fase, en la que el poeta trajo a la superficie su veta más honda, en el tratamiento de los temas eternos del amor y la muerte.

En las dos primeras estrofas de «Bocas de ira» desarrolla una serie de imágenes de terror y desolación: la furia, la emboscada, los aullidos de los perros y los campos que la guerra dejó estériles, en los que la única cosecha es la de los cuerpos muertos de los combatientes. En ese panorama surge de pronto, en los dos últimos versos, la nota emotiva: el poeta preso se acuerda de su mujer y la evoca como un «corazón», que, en contraste con esos campos «baldíos», duramente «resecos», y con el «mal camino» de cenizas, es un buen camino, que corre en terreno fértil y tierno.

La misma técnica de un minimum de artificio y un maximum de intensidad emotiva —muy cercana a la de la poesía popular— la encontramos en el otro poema, «Tristes guerras» —construido con un cerrado paralelismo repetitivo. El poema crece a base de dos únicas variaciones: la primera, en las palabras finales de los primeros versos de cada estrofa («guerras», «armas», «hombres»); y la segunda, en los finales de frase de los segundos versos, en los que, delicadamente e intensamente, se hacen resaltar los valores contrarios a los que denotan aquellas palabras: diciéndonos que solamente no son tristes las «guerras» que son «de amor» —solamente no son tristes las «armas» pacíficas y persuasivas de las «palabras»— solamente no es triste la «muerte» «de amores».

❧ Bocas de ira

Bocas de ira.
Ojos de acecho.
Perros aullando.
Perros y perros.
Todo baldío.
Todo reseco.

Cuerpos y campos.
Cuerpos y cuerpos.
¡Qué mal camino,
qué ceniciento!

¡Corazón tuyo,
fértil y tierno!

❧ Tristes guerras

Tristes guerras
si no es de amor la empresa.
Tristes, tristes.

Tristes armas
si no son palabras.
Tristes, tristes.

Tristes hombres
si no mueren de amores.
Tristes, tristes.

14 ❧ *Camilo José Cela*
(1916–   )

La crítica lo considera unánimemente como la figura más recia y significativa del resurgimiento de la novela española después de la Guerra Civil. Gallego, no sólo por el nacimiento, la tradición familiar y la infancia, sino también por el espíritu. La base galaica de su carácter ha tenido —como en Valle-Inclán, uno de sus maestros— intenso influjo en su estilo: su extraordinario manejo del castellano ha sido estéticamente condicionado por su temprana intimidad con el mundo de la lengua vernácula regional. Con fino instinto ha sabido enriquecer armónicamente el idioma de Castilla con elementos del vocabulario, la sintaxis y los ritmos de habla gallega. Del trasfondo cultural céltico proceden también sin duda la agudeza de su visión irónico-sarcástica y la profunda veta de lirismo esencial que corre bajo su prosa.

Durante la guerra española fue testigo de la contienda en ambos lados —y, como soldado de Franco, vivió muy directamente los estériles furores de la lucha. Estas experiencias —y la desilusión de la posguerra— acentuaron su tendencia escéptica, satírica e inconformista. Aficionado al vagabundaje, ha recorrido a pie extensas áreas de la Península, buscando, además de la libertad de los caminos, el contacto con las formas más básicas y auténticas de la realidad nacional en las zonas rurales, no contaminadas con la cultura urbana, gris y uniformadora. Sus aventuras físicas y espirituales por las rutas de España las ha plasmado en libros de viajes que son ejemplos magistrales del género.

Su primera novela —*La Familia de Pascual Duarte* (1942)— fue también la primera obra importante que apareció después del período de silencio literario causado por el conflicto civil. Es obra de gran significación histórica, que abrió nuevos caminos a la novelística nacional, inaugurando una tendencia neo-realista, ampliamente imitada, a la que se ha llamado «tremendismo», nombre que a Cela, enemigo de etiquetas y rótulos limitadores, le parece «una estupidez». De hecho, Pascual Duarte es un «tremendo» caso: un sanguinario criminal que, desde la cárcel, donde espera la ejecución, relata con tranquila y repulsiva crudeza sus horripilantes fechorías. Una prosa de energía simple e insólita, contribuyó al éxito clamoroso del libro. Después, Cela ha publicado otras novelas de temas y técnicas muy diferentes, en una de las cuales —*La Colmena* (1951)— nos presenta el panorama y clima social del Madrid de nuestros días con una técnica de enfoque múltiple, fraccionario y acumulativo, de gran efectividad —que constituyó uno de los experimentos más atrevidos y logrados del arte narrativo en la España contemporánea. Ambas novelas estuvieron durante algún tiempo prohibidas por la censura franquista.

Casi toda la obra de Cela refleja una concepción pesimista de la condición y de la convivencia humanas. Su sardónico escepticismo parece esconder, sin embargo, en sus substratos más hondos una sensibilidad, que de vez en cuando sale a la superficie, capaz de reflejar la bondad y la belleza con delicada ternura emotiva. Los personajes que componen la galería humana de sus relatos son, con marcada preferencia, idiotas, asesinos o figuras anómalas, estrafalarias y grotescas. Los escenarios donde esos seres desarrollan su acción son también mundos desnivelados, percibidos con un implacable humor corrosivo. Esta estética del tratamiento cómico de lo trágico y lo macabro nos da un desolador paisaje de España que recuerda el de la literatura picaresca de los siglos XVI y XVII —en especial la del Quevedo[1] de *Los Sueños* y de *El Buscón*. Esta visión, él la define como una «humilde sombra de la cotidiana, áspera, entrañable realidad». Su arte ha sido calificado por un gran crítico como «nihilismo creador», esto es, el arte de construir belleza sobre un panorama vital vacío y negativo, hecho de «nadas y carencias».

En Cela predomina marcadamente el puro artista de la palabra sobre el novelista. Por eso, en su obra, las narraciones largas han ido dando paso a una vasta proliferación de apuntes, escenas, impresiones, viñetas o casi cuentos, que son originalísimas páginas de elaboración estilística. Su capacidad de

---

[1] Francisco de Quevedo y Villegas (1580-1645), the highest exponent of Spanish Baroque prose and a caustic satirist who, in his *Visions* (1627) and *The Great Sharper* (1626), drew a bitterly sarcastic view of the Spain of his times and of life in general.

observación y de manejo literario de aspectos parciales de las cosas es muy superior a su poder inventivo de amplias construcciones novelescas. Sabe como nadie reflejar vívidamente aspectos y trazos del vulgar vivir y del diario hablar que nos transmiten, con técnica micro-realista, una visión del hombre y de la vida, dilatada, profunda y totalizadora. El idioma literario de Cela es de una riqueza sorprendente. Abarca todos los niveles del lenguaje, desde la retórica más elevada hasta las formas más crudas y soeces del habla de la taberna, el prostíbulo y el arroyo. Su lengua se nutre principalmente del torrente oral del idioma; y sabe aprovechar como nadie los giros y dichos proverbiales gastados y los arrastres residuarios de la comunicación coloquial, dándoles nueva y brillante vitalidad expresiva. Su oído y su memoria plasmadora y sintetizadora son finísimos y el producto final es una amalgama de elementos de la más diversa procedencia: cultos y plebeyos, rurales y urbanos. Su estilo, extraordinariamente rico en imágenes, es el más original, en la prosa española, desde el «98» hasta hoy.

Todo esto hace de su lengua un producto de manejo nada fácil para estudiantes extranjeros cuyo dominio del español es todavía relativamente precario. Por eso, hemos seleccionado de su extensa obra unos episodios de *La Cucaña* (1959), que es un libro de memorias, de estilo encantadoramente sencillo, pleno de lirismo y de humor, que no desmerece nada del resto de sus escritos. De esa autobiografía fragmentaria se ha publicado hasta ahora solamente el libro primero de la primera parte, titulado «La Rosa», que abarca los siete años iniciales de su infancia —calificada por él de «dorada». Cela nos dibuja aquí, a grandes rasgos, el período básico de su niñez feliz en Galicia, con un franco lirismo y un humor alegre y puro, exento totalmente de amargura. El lenguaje, en el que la expresión infantil predomina, responde también al substrato tierno de la personalidad del novelista al que hicimos antes alusión. En estos episodios, el niño Camilo sale por primera vez del calor maternal de su hogar de Iria Flavia, lugar de su nacimiento, para ir a pasar una temporada a Túy, en el ambiente, menos íntimo, de la casa de sus abuelos paternos. Por vez primera, también, adquiere conciencia, en ese viaje, de la amplitud del mundo, del «planeta Tierra» y de su propia nueva situación en otro «punto del planeta», diferente del que ha dejado en Padrón. Allí lo vemos actuar como niño, adaptarse al nuevo medio e incorporarse al mundo infantil de sus primos, entablando relaciones, amistosas u hostiles, en la nueva célula social extraña, adonde se ve lanzado sin la protección inmediata del cariño materno. Las pequeñas aventuras que le acontecen, sus diálogos con sus compañeros de juegos y con las personas mayores, todo tiene el gozoso sabor de la evocación, para él dichosa, del comienzo de la vida, recordada desde la madurez, no sólo con nostálgico amor y tierna melancolía, sino con una sutil transposición al punto de vista del niño. Cela nos presenta los elementos de ese maravilloso paraíso perdido de la infancia —«la rosa»— en toda su riqueza enumerativa de las frutas, los objetos, las personas y los animales que lo poblaban. Un mundo natural y edénico que ha quedado vibrando en su alma con gran intensidad —y que él sabe transmitir con bella y graciosa simplicidad poética: «¡Qué firme brilla en mi memoria el tiempo aquél y como me acongojan, ahora que he podido escaparme de ella, los años que perdí en la ciudad, ese monstruo que inventó el demonio para uniformar las almas y los corazones!».

Evidentemente, estas serán las únicas páginas amables de *La Cucaña*, título general que abarcará el resto de estas memorias. La cucaña es una imagen acerba de la que Cela se sirve para expresar metafóricamente el carácter de juego mortal que, según él, tiene la vida española —un tipo de existencia que «late con amargor y con paciencia en cada pulso, en cada frente, en cada mirar...». Y añade: «La vida española... es una larga y reciamente plantada cucaña que se levanta en medio de la plaza pública, con la superficie engrasada a conciencia —para que nos escurramos—, frotada con hojas de ortiga —para que nos rasquemos— y conectada con los cables de la luz para que, a ser posible, muramos electrocutados».

✿ La Cucaña

Infancia dorada : la Rosa

El planeta tierra

Un día, la abuela, me dijo que me preparase, que me iba a pasar una temporada a Túy,[1] a casa de los otros abuelos o de la tía Teresa, ella no lo sabía bien. Yo me alegré y me entristecí, las dos cosas a la vez; con frecuencia me sucedía esto de alegrarme y entristecerme al mismo tiempo, sintiéndome más bien alegremente triste que tristemente alegre, que es mucho más estúpido y desairado.

—¿Voy a estar muchos días, abuelita?

—No sé, hijo, tus padres son los que tienen que decidir.

Cambiar de postura era algo que, de niño, siempre me ilusionó y que, aun de mayor, me sigue ilusionando. Lo imprevisto, para mí, siempre tuvo un encanto misterioso y apasionante, un atractivo superior a mis fuerzas.

* * *

—¿Cómo es Túy, abuelita?

—Muy bonito, hijo, ya verás.

—¿Es como Iria?[2]

—No, hijo, más grande.

—¿Y como Vigo?[3]

[1] *Túy*—an old city in the province of Pontevedra, a part of the historical kingdom of Galicia in the northwestern corner of Spain. Túy is located on the northern bank of the Miño river, opposite Valença do Minho in Portugal.

[2] *Iria* [*Flavia*]—a tiny village in the suburbs of Padrón, in the Galician province of Coruña. It is Cela's birthplace.

[3] *Vigo*—a seaport in Pontevedra, another province of Galicia. It is a thriving modern city and an important Galician industrial and commercial center.

306

—No, hijo, más pequeño.

—¿Tiene árboles?

—Sí, hijo, tiene muchos árboles. Y muy grandes.

—¿Y río?

5 —También: un río muy peligroso al que no debes acercarte.

—¿Cómo se llama?

—El Miño.[4]

—¿El qué?

—El Miño.

10 —¡Ah!

Los preparativos de mi viaje fueron apasionantes. La abuela me dispuso una honda maleta de piel clarita con las cantoneras más oscuras y mis tías la hicieron, muy ordenadamente, con mis camisas y mis pañuelos, mis trajes, mis calcetines, mis jerseys y mis zapatos. También me regalaron un neceser
15 de piel de cerdo, con mis iniciales en metal dorado, todo lleno de frascos de cristal y cajitas de concha, con peine, cepillo de la cabeza, cepillo de la ropa y un tubo con agujeros para el cepillo de los dientes; como la mayor parte de las cajas iban vacías, la abuela mandó llenármelas de caramelos y de pastillas de goma.

20 —No te los comas todos de golpe, no te vayas a indigestar...

—No, abuelita, me los comeré poco a poco.

Ahora sólo faltaba esperar el lejano día siguiente, la fecha señalada para el emocionante viaje.

* * *

[El niño C.J.C. hace el viaje de Iria a Túy en un Ford conducido por
25 Lozano, un tipo alocado y divertido que vive de hacer fletes de mercancía y transporte de pasajeros en su viejo vehículo, siempre atestado de las cargas más diversas. Al fin, después de varias peripecias, el niño viajero llega a su destino.]

* * *

A Túy llegué casi de noche y desmayadito. Túy me pareció un pueblo
30 grande, triste y oscuro, lleno de gente seria y circunspecta. Lozano me entregó en casa del abuelo.

—Viene algo mareado; no es nada, pronto le pasará.

---

4 *El Miño* (or *Minho*)—a river of Galicia and Portugal, 173 miles long. It has its source in Galicia and after forming part of the international boundary it flows into the Atlantic.

La tía Camila me llevó ante el abuelo, un viejecito duro y con gesto voluntarioso que se aburría en su sillón de ruedas. El abuelo tenía las piernas envueltas en una manta de cuadros color marrón. El abuelo hacía una figura rara[5] —rara para mí, que venía de un mundo tan distante—, noble y ascética como los santos de palo de las iglesias. El abuelo, a un lado, tenía una mesita con un vaso de agua de Mondariz[6] y dos libros: *La sonata de otoño*, de Valle Inclán, y el cuaderno en el que llevaba apuntados los foros por cobrar. En el otro, estaba tumbado un mastín enorme y peludo que ni me miró. Detrás del abuelo, un criado de ojos tiernos y bigote feroz esperaba órdenes con la boina puesta. Yo le sonreía y él, por debajo del bigote, me sonrió también. El abuelo me dio su mano a besar y después me acarició la cabeza.

—¡Qué rubito eres!

—Sí...

—¿Estás bien?

—Sí, abuelito, bien gracias, ¿y tú?

—¿Yo? Yo, hijo, ya no estaré bien nunca más...

En la voz del abuelo no había tristeza. Tampoco había, probablemente, resignación. En la voz del abuelo había conformidad. Y un inmenso desprecio para las pompas y vanidades de este bajo mundo.

—Abuelito.

—Dime, hijo.

—Tú pronto te vas a poner bueno, ya verás.

El abuelo sonrió con el amargo gesto del hombre que no está muy hecho a sonreir. No me dijo ni una sola palabra más.

—Camila, lleva a Camilito a su cuarto; cuida de que no le falte nada.

—Sí, padre, ¿quiere usted algo más?

—No.

El abuelo me dio otra vez su mano a besar y me acarició la mejilla. Entonces me miró el mastín, con sus enormes y cansados ojos de color de almíbar.

—¿Cómo se llama?

—*Canelo.*

La tía Camila me cogió de la mano y me llevó por el oscuro pasillo adelante. La casa estaba fría y húmeda y poco acogedora.

---

[5] *hacía una figura rara*   had a strange appearance
[6] *agua de Mondariz*—a famous Galician mineral water from the spa of the same name in the province of Pontevedra.

—Este es tu cuarto; cuando estés en la cama, toca la campanilla para que te traiga la cena.

—Sí.

Aquella fue la primer noche de mi vida en que me desnudé solo. Me costó mucho trabajo, pero procuré hacerlo lo mejor posible e incluso dejé la ropa bien doblada sobre el respaldo de una butaquita de peluche granate, que había por allí. Después toqué la campanilla y vino la tía Camila con la cena: un huevo pasado por agua, una manzana y un vaso de leche.

—Yo tomo pan con manteca con el huevo y galletas con la leche.

—Hoy no, que estás malo; hoy vienes mareado del viaje.

—Bueno...

El huevo no venía en una huevera, sino en una copita. La hueveras, por lo visto, no eran para los niños.

—Tía Camila.

—Qué.

—No sé partir el huevo.

La tía Camila, sin decir palabra, partió el huevo, lo vació en la copita y le echó sal.

—Tía Camila.

—Qué.

—A mí no me gusta la sal.

—Pues ahora ya no hay remedio.

Jamás había oído semejante razón y pensé que mi familia de Túy tenía costumbres muy extrañas.

—Bueno, no importa, lo comeré con sal; se lo ofreceré al Niño Jesús[7]...

—Es lo menos que un buen cristiano debe hacer.

—Claro...

La tía Camila era una mujer rígida y seca que estaba convencida de que la vida no era más que un minúsculo y pasajero tránsito sin mayor importancia.

—A ver, santíguate. ¿Dónde has visto tú que la gente no se santigüe antes de comer?

Yo lo había visto en casa de los otros abuelos, pero me callé.

—En el nombre del Padre...

—En el nombre del Padre...

—A ver, junta las manos.

[7] *se lo ofreceré al Niño Jesús...*   I shall offer it [this sacrifice] to the Child Jesus

—Sí.

—Bendecid, Señor, el alimento que vamos a tomar...

—Bendecid, Señor, el alimento que vamos a tomar...

—Santíguate otra vez.

—Sí.   5

Después, cuando empecé a comer el huevo, quise hacerme simpático a la tía Camila.

—Está muy bueno el huevo, no se le nota nada la sal.

—¡Los niños no hablan al comer, no les aprovecha el alimento!8

—¿Y después?   10

—Después, sí; si tienen con quién y les dan permiso.

Al acabar de cenar pregunté, tímidamente:

—¿Puedo decir algo?

—Si no es vana palabrería...

—¿Vana qué?   15

—Anda, habla y no te hagas el tonto, que de tonto no tienes un pelo.

Hice un verdadero esfuerzo para hablar.

—Tía Camila.

—Qué.

—Al abuelito le traía un ramo de dalias muy grande, me lo olvidé en el 20 automóvil de Lozano.

—No te importe, en esta casa no estamos para ramos de dalias. Anda duerme; te voy a apagar la luz.

La tía Camila me apagó la luz y se iba sin darme un beso.

—Buenas noches.   25

—Adiós... Tía Camila, ¿no me das un beso?

La tía Camila, mientras rezongaba por lo bajo, me dio un beso.

—¡Lo que sabe este niño!9

—¿Eh?

—Nada.   30

Cuando me quedé solo, lloré. Y me sentí abandonado de la abuelita de Iria, cosa que nunca había creído que pudiera suceder.

*   *   *

---

8 *¡Los niños no hablan al comer... alimento!* Children should not speak while eating, if they do, food doesn't do them any good!

9 *¡Lo que sabe este niño!* What this child wouldn't know!

Y en el planeta un punto: Túy

* * *

Desayuné como un león y después me fui de la mano de la tía Teresa
hasta su casa. Allí me esperaba mi prima Ofelia, algo mayor que yo aunque
de la misma estatura, poco más o menos.

—¿Quieres jugar a las muñecas?

5 —No, ¿tú crees que soy una niña, como tú? Tú eres una niña pero yo
no, ¡tonta!

—El tonto serás tú. ¡Mamá, Camilito me llamó tonta!

Desde dentro se oyó la voz de la tía Teresa.

—Estaos quietos, tengamos la fiesta en paz.

10 Yo le saqué la lengua a la prima Ofelia.

—¡Mamá, Camilito me está haciendo burla!

Volvió a oirse la voz de la tía Teresa.

—Déjalo, Ofelita, ¿no ves que es pequeño? Camilito, sé bueno, ven aquí.

—Voy, tía Teresa.

15 Desde la puerta volví a sacarle la lengua a la prima Ofelia.

Pude llegar hasta la tía Teresa antes de que Ofelita me tirase de los pelos;
me libré por tablas.

—Vamos, daos un beso, que yo os vea.

Ofelita y yo nos dimos un beso, pero yo le llené la cara de babas.

20 —Mamá, Camilito me llenó de *cuspe* a propósito...

Al cabo de un rato se me fueron las malas inclinaciones y me pasé el
resto de la mañana jugando a las muñecas con Ofelita; fui feliz, casi muy feliz.

—Oye, Ofelita, esto de ser niña no es malo, es igual que ser niño, pero
al revés. Lo que pasa es que tú eres niña y yo no, yo soy niño.

25 —Claro.

—Oye, Ofelita, ¿tú sabes en qué se distinguen los niños de las niñas?

—No, yo no.

—¡Pues en el vestido, tonta! ¿Tú has visto alguna vez un niño un poco
mayor con faldas?

30 —Claro... ¿y si están desnudos?

Yo me quedé pensativo; la pregunta me cogió un poco de sorpresa.

—Pues si están desnudos se distinguirán por el pelo, digo yo.[10] Los
niños gastamos flequillo y las niñas, en cambio, lleváis trenzas.

---

[10] *digo yo* I guess

—No... Oye, ¿y si le cortasen el pelo al rape a todo el mundo?

—¡Anda, eso está bien claro! Si le cortasen el pelo al rape a todo el mundo seríamos todos iguales y no habría niños ni niñas. A lo mejor era mejor así.

A la hora de comer nos sentamos a la mesa siete personas: la tía Teresa, 5 el tío Fernando, el primo Julio, la prima Teresita, la prima Mariña, la prima Ofelia y yo. Ofelia tenía una silla más alta y a mí me pusieron un libro y un cojín encima para que alcanzase a la mesa.

—¿Estás bien?

—Sí, muy bien, gracias. 10

Ofelia quedaba a estribor y yo a babor de la tía Teresa; por debajo de la mesa nos dábamos patadas y a veces le tropezábamos.

—Quietos.

—Sí.

* * *

Mi primo Julio, por entonces, era ya un hombre. Mi primo Julio 15 —¡quién te ha visto y quién te ve!¹¹— gastaba corbatita de lazo color verde lechuga y cantaba *Los de Aragón*¹² acompañándose a la bandurria.

> *Los de Aragón*
> *no saben perdonar.*
> *Los de Aragón* 20
> *lará, lará, lará.*

Mi primo Julio tenía novia y ya iba a los bailes y a los paseos. ¡Qué tío! Los dos vivíamos en la habitación del fondo, un inmenso cuarto con cuatro camas, un hondo armario y un lavabo. Las camas eran las de mis cuatro primos varones: Carlos, que estudiaba para ingeniero de 25 caminos en Madrid; Fernando, que era teniente del cuerpo de Ingenieros; José Luís, marino de guerra, y Julio. Los tres mayores a los que veía —las pocas veces que los veía— como a tres héroes legendarios, no estaban por entonces en Túy. Como mi instalación en casa de la tía Teresa fue resuelta e improvisada sobre la marcha, y como tres de las cuatro camas estaban 30

---

¹¹ *¡quién te ha visto y quién te ve!*—a proverbial expression meaning: my, how you have changed!

¹² *Los de Aragón* (Those from Aragon) a well-known Spanish *zarzuela*—a Spanish native form of operetta.

recogidas y sin el mosquitero colocado, la tía Teresa, al llegar la noche, le dijo a su hijo Julio:

—Tú, Julio, vas a dormir en la cama de Fernando; en la tuya va a dormir Camilito. Mañana ya mandaré poner el otro mosquitero.

5 —Sí, mamá.

Yo estaba pasmado de lo generoso y obediente que era mi primo Julio. Lo malo fue que mi idea no duró más que hasta la hora de acostarnos. Cuando la tía Teresa me metió en la cama, me echó la bendición y me dio un beso, entró mi primo Julio, se quitó el lacito verde (que era de esos que 10 tienen una goma por detrás) y muy sonriente me dijo:

—Venga, padronés, ¡largo de ahí!

—No quiero.

Mi primo, Julio, sin perder su sonrisa, levantó el mosquitero, me cogió de un pie y me sacó de la cama. Yo grité:

15 —¡Auxilio, tía Teresa, que me tiran por el aire!

Mi primo Julio me tapó la boca con la mano.

—¡Calla, condenado! ¡Si gritas, te mato!

Como no deja de ser lógico,[13] me callé y me metí en la otra cama. Mi primo Julio, desde debajo del mosquitero, me sonreía.

20 —¡Me la has dejado toda caliente, cochino!

—¡Mejor!

Al día siguiente le aflojé las clavijas de la bandurria.

—¡Como te vea andándome en la bandurria, te vas a acordar!

—Yo no te anduve en la bandurria, eso se conoce que se aflojó solo. Y 25 además si te metes conmigo se lo digo a la tía Teresa.

—¡Acusica!

—¡Mejor!

La prima Teresita tenía dos trenzas y un pretendiente. La prima Teresita era bondadosa y tímida y hablaba con su novio desde las tapias de la huerta 30 del abuelo, ella por dentro y él por fuera. Ofelia y yo, por el puro placer de molestar, les importunábamos a diario.

—Venga, ¡fuera de ahí!

—No queremos, ¿verdad, Camilo José?

—Eso, no queremos.

---

[13] *Como no deja de ser lógico*   As it was to be expected

Al final, el novio nos daba una perra y nos íbamos; lo que no me expliqué nunca es por qué el novio no nos daba la perra al principio.

*　　*　　*

La primer comida en casa de la tía Teresa me gustó mucho y la tía Teresa, en mi honor, mandó hacer natillas.

—Esto es para celebrar tu venida, Camilito.　　　　　　　　　5

—Muchas gracias, tía Teresa.

A la hora del postre vino mi padrino, el tío Manolo, con mi primo Manolito de la mano. Mi primo Manolito era unos meses más pequeño que yo y tenía el pelo de punta.

—Aquí te traigo a Manolito, Camilo José, para que juegue contigo. Yo 10 quiero que seáis buenos amigos.

—Sí, padrino.

El primo Manolito y yo nos dimos un beso y nos quedamos sentados, el uno en frente del otro, sin saber qué decirnos. Después de que los mayores tomaron café, el tío Manolo nos sacó a Manolito y a mí de paseo por la 15 Corredera,[14] que me pareció amplia y hermosa y con mucha gente.

—¿Vas contento?

—Sí, padrino muy, contento.

Túy es una ciudad antigua y solemne, de arcaica traza y de rancias costumbres. En Túy, los señores hablan un castellano plagado de por- 20 tuguesismos o, cuando no, rebosante de eufemismos y aproximaciones. En Túy, a la taza de chocolate, a la jícara, le llaman pocillo; al retrete, excusado; al pus, materia. Todo correcto, ciertamente y todo inusual. Al retrete, quizá para hacerlo más esotérico aún, también le llaman pieza. Y *cuspe*, a la saliva. Mi madre solía llorar, con un amargo desconsuelo, cuando oía aquellas 25 palabras tan exactas, aquellas palabras capaces de poner nervioso al más templado. Yo le doy toda la razón a mi madre.

Mi primo Manolito y yo, aquella tarde, no jugamos a nada y nos limitamos a pasear de la mano del tío Manolo, para arriba y para abajo. Probablemente no nos caímos en gracia el uno al otro. Después fuimos 30 amigos, incluso muy buenos amigos, pero al principio nos costó cierto trabajillo romper el hielo.

—¿Tú sabes jugar a las siete y media?

[14] *la Corredera*—the local promenade of that name.

314

—No, ¿cómo es? ¿Con bolas?

—No, tonto, con cartas.

—¡Ah!

Yo al lado de mi primo Manolito, era un pardillo, un infeliz que ni
5 siquiera sabía que las siete y media era un juego de cartas.

—¿Me enseñarás?

—Sí, cuando vengas por casa te enseñaré; es muy fácil, en seguida se
aprende. ¿Y a la mona? ¿Tú sabes jugar a la mona?

—¿Eso que es a saltar uno por encima del otro?[15]

10 El primo Manolito me miró con un desprecio profundo.

—¡No hombre, no! La mona también se juega con cartas.

Yo me sentí muy avergonzado.

—Es que a mí, lo que me pasa es que no sé ningún juego de cartas. En
casa de mi abuelita de Iria no me dejaban jugar a las cartas.

15 —¡Anda! ¿y por qué?

—No sé, no querían.

A media tarde, el tío Manolo nos metió a Manolito y a mí en el casino,
a merendar. A nuestro alrededor, la buena sociedad de Túy se entretenía en
jugar a las cartas y al dominó; este último juego, quizá por lo ruidoso, me
20 llamó mucho la atención.

—¡El pito doble!

—¡Lo esperaba! ¡El pito seis y cierro! ¡A contar![16]

Yo miré para mi primo Manolito.

—¿Y no se equivocan nunca?

25 Y mi primo Manolito puso el gesto serio de quien está en el secreto de
las cosas.

—¡Jamás!

Cuando se acercó el camarero, el tío Manolo me preguntó:

—¿Tú qué quieres tomar, Camilo José, un boliche?

30 —No, no, un boliche, no..., gracias. ¿Puedo tomar un vaso de leche?

Mi primo Manolito se tomó un boliche que le dió hipo. Mi vaso de
leche no hizo más que aumentar, en su ánimo, el mucho desprecio que ya
me había acarreado mi supina ignorancia de los juegos de mesa. Bien claro
se le veía en el mirar.

---

15 *¿Eso que es a... del otro?* Do you mean leapfrogging?
16 *y cierro! ¡A contar!* and I close the game! Let's tally!

—¿A ti no te gusta el boliche?

—Sí, pero no me sienta bien, me marea.

Mi primo Manolito sonrió con un asco evidente.

—¡Qué fino!

Algunos señores amigos del tío Manolo se le acercaron.

—¿Y este rapaz?

—Es el hijo de mi hermano Camilo.

Entonces los señores me miraron con gran curiosidad, como si fuera un pájaro de una especie desconocida.

—Se le nota que es medio inglés... ¿Y es listo?

El tío Manolo hizo un gesto un tanto ambiguo.

—Así, así... Es muy pequeño todavía, ya veremos cuando sea un poco mayor...

Dos o tres señores se sentaron en nuestra mesa, quizá para poder observarme con más detenimiento.

—¡Qué! ¿Quieres un boliche?

—No, no, muchas gracias, ya merendé.

—¡Pero, hombre, un boliche siempre cae bien!

—No, no, gracias, estoy algo malo, tengo la tripita algo mala.

El señor del boliche miró para el tío Manolo.

—¿Es verdad, Manolo?

—¡Cuando él lo dice! ¿No te apetecería un boliche, Camilo José? Dilo con confianza, este señor es muy amigo de tu padre.

—No, no gracias, con confianza, no tengo ganas.

—¡Bueno, bueno!

El señor del boliche, un tanto decepcionado, cedió su vez en el interrogatorio al otro señor, que usaba lentes y tenía un lobanillo en la nariz.

—De modo ¿que eres hijo de Camilo?

—Sí, señor,

—¡Vaya, vaya! Y qué, ¿cómo está tu padre?

—Bien, está bien, gracias.

—¡Vaya, vaya! Y qué, ¿y tu madre?

—Bien, también, gracias.

—¡Vaya, vaya! Y qué, ¿tú qué vas a ser cuando seas mayor?

—No sé...

—¡Vaya, vaya! ¿Vas a ser como tu padre?

—No, señor, yo creo que voy a ser más alto..., papá siempre lo dice...

El señor se rió. El señor se rió de mí pero a mí aquel señor me dio una inmensa pena.

—¿Nos vamos ya, padrino?

—Cuando tú quieras, hijo.

5   Al llegar a casa de la tía Teresa, quise jugar a las muñecas con la prima Ofelia.

—¿Quieres que juguemos, Ofelita?

Pero la prima Ofelia estaba incomodada porque la había dejado sola toda la tarde.

10   —¡Vete a la mosca!¹⁷

Sí, verdaderamente, Túy era —como ya me venía imaginando— un pueblo muy raro; por lo menos, muy raro para mí.

—Bueno, yo me voy a la mosca, pero tú también.

—¡Mamá, mamá, Camilito me ha mandado a la mosca!

15   Por la oscuridad abajo llegó la voz de la tía Teresa.

—Camilito, no te metas con Ofelita… Anda, ven aquí.

Yo fui a donde me llamaban pero antes, claro está, saqué la lengua a la prima Ofelia.

—¡Niña! ¡Niña!

*   *   *

20   El abuelo tenía dos huertas, la de arriba y la de abajo. La de arriba era donde estaban la casa y la bodega y los gallineros, que eran dos. En la de abajo también había una casa y un almacén. La casa la tenía el abuelo alquilada a un capitán del ejército portugués, emigrado político. El portugués tenía una noble prestancia, un hermoso bigote y un Ford, parecido al de 25 Lozano. Era monárquico «paivante», partidario de Paiva Couceiro,¹⁸ y había andado a tiros en defensa de sus ideas. En la familia de mi madre, eso de que la gente tratara de propagar sus ideas corriendo la pólvora,¹⁹ como los moros cuando se ponen contentos, era tenido como propio de razas inferiores. Algunos de los descendientes de aquel tronco (yo, por ejemplo) 30 heredó esa manera de pensar. El almacén, que también estaba alquilado ardía todos los años; parece ser que eso de los seguros contra incendios, si se

---

¹⁷ *¡Vete a la mosca!* Go and fly a kite!

¹⁸ Henrique de Paiva Couceiro, a Portuguese army officer, who unsuccessfully attempted a monarchical coup against the Portuguese Republic from Galicia, in 1911.

¹⁹ *correr la pólvora* is a spectacular amusement peculiar to the Moroccan tribes, in which their horsemen, dressed in their best finery, execute warlike maneuvers, galloping and shooting into the air.

saben hacer las cosas con algo de discreción, es rentable, muy rentable. Como es lógico, yo ignoraba —y sigo ignorando— quién era el dueño de los fósforos y de la anual lata de petróleo.

La huerta de arriba estaba separada del cementerio por una alta tapia, toda llena de nichos por la parte de allá. De noche, subiéndose a los árboles 5 de la huerta de arriba, podían verse los fuegos fatuos paseando por entre las tumbas, los ángeles de piedra y las cruces de hierro, como fantasmas. Mi primo Manolito era muy entendido en fuegos fatuos.

—¡Mira, mira —me decía con voz susurrante, desde lo alto del cerezo—, aquel fuego fatuo debe ser Montes, el confitero, que siempre estaba hin- 10 chándose de cañas y bartolillos!

—Ya, ya —le respondía casi sin poder respirar.

—¡Y aquel otro, seguramente es el canónigo Freijomil, que murió de viruelas!

A mí me temblaba el espinazo con tan macabras explicaciones. 15

—Oye, Manolito, y eso de las viruelas, ¿es contagioso?

—¡Ya lo creo! ¡Lo que más![20]

—¡Qué horror!

—¿Eh?

—Nada, que qué horror. 20

Manolito seguía oteando el fúnebre horizonte.

—¿Ves aquel que casi no se ve, que está allí agazapado?

—Sí.

—Pues ése debe ser un niño delgadito, ¡vete tú a saber! Ése casi no es ni fuego fatuo ni nada, ¡qué ridiculez! 25

Por entre la alta hierba y apoyándose en un sepulcro marmóreo, solemne y sobrecogedor, se alzó un fuego fatuo hermoso y bien nutrido, lustroso, reverencioso y caprichoso como un general con uniforme de gala.

—¡Don Pedro! ¡Ése es don Pedro, estoy bien seguro! ¡Don Pedro Cedrón y Chao, coronel de carabineros! ¡Claro que es don Pedro, no hay 30 más que verlo! ¡Mira cómo anda! Don Pedro no se enseña más que de vez en cuando, ¡has tenido suerte, Camilo José!

Yo estaba atónito y tratando de convencerme de mi buena fortuna.

Después de ver al coronel de carabineros vagando, en forma de fuego fatuo, por el más allá, mi primo Manolito, me tuvo que ayudar a bajar del 35

[20] *¡Lo que más!*   The most contagious of all diseases!

318

árbol. Las piernas me temblaban la garganta la tenía seca y el corazón acelerado, y la camisa —que al subir me estaba más bien pequeña— no me llegaba al cuerpo.

—¿Tienes miedo?

5 —No, no..., regular...

El espectáculo de los fuegos fatuos era tiránico y subyugador como una droga, y aunque me hacía pasar unas noches horribles, llenas de pesadillas y sobresaltos, lo repetí todas las veces que tuve ocasión y el primo Manolito se prestó a servirme de cicerone.

10 —Hoy es mal día pero, en fin, ¡si tú quieres! Los días buenos, buenos de verdad, son los sábados. Se conoce que los sábados están los muertos como más maduros, ¡vamos, digo yo!

Una noche, al volver a la casa, se nos cruzó el zorro por uno de los senderos de la huerta.

15 —¡El demonio, mira el demonio!

—No, hombre, no, ¡qué va a ser el demonio!²¹ ¡Es el raposo! ¡Mira cómo lleva una gallina en la boca! ¿Dónde has visto tú que el demonio ande paseándose de aquí para allá con una gallina en la boca?

La verdad era, efectivamente, que yo jamás había visto al demonio
20 paseándose —ni de aquí para allá ni por lado alguno— con una gallina en la boca. Mi ignorancia de las costumbres del demonio era absoluta.

—Sí, también es cierto...

Mi primo Manolito y yo nos veíamos todos los días o casi todos los días. Con frecuencia, a eso de la media tarde, después de merendar, nos
25 acercábamos a la huerta de abajo, a comer *pexegos* y *maroucas* y *amorillones*. El *pexego* es un melocotón pequeño, peludo y muy sabroso. La *marouca* es una cereza diminuta, de carne prieta y roja. El *amorillón* es nuestra fresa silvestre, tímida y aromática como la flor de la más pura miel.

* * *

En la huerta de abajo, con el Miño corriendo por detrás de su telón de
30 árboles y al pie de las verdes y mansas colinas portuguesas, el abuelo tenía un vivero de árboles frutales —*touzal*, le llaman por el país— y una propicia sombra de membrilleros aromáticos, raros nísperos y castaños ampulosos, copudos y fecundos como matronas.

---

²¹ *¡Qué va a ser el demonio!*   Of course it's not the devil!

A mí me enamoraba aquel paisaje umbrío y misterioso, aquella decoración miedosa y húmeda y dulce como por entonces imaginaba que era el sueño de los pecadores, aquel sonoro y remoto mundo que poblaban el grillo y la mariposa, el ruiseñor y el jilguero, la gimnástica araña y la sedosa oruga, el mirlo azul, el verderol pintado de amarillo, la totovía con su 5 airoso airón, mi primo Manolito y yo; el más mínimo y feliz de todos. ¡Qué firme brilla en mi memoria el tiempo aquel y cómo me acongojan, ahora que he podido escaparme de ella, los años que perdí en la ciudad, ese monstruo que inventó el demonio para uniformar las almas y los corazones!

En la huerta de abajo, una tarde que hacía mucho calor, mi primo 10 Manolito me pegó una pedrada en la cabeza y me abrió un ojal de regular tamaño. No habíamos reñido, simplemente nos habíamos separado unos pasos y llevábamos unos minutos callados.

Al cabo de mucho tiempo, ya hombres los dos, mi primo Manolo me fue a ver al hospital militar de Logroño[22] (a un hospital militar, provisional 15 sin duda, instalado en la escuela de artes y oficios), donde yo estaba aburrido como un pato de corral, sin poder moverme de la cama y más muerto que vivo. Hablamos de todo y cuando la conversación empezó a languidecer, le pregunté:

—¿Te acuerdas de la pedrada que me diste en la huerta del abuelo? 20

—¡Ya lo creo! A poco más te mato, ¡qué cosas![23]

—¿Y por qué me la diste?

Mi primo Manolo se quedó pensativo y sonrió.

—¡Psché! Por nada... A veces se paga una pedrada por nada... O un tiro, a lo mejor, vete tú a saber... Hacía mucho calor... Y tú estabas tan 25 bien puesto,[24] un poco agachado al lado del peral... ¡Si te hubieras visto!

Mi primo Manolo, a renglón seguido de la pedrada, escapó. Anduvo vagando por la Alameda y por la orilla del río, y después, cuando se hizo de noche, se fue a su casa. Llevaba, según me dijo en el hospital, el paso vivo y triscador,[25] el ánimo confuso y alegre, la conciencia amablemente re- 30 mordedora.

---

[22] *Logroño*—a city of Old Castile on the right bank of the river Ebro, the capital of the Province of the same name.

[23] *A poco más te mato, ¡qué cosas!* I nearly killed you; the things we do!

[24] *tú estabas tan bien puesto* you made such a good target

[25] *Llevaba,[...], el paso vivo y triscador* his pace was quick and frisky

Quiero dejar constancia de que disculpo la pedrada que recibí (perdonada está ya desde hace tantos años como los transcurridos desde el suceso) porque me la explico. Las manos son desatadas fuerzas de la naturaleza que sólo la rigurosa razón puede sujetar. La caricia es un empleo culto y
5 ulterior de la mano. Y además, ¡hacía tanto calor!

Yo me porté, en cambio, con toda la diáfana ruindad —que es mucha— de que es capaz un niño: ese monstruo todavía por estudiar que vive, ¡feliz él!, al margen de las prostituidoras leyes del universo. El corazón del niño es un abismo en el que cabe todo —lo abyecto y lo sublime, lo estúpido y lo
10 genial, lo demoníaco y lo angélico, lo nítido y sereno y lo nerviosamente confundido y manchado— y todo revuelto: de ahí su delicada y subyugadora monstruosidad. Un abismo, se lee en el *Libro de los Salmos*,[26] llama a otro abismo. El abismal corazón del niño sólo escucha el eco de su propia voz, ese aullido capaz de derribar montañas, retumbando sobre las
15 paredes de su propio y mismo corazón, esa olla de hierro o de cristal que ni empieza, ni acaba, ni se explica.

Sí; yo me porté mal, muy mal, aunque no faltaron, claro es, palabras que se alzaran en disculpa de lo que no tenía perdón.

Al llegar a casa, la tía Teresa me curó con mucho mimo la descala-
20 bradura que traía en medio del colodrillo y que aún hoy, buscándome entre los pelos, se puede encontrar. Cuando me quede calvo se verá mejor todavía. La tía Teresa me cortó el pelo todo alrededor, me lavó con agua oxigenada, me puso tintura de yodo que escocía a rabiar,[27] me pegó un esparadrapo con una gasita por debajo y después me consoló.

25 —¿Quién fue?

—Un niño de la calle.

—Ya te tengo dicho que no andes con los niños de la calle; de ellos no podrás aprender nada bueno... Y tu primo Manolito, ¿no te defendió?

No me costó un excesivo esfuerzo mentirle.

30 —Manolito no estaba... Manolito ya se había ido a su casa... ¡Si hubiera estado Manolito!

—Claro, hijo, ¡también es mala suerte! Manolito tiene más costumbre que tú de defenderse de esos chiquillos, que son todos como cafres. ¡Manolito

---

[26] *el Libro de los Salmos* the *Book of Psalms*, in the Old Testament. "Deep calleth into deep..." Chapter 42, Verse 7.
[27] *que escocía a rabiar* it smarted like the devil

también le hubiera dado una pedrada, ten la seguridad! ¡Pues menudo es!²⁸
¡Hubiera sido un gran escarmiento!

—Claro.

—¡Qué lástima que no estuviera Manolito, hijo mío!

—Claro... ésa sí que fue lástima.   5

Me pasé el resto de la tarde jugando con mi prima Ofelia y procuré no
reñir. Mi preocupación apuntaba a otras metas y no podía permitirme
distracciones que alterasen mi propósito.

Aquella noche, con el plan bien maduro y todos sus cabos atados,
dormí como un bendito. Me quedé dormido incluso antes de que mi primo   10
Julio, sentado a los pies de su cama, terminara sus diarios ejercicios de bandurria.

—¡Buena pedrada te dieron, padronés!

—Sí, porque me pillaron descuidado.

—Y si no, hubiera sido igual; tú no sabes tirar piedras.   15

—Pero sé otras cosas, sé pegar tortas y patadas..., y también sé morder.

—Poco sabes, me parece a mí que tú poco sabes...

—Bueno, mejor. No quiero reñir.

A la mañana siguiente la tía Teresa me volvió a curar y me quitó el
esparadrapo.   20

—La herida está limpia, lo mejor es que te dé el aire;²⁹ sangrar ya no
sangra y lo mejor es que te dé el aire, es lo más sano.

—Bueno.

Después fui a la huerta de arriba, a ver si el cerrojo del portón que daba
a la parte de atrás funcionaba bien. Al principio iba algo duro, pero le di un   25
poco de vaselina que le robé a la tía Camila de su lavabo y lo dejé suave
como un guante. Daba gusto verlo: zás, zás, zás, zás, zás, zás, suave como si
lo acabaran de poner.

El tío Manolo fue, como todos los días por aquella época, a tomar café
a casa de la tía Teresa. Mi estrategia, vil como todas las estrategias, había   30
contado con su presencia a la hora del café.

—Padrino.

—Dime, hijo.

—¿Y Manolito?

—En casa está; lo dejé castigado porque no se supo la lección.³⁰   35

---

²⁸ *¡Pues menudo es!*   He is indeed a tough one!
²⁹ *lo mejor es que te dé el aire*   the best thing is to keep it uncovered
³⁰ *no se supo la lección*   he didn't recite his lesson well

—¿Por qué no lo perdonas?

—Porque tiene que saberse la lección; así aprende a no ser desobediente y a estudiar.

Yo me callé; lo sensato era callar a tiempo para volver a la carga des-
5 pués. El momento que elegí, incluso con cierto sentido de la oportunidad, fue el de la despedida.

—Padrino.

—Dime, hijo.

—Si no perdonas a Manolito me castigas también a mí. Si no perdonas
10 a Manolito, ¿yo con quién juego?

La tía Teresa intervino.

—Perdónalo, hombre; ya sabes lo que son los chiquillos. Mándalo a merendar; ya le diré yo que sea más aplicado.

—Eso, mándalo a merendar.

15 El tío Manolo era un verdadero santo.

—Bueno, lo mandaré a merendar contigo, Camilito; le diré que tú me has pedido que lo perdone.

Acompañé al tío Manolo hasta el portal.

—Adiós tío Manolo; muchas gracias.

20 —Adiós, Camilito; dame un beso.

Cuando le di un beso estuve al borde de echarme a llorar, tirando toda mi bien meditada conspiración patas arriba.[31] Pero me contuve, ¡mi trabajo me costó![32]

A la hora de merendar se presentó mi primo Manolito. Venía muy
25 arreglado y repeinado, con medio kilo de fijador tratando de sujetarle la hirsuta pelambrera, con pantalón blanco, la camisa limpia y las sandalias nuevas. Venía también un tanto temeroso y más azarado que una mona.[33] Se lo noté en que andaba arrimado a las paredes, pasando una mano por el zócalo.

30 —Te vas a clavar una astilla.

—No.

Con el primo Manolito estuve muy fino y obsequioso.

—Toma, te regalo dos bolas.

—Gracias.

---

31 *tirando toda mi bien meditada conspiración patas arriba* completely upsetting my carefully thought out plans

32 *¡mi trabajo me costó!* not without a great deal of effort!

33 *más azarado que una mona* in a clear state of uneasiness

Al primo Manolito ni le hablé de la pedrada.

—Mi mamá me escribió una carta y me pregunta si jugamos mucho los dos; yo le dije que sí, claro.

El primo Manolito era cuatro meses más joven y cuatro dedos más bajo que yo.

—Yo también voy a ir al colegio; tú eres más pequeño, pero vas más adelantado que yo.

El primo Manolito no se explicaba demasiado la situación.

—Pero cuando vaya al colegio, yo también aprenderé a leer y a escribir.

—Claro.

—Y cuentas.

—Eso. Y cuentas, también.

El primo Manolito empezó a navegar por un confuso limbo de dudas.

—¿Quieres que vayamos a la huerta de arriba, que está más cerca, y juguemos?

Y el primo Manolito —en la confianza está el peligro[34]— se confió.

—Bueno.

De casa de la tía Teresa salimos por la puerta de la cuadra. El primo Manolito y yo cruzamos la plaza del cementerio cogidos de la mano y en silencio. Yo no podía hablar. Al llegar a la huerta de arriba abrí el portón y pasé primero. Con una mano en el cerrojo —¡qué suave marchaba!, ¡no parecía un cerrojo instalado al aire libre!— esperé a que el primo Manolito entrase. Tenía las sienes ardiendo y el corazón al galope. Lo más probable es que los estranguladores maten con fuego en las sienes y una placentera angustia en el corazón. Mi primo Manolito entró y cerré la puerta tras él.

Después le dí la paliza de la que públicamente hoy me avergüenzo. ¡Qué mano de tortas llevó!

[34] *en la confianza está el peligro*—a proverb meaning "confidence breeds danger".

15 ❧ *Gabriel Celaya*
(1911–   )

El vasco Rafael Múgica es un ingeniero-poeta que ha publicado libros bajo su nombre legal y bajo los de sus heterónimos «Gabriel Celaya» y «Juan de Leceta» —facetas de su personalidad poética a las que ha querido dar autonomía, siguiendo el ejemplo de Machado y Pessoa.[1] De esos dos «seudónimos», el primero ha pasado a ser su nombre literario más conocido. Celaya es, entre los poetas que establecieron su reputación después de la Guerra Civil, el de obra más cuantiosa: 21 libros entre poesía y prosa. Con Blas de Otero representa, por excelencia, la actitud protestataria de su generación. Ha dejado expresado su credo estético muy claramente en un poema que lleva el título significativo de «La poesía es un arma cargada de futuro», en el que dice que maldice «la poesía concebida como un lujo cultural por los neutrales», «la poesía de quien no toma partido hasta mancharse». Y se define a sí mismo como un «ingeniero del verso», «un obrero que trabaja con otros», con su «poesía-herramienta» en construir a España. Y añade que es «poesía para el pobre» «necesaria como el pan de cada día», para «esos hombres casi tierra que van viviendo y se callan». Con esto vemos que su lírica no va dirigida a la «inmensa minoría», a la que dedicó la suya Juan Ramón Jiménez. No tiene nada de aristocrática, ni en su sentido ni en su idioma lírico. Al contrario, huye del adorno estético y busca la llaneza y la claridad de la expresión diaria y coloquial. Uno de sus poemarios más importantes —al que pertenece la composición que aquí incluimos— se titula *Tranquilamente hablando* (1947). No quiere, por tanto,

---

[1] Antonio Machado published part of his works under the names of two apocryphal writers: "Juan de Mairena" and "Abel Martín". The great Portuguese poet Fernando Pessoa (1888-1935) split himself into four personalities: his own and those of three heteronyms: "Alberto de Campos," "Alberto Caeiro," and "Ricardo Reis".

Celaya «cantar», sino «hablar» poéticamente. Sin embargo, su «habla» está llena de fuerte y sugestiva carga lírica. Porque debajo de la aparente despreocupación oral de su estilo hay un seguro dominio artístico de los medios expresivos. El contenido de toda su obra parece propugnar la tesis de que el poeta no puede ni debe aislarse del mundo, sino que, por el contrario, ha de compenetrarse con las realidades vitales de su sociedad, sentirlas plenamente —y expresarlas. Por eso, su poesía tiene una beligerancia de tono cálidamente humano y de fuerte substrato ético que pretende «decir las verdades» buscando la realidad escueta y la emoción directa de la variedad de la vida, en la que juntamente se nos ofrecen el mal y el bien, la belleza y la fealdad, la nobleza y la abyección —con predominio siempre de los valores negativos. Dentro de este realismo poético, Celaya canta su mensaje con voz inalienablemente propia; y sus reacciones intelectuales y emotivas ante el destino humano, el trabajo, el dolor, la explotación y la muerte manifiestan siempre un noble desencanto de que la vida no sea más bella ni más justa de lo que es.

Los versos que hemos seleccionado de su obra representan un reverso de esta actitud de rotunda afirmación de valores y de imperativo ineludible de defenderlos activamente. Es un poema de marginal escepticismo que destaca, por contraste, la otra faz, combativa, de la lírica de Celaya. Este poema, como todos los del libro antes mencionado, están atribuidos a «Juan de Leceta», su heterónimo materialista y prosaico, que escribe «las cosas como son» y que «se atreve a decir» lo que a Celaya le «avergonzaría pensar». «Leceta», al leer el periódico todas las mañanas, se asoma al espectáculo diario del mundo desde su «agujero pequeñito», «oscuro y calentito» (su vida íntima y particular) y percibe una turbamulta infernal de «números», «furias» y «prisa», en la que sólo se distinguen, confundidas, voces de mofa y de lamentación. Escucha y no entiende. Ante sus ojos desfilan los choques y conflictos internacionales e interraciales, la batahola de las finanzas y la política, el ruido marcial de las armas, la guerra y la muerte, que no es destrucción de masas anónimas, de números, sino de hombres que «en largas filas» caen «de uno en uno», individualmente— que es la única manera en la que la muerte tiene sentido humano. Todos estos temas se nos presentan en enumeraciones caóticas en las que aparecen, en símbolos, el patriotismo belicoso («banderas», «tanques»), la codicia explotadora, rapaz e hipócrita («avaricia», «cálculos», «dientes», «sonrisas») y la corrupción de la belleza y el amor vendidos a la violencia —en fin, todo el confuso, feo y brutal desorden moral de la humanidad. Frente a toda esta visión del mundo que ni la entiende ni siquiera puede llegar a creerla, «Leceta» reitera su actitud de asombro y repulsa.

La estrofa final es una afirmación de la existencia de aquello único que comprende: su vida personal, reducida, en lo físico, a los procesos biológicos instintivos («dormir», «comer», «rascarse») y, en lo espiritual, a una ansiedad del alma, que lo lleva a «mirar hacia lo alto», a través de «un poco de cielo», para «soñar con Dios» en un tímido y anhelante deseo de infinito.

✍ Todas las mañanas cuando leo el periódico

Me asomo a mi agujero pequeñito.
Fuera suena el mundo, sus números, su prisa,
sus furias que dan a una su zumba y su lamento.
Y escucho. No lo entiendo.

5   Los hombres amarillos, los negros o los blancos,
la Bolsa, las escuadras, los partidos, la guerra:
Largas filas de hombres cayendo de uno en uno.
Los cuento. No lo entiendo.

Levantan sus banderas, sus sonrisas, sus dientes,
10   sus tanques, su avaricia, sus cálculos, sus vientres,
y una belleza ofrece su sexo a la violencia.
Lo veo. No lo creo.

Yo tengo mi agujero oscuro y calentito.
Si miro hacia lo alto, veo un poco de cielo.
15   Puedo dormir, comer, soñar con Dios, rascarme.
El resto no lo entiendo.

16 ❧ *Blas de Otero*
(1916-   )

Es uno de los poetas de más viril tonalidad aparecidos después de la Guerra Civil. Vasco. Dedicado enteramente a la poesía. En su preocupación angustiada por Dios y por España tiene ecos de Unamuno y de Machado. Como a aquéllos, le duele a Otero la patria. Y Dios, el Dios de la infancia, irrevocablemente perdido, es un Dios a quien el poeta busca siempre y por quien es inhóspitamente rechazado. Toda su obra está permeada de un intenso sentido de angustiada protesta —contra el hambre, contra el desespero, contra la desgracia, contra el sufrimiento y contra la crueldad e injusticia del mundo. Esa actitud va acompañada de un tierno y fuerte sentimiento de solidaridad humana, que se ha acentuado en su obra más reciente. El poeta se dirige cada vez más, saliendo de su yo, hacia el «hombre de la calle», hacia la «inmensa mayoría» de los que sufren. Y como en el caso del poeta peruano César Vallejo, esa solidaridad no se proyecta hacia una Humanidad abstracta, sino hacia cada hombre, como persona, individualmente. Así, de su angustia íntima ante el dolor de la condición humana, Otero ha pasado a alzar su voz contra la opresión del mundo y en particular de su patria, la desoladora España creada por los triunfadores del 1939 —«una cárcel sobre el Cantábrico». Con este propósito, ha simplificado su expresión a fin de que el mayor número de gentes de todas clases puedan entender su grito a favor de la paz, la libertad y la dignidad del hombre.

El libro que le dio un prestigio inmediato fue *Ángel fieramente humano* (1950) —directo y vigoroso de forma y con una cierta tendencia al prosaísmo de la lengua de la conversación, al cual él sabe infundir un carácter personalísimamente lírico, de una pureza simple y enérgica, muy adecuada para la expresión de emociones intensas, como son las suyas. La musicalidad brusca de su verso se hace aún más penetrante por medio de eficaces discordancias que lo cortan y refuerzan.

El poema «Crecida» es muy característico, tanto en forma como en contenido, del recio lirismo de Otero. Como su título anuncia, nos presenta una inundación —causada por la crecida de un río de sangre— que anega al poeta. Esa inundación, según el poema se va desenvolviendo, se manifiesta en constantes oleadas que hacen cambiar su nivel en relación al cuerpo de la voz que habla: primero le llega a la cintura, despues al borde de los labios o de la boca y le entra en ella; nuevamente le desciende hasta los brazos, para crecer otra vez hasta taparle los ojos y cubrirlo. El poeta avanza siempre por ese mar de sangre. El poema se resuelve, en la estrofa final, con dos imágenes: una, la de la rosa de sangre que el poeta lleva en sus manos ensangrentadas —símbolo de su alma dolorida— y la de esa horrorosa figura de «la sed», sed de sangre, que grita insaciablemente en medio de la crecida. Ese borroso espectro parece ser el emblema apocalíptico del fratricidio humano. El poema entero se mueve en ondas —en un ritmo continuado de vaivén, creado por la alternancia de versos largos y cortos. Este efecto está subrayado por las numerosas repeticiones de palabras y frases que suscitan una musicalidad reiterativa y monocorde, al mismo tiempo que graban en nuestro espíritu los motivos principales: «sangre», que aparece a lo largo del poema obsesivamente (17 veces); «voy avanzando», «voy andando», «hundido», «sumido», «algunas veces», etc. Con su impacto total, significativo y rítmico, esta extraordinaria composición nos hace sentirnos, como el poeta, anegados por esa riada sangrienta que nos envuelve en incesante oleaje.

329

❧ Crecida

Con la sangre hasta la cintura, algunas veces
con la sangre hasta el borde de la boca,
voy
avanzando
lentamente, con la sangre hasta el borde de los labios   5
algunas veces,
voy
avanzando sobre este viejo suelo, sobre
la tierra hundida en sangre,
voy   10
avanzando lentamente, hundiendo los brazos
en sangre,
algunas veces tragando sangre,
voy sobre Europa
como la proa de un barco desmantelado   15
que hace sangre[1]
voy
mirando, algunas veces,
al cielo
bajo,   20
que refleja
la luz de la sangre roja derramada,
avanzo
muy
penosamente, hundidos los brazos en espesa   25

---

[1] The Spanish for a boat "to spring a leak" is *hacer agua*. Here, the poet coins the parallel expression *hacer sangre*, since the *barco* in his metaphor is sailing in a sea of blood.

sangre,
es
como una esperma roja represada,
mis pies
pisan sangre de hombres vivos
muertos,
cortados de repente, heridos súbitos,
niños
con el pequeño corazón volcado, voy
sumido en sangre
salida,
algunas veces
sube hasta los ojos y no me deja ver,
no
veo más que sangre,
siempre
sangre,
sobre Europa no hay más que
sangre.

Traigo una rosa en sangre entre las manos
ensangrentadas. Porque es que no hay más
que sangre,
y una horrorosa sed
dando gritos en medio de la sangre.

17 ❧ *Miguel Delibes*
(1920–   )

Nombre de primera categoría en la novelística española aparecida después de la Guerra Civil. Castellano viejo, no sólo por el nacimiento sino por el espíritu y la lengua, que en él es con frecuencia castizamente regional. Profesor y periodista, ha vivido principalmente en Valladolid y no en los círculos literarios de Madrid. De su provincia ha extraído mucha de la materia temática e idiomática que nutre su ficción. La fuente inmediata de su estilo es la lengua hablada diaria y popular, que él maneja de una manera directa. Su técnica de narración es lineal y sencilla: relatos que son a menudo incidentes muy simples, efímeros trozos de vida, casi sin argumento, sin conflicto y sin desenlace, presentados en su misma fugacidad trivial. Nada extraordinario acontece. Son escenas o series de escenas, cuya última significación ha de deducir el lector. Delibes trata de captar aspectos pasajeros y aparentemente insubstanciales de la existencia humana, que por su misma transitoriedad sirvan de clave para calas de mayor hondura en el sentido de la vida individual y colectiva —de la manera como a veces una fotografía, que sorprende una actitud instantánea de una persona, nos dice más de su carácter que una biografía completa. Su campo de observación más frecuente es el de las capas medias y bajas de la sociedad española, a las que presenta con gran objetividad, sólo alterada por un humor muy discreto levemente matizado de una ternura recatada. Delibes comparte la nota de protesta, —común en los escritores de la España de su generación,— que en él toma la forma de una insatisfacción desasosegada con el tono y el clima de la vida española.

Todo esto se hace evidente en el cuento que de su obra hemos seleccionado, tomado de una de sus últimas colecciones de relatos titulada *La Partida* (1954). «En El Campeonato» no pasa nada. Apenas encontramos unos fragmentos de dos conversaciones entre las tres figuras que allí aparecen, de las cuales no sabemos nada, porque no se nos dan datos algunos de su vida anterior ni trazos de su carácter. Esta patente —e intencional— trivialidad de la acción, su brevedad y la opacidad, también deliberada, de los personajes del relato, constituyen elementos esenciales de su virtud estética.

El cuento, que tiene estructura dramática, está dividido en tres brevísimas escenas. En la primera, Juan, un joven de quien sólo sabemos el nombre —y que es un fanático del fútbol— y una muchacha, de la que ni el nombre sabemos —solamente que es rubia, flaca y pintarrajeada— están en un cuarto, en cuyo inventario entran nada más un catre, una radio, un velador y una gata. Se trata, quizas, de una cita de amor. Un locutor deportivo está haciendo por la radio el reportaje de un partido del campeonato internacional de fútbol, entre los equipos de España y del Uruguay. Juan sigue con exaltación apasionada las incidencias del juego, olvidando a la muchacha, que totalmente desinteresada del asunto, acaricia a la gata. Es una tarde calurosa. Con gran sobriedad de medios se nos sugiere un ambiente depresivo, de inanidad vital y de aburrimiento. La atmósfera del cuarto está «espesa y viciada»; la muchacha «escuálida y pintarrajeada» bebe «un líquido consistente y oscuro»: huele a «cuerpos sucios y confundidos»; Juan lanza «gruesas palabrotas» y juramentos; y la «voz monótona» del locutor crea «en la estancia viciada un clima de somnolencia».

La segunda escena es en una taberna, donde el ambiente no es mejor: aglomeración, vino, sudor —y más conversación de fútbol. El tabernero, hombre de «manos rojas, pesadas y ásperas», comenta la vaciedad del general entusiasmo deportivo: «veinticinco millones de españoles escuchando la radio toda la tarde como embobados. Cincuenta millones de horas desperdiciadas», —que se podrían aprovechar en cosas útiles, tales como «plantar cien millones de árboles». La conversación muere y Juan y la chica salen a la calle —lugar de la tercera escena igualmente deprimente. Todo el mundo está estúpidamente alegre por el empate del equipo español con el uruguayo. Por esa misma razón, Juan tiene en los labios «una son-

333

risita boba»; y la muchacha baraja en su cabecita elemental las cifras oídas en la taberna, lo cual es para ella un esfuerzo mental tan enorme que cree que se ha mareado con el vino.

Como vemos, el sobrio relato casi carece de elementos narrativos, que aparecen en breves frases independientes de corte intencionadamente telegráfico o periodístico. Esta economía de medios se basa en desenvolver oblicuamente las impresiones capitales del cuento por medio del diálogo. La sensación desagradable de monotonía y vulgaridad del ambiente se acentúa con hábiles repeticiones, como la de referirse seis veces a la joven sin nombre como «la muchacha rubia y pintarrajeada». Esa realidad, presentada sin comentarios, contiene implícita una valoración crítica, una denuncia del falseamiento de los ideales colectivos y del aletargamiento de los resortes del dinamismo creador de la sociedad que ese fragmento de vida inane refleja. No interesan los personajes que aparecen, sino la significación del enfoque de las escenas; con la cual se incita al lector a enjuiciar ese cuerpo social conformista e inerte que acepta como única materia de exaltación vital el fútbol. La función de éste, como deporte y como espectáculo, sería estimable en una sociedad de estímulos bien equilibrados, pero al transformarse en una patriotera pasión de masas actúa como una droga adormecedora de preocupaciones y entusiasmos más válidos y constructivos como, por ejemplo, «plantar árboles», crear escuelas, construir puentes y carreteras —o aspirar a formas sociales y políticas de mayor justicia y libertad.

❧ El campeonato

Fué su oportunidad y la perdieron, y los ingleses quedaron, de buenas a primeras, fuera de combate. El hecho era insólito y humillante. Ellos eran los maestros, y, de repente, llega un discípulo y ¡zás!, echa a rodar su historia, y su experiencia, y su maestría, y su técnica, y todas sus viejas
5 glorias. Y lo que Juan decía, mientras daba vuelta al botón para amplificar la voz de la radio:

—Los ingleses estarán que muerden.[1]

Y la radio dijo:

—Zarra es sujetado[2] por el portero uruguayo. El árbitro no lo ve. El
10 balón sale fuera...

Juan aspiró una fumada y soltó una gruesa palabrota, aureolada de humo. Luego dijo:

—Los uruguayos son unos brutos. Siempre lo han sido. No sé por qué hemos de extrañarnos ahora.

15 Eran las siete y cuarto de la tarde y hacía calor. La atmósfera de la estancia estaba espesa y viciada. Olía a cuerpos sucios y confundidos.

---

[1] *estarán que muerden*   they must be in a rage
[2] *es sujetado por el portero uruguayo*—In soccer this is a foul, since players are not allowed to use their hands in the game.

En un rincón había un catre y, recostada en el catre, una muchacha rubia, escuálida, pintarrajeada y aburrida. Al alcance de la mano, sobre un pequeño velador, tenía un vaso, mediado, de un líquido consistente y oscuro. A sus pies dormitaba una tripuda y perezosa gata negra.

La radio dijo: 5

—¡Gol! ¡Gol! ¡El extremo derecha uruguayo ha marcado el primer gol! ¡El gol estimula a nuestros muchachos!...

Juan profirió otra palabrota y afirmó:

—Los ingleses, se frotarán las manos de gusto.

La muchacha rubia y pintarrajeada se incorporó y se estiró. Al hacerlo, 10 se le marcaron bajo la piel los huesos de los brazos y los de los hombros. Acarició la nuca de Juan.

—¿No vienes un rato? —dijo.

La radio clamó:

—¡Gol de Basora! ¡Gol de España! ¡Basora, de cabeza,[3] acaba de con- 15 seguir el empate rematando un pase de Gainza!

Juan empalideció y encendió otro pitillo. Dijo:

—Buen jarro de agua fría para los ingleses. —Y sonrió imperceptible-mente.

La muchacha rubia y pintarrajeada volvió a estirarse. Luego bebió un 20 sorbo del vaso del velador. La gata ronroneó y la muchacha le atusó el lomo suavemente.

—Este animal está para dar a luz de un momento a otro —dijo.

La radio estalló:

—¡Gol! ¡Otro gol formidable de Basora, señores! ¡España, 2; 25 Uruguay, 1!

Juan juró entre dientes. Se remangó la camisa. Tenía la carne de gallina. Dijo para su capote:

—Habrá que oir a los ingleses, ahora. Y esos zánganos de uruguayos, ¿qué se creían? ¿Que éramos como Bolivia? 30

La muchacha rubia y pintarrajeada rascó a la gata entre las orejas y suspiró.

—¿Te asusta a ti dar a luz, cariñito? —dijo.

La voz monótona del receptor creaba en la estancia viciada un clima de somnolencia. La muchacha se tumbó en el diván y se adormeció. La des- 35 pertó la voz exaltada, estentórea, del locutor:

[3] *de cabeza*   with his head. In soccer a player can hit the ball with his head.

336

—¡Gol, señores! ¡Varela, desde medio campo, acaba de conseguir el segundo gol uruguayo! ¡España, 2; Uruguay, 2!

Juan encendió otro pitillo. Le temblaba la mano al hacerlo.

—Si lo siento —dijo— es por la alegría que van a tener los ingleses.

5 La muchacha volvió a incorporarse y apuró el contenido del vaso de un trago.

—Yo me voy, Juan. ¿Vienes?

—¡Aguarda!

—¿A qué?

10 —Un empate no es un mal resultado. Los uruguayos son gente —dijo Juan, para sí.

La radio tronó:

—¡El árbitro señala el final del encuentro, señores! ¡España, 2; Uruguay, 2!

15 Juan apagó el receptor y se puso en pie.

—Hemos empatado —dijo.

—¿Y eso es malo?

—¡Pché! —dijo Juan.

Bajaron juntos la escalera. En la esquina había un bar. Juan empujó a la 20 muchacha y entraron. Un hombretón en mangas de camisa despachaba vasos de vino. En las mesas se hablaba de fútbol. Juan dijo:

—Dos blancos, Simón.

Simón era el hombrón que despachaba en mangas de camisa. Tenía los gruesos brazos sin una brizna de vello, tan pulidos como el mármol de las 25 mesas. Y las manos ásperas, pesadas y rojas.

—¡Qué loco está el mundo! —dijo Simón—. En todas partes no se habla más que de fútbol. ¿Y qué nos da el fútbol?

—Hemos empatado —afirmó Juan, con un leve temblor de júbilo.

Simón se excitó:

30 —Total, ¿qué? Como antes de empezar a jugar, ¿no es eso?

—Eso.

—Y para eso veinticinco millones de españoles escuchando la radio toda la tarde como embobados. Cincuenta millones de horas desperdiciadas. ¿Sabe usted lo que puede hacerse con cincuenta millones de horas de trabajo?

35 —Muchas cosas —dijo Juan.

La muchacha rubia y pintarrajeada se impacientó:

—Vamos, Juan.

Simón dijo:

—Eso. Muchas cosas. Por ejemplo, plantar cien millones de árboles. ¿Le parece a usted poco?

Juan inquirió:

—¿Ha plantado usted un árbol? 5

La muchacha rubia y pintarrajeada intervino:

—¿Sabes, Juan, que la gata está para dar a luz?

—Otros dos blancos —pidió Juan.

Luego siguieron bebiendo. La taberna estaba llena de gente y todos sudaban. Juan experimentaba una agradable excitación en su sangre y en sus 10 nervios, una excitación que crecía de vaso en vaso. A las nueve, salieron. La muchacha dijo:

—Ese hombre es un mal educado.

Se refería a Simón.

A Juan le bailaba en los labios una sonrisita boba. 15

—Estoy pensando en lo que dirán los ingleses a estas horas —dijo.

Y la gente pasaba a su lado con cara de Pascuas, como si a cada uno le hubiera tocado el «gordo»⁴ de la lotería. La muchacha rubia y pintarrajeada se puso a pensar que veinticinco millones de españoles eran muchos españoles, y cincuenta millones de horas eran muchas horas, y que cien 20 millones de árboles eran una barbaridad de árboles. Y luego pensó que el vino blanco de Simón se le estaba subiendo a la cabeza.

---

⁴ *le hubiera tocado el «gordo»* had hit the jackpot. *El "gordo"* ("The fat one") is the colloquial expression traditionally used to refer to the biggest prize of the official lotteries in Spain.

18 ❧ *Ana María Matute*
(1926–   )

Catalana, de ascendencia castellana. Figura de primera fila en el arte de
la ficción contemporánea española. Ha traído al cuento y a la novela la nota
distintiva de una delicada sensibilidad femenina y maternal que, sin embargo, nunca interfiere con una visión claramente perceptiva de la última
realidad, múltiple, contradictoria —y no siempre agradable— del ser
humano. Ana María Matute comulga con los mejores escritores de la
España de hoy en la exaltación del impulso de libertad del individuo en
contra de las coerciones corruptoras del mundo organizado, compuesto, en
una alta proporción, de ruindad y vileza. Hay en ella, como en sus compañeros de generación, un evidente y activo fermento de rebeldía contra los
falsos valores de la vida española de su tiempo, donde esas coerciones
físicas y morales actúan con particular intensidad. Uno de los temas característicos del panorama vital que la obra de Ana María Matute nos ofrece es el
de la soledad, el aislamiento de cada cual dentro de la opresión de los demás,
que comienza en el seno de la familia. No hay comunicación —parece
decirnos— y por eso no hay comprensión mutua; las gentes son enemigas,
sin saber por qué. Por eso cada uno crea su mundo interior, particular y
privado, hecho de sueños y fantasías, para defenderse de la crueldad y la indiferencia de los que lo rodean. El patético choque de esos mundos internos,
individuales e ilusorios, con las hostiles realidades objetivas de la vida externa, constituyen para Ana María Matute el conflicto esencial de la
existencia. Tema este que tiene antigua tradición en la literatura española,

339

desde Cervantes. Sus personajes favoritos son los humildes, los abandonados, los ignorados, hacia los que dirige su simpatía, que se manifiesta en una ternura triste y clarividente, que no se hace ilusiones sobre el fondo de la naturaleza humana. Ha dedicado una atención muy preferente a los niños y a su misteriosa intimidad psíquica, así como al dramático despertar de la adolescencia. Aguda observadora de la infancia, ha sabido levantar el manto engañador de las apariencias de graciosa pureza y encanto inocente y ha revelado que la niñez tiene con frecuencia zonas tenebrosas, resbaladizas y desconsoladoras. Su prosa es a primera vista sencilla, fácil y tranquila, pero su efecto es emotivo y palpitante; sugiere mucho más de lo que literalmente expresa. Su percepción sensorial es muy rica y delicada y se revela en imágenes visuales de gran sugestividad, principalmente en la representación de la naturaleza. La carga lírica de su idioma es tan intensa que a veces sus relatos breves toman la forma de verdaderos poemas en prosa.

Algunos de sus mejores cuentos están recogidos en *Historias de la Artámila* (1961), colección de la que hemos tomado el que aquí aparece. Son narraciones hechas de retazos de infancia, vividos, oídos, o recreados en el recuerdo— pero honda y matizadamente sentidos. «La Artámila» es el nombre que la autora da a ese país personal de la evocación imaginativa, cuya base real está localizada en el Nordeste peninsular, entre el río Ebro y los Pirineos. «La Rama Seca» es un bello ejemplo del arte narrativo de Ana María Matute. Es un cuento doloroso, en el que se proyecta con singular emotividad la colisión entre el reino de la fantasía y el de la realidad. La niña enferma y solitaria, privada de afecto, rodeada de un mundo familiar pobre y rudo que no puede satisfacer las apetencias de su ternura y de su imaginación, crea, con los formidables recursos de ilusión que la infancia posee, de una rama seca, una muñeca, «Pipa», que es para ella una entidad viva tangible y personal —justamente porque es su criatura, como la hija lo es para la madre. Su hermano, un niño duro e indiferente, la priva brutalmente de su imaginaria compañera. La única persona capaz de percibir vagamente el drama que para la niña esto significa es Doña Clementina, un alma sencilla y buena que guarda intacto todo el tesoro de ternura frustrada de una maternidad fallida. Nada puede consolar a la pequeña de la ausencia de su amada «Pipa»; ni siquiera la hermosísima muñeca que doña Clementina le compra para que olvide a la otra. La historia se cierra, con tierna delicadeza, cuando la maternal amiga de la niña, muerta ya ésta, encuentra en el suelo a «Pipa» —la rama seca— y comparte amorosamente la ilusión creadora de su infantil amiga.

❧ La rama seca

Apenas tenía seis años y aún no la llevaban al campo. Era por el tiempo de la siega, con un calor grande, abrasador, sobre los senderos. La dejaban en casa, cerrada con llave, y le decían:

—Que seas buena, que no alborotes: y si algo te pasara, asómate a la ventana y llama a doña Clementina.

Ella decía que sí con la cabeza. Pero nunca le ocurría nada, y se pasaba el día sentada al borde de la ventana, jugando con «Pipa».

Doña Clementina la veía desde el huertecillo. Sus casas estaban pegadas la una a la otra, aunque la de doña Clementina era mucho más grande, y tenía, además, un huerto con un peral y dos ciruelos. Al otro lado del muro se abría la ventanuca tras la cual la niña se sentaba siempre. A veces, doña Clementina levantaba los ojos de su costura y la miraba.

—¿Qué haces, niña?

La niña tenía la carita delgada, pálida, entre las flacas trenzas de un negro mate.

—Juego con «Pipa» —decía.

Doña Clementina seguía cosiendo y no volvía a pensar en la niña. Luego, poco a poco, fue escuchando aquel raro parloteo que le llegaba de lo alto, a través de las ramas del peral. En su ventana, la pequeña de los Mediavilla se pasaba el día hablando, al parecer, con alguien.

—¿Con quién hablas, tú?

—Con «Pipa».

Doña Clementina, día a día, se llenó de una curiosidad leve, tierna, por la niña y por «Pipa». Doña Clementina estaba casada con don Leoncio, el médico. Don Leoncio era un hombre adusto y dado al vino, que se pasaba el día renegando de la aldea y de sus habitantes. No tenían hijos y doña Clementina estaba ya hecha a su soledad. En un principio, apenas pensaba en aquella criaturita, también solitaria, que se sentaba al alféizar de la ventana. Por piedad la miraba de cuando en cuando y se aseguraba de que nada malo le ocurría. La mujer Mediavilla se lo pidió:

—Doña Clementina, ya que usted cose en el huerto por las tardes, ¿querrá echar de cuando en cuando una mirada a la ventana, por si le pasara algo a la niña? Sabe usted, es aun pequeña para llevarla a los pagos...

—Sí, mujer, nada me cuesta. Marcha sin cuidado...

Luego, poco a poco, la niña de los Mediavilla y su charloteo ininteligible, allá arriba, fueron metiéndosele pecho adentro.

—Cuando acaben con las tareas del campo y la niña vuelva a jugar en la calle, la echaré a faltar —se decía.

Un día, por fin, se enteró de quién era «Pipa».

—La muñeca —explicó la niña.

—Enséñamela...

La niña levantó en su mano terrosa un objeto que doña Clementina no podía ver claramente.

—No la veo, hija. Échamela...

La niña vaciló.

—Pero luego, ¿me la devolverá?

—Claro está...

La niña le echó a «Pipa» y doña Clementina cuando la tuvo en sus manos, se quedó pensativa. «Pipa» era simplemente una ramita seca envuelta en un trozo de percal sujeto con un cordel. Le dio la vuelta entre los dedos y miró con cierta tristeza hacia la ventana. La niña la observaba con ojos impacientes y extendía las dos manos.

—¿Me la echa, doña Clementina...?

Doña Clementina se levantó de la silla y arrojó de nuevo a «Pipa» hacia la ventana. «Pipa» pasó sobre la cabeza de la niña y entró en la oscuridad de la casa. La cabeza de la niña desapareció y al cabo de un rato asomó de nuevo, embebida en su juego.

Desde aquel día doña Clementina empezó a escucharla. La niña hablaba infatigablemente con «Pipa».

342

—«Pipa», no tengas miedo, estate quieta. ¡Ay, «Pipa», cómo me miras! Cogeré un palo grande y le romperé la cabeza al lobo. No tengas miedo, «Pipa»... Siéntate, estate quietecita, te voy a contar: el lobo está ahora escondido en la montaña...

5 La niña hablaba con «Pipa» del lobo, del hombre mendigo con su saco lleno de gatos muertos, del horno del pan, de la comida. Cuando llegaba la hora de comer la niña cogía el plato que su madre le dejó tapado, al arrimo de las ascuas. Lo llevaba a la ventana y comía despacito, con su cuchara de hueso. Tenía a «Pipa» en las rodillas, y la hacía participar de su comida.

10 —Abre la boca, «Pipa», que pareces tonta...

Doña Clementina la oía en silencio: la escuchaba, bebía cada una de sus palabras. Igual que escuchaba al viento sobre la hierba y entre las ramas, la algarabía de los pájaros y el rumor de la acequia.

Un día, la niña dejó de asomarse a la ventana. Doña Clementina le 15 preguntó a la mujer Mediavilla:

—¿Y la pequeña?

—Ay, está *delicá*, sabe usted. Don Leoncio dice que le dieron las fiebres de Malta.

—No sabía nada...

20 Claro, ¿cómo iba a saber algo? Su marido nunca le contaba los sucesos de la aldea.

—Sí —continuó explicando la Mediavilla—. Se conoce que algún día debí dejarme la leche sin hervir... ¿sabe usted? ¡Tiene una tanto que hacer! Ya ve usted, ahora, en tanto se reponga, he de privarme de los brazos de 25 Pascualín.

Pascualín tenía doce años y quedaba durante el día al cuidado de la niña. En realidad, Pascualín salía a la calle o se iba a robar fruta al huerto vecino, al del cura o al del alcalde. A veces, doña Clementina oía la voz de la niña que llamaba. Un día se decidió a ir, aunque sabía que su marido la regañaría.

30 La casa era angosta, maloliente y oscura. Junto al establo nacía una escalera, en la que se acostaban las gallinas. Subió, pisando con cuidado los escalones apolillados que crujían bajo su peso. La niña la debió oír, porque gritó:

—¡Pascualín! ¡Pascualín!

35 Entró en una estancia muy pequeña, a donde la claridad llegaba apenas por un ventanuco alargado. Afuera, al otro lado, debían moverse las ramas de algún árbol, porque la luz era de un verde fresco y encendido, extraño

343

como un sueño en la oscuridad. El fajo de luz verde venía a dar contra la cabecera de la cama de hierro en que estaba la niña. Al verla, abrió más sus párpados entornados.

—Hola, pequeña —dijo doña Clementina—. ¿Cómo estás?

La niña empezó a llorar de un modo suave y silencioso. Doña Clementina se agachó y contempló su carita amarillenta, entre las trenzas negras.

—Sabe usted —dijo la niña—, Pascualín es malo. Es un bruto. Dígale usted que me devuelva a «Pipa», que me aburro sin «Pipa»...

Seguía llorando. Doña Clementina no estaba acostumbrada a hablar a los niños, y algo extraño agarrotaba su garganta y su corazón.

Salió de allí, en silencio, y buscó a Pascualín. Estaba sentado en la calle, con la espalda apoyada en el muro de la casa. Iba descalzo y sus piernas morenas, desnudas, brillaban al sol como dos piezas de cobre.

—Pascualín —dijo doña Clementina.

El muchacho levantó hacia ella sus ojos desconfiados. Tenía las pupilas grises y muy juntas y el cabello le crecía abundante, como a una muchacha, por encima de las orejas.

—Pascualín, ¿qué hiciste de la muñeca de tu hermana? Devuélvesela.

Pascualín lanzó una blasfemia y se levantó.

—¡Anda! ¡La muñeca, dice! ¡*Aviaos* estamos!

Dio media vuelta y se fue hacia la casa, murmurando.

Al día siguiente, doña Clementina volvió a visitar a la niña. En cuanto la vio, como si se tratara de una cómplice, le pequeña le habló de «Pipa»:

—Que me traiga a «Pipa», dígaselo usted, que la traiga...

El llanto levantaba el pecho de la niña, le llenaba la cara de lágrimas, que caían despacio hasta la manta.

—Yo te voy a traer una muñeca, no llores.

Doña Clementina dijo a su marido, por la noche:

—Tendría que bajar a Fuenmayor, a unas compras.

—Baja —respondió el médico, con la cabeza hundida en el periódico.

A las seis de la mañana doña Clementina tomó el auto de línea, y a las once bajo en Fuenmayor. En Fuenmayor había tiendas, mercado, y un gran bazar llamado "El Ideal". Doña Clementina llevaba sus pequeños ahorros envueltos en un pañuelo de seda. En "El Ideal" compró una muñeca de cabello crespo y ojos redondos y fijos, que le pareció muy hermosa. «La pequeña va a alegrarse de veras», pensó. Le costó más cara de lo que imaginaba, pero pagó de buena gana.

344

Anochecía ya cuando llegó a la aldea. Subió la escalera y, algo avergonzada de sí misma, notó que su corazón latía fuerte. La mujer Mediavilla estaba ya en casa, preparando la cena. En cuanto la vio alzó las dos manos.

—¡Ay, usté,[1] doña Clementina! ¡Válgame Dios, ya disimulará en que
5 trazas la recibo! ¡Quién iba a pensar...![2]

Cortó sus exclamaciones.

—Venía a ver a la pequeña: le traigo un juguete...

Muda de asombro la Mediavilla la hizo pasar.

—Ay, cuitada, y mira quién viene a verte...

10 La niña levantó la cabeza de la almohada. La llama de un candil de aceite, clavado en la pared, temblaba, amarilla.

—Mira lo que te traigo: te traigo otra «Pipa», mucho más bonita.

Abrió la caja y la muñeca apareció, rubia y extraña.

Los ojos negros de la niña estaban llenos de una luz nueva, que casi
15 embellecía su carita fea. Una sonrisa se le iniciaba, que se enfrió en seguida a la vista de la muñeca. Dejó caer de nuevo la cabeza en la almohada y empezó a llorar despacio y silenciosamente, como acostumbraba.

—No es «Pipa» —dijo—. No es «Pipa».

La madre empezó a chillar:

20 —¡Habráse visto la tonta![3] ¡Habráse visto, la desagradecida! ¡Ay, por Dios, doña Clementina, no se lo tenga usted en cuenta, que esta moza nos ha salido retrasada...!

Doña Clementina parpadeó. (Todos en el pueblo sabían que era una mujer tímida y solitaria, y le tenían cierta compasión.)

25 —No importa, mujer —dijo, con una pálida sonrisa—. No importa.

Salió. La mujer Mediavilla cogió la muñeca entre sus manos rudas, como si se tratara de una flor.

—¡Ay, madre, y qué cosa más preciosa! ¡Habráse visto la tonta ésta...!

Al día siguiente doña Clementina recogió del huerto una ramita seca y
30 la envolvió en un retal. Subió a ver a la niña:

—Te traigo a tu «Pipa».

La niña levantó la cabeza con la viveza del día anterior. De nuevo, la tristeza subió a sus ojos oscuros.

—No es «Pipa».

---

[1] usté it's you
[2] ¡Quién iba a pensar...! How could I suppose!
[3] ¡Habráse visto la tonta! Have you ever seen such a silly child!

Día a día, doña Clementina confeccionó «Pipa» tras «Pipa», sin ningún resultado. Una gran tristeza la llenaba, y el caso llegó a oídos de don Leoncio.

—Oye, mujer: que no sepa yo de más majaderías de ésas... ¡Ya no estamos, a estas alturas, para andar siendo[4] el hazmerreir del pueblo! Que no vuelvas a ver a esa muchacha: se va a morir, de todos modos...   5

—¿Se va a morir?

—Pues claro, ¡qué remedio! No tienen posibilidades los Mediavilla para pensar en otra cosa...[5] ¡Va a ser mejor para todos!

En efecto, apenas iniciado el otoño, la niña se murió. Doña Clementina sintió un pesar grande, allí dentro, donde un día le naciera tan tierna curio-   10
sidad por «Pipa» y su pequeña madre.

Fue a la primavera siguiente, ya en pleno deshielo, cuando una mañana, rebuscando en la tierra, bajo los ciruelos, apareció la ramita seca, envuelta en su pedazo de percal. Estaba quemada por la nieve, quebradiza, y el color rojo de la tela se había vuelto de un rosa desvaído. Doña Clementina tomó a   15
«Pipa» entre sus dedos, la levantó con respeto y la miró, bajo los rayos pálidos del sol.

—Verdaderamente —se dijo—. ¡Cuánta razón tenía la pequeña! ¡Qué cara tan hermosa y triste tiene esta muñeca!

---

[4] *para andar siendo*   to be
[5] *No tienen posibilidades los Mediavilla para pensar en otra cosa...*   The Mediavillas haven't got the means for any other solution

II HISPANOAMÉRICA

INTRODUCCIÓN

La literatura contemporánea Hispanoamericana ofrece una extraordinaria riqueza, tanto en calidad como en cantidad. Por lo tanto, sería absolutamente imposible tratar de hacerle justicia en un librito de las proporciones y las limitaciones de este. Nos hemos ceñido, pues, a seleccionar unas cuantas obras que dan notas características primordiales del gran movimiento artístico de la América de habla castellana, desde Rubén Darío hasta la época presente.

El «Modernismo» marca la mayoría de edad literaria de Hispanoamérica. Este movimiento —como su equivalente español, el «Noventayochismo»— fue fruto de una larga gestación. Su comienzo suele identificarse con la aparición del primer libro importante de Rubén Darío, *Azul*, en 1888. Pero Rubén representa la concreción de tendencias que, más vagamente, habían empezado a manifestarse mucho antes. La obra del gran poeta nicaragüense no sólo emancipa a América de la tutela literaria de España, sino que la lleva a influir vigorosamente por primera vez en la creación artística de la antigua metrópoli.

Con ese movimiento empieza Hispanomérica a buscar su auténtica expresión, y como consecuencia de esa búsqueda se reconcilia con su tradición hispánica, de la que la animosidad de la Independencia la había llevado a alejarse. Contribuyó al acercamiento la derrota de España en la guerra de 1898 con los Estados Unidos. El impacto de ese desastre fue muy fuerte en todo el mundo de habla española. Los pueblos hispanos de América descubren entonces una nueva conciencia de unidad espiritual y cultural.

La acción literaria de Rubén Darío se dirigió principalmente hacia el instrumento de expresión poética. Su reforma fue completa, por la base. Adaptó al castellano, en una síntesis feliz, el resultado de todas sus exploraciones por las literaturas europeas, principalmente la francesa, haciendo en la lengua poética una de las revoluciones más hondas de toda la historia de su cultivo estético. A pesar de lo cosmopolita de sus temas, Rubén toca ya las notas fundamentales del espíritu de la América hispana, que se mantendrán hasta nuestros días. Exalta paralelamente el pasado indígena («Caupolicán») y la tradición española («Letanía de Nuestro Señor Don Quijote») —los dos abolengos que constituyen indisolublemente el patrimonio común y la personalidad espiritual de la familia hispanoamericana.

El «Modernismo» produjo una amplia constelación de poetas de sorprendente calidad. Uno de estos es José Santos Chocano, que, siguiendo las huellas de su maestro Darío, canta la gloria del pasado épico de ambos linajes en versos plásticos y sonoros. Introduce, sin embargo, una nota nueva —y ya ajena a las preferencias modernistas. Aunque se enfrenta con el anverso de la medalla histórica de la Conquista y sus brillantes figuras de legendarios héroes indios, como Caupolicán, no deja de mirar también al reverso, esto es, a las tristes realidades morales y sociales de los descendientes de aquéllos, de la población autóctona de su país y de su tiempo, denunciando su tradicional explotación y opresión. En este sentido, Chocano, es un precursor poético de toda la literatura de reinvidicación indigenista que había de florecer en nuestros días.

Entrado el siglo XX, Hispanoamérica tiene ya conciencia plena de sí misma y de su carácter y empieza a expresar con vigor el descubrimiento de su propia identidad. La novela se emancipa totalmente de la imitación europea y, utilizando los mejores procesos del realismo, del naturalismo y del impresionismo, comienza a profundizar en los temas del hombre y de la tierra. El paisaje de América —selva, montaña, pampa, llano— pasa definitivamente al primer plano. Y la lucha titánica del hombre con la naturaleza indómita, que lo condiciona y lo moldea, es objeto de brillantes tratamientos novelescos. Por otro lado, los magnos conflictos individuales y colectivos de una sociedad en estado de coalescencia ocupan a los novelistas. Del notable grupo de obras de ficción aparecidas entre 1915 y 1930, hemos elegido, por adaptarse más fácilmente a nuestros fines, un episodio de *La Vorágine*, del colombiano José Eustasio Rivera, donde la selva tropical aparece descrita, en relación al hombre, con toda su impresionante, pavorosa grandiosidad.

En la generación de novelistas de época más reciente, el mexicano José Rubén Romero ocupa un lugar muy característico. Ha conseguido fundir en el molde clásico de la novela picaresca española de los siglos XVI y XVII las realidades populares más vivas del México post-revolucionario, y las formas más contemporáneas del arte de la ficción, sin abandonar la nota de protesta social común a la novela hispanoaméricana de nuestros días —nota que en él se manifiesta siempre envuelta en un humor sin hiel, nutrido de jugosa humanidad, lo que le da un rasgo diferencial muy acusado. El cuento es un género en que los hispanoamericanos han sobresalido —son muchos y buenos los cuentistas del hemisferio. Entre ellos destaca la figura original del uruguayo Horacio Quiroga, que ha dado a esta difícil modalidad del arte del relato unas dimensiones expresivas insólitas. Fértil en invención temática, pleno de ímpetu poético y dominando una técnica narrativa de extraordinaria sobriedad, consigue reducir el cuento a sus elementos esenciales, sin sacrificar nada. Con parcos e incitantes recursos de alusión indirecta, sabe estimular la imaginación del lector, forzándolo a completar por su cuenta las circunstancias y los hechos, o a interpretar su significado. El estilo verbal de Quiroga, de gran poder descriptivo y evocativo, tiene fuerza subyugante —como se podrá apreciar en la lectura de «El desierto», uno de sus mejores cuentos. La naturaleza bravía es en él, como en *La Vorágine*, simultáneamente, fondo, tema y personaje principal.

De los narradores vivos, ningúno ha alcanzado todavía el prestigio internacional del argentino Jorge Luís Borges, una de las mentes literarias más ricas de los tiempos presentes. La obra de Borges es muy breve —pocos relatos y todos de corta extensión— pero con ella ha conseguido un puesto de primera fila en las letras de lengua castellana, por la singularidad de sus temas y por la compleja densidad de su significado, que, más que a un propósito de ficción, parece apuntar a un intento de especulación literario-metafísica. «La forma de la espada» ofrece este tipo de experiencia al lector.

De la poesía de hoy hemos elegido, entre una galaxia de figuras, a tres que la representan no sólo con el más alto nivel de valor sino también con notas específicas y definidoras. El chileno Pablo Neruda está considerado como el poeta principal de la lírica hispanoamericana actual. Su obra, que ha tenido una rica y variada evolución, de fases muy distintas, en todas ellas prueba las inequívocas facultades creadoras del autor, en composiciones magistrales. La poesía de Neruda está enraizada en las zonas más hondas del espíritu hispánico. El poeta, que ha trascendido las fronteras de ese mundo, asimilando los frutos de varias culturas, se ha mantenido, sin embargo, fiel a sí mismo y a los elementos medulares de su tradición —que él ha contribuido, quizás más que ningún otro, a recrear y a enriquecer en nuestros días.

El peruano César Vallejo es sin duda uno de los poetas más originales de la época contemporánea. Con Neruda, ha ejercido una sensible influencia en la poesía española peninsular de los últimos tiempos. Todo el intelectualismo imaginativo, todas las asociaciones mentales inesperadas y, en general, todas las nuevas formas de la lírica de hoy, están presentes en él —unidos a una capacidad personalísima de manejar el idioma, con la cual doblega a su voluntad poética, apasionada e irónica, la morfología y la sintaxis del castellano, que en sus manos adquiere una nueva virtud expresiva. Todos estos factores puestos al servicio de la ternura revolucionaria de su atormentada alma mestiza producen una poesía del más tembloroso humor emotivo.

El tercero es el puertorriqueño Luís Palés Matos, que a la riqueza del resto de su creación lírica agrega una nota que no puede quedar ausente de una caracterización de conjunto del panorama espiritual de los países iberoamericanos: la de la raza negra, elemento importante de la integración racial, que es un factor básico en la realidad étnica de ese mundo. Palés Matos es el más alto representante del moderno rebrote de la poesía dedicada a cantar los temas relacionados con la población hispánica de origen africano. Esta corriente, cuyos orígenes, cómico-folklóricos, se encuentran ya en la poesía española del Siglo de Oro, renace en nuestra época con un nuevo sentido, nativista, que es una afirmación del aporte humano, social y estético del negro, que hasta entonces no se había tomado en consideración, o se había desdeñado, en la valoración vital y artística de la civilización multiracial de los pueblos de la América hispana.

Desde el «Modernismo», el ensayo pasa a ser uno de los géneros literarios más vivos en las letras hispanoamericanas. Los ensayistas contemporáneos constituyen hueste. Hemos elegido para representarlos al mexicano José Vasconcelos y al argentino Arturo Capdevila, no sólo por su mérito intrínseco, sino porque tratan de dos temas, que, como problemas esenciales, preocupan a Hispanoamérica: la raza y el idioma. El brillante y apasionado Vasconcelos predica la unidad hispánica dentro de la tradición española, y profetiza un mañana mejor, en el que la raza iberoamericana, mestiza, y por lo tanto no exclusivista, tendrá la noble misión universal de crear el mundo del futuro, unido, y sin diferencias. Al lado de esa voz inspirada se alza la mesurada, serena, y pulida voz de Capdevila para predicar otro evangelio, el de la lengua, el más valioso legado de Castilla. Vigilancia en su conservación y conciencia de unidad son garantía de fuerza cultural y política en el mundo, fuente del respeto ajeno, y del propio.

La literatura hispanoamericana del siglo XX, tan rica y vital, es la prueba más palpable de la existencia de esa unidad —que hace del mundo hispánico un factor de primer orden en la cultura universal.

351

1 &⁊ *Rubén Darío* &⁊
(1867–1916)

Félix Rubén García Sarmiento —que cambió su nombre por el mucho más poético de Rubén Darío— nació en Centroamérica, en la pequeña república de Nicaragua. Pero su genio lo elevó por encima de fronteras a una ciudadanía general hispánica. «Español de América y americano de España» —se llamaba él. Y tanto España como América lo reconocen como suyo. Es sin duda uno de los grandes poetas de la lengua castellana. Su influencia en la lírica del siglo XX fue capital, arrolladora, lo mismo que su popularidad. Como cabeza visible del movimiento literario llamado «Modernismo» impuso en la poesía de habla española una renovación amplia y profunda, tanto de fondo como de forma, y pasó a ser el maestro de los jóvenes poetas, que estaban en conflicto con las tendencias del siglo XIX. Bajo su influjo se formó toda la poesía contemporánea de ambos lados del Atlántico, incluso la de los poetas que luego se emanciparon de él, como Antonio Machado y Juan Ramón Jiménez, entre otros. A él se debió, en gran parte, el movimiento de unidad cultural y sentimental de los pueblos de habla española.

Por la sangre era mestizo y por la educación criollo viejo, pero su espíritu era cosmopolita e universal. Hombre de vida inquieta, salió tempranamente de su patria nativa —y a ella volvió para morir. Vivió siempre de un lado a otro, en ambientes internacionales, en Europa y en América. Asimiló de todas las culturas, con sorprendente capacidad, todo lo que satisfacía su temperamento, y supo fundir todas sus experiencias artísticas, las más diversas, en una unidad, radicalmente suya, profundamente hispánica, y de gran originalidad.

Con Rubén Darío triunfa el sentido de solidaridad de los pueblos americanos de ascendencia española, los cuales, tras el natural proceso de alejamiento, fruto de la Independencia, reencuentran la conciencia de su carácter, de su tradición, y de sus fuertes vínculos espirituales Darío personifica simbólicamente la madurez literaria de América. Por primera vez, con él, las antiguas colonias influyen en las letras de la Madre Patria.

El desarrollo de su poesía fue constante y seguro. En su juventud huyó de la realidad inmediata de la vida contemporánea para cantar un mundo soñado, de belleza perfecta, construído a base de las civilizaciones antiguas y los países lejanos y exóticos. Más tarde va encontrando una inspiración más honda, más personal, más íntima. Después de conocer a España empieza a tratar de los grandes temas del porvenir de los pueblos hispánicos, y a afirmar más y más su destino común.

Al afirmar lo hispánico, afirma lo americano, y como consecuencia canta la belleza del pasado índigena, que con su brillo ancestral le había atraído muy tempranamente. Un buen ejemplo es el poema «Caupolicán», que aquí incluímos. En él —tomando como base un episodio del Canto II de *La Araucana* de Alonso de Ercilla— traza la figura del caudillo indio, exaltando poéticamente el heroísmo y la fuerza de ese noble y fiero representante de las razas aborígenes.

Otro de sus temas constantes es lo español. En ocasión del tricentenario de la publicación del Quijote, escribe su «Letanía.» Este poema —con la *Vida de don Quijote y Sancho*, de Unamuno, y *El Cristo a la jineta*, del uruguayo J. E. Rodó— marca una nueva etapa en la interpretación de la figura del hidalgo manchego. Don Quijote pasa a ser un símbolo del idealismo español, soñador y heroico. Símbolo de fe que Rubén Darío eleva a la categoría divina, convirtiéndolo en patrón santo del mundo hispánico e implorándole protección, en una plegaria poética.

Darío era pagano y místico a la vez. Su amor a la belleza y al placer iba acompañado de la preocupación de la muerte. Cuando la juventud empieza a abandonarlo, el horror del fin de la vida lo angustia, y su poesía alcanza entonces una inquietante intensidad. «Lo fatal» es una buena muestra de esta fase. Es uno de los poemas filosóficos más hermosos de la lengua española. A pesar de la arraigada religiosidad del poeta, el enigma de la existencia humana hace que se levante ante él «un fantasma de desolación y de duda».

El gran poeta de América legó a la poesía castellana un mundo mágico de belleza, de brillantes imágenes, y de delicados matices. Innovador de la versificación, dio nueva gracia y flexibilidad a los medios de expresión lírica, haciendo una total revaluación de la prosodia de la lengua poética.

❦ Caupolicán[1]

Es algo formidable que vio la vieja raza:
robusto tronco de árbol al hombro de un campeón
salvaje y aguerrido, cuya fornida maza
blandiera el brazo de Hércules,[2] o el brazo de Sansón.[3]

Por casco sus cabellos, su pecho por coraza,   5
pudiera tal guerrero, de Arauco[4] en la región,
lancero de los bosques, Nemrod que todo caza,[5]
desjarretar un toro, o estrangular un león.

Anduvo, anduvo, anduvo. Le vio la luz del día,
le vio la tarde pálida, le vio la noche fría,   10
y siempre el tronco de árbol a cuestas del titán.[6]

«¡El Toqui, el Toqui!»[7] clama la conmovida casta.
Anduvo, anduvo, anduvo. La Aurora dijo: «Basta»,
e irguióse la alta frente del gran Caupolicán.

---

[1] *Caupolicán*—the hero of the resistance of the Araucanians to the Spanish conquerors of Chile. These aborigines were very warlike and endowed with a fierce love for independence. They had succeeded in repelling all the attempts by the Inca Empire of Peru to conquer them, and they fought with the same determination against the *conquistadores*. When the Spanish Captain Pedro de Valdivia (1510?-1569) invaded their land, the Araucanians, according to their customs, held a council to elect a war leader, who had to be the strongest and most courageous of all the warriors, the one with the greatest endurance, who could longest sustain a huge log on his shoulders. Caupolicán supported his burden for two days and nights. He was elected chief, and as such he directed the defense against the invader. He fought heroically but was finally defeated, taken prisoner, and put to death. This gallant figure so impressed one of his foes, the poet-soldier Alonso de Ercilla (1533-1594), that he immortalized the Indian hero in his famous epic poem *La Araucana* (1569).

[2] *Hércules*—Latin god, equivalent to the Greek hero and demigod Heracles. He performed extraordinary feats of a superhuman nature and is usually represented as a powerful muscular man wearing a lion's skin and armed with a huge club. Hercules was worshipped by the Romans as the god of strength and physical courage.

[3] *Sansón* Samson, one of the judges of Israel, also known for his extraordinary deeds of strength.

[4] *Arauco*—the land of the Araucanians, in southern Chile near the Bío-Bío river.

[5] *Nemrod que todo caza*—Caupolicán is compared here to Nimrod, who in the Old Testament (Gen. 10:9; I Chron. 1:10) is referred to as the mighty hunter and the first powerful ruler on earth.

[6] *titán* a giant of colossal strength. The literal meaning of the word refers to the Titans, who in Greek mythology were the earliest deities in the cosmogony—earlier than the Olympian gods. The Titans were twelve giants and represented the vast and chaotic forces of Nature.

[7] *Toqui*—Araucanian word meaning "war leader".

❧ Letanía[8] de Nuestro Señor Don Quijote

Rey de los hidalgos,[9] señor de los tristes,[10]
que de fuerza alientas y de ensueños vistes,
coronado de áureo yelmo de ilusión;[11]
que nadie ha podido vencer todavía,
por la adarga al brazo, toda fantasía,
y la lanza en ristre, toda corazón.

Noble peregrino de los peregrinos,[12]
que santificaste todos los caminos
con el paso augusto de tu heroicidad,
contra las certezas, contra las conciencias
y contra las leyes y contra las ciencias,
contra la mentira, contra la verdad...

Caballero errante de los caballeros,
barón de varones,[13] príncipe de fieros,[14]
par entre los pares, maestro, ¡salud!

---

[8] *Letanía*   litany, a solemn supplication or prayer in the liturgy of the Christian churches. In the Roman Catholic Church there are a number of litanies all modeled on the Litany of the Saints (fifth century). All of them are invocatory and supplicatory and are characterized by repetition and monotony. Note that in this poem Rubén Darío tries to suggest in poetical form all the main features of liturgical litanies.

[9] *hidalgo*   nobleman

[10] *señor de los tristes*—Don Quijote assumed the surname, or epithet, of *Caballero de la Triste Figura*, or Knight of the Woeful Countenance (*Don Quijote*, Part I, Ch. XIX).

[11] *áureo yelmo de ilusión*—an allusion to the enchanted golden helmet of the Moorish king Mambrino, which would render its wearer invisible. Don Quijote mistook a barber's brass basin for this helmet, took it away from its owner, and wore it on his head (*Don Quijote*, Part. I, Ch. XXI). The story of the helmet appears in Ariosto's *Orlando Furioso*.

[12] *noble peregrino de los peregrinos*   noble pilgrim among all pilgrims

[13] *barón de varones*   a man among men

[14] *príncipe de fieros*   the bravest of the brave

¡Salud, porque juzgo que hoy muy poca tienes,[15]
entre los aplausos o entre los desdenes,
y entre las coronas y los parabienes
y las tonterías de la multitud!

¡Tú, para quien pocas[16] fueran las victorias   5
antiguas, y para quien clásicas glorias
serían apenas de ley y razón,
soportas elogios, memorias, discursos,
resistes certámenes, tarjetas, concursos,
y, teniendo a Orfeo, tienes a orfeón![17]   10

Escucha, divino Rolando[18] del sueño,
a un enamorado de tu Clavileño,[19]
y cuyo Pegaso[20] relincha hacia ti;
escucha los versos de estas letanías,
hechas con las cosas de todos los días   15
y con otras que en lo misterioso vi.

¡Ruega por nosotros, hambrientos de vida,
con el alma a tientas, con la fe perdida,
llenos de congojas y faltos de sol,

---

[15] *hoy muy poca [salud] tienes*—this litany was written in 1905, the tercentenary of the appearance of the first part of Cervantes' book. Rubén Darío alludes in this and the following lines to the official celebrations, with their eulogies, homages, speeches, posters, which, according to him, expressed a shallow, dull, academic, self-satisfied, petty, bourgeois spirit, just the opposite of the heroic, idealistic, nonconformist, and self-demanding spirit of Don Quijote.

[16] *pocas* inconsiderable

[17] *teniendo a Orfeo, tienes a orfeón!*—in Greek mythology, Orpheus was a poet and musician whose lyre produced such divine melody that it could charm beasts and move stones. In modern times, the word *orfeón* was derived from his name to describe a choral group or society. Don Quijote, who knew the unearthly melody of Orpheus, has to bear the dreadful, mediocre harmony of glee clubs.

[18] *Rolando*—the great French hero of medieval legend and of the Charlemagne epic cycle, immortalized in the eleventh-century poem *Chanson de Roland*. In the epic Roland is a nephew of Charlemagne and the bravest of his twelve peers.

[19] *Clavileño*—the enchanted wooden horse, supposedly able to fly, made by the famous magician Merlin, on which Don Quijote and his squire believe they have flown through the sky (*Don Quijote*, Part II, Chapter XLII).

[20] *Pegaso*—Pegasus, the winged horse of the Muses, the symbol of poetic flight. (See note 2, p. 160).

por advenedizas almas de manga ancha²¹
que ridiculizan el ser de la Mancha,²²
el ser generoso y el ser español!

¡Ruega por nosotros, que necesitamos
5   las mágicas rosas, los sublimes ramos
del laurel!²³ *Pro nobis ora,*²⁴ gran señor.
(Tiembla la floresta del laurel del mundo,
y antes que tu hermano vago, Segismundo,
el pálido Hamlet²⁵ te ofrece una flor).

10   ¡Ruega generoso, piadoso, orgulloso;
ruega casto, puro, celeste, animoso;
por nos intercede, suplica por nos,²⁶
pues casi ya estamos sin savia, sin brote,
sin alma, sin vida, sin luz, sin Quijote,
15   sin pies y sin alas, sin Sancho²⁷ y sin Dios.

---

²¹ [*ruega por*] *advenedizas almas de manga ancha*   easy going, upstart souls

²² *el ser de la Mancha*   [your] being from La Mancha. La Mancha is a poor and barren region on the southern plains of New Castile. Cervantes selected it as the birthplace of Don Quijote in order to parody the exotic, high-sounding names of the heroes of the novels of chivalry (*Amadís de Gaula, Belianís de Grecia, Florismarte de Hircania*) and for the comic contrast of the prosaic name, Don Quijote de la Mancha. Rubén Darío here attacks those Spaniards who, imbued with practical commercialism, favored modern materialistic ideas and looked with scorn upon the Spanish idealistic tradition represented by Don Quijote.

²³ *las mágicas rosas, los sublimes ramos del laurel*—roses and laurels were, in Greek tradition, the reward for physical and spiritual accomplishment.

²⁴ *Pro nobis ora* (Lat.)= *ruega por nosotros.* This phrase is the refrain repeated collectively by the faithful in answer to the priest when the Litany of the Blessed Virgin is recited in the Roman Catholic Church.

²⁵ *Segismundo... Hamlet*—Segismundo, Prince of Poland, is the hero of Calderon's famous play *La vida es sueño.* Both he and the melancholy Prince of Denmark question the meaning of life and therefore of human behavior. Here both of them—Hamlet first, because he appeared years before Segismundo—recognize their brotherhood with Don Quijote.

²⁶ *por nos* [arch.]= *por nosotros*

²⁷ *sin Sancho*—the idea of the "*regeneración,*" as expressed by the writers of the Generation of 98, was based on the supposed sleepiness, decadence, and apathy of Spain, so clearly stated here. For Darío, the whole community of Hispanic nations was at the moment not only lacking in great ideals (*sin alma, sin luz, sin alas, sin Quijote, sin Dios*) but also in practical sense (*sin pies, sin Sancho*).

De tantas tristezas, de dolores tantos,
de los superhombres de Nietzsche,[28] de cantos
áfonos, recetas que firma un doctor,
de las epidemias de horribles blasfemias
de las Academias,[29]   5
¡líbranos, señor![30]

De rudos malsines,
falsos paladines,
y espíritus finos y blandos y ruines,
del hampa que sacia   10
su canallocracia[31]
con burlar la gloria, la vida, el honor,
del puñal con gracia,[32]
¡líbranos, señor!

Noble peregrino de los peregrinos,   15
que santificaste todos los caminos
con el paso augusto de tu heroicidad,
contra las certezas, contra las conciencias
y contra las leyes y contra las ciencias,
contra la mentira, contra la verdad...   20

¡Ora por nosotros, señor de los tristes,
que de fuerza alientas y de ensueños vistes,
coronado de áureo yelmo de ilusión;
que nadie ha podido vencer todavía,
por la adarga al brazo, toda fantasía,   25
y la lanza en ristre, toda corazón!

---

[28] *Nietzsche, Friedrich Wilhelm* (1844-1900)—German philosopher who exerted a strong influence with his doctrine of the *Übermensch* or superman, in which he extolled power and repudiated Christian ethics, preaching a morality for masters above the code for the slavish masses. Darío here rejects those ideas as alien to the quixotic or Hispanic spirit.

[29] *horribles blasfemias de las Academias*—the spirit of Rubén Darío, like that of all the "*modernistas*" and the writers of the Generation of 98, was rebellious and nonconformist and therefore strongly opposed to the institutionalized conservatism inherent in all Academies.

[30] *¡líbranos, señor!*—another refrain taken from the Latin church litanies (*Libera nos Domine!*).

[31] *canallocracia*—a word coined by the poet from *canalla* (=rabble), plus the Greek suffix—*cracia* —cracy (=government), meaning "government by the rabble" or mobocracy.

[32] *el puñal con gracia* [literally] the graceful or witty dagger: those who know how to destroy wittily or gracefully.

⊗ Lo fatal

Dichoso el árbol que es apenas sensitivo,
y más la piedra dura, porque ésa ya no siente,[33]
pues no hay dolor más grande que el dolor de ser vivo,
ni mayor pesadumbre que la vida consciente.

5   Ser, y no saber nada, y ser sin rumbo cierto,
y el temor de haber sido y un futuro terror...
y el espanto seguro de estar mañana muerto,
y sufrir por la vida y por la sombra y por

lo que no conocemos y apenas sospechamos,
10   y la carne que tienta con sus frescos racimos,
y la tumba que aguarda con sus fúnebres ramos,
y no saber adónde vamos,
¡ni de dónde venimos...!

---

[33] *ya no siente* does not feel at all

2   Horacio Quiroga
(1878–1937)

Personalidad literaria de estatura universal, es uno de los grandes maestros del cuento en Hispanoamérica, —forma narrativa que cultivó casi exclusivamente. Nació en el Uruguay, pero pasó la mayor parte de su vida adulta en la Argentina, donde publicó sus obras. Vivió bastante tiempo en la región del Norte de la república: fue plantador de algodón en el Chaco y de hierba mate en las riberas del río Paraná, en el territorio de Misiones. Trató de hacer fortuna con la tierra, trabajándola con sus propias manos, empresa en la que fracasó. Era hombre de temperamento nervioso, lindando en lo mórbido, y de carácter solitario y difícil. Tenía rarezas excéntricas de inventor disparatado, una tendencia aventurera y un amor obsesivo por la libertad de la naturaleza. Es muy posible que, al menos parcialmente, su psicología fuese consecuencia de una especie de destino trágico que pareció perseguirlo desde la infancia hasta el fin de su vida —en la que la muerte desempeñó un papel capital. Su padre murió violentamente en un accidente de caza; su padrasto y su primera mujer se suicidaron; y él tuvo la desgracia de matar sin querer a su mejor amigo. Finalmente, puso término a su vida tomando veneno en un hospital donde estaba internado para una grave operación quirúrgica. Todo esto explicaría también el carácter fatídico que preside toda su creación literaria.

360

Durante su estancia en el Norte bravío se familiarizó con el desierto y con la selva tropical llegando a conocer muy íntimamente las formas de vida y el carácter de los moradores de aquellas regiones. Este contacto prolongado con una naturaleza virgen, indómita y hostil —que obliga al hombre que allí peligrosamente habita a una lucha titánica, no siempre triunfante,— es el substrato de la inspiración de un gran número de sus relatos; que tienen, por eso, entre otras virtudes, la de darnos la impresión inequívoca de cosas vividas y por lo tanto reales.

Su dominio de la técnica del cuento es extraordinario. Estudió a fondo, en los mejores autores, los problemas de esta difícil forma de la novelística y escribió ensayos importantes sobre su teoría y su estética, entre ellos un «Decálogo del perfecto cuentista». Sus mejores narraciones pueden sin exageración calificarse de «crueles» —tanto las de ambiente urbano, como las que tienen por escenario la naturaleza. En ellas, casi siempre, el hombre aparece como un ente trágico, constantemente acechado por el infortunio y la muerte. En el momento en que menos se espera, una especie de hado nefasto fulmina al héroe, que, o muere, o queda de tal manera aniquilado en vida que la muerte sería un destino preferible. Aunque Quiroga manifiesta una marcada preferencia por el estudio de las psicologías anormales y una gran capacidad para su desarrollo literario, la mayoría de sus cuentos se basan en el planteamiento de una situación; que toma generalmente la forma de un orden vital que se desmorona catastróficamente por la acción de fuerzas oscuras y funestas, regidas por el azar trágico y favorecidas a veces por las debilidades inherentes al carácter del hombre. En los relatos que tienen por fondo la naturaleza, ese orden vital es siempre precario y frágil —aunque los héroes no lo perciban como tal— y los elementos naturales lo deshacen con impresionante facilidad.

Quiroga percibió el mundo natural como el lugar donde humanidad y animalidad se cruzan y confunden. Por eso, sus personajes animales —y los elementos de los reinos vegetal y mineral— aparecen con frecuencia humanizados, mientras que las personas que viven en el seno de la naturaleza toman características y formas de conducta que participan de lo zoológico. La naturaleza condiciona la vida y determina la muerte de los héroes de Quiroga y constituye un personaje principal de las narraciones de este tipo.

«El desierto», cuento que da nombre a una colección publicada en 1924, es, en opinión de la crítica, uno de los mejores relatos del prosista uruguayo. Tiene sólo tres personajes, que están lanzados al aislamiento en el ambiente selvático y adverso de la montaña tropical, plena de amenazadores peligros: fieras, animales venenosos, terrenos traidores, lluvias y crecidas inundadoras e insectos y parásitos mortíferamente infecciosos. El protagonista (que tiene rasgos de Quiroga) vive en ese mundo con sus dos hijitos: un varoncito de cinco años y una niña de siete. La viudez lo ha dejado solo con ellos, y él les ha dado una educación armónica con el medio en que viven, que es un entrenamiento animal de adaptación a los riesgos que los amenazan. Les ha enseñado a valerse por sí mismos, a tener cautela, a no sobrepasar o sobrevalorar los límites de las fuerzas y los recursos propios y a tener una total confianza en su padre —como los «cachorros» de los animales. Esa confianza hará más espantosa aún la tragedia final. La presentación de los niños es magistral. En la primera parte del cuento, en la barca y bajo la lluvia torrencial, aparecen solamente como dos «acompañantes» de Subercaseaux, a los cuales el protagonista habla dándoles lacónicas y secas órdenes. El lector tiene la impresión de que se trata de dos adultos, hasta que se nos descubre que son dos criaturitas. Es el momento en que ha pasado el peligro y entonces la ternura del padre se desborda y lo vemos empezar a hablar con cariño a sus hijitos, que son sus dos «compañeros» de viaje. La segunda parte nos da el panorama de la vida del solitario de la selva con sus niños, entrenados por él para esa existencia dura —y algunos antecedentes de su pasado familiar, de su viudez, que explican su soledad presente. En la tercera parte, que tiene lugar tres días después del viaje en la barca, ocurre el primer hecho, en apariencia nimio, que será un primer factor causal de la catástrofe. Subercasaux se queda sin sirvienta —y esa circunstancia nos da la conciencia del aislamiento humano de este pequeño triángulo familiar, en medio de la inhóspita naturaleza circundante. La falta de criada produce el descuido en la limpieza del patio, que Subercasaux no barre —lo que constituye en la selva un grave, mortal error. Esa desidia hace que los piques, con la lluvia y el sol, se multipliquen e invadan los pies de padre e hijo. Una de las picaduras, de las muchas que Subercasaux padece, se infecta y éste no puede vencer la infección por ningún medio. La fiebre lo ataca por primera vez en el momento en que comienzan las lluvias torrenciales, que, haciendo crecer los ríos y los arroyos, dejan cercados e incomunicados a los escasos habitantes de la región. Subercasaux quiere salir a buscar la ayuda de un criado y mientras prepara su barca mete el pie infectado en el lodo pestilente de la ribera del río. El temporal lo hace desistir del viaje y volver a su casa —y aquí empieza la tragedia. La tercera parte del relato, contada principalmente desde dentro del personaje, es la angustiosa crónica del avance de la mortal infección, que trae consigo altas fiebres, con delirios y alucinaciones superiormente descritos. Todo el proceso febril que ha de conducir a la muerte del héroe está visto desde el plano interior de la consciencia, ya turbada, de éste, que, sin embargo, percibe el desastre que para él y para sus propios hijitos se avecina. En páginas de emocionante intensidad asistimos a la convincente experiencia interna de la proximidad de la muerte. La última escena es la más impresionante: Subercasaux ha muerto hace ya tres horas y su cuerpo descansa, vestido y calzado, a la temblorosa luz del farol, mientras los niños, quietos y mudos, ven caer la lluvia en el patio —el pequeño rascando distraídamente el contramarco de la ventana, y la niña, que como mayorcita tiene una leve sospecha del significado terrible de lo que acaba de pasar, haciendo pucheros de vez en cuando. El resto lo deja Quiroga a la imaginación del lector: los niños, solos, sin alimentos, sin manera de buscar ayuda, sin capacidad para defenderse —y lo que es peor, sin conciencia de lo que los espera, ya que la falta del padre fue un riesgo de cuya posibilidad nunca fueron advertidos por éste— morirán de hambre, mientras el cadáver paterno se va pudriendo. El mundo bárbaro y elemental de la selva, que el hombre trataba de dominar, ha triunfado sobre él y lo ha destruido. Y ahora la muerte se adueña de todo.

❧ El desierto

La canoa se deslizaba costeando el bosque o lo que podía parecer bosque en aquella oscuridad. Más por instinto que por indicio alguno Subercasaux sentía su proximidad, pues las tinieblas eran un solo bloque infranqueable, que comenzaban en las manos del remero y subían hasta el cenit. El hombre conocía bastante bien su río, para no ignorar dónde se hallaba; pero en tal noche y bajo amenaza de lluvia, era muy distinto atracar entre tacuaras punzantes o pajonales podridos, que en su propio puertito. Y Subercasaux no iba solo en la canoa.

La atmósfera estaba cargada a un grado asfixiante. En lado alguno a que se volviera el rostro, se hallaba un poco de aire que respirar. Y en ese momento, claras y distintas, sonaban en la canoa algunas gotas.

Subercasaux alzó los ojos, buscando en vano en el cielo una conmoción luminosa o la fisura de un relámpago. Como en toda la tarde, no se oía tampoco ahora un solo trueno.

«Lluvia para toda la noche» —pensó. Y volviéndose a sus acompañantes que se mantenían mudos en popa:

—Pónganse las capas —dijo brevemente—. Y sujétense bien.

En efecto, la canoa avanzaba ahora doblando las ramas, y dos o tres veces el remo de babor se había deslizado sobre un gajo sumergido. Pero aun a trueque de romper un remo, Subercasaux no perdía contacto con la fronda, pues de apartarse cinco metros de la costa podía cruzar y recruzar toda la noche delante de su puerto, sin lograr verlo.

Bordeando literalmente el bosque a flor de agua, el remero avanzó un rato aun. Las gotas caían ahora más densas, pero también con mayor intermitencia. Cesaban bruscamente, como si hubieran caído no se sabe de dónde. Y recomenzaban otra vez, grandes, aisladas y calientes, para cortarse de nuevo en la misma oscuridad y la misma depresión de atmósfera.

364

—Sujétense bien —repitió Subercasaux a sus dos acompañantes—. Ya hemos llegado.

En efecto, acababa de entrever la escotadura de su puerto. Con dos vigorosas remadas lanzó la canoa sobre la greda, y mientras sujetaba la em-
5 barcación al piquete, sus dos silenciosos acompañantes saltaban a tierra, la que a pesar de la oscuridad se distinguía bien, por hallarse cubierta de miríadas de gusanillos luminosos que hacían ondular el piso con sus fuegos rojos y verdes.

Hasta lo alto de la barranca, que los tres viajeros treparon bajo la lluvia
10 por fin uniforme y maciza, la arcilla empapada fosforeció. Pero luego, las tinieblas los aislaron de nuevo; y entre ellas, la búsqueda del sulky que habían dejado caído sobre las varas.

La frase hecha: «No se ve ni las manos puestas bajo los ojos», es exacta. Y en tales noches, el momentáneo fulgor de un fósforo no tiene otra
15 utilidad que apretar en seguida la tiniebla mareante,[1] hasta hacernos perder el equilibrio.

Hallaron sin embargo el sulky, mas no el caballo. Y dejando de guardia junto a una rueda a sus dos acompañantes, que inmóviles bajo el capuchón caído crepitaban de lluvia, Subercasaux fue espinándose hasta el fondo de la
20 picada, donde halló a su caballo, naturalmente enredado en las riendas.

No había Subercasaux empleado más de veinte minutos en buscar y traer el animal; pero cuando al orientarse en las cercanías del sulky con un:

—¿Están ahí, chiquitos? —oyó:

—Sí, piapiá.

25 Subercasaux se dio por primera vez cuenta exacta, en esa noche, de que los dos compañeros que había abandonado a la noche y a la lluvia eran sus dos hijos, de cinco y seis años, cuyas cabezas no alcanzaban al cubo de la rueda, y que, juntitos y chorreando agua del capuchón, esperaban tranquilos a que su padre volviera.

30 Regresaban por fin a casa, contentos y charlando. Pasados los instantes de inquietud o peligro, la voz de Subercasaux era muy distinta de aquélla con que hablaba a sus chiquitos cuando debía dirigirse a ellos como a hombres. Su voz había bajado dos tonos; y nadie hubiera creído allí, al oír la ternura de las voces, que quien reía entonces con las criaturas, era el mismo hombre de
35 acento duro y breve de media hora antes. Y quienes en verdad dialogaban

---

[1] *apretar en seguida la tiniebla mareante*   to make right away the dizzying darkness seem even darker

ahora eran Subercasaux y su chica, pues el varoncito —el menor— se había dormido en las rodillas del padre.

*　　*　　*

Subercasaux se levantaba generalmente al aclarar; y aunque lo hacía sin ruido, sabía bien que en el cuarto inmediato su chico, tan madrugador como él, hacía rato que estaba con los ojos abiertos esperando sentir a su padre para 5 levantarse. Y comenzaba entonces la invariable fórmula de saludo matinal, de uno a otro cuarto:

—¡Buen día, piapiá!

—Buen día, mi hijito querido.

—Buen día, piapiacito adorado. 10

—Buen día, corderito sin mancha.

—Buen día, ratoncito sin cola.

—¡Coaticito mío!

—¡Piapiá tatucito!

—¡Carita de gato! 15

—¡Colita de víbora!

Y en este pintoresco estilo, un buen rato más. Hasta que, ya vestidos, se iban a tomar café bajo las palmeras, en tanto que la mujercita continuaba durmiendo como una piedra, hasta que el sol en la cara la despertaba.

Subercasaux, con sus dos chiquitos, hechura suya[2] en sentimientos y 20 educación, se consideraba el padre más feliz de la tierra. Pero lo había conseguido a costa de dolores más duros de los que suelen conocer los hombres casados.

Bruscamente, como sobrevienen las cosas que no se conciben por su aterradora injusticia, Subercasaux perdió a su mujer. Quedó de pronto sólo, 25 con dos criaturas que apenas lo conocían, y en la misma casa por él construída y por ella arreglada, donde cada clavo y cada pincelada en la pared eran un agudo recuerdo de compartida felicidad.

Supo al día siguiente, al abrir por casualidad el ropero, lo que es ver de golpe la ropa blanca de su mujer ya enterrada; y colgado, el vestido que ella 30 no tuvo tiempo de estrenar.

Conoció la necesidad perentoria y fatal, si se quiere seguir viviendo, de destruir hasta el último rastro del pasado, cuando quemó con los ojos fijos y secos las cartas por él escritas a su mujer, y que ella guardaba desde novia[3]

---

[2] *hechura suya*　shaped by him

[3] *desde novia*　since she became his sweetheart

con más amor que sus trajes de ciudad. Y esa misma tarde supo, por fin, lo que es retener en los brazos, deshecho al fin de sollozos, a una criatura que pugna por desasirse para ir a jugar con el chico de la cocinera.

Duro, terriblemente duro aquello... Pero ahora reía con sus dos
5 cachorros que formaban con él una sola persona, dado el modo curioso como Subercasaux educaba a sus hijos.

Las criaturas, en efecto, no temían a la oscuridad, ni a la soledad, ni a nada de lo que constituye el terror de los bebés criados entre las polleras de la madre. Más de una vez, la noche cayó sin que Subercasaux hubiera vuelto
10 del río, y las criaturas encendieron el farol de viento a esperarlo sin inquietud. O se despertaban solos en medio de una furiosa tormenta que los enceguecía a través de los vidrios, para volverse a dormir en seguida, seguros y confiados en el regreso de papá.

No temían a nada, sino a lo que su padre les advertía debían temer —y
15 en primer grado, naturalmente, figuraban las víboras—. Aunque libres, respirando salud y deteniéndose a mirarlo todo con sus grandes ojos de cachorros alegres, no hubieran sabido qué hacer un instante sin la compañía del padre. Pero si éste, al salir, les advertía que iba a estar tal tiempo ausente, los chicos se quedaban entonces contentos a jugar entre ellos. De
20 igual modo, si en sus mutuas y largas andanzas[4] por el monte o el río, Subercasaux debía alejarse minutos u horas, ellos improvisaban en seguida un juego, y lo aguardaban indefectiblemente en el mismo lugar, pagando así, con ciega y alegre obediencia, la confianza que en ellos depositaba su padre.

Galopaban a caballo por su cuenta, y esto desde que el varoncito tenía
25 cuatro años. Conocían perfectamente —como toda criatura libre— el alcance de sus fuerzas, y jamás lo sobrepasaban. Llegaban a veces solos, hasta el Yabebirí,[5] al acantilado de arenisca rosa.

—Cerciórense bien del terreno, y siéntense después —les había dicho su padre.

30 El acantilado se alza perpendicular a veinte metros de una agua profunda y umbría que refresca las grietas de su base. Allá arriba, diminutos, los chicos de Subercasaux se aproximaban tanteando las piedras con el pie. Y seguros, por fin, se sentaban a dejar jugar las sandalias sobre el abismo.

Naturalmente todo esto lo había conquistado Subercasaux en etapas
35 sucesivas y con las correspondientes angustias.

---

4 *mutuas y largas andanzas* in their long wanderings together
5 *Yabebirí*—a river in the Misiones territory of Argentina

—Un día se me mata un chico —decíase—. Y por el resto de mis días pasaré preguntándome si tenía razón al educarlos así.

Sí, tenía razón. Y entre los escasos consuelos de un padre que queda solo con huérfanos, es el más grande el de poder educar a los hijos de acuerdo con una sola línea de carácter. 5

Subercasaux era, pues, feliz; y las criaturas sentíanse entrañablemente ligadas a aquel hombre que jugaba horas enteras con ellos, les enseñaba a leer en el suelo con grandes letras rojas y pesadas de minio, y les cosía las rasgaduras de sus bombachas con sus tremendas manos endurecidas.

De coser bolsas en el Chaco, cuando fue allá plantador de algodón,[6] 10 Subercasaux había conservado la costumbre y el gusto de coser. Cosía su ropa, la de sus chicos, las fundas del revólver, las velas de su canoa, todo con hilo de zapatero, y a puntada por nudo.[7] De modo que sus camisas podían abrirse por cualquier parte, menos donde él había puesto su hilo encerado.

En punto a juegos, las criaturas estaban acordes en reconocer en su padre 15 a un maestro —particularmente en su modo de correr en cuatro patas, tan extraordinario que los hacía en seguida gritar de risa.

Como a más de sus ocupaciones fijas, Subercasaux tenía inquietudes experimentales, que cada tres meses cambiaban de rumbo, sus hijos, constantemente a su lado, conocían una porción de cosas que no es habitual conoz- 20 can las criaturas de esa edad. Habían visto —y ayudado a veces— a disecar animales, fabricar creolina, extraer caucho del monte para pegar sus impermeables; habían visto teñir las camisas de su padre de todos los colores, construir palancas de ocho mil kilos para estudiar cementos; fabricar superfosfatos, vino de naranja, secadores de tipo Mayfarth, y tender, desde 25 el monte al *bungalow*, un alambre carril suspendido a diez metros del suelo, por cuyas vagonetas los chicos bajaban volando hasta la casa.

Por aquel tiempo había llamado la atención de Subercasaux un yacimiento o filón de arcilla blanca, que la última gran bajada del Yabebirí dejara a descubierto. Del estudio de dicha arcilla había pasado a las otras del 30 país, que cocía en sus hornos de cerámica —naturalmente construídos por él. Y si había de buscar índices de cocción, vitrificación y demás, con muestras amorfas, prefería ensayar con cacharros, caretas y animales fantásticos, en todo lo cual sus chicos lo ayudaban con gran éxito.

---

[6] *el Chaco*—a natural region in South America shared by Argentina, Bolivia, and Paraguay. The Argentinian Chaco, a northern territory, part of a large district known as the Gran Chaco, is rich in timber and sugar. Cotton is profitably cultivated on its plains.

[7] *a puntada por nudo* with a knot in each stitch

De noche, y en las tardes muy oscuras de temporal, entraba la fábrica en gran movimiento. Subercasaux encendía temprano el horno, y los ensayistas, encogidos por el frío y restregándose las manos, sentábanse a su calor a modelar.

5 Pero el horno chico de Subercasaux levantaba fácilmente mil grados en dos horas; y cada vez que a este punto se abría su puerta para alimentarlo, partía del hogar albeante un verdadero golpe de fuego que quemaba las pestañas. Por lo cual, los ceramistas retirábanse a un extremo del taller, hasta que el viento helado que se filtraba silbando por entre las tacuaras de la 10 pared, los llevaba otra vez con mesa y todo a caldearse de espaldas al horno.

Salvo las piernas desnudas de los chicos, que eran las que recibían ahora las bocanadas de fuego, todo marchaba bien. Subercasaux sentía debilidad por los cacharros prehistóricos; la nena modelaba con preferencia sombreros de fantasía, y el varoncito hacía indefectiblemente víboras.

15 A veces, sin embargo, el ronquido monótono del horno no los animaba bastante, y recurrían entonces al gramófono, que tenía los mismos discos desde que Subercasaux se casó, y que los chicos habían aporreado con toda clase de púas, clavos, tacuaras y espinas que ellos mismos aguzaban. Cada uno se encargaba por turno de administrar la máquina, lo cual consistía en 20 cambiar automáticamente de disco sin levantar siquiera los ojos de la arcilla, y reanudar en seguida el trabajo. Cuando habían pasado todos los discos tocaba a otro el turno de repetir exactamente lo mismo. No oían ya la música por resaberla de memoria; pero les entretenía el ruido.

A las diez, los ceramistas daban por terminada su tarea y se levantaban a 25 proceder por primera vez al examen crítico de sus obras de arte, pues antes de haber concluido todos, no se permitía el menor comentario. Y era de ver, entonces, el alborozo ante las fantasías ornamentales de la mujercita, y el entusiasmo que levantaba la obstinada colección de víboras del nene. Tras lo cual Subercasaux extinguía el fuego del horno, y todos de la mano atrave- 30 saban corriendo la noche helada hasta su casa.

* * *

Tres días después del paseo nocturno que hemos contado, Subercasaux quedó sin sirvienta; y este incidente, ligero y sin consecuencias en cualquier otra parte, modificó hasta el extremo la vida de los tres desterrados.

En los primeros momentos de su soledad, Subercasaux había contado 35 para criar a sus hijos con la ayuda de una excelente mujer, la misma cocinera que lloró y halló la casa demasiado sola a la muerte de su señora.

Al mes siguiente se fue, y Subercasaux pasó todas las penas para reemplazarla con tres o cuatro hoscas muchachas arrancadas al monte, y que sólo se quedaban tres días por hallar demasiado duro el carácter del patrón.

Subercasaux, en efecto, tenía alguna culpa y lo reconocía. Hablaba con las muchachas apenas lo necesario para hacerse entender; y lo que decía, tenía precisión y lógica demasiado masculinas. Al barrer aquéllas el comedor, por 5 ejemplo, les advertía que barrieran también alrededor de cada pata de la mesa. Y esto, expresado brevemente, exasperaba y cansaba a las muchachas.

Por el espacio de tres meses no pudo obtener siquiera una chica que le lavara los platos. Y en estos tres meses Subercasaux aprendió algo más que a bañar a sus chicos.   10

—No a cocinar, porque ya lo sabía— sino a fregar ollas con la misma arena del patio, en cuclillas y al viento helado que le amorataba las manos. Aprendió a interrumpir a cada instante sus trabajos para correr a retirar la leche del fuego o abrir el horno humeante; y aprendió también a traer de noche tres baldes de agua del pozo —ni uno menos— para lavar su vajilla.   15

Este problema de los tres baldes ineludibles constituyó una de sus pesadillas, y tardó un mes en darse cuenta de que le eran indispensables. En los primeros días, naturalmente, había aplazado la limpieza de ollas y platos, que amontonaba uno al lado de otro en el suelo, para limpiarlos todos juntos. Pero después de perder una mañana entera en cuclillas raspando 20 cacerolas quemadas —todas se quemaban— optó por cocinar-comer-fregar, tres sucesivas cosas cuyo deleite tampoco conocen los hombres casados.

No le quedaba, en verdad, tiempo para nada, máxime en los breves días de invierno. Subercasaux había confiado a los chicos el arreglo de las dos 25 piezas, que ellos desempeñaban bien que mal. Pero no se sentía él mismo con ánimo suficiente para barrer el patio, tarea científica, radial, circular y ex-clusivamente femenina, que a pesar de saberla Subercasaux base del bienes-tar en los ranchos del monte, sobrepasaba su paciencia.[8]

En esa suelta arena sin remover, convertida en laboratorio de cultivo por 30 el tiempo cruzado de lluvias y sol ardiente, los piques se propagaron de tal modo que se los veía trepar por los pies descalzos de los chicos. Subercasaux, aunque siempre de *stormboot*, pagaba pesado tributo a los piques. Y rengo casi siempre, debía pasar una hora entera después de almorzar con los pies de su chico entre las manos, en el corredor y salpicado de lluvia, o en el patio 35

---

[8] *a pesar de saberla… sobrepasaba su paciencia*   although Subercasaux knew it was the basis of the safe well-being of the mountain homestead, it was more than he could endure

cegado por el sol. Cuando concluía con el varoncito, le tocaba el turno a sí mismo; y al incorporarse por fin curvaturado, el nene lo llamaba, porque tres nuevos piques le habían taladrado a medias la piel de los pies.

La mujercita parecía inmune, por ventura; no había modo de que sus 5 uñitas tentaran a los piques, de diez de los cuales siete correspondían de derecho al nene, y solo tres a su padre. Pero estos tres resultaban excesivos para un hombre cuyos pies eran el resorte de su vida montés.

Los piques son, por lo general, más inofensivos que las víboras, las uras y los mismos barigüís. Caminan empinados por la piel, y de pronto la per- 10 foran con gran rapidez, llegan a la carne viva, donde fabrican una bolsita que llenan de huevos. Ni la extracción del pique o la nidada suelen ser molestas, ni sus heridas se echan a perder más de lo necesario.[9] Pero de cien piques limpios hay uno que aporta una infección, y cuidado entonces con ella.

Subercasaux no lograba reducir una que tenía en un dedo, en el in- 15 significante meñique del pie derecho. De un agujerillo rosa había llegado a una grieta tumefacta y dolorosísima, que bordeaba la uña. Yodo, bicloruro, agua oxigenada, formol, nada había dejado de probar. Se calzaba, sin embargo, pero no salía de casa; y sus inacabables fatigas de monte[10] se reducían ahora en las tardes de lluvia, a lentos y taciturnos paseos alrededor del patio, 20 cuando, al entrar el sol, el cielo se despejaba, y el bosque, recortado a contraluz como sombra chinesca,[11] se aproximaba en el aire purísimo hasta tocar los mismos ojos.[12]

Subercasaux reconocía que en otras condiciones de vida habría logrado vencer la infección, la que sólo pedía un poco de descanso. El herido 25 dormía mal, agitado por escalofríos y vivos dolores en las altas horas. Al rayar el día, caía por fin en un sueño pesadísimo, y en ese momento hubiera dado cualquier cosa por quedar en cama hasta las ocho, siquiera. Pero el nene seguía en invierno tan madrugador como en verano y Subercasaux se levantaba achuchado a encender el Primus[13] y preparar el café. Luego el 30 almuerzo, el restregar ollas. Y por diversión, al mediodía, la inacabable historia de los piques de su chico.

—Esto no puede continuar así —acabó por decirse Subercasaux—. Tengo que conseguir a toda costa una muchacha.

[9] *se echan a perder más de lo necesario*   get infected very often
[10] *sus inacabables fatigas de monte*   his endless and exhausting wanderings through the hills
[11] *recortado a contraluz como sombra chinesca*   with its outline sharpened against the light as in a shadow pantomime
[12] *hasta tocar los mismos ojos*   until it almost seemed to touch one's eyes
[13] *el Primus*—a common brand name for a portable stove

¿Pero cómo? Durante sus años de casado esta terrible preocupación de la sirvienta había constituido una de sus angustias periódicas. Las muchachas llegaban y se iban, como lo hemos dicho, sin decir por qué —y esto cuando había una dueña de casa. Subercasaux abandonaba todos sus trabajos y por tres días no bajaba del caballo, galopando por las picadas desde Apariciocué 5 a San Ignacio,[14] tras de la más inútil muchacha que quisiera lavar los pañales. Un mediodía, por fin, Subercasaux desembocaba del monte con una aureola de tábanos en la cabeza, y el pescuezo del caballo deshilado en sangre;[15] pero triunfante. La muchacha llegaba al día siguiente en ancas de su padre,[16] con un atado; y al mes justo se iba con el mismo atado, a pie. Y Subercasaux 10 dejaba otra vez el machete o la azada para ir a buscar su caballo, que ya sudaba al sol sin moverse.

Malas aventuras aquellas, que le habían dejado un amargo sabor y que debían comenzar otra vez ¿Pero hacia dónde?

Subercasaux había ya oído en sus noches de insomnio el tronido lejano 15 del bosque, abatido por la lluvia. La primavera suele ser seca en Misiones,[17] y muy lluvioso el invierno. Pero cuando el régimen se invierte —y esto es siempre de esperar en el clima de Misiones—, las nubes precipitan en tres meses un metro de agua, de los mil quinientos milímetros que deben caer en el año. 20

Hallábanse ya casi sitiados. El Horqueta, que corta el camino hacia la costa del Paraná,[18] no ofrecía entonces puente alguno, y sólo daba paso en el vado carretero, donde el agua caía en espumoso rápido sobre piedras redondas y movedizas, que los caballos pisaban estremecidos. Esto, en tiempos normales; porque cuando el riacho se ponía a recoger las aguas de 25 siete días de temporal, el vado quedaba sumergido bajo cuatro metros de agua veloz, estirada en hondas líneas,[19] que se cortaban y enroscaban de pronto en un remolino. Y los pobladores del Yabebirí, detenidos a caballo ante el pajonal inundado, miraban pasar venados muertos, que iban girando sobre sí mismos. Y así por diez o quince días. 30

El Horqueta daba aun paso cuando Subercasaux se decidió a salir; pero

---

[14] *desde Apariciocué a San Ignacio*—two remote places in the mountain forest of Misiones
[15] *deshilado en sangre*   with streaks of blood running down
[16] *en ancas de su padre*   riding the rump of her father's horse
[17] *Misiones*—see introduction of this selection
[18] *El Horqueta... la costa del Paraná*   the Horqueta [a small river] that cuts the way to the banks of the Paraná river
[19] *estirada en hondas líneas*   in long lines of deep currents

372

en su estado, no se atrevía a recorrer a caballo tal distancia. Y en el fondo, hacia el arroyo del Calzador, ¿qué podía hallar?

Recordó entonces a un muchachón que había tenido una vez, listo y trabajador como pocos, quien le había manifestado riendo, el mismo día de
5 llegar, y mientras fregaba una sartén en el suelo, que él se quedaría un mes, porque su patrón lo necesitaba; pero ni un día más, porque ese no era un trabajo para hombres. El muchacho vivía en la boca del Yabebirí, frente a la isla del Toro; lo cual representaba un serio viaje, porque si el Yabebirí se desciende y se remonta jugando, ocho horas continuas de remo aplastan los
10 dedos de cualquiera que ya no está en tren.

Subercasaux se decidió, sin embargo. Y a pesar del tiempo amenazante, fué con sus chicos hasta el río, con el aire feliz de quien ve por fin el cielo abierto. Las criaturas besaban a cada instante la mano de su padre, como era hábito en ellos cuando estaban muy contentos. A pesar de sus pies y el resto,
15 Subercasaux conservaba todo su ánimo para sus hijos; pero para éstos era cosa muy distinta atravesar con su piapiá el monte enjambrado de sorpresas, y correr luego descalzos a lo largo de la costa, sobre el barro caliente y elástico del Yabebirí.

Allí les esperaba lo ya previsto: la canoa llena de agua, que fue preciso
20 desagotar con el achicador habitual, y con los mates guarda-bichos[20] que los chicos llevaban siempre en bandolera cuando iban al monte.

La esperanza de Subercasaux era tan grande que no se inquietó lo necesario[21] ante el aspecto equívoco del agua enturbiada, en un río que habitualmente da fondo claro a los ojos hasta dos metros.[22]

25 «Las lluvias —pensó— no se han obstinado aun con el sudeste...[23] Tardará un día o dos en crecer».[24]

Prosiguieron trabajando. Metidos en el agua a ambos lados de la canoa, baldeaban de firme. Subercasaux, en un principio, no se había atrevido a quitarse las botas, que el lodo profundo retenía al punto de ocasionarle
30 buenos dolores arrancar el pie. Descalzóse, por fin, y, con los pies libres y hundidos como cuñas en el barro pestilente, concluyó de agotar la canoa, la dió vuelta y le limpió los fondos, todo en dos horas de febril actividad.

---

[20] *mates guarda-bichos*   gourds used by children of the region for bug-hunting
[21] *lo necesario*   as he should have
[22] *da fondo claro a los ojos hasta dos metros*   allows a clear view two meters deep
[23] *Las lluvias... con el sudeste*   The rain isn't yet continuous due to the Southeast wind
[24] *en crecer*   for it to swell

Listos, por fin, partieron. Durante una hora, la canoa se deslizó más velozmente de lo que el remero hubiera querido. Remaba mal, apoyado en un solo pie, y el talón desnudo herido por el filo del soporte. Y asimismo avanzaba aprisa, porque el Yabebirí corría ya. Los palitos hinchados de burbujas,[25] que comenzaban a orlear los remansos, y el bigote de las pajas 5 atracadas en un raigón,[26] hicieron por fin comprender a Subercasaux lo que iba a pasar si demoraba un segundo en virar de proa hacia su puerto.

Sirvienta, muchacho, —¡descanso, por fin!...— nuevas esperanzas perdidas. Remó, pues, sin perder una palada. Las cuatro horas que empleó en remontar, torturado de angustias y fatiga, un río que había descendido en 10 una hora, bajo una atmósfera tan enrarecida que la respiración anhelaba en vano,[27] sólo él pudo apreciarlas a fondo. Al llegar a su puerto, el agua espumosa y tibia había subido ya dos metros sobre la playa. Y por la canal, bajaban a medio hundir ramas secas, cuyas puntas emergían y se hundían balanceándose. 15

Los viajeros llegaron al *bungalow* cuando ya estaba casi oscuro, aunque eran apenas las cuatro, y a tiempo que el cielo, con un solo relámpago desde el cenit al río, descargaba por fin su inmensa provisión de agua. Cenaron en seguida y se acostaron rendidos, bajo el estruendo del cinc, que el diluvio martilló toda la noche con implacable violencia. 20

Al rayar el día, un hondo escalofrío despertó al dueño de casa. Hasta ese momento había dormido con pesadez de plomo. Contra lo habitual desde que tenía el dedo herido, apenas le dolía el pie, no obstante las fatigas del día anterior. Echóse encima el impermeable tirado en el respaldo de la cama, y trató de dormir de nuevo. 25

Imposible. El frío lo traspasaba. El hielo interior irradiaba hacia afuera, a todos los poros convertidos en agujas de hielo erizadas, de lo que adquiría noción al mínimo roce con su ropa. Apelotonado, recorrido a lo largo de la médula espinal por rítmicas y profundas corrientes de frío,[28] el enfermo vio pasar las horas sin lograr calentarse. Los chicos, felizmente, dormían aun. 30

—En el estado en que estoy, no se hacen pavadas como la de ayer —se repetía—. Estas son las consecuencias.

---

[25] *hinchados de burbujas*   covered with foam
[26] *el bigote de las pajas atracadas en un raigón*   the spurting of the water against the straws held by the root of a tree
[27] *que la respiración anhelaba en vano*   that made breathing hard
[28] *recorrido a lo largo... corrientes de frío*   feeling deep recurring chills running through the marrow of his spine

Como un sueño lejano, como una dicha de inapreciable rareza que alguna vez poseyó, se figuraba que podía quedar todo el día en cama, caliente y descansado, por fin, mientras oía en la mesa el ruido de las tazas de café con leche que la sirvienta —aquella primera gran sirvienta— servía a los chicos...

5 —¡Quedar en cama hasta las diez, siquiera!... En cuatro horas pasaría la fiebre, y la misma cintura no le dolería tanto... ¿Qué necesitaba en suma para curarse? Un poco de descanso, nada más. Él mismo se lo había repetido diez veces...

Y el día avanzaba, y el enfermo creía oír el feliz ruido de las tazas, entre
10 las pulsaciones profundas de su sien de plomo.[29] ¡Qué dicha oir aquel ruido!... Descansaría un poco, por fin...

* * *

—¡Piapiá!
—Mi hijo querido...
—¡Buen día, piapiacito adorado! ¿No te levantaste todavía? Es tarde,
15 piapiá.
—Sí, mi vida, ya me estaba levantando.

Y Subercasaux se vistió a prisa, echándose en cara su pereza que lo había hecho olvidar del café de sus hijos.

El agua había cesado, por fin, pero sin que el menor soplo de viento
20 barriera la humedad ambiente. A mediodía la lluvia recomenzó, la lluvia tibia, calma y monótona, en que el valle del Horqueta, los sembrados y los pajonales se diluían en una brumosa y tristísima napa de agua.

Después de almorzar, los chicos se entretuvieron en rehacer su provisión de botes de papel que habían agotado la tarde anterior. Hacían cientos
25 de ellos, que acondicionaban unos dentro de otros como cartuchos, listos para ser lanzados en la estela de la canoa, en el próximo viaje. Subercasaux aprovechó la ocasión para tirarse un rato en la cama, donde recuperó en seguida su postura de gatillo, manteniéndose inmóvil con las rodillas subidas hasta el pecho.

30 De nuevo, en la sien, sentía un peso enorme que la adhería a la almohada, al punto de que ésta parecía formar parte integrante de su cabeza ¡Qué bien estaba así! ¡Quedar uno, diez, cien días sin moverse! El murmullo

---

[29] *de plomo*   which felt as heavy as lead

monótono del agua en el cinc lo arrullaba, y en su rumor oía distintamente, hasta arrancarle una sonrisa, el tintineo de los cubiertos que la sirvienta manejaba a toda prisa en la cocina. ¡Qué sirvienta la suya!... Y oía el ruido de los platos, docenas de platos, tazas y ollas que las sirvientas —¡eran diez ahora!— raspaban y frotaban con rapidez vertiginosa. ¡Qué gozo de 5
hallarse bien caliente, por fin, en la cama, sin ninguna, ninguna preocupación!... ¿Cuándo, en qué época anterior había él soñado estar enfermo, con una preocupación terrible?... ¡Qué zonzo había sido!... Y que bien se está así, oyendo el ruido de centenares de tazas limpísimas.

*   *   *

—¡Piapiá!
—Chiquita...   10
—¡Yo tengo hambre, piapiá!
—Sí, chiquita; en seguida...
Y el enfermo se fue a la lluvia a aprontar el café a sus hijos.

Sin darse cuenta precisa de lo que había hecho esa tarde, Subercasaux vio llegar la noche con hondo deleite. Recordaba, sí, que el muchacho no había 15
traído esa tarde la leche, y que él había mirado un largo rato su herida, sin percibir en ella nada de particular.

Cayó en la cama sin desvestirse siquiera; y en breve tiempo la fiebre lo arrebató otra vez. El muchacho que no había llegado con la leche... ¡Qué locura!... Se hallaba ahora bien, bien, descansando.   20

Con sólo unos días más de descanso, con unas horas, nada más, se curaría. ¡Claro! ¡Claro!... Hay una justicia a pesar de todo... Y también un poquito de recompensa... para quien había querido a sus hijos como él... Pero se levantaría sano. Un hombre puede enfermarse a veces... y necesitar un poco de descanso. ¡Y cómo descansaba ahora, al arrullo de la lluvia en el 25
cinc!... ¿Pero no habría pasado un mes ya?... Debía levantarse.

El enfermo abrió los ojos. No veía sino tinieblas, agujereadas por puntos fulgurantes que se retraían e hinchaban alternativamente, avanzando hasta sus ojos en velocísimo vaivén.

—Debo tener fiebre muy alta —se dijo el enfermo.   30

Y encendió sobre el velador el farol de viento. La mecha, mojada, chisporroteó largo rato, sin que Subercasaux apartara los ojos del techo. De lejos, lejísimo, llegábale el recuerdo de una noche semejante en que él se hallaba muy, muy enfermo... ¡Qué tontería!... Se hallaba sano, porque cuando un hombre nada más que cansado tiene la dicha de oir desde la cama 35 el tintineo vertiginoso del servicio en la cocina, es porque la madre vela por sus hijos...

Despertóse de nuevo. Vio de reojo el farol encendido, y tras un concentrado esfuerzo de atención recobró la conciencia de sí mismo.

5 En el brazo derecho, desde el codo a la extremidad de los dedos, sentía ahora un dolor profundo. Quiso recoger el brazo y no lo consiguió. Bajó el impermeable, y vio su mano lívida, dibujada de líneas violáceas, helada, muerta. Sin cerrar los ojos, pensó un rato en lo que aquello significaba dentro de sus escalofríos y del roce de los vasos abiertos de su herida con el fango 10 infecto del Yabebirí, y adquirió entonces, nítida y absoluta, la comprensión definitiva de que todo él también se moría, —que se estaba muriendo.

Hízose en su interior un gran silencio,[30] como si la lluvia, los ruidos y el ritmo mismo de las cosas se hubieran retirado bruscamente al infinito. Y como si estuviera ya desprendido de sí mismo, vio a lo lejos de un país, un 15 *bungalow* totalmente interceptado de todo auxilio humano, donde dos criaturas, sin leche y solas, quedaban abandonadas de Dios y de los hombres en el más inicuo y horrendo de los desamparos.

Sus hijitos...

Con un supremo esfuerzo pretendió arrancarse a aquella tortura que le 20 hacía palpar hora tras hora, día tras día, el destino de sus adoradas criaturas. Pensaba en vano: la Vida tiene fuerzas superiores que se nos escapan... Dios provee...

«¡Pero no tendrán qué comer!», gritaba tumultuosamente su corazón. Y él quedaría allí mismo muerto, asistiendo a aquel horror sin precedentes...

25 Mas a pesar de la lívida luz del día que reflejaba la pared, las tinieblas recomenzaban a absorberlo otra vez con sus vertiginosos puntos blancos, que retrocedían y volvían a latir en sus mismos ojos... ¡Sí! ¡Claro! ¡Había soñado! No debiera ser permitido soñar tales cosas... Ya se iba a levantar, descansado.

* * *

—¡Piapiá!... ¡Piapiá!... ¡Mi piapiacito querido!...
30 —Mi hijo...
—¿No te vas a levantar hoy, piapiá? Es muy tarde. ¡Tenemos mucha hambre, piapiá!
—Mi chiquito... No me voy a levantar todavía... Levántense ustedes y 35 coman galleta... Hay dos todavía en la lata... Y vengan después.

---

[30] *Hízose en su interior un gran silencio* Suddenly everything became silent inside him

—¿Podemos entrar ya, piapiá?

—No, querido mío... Después haré el café... Yo los voy a llamar.

Oyó aun las risas y el parloteo de sus chicos que se levantaban, y después un rumor in crescendo, un tintineo vertiginoso que irradiaba desde el centro de su cerebro e iba a golpear en ondas rítmicas contra su cráneo doloro- 5 sísimo. Y nada más oyó.

*   *   *

Abrió otra vez los ojos, y al abrirlos sintió que su cabeza caía hacia la izquierda con una facilidad que le sorprendió. No sentía ya rumor alguno. Sólo una creciente dificultad sin penurias para apreciar la distancia a que estaban los objetos... Y la boca muy abierta para respirar.   10

—Chiquitos... vengan en seguida...

Precipitadamente, las criaturas aparecieron en la puerta entreabierta; pero ante el farol encendido y la fisonomía de su padre, avanzaron mudos y los ojos muy abiertos.

El enfermo tuvo aun el valor de sonreír, y los chicos abrieron más los 15 ojos ante aquella mueca.

—Chiquitos —les dijo Subercasaux, cuando los tuvo a su lado—. Óiganme bien, chiquitos míos, porque ustedes son ya grandes y pueden comprender todo... Voy a morir, chiquitos... Pero no se aflijan... Pronto van a ser ustedes hombres, y serán buenos y honrados... Y se acordarán en- 20 tonces de su piapiá... Comprendan bien, mis hijitos queridos... Dentro de un rato me moriré, y ustedes no tendrán más padre... Quedarán solitos en casa... Pero no se asusten ni tengan miedo... Y ahora, adiós, hijitos míos... Me van a dar ahora un beso... Un beso cada uno... Pero ligero, chiquitos... Un beso... a su piapiá...   25

*   *   *

Las criaturas salieron sin tocar la puerta entreabierta, y fueron a detenerse en su cuarto, ante la llovizna del patio. No se movían de allí. Sólo la mujercita, con una vislumbre de la extensión de lo que acababa de pasar, hacía a ratos pucheros con el brazo en la cara, mientras el nene rascaba distraído el contramarco, sin comprender.   30

Ni uno ni otro se atrevían a hacer ruido.

Pero tampoco les llegaba el menor ruido del cuarto vecino, donde desde hacía tres horas su padre, vestido y calzado bajo el impermeable, yacía muerto a la luz del farol.

378

3   José Santos Chocano
(1875–1934)

Peruano. Hombre pintoresco y contradictorio, de vida aventurera y picaresca, mezcla de truhán criminal y de hidalgo altivo, duelista y donjuanesco. Fue revolucionario en México y adulador de tiranos en el Perú, Guatemala, Venezuela y Nicaragua. Además de poeta fue periodista, diplomático, negociante y buscador de tesoros. Conoció el éxito literario y la popularidad callejera, así como la cárcel y el destierro. Fue bígamo y homicida. Estuvo condenado a muerte como hombre de confianza de un déspota derrocado —y lo salvó de esa sentencia el fervoroso clamor de pueblos y gobiernos. Murió en Chile violentamente, como había vivido, asesinado en un tranvía por un hombre que se consideraba estafado por una de las fantásticas especulaciones comerciales del poeta. Su entierro fue una verdadera apoteosis. Todo esto, naturalmente, no disminuye en nada su valor literario. Se tituló egolátricamente «el Poeta de América»; y no sin base, ya que como tal fue oficialmente coronado dos veces, una de ellas con laureles de oro —y Rubén Darío dijo de él: «trae encendida en vida su palabra potente/y concreta el decir de todo un continente». Fue el jefe visible del «Modernismo» en el Perú, y ese movimiento, en muchos aspectos, se nutrió de su inspiración. Mestizo («la sangre es española e incaico es el

379

latido»), exaltó con igual entusiasmo la imagen histórica de la España conquistadora y colonizadora, y el pasado brillante y colorido de las grandes culturas indígenas, sojuzgadas por aquélla. Y siempre buscó la amalgamación armónica de las dos tradiciones del linaje hispanoamericano. Su facilidad técnica y su exuberancia retórica de imagen y de expresión plástica condujeron a menudo su poesía al verbalismo enfático y oratorio. Si bien es verdad que la elocuencia altisonante de una parte de su obra nos parece hoy hueca y superficial, también es verdad que dejó versos de fuerza épica o de bella melodía y sencilla y sincera espontaneidad, que indican que sabía mirar directamente al mundo que lo rodeaba y reflejarlo con fidelidad, con delicadeza y con emoción. Se ha negado hondura a su visión de América, considerándola como una espectacular mascarada exótica de plumas, flechas, blasones, estandartes y armaduras. Pero lo cierto es que en sus poesías de este tipo hay algo más que vistosa arqueología indianista y que a veces nos presentan los temas nativos en su actualidad candente y dramática. Este es el caso del poema que aquí incluimos —uno de los tres agrupados bajo el significativo título de «Notas sobre nuestra alma indígena», en su libro *Alma América. Poemas Indoespañoles* (1906). En él se proyecta la triste situación del indio de nuestros días, víctima de cruel y humillante explotación inmemorial. «¡Quién sabe!» es un grito de solidaridad, de denuncia y de reivindicación del hermano aborigen, en que el poeta se anticipa, en el espíritu y en la forma, al movimiento indigenista de la literatura posterior.

Usa como título y como estribillo del poema la respuesta característica del indio a cualquier pregunta —defensa cautelosa, fruto de larga y dura experiencia. Las primeras estrofas del poema se desarrollan como un diálogo entre el poeta y el indígena, en las que éste a las preguntas de aquél contesta siempre con su misma frase. Por este procedimiento, en la primera parte, se subraya la miseria del indio, que no posee nada, que no tiene nada para dar: ni agua, ni cobertor, ni maíz, ni un rincón de su choza que sirva de lecho —ni siquiera quietud de espíritu. En la segunda, de la misma manera, se destaca la infame expoliación secular de la población autóctona, que trabaja como miserable bestia de carga en la tierra que un día le perteneció y que de derecho es suya. Y en la tercera, el poeta interroga a ese hombre amortecido, aparentemente impasible ante el dolor y la alegría, para que le revele el secreto de su alma inescrutable. A las tres series de preguntas, el indio responde monótonamente con su eterna frase enigmática. En la penúltima estrofa, Chocano invoca la raza nativa e interpreta positivamente su espíritu impenetrable y misterioso, cifrado en esa contestación, como «sabia indiferencia» y «orgullo sin rencor». En la parte final, da solución al poema en una fórmula antitética bellamente personal. Aludiendo al mestizaje de su propia sangre, por la cual se siente atávicamente solidarizado con la actitud del indio, dice que, si Dios le preguntase cuál destino preferiría: el de redentor («cruz», «espina», «hiel»— símbolos de la Crucifixión) o el de poeta («laurel», «flor»— premios tradicionales a la poesía), cantor de la belleza y del amor («beso»), respondería igual que el indio: «¡ Quién sabe, señor!».

Como vemos, el enfoque del tema indígena de este poema está muy lejos de la estampa épico-heroica de otras composiciones de Chocano sobre este motivo —o del «Caupolicán», de Rubén Darío. El indio no es aquí una figura histórica sino una realidad presente, triste víctima del despojo de la Conquista, continuado en el abuso de la Colonia, la Independencia y la época republicana, hasta hoy.

☙ ¡ Quién sabe !

Indio que asomas a la puerta
de esa tu rústica mansión:
¿para mi sed no tienes agua?
¿para mi frío, cobertor?
5 ¿parco maíz para mi hambre?
¿para mi sueño, mal rincón?
¿breve quietud para mi andanza?...
                    —¡Quién sabe, señor!

Indio que labras con fatiga
10 tierras que de otros dueños son:
¿ignoras tú que deben tuyas
ser, por tu sangre y tu sudor?
¿ignoras tú que audaz codicia,
siglos atrás, te las quitó?
15 ¿ignoras tú que eres el Amo?
                    —¡Quién sabe, señor!

Indio de frente taciturna
y de pupilas sin fulgor:
¿qué pensamiento es el que escondes
en tu enigmática expresión?
¿qué es lo que buscas en tu vida?   5
¿qué es lo que imploras a tu Dios?
¿qué es lo que sueña tu silencio?
                    —¡Quién sabe, señor!

¡Oh raza antigua y misteriosa,
de impenetrable corazón,   10
que sin gozar ves la alegría
y sin sufrir ves el dolor:
eres augusta como el Ande,[1]
el Grande Océano y el Sol!
Ese tu gesto que parece   15
como de vil resignación
es de una sabia indiferencia
y de un orgullo sin rencor...

Corre en mis venas sangre tuya,
y, por tal sangre, si mi Dios   20
me interrogase qué prefiero
—cruz o laurel, espina o flor,
beso que apague mis suspiros
o hiel que colme mi canción—
responderíale dudando: 25
                    —¡Quién sabe, señor!

[1] *el Ande*—poetic license for *los Andes*, the Andes

4 ❧ *José Eustasio Rivera*
(1889–1928)

Colombiano. Es indisputablemente uno de los más grandes novelistas hispanoamericanos del siglo XX. Consigue darle a su única obra de ficción, *La Vorágine* (1924), un carácter propio, autóctono, fuertemente americano. Su doble personalidad de prosista y poeta se refleja en la descripción entre romántica y naturalista de la selva prepotente, «sádica y virgen», «devoradora de hombres», donde «el vegetal es un ser sensible» y hostil, que toma parte activa en la lucha, sin esperanza y sin nobleza, del hombre contra el hombre, contra la fiebre, contra los gusanos, contra las sanguijuelas, las hormigas venenosas, y la locura. *La Vorágine* es una novela poemática cuyo personaje central es la selva, un canto épico a la naturaleza tropical, fórmula propia del autor, pero que expresa notas muy esenciales de la literatura hispanoamericana.

Rivera conoció el ambiente que describe, ya que, como miembro de la comisión de fijación de límites entre Colombia y Venezuela, tuvo que adentrarse en las selvas de la cuenca del Amazonas. Allí mismo concibió el libro. Por eso su descripción es tan realista y minuciosa en el detalle inmediato, y, aunque exaltada y grandilocuente, dista mucho de la visión lejana o idealizada de los escritores románticos. A través de Arturo Cova, el protagonista, vemos al autor penetrar en la selva y relatarnos como experiencia propia la fiebre, el hambre, o el beriberi. Muchos de sus personajes están tomados de modelos vivos —el del viejo «rumbero» D. Clemente Silva entre otros— y todos ellos destinados a ser víctimas de «la Vorágine». El mismo Rivera tuvo un fin semejante: en 1928, en Nueva York, aun joven, murió repentinamente a consecuencia de una enfermedad misteriosa contraída durante su estancia en la selva.

El episodio que damos a continuación ejemplifica muy eficazmente las mejores cualidades del autor y la obra. Vemos aparecer aquí el tema social de la explotación humana, característico de la novela de Hispanoamérica. Los caucheros, reducidos de hecho a una situación de esclavitud por sus contratos de trabajo, se ven imposibilitados de huir, por la presencia de la selva, que supone la muerte segura para el que se aventure en ella sin saber orientarse. A pesar de esto, un grupo de trabajadores, en medio de la confusión que causa la invasión de «las tambochas», decide arriesgarse a escapar, aprovechando la presencia entre ellos de un conocedor de la selva, «un rumbero». Es éste el que, en las páginas que siguen, relata al protagonista la terrible aventura, tratando de convencerle de que no vaya al siringal de Yaguanarí —donde al final de la novela el héroe correrá la misma trágica suerte de los caucheros huídos.

❧ La Vorágine

[Las tambochas]

—Don Clemente —dije abrazándolo—: ¡en esto de rumbos es usted la más alta sabiduría!

—Sin embargo, le cogí miedo a la profesión: anduve perdido más de dos meses en el siringal[1] de Yaguanarí.[2]

5 —Tengo presentes los pormenores. Cuando su fuga para el Vaupés...[3]

—Eramos siete caucheros prófugos...

—Y quisieron matarlo...

—Creían que los extraviaba intencionalmente.

—Y unas veces lo maltrataban...

10 —Y otras, me pedían de rodillas la salvación.

—Y lo amarraron una noche entera...

—Temiendo que pudiera abandonarlos.

—Y se dispersaron por buscar rumbo...

—Pero sólo toparon el de la muerte...

* * *

[1] *siringal*—name given in Brazil to any place where there is an abundance of rubber trees. After World War I, as a result of the great demand by the automobile and electrical industries, natural rubber became a highly priced item in the international market. The tapping of the "black gold," as rubber was nicknamed, offered fat profits. Audacious and unscrupulous individuals set forth to organize the exploitation of the natural wealth of the jungle, and a veritable system of slavery developed. Bases were established in relatively accessible points from which several subbases or *tambos* were controlled. The *tambos* were located on the bank of a river, rivers being in those regions the only routes of communication. From the *tambo*, the peons or *caucheros* who had been hired had to journey deep into the forest to the *siringales* to collect and process the crude rubber and bring it back to the *tambo*, rolled into balls. Periodically, a boat would come from the main base to collect the stored balls and bring in supplies, since the jungle did not offer anything for survival. The absolute dependence on this contact with the outside world and the futility of any attempt to escape turned the rubber workers into virtual prisoners or slaves of their bosses.

[2] *Yaguanarí*—a *siringal* deep in the heart of the jungle in the Brazilian state of Amazonas, a real green inferno, as it has been called. It is bounded, roughly, by the Amazon and Caquetá rivers on the south, and the Río Negro and Vaupés on the north. Note, for a better understanding of the story, that in these jungle regions rivers are not only the sole means of communication, but also the only points of geographical reference.

[3] *Vaupés*—a tributary river of the Río Negro, which has its sources on the lower ranges of the Colombian Andes.

El barracón estaba situado sobre un arrecife que no se inunda, único refugio en aquel desierto. Mensualmente llegaba la lancha de Naranjal[4] a recoger la goma y a dejar víveres. Los trabajadores eran escasos y el beriberi mermaba el número, sin contar los que perecían en las lagunas, lanzados por la fiebre desde el andamio donde se trepaban a herir los árboles.

Pese a todo, muchos pasaban meses enteros sin verle la cara al capataz, guareciéndose en chozas mínimas[5] y volvían al tambo con la goma ya fumigada, convertida en bolones,[6] que entregaban a la corriente en vez de conducirlos en las curiaras. Acostumbrados a no alejarse de las orillas, carecían del instinto de orientación, y esta circunstancia ayudó al prestigio de don Clemente, cuando se aventuraba por la floresta y clavando el machete en cualquier lugar, los instaba días después a que lo acompañaran a recogerlo, partiendo del sitio que quisieran.

Una mañana, al salir el sol, vino una catástrofe impresentida. Los hombres que en el caney curaban su hígado, oyeron gritos desaforados,[7] y se agruparon en la laja. Nadando en medio del río, como si fueran patos descomunales, bajaban los bolones de goma, y el cauchero que los arreaba venía detrás, en canoa minúscula, apresurando con la palanca a los que se demoraban en los remansos.[8] Frente al barracón, mientras pugnaba por encerrar su rebaño negro en la ensenada del puertecito, elevó estas voces, de más gravedad que un pregón de guerra:

—¡Tambochas, tambochas! ¡Y los caucheros están aislados!

¡Tambochas! Esto equivalía a suspender trabajos, dejar la vivienda, poner caminos de fuego,[9] buscar otro refugio en alguna parte. Tratábase de la invasión de hormigas carnívoras, que nacen quién sabe dónde y al venir el invierno emigran para morir, barriendo el monte en leguas y leguas, con ruidos lejanos, como de incendio. Avispas sin alas, de cabeza roja y cuerpo cetrino, se imponen por el terror que inspiran su veneno y su multitud. Toda guarida, toda grieta, todo agujero: árboles, hojarascas, nidos, colmenas, sufren la filtración de aquel oleaje espeso y hediondo, que devora pichones, ratas, reptiles y pone en fuga pueblos enteros de hombres y de bestias.

---

[4] *Naranjal*—a location on the Northern bank of the Río Negro, the main base of the *tambo* to which the *caucheros* in the story belong. The *tambo* itself is situated on the bank of the Urubaxí River, a tributary that flows into the Río Negro on the opposite side of Naranjal.

[5] *chozas mínimas*   very small shelters [made by the workers themselves out of palm fronds]

[6] *fumigada y convertida en bolones*   smoked and rolled into balls

[7] *gritos desaforados*   loud, shrill cries

[8] *apresurando con... los remansos*   pushing with his pole the balls that tarried in the eddies

[9] *poner caminos de fuego*   to throw barriers of fire [in their way]

Esta noticia derramó la consternación. Los peones del tambo recogían sus herramientas y macundales con revoltosa rapidez.

—¿Y por qué lado viene la ronda?[10] —preguntaba Manuel Cardoso.

—Parece que ha cogido ambas orillas. ¡Las dantas y los cafuches atraviesan el río desde esta margen, pero en la otra están alborotadas las abejas!

—¿Y cuáles caucheros quedan aislados?

—¡Los cinco de la ciénaga de El Silencio, que ni siquiera tienen canoa!

—¿Qué remedio?[11] ¡Que se defiendan! ¡No se les puede llevar socorro! ¿Quién se arriesga a extraviarse en estos pantanos?

—Yo —dijo el anciano Clemente Silva.

Y un joven brasileño, que se llamaba Lauro Coutinho:

—Iré también. ¡Allá está mi hermano!

Recogiendo los víveres que pudieron y provistos de armas y de fósforos, aventuráronse los dos amigos por una trocha que, partiendo de la barranca, profundiza las espesuras en la dirección del caño Marié.[12]

Marchaban presurosos por entre el barro de las malezas con oído atento y ojo sagaz. De pronto cuando el anciano, abriéndose de la senda,[13] empezó a orientarse hacia la ciénaga de El Silencio, lo detuvo Lauro Coutinho.

—¡Ha llegado el momento de picurearnos!

Don Clemente ya pensaba en ello, más supo disimular su satisfacción.

—Habría que consultarlo con los caucheros...

—¡Respondo de que convienen, sin vacilar!

Y así fue, porque al día siguiente los hallaron en un bohío, jugando a los dados sobre un pañuelo y emborrachándose con vino de palmachonta,[14] que se ofrecían en un calabazo.

—¿Hormigas? ¡Qué hormigas![15] ¡Nos reímos de las tambochas! ¡A picurearnos, a picurearnos! ¡Un rumbero como usted es capaz de sacarnos de los infiernos!

Y allá van por entre la selva, con la ilusión de la libertad, llenos de risas y proyectos, adulando al guía y prometiéndole su amistad, su recuerdo, su

---

[10] *¿Y por qué lado viene la ronda?* From which side is the swarm coming?

[11] *¿Qué remedio?* What can we do?

[12] *el caño Marié*—the Marié River, another tributary of the Río Negro, west of the Urubaxí River and running almost parallel to it.

[13] *abriéndose de la senda* clearing a path before him

[14] *vino de palmachonta*—an alcoholic drink made of the sap of the palmachonta tree.

[15] *¡Qué hormigas!* Who cares about ants!

gratitud. Lauro Coutinho ha cortado una hoja de palma y la conduce en alto, como un pendón; Souza Machado no quiere abandonar su bolón de goma, que pesa más de dieciocho kilos, con cuyo producto piensa adquirir durante dos noches las caricias de una mujer, que sea blanca y rubia y que trascienda a brandy y a rosa; el italiano Peggi habla de salir a cualquier ciudad para   5
emplearse de cocinero en algún hotel donde abunden las sobras y las propinas; Coutinho, el mayor, quiere casarse con una moza que tenga rentas; el indio Venancio anhela dedicarse a labrar curiaras; Pedro Fajardo aspira a comprar un techo para hospedar a su madre ciega; don Clemente Silva sueña en hallar una sepultura.[16] ¡Es la procesión de los infelices, cuyo camino   10
parte de la miseria y llega a la muerte!

¿Y cuál era el rumbo que perseguían? El del río Curicuriarí.[17] Por allí entrarían al Río Negro, setenta leguas arriba de Naranjal, y pasarían a Umarituba,[18] a pedir amparo...

En aquel sitio el horizonte se les ampliaba.[19] En caso de captura, era in-   15
cuestionable la explicación: salían del monte derrotados por las tambochas. Que le preguntaran[20] al capataz.

Al cuarto día de montaña[21] principió la crisis: las provisiones escasearon y los fangales eran intérminos. Se detuvieron a descansar, y, despojándose de las blusas, las hacían jirones para envolverse las pantorrillas, atormentadas por   20
las sanguijuelas. Souza Machado, generoso por la fatiga,[22] a golpes de cuchillo dividió su bolón de goma en varios pedazos para obsequiar a sus compañeros. Fajardo se negó a recibir su parte: no tenía alientos para cargarla. Souza la recogió. Era caucho, «oro negro», y no se debía desperdiciar.

Hubo un indiscreto que preguntaba: 25

—¿Hacia dónde vamos ahora?

Todos replicaron reconviniéndolo:

—¡Hacia adelante!

Mientras tanto, el rumbero había perdido la orientación. Avanzaba a

---

[16] *hallar una sepultura*—throughout the novel, the *rumbero* is looking for the remains of his dead son, buried, he believes, somewhere in the jungle.

[17] *Curicuriarí*—another of the tributaries of the Río Negro, north of the Marié. The *caucheros* are trying to reach the Río Negro above Naranjal to avoid being caught by the boats from the base that patrol the river.

[18] *Umarituba*—the base of a different rubber company on the point where the Curicuriarí joins the Río Negro.

[19] *el horizonte se les ampliaba*   their prospects improved considerably

[20] *Que le preguntaran...*   They should ask

[21] *Al cuarto día de montaña*   On their fourth day in the jungles

[22] *generoso por la fatiga*   with an unexpected generosity caused by his exhaustion

tientas, sin detenerse ni decir palabra, para no difundir el miedo. Por tres veces en una hora volvió a salir a un mismo pantano, sin que sus camaradas reconocieran el recorrido. Concentrando en la memoria todo su ser, mirando hacia su cerebro, recordaba el mapa que tantas veces había estudiado en la casa de Naranjal, y veía las líneas sinuosas, que parecían una red de venas, sobre la mancha de un verde pálido en que resaltaban nombres inolvidables: Teiya,[23] Marié, Curicuriarí. ¡Cuánta diferencia entre una región y la carta que la reduce! ¡Quién le hubiera dicho que aquel papel, donde apenas cabían sus manos abiertas, encerraba espacios tan infinitos, selvas tan lóbregas, ciénagas tan letales! ¿Y él, rumbero curtido, que tan fácilmente solía pasar la uña del índice de una línea a otra línea, abarcando ríos, paralelos y meridianos, cómo pudo creer que sus plantas eran capaces de moverse como un dedo?

Mentalmente empezó a rezar. Si Dios quisiera prestarle el sol... ¡Nada! La penumbra era fría, la fronda transpiraba un vapor azul. ¡Adelante! ¡El sol no sale para los tristes!

Uno de los gomeros declaró con certeza súbita que le parecía escuchar silbidos. Todos se detuvieron. Eran los oídos que le zumbaban. Souza Machado quería meterse entre los demás:[24] juraba que los árboles le hacían gestos.

Estaban nerviosos, tenían el presentimiento de la catástrofe. La menor palabra les haria estallar el pánico, la locura, la cólera. Todos se esforzaban por resistir. ¡Adelante!

Como Lauro Coutinho pretendía mostrarse alegre, le soltó una pulla a Souza Machado, que se había detenido a botar el caucho. Esto forzó los ánimos a resignarse a la hilaridad. Hablaron un trecho. No sé quién le hizo preguntas a don Clemente.

—¡Silencio! —gruño el italiano—. ¡Recuerden que a los pilotos y a los rumberos no se les debe hablar!

Pero el anciano Silva, deteniéndose de repente, levantó los brazos, como el hombre que se da preso, y encarándose con sus amigos, sollozó:

—¡Andamos perdidos!

Al instante, el grupo desventurado, con los ojos hacia las ramas y aullando como perros, elevó su coro de blasfemias y plegarias:

—¡Dios inhumano! ¡Sálvanos, mi Dios! ¡Andamos perdidos!

[23] *Teiya*—another river flowing into the Río Negro, between the Urubaxí and the Marié.
[24] *meterse entre los demás* to walk surrounded by the others

«Andamos perdidos». Estas dos palabras tan sencillas y tan comunes, hacen estallar, cuando se pronuncian entre los montes, un pavor que no es comparable ni al «sálvese quien pueda»[25] de las derrotas. Por la mente de quien las escucha pasa la visión de un abismo antropófago,[26] la selva misma, abierta ante el alma como una boca que se engulle los hombres a quienes el hambre y el desaliento le van colocando entre las mandíbulas.

Ni los juramentos, ni las advertencias, ni las lágrimas del rumbero, que prometía corregir la ruta, lograban aplacar a los extraviados. Mesábanse la greña, retorcíanse las falanges,[27] se mordían los labios, llenos de una espumilla sanguinolenta que envenenaba las inculpaciones:

—¡Este viejo es el responsable! ¡Perdió el rumbo por querer largarse para el Vaupés!

—¡Viejo remalo, viejo bandido, nos llevabas con engañifas para vendernos quién sabe dónde!

—¡Sí, sí, criminal! ¡Dios se opuso a tus planes!

Viendo que aquellos locos podían matarlo, el anciano Silva se dio a correr,[28] pero un árbol cómplice lo enlazó por las piernas con un bejuco[29] y lo tiró al suelo. Allí lo amarraron, allí Peggi los exhortaba a volverlo trizas. Entonces fue cuando don Clemente pronunció aquella frase de tanto efecto:

—¿Queréis matarme? ¿Cómo podríais andar sin mí? ¡Yo soy la esperanza!

Los agresores, maquinalmente, se contuvieron.

—¡Sí, sí, es preciso que viva para que nos salve!

—¡Pero sin soltarlo, porque se nos va!

¡Y aunque no le quitaron las ligaduras, postráronse de rodillas a implorarle la salvación y le limpiaban los pies con besos y llantos![30]

—¡No nos desampare!

—¡Regresemos a la barranca!

—¡Si usted nos abandona, moriremos de hambre!

Mientras unos plañían de este jaez, otros halábanlo de la cuerda, suplicando el regreso. Las explicaciones de don Clemente parecían reconciliarlos con la cordura. Tratábase de un percance muy conocido de rum-

---

25 « sálvese quien pueda » every man for himself
26 abismo antropófago a man-swallowing abyss
27 retorcíanse las falanges they wrung their hands
28 se dio a correr started to run
29 un árbol cómplice lo... un bejuco a tree, like an accomplice [of the men], lassoed his legs with a liana
30 le limpiaban los pies con besos y llantos they kissed his feet and washed them with their tears

beros y de cazadores, y no era razonable perder el ánimo a la primera dificultad, cuando habían tantos modos de solucionarla. ¿Para qué[31] lo asustaron? ¿Para qué se pusieron a pensar en el extravío? ¿No los había instruído una y otra vez en la urgencia de desechar esa tentación, que la
5 espesura infunde en el hombre para trastornarlo? Él les aconsejó no mirar los árboles, porque hacen señas, ni escuchar los murmurios, porque dicen cosas, ni pronunciar palabra, porque los ramajes remedan la voz. Lejos de acatar esas instrucciones, entraron en chanzas con la floresta[32] y les vino el embrujamiento, que se transmite como por contagio; y él también, aunque iba
10 adelante, comenzó a sentir el influjo de los malos espíritus, porque la selva principió a movérsele, los árboles le bailaban ante los ojos, los bejuqueros no le dejaban abrir la trocha, las ramas se le escondían bajo el cuchillo y repetidas veces quisieron quitárselo. ¿Quién tenía la culpa?

¿Y ahora, por qué diablos[33] se ponían a gritar? ¿Qué lograban con hacer
15 tiros?[34] ¿Quién sino el tigre correría a buscarlos? ¿Acaso les provocaba su visita? ¡Bien podían esperarla al obscurecer!

Esto los aterró y guardaron silencio. Mas tampoco hubieran podido hacerse entender a más de dos yardas: a fuerza de dar alaridos, la garganta se les cerró, y, dolorosamente, hablaban a la sordina, con un jadeo gutural y
20 torpe, como el de los gansos.

Antes de la hora en que el sol sanguíneo empenacha las lejanías,[35] fuéles imperioso encender la hoguera, porque entre los bosques la tarde se enluta. Cortaron ramas, y, esparciéndolas sobre el barro, se amontonaron alrededor del anciano Silva, a esperar el suplicio de las tinieblas. ¡Oh la tortura de pasar
25 la noche con hambre, entre el pensar y el bostezar,[36] a sabiendas de que el bostezo ha de intensificarse al día siguiente! ¡Oh la pesadumbre de sentir sollozos entre la sombra, cuando los consuelos saben a muerte! ¡Perdidos! ¡Perdidos! El insomnio les echó encima su tropel de alucinaciones. Sintieron la angustia del indefenso cuando sospecha que alguien lo espía en lo
30 oscuro.[37] Vinieron los ruidos, las voces nocturnas, los pasos medrosos, los silencios impresionantes como un agujero en la eternidad.

---

[31] *¿Para qué?* Why?
[32] *entraron en chanzas con la floresta* they jested with the forest
[33] *por qué diablos* why the devil
[34] *con hacer tiros* by shooting
[35] *Antes de la hora... lejanías* Long before the setting sun reddens the remote upper branches of the trees
[36] *con hambre, entre el pensar y el bostezar* with hunger, in the intervals of thinking and yawning
[37] *lo oscuro* in the darkness

Don Clemente, con las manos en la cabeza, estrujaba su pensamiento para que brotara alguna idea lúcida. Sólo el cielo podía indicarle la orientación. ¡Que le dijera de qué lado nace la luz! Eso le bastaría para calcular otro derrotero. Por un claro de la techumbre, semejante a una claraboya, columbró un retazo de éter azul, sobre el cual inscribía su varillaje[38] una rama 5 seca. Esta visión le recordó el mapa. ¡Ver el sol! ¡Ver el sol! Allí estaba la clave de su destino. ¡Si hablaran aquellas copas enaltecidas que todas las mañanas lo ven pasar! ¿Por qué los árboles silenciosos han de negarse a decirle al hombre lo que debe hacer para no morir? ¡Y, pensando en Dios, comenzó a rezarle a la selva una plegaria de desagravio! 10

Treparse por cualquiera de aquellos gigantes era casi imposible: los troncos tan gruesos, las ramas tan altas y el vértigo de la altura acechando en las frondas. Si se atreviera Lauro Coutinho, que nervioso dormía abrazándolo por los pies... Quiso llamarlo, pero se contuvo: un ruidillo raro, como de ratones en madera fina, rasguñó la noche: ¡eran los dientes de sus 15 compañeros que roían pepas de tagua![39]

Don Clemente sintió por ellos tal compasión, que resolvió darles el alivio de la mentira.

—¿Qué hay? —le susurraron a media voz, acercándole las caras oscuras.

Y palpaban los nudos de la soga que le ciñeron. 20

—¡Estamos salvados!

Estúpidos de gozo, repitieron la misma frase: «¡Salvados! ¡Salvados!» Y, postrándose en tierra, apretaban el lodo con las rodillas, porque el dolor los dejó contritos, y entonaron un gran ronquido de acción de gracias, sin preguntar en qué consistía la salvación. Bastó que otro hombre la prometiera, 25 para que todos la proclamaran y bendijeran al salvador.

Don Clemente recibió abrazos, súplicas de perdón, palabras de enmienda. Algunos querían atribuirse el exclusivo mérito del milagro:

—¡Las oraciones de mi madrecita!

—¡Las misas que ofrecí! 30

—¡El escapulario que llevo puesto!

Mientras tanto, la muerte debió reírse en la oscuridad.

Amaneció.

---

[38] *su varillaje*   its riblike design
[39] *pepas de tagua*   seeds of the vegetable ivory tree

La ansiedad que los sostenía les acentuó en el rostro la mueca trágica. Magros, febricitantes, con los ojos enrojecidos y los pulsos trémulos, se dieron a esperar que saliera el sol. La actitud de aquellos dementes bajo los árboles infundía miedo. Olvidaron el sonreír, y cuando pensaban en la
5 sonrisa, les plegaba la boca un rictus fanático.[40]

Recelaron del cielo, que no se divisaba por ninguna parte. Lentamente empezó a llover. Nadie dijo nada, pero se miraron y se comprendieron.

Decididos a regresar, moviéronse sobre el rastro del día anterior, por la orilla de una laguna, donde las señales desaparecían. Sus huellas en el barro
10 eran pequeños pozos que se inundaban. Sin embargo, el rumbero tomó la pista, gozando del más absoluto silencio como hasta las nueve de la mañana, cuando entraron a unos chuscales de plebeya vegetación[41] donde ocurría un fenómeno singular: tropas de conejos y guatines, dóciles o atontados, se les metían por entre las piernas buscando refugio. Momentos después, un grave
15 rumor como de linfas precipitadas[42] se sentía venir por la inmensidad.

—¡Santo Dios! ¡Las tambochas!

Entonces sólo pensaron en huir. Prefirieron las sanguijuelas y se guarecieron en un rebalse, con al agua sobre los hombros.

Desde allí miraron pasar la primera ronda. A semejanza de las cenizas
20 que a lo lejos lanzan las quemas, caían sobre la charca fugitivas tribus de cucarachas y coleópteros, mientras que las márgenes se poblaban de arácnidos y reptiles, obligando a los hombres a sacudir las aguas mefíticas para que no avanzaran en ellas. Un temblor continuo agitaba el suelo, cual si las hojarascas hirvieran solas.[43] Por debajo de troncos y raíces avanzaba el tumulto de la
25 invasión, a tiempo que los árboles se cubrían de una mancha negra, como cáscara movediza, que iba ascendiendo implacablemente a afligir las ramas, a saquear los nidos, a colarse en los agujeros. Alguna comadreja desorbitada, algún lagarto moroso, alguna rata recién parida eran ansiadas presas de aquel ejército, que las descarnaba, entre chillidos, con una presteza de
30 ácidos disolventes.

¿Cuánto tiempo duró el martirio de aquellos hombres, sepultados en cieno líquido hasta el mentón, que observaban con ojos pávidos el desfile de un enemigo que pasaba, pasaba y volvía a pasar? ¡Horas horripilantes en que

---

[40] *les plegaba la boca un rictus fanático* a frightful grimace twisted their lips
[41] *unos chuscales de plebeya vegetación* a heavy growth of coarse bamboo
[42] *linfas precipitadas* swirling waters
[43] *hirvieran solas* were boiling

393

saborearon a sorbo y sorbo las alquitaradas hieles de la tortura![44] Cuando calcularon que se alejaba la última ronda, pretendieron salir a tierra, pero sus miembros estaban paralizados, sin fuerzas para despegarse del barrizal donde se habían enterrado vivos.

Mas no debían morir allí. Era preciso hacer un esfuerzo. El indio 5 Venancio logró agarrarse de algunas matas y comenzó a luchar. Agarróse luego de unos bejucos. Varias tambochas desgaritadas le royeron las manos. Poco a poco sintió ensancharse el molde de fango que lo ceñía. Sus piernas al desligarse de lo profundo, produjeron chasquidos sordos. «¡Upa! ¡Otra vez y no desmayar! ¡Ánimo! ¡Ánimo!» 10

Ya salió. En el hoyo vacío burbujeó el agua.

Jadeando, boca arriba, oyó desesperarse a sus compañeros, que imploraban ayuda. «¡Déjenme descansar!» Una hora después, valiéndose de palos y maromas, consiguió sacarlos a todos.

Esta fue la postrera vez que sufrieron juntos. ¿Hacia qué lado quedó la 15 pista?[45] Sentían la cabeza en llamas y el cuerpo rígido. Pedro Fajardo empezó a toser convulsivamente y cayó, bañándose en sangre, por un vómito de hemoptisis.

Mas no tuvieron lástima del cadáver. Coutinho, el mayor, les aconsejaba no perder tiempo. «Quitarle el cuchillo de la cintura y dejarlo ahí. 20 ¿Quién lo convidó? ¿Para qué se vino si estaba enfermo? No los debía perjudicar». Y en diciendo esto, obligó a su hermano a subir por una copaiba para observar el rumbo del sol.

El desdichado joven, con pedazos de su camisa, hizo una manea para los tobillos. En vano pretendió adherirse al tronco. Lo montaron sobre las 25 espaldas para que se prendiera de más arriba, y repitió el forcejeo titánico, pero la corteza se despegaba y lo hacía deslizar y recomenzar. Los de abajo lo sostenían, apuntalándolo con horquetas, y, alucinados por el deseo, como que triplicaban sus estaturas para ayudarlo.[46] Al fin ganó la primera rama. Vientre, brazos, pecho, rodillas, le vertían sangre. 30

—¿Ves algo? ¿Ves algo? —le preguntaban.

¡Y con la cabeza decía que no!

Ya ni se acordaban de hacer silencio para no provocar la selva. Una

[44] *a sorbo y sorbo... de la tortura* in slow sips the subtle bitterness of torture
[45] *¿Hacia qué lado quedó la pista?* Which way had they been going?
[46] *como que... para ayudarlo* they felt as if they could grow three times taller in order to help him [to climb higher]

violencia absurda les pervertía los corazones y les requintaba un furor de náufrago,[47] que no reconoce deudos ni amigos cuando, a puñal, mezquina su bote.[48] Manoteaban hacia la altura al interrogar a Lauro Coutinho.

—¿No ves nada? ¡Hay que subir más y fijarse bien!

5 Lauro, sobre la rama, pegado al tronco, acezaba sin responderles. A tamaña altitud, tenía la apariencia de un mono herido que anhelaba ocultarse del cazador.

—¡Cobarde, hay que subir más!

Y locos de furia lo amenazaban.

10 Mas de pronto el muchacho intentó bajarse. Un gruñido de odio resonó debajo. Lauro, despavorido, les contestaba:

—¡Vienen más tambochas! ¡Vienen más tambo...!

La última sílaba le quedó magullada entre la garganta, porque el otro Coutinho, con un tiro de carabina que le sacó el alma por el costado,[49] lo 15 hizo descender como una pelota.[50]

El fratricida se quedó viéndolo.

—¡Ay Dios mío, maté a mi hermano, maté a mi hermano!

Y, arrojando el arma, se echó a correr. Cada cual corrió sin saber a dónde. Y para siempre se dispersaron.

20 Noches después, los sintió gritar don Clemente Silva, pero temió que lo asesinaran. También había perdido la compasión, también el desierto lo poseía. A veces lo hacía llorar el remordimiento, mas se sinceraba ante su conciencia con sólo pensar en su propia suerte. A pesar de todo, regresó a buscarlos. Halló las calaveras y algunos fémures.

25 Sin fuego ni fusil, vagó dos meses entre los montes, hecho un idiota, ausente de sus sentidos, animalizado por la floresta, despreciado hasta por la muerte, masticando tallos, cáscaras, hongos, como bestia herbívora, con la diferencia de que observaba qué clase de pepas comían los micos para imitarlos.

30 No obstante, alguna mañana tuvo repentina revelación. Paróse ante una palmera de cananguche, que, según la leyenda, describe la trayectoria del astro diurno,[1] a la manera del girasol. Nunca había pensado en aquel

---

[47] *les requintaba un furor de náufrago*   each one of them was possessed by a fury worse than that of a drowning man
[48] *cuando, a puñal, mezquina su bote*   when, knife in hand, he fights to keep the lifeboat all to himself
[49] *que le sacó el alma por el costado*   that killed him, piercing his side
[50] *como una pelota*   like a stone
[1] *describe la trayectoria del astro diurno*   follows the sun

misterio. Ansiosos minutos estuvo en éxtasis, comprobándolo, y creyó observar que el alto follaje iba moviéndose pausadamente, con el ritmo de una cabeza que gastara doce horas justas en[2] inclinarse desde el hombro derecho hasta el contrario. La secreta voz de las cosas le llenó su alma. ¿Sería cierto que esa palmera, encumbrada en aquel destierro como un índice hacia el azul, estaba indicándole la orientación? Verdad o mentira, él lo oyó decir. ¡Y creyó! Lo que necesitaba era una creencia definitiva. Y por el derrotero del vegetal comenzó a perseguir el propio.[3]

Fue así como al poco tiempo encontró la vaguada del río Tiquié.[4]

* * *

Ahora está aquí sentado, en mi compañía, esperando que raye el alba para que lleguemos a las barracas del Guaracú.[5] Quizás piensa en Yaguanarí, en Yavaraté,[6] en los compañeros extraviados.

—No vaya usted a Yaguanarí —me aconseja siempre.

—¡Iré, iré, iré!

---

[2] *que gastara doce horas justas en...* that should take exactly twelve hours to . . .

[3] *Y por el derrotero... el propio* And from the course the palm tree followed, he began to plot his own

[4] *Tiquié*—a tributary of the Vaupés River, far to the west and close to the Colombian border, a long way from the starting point of the fugitive *caucheros*.

[5] *Guaracú*—a place on the southern bank of the River Isana.

[6] *Yavaraté*—a place on the Vaupés River on the Colombian-Brazilian border where Don Clemente's son was buried.

5 ⊗ *Luis Palés Matos*
(1889–1959)

Puertorriqueño. Es el primero, tanto por la fecha como por la calidad, entre los cultivadores contemporáneos de la poesía de tema negro, en Iberoamérica. Sus composiciones de esta clase están recopiladas en un libro titulado *Tuntún de Pasa y Grifería* (1937). Palés Matos se diferencia de la mayoría de los otros poetas negristas de nuestros días —tanto blancos como negros— en que no sigue la línea folklórica del tratamiento más o menos realista de tipos y costumbres de las clases populares de color; ni usa el dialecto afroespañol que muy frecuentemente sirve de vehículo pintoresco a la expresión de estos temas. Otro aspecto que lo distingue es que no encontramos en sus poemas negroides la actitud militante a favor de la reivindicación social y cultural del conciudadano oscuro, que es también característica de una gran parte de la poesía de esta tendencia. Palés Matos era blanco y era también, antes que nada, —o quizás exclusivamente— poeta. Y solamente como tal se enfrenta con estos motivos. Entendió como pocos el sentido vital de la raza hermana y supo expresar en términos puramente estéticos esa vena de su lirismo que, en la honda palpitación del resto de su poesía, cuyos horizontes humanos y artísticos son muy amplios, no fue sino un acorde más del espíritu del poeta con un aspecto de su solar

397

nativo. Percibió el ámbito del tema negro en toda su latitud y no de una manera limitada y localista; y con fina intuición artística supo plasmarlo en sus dimensiones más totales. No aparecen, por tanto, en sus poemas, negros individualizados o específicamente de ninguna tierra concreta. Lo que él pretende comunicarnos es su visión poética de la raza de color en términos de validez general, afroantillana, afrohispánica o afroamericana, en el más vasto concepto universal. En este aspecto, como en el del humor, está más próximo al poeta norteamericano —blanco tambien— Vachel Lindsay,[1] que a muchos otros poetas hispánicos de inspiración negrófila.

En la «Danza Negra», Palés Matos centra su atención en aquella expresión del espíritu de la raza de color que más vigorosamente ha influido en el mundo: la musical. El canto y el baile afroamericanos han impregnado con su carácter y sus ritmos toda la cultura blanca, tanto en América como en Europa.

El poema comienza con una mención repetitiva, en ritmo cruzado, de dos materias que el negro usa en sus instrumentos de percusión: «calabó y bambú». Estos dos versos, que inician la cadencia percusiva de la danza, se repiten a lo largo del poema como un obsesivo estribillo melódico y rítmico. Aparecen después los dos personajes humanos que presiden la gran fiesta negra —el gran jefe de las tribus y su consorte— emitiendo gritos inarticulados, en las mismas rimas agudas de los dos versos anteriores. Viene luego una doble referencia de geografía africana ancestral: «Tumbuctú», ciudad legendaria de cultura negra del trópico, con su «sol de hierro», hermano del de las Antillas; y Fernando Póo, uno de los países de procedencia de los esclavos traídos a las Indias españolas, que se identifica también como lugar de origen de la danza que se nos presenta. Estos dos topónimos continuan el juego de repetición de las vocales finales de todos los versos precedentes. A continuación, entra en el coro el mundo animal: el gruñido del cerdo y el croar del sapo, que armonizan sus voces con las de la materia vegetal, las de la geografía y con los gritos del «Gran Cocoroco» y la «Gran Cocoroca», enriqueciendo el concierto de la gran fiesta primigenia del negro en fusión con la naturaleza. Este conjunto de elementos duales de sonido se cierra con el estribillo, que recalca una vez más la insistencia repetitiva característica de toda la música africana.

En la segunda estrofa, el tema y el ritmo de la danza se desarrollan y se acentúan con la aparición de otras dos voces que subrayan persistentemente

---

[1] Nicholas Vachel Lindsay (1879-1931), American poet, who, during part of his life, wandered about the U.S.A., like a minstrel, reciting and singing his own poetry—which he sold printed on broadsides—in exchange for food and lodgings. It would be interesting for the student to compare his famous poem "The Congo. A Study of the Negro Race" (*The Congo and other poems*, 1914) with "Danza Negra".

las rimas de todos los versos anteriores: el furioso grito en «ú» del «junjún» (la palabra misma apoya el efecto) y la profunda «ó» del «gongo» (cuya materia fónica actúa en el mismo sentido). Esto prepara la entrada a la fiesta de toda «la raza negra», que viene ondulando agitadamente en el ritmo exaltado del baile («mariyandá»). Con la llegada de los «botucos», o jefes de tribu, la danza se transforma en un ardoroso frenesí, en el cual las hembras se entregan con enloquecimiento erótico. Como fondo de este furor orgiástico de la escena, pasan en visión procesional, en las vueltas del baile, las «tierras rojas» de fuego del África tórrida («Congo», «Camerún») y las islas negras («de betún») del trópico americano: las Antillas francesas, inglesas y holandesas, donde la población de color ha creado sus jergas locales. Ayudan a dibujar esta Nigricia[2] poética total otros dos símbolos característicos de las tierras negras del Golfo y el Caribe: el ron, indispensable elemento de fogoso acicate de la fiesta, y los volcanes, cifra del ardor eruptivo de la danza, que parece arrastrar a todos esos pueblos en su compás frenético. El mismo esquema de rima aguda (ú–ó–á) en que se apoya todo el poema se enriquece aquí con el sonido imitativo (ún–ón–án) de la percusion de tambores y otros instrumentos de «grave son». El resto de la composición reitera, con leves cambios todos los elementos anteriores que evocan, con rica sugestión verbal la impresión de cadencia monocorde y pertinaz de la gran danza.

Como vemos, apenas hay en el poema referencias de descripción objetiva. Si «Danza Negra» nació del estímulo de una observación concreta, Palés Matos supo superarlo con una recreación lírica, subjetiva y estilizada, del baile como expresión mítica de la raza.

---

[2] *Nigricia* (Blackland, Land of Blacks, or Land of the Niger River) is the old Spanish historical name for Nigeria. Palés Matos uses it often in his book as an all-embracing name for the Negro lands and the Negro race.

❧ Danza negra

Calabó y bambú.
Bambú y calabó.
El Gran Cocoroco dice: tu–cu–tú.
La Gran Cocoroca dice: to–co–tó.
Es el sol de hierro que arde en Tombuctú.[1]   5
Es la danza negra de Fernando Póo.[2]
El cerdo en el fango gruñe: pru–pru–prú.
El sapo en la charca sueña: cro–cro–cró.
Calabó y bambú.
Bambú y calabó.   10

Rompen los junjunes en furiosa ú.
Los gongos trepidan con profunda ó.
Es la raza negra que ondulando va.
en el ritmo gordo del mariyandá.
Llegan los botucos a la fiesta ya.   15
Danza que te danza[3] la negra se da.

Calabó y bambú.
Bambú y calabó.
El Gran Cocoroco dice: tu–cu–tú.
La Gran Cocoroca dice: to–co–tó.   20

---

[1] *Tombuctú*   Timbuktu, a Sudanese city near the Niger River on the southern border of the Sahara desert, in the equatorial region of Africa. Famous since the Middle Ages as a trade center. It was once the capital of a Negro empire and a focus of African Islamic culture.

[2] *Fernando Póo*   the largest island in the Gulf of Guinea, on the West Coast of Africa, named after the Portuguese navigator who discovered it in the fifteenth century. Today it is a part of the Spanish Overseas Provinces.

[3] *danza que te danza*   continuously dancing

Pasan tierras rojas, islas de betún:
Haití, Martinica, Congo, Camerún;[4]
las papiamentosas[5] antillas del ron
y las patualesas islas del volcán,[6]
que en el grave son
del canto se dan.

Calabó y bambú.
Bambú y calabó.
Es el sol de hierro que arde en Tombuctú.
Es la danza negra de Fernando Póo.
El alma africana que vibrando está
en el ritmo gordo del mariyandá.

Calabó y bambú.
Bambú y calabó.
El Gran Cocoroco dice: tu-cu-tú.
La Gran Cocoroca dice: to-co-tó.

[4] *Haití, Martinica, Congo, Camerún*—a string of lands of predominantly African population and culture. Haiti, the Negro Republic in the West Indies, occupies the western third of the Island of Hispaniola which it shares with the Dominican Republic; Martinique, an island in the West Indies, a French Overseas Department; Congo, a large area in Central Africa, covering roughly the basin of the Congo River, is occupied today by the two independent Republics of the Congo and a district of the Portuguese Province of Angola; Cameroons, a region of West Equatorial Africa occupied by the Republic of Cameroun (formerly French Cameroun and Southern British Cameroons) and a part of the Federation of Nigeria (formerly Northern British Cameroons).

[5] *papiamentosas [antillas del ron]*—an adjective made up by the poet on the basis of *papiamento*, the name of the Negro vernacular widely used as the daily spoken language of all classes in the Dutch West Indies: Curaçao, Aruba, and the other four smaller islands of the Netherlands Antilles. There, as in the other Antilles, sugar cane is produced, from which rum is made.

[6] *patualesas islas del volcán*—the first word is another personal coinage by the author; this time based on *patuá*, the Spanish phonetic rendition of the French word *patois*, meaning a substandard dialect. The islands referred to, all of which have active volcanoes, are: Martinique and Guadalupe (French West Indies), St. Kitts (Leeward Is.), and Dominica and St. Vincent (Windward Is.). In all of them, dialects of French and English have developed under the influence of their slave-descended Negro population.

401

6 ❧ *José Vasconcelos* ❧
(*1881–1959*)

Hombre de letras y hombre de acción. La influencia ejercida por este escritor mexicano sobre la juventud hispanoamericana y sobre el pensamiento continental ha sido muy vigorosa. Se unió a la Revolución Mexicana de 1910, y posteriormente ocupó altos puestos en la vida pública de su país, llegando a Ministro de Educación Nacional. Desde ese cargo emprendió una verdadera cruzada para estimular el desenvolvimiento cultural y espiritual de México. Las múltiples actividades de su vida de propagandista, revolucionario, político, y educador no le impidieron el cultivo de las letras. Su labor literaria tiene un carácter marcadamente ideológico. Aparte de la monumental autobiografía titulada *Ulises criollo* (1935-1939), su obra más destacada se compone de ensayos. Este género —en el que los hispanoamericanos han sobresalido— es para Vasconcelos el vehículo de expresión de sus ideas sobre los problemas de la América española. La preocupación étnica constituye uno de los temas fundamentales de las letras hispanoamericanas. El cruce del blanco español con el indio —con todas sus resultantes antropológicas, históricas, sociales, etc.— es objeto de constante análisis, desde puntos de vista muy diferentes. Vasconcelos infunde a esa preocupación un espíritu mesiánico, y profetiza el advenimiento de una nueva raza, indohispánica, mejor que las otras, que aparecerá en este continente como resultado de la mezcla total, con la misión de fundir a todas las demás, sin distinción de color, sin prejuicio de ninguna clase. Una vasta raza mestiza, que será el crisol de un nuevo mundo, y que tendrá una misión universal: la de crear una nueva civilización. Con esa esperanza, Vasconcelos invita a todos los pueblos americanos de origen ibérico a que se unan y se fortalezcan en la fe de ese destino común. Para eso tendrán que superar sus estrechos nacionalismos y agruparse en una federación étnica supranacional; iniciadora y creadora de esa nueva y quinta raza, la «raza cósmica», cuya mayor superioridad consistirá en que, por no ser pura, por ser un mestizaje, podrá servir como puente para razas futuras, para una última fusión del mundo en la fraternidad de la mezcla universal.

Y España, la España católica y colonizadora, madre de pueblos, será también la madre de esa «raza», nacida de un universal mestizaje, ya iniciado en la parte ibérica del continente americano. La ley de esa raza será el amor —que vendrá como proceso final, una vez superada la etapa de «la ley del más fuerte», que —según Vasconcelos— es una creación del espíritu sajón. Por eso los pueblos hispánicos tienen que recobrar la conciencia de su pasado común europeo, latino, hispano. Vasconcelos concibe toda la historia occidental como una larga lucha histórica entre dos conceptos de vida, entre latinismo y sajonismo, entre los pueblos católicos y mediterráneos de Europa, y los nórdicos protestantes —y ve a éstos vencedores, y a aquéllos vencidos, a consecuencia de su desunión. América es para él una prolongación de esa tensión histórica— que se continúa aquí entre las dos civilizaciones del Nuevo Continente: la de origen ibérico del hemisferio sur y la anglosajona del Norte. Estas ideas, discutibles, como es natural, ofrecían, por su estimulante carga de dinamismo imaginativo e idealista, grandes atractivos para la América indo-afro-hispánica, y su influencia ha sido muy considerable.

La raza cósmica (1925) es uno de los libros donde se exponen estas teorías —bella y noblemente utópicas— del cual ofrecemos aquí un trozo significativo. Documento polémico de primera importancia para la historia de la conciencia cultural de Hispanoamérica, es además literariamente valioso por su estilo flexible, apasionado, brillante y castizo.

❧ La raza cósmica

misión de la raza iberoamericana

EL MESTIZAJE

Desde los primeros tiempos, desde el descubrimiento y la conquista, fueron castellanos y británicos, o latinos y sajones, para incluir por una parte a los portugueses y por otra al holandés, los que consumaron la tarea de iniciar un nuevo período de la Historia conquistando y poblando el hemisferio nuevo. Aunque ellos mismos solamente se hayan sentido coloni- 5 zadores, trasplantadores de cultura, en realidad establecían las bases de una etapa de general y definitiva transformación. Los llamados latinos, poseedores de genio y de arrojo, se apoderaron de las mejores regiones, de las que creyeron más ricas, y los ingleses, entonces, tuvieron que conformarse con lo que les dejaban gentes más aptas que ellos. Ni España ni Portugal per- 10 mitían que a sus dominios se acercase el sajón, ya no digo para guerrear, ni siquiera para tomar parte en el comercio. El predominio latino fue indiscutible en los comienzos. Nadie hubiera sospechado, en los tiempos del laudo papal[1] que dividió el Nuevo Mundo entre Portugal y España, que unos siglos más tarde, ya no sería el Nuevo Mundo portugués ni español, 15 sino más bien inglés. Nadie hubiera imaginado que los humildes colonos del Hudson y del Delaware, pacíficos y hacendosos, se irían apoderando paso a paso de las mejores y mayores extensiones de la tierra, hasta formar la República que hoy constituye uno de los mayores imperios de la Historia.

[1] *el laudo papal... y España*—the reference is to the Treaty of Tordesillas, signed by Spain and Portugal in 1494, following in principle the bull issued the year before by Alexander VI. That bull divided the non-Christian world into zones of influence: it gave the entire New World to Spain; and Africa and India to Portugal. The treaty, however, shifted the demarcation line westward and gave Portugal a claim to Brazil.

Pugna de latinidad contra sajonismo ha llegado a ser, sigue siendo
nuestra época; pugna de instituciones, de propósitos y de ideales. Crisis de
una lucha secular que se inicia con el desastre de la Armada Invencible[2] y se
agrava con la derrota de Trafalgar.[3] Sólo que desde entonces el sitio del con-
5 flicto comienza a desplazarse y se traslada al continente nuevo, donde tuvo
todavía episodios fatales. Las derrotas de Santiago de Cuba y de Cavite y
Manila[4] son ecos distantes pero lógicos de las catástrofes de la Invencible y de
Trafalgar. Y el conflicto está ahora planteado totalmente en el Nuevo
Mundo. En la Historia, los siglos suelen ser como días; nada tiene de ex-
10 traño que no acabemos todavía de salir de la impresión de la derrota.
Atravesamos épocas de desaliento, seguimos perdiendo, no sólo en soberanía
geográfica, sino también en poderío moral. Lejos de sentirnos unidos frente
al desastre, la voluntad se nos dispersa en pequeños y vanos fines. La derrota
nos ha traído la confusión de los valores y los conceptos; la diplomacia de los
15 vencedores nos engaña después de vencernos; el comercio nos conquista con
sus pequeñas ventajas. Despojados de la antigua grandeza, nos ufanamos de
un patriotismo exclusivamente nacional, y ni siquiera advertimos los peligros
que amenazan a nuestra raza en conjunto. Nos negamos los unos a los otros.
La derrota nos ha envilecido a tal punto, que, sin darnos cuenta, servimos los
20 fines de la política enemiga, de batirnos en detalle,[5] de ofrecer ventajas
particulares a cada uno de nuestros hermanos, mientras al otro se le sacrifica
en intereses vitales. No sólo nos derrotaron en el combate, ideológicamente
también nos siguen venciendo. Se perdió la mayor de las batallas el día en que
cada una de las repúblicas ibéricas se lanzó a hacer vida propia, vida des-
25 ligada de sus hermanos, concertando tratados y recibiendo beneficios falsos,
sin atender a los intereses comunes de la raza. Los creadores de nuestro
nacionalismo fueron, sin saberlo, los mejores aliados del sajón, nuestro rival
en la posesión del continente. El despliegue de nuestras veinte banderas en la
Unión Panamericana de Wáshington deberíamos verlo como una burla de
30 enemigos hábiles. Sin embargo, nos ufanamos, cada uno, de nuestro

[2] *Armada Invencible*—the Spanish Armada, sent by Philip II of Spain to invade England. It met with disaster in the English Channel in July, 1588.
[3] *la derrota de Trafalgar*—a famous sea battle that took place off Cape Trafalgar near the northwest shore of the Strait of Gibraltar on October 21, 1805. In it Admiral Nelson won a great naval victory by defeating the allied Spanish and French fleets. That battle ended Spain's power on the seas.
[4] *Santiago de Cuba,... Cavite... Manila*—the naval defeats sustained in the Spanish-American War were the last chapter in the annihilation of the Spanish fleet. On May 1, 1898, Admiral Dewey destroyed the Pacific squadron and took Cavite, a fortified port on Manila Bay, and then Manila itself. Admiral Cervera's Atlantic squadron was destroyed July 3, off the harbor of Santiago de Cuba.
[5] *en detalle*   one by one

humilde trapo, que dice ilusión vana, y ni siquiera nos ruboriza el hecho de nuestra discordia delante de la fuerte unión norteamericana. No advertimos el contraste de la unidad sajona frente a la anarquía y soledad de los escudos iberoamericanos. Nos mantenemos celosamente independientes respecto de nosotros mismos; pero de una o de otra manera nos sometemos o nos alia- 5 mos con la Unión sajona. Ni siquiera se ha podido lograr la unidad nacional de los cinco pueblos centroamericanos, porque no ha querido darnos su venia un extraño, y porque nos falta el patriotismo verdadero que sacrifique el presente al porvenir. Una carencia de pensamiento creador y un exceso de afán crítico, que por cierto tomamos prestado de otras culturas, nos 10 lleva a discusiones estériles, en las que tan pronto se niega como se afirma la comunidad de nuestras aspiraciones; pero no advertimos que a la hora de obrar, y pese a todas las dudas de los sabios ingleses, el inglés busca la alianza de sus hermanos de América y de Australia, y entonces el yanqui se siente tan inglés como el inglés en Inglaterra. Nosotros no seremos grandes 15 mientras el español de la América no se sienta tan español como los hijos de España. Lo cual no impide que seamos distintos cada vez que sea necesario, pero sin apartarnos de la más alta misión común. Así es menester que procedamos, si hemos de lograr que la cultura ibérica acabe de dar todos sus frutos, si hemos de impedir que en la América triunfe sin oposición la 20 cultura sajona. Inútil es imaginar otras soluciones. La civilización no se improvisa ni se trunca, ni puede hacerse partir del papel de una constitución política; se deriva siempre de una larga, de una secular preparación y depuración de elementos que se transmiten y se combinan desde los comienzos de la Historia. Por eso resulta tan torpe hacer comenzar nuestro patriotismo 25 con el grito de independencia del padre Hidalgo,[6] o con la conspiración de Quito;[7] o con las hazañas de Bolívar, pues si no lo arraigamos en Cuauhté-moc[8] y en Atahualpa[9] no tendrá sostén, y al mismo tiempo es necesario

[6] *el padre Hidalgo*—Miguel Hidalgo y Costilla (1753-1811), a liberal priest and a patriot, who launched the first struggle for independence in México in 1810. After a few victories he was defeated and captured. Convicted of treason, he was shot, after being degraded from his priesthood by the Inquisition.
[7] *la conspiración de Quito*—an early, abortive uprising against the colonial authorities that took place in Quito in 1809. Conspirators deposed the president of the *Audiencia* and set up a *Junta* which held power until it was suppressed by loyal troops sent from Guayaquil.
[8] *Cuauhtémoc*—Aztec emperor (d. 1525). He succeeded the brother of Montezuma II in 1521 and led the revolt that ejected Cortés and his soldiers from Tenochtitlán. When the Spaniards returned, he defended the capital of the empire courageously, but when it fell he was taken prisoner (1521) and tortured in order to make him reveal the location of the imperial treasure. Accused of conspiring, he was hanged in Honduras four years later.
[9] *Atahualpa*—the last Inca of Perú. His father divided the empire between him and his brother Huáscar.

(continued)

remontarlo a su fuente hispánica y educarlo en las enseñanzas que deberíamos derivar de las derrotas, que son también nuestras, de las derrotas de la Invencible y de Trafalgar. Si nuestro patriotismo no se identifica con las diversas etapas del viejo conflicto de latinos y sajones, jamás lograremos que
5 sobrepase los caracteres de un regionalismo sin aliento universal y lo veremos fatalmente degenerar en estrechez y miopía de campanario[10] y en inercia impotente de molusco que se apega a su roca.

Para no tener que renegar alguna vez de la patria misma es menester que vivamos conforme al alto interés de la raza, aun cuando éste no sea todavía[11]
10 el más alto interés de la Humanidad. Es claro que el corazón sólo se conforma con un internacionalismo cabal; pero en las actuales circunstancias del mundo, el internacionalismo sólo serviría para acabar de consumar el triunfo de las naciones más fuertes; serviría exclusivamente a los fines del inglés. Los mismos rusos, con sus doscientos millones de población, han tenido que
15 aplazar su internacionalismo teórico, para dedicarse a apoyar nacionalidades oprimidas como la India y Egipto. A la vez han reforzado su propio nacionalismo para defenderse de una desintegración que sólo podría favorecer a los grandes Estados imperialistas. Resultaría, pues, infantil que pueblos débiles como los nuestros se pusieran a renegar de todo lo que les es propio, en
20 nombre de propósitos que no podrían cristalizar en realidad. El estado actual de la civilización nos impone todavía el patriotismo como una necesidad de defensa de intereses materiales y morales, pero es indispensable que ese patriotismo persiga finalidades vastas y trascendentales. Su misión se truncó en cierto sentido con la Independencia, y ahora es menester devolverlo
25 al cauce de su destino histórico universal.

En Europa se decidió la primera etapa del profundo conflicto y nos tocó perder. Después, así que todas las ventajas estaban de nuestra parte en el Nuevo Mundo, ya que España había dominado la América, la estupidez napoleónica fue causa de que la Luisiana se entregara a los ingleses del otro
30 lado del mar, a los yanquis, con lo que se decidió en favor del sajón la suerte del Nuevo Mundo. El «genio de la guerra» no miraba más allá de las miserables disputas de fronteras entre los estaditos de Europa y no se dio cuenta de que la causa de la latinidad, que él pretendía representar, fracasó el

---

Atahualpa seized Huáscar (1532) and proclaimed himself Inca. In the same year the Spanish *conquistador* Francisco Pizarro imprisoned Atahualpa. The Inca offered a huge ransom while giving secret orders for the assassination of his brother. Accused of Huáscar's murder and of plotting, he was executed.

[10] *miopía de campanario*   provincial shortsightedness
[11] *no sea todavía*   may not quite be yet

mismo día de la proclamación del Imperio por el solo hecho de que los destinos comunes quedaron confiados a un incapaz. Por otra parte, el prejuicio europeo impidió ver que en América estaba ya planteado, con caracteres de universalidad, el conflicto que Napoleón no pudo concebir en toda su trascendencia. La tontería napoleónica no pudo sospechar que era en 5 el Nuevo Mundo donde iba a decidirse el destino de las razas de Europa, y al destruir de la manera más inconsciente el poderío francés de la América debilitó también a los españoles: nos traicionó, nos puso a merced del enemigo común. Sin Napoleón no existirían los Estados Unidos como imperio mundial, y la Luisiana, todavía francesa, tendría que ser parte de la 10 Confederación Latinoamericana. Trafalgar entonces hubiese quedado burlado. Nada de esto se pensó siquiera, porque el destino de la raza estaba en manos de un necio; porque el cesarismo es el azote de la raza latina.

La traición de Napoleón a los destinos mundiales de Francia hirió también de muerte al imperio español de América en los instantes de su 15 mayor debilidad. Las gentes de habla inglesa se apoderan de la Luisiana sin combatir y reservando sus pertrechos para la ya fácil conquista de Tejas y California. Sin la base del Misisipí, los ingleses, que se llaman asimismo yanquis por una simple riqueza de expresión,[12] no hubieran logrado adueñarse del Pacífico, no serían hoy los amos del continente, se habrían 20 quedado en una especie de Holanda transplantada a la América, y el Nuevo Mundo sería español y francés. Bonaparte lo hizo sajón.

Claro que no sólo las causas externas, los tratados, la guerra y la política resuelven el destino de los pueblos. Los Napoleones no son más que membrete[13] de vanidades y corrupciones. La decadencia de las costumbres, la 25 pérdida de las libertades públicas y la ignorancia general causan el efecto de paralizar la energía de toda una raza en determinadas épocas.

Los españoles fueron al Nuevo Mundo con el brío que les sobraba después del éxito de la Reconquista.[14] Los hombres libres que se llamaron Cortés y Pizarro y Alvarado y Belalcázar[15] no eran césares ni lacayos, sino 30

---

[12] *por una simple riqueza de expresión*   just for variety

[13] *membrete*   the outer sign

[14] *la Reconquista*—the long historical process of the Christian reconquest of Mohammedan Spain. It began with the minor victory of Covadonga in the northern mountains (718), and ended with the surrender of Granada (1492), the last Mohammedan stronghold, to the forces of a united Christian Spain.

[15] *Cortés y Pizarro y Alvarado y Belalcázar*—Hernando Cortés (1485-1547), conqueror of the empire of Mexico; Francisco Pizarro (1476-1541), conqueror of the Inca empire of Perú; Pedro de Alvarado (1485?-1581), chief lieutenant of Cortés in the conquest of México, conqueror of Guatemala and Salvador; Sebastián de Belalcázar (1479-1551), served in Darién and Nicaragua, then joined Pizarro in Perú and conquered Quito and southwest Colombia (Popayán).

grandes capitanes que al ímpetu destructivo adunaban el genio creador. En seguida de la victoria trazaban el plano de las nuevas ciudades y redactaban los estatutos de su fundación. Más tarde, a la hora de las agrias disputas con la Metrópoli, sabían devolver injuria por injuria, como lo hizo uno de los 5 Pizarro en un célebre juicio. Todos ellos se sentían los iguales ante el rey, como se sintió el Cid,[16] como se sentían los grandes escritores del siglo de oro, como se sienten en las grandes épocas todos los hombres libres.

Pero a medida que la conquista se consumaba, toda la nueva organización iba quedando en manos de cortesanos y validos del monarca. Hombres 10 incapaces ya no digo de conquistar, ni siquiera de defender lo que otros conquistaron con talento y arrojo. Palaciegos degenerados, capaces de oprimir y humillar al nativo, pero sumisos al poder real, ellos y sus amos no hicieron otra cosa que echar a perder la obra del genio español en América. La obra portentosa iniciada por los férreos conquistadores y consumada por los 15 sabios y abnegados misioneros fué quedando anulada. Una serie de monarcas extranjeros, tan justicieramente pintados por Velázquez y Goya,[17] en compañía de enanos, bufones y cortesanos, consumaron el desastre de la administración colonial. La manía de imitar al Imperio romano, que tanto daño ha causado lo mismo en España que en Italia y en Francia; el milita- 20 rismo y el absolutismo, trajeron la decadencia en la misma época en que nuestros rivales, fortalecidos por la virtud, crecían y se ensanchaban en libertad.

Junto con la fortaleza material se les desarrolló el ingenio práctico, la intuición del éxito. Los antiguos colonos de Nueva Inglaterra y de Virginia 25 se separaron de Inglaterra, pero sólo para crecer mejor y hacerse más fuertes. La separación política nunca ha sido entre ellos obstáculo para que en el asunto de la común misión étnica se mantengan unidos y acordes. La emancipación, en vez de debilitar a la gran raza, la bifurcó, la multiplicó, la desbordó poderosa sobre el mundo; desde el núcleo imponente de uno de los 30 más grandes Imperios que han conocido los tiempos. Y ya desde entonces, lo

---

[16] el Cid—Rodrigo Díaz de Vivar, an eleventh-century Castilian warrior, whose exploits against the Mohammedans are the subject of the great anonymous medieval epic *Cantar de Mío Cid* (1140?) and of later Spanish and European literature. The Moslems gave him the title of *Seid* (or *Seyid*), meaning "lord" or "chieftain," later modified by the Christians to *Cid*. The Cid's prowess, chivalry, and generosity have made him a prototype of the noble Castilian hero.

[17] *Velázquez y Goya*—Diego Rodríguez de Silva y Velázquez (1599-1660), the famous Spanish Court painter during the reign of the Hapsburg kings, Philip III and Philip IV; Francisco de Goya y Lucientes (1746-1828), the celebrated painter and etcher, a court portraitist during the reign of the Bourbon kings, Charles III and Charles IV. Both artists were uncompromising in the realism and candor with which they treated the royal subjects of their portraits.

que no conquista el inglés de las Islas, se lo toma y lo guarda el inglés del nuevo continente.

En cambio, nosotros los españoles, por la sangre, o por la cultura, a la hora de nuestra emancipación comenzamos por renegar de nuestras tradiciones; rompimos con el pasado y no faltó quien renegara la sangre diciendo 5 que hubiera sido mejor que la conquista de nuestras regiones la hubiesen consumado los ingleses. Palabras de traición que se excusan por el acto que engendra la tiranía, y por la ceguedad que trae la derrota. Pero perder por esta suerte el sentido histórico de una raza equivale a un absurdo, es lo mismo que negar a los padres fuertes y sabios, cuando somos nosotros mismos, no 10 ellos, los culpables de la decadencia.

De todas maneras las prédicas desespañolizantes y el inglesamiento correlativo,[18] hábilmente difundido por los mismos ingleses, pervirtió nuestros juicios desde el origen: nos hizo olvidar que en los agravios de Trafalgar también tenemos parte. La ingerencia de oficiales ingleses en los 15 Estados Mayores de los guerreros de la Independencia hubiera acabado por deshonrarnos, si no fuese porque la vieja sangre altiva revivía ante la injuria y castigaba a los piratas de Albión[19] cada vez que se acercaban con el propósito de consumar un despojo. La rebeldía ancestral supo responder a cañonazos lo mismo en Buenos Aires que en Veracruz, en La Habana, o en 20 Campeche y Panamá, cada vez que el corsario inglés, disfrazado de pirata para eludir las responsabilidades de un fracaso, atacaba, confiado en lograr, si vencía, un puesto de honor en la nobleza británica.

A pesar de esta firme cohesión ante un enemigo invasor, nuestra guerra de Independencia se vio amenguada por el provincialismo y por la ausencia 25 de planes trascendentales. La raza que había soñado con el imperio del mundo, los supuestos descendientes de la gloria romana, cayeron en la pueril satisfacción de crear nacioncitas y soberanías de principado,[20] alentadas por almas que en cada cordillera veían un muro y no una cúspide. Glorias balcánicas soñaron nuestros emancipadores, con la ilustre excepción de 30 Bolívar y Sucre y Petión el negro,[21] y media docena más, a lo sumo. Pero

[18] *las prédicas desespañolizantes y el inglesamiento correlativo*   the preaching aimed at undermining our Spanish heritage and the consequent imitation of the English
[19] *Albión*   England
[20] *soberanías de principado*   petty sovereignties
[21] *Bolívar, y Sucre y Petión el negro*—Simón Bolívar (1783-1830) was the greatest of Spanish-American liberators. He was the founder of Colombia, Venezuela, Panama, Ecuador, Peru, and Bolivia. His dream —shattered by petty jealousies—was of a confederation of free Hispanic peoples. He can be called the father of Pan-Americanism. José Antonio de Sucre (1795-1830) was the chief lieutenant of Bolívar and as

los otros, obsesionados por el concepto local y enredados en una confusa fraseología seudorevolucionaria, sólo se ocuparon en empequeñecer un conflicto que pudo haber sido el principio del despertar de un continente. Dividir, despedazar el sueño de un gran poderío latino, tal parecía ser el propósito de ciertos prácticos ignorantes[22] que colaboraron en la Independencia, y dentro de ese movimiento merecen puesto de honor; pero no supieron, no quisieron ni escuchar las advertencias geniales de Bolívar.

Claro que en todo proceso social hay que tener en cuenta las causas profundas, inevitables, que determinan un momento dado. Nuestra geografía, por ejemplo, era y sigue siendo un obstáculo de la unión; pero si hemos de dominarlo, será menester que antes pongamos en orden al espíritu, depurando las ideas y señalando orientaciones precisas. Mientras no logremos corregir los conceptos, no será posible que obremos sobre el medio físico en tal forma que lo hagamos servir a nuestro propósito.

En México, por ejemplo, fuera de Mina,[23] casi nadie pensó en los intereses del continente; peor aún, el patriotismo vernáculo estuvo enseñando, durante un siglo, que triunfamos de España gracias al valor indomable de nuestros soldados, y casi ni se mencionan las Cortes de Cádiz,[24] ni el levantamiento contra Napoleón, que electriza la raza, ni las victorias y martirios de los pueblos hermanos del Continente. Este pecado, común a cada una de nuestras patrias, es resultado de épocas en que la Historia se escribe para halagar a los déspotas. Entonces la patriotería no se conforma con presentar a sus héroes como unidades de un movimiento continental, y los presenta autónomos, sin darse cuenta que al obrar de esta suerte los empequeñece en vez de agrandarlos.

---

such won the brilliant victory of Ayacucho (1824), the decisive battle of the war of Spanish-American independence. He shared Bolívar's hope of unity. Alexandre Pétion (1770-1818), Haitian revolutionist and later president, fought against the re-establishment of slavery; he sheltered and gave assistance to Bolívar at crucial times.

[22] *ciertos prácticos ignorantes*   certain ignorant, practical men

[23] *Mina*—Francisco Javier de Mina (1789-1817), one of the heroes of Mexican independence. A Spaniard, he won distinction in the struggle against the French in the Peninsular war. A liberal, after the restoration of the Bourbons he rebelled against the absolute rule of Ferdinand VII and had to flee to England. There he organized a group to support the Mexican revolutionary cause. Later he came to the U.S., recruited volunteers, and led an expedition to México. He won partial successes but eventually was captured by the royalists and executed.

[24] *Cortes de Cádiz*—the first National Cortes, or representative assembly, of Spain. It met at Cádiz, in the southern part of the Iberian Peninsula, from 1810 to 1813, while the national territory was overrun by the French armies of Napoleon. During many of its deliberations the noise of battle could be clearly heard in the distance. This Cortes voted the first Spanish national constitution—of moderate liberal tendencies—which was promptly revoked by Ferdinand VII upon his return to the throne in 1814.

Se explican también estas aberraciones porque el elemento indígena no se había fusionado, no se ha fusionado aún en su totalidad, con la sangre española; pero esta discordia es más aparente que real. Háblese[25] al más exaltado indianista[26] de la conveniencia de adaptarnos a la latinidad y no opondrá el menor reparo; dígasele que nuestra cultura es española y en 5 seguida formulará objeciones. Subsiste la huella de la sangre vertida: huella maldita que no borran los siglos, pero que el peligro común debe anular. Y no hay otro recurso. Los mismos indios puros están españolizados, están latinizados, como está latinizado el ambiente. Dígase lo que se quiera,[27] los rojos,[28] los ilustres atlantes[29] de quienes viene el indio, se durmieron hace 10 millares de años para no despertar. En la Historia no hay retornos, porque toda ella es transformación y novedad. Ninguna raza vuelve; cada una plantea su misión, la cumple y se va. Esta verdad rige lo mismo en los tiempos bíblicos que en los nuestros; todos los historiadores antiguos la han formulado. Los días de los blancos puros, los vencedores de hoy, están tan 15 contados como lo estuvieron los de sus antecesores. Al cumplir su destino de mecanizar el mundo, ellos mismos han puesto, sin saberlo, las bases de un período nuevo, el período de la fusión y la mezcla de todos los pueblos. El indio no tiene otra puerta hacia el porvenir que la puerta de la cultura moderna, ni otro camino que el camino ya desbrozado de la civilización latina. 20 También el blanco tendrá que deponer su orgullo, y buscará progreso y redención posterior en el alma de sus hermanos de las otras castas, y se confundirá y se perfeccionará en cada una de las variedades superiores de la especie, en cada una de las modalidades[30] que tornan múltiple la revelación y más poderoso el genio.[31]   25

---

[25] *Háblese*   Talk to

[26] *indianista*—one who, in considering the historical problems of the clash of cultures in Spanish-America, exalts the Indian element while rejecting the Hispanic heritage.

[27] *Dígase lo que se quiera*   Say what you will

[28] *los rojos*   the American Indians

[29] *atlantes*   inhabitants of Atlantis. Plato in his dialogues, *Timaeus* and *Critias*, refers to Atlantis, the legendary Greek island or continent, lost in the Western sea, and makes it the seat of the perfect state; Francis Bacon called his ideal utopia the New Atlantis. Since the discovery of America, the new continent has been identified by some people with that mythical land.

[30] *modalidades*   new forms of being

[31] *el genio*   human creative inspiration

7 ❧ César Vallejo
(1892–1938)

El peruano César Vallejo es una de las voces líricas de timbre más personal de la generación hispanoamericana madurada entre las dos guerras mundiales. Era un espíritu especialmente capacitado para sentir el sufrimiento, propio y ajeno. El tema básico de su obra, que nace de una angustia íntima, es el Hombre, tanto en su sentido individual como colectivo. Toda su poesía es dramáticamente humana. Uno de sus libros —del cual procede el primer poema que aquí damos— se titula *Poemas humanos* (1939). Vallejo expresa siempre un sentimiento de solidaridad, profunda y acongojada, con el prójimo, con todo el prójimo, con «el prójimo con mangas, cuello y ojos»; con «el que lleva zapato roto bajo la lluvia»; con «el calvo sin sombrero»; con «el que se coge un dedo en una puerta»; con «el que no tiene cumpleaños»; con «el pobre pobre» y «el pobre rico». Esa ansiosa fraternidad, hondamente cristiana, llevó a Vallejo a una actitud de perenne frustación, que más tarde se canalizó en una rebeldía activa, y finalmente le condujo al radicalismo revolucionario. Su poesía, sincera, apasionada y directa, da la impresión de una total espontaneidad; sin embargo, su manejo del idioma poético supone una elaboración artística y una alquimia verbal delicadas y originalísimas, en las que entran en mezcla sutil imágenes surrealistas y expresiones de la lengua coloquial más cotidiana.

En el «poema humano», Vallejo habla personalísimamente de sí mismo, en una especie de autobiografía patética, de hondo dolor vital, expresado en una tonalidad cómica —lo cual es una característica muy suya. El poeta cuenta el único hecho imposible de incluir en una relación autobiográfica —la propia muerte. Se encuentra solitario en un día de lluvia otoñal, acompañado solamente de todo su pasado —todo el «camino» de su vida— y proclama proféticamente su muerte futura en París, evocando ese porvenir como un hecho pretérito. En la mitad del poema, su muerte se da como ya acontecida; y el poeta, libertado de su identidad, menciona su nombre como el de un ente ajeno; manifiesta piedad por sus propios infortunios y sufrimientos y pone por testigos de ellos y de su muerte a todos los elementos que ha mencionado como circunstancias personales del momento del poema: el «jueves», «los huesos húmeros», «la soledad», «la lluvia» y «los caminos».

El segundo poema —tomado del libro *España, aparta de mí este cáliz*,[1] aparecido póstumamente en 1940— es una dramática afirmación de fe optimista en el último destino solidario de la humanidad sufridora. Está relacionado con la Guerra Civil española de 1936-1939, de la que Vallejo fue testigo en el lado republicano— y que constituyó para él una tremenda sacudida emocional. El cadáver del combatiente caído que «sigue muriendo», sin atender al ruego de individuos, millares y millones de hombres, se levanta finalmente y echa a andar, cuando la humanidad toda lo rodea.

Quizás estos dos poemas, juntos, el uno tan intransferiblemente personal y el otro tan universalmente colectivo, sean dos polos que definan con extraordinaria eficacia el arte de este gran poeta desolado y amoroso.

Vallejo murió en París quince años después de su profecía poética. Su prestigio de gran figura de la lírica contemporánea de todo el mundo de habla española se afirma día a día.

---

[1] *España, aparta de mí este cáliz*—a variation on one of Christ's utterances in the Garden of Gethsemane, the night of His apprehension: "Father, take this cup away from me" (Mark 26:42; Math. 14:35).

❧ Piedra negra sobre una piedra blanca[1]

Me moriré en París con aguacero,
un día del cual tengo ya el recuerdo.
Me moriré en París   —y no me corro—
tal vez un jueves, como es hoy, de otoño.

Jueves será, porque hoy, jueves, que proso
estos versos, los húmeros me he puesto
a la mala[2] y, jamás como hoy, me he vuelto,
con todo mi camino, a verme solo.[3]

César Vallejo ha muerto, le pegaban
todos sin que él les haga[4] nada;
le daban duro con un palo y duro

también con una soga; son testigos
los días jueves y los huesos húmeros,
la soledad, la lluvia, los caminos...

---

[1] The title of the poem refers to the ancient custom among primitive peoples of marking days with stones—white for those with happy occurrences and black for unfortunate ones. The poet marks, ambiguously, the day of his own death—still fifteen years ahead of him.

[2] *los húmeros... a la mala* I have put on my arm bones in the wrong mood

[3] *me he vuelto... a verme solo.* I have never before felt so alone.

[4] Note the intended clash of past tenses, *pegaban, daban,* with the present *haga*—the poetically "dead poet" is in reality still alive and speaking.

❧ Masa

Al fin de la batalla,
y muerto el combatiente, vino hacia él un hombre
y le dijo: «¡No mueras; te amo tanto!»
Pero el cadáver, ¡ay!, siguió muriendo.

Se le acercaron dos y repitiéronle:
«¡No nos dejes! ¡Valor! ¡Vuelve a la vida!»
Pero el cadáver, ¡ay!, siguió muriendo.

Acudieron a él veinte, cien, mil, quinientos mil,
clamando: «¡Tanto amor, y no poder nada contra la muerte!»
Pero el cadáver, ¡ay!, siguió muriendo.

Le rodearon millones de individuos,
con un ruego común: «¡Quédate hermano!»
Pero el cadáver, ¡ay!, siguió muriendo.

Entonces todos los hombres de la tierra
le rodearon; les vió el cadáver triste, emocionado;
incorporóse lentamente,
abrazó al primer hombre; echóse a andar...

8 ❧ José Rubén Romero
(1890–1952)

México es una de las naciones de América de más fuerte personalidad. Es una síntesis racial y cultural, donde se han fundido un vigoroso pasado indígena con una honda y rica herencia colonial española. Todo lo que México produce presenta ese doble carácter. Así, la obra de Rubén Romero, está, por una parte, profundamente enraizada en la tradición española, y, por otra, tiene rasgos distintivos inconfundiblemente mexicanos. Sigue la línea de la novela picaresca española de los siglos XVI y XVII —que ya había tenido en México una continuación con *El Periquillo Sarniento* (1816), de Lizardi— y consigue crear un tipo de relato que conserva, en el siglo XX, las esencias del género picaresco clásico, sin caer en la imitación anacrónica, con un espíritu completamente moderno, de nuestro tiempo. Rubén Romero es ante todo un gran narrador, espontáneo, gracioso, y natural. Atento y agudo observador de la realidad recoge ávidamente todo lo pintoresco y lo cómico que le ofrece el espectáculo de la vida, y sabe comunicarlo con ingeniosa y flagrante veracidad. La anécdota, el incidente, el chiste, la frase, que caracterizan un tipo, o un ambiente, constituyen la materia prima de sus libros. De esos sencillos materiales, hábilmente manejados, hace sustancia narrativa novelesca. Por eso, todas sus obras tienen un carácter episódico y autobiográfico. Su técnica la aprende de la picaresca clásica, principalmente de Quevedo, su gran maestro, con el que le une también su tendencia a la caricatura. Su lenguaje, sin embargo, es el de la conversación diaria, mitad culto, mitad popular, típicamente mexicano.

417

Su obra más característica y valiosa es *La vida inútil de Pito Pérez* (1938), novela en la que ha recreado el tipo del pícaro clásico, dándole nueva vida, verosímil y válida, en la sociedad de hoy. Pito Pérez se diferencia de sus prototipos españoles en que no es un personaje abstracto, simple «punto de vista» del autor. Tiene su propia personalidad, autónoma, su individualidad viva, arrancada de la realidad mexicana. Pito relata sus aventuras —o, mejor dicho, sus desventuras. La vida lo ha tratado mal desde la infancia, frustrándole todas sus posibilidades, todos sus mejores deseos. Como consecuencia, perdida la voluntad de luchar, se sitúa en una actitud de rebeldía pasiva y despreciativa ante el mundo. Rebeldía que no es revolucionaria, que no tiene propósito de reformar nada. Simplemente es una protesta integral contra la sociedad, contra el género humano, y contra la vida, por ser como son, esencialmente injustos. Este fatalismo es profundamente hispano —e indígena. Pito Pérez se ríe amargamente, corrosivamente, de todos los valores sociales —y de sí mismo. Y va recorriendo la vida como un filósofo cínico, de filosofía simple y popular, pero no por eso menos penetrante. Vagabundo derrotado y divertido pasa por las páginas de la novela cambiando constantemente de oficio, como buen pícaro: monaguillo, dependiente, mancebo de botica, buhonero, etc.

Rubén Romero, nacido en una familia acomodada de la clase media, se unió a la Revolución Mexicana de 1910. La desilusión que los resultados de ese movimiento dejaron en su espíritu fue honda. A ella quizás se deba que su novela se separe de la tendencia sociológica y revolucionaria de la novela hispanoamericana contemporánea en general, y de la novela de la Revolución Mexicana en particular. Sin embargo, en el fondo de la burla y del sarcasmo de Pito Pérez percibimos el liberalismo generoso y el reformismo sentimental del autor: el desprecio hacia los tiranos, de todas clases, la indignación ante los abusos de los poderosos, la cordialidad humana hacia los débiles y desvalidos.

La obra de Rubén Romero, por otra parte, tiene una importante nota común con toda la novela hispanoamericana contemporánea —su acentuado carácter costumbrista.

En las dos aventuras de Pito Pérez que aquí se incluyen, la personalidad del héroe, y la de su autor, se manifiestan muy claramente.

La vida inútil de Pito Pérez

«¡Pobrecito del Diablo,
qué lástima le tengo!»

PITO PÉREZ

La silueta obscura de un hombre recortaba el arco luminoso del campanario.[1] Era Pito Pérez, absorto en la contemplación del paisaje.

Sus grandes zapatones rotos hacían muecas de dolor; su pantalón parecía confeccionado con telarañas, y su chaqueta, abrochada con un
5 alfiler de seguridad, pedía socorro por todas las abiertas costuras sin que sus gritos lograran la conmiseración de las gentes. Un viejo «carrete» de paja nimbaba de oro[2] la cabeza de Pito Pérez.

Debajo de tan miserable vestidura el cuerpo, aun más miserable, mostraba sus pellejos descoloridos; y el rostro, pálido y enjuto, parecía el de
10 un asceta consumido por los ayunos y las vigilias.

—¿Qué hace usted en la torre, Pito Pérez?

—Vine a pescar recuerdos con el cebo del paisaje.

—Pues yo vengo a forjar imágenes en la fragua del crepúsculo.

—¿Le hago a usted mala obra?[3]

15 —Hombre, no. ¿Y yo a usted?

—Tampoco. Subimos a la torre con fines diversos, y cada quien, por su lado, conseguirá su intento: usted, el poeta, apartarse de la tierra el tiempo necesario para cazar los consonantes —catorce avecillas temblorosas—[4] de un soneto. Yo, acercarme más a mi pueblo, para recogerlo con los ojos antes de
20 dejarlo, quizás para siempre: para llevarme en la memoria todos sus rincones; sus calles, sus huertas, sus cerros. ¡Acaso nunca más vuelva a mirarlos!...

—Cuénteme cosas de su vida, Pito Pérez.

---

[1] *recortaba el arco luminoso del campanario*   was sharply etched on the luminous arch of the belfry
[2] *nimbaba de oro*   put a golden halo
[3] *¿Le hago a usted mala obra?*   Am I in your way?
[4] *catorce avecillas temblorosas*—a metaphor based on the fourteen rhymed lines of the sonnet.

419

—No puedo ahora, porque tengo que acudir a la cita de un amigo que me ofreció regalarme con unas copas;[5] sería un sacrilegio desaprovechar tan rica ocasión.

—Vamos a cerrar un trato: venga usted todas las tardes, y yo le pagaré su conversación, al bajar de la torre, con una botella.

—¿De lo que yo elija? ¿De coñac? ¿De champaña?... Pero no se asuste; esas bebidas son para ricos desnaturalizados que no sienten amor por nuestra patria. Imagino que los que toman esas cosas son como aquellos mexicanos que fueron a Europa a traerse a un príncipe rubio como el champaña.[6]

Hay que gastar de lo que el país produce: hombres morenos, como Juárez,[7] para que nos gobiernen; y para beber, tequila,[8] charanda o aguardiente de Puruarán,[9] hijo de caña de azúcar, que es tan noble como la uva. Le aseguro que si en la misa se consagrara con aguardiente de caña, los curas serían más humildes y más dulces con su rebaño.

—Bueno, es usted tan pintoresco que le pago cada hora de conversación con una botella de ese aguardiente de Puruarán que usted exalta tanto. ¡Así somos los hombres de malos:[10] ofrecemos un aperitivo a un hambriento, pero nunca una pieza de pan!

—¿Y usted piensa que va a divertirse oyéndome, y que mi vida es un mosaico de gracias o una cajita de música que toca solamente aires alegres? Mi vida es triste como la de todos los truhanes, pero tanto he visto a las gentes reír de mi dolor, que he acabado por sonreír yo también, pensando que mis penas no serán tan amargas, puesto que producen en los demás algún regocijo. Me voy en busca de mi generoso copero,[11] porque yo nunca

---

[5] *regalarme con unas copas* to treat me to a few drinks

[6] *aquellos mexicanos... como el champaña*—an allusion to blond Maximilian of Hapsburg (1832-1867), the Austrian archduke who, at the invitation of the conservative classes of Mexico, became Emperor of that country with the military help of Napoleon III of France. The Empire was a failure from the start, and Maximilian's reign was brief. Most of the people were hostile to him and loyal to President Juárez, who waged war against Maximilian and his French army. Eventually Napoleon withdrew his troops, and the ill-starred Emperor of Mexico, left to his own fate, was captured and shot by order of the Republican Government.

[7] *Juárez, Benito (1806-1872)*—the full-blooded Zapotec Indian and liberal statesman, who, as President of Mexico, directed the struggle against Maximilian and his foreign troops which ended with the re-establishment of the Republic (1867).

[8] *tequila* (or *mezcal*)—a liquor distilled from the leaves of the mescal cactus plant. The best mescal was once produced in the town of Tequila, in the state of Jalisco, and so its name became synonymous with the liquor.

[9] *Puruarán*—a town in the state of Michoacán, locally renowned for the quality of its brandy made from sugar cane.

[10] *Así somos los hombres de malos* We human beings are as bad as all that

[11] *copero* cupbearer. Note that this anachronistic word is used here for comic effect, playing on the word *copa* in its figurative, colloquial sense of "a drink".

falto a mi palabra de beber a costa ajena. Mañana le tocará a usted su turno, de acuerdo con lo estipulado.

Y Pito Pérez desapareció por el caracol de la torre, como un centavo mugroso por la hendedura de una alcancía.

5   Pito Pérez llegó a nuestra cita, con exactitud cronométrica. Su porte era el mismo del día anterior, luciendo además, un cuello postizo, de celuloide, una corbata de plastrón, que semejaba nido despanzurrado, y un clavel rojo en el ojal, como mancha de sangre sobre la sucia chaqueta.

El sol parecía también un clavel reventón prendido en la mantilla de 10 encajes del firmamento.

—Viene usted muy elegante, Pito Pérez.

—¡En qué forma! Ni mi madre me reconocería. Lo malo está en que no armoniza el terno con el color de los zapatos, y en que el sombrero me viene chico porque el difunto era menos cabezón que yo.[12]

15   Nombré a mi madre y comenzaremos por ella la narración que usted me ha pedido y que creo completamente inútil. Mi madre fue una santa que se desvivió por hacer el bien. Ella pasaba las noches en claro velando enfermos, como una Hermana de la Caridad;[13] ella nos quitaba el pan de la boca para ofrecerlo al más pobre; sus manos parecían de seda[14] para amor-20 tajar difuntos, y cuando yo nací otro niño de la vecindad se quedó sin madre, y la mía le brindó sus pechos generosos. El niño advenedizo se crió fuerte y robusto, en tanto que yo aparecía débil y enfermo porque la leche no alcanzaba para los dos. Este fue mi primer infortunio y el caso se ha repetido a través de toda mi existencia. Crecí al mismo tiempo que mis hermanos, 25 pero como no había recursos para costearnos carrera a los tres, ni becas para todos, prefirieron a los dos mayores; de modo que Joaquín fue al Seminario y Francisco a San Nicolás,[15] porque mi madre quería tener sacerdote y abogado. El uno para que nos tuviera bienquistos de tejas arriba, y el otro para que nos defendiera de tejas abajo. Para mí eligieron un oficio que 30 participara de las dos profesiones y me hicieron acólito de la parroquia. Así

[12] *el difunto era menos cabezón que yo*   the deceased [the one from whom I inherited it] had a smaller head than I

[13] *Hermana de la Caridad*   Sister of Charity, a nun of a Roman Catholic religious order, founded by St. Vincent Paul (1633), devoted to charitable works, especially in hospitals.

[14] *parecían de seda*   were smooth and expert

[15] *San Nicolás*—the traditional name of the University of the State of Michoacán, located in Morelia. It was originally a seminary whose patron saint was St. Nicholas.

421

vestiría sotana, como el cura, y manejaría dineros como el abogado, porque los acólitos son como los albaceas de los santos, ya que en sus manos naufragan las limosnas que se colectan a la hora de los oficios divinos. En mis funciones eclesiásticas fui cumplido y respetuoso con los curas de la iglesia. Jamás di la espalda, irreverentemente, al altar en que Nuestro Amo estaba manifiesto;[16] nunca eché semillas de chile al incensario, para hacer llorar al celebrante y a los devotos que se le acercaban; ni me oriné por los rincones de la sacristía, como los demás acólitos.

A la hora de las comidas, las gentes me veían pasar, rumbo a mi casa, vestido con la sotana roja, y comentaban emocionadas:

«—¡Ah, qué buen muchacho este de doña Conchita Gaona, tan piadoso y tan seriecito!»

¿Y sabe usted por qué no me apeaba mi vestido de acólito? Pues porque no tenía pantalones que ponerme y con las faldillas de la sotana cubría mis desnudeces hasta los tobillos. Así aprendí que los hábitos sirven para ocultar muchas cosas que a la luz del día son inmorales.

Un tal Melquiades Ruiz, apodado San Dimas,[17] era mi compañero de oficio, y además mi mentor de picardías.

Primero me enseñó a fumar hasta en el interior del templo, y después a beberme el vino de las vinajeras. Decíanle San Dimas, no porque fuera devoto del Buen Ladrón, sino por lo bueno de ladrón que era.[18]

Cierta vez vimos que un ranchero rico, de Turiran,[19] echó en el cepillo del Señor del Prendimiento[20] una moneda de a peso, después de rezar largamente, en acción de gracias, porque en sus tierras no había helado.

«—Mira, Pito —me dijo San Dimas— qué suerte tiene el Señor del Prendimiento y con cuánto desdén recibe las dádivas de sus fieles para que luego el señor cura las gaste en su propio provecho. Ya oíste que quiere hacer un viaje a Morelia[21] para comprarse, con todo lo que caiga de limosnas

---

[16] *en que Nuestro Amo estaba manifiesto*   where Our Lord was exposed [where the Blessed Sacrament or Host was on view in its monstrance]

[17] *San Dimas*   St. Dismas or Desmas, "The Good Thief." He was one of the two common criminals crucified with Christ. He did not revile Jesus and was promised by Him that he should be with Him in Paradise that day. He was included in the Rome martyrology and is therefore worshipped as a saint in the Roman Catholic Church.

[18] *no porque fuera devoto... que era*   not because he was especially devoted to the Good Thief but because he was such an expert thief himself

[19] *Turiran*—a town in Michoacán.

[20] *el Señor del Prendimiento*—an image of Jesus representing Him at the moment of His apprehension

[21] *Morelia*—capital city of the state of Michoacán. Founded as Valladolid by the first Viceroy of New Spain, it was renamed in 1828 to honor José María de Morelos, one of the heroes of Mexican Independence, who was a native of the city.

en estos días, un mueble de bejuco. ¿Qué te parece si nosotros madrugamos al cura y le damos su llegón a la alcancía?»[22]

San Dimas me convenció sin mucho esfuerzo. Él tenía cierto dominio sobre mí, por ser de mayor edad que yo y por sus ojos saltones que parecían
5 de iluminado.[23] Agregue usted a esto que mis teorías sobre la propiedad privada nunca fueron muy estrictas, y mucho menos tratándose de bienes terrenos de los santos, que siempre me imaginé muy indulgentes con los menesterosos y, además, sin personalidad legal reconocida para acusar a los hombres ante los tribunales del fuero común.
10 —¿Y la conciencia, Pito Pérez?

—La tengo arrinconada en la covacha de los chismes inútiles.

A la mañana siguiente ambos monaguillos llegamos al templo cuando apenas clareaba el alba, y mientras San Dimas encendía las velas del altar mayor para la primera misa y vigilaba la puerta de la sacristía, encaminéme
15 de puntillas hasta donde estaba el Señor del Prendimiento, y sacando un cuchillo mocho que llevaba prevenido debajo de la sotana, levanté con él la tapa de la alcancía, metiendo en ella, con mucho miedo, ambas manos. Entre las monedas de cobre, las de plata abrían tamaños ojos, asustadas, como doncellas sorprendidas en cueros por una banda de salteadores.
20 «—¡Chist!» —me hizo San Dimas desde el altar mayor al oír tintinear los centavos— y yo me asusté tanto que vi claramente al Señor del Prendimiento que hacía ademán como para atraparme. En un colorado paliacate vacié el dinero y, apresurado y tembloroso, se lo entregué a San Dimas, que salió de la iglesia como alma que lleva el Diablo.[23a]
25 Entró Nazario el sacristán, y me dijo:

«—Muévete, Pito, que ya se está revistiendo el padre[24] para la misa.»

Yo me dirigí a la sacristía mirando cómo llegaban al templo las primeras beatas, acomodándose en las tarimas de los confesionarios, para reconciliar culpas de la noche anterior.
30 El padre Coscorrón[25] estaba revistiéndose y sólo le faltaba embrocarse la negra y galoneada casulla de las celebraciones de difuntos.

Los monaguillos decíamosle el padre Coscorrón, por su carácter

---

[22] *si nosotros madrugamos... alcancía*   if we should beat the priest to it and have a crack at the alms box
[23] *que parecían de iluminado*   looked like those of a seer
[23a] *como... Diablo*   as fast as he could
[24] *que ya se está revistiendo el padre*   the priest is already putting on his ceremonial garments
[25] *Coscorrón*—the word means literally "a knock on the head with the knuckles".

iracundo y por lo seguido que vapuleaba nuestras pobres cabezas con sus dedos amarillos y nudosos como cañas de carrizo.

Salimos, pues, a celebrar el santo sacrificio, el padre con los ojos bajos, pero a cuya inquisición nada se escapaba, y yo, de ayudante, con el misal sobre el pecho, muy devotamente y orejeando para todas partes,[26] atento a notar si se había descubierto el hurto. El padre parecía una capitular de oro; yo, junto a él, una insignificante minúscula impresa en tinta roja.[27]

Cavilando en mi delito, olvidábanseme las respuestas de la misa, y para que no lo notara el padre, hacía yo una boruca tan incomprensible como el latín de algunos clérigos de misa y olla.[28] Al cambio del misal para las últimas oraciones, miré de soslayo hacia el Señor del Prendimiento y vi que el sacristán hablaba acaloradamente en medio de un grupo de beatas, que observaban con atención el cepo vacío. La mañana nos había traicionado con su luz cobarde, y cuando entramos a la sacristía, Nazario salió a nuestro encuentro y dijo con voz tan agitada como si anunciara un terremoto:

«—¡Robaron al Señor del Prendimiento!»

«—¿Qué dices, Nazario? ¿Se llevaron el santo?»

«—No, señor, ¡que se llevaron el santo dinero de su alcancía!»

«—¿En dónde está San Dimas?»— gritó el padre Coscorrón clavándome los ojos, como si quisiera horadar mi pensamiento; y tirando el cíngulo y la estola, me llevó a empellones hasta un rincón de la sacristía.

«—Pito Pérez, ponte de rodillas y reza el *Yo Pecador*[29] para confesarte: ¿Quién se robó el dinero de Nuestro Señor?»

«—No sé, padre».

«—*Hic et nunc*[30] te condeno si no me dices quién es el ladrón...»

«—Yo fui, Padre» —exclamé con un tono angustiado, temeroso de aquellas palabras en latín que no entendía, y que por lo mismo pareciéronme formidables.

El cura agarró con sus dedos de alambre una de mis orejas, que poco faltó para que se desprendiera de su sitio, y zarandeándome despiadadamente me dijo:

[26] *orejeando para todas partes*   keeping my ears cocked in all directions
[27] *El padre parecía una capitular... en tinta roja*—The padre and Pito looked like two letters of an old mass book. The priest in his golden robes recalled the large elaborate capital letter at the beginning of a chapter (*capitular*), followed by the altar boy in his red habit, like the first small letter (*minúscula*) on the line.
[28] *clérigos de misa y olla*   ignorant rural priests
[29] *Yo Pecador*—the first words of the Spanish version of the *Confiteor*, a form of prayer in the Roman Catholic Church in which confession of sins is made, before the formal confession to a priest.
[30] *Hic et nunc* (Latin)   here and now

«—¡Fuera de aquí, fariseo, sinvergüenza, Pito cochambrudo, y devuelve inmediatamente el dinero, si no quieres consumirte en los apretados infiernos!»

Cuando el padre Coscorrón aflojó un poco los dedos, dí la estampida y no paré hasta el corral de mi casa. No volví a ver a San Dimas, que se quedó con lo robado, y todo el pueblo supo nuestra hazaña porque el padre Coscorrón se encargó de pregonarla desde el púlpito:

«—Dos Judas[31] traidores robaron el templo; por caridad yo no diré quiénes son, pero uno es conocido por San Dimas, y al otro le dicen Pito Pérez»...

Lo más triste del caso fue que San Dimas pudo volver a la parroquia, rehabilitado por mi confesión. Él se quedó con el santo y la limosna,[32] como dice el viejo refrán; en cambio, yo cargué con el desprestigio, y como único recuerdo de mi vida de acólito, me quedé con la sotana roja, chorreada de cera[33] y llena de las quemaduras que le hicieron las chispas del incensario.

—Pito Pérez, nadie sabe para quién trabaja: ese San Dimas debe haber pensado que ladrón que roba a ladrón tiene cien años de perdón,[34] y que el que va por lana sale trasquilado.[35]

—No me diga usted más refranes, que cada uno de ellos puede servir de epígrafe a los capítulos de mi vida. Y me voy porque ya tengo el gaznate seco. Venga,[36] pues, el importe de la botella, que hoy lo tengo bien ganado...[37]

*   *   *

Y el amor, Pito Pérez, ¿ha sido con usted generoso, o ingrato?

—Amigo, no ponga usted el dedo en la llaga, ni miente la soga en casa del ahorcado.[38] El amor es la incubadora de todas mis amarguras, el espejo

---

[31] *Judas*—reference to Judas Iscariot, the disciple who betrayed Jesus for a price.

[32] *Él se quedó... limosna* He kept everything for himself

[33] *chorreada de cera* covered with wax drippings [from the candles]

[34] *ladrón que roba a ladrón... perdón*—a proverb meaning "it is no crime to rob a thief".

[35] *el que va por lana sale trasquilado*—another proverb whose meaning is "the swindler sometimes gets swindled".

[36] *Venga* Let's have

[37] *lo tengo bien ganado* I certainly deserve it

[38] *no ponga usted el dedo en la llaga, ni miente la soga en casa del ahorcado*—both these proverbial phrases have a meaning roughly equivalent to "don't put your finger on the sore spot" or "don't rub it in" [literally, don't mention the noose in the home of one who was hanged].

de todos mis desengaños. Ha influído en contra mía de tal manera, que otro gallo me cantara[39] si en el amor hubiera encontrado estímulo para luchar por algo o por alguien. Dicen que tira más una mujer que una yunta de bueyes; lo creo pero conmigo han ensayado las mujeres su fuerza de repulsión y no la de atracción. Aquí, en la intimidad, confieso a usted mis culpas que, 5 por otra parte, no son un secreto para nadie. Borracho y tramposo, el amor me hubiera regenerado, pero ese diosecillo[40] impertinente jamás se acercó a mí con intenciones de redimirme, sino de escarnecerme. Con sus manos de niño inocente rompió todos los resortes de mi voluntad.

¿Que voy por la vida sucio, greñudo, desgarrado? ¡Y qué importa si no 10 tengo con quién quedar bien!

¿Que no trabajo? ¡Qué más da, si nadie tiene que vivir a mi costa!

¿Quién se ha interesado por mí con algún sentimiento afectuoso? Usted mismo, a quien estoy contando mi historia, ¿se ha preocupado por conocerme, por estudiarme con alguna indulgencia? No, usted quiere que yo le 15 cuente aventuras que le hagan reír: mis andanzas de Periquillo[41] o mis argucias de Gil Blas.[42] Pero, ¿ya se fijó usted que mis travesuras no son regocijadas? Yo no soy de espíritu generoso, ni tuve una juventud atolondrada, de esas que al llegar a la madurez vuelven al buen camino y acaban predicando moralidad, mientras mecen la cuna del hijo. No, yo seré malo hasta el fin, 20 borracho hasta morir congestionado por el alcohol; envidioso del bien ajeno, porque nunca he tenido bien propio; maldiciente, porque en ello estriba mi venganza en contra de quienes me desprecian. Nada pondré de mi parte para corregirme. Solamente los cobardes ofrecen enmienda, o se retractan, y yo no haré ni una ni otra cosa. La humanidad es una hipócrita que 25 pasa la vida alabando a Dios, pretendiendo engañarlo con el Jesús en los labios[43] y maldiciendo y renegando sin piedad del Diablo.

¡Pobrecito del Diablo, qué lástima le tengo, porque no ha oído jamás una palabra de compasión o de cariño! Los hombres son realmente aburridos, insoportables. Cuando se dirigen a Dios, lo hacen con fórmulas escritas para 30

---

[39] *otro gallo me cantara*—a proverbial phrase meaning "it would be a different story".

[40] *diosecillo* the little god. The god of love, Eros in Greek mythology, who in later times, and especially as the Roman Cupid or Amor, was represented as a child.

[41] *Periquillo*—a reference to the hero of *El Periquillo Sarniento*, a well-known picaresque novel by the Mexican writer, José Fernández de Lizardi (1776-1827).

[42] *Gil Blas*—the main character of *Gil Blas de Santillane*, a novel in the manner of the Spanish picaresque tradition, by the French writer, Alain René Le Sage (1668-1747).

[43] *con el Jesús en los labios* with the Lord's name on their lips. The utterance of God's name is not considered profane by Spanish Catholics, unless irreverence is implied.

cada caso: *Ayúdanos, Señor, danos el pan de cada día; ¡ten misericordia de noso-tros¡*...[44] Para librarse del dolor ocurren a Dios, como al dentista; pero para la disipación, buscan vergonzosamente al Diablo y se anegan en todas las delicias del pecado, sin que Satanás oiga alguna vez un ¡gracias, Diablo mío!
5 Por el contrario, aun tiene que escuchar cómo los hombres, después del goce prohibido, dan gracias a Dios por el placer que obtuvieron.

Yo no sé que Fausto agradeciera al Diablo[45] la juventud, el amor y el dinero que recibió de sus manos.

El Diablo habita en círculos de sombras, luchando contra el odio y la
10 envidia, ajeno a toda caricia, a todo sentimiento de ternura.

El Diablo no conoció calor de madre; Jesús nació de una virgen toda pureza, toda amor.

El Diablo pudiera odiar el mal y amar el bien, pero no es dueño de su albedrío: él fue condenado a amar el odio y a odiar el amor, y jamás romperá
15 su destino.

Jesucristo murió una sola vez, con todos los dolores humanos; el Diablo padecerá, por los siglos de los siglos, sus suplicios y los que Dante le inventó.[46] ¡Pobrecito del Diablo, qué lástima le tengo!...

—Pito Pérez, perdone que interrumpa sus disquisiciones diabólicas,
20 pero estoy ávido de saber cómo fueron sus éxitos y sus desastres amorosos.

—Pues bien, ya que usted se empeña, voy a contarle de qué manera el amor se ha burlado de mí, pero no espere hallar idilios engarzados en hilos de luna, con cartas extraídas de algún libro de Lamartine o de Víctor Hugo.[47] Mis amores fueron de pueblo,[48] vulgares.... Yo tuve un tío con tienda en la
25 plaza, perilla a la Napoleón III,[49] sombrero de copa y más tonto que el puño

---

[44] *Ayúdanos, Señor,... de nosotros!*—expressions taken from common prayers.

[45] *Yo no sé que Fausto agradeciera al Diablo*   I never heard of Faust thanking the devil. Faust or Faustus was, in German legend, a learned doctor who made a pact with the devil by which he surrendered his soul in exchange for youth, knowledge, and magical power. The best known literary treatment of the subject is Goethe's *Faust.*

[46] *los que Dante le inventó*   those which Dante invented for him. The great medieval Italian writer, Dante Alighieri (1265-1321), in his *Divina Commedia,* gives a full and very imaginative description of the tortures of Hell.

[47] *de Lamartine o de Víctor Hugo*—Alphonse de Lamartine (1790-1860) and Victor Hugo (1802-1885), two of the outstanding poets of the French Romantic School.

[48] *de pueblo*   of the small-town type

[49] *perilla a la Napoleón III*—the style of moustache and goatee worn by Louis Napoleon Bonaparte (1808-1873), the nephew of Napoleon I, who became the Emperor Napoleon III of France. For some time, the style was fashionable all over the world.

de un paraguas.⁵⁰ Discúlpeme usted si paso por alto algún otro detalle de su filiación.

Mi madre Herlinda habló con mi tío para que yo entrara a su tienda como dependiente. Él accedió después de largarme una filípica¹ sobre la honradez, insinuando que la mía andaba en tela de juicio² desde el robo al Señor del Prendimiento, y agregó algunas consideraciones sobre el mérito y las ventajas del abstemio. Fui a la tienda dispuesto a ser más honrado que San Dimas, el auténtico, y a no ingerir sino lo preciso para mantener incorrupto el cadáver de mi última esperanza.

Mis propósitos de honradez duraron hasta que supe que mi tío asignábame por único salario la comida, no muy abundante, por cierto.

El trabajo era duro: hacíame poner en pie a las cinco de la mañana y caer rendido a las once de la noche. En cuanto a la bebida, me las compuse de manera de estar chupando todo el día, en las propias barbas³ de mi tío, asegurando que lo que tomaba eran medicamentos que surtía en la botica, y para corroborar mi dicho,⁴ envolvía el pomo en papel oscuro y le pegaba las tibias y la calavera con que suelen señalarse las substancias venenosas.

Para que el olor no me denunciara mezclaba al aguardiente algunas gotas de esencia de clavo.⁵

Consumía diariamente una botella de tal medicina, recordando a los enfermos de Urapa,⁶ en donde puse de moda tan original terapéutica.

Por las noches las cucharadas se me subían a la cabeza y yo veía la tienda menos oscura y con ojos de piedad a los marchantes, al grado de que hacía correr en su favor el fiel de las balanzas. Los muy ladinos lo notaron y hacían cola para surtir sus despensas momentos antes de cerrar «El Moro Musa»,⁷ que era el nombre de nuestro establecimiento.

Mi tío tenía varias hijas, tan diferentes entre sí como si hubieran sido de padres distintos: altas y rubias, morenas y bajas. Llamábase Chucha la más

---

⁵⁰ *más tonto que el puño de un paraguas* sillier than a goose, as stupid as they come
¹ *después de largarme una filípica* after giving me a lecture
² *andaba en tela de juicio* was considered debatable
³ *en las propias barbas* under the very eyes
⁴ *mi dicho* what I had said
⁵ *esencia de clavo* oil of cloves. It has antiseptic and medical properties and is used as a local anesthetic for toothaches.
⁶ *Urapa*—a town in Michoacán where Pito served as a pharmacist's apprentice.
⁷ *"El Moro Musa"*—Muza was the name of the Arab governor of North Africa who directed the first stages of the Mohammedan invasion of Spain (711). His name became proverbial in Spanish legend. The Mexican people show great imagination in the choosing of names for stores, sometimes picking very unlikely ones.

tostada de color; parecía una monita traviesa, sombreada de vellos,[8] y con unos dientes de ratón, blancos y menuditos.

Aprovechando la circunstancia de que mi tío dormía las siestas, entraba Chucha al almacén, sonreíame coquetonamente y acercábase a «don Prudencio»,[9] del que extraía sus dos o tres monedas de plata. Ella decía que tal contribución era para los pobres de la Conferencia,[10] pero yo notaba que Chucha era la más bien vestida de mis primas y que nunca le faltaban cintas finas de vistosos colores en el pelo.

Después de las sonrisas vinieron las conversaciones y las preguntas sobre los secretos de mi vida.

El amor volvió a alcanzarme con una de sus flechas envenenadas, pero esta vez tuve el atrevimiento de confesarlo al objeto de mi pasión, aunque en un sitio desprovisto de toda poesía: en la trastienda, oliente a tabaco mije y a sobrón revenido.

Con voz queda y temblorosa formulé mis amantes querellas:

«—Acércate, Chucha, yo te quiero...»

«—¡Yo también te quiero, Pitito!»

Una tarde, atrenchilada con un tercio de salvado,[11] intenté darle un beso. Ella retiró con presteza su boca y la mía le hizo cosquillas en el oído.

«—¿Te duele alguna muela? Hueles a esencia de clavo».

¡A esencia de borracho debí olerle, según la rapidez con que retiró su boca de la mía!

Mis manifestaciones de cariño hacia Chucha y mis sacrificios por ella aumentaron copiosamente: le guardaba las monedas de plata más nuevas que caían al cajón del dinero; compré un cepillo de dientes; reduje las cucharadas de alcohol a cucharaditas cafeteras, y no volví a rogarle que cuidara de la tienda cuando yo necesitaba visitar los apartados y malolientes rincones de la casa. ¡Oh, amor gozoso, pleno de abnegación!

La enfermedad fue acentuándose hasta convertirse en un serio peligro, sobre todo para la estabilidad económica del negocio. A Ruperto «El Ocote», quien tenía reputación de buen carpintero, le abrí trato para que me hiciera una cama de matrimonio, ancha y resistente, a cambio de clavos, cola

---

8 *sombreada de vellos*   covered with a shadowy fuzz

9 *don Prudencio*—a name for the cash drawer. Rubén Romero's pun is based on the literal meaning of the proper name Don Prudencio (Mr. Prudence).

10 *la Conferencia*—a lay Catholic organization under the advocacy of St. Vincent Paul (1576-1660), devoted to charitable works among the poor.

11 *atrenchilada con un tercio de salvado*   having cornered her behind a bag of bran

y demás materiales de su oficio, de los que nosotros teníamos en existencia. Preguntóme «El Ocote» con curiosidad:

«—¿Por qué quieres el catre tan fuerte? ¿Es que te vas a casar con doña Justina, la del mesón, que pesa once arrobas?»

Yo deseaba un lecho muy amplio para dormir a respetable distancia de 5 la que iba a ser mi esposa, a fin de que no se diera cuenta de los olores de mi aliento, perfumado con tequila, mezcal, charanda y todas las esencias finas de la casa.

Decía a Chucha, poniéndome serio:

«—¿Cuándo me das las medidas de tu ropa para mandar hacer las 10 donas?...»

Noche a noche proponíame hablar con mi tío para ponerlo al tanto de mis relaciones con su hija y pedirle su venia para el casorio; pero al hallarme en su presencia faltábame valor, impresionado por su perilla que le daba aspecto de retrato antiguo. En vista de que los días pasaban y no tenía valor 15 de enfrentarme con aquella trinidad ingénita, compuesta por mi tío, mi patrón y mi suegro, decidí comisionar a don Santiago, nuestro vecino, para que, según costumbre en nuestra tierra, pasara a pedir la mano de Chucha. Don Santiago era un solterón rico y respetado, calvo y ventrudo como la mayoría de los ricos de pueblo.[12]
20

Don Santiago escuchó atentamente mi súplica y se hizo repetir[13] varias veces el nombre de aquella que iba a pedir:

«—Chucha, ¿no?, esa vivaracha, muy cantadora.»

La noche que convinimos presentóse don Santiago a la petición de mano, muy limpio y rasurado y con su bastón de puño de cuerno en la diestra. En el 25 colmo de la emoción olvidé mis propósitos de temperancia y, a boca de frasco,[14] empiné no menos de un cuartillo de mezcal.

Estirando las orejas rumbo a[15] la sala, me pareció que la conversación tomaba un giro de cordial entendimiento. Hasta la tienda llegaban las risas de don Santiago y las de mi tío, cascadas y campanudas como de actor viejo. 30 Llamaron a Chucha para que interviniera en aquella conferencia tripartita.

«Ahora le estarán preguntando si me quiere —pensaba yo— sufriendo de gozo;[16] ahora, responderá ella tímidamente que sí; ahora le estarán

---

[12] *ricos de pueblo*   small-town rich men
[13] *se hizo repetir*   had me repeat [for him]
[14] *a boca de frasco*   directly from the bottle
[15] *Estirando las orejas rumbo a...*   pricking my ears in the direction of...
[16] *sufriendo de gozo*   suffering from sheer pleasure

diciendo los padres, como es costumbre, aunque no sea cierto, que la dejan en libertad para elegir esposo y le recordarán que en su casa no carecerá de cosa alguna, por si quiere desistirse del matrimonio; ahora, estarán señalando un plazo discreto para la boda»; y como si la realidad obedeciera a mis pen-
5 samientos, oí la voz de don Santiago que se despedía, dando las gracias, y vi entrar en la tienda a mi tío, sonriente y satisfecho.

«Me va a decir algo cariñoso —pensé un poquillo cortado— me va a abrazar»; pero fuese rumbo al comedor, con una botella en la mano, sin decirme cosa alguna.

10 Después de cerrar la tienda salí a buscar todo anheloso a don Santiago, a quien hallé sentado en un equipal en la puerta de su casa y muy satisfecho, fumando un puro.

«—¿La dieron, don Santiago?»

«—¡La dieron, hijo, la dieron!»

15 «—¿Y qué plazo para la boda?»

«Ninguno. Pero debo advertirte una cosa, de poca importancia, esperando que no te molestará. Pedí la mano de Chuchita para mí, reflexion-ando que eres muy joven para echarte a cuestas semejantes obligaciones.» Y levantándose del equipal don Santiago me dio las buenas noches muy fino,[17]
20 y con la puerta en las narices.

Cuando regresé a acostarme, todos los frascos de la tienda temblaron; las botellas tuvieron temor de ser violadas, los barriles creyeron llegada su última hora, hasta que, al fin, Baco[18] se compadeció de mí y me durmió en sus brazos como en los de un padre cariñoso.

25 En los días siguientes Chucha se hizo la desentendida, rehuyendo hablar de aquella cosa sin importancia. Entraba a la tienda, extraía los tostones del cajón del dinero y salía enseñándome como antes, sus dientes blancos de monita inconsciente y traviesa.

Pocos días después de la petición de mano, dijo mi tío que iría a Morelia
30 al arreglo de algunos negocios y que yo quedaría al frente del estableci-miento. Gozando de aquella libertad y del producto de las ventas, organicé bailecitos en los barrios apartados y comencé a fiar mercancías sin apuntarlas en ningún libro para no caer en la pichicatería de todo comerciante. Dios había tocado mi corazón y sentía, por primera vez, el regocijo de ser
35 generoso con los necesitados. Los tramos de la tienda a medio vaciar,

---

17 *muy fino*   very politely
18 *Baco*   Bacchus, in Greco-Roman mythology the god of wine, identified with Dionysus.

hablaban muy alto de mi desprendimiento, y yo miraba desaparecer sin dolor los bienes terrenales, embriagado por el deífico ejercicio de dar, o por el alcohol que ingería devota y abundantemente.

Regresó mi tío de su viaje, y al mirar los armazones destartalados, frotóse las manos satisfecho.

«—¿Qué ocurrió con las mercancías? ¡Por lo que veo, vendiste mucho!»

«—Se han vendido, tío.»

El amo encaminóse derechamente al cajón de las ventas,[19] y al hallarlo vacío pregunto con cierta inquietud:

«—¿En dónde está el dinero?»

«—Se acabó en dar vueltos, señor»—, contesté modestamente, intentando ocultar mis buenas acciones porque, como dice la Biblia: *que no sepa tu mano izquierda lo que da tu derecha.*[20]

Mi tío no quiso hacerse cargo del mérito de mi conducta, y temblándole de rabia la perilla, hecho un basilisco, corrióme injustamente de su casa. Yo salí de ella *omnia mecum porto,*[21] como hubiera dicho el padre Coscorrón.

Dí a Chucha por muerta, y cuando su recuerdo me importuna, aun ahora que ya es madre de muchos hijos, me visto con una levita negra y un sombrero de copa muy deteriorados, y voy al cementerio a llevarle flores, que deposito en una tumba imaginaria.

Sé que Chucha se molesta cuando las amigas le dicen que Pito Pérez le lleva coronas a su sepultura. En cuanto a don Santiago, me ve pasar con ojos entristecidos por la envidia y murmura en voz baja: «¡Lástima que no sea verdad tanta belleza!»[22]...»

* * *

Pito Pérez no volvió más a la torre, dejó trunco su relato, entretenido quizá en atisbar por el ojo de las botellas, con la ilusión de descubrir en su fondo otro mundo más generoso. ¿Lograría sorprenderlo, tras el claro cristal del vino? ¡Tal vez! Y por eso le vimos rodar de tienda en tienda, con los zapatos hechos trizas y la melena sucia, coronada de flores...

---

[19] *el cajón de las ventas*   the cash drawer. In rural communities in Mexico, the old box under the counter is still widely used in stores.

[20] *que no sepa tu mano... tu derecha*—a cynical quoting of the Sermon on the Mount (Math. 7:3).

[21] *omnia mecum porto* (Latin)   carrying with me everything I had. [He had nothing]

[22] *¡Lástima que no sea... belleza!*   If it were only so! [If only she were really dead!]

9 ❧ *Arturo Capdevila*
(1889-   )

Este escritor, uno de los valores de la literatura Argentina contemporánea, se distingue por su flexibilidad para expresarse en los más diversos géneros literarios. Poeta, dramaturgo, y prosista, en todas las formas ha sobresalido, y hoy es un valor reconocido en las letras hispánicas.

Como prosista, una de sus formas favoritas es el ensayo, tanto sobre impresiones como sobre ideas. Sus ensayos sobre temas del pasado argentino son de una delicada intensidad evocativa, y han contribuído mucho a su prestigio literario. Otro tema favorito de Capdevila es la lengua; y en esto, además de una preocupación personal, expresa una nota típica de la cultura hispanoamericana. El idioma de Castilla, extendido por un vasto continente, denominador común —tal vez el más fuerte— de un numeroso conjunto de naciones independientes, pero unidas por el mismo origen y la misma tradición, ha preocupado siempre a los espíritus pensantes de la América española. Algunos de los más insignes gramáticos y estudiosos del idioma han sido hispanoamericanos. La herencia espiritual hispánica representada por la lengua castellana ha contado siempre en América con defensores, atentos y vigilantes, de la unidad del instrumento de expresión común, que sabían que en esa unidad reside la fuerza cultural y el destino universal de los pueblos de

433

la amplia familia hispana. Uno de esos defensores es Arturo Capdevila, paladín del patrimonio lingüístico en su país, que ha puesto al servicio de esa causa —que él siente apasionadamente— la fina gracia y la nobleza castiza de su viva prosa de ensayista.

Entre las obras en que se ocupa de este tema, destaca *Babel y el castellano* (1928), libro que hoy ya tiene un valor ejemplar, clásico, y del que procede el ensayo que aquí incluímos.

Tiene especial significado el que la voz de Capdevila se levante en la Argentina, Babel lingüística, país inundado por el aluvión políglota de la inmigración europea. Y también es interesante que esa voz no sea la de un académico, sino la de un artista; que se alza para predicar, en prosa noble y pura, el evangelio de la unidad de expresión con los pueblos hermanos contra el suicida localismo dialectal. Y al frente de su obra pone este lema: «Un orgullo ha dictado este libro argentino: el de hablar castellano. Y una cosa querría patrióticamente el autor: comunicar este orgullo a toda la gente que lo habla.»

Aparte de su indiscutible mérito literario, estos ensayos sobre el problema del idioma tienen el interés de que expresan esa preocupación, permanente, de la vida cultural de Hispanoamérica. Lengua y raza son en ella temas constantes de análisis, debate, y controversia. Y ambos temas indican una profunda conciencia de unidad. A la profecía de Vasconcelos sobre la raza podría unirse la de Capdevila sobre la lengua: «Por el idioma común puede aun volverse hermosamente solidario el destino de América».

❧ Babel¹ y el castellano

En Castilla

> *Seréis liberal principalmente en esta*
> *mercancía² en que con la liberalidad*
> *no se desmengua el caudal.*
> (DIÁLOGO DE LA LENGUA.)

I

S in duda: Alá está en todas partes, pero hay que ir a la Meca;³ Jesús por
doquier es adorado, pero hay que ir a Belén; nuestro idioma está vivo y
ágil, acá y allá, en un continente entero y en los puertos del Oriente próximo,
y en las islas del remoto Oriente; pero conviene ir a Castilla.

5   Conviene ir a Castilla, siquiera sea para⁴ preguntarse, contemplando sus
dilatados ocres y su amarillez infinita, si tales tierras no serán como son por la
particular botánica que el destino les tenía señalada; que en ellas, tan secas y
de apariencia tan torva, se levantase y creciese gigantesco el árbol —mejor
diríamos, el bosque— de un gran idioma; tan grande, que a su sombra

---

¹ *Babel*—according to the Bible, a city in the land of Shinar where Noah's descendants, all of whom
spoke the same language, tried to build a tower to reach heaven. For this presumption their words were
made incomprehensible to one another (*Gen.* 11: 1-9). Today the word stands for any place where many
tongues are spoken. Buenos Aires (like New York) with its multilingual population is a modern Babel.

² The merchandise referred to is the language. The quotation is taken from *Diálogo de la lengua* (1535?),
written by the Spanish theologian and reformer, Juan de Valdés (c. 1500-1541). He was one of the best
Spanish stylists and prose writers of the sixteenth century. The *Diálogo* deals at length with the aesthetics
of the Castilian tongue. It was the first study of this type of any modern language and one of the most
brilliant linguistic treaties ever written.

³ *Meca* Mecca, the birthplace of Mohammed the Prophet, and the holiest city of Islam. It is the chief
goal of Moslem pilgrimages, since every Mohammedan must go to Mecca once in his life if he can.

⁴ *siquiera sea para* even if it is only to

435

vivirían numerosos pueblos. ¡Y tantos![5] No ha mucho, se calculaba en ochenta y cinco millones la cifra de los que hablamos castellano por haberlo recibido en la materna leche. Ahora, la cifra debe rectificarse y ser elevada a más de los noventa millones. El castellano está triunfante en el mundo, y es una de las mayores fuerzas del espíritu sobre la tierra. 5

Castilla es la tierra santa de este portento. Por esto, al menos, es muy buena cosa que todos vayamos alguna vez a Castilla, y aun[6] que recorramos toda España, pasando de una a otra zona semántica, distinguiendo y apreciando éste y este otro[7] matiz. Es de por sí una fiesta espiritual. Por mi parte, en nada miento si digo que lo más placentero de todo mi viaje por España fue 10 sentirme sumergido en esa atmósfera plena del idioma. Yendo a Castilla, tuve de seguro mi Meca y mi Belén.

Pueblos sobre pueblos se agolparon en España, pensaba: fenicios, celtas, iberos; turdetanos y cántabros; griegos, cartagineses y romanos; godos y árabes, para que se formase esta lengua de Castilla. Armas y carros de todos 15 los grandes pueblos de la antigüedad araron, por así decirlo, las comarcas españolas, y sangre, sudor y lágrimas de todos ellos las regaron. En el siglo VIII todavía se hablaba en la Península griego, caldeo, hebreo, cántabro, celtíbero, latín, árabe, y la naciente lengua provenzal. Castilla entretanto, recogía en su atmósfera el verbo y el eco de tantas y a veces tan enemigas 20 gentes, y por sobre los azares y las mudanzas de la fuerza iba aparejando una armonía nueva y una honda y pacífica razón de solidaridad.

Ni tuvo ni tiene ahora mismo Castilla otro designio que el dicho: aparejar una armonía nueva y una honda y pacífica razón de solidaridad. Ahora mismo nos da, por obra de la identidad de lengua, la más perfecta razón y 25 el más viviente motivo para una solidaridad hispanoamericana.

No veo manera de negarlo, ni hallo para qué se haría: españoles e hispanoamericanos formamos una sola familia. Nada más pedantescamente vano que alzarse contra los hechos de la naturaleza; alzamiento que, por esta vez,[8] se dirigiría contra un hecho magnífico. La familia hispanoamericana 30 existe. Que esté desorganizada, nada arguye.[9] El tiempo se encargará de su organización, aunque nadie sepa cómo.

Y ahora recuerdo lo en que 1924 me aconteció en París, por la época

[5] *¡Y tantos!*   And they are so many!
[6] *y aun*   and also
[7] *éste y este otro*   this and that
[8] *por esta vez*   in this case
[9] *nada arguye*   doesn't mean anything

precisamente en que más se embraveció la guerra hispanomarroquí.[10]
Íbamos mi mujer y yo, hablando, naturalmente, en castellano, cuando por
la misma calle, y en la misma acera, nos dimos de manos a boca con un moro de
los que a la sazón estaban en paz con Francia. «¡Mira el moro!» Y lo miramos
5 con entusiasta interés. Vestía sus blancas vestiduras nacionales. Su rostro era
de un óvalo bellísimo. Tan garrida como militar, su apostura. Renegrida la
barba; feroces los ojos. ¡De confundirlo con[11] el propio rey Schahriar, de *Las
mil y una noches!*[12] Era, con toda seguridad, un valiente, y merecía, sin
ninguna duda, toda la admiración de las personas justicieras.
10   ¡Ah! ¿Sí? Pero no es fácil olvidar el brusco movimiento de aquel
hombre al oírnos hablar castellano. No es fácil tampoco olvidar la mirada de
odio que nos dirigió. Nuestro entusiasta interés hacia él hubo de parecerle[13]
hostilidad y provocación. Por un momento, se hubiera dicho que ya se
volvía a colmarnos de injurias. Lo cierto es que se paró, y que su mirada nos
15 hundió en el desprecio. Éramos sus naturales enemigos, y no lo quiso disimular. Por lo demás, ¿no entraba la noche, tan propicia para los rencores de
un moro?
        Seguramente, de oír nuestras explicaciones, el moro hubiera depuesto
su furia; pero bien se echa de ver que fue una suerte que esto pasase como
20 pasó, en pleno centro parisiense, junto a la plaza de la Concordia.[14] Nos
habríamos entendido finalmente con el musulmán. Pero esto hubiera sido lo
largo. Lo corto, de no haber vigilancia, habría sido el incidente inevitable.
        Con todo, y tope donde tope, no faltará quien siga llevándose por
delante la verdad natural de las cosas.[15]

---

[10] *la guerra hispanomarroquí*—Spain's historical interests in North Africa were recognized by the
Algeciras Conference (1906). In 1912, by virtue of the Treaty of Fez, the Sultan of Morocco accepted the
official protectorate of France and Spain over his territories. A strong threat to Spanish rule was posed in
1920-1921 by the revolt of Abd-el-Krim, a Spanish-educated native official of the protectorate admini-
stration who led the insurrection of the Riffian tribes and wiped out a poorly organized and ill-equipped
Spanish army. Driven back into the mountains, he attacked again in 1924, reaching the walls of the
sacred city of Tetuán. The next year he advanced into the French zone and overran the French forces,
endangering the main bases of their protectorate. Finally, in 1926, combined French and Spanish troops
defeated him. Compelled to surrender, Abd-el-Krim was sent into exile on the Island of Reunion.
[11] *De confundirlo con...* He could be mistaken for . . .
[12] *Schahriar, de «Las mil y una noches»*—the Sultan whose bloody decree that each of his brides should
die on the morning following her wedding was averted by Scheherazade, the vizier's artful daughter.
She kept him so interested telling him stories for 1,001 nights that he finally revoked his order. The
tales, known as *The Thousand and One Nights* or *Arabian Nights*, were probably collected in Cairo between
1400 and 1550.
[13] *hubo de parecerle*   undoubtedly seemed to him
[14] *plaza de la Concordia*   Place de la Concorde, one of the largest and most beautiful squares in Paris.
[15] *Y tope donde tope,... de las cosas*   There will always be people who blindly disregard the facts and
choose to ignore the obvious truth of the matter

II

De otro lado, una vez más se podrá repetir con provecho, que atender al idioma es atenderse uno mismo; y conservarlo puro, cuidar de la propia identidad psicológica; sin contar aún con que el amor al idioma es una forma —la más bella, porque da frutos de arte— de la fidelidad con la patria. ¿O todavía habrá quien crea que nada nos va[16] en cuidar la salud y la vida de 5 la palabra, y nada en velar por el destino ulterior de una lengua? También para entender cumplidamente estas cosas es bueno llegarse a Castilla.

El mismo Sarmiento,[17] que en 1846, esto es, a los treinta y cinco años de su edad, visitara a España con el terrible designio de «andarle con los dedos sobre las llagas», o sea «con el santo propósito de levantarle proceso verbal 10 para fundar una acusación» que, como fiscal reconocido, «tenía de hacerle ante el Tribunal de América»; el propio Sarmiento, que así decía aprestarse solamente a tan áspera clínica y a tan agrio alegato, también declara que se propone estudiar en el Reino los métodos de lectura y ortografía «y cuanto a la lengua dice relación». 15

No puede menos de interesarle profundamente España. En las calles de Burgos,[18] apenas apeado de la diligencia, no sabe sustraerse al encanto de la ciudad, bien que la llame después montón de ruinas. Es de noche. Burgos duerme. Su catedral está soñando. Por las calles vacías va y viene con su linterna la sombra del sereno. Sarmiento recorre la ciudad que duerme y 20 recorre la catedral que sueña. No sabe qué le pasa... Los gendarmes se dirigen a él por la extrañeza de su persona, y él traba diálogo con ellos. Habla, oye, se escucha, pone el oído a los ecos del aire y a las resonancias del alma. Él no dice nada de esto. Enfurruñado con España, se guarda bien de

---

[16] *nada nos va* we have nothing at stake

[17] *Sarmiento, Domingo Faustino (1811-1888)*—Argentine writer, statesman, orator, and journalist. By word and action he exerted a strong influence not only on his own country but on all South America during the crucial formative period after the achievement of independence. His feelings were rather hostile to the former mother country, but his personality was unmistakably Hispanic and he was a staunch defender of Argentina's cultural heritage.

[18] *Burgos*—a city in the north of Old Castile. Founded c. 885, it was the seat of the County of Castile, under the hegemony of the Kings of Leon. Later it became the capital of the independent kingdom of Castile under Fernado I (1037). Its cathedral is one of the finest Gothic buildings in Europe (1221). Burgos began to lose its importance when the residence of the Kings of Castile was transferred to Toledo in 1087.

confesarlo. Pero imposible es que tal escritor de raza como él fue, no percibiera en Burgos un misterio muy grande y muy hondo, el de la fuente del idioma, en esa tierra del Cid,[19] en esa tierra de los primeros versos del romance:

5
> *E él a las niñas tornólas a catar.*
> *A Dios vos acomiendo, fijas,*
> *e a la mugier, al Padre spiritual.*
> *Agora nos partimos, Dios sabe el ajuntar.*[20]

No. Sarmiento va a estudiar también «cuanto a la lengua dice relación».
10 Y lo hace desde que entra en España. No importa que en la diligencia de los ocho pares de mulas vaya mano a mano con un súbdito francés, denigrando «al país de los buenos godos». (¡Y por qué motivos! Porque las mulas llevan moños encarnados y grandes plumeros rojos, y rapacejos, borlas y campanillas...) Lo cierto es, aunque él no lo refiera, que apenas oye una ex-
15 presión castiza, corta la charla con el francés, y escucha y atiende. Igual cosa le acontecerá en Madrid. Por más que la fiesta de los toros lo fascine —¡y lo fascinó!— anda muy ocupado en la corte viendo si abundan o no en los últimos libros los arcaísmos apolillados.

Así ama al idioma. ¿Y cómo sería de otro modo? Junto con el relato de las
20 primeras batallas de la libertad, oyó referir, de niño, los heroicos hechos de las invasiones inglesas.[21] ¿No lo sabía de sobra Sarmiento? Cuando en Montevideo comenzóse a publicar aquella hoja bilingüe de *La Estrella del Sur*,[22] se definió netamente en el Plata la sensación de un insoportable oprobio. Ni

---

[19] *el Cid*—El Cid was lord of Vivar, today a hamlet a few miles to the north of the city of Burgos.

[20] These lines belong to the *Poema del Cid* (c. 1140), the great Castilian epic poem by an unknown author, which deals with the life of the renowned medieval hero. They appear in *Cantar*, I, 18, lines 15-19. In modernized Spanish they read:
> «Y él volvió a mirar a las niñas
> —A Dios os encomiendo, hijas,
> y a mi mujer, al Padre espiritual.
> Ahora nos separamos, Dios sabe cuándo nos volveremos a juntar».

[21] *invasiones inglesas*—in 1806, the British attacked the Spanish possessions in the River Plate. Admiral Sir Home Popham landed 1,600 men under General Beresford at Buenos Aires, but a hastily organized colonial militia under Santiago Liniers defeated the invading force and compelled Beresford to surrender. The next year the attack was renewed, on a much larger scale, under General Whitelock. Again the Creoles led by Liniers forced the English to surrender, putting an end to the attempted invasion.

[22] *La Estrella del Sur*—during the invasions of 1806 and 1907, on the heels of the British Army, came several hundred English merchants, who issued this bilingual newspaper as an organ for propaganda.

439

poco ni mucho les valiera a los gacetilleros británicos pregonar en su hoja las excelencias del liberalismo económico inglés frente a las aberraciones del monopolio mercantil español. Montevideo y Buenos Aires querían todas las franquicias del liberalismo económico..., pero en castellano. Aquellos criollos, cualesquiera que fuesen sus ideales políticos, renegaban de ellos, si 5 habían de hallarlos en ese texto bilingüe... Se ve muy claro. Cuando tales hechos mueven a la rebelión y cuando tales cosas se defienden con la espada y el fusil, señal segura de que están en juego muy grandes riquezas del alma.

Y Sarmiento, lo quisiese o no, era, respecto de muchas cosas, en esa España que recorría enfurruñado, un español entre los españoles... 10

III

Sarmiento entró en España yendo de Francia, y harto sabía cuánto se amaba en la tierra de Hugo[23] la buena expresión de las ideas. París era la nueva Roma del mundo latino. Las letras habían vuelto a ser augustas. También sabía Sarmiento, empapado de historia, que dondequiera que se vio un gran monarca, allí se atendió a la salud y lozanía de la palabra; y que dondequiera 15 que se alzó un pueblo excepcional, pronto para un excepcional destino, allí el cultivo del idioma se pareció demasiado a un culto; lo sabía, bien que pudiera momentáneamente olvidarlo en polémica con Bello.[24]

Y cierto es. Dondequiera que hubo un gran rey en la tarea de labrar la efectiva grandeza de su nación, viósele propender a la pureza del idioma. 20 Pero, sin salir de la vecindad pirenaica, bastará que hablemos de Luis XIV,[25] el rey amante de las letras y de las bellas formas literarias. Luis Bertrand[26] nos le muestra, en el hermoso libro que le dedicara, tan ocupado en salvar a Francia del *león* y del *águila*[27] como de promover el mayor brillo de su literatura. Amaba el arte del bien decir. Si se enamora de la feúcha María 25 Mancini,[28] es porque ésta habla como ninguna. El encanto de la conver-

---

[23] *Hugo, Victor (1802-1885)*—French poet, dramatist, and novelist of the Romantic school, known for his richness of expression.

[24] *Bello, Andrés (1781-1865)*—a great South American intellectual leader, born in Venezuela, who won renown as a writer, an educator, a diplomat, and a philologist. A defender of the Hispanic linguistic tradition, he is the author of a *Gramática de la lengua castellana* (1847), which is still a standard work of reference.

[25] *Luis XIV* King of France

[26] *Luis Bertrand (1866-1941)*—French writer, author of an outstanding biography of Louis XIV of France, published under the title *Louis XIV* in 1924.

[27] *el león y el águila*—the English lion and the Austrian imperial eagle

[28] *María Mancini* Marie Anne Mancini, duchesse de Bouillon (1649-1714). She was a court favorite who had a literary salon in Paris and whose intelligence and wit were very celebrated.

sación le hace caer más tarde en los amorosos lazos de madame Scarron.[29]
Entretanto, Luis XIV habla y escribe lo mejor que puede. Ama y cuida su
prosa, y es en él una necesidad espiritual hacer versos. Ama el estilo. Escribe
excelentes cartas en la época de la mejor literatura epistolar que se conozca,
5 después de la latina. Parece un emperador romano del más esplendoroso
tiempo de Roma.

Bien ha dicho Bertrand: «Más que el mismo Boileau,[30] enseñó a su
nación el poder de una palabra exacta». Y muy merecida celebridad alcanzó
por toda Europa esta frase con que un día se pintara[31] al gran rey en la
10 Academia Francesa: «Dos cosas no puede sufrir Su Majestad: un soldado
fuera de su fila; una palabra fuera de su lugar».

Y siendo tan liberal en esa mercancía del buen gusto y del amor a las
letras, no se desmenguaban sus caudales...

¡Ancha Castilla![32] digamos nosotros con la exclamación que en el viejo
15 tiempo incluía incitación a generosidad y a coraje. ¡Ancha Castilla! Tampoco
tu caudal se desmenguó porque te dieras al mundo y sembraras tu palabra
por tantos mares, por tantas islas y por tan extensa tierra firme; ni se des-
mengua el nuestro de buenos y fieles argentinos, porque amemos tu idioma,
nuestro idioma, el que las madres nos enseñaron en la cuna.

20 Por eso decíamos entonces, frente a aquellos ocres de los páramos
castellanos, fragrantes de ese pan del idioma que allí creció.

—¡Ancha Castilla! Tu idioma es, cada día más, una de las mayores
fuerzas del espíritu sobre la tierra.

Por eso decimos ahora:

25 —*¡Ancha Castilla! ¡Ancha Argentina! ¡Ancha América!*[33]

---

[29] *madame Scarron* Françoise d'Aubigné (1635-1719), known later as Madame de Maintenon, mor-
ganatic wife of Louis XIV. She wrote remarkable essays and letters.

[30] *Boileau*—Nicholas Boileau-Despréaux (1636-1711), French literary critic and poet.

[31] *pintara= había pintado*. In literary style, the *-ra* form of the imperfect subjunctive is sometimes used
as a pluperfect indicative.

[32] *¡Ancha Castilla!* Castile is wide! [There is room for everybody in Castile!] A proverbial phrase of
encouragement to bold action. It is pertinent to recall that during the long struggle (718-1492) for
Christian reconquest of Spanish territory from the Arabs, Castile was an ever expanding frontier, in much
the same sense that the American West was after the Louisiana Purchase.

[33] *¡Ancha Argentina! ¡Ancha América!*—the author here refers to the ever increasing importance and
universal influence of Spanish—that ancient Castilian tongue. He broadens the meaning of Castile to
include spiritually and symbolically not only Argentina, his country, but the entire Hispanic world.

10 ❧ *Pablo Neruda* ❧
(1904–   )

Chileno. El seudónimo ha borrado casi totalmente su nombre de nacimiento, Neftalí Ricardo Reyes. Neruda es hoy aclamado como uno de los grandes poetas de valor inequívoco y universal que la literatura hispanoamericana puede ofrecer al mundo. Se inició en las letras, muy joven, bajo la influencia del «Modernismo». Pero pronto encontró su propia forma y su propia materia: una poesía oscura que rompía con el idioma lírico establecido y se expresaba en una lengua ilógica, anómala y desarticulada, llena de imágenes desconcertantes y metáforas fragmentarias que proyectan un mundo desmantelado donde reinan la soledad, la decrepitud, la ruina y el caos. Ese panorama está poblado incongruentemente de una multiplicidad de objetos residuarios de naturaleza antipoética (papeles, escobas, pelos, medias, aparatos ortopédicos, números, calzoncillos), en mezcla conflictiva con símbolos líricos tradicionalmente aceptados (estrellas, mariposas, abejas, lunas, uvas, golondrinas), —en un constante entrecruce de las realidades más sórdidas y los sueños más etéreos. La actitud del poeta parece ser la de una desazón, que va desde la resignación desolada a la exaltada angustia ante el cataclismo de esa realidad, donde el fracaso, la muerte y la desintegración triunfan. Todo esto envuelto en una dicción poética atrevida pero madura, personal e intransferible, de enorme poder sugestivo y especialmente adecuada para la expresión de la visión interna que trata de exteriorizar. Él mismo ha calificado su arte de «poesía impura», «como nuestro cuerpo», una poesía «gastada y suavizada como las herramientas que usa el carpintero: impregnada de sudor, manchada con comida y actitudes vergonzosas» —en el polo opuesto, tanto de forma como de fondo, a la de Jorge Guillén.

El deseo de expresar su indignación ante la derrota de la República Española, aplastada por las fuerzas de la reacción en la Guerra Civil de 1936-1939, le llevó a buscar una expresión menos abstrusa, más inteligible y directa. Empezó entonces a tratar de escribir, no para los selectos lectores de poesía, sino «al servicio de la experiencia inmediata», «para sencillos habitantes que piden/agua y luna, elementos del orden inmutable/escuelas, pan y vino, guitarras y herramientas». Esta actitud se reforzó considerablemente con su simpatía, cada vez más activa, por el marxismo revolucionario. Quiere entonces que su mensaje sea claramente entendido, sobre todo por aquellos a quienes va dirigido, y considera la poesía como una actividad «utilitaria y útil/como metal o harina,/dispuesta a ser arado,/herramienta, pan y vino». Su lirismo ha sido siempre tan poderosamente creador que ha podido sobreponerse incluso a esta servidumbre político-social a la que lo sometió.

Su último período tiene un nuevo sentido. El poeta, que ha manifestado siempre una insaciable curiosidad exploradora de todas las formas básicas de la materia y de la vida —que son para él terreno firme, seguro y primordial— entra en una fase de fe en el triunfo de lo creado sobre el aniquilamiento final. Ha ganado confianza en la validez del mundo; y todas aquellas constelaciones de objetos que eran antes en su poesía símbolos negativos, de muerte, lo son ahora de afirmación de vida. Su lenguaje se hace aun más claro y directo, con una bella calidad simple, primitiva y ruda —ya que va «a explorar los misterios del universo», en busca de la elementalidad. Surgen, entonces, una serie de libros (*Odas Elementales*, 1954-1957; *Bestiario*, 1958; *Navegaciones y Regresos*, 1959) que son sencillos y transparentes «cánticos de pasión material a los objetos del mundo». Estos poemas situan a Neruda en una actitud de descubridor lírico de lo cotidiano, de la delicada e inédita belleza esencial de las cosas humildes, que él interpreta comulgando con ellas y envolviéndolas en su propia humanidad. Estas canciones de reverente amor exaltan al elefante, a la alcachofa («vestida de guerrero»), a la cebolla («redonda rosa de agua/sobre las mesas de las pobres gentes»), al tomate («astro de la tierra»), al hilo, al piano, a la araña («ingeniera»), al pan («nuestro de cada boca»). Se acerca a los habitantes del reino vegetal y del reino animal como espejos que le devuelven la imagen más básica y cierta del hombre y de la naturaleza. Y se dirige a la infinita variedad de las cosas inertes y a las bestias del día y de la noche, buscando descifrarlas a través del fraternal diálogo franciscano con ellas: «Quiero conversar con los cerdos» —dice— «Si yo pudiera hablar con pájaros/con ostras y con lagartijas»... «Si discutiera con los gatos,/si me escucharan las gallinas!»

Incluimos aquí una de sus más penetrantes revelaciones —de uno de los animales más cercanos a la intimidad del hombre y, sin embargo, más enigmáticos: el gato. Neruda nos da una teoría completa del carácter, vida y personalidad del felino doméstico, de tan sagaz intuición poética, que nos parece como si por primera vez entrásemos en su secreto.

443

❧ Oda al gato

Los animales fueron
imperfectos,
largos de cola, tristes
de cabeza.
Poco a poco se fueron   5
componiendo,
haciéndose paisaje,
adquiriendo lunares, gracia, vuelo.
El gato,
sólo el gato,   10
apareció completo
y orgulloso:
nació completamente terminado,
camina solo y sabe lo que quiere.

El hombre quiere ser pescado y pájaro,   15
la serpiente quisiera tener alas,
el perro es un león desorientado,
el ingeniero quiere ser poeta,
la mosca estudia para golondrina,
el poeta trata de imitar la mosca,   20
pero el gato
quiere ser sólo gato
y todo gato es gato
desde bigote a cola,
desde presentimiento a rata viva,[1]   25
desde la noche hasta sus ojos de oro.[2]

---

[1] *desde presentimiento a rata viva*   from [his] premonition [of the prey] to [his handling of the] live rat
[2] *desde la noche hasta sus ojos de oro*   from [the blackness of] night, [a part of him], to his golden eyes,
[glowing in it]

No hay unidad
como él,
no tiene
la luna ni la flor
5   tal contextura:
es una sola cosa
como el sol o el topacio,
y la elástica línea en su contorno
firme y sutil es como
10   la línea de la proa de una nave.
Sus ojos amarillos
dejaron una sola
ranura
para echar las monedas de la noche.

15   Oh pequeño
emperador sin orbe,
conquistador sin patria,
mínino tigre de salón, nupcial
sultán del cielo
20   de las tejas eróticas,[3]
el viento del amor
en la intemperie
reclamas
cuando pasas
25   y posas
cuatro pies delicados
en el suelo,
oliendo,
desconfiando
30   de todo lo terrestre,
porque todo
es inmundo
para el inmaculado pie del gato.

[3] *nupcial sultán del cielo de las tejas eróticas*   sultan of many brides in an erotic heaven of rooftops

Oh fiera independiente
de la casa, arrogante
vestigio de la noche,
perezoso, gimnástico
y ajeno   5

Profundísimo gato,
policía secreta
de las habitaciones,
insignia
de un   10
desaparecido terciopelo,
seguramente no hay
enigma
en tu manera,
tal vez no eres misterio,   15
todo el mundo te sabe[4] y perteneces

al habitante menos misterioso,
tal vez todos lo creen,
todos se creen dueños,
propietarios, tíos   20
de gatos, compañeros,
colegas,
discípulos o amigos
de su gato.

---

[4] *te sabe*   knows everything about you

Yo no.
Yo no suscribo.
Yo no conozco al gato.
Todo lo sé, la vida y su archipiélago,[5]
el mar y la ciudad incalculable,
la botánica,
el gineceo con sus extravíos,[6]
el por y el menos[7] de la matemática,
los embudos volcánicos[8] del mundo,
la cáscara irreal[9] del cocodrilo,
la bondad ignorada del bombero,
el atavismo azul del sacerdote,
pero no puedo descifrar un gato.
Mi razón resbaló en su indiferencia,
sus ojos tienen números de oro.

---

[5] *y su archipiélago*   and its countless, numberless things
[6] *el gineceo con sus extravíos*   the female world and its aberrations
[7] *el por y el menos*   the multiplication and the subtraction. *Por* $= (x)$; *menos* $= (-)$
[8] *los embudos volcánicos*   the funnelling volcanoes. There is no satisfactory scientific theory explaining volcanic power or action.
[9] *la cáscara irreal*   the improbable skin

11 ❧ *Jorge Luis Borges*
(1899–   )

Argentino. Hombre de formación ampliamente cosmopolita. Se ha dicho de él que es «una de las almas más solitarias, inteligentes y sensibles de nuestro tiempo». Una progresiva enfermedad de la vista le ha causado la ceguera casi total. Mira al mundo exterior sin verlo —y como consecuencia se ha refugiado en el rico universo de su mente, dotada de un intelecto especulativo de primer orden, de una honda cultura y de una vasta erudición. Ha escrito solamente obras breves: poemas, ensayos y cuentos; que, sin embargo, por la densidad de su contenido significativo, han bastado para darle renombre internacional. Es un gran cuentista, de originalísima inventiva; un narrador nato que está en posesión de una prosa de precisión casi matemática. Su capacidad de asimilación literaria hace que domine los estilos más variados; y esta facultad, aliada a la profundidad de su cultura, la ha puesto al servicio de unas traviesas formas de mixtificación artística, que constituyen un elemento capital de su singular estética. Escribe reseñas críticas sobre libros y autores forjados por su imaginación; hace citas eruditas de clásicos inventados, o de pasajes inexistentes de obras reales. Por esto ha definido su técnica literaria como «anacronismos deliberados y atribuciones erróneas». Estas formas de engaño artístico tienen propósitos muy serios, relacionados con lo que él llama el «escepticismo esencial» de su visión de la vida y de la literatura.

Se ha dicho que la ficción hispanoamericana está demasiado apegada a las realidades inmediatas de su tiempo y de su sociedad. Borges representa el reverso de esa actitud. Su arte mágico y fantástico no puede ser más universal ni más intemporal. Su método narrativo no está basado en la observación directa; y aunque la superficie de su estilo es nítida y aparentemente realista, en su substancia significativa toca siempre a la especulación filosófica y metafísica. En sus cuentos reaparecen siempre los mismos temas básicos: el universo como laberinto caótico; la divergencia entre la apariencia y la realidad; la identidad de todos los hombres o la multiplicidad de cada identidad humana; la inseparabilidad de vida y ficción; el perpetuo retorno de las cosas; el subjetivismo intransferible de toda realidad; y el problema angustioso del tiempo como última esencia del ser. Sus narraciones nos ofrecen un mundo de cosas desconcertantes en el que los elementos de la vida real reflejan inquietantes perspectivas de irrealidad, que son al mismo tiempo como símbolos de procesos inherentes al destino humano. El ambiguo mundo de su fantasía nos intranquiliza justamente por su extraña afinidad y proximidad al nuestro de todos los días. Este carácter fronterizo, real e irreal, de sus relatos, podría parecer un producto puramente cerebral y deshumanizado. Pero no es así, ya que en él se proyecta la congoja que acompaña a las eternas preguntas capitales sobre nuestra última realidad y nuestro destino —el pavor de no saber lo que somos, ni cuáles son los límites de nuestra individualidad, ni las bases en que podemos apoyar nuestra existencia. Además, toda esta especulación intelectiva que el arte de Borges contiene está impregnada de un lirismo esencial y de una ironía transcendente que le añaden pulsación humana.

Su arte de narrador opera por alusión más que por descripción o expresión directa. «Es sólo por la alusión que se puede dar una idea de las cosas» —ha dicho. Por eso sus cuentos son como metáforas desarrolladas, casi parábolas filosóficas. Eso les presta su atmósfera quimérica y los convierte en reflejos de una verdad superior a la de la acción que contienen. Muchas de sus historias se desenvuelven en varios planos de realidad, que aparecen yuxtapuestos o cruzados, —y de ahí su dimensión metafísica. «La Forma de la Espada», que procede de *Ficciones* (1944), es una de sus narraciones más comprensibles para estudiantes extranjeros, porque superficialmente parece un relato realista. Su tema más evidente es de tradición muy antigua: el del «héroe» y el «traidor» (Cristo y Judas). Pero por debajo proyecta un problema más complejo: el de la identidad personal. Estos dos motivos se desarrollan a base de dos desdoblamientos: el del autor y el del personaje. Borges aparece en su historia como entidad de ficción, dando con su presencia un clima de realidad a unos hechos que de

449

otra manera parecerían ilusorios. La técnica es la de una «historia dentro de otra historia»: la del «Inglés» de la Colorada —que Borges, autor, narrador y personaje, nos cuenta— y, dentro de ésta, la extraordinaria confesión de aquél, referida por él mismo. Esa confesión —explicación de la cicatriz— va precedida de los antecedentes del inglés, que nos es presentado como un hombre de «ojos glaciales» y «enérgica flacura», autoritario y severo, «pero escrupulosamente justo», esforzado y animoso. A lo largo de su relato, el estanciero —que resulta no ser inglés, sino un irlandés, héroe de las luchas de la causa nacional de su patria— va dibujando la silueta moral del traidor Moon, cobarde patológico, de extrema bajeza. Su relación culmina en la traición de éste, que vende vilmente al enemigo al hombre que lo amparó y le salvó la vida —que aparentemente es el «Inglés» de la Colorada. Pero al final de la revelación nos enteramos con inesperada sorpresa de que él que habla no es otro sino Moon, el traidor; y que «el otro» —por quien Moon se ha hecho pasar en su relato, hasta llegar al momento de explicar la cicatriz— quedó muerto en Irlanda, víctima de la traición, después de dejar al delator marcado en la cara con el estigma de su infamia. Esta insólita y repentina transposición de papeles nos hace ver que Moon ha asimilado en su alma la personalidad del héroe muerto, sin dejar por eso de ser el traidor vivo. Es ahora él y «el otro». Ha cambiado su manera de ser, apropiándose la individualidad de aquél, sin por eso dejar de ser él mismo. Y ese angustioso drama interno de la doble identidad, de héroe valiente y traidor cobarde, es el infierno personal e íntimo que Moon revela a su interlocutor. «Yo soy los otros, cualquier hombre es todos los hombres» —dice al contar su historia, reflejando una de las tesis de Borges: la de la «complicidad y unidad de todos los seres humanos». Borges ha desarrollado este tema en otras historias. Sería de especial interés para los estudiantes comparar «La Forma de la Espada» con otra narración de *Ficciones* —la titulada «Tema del Héroe y del Traidor»— en la que, también en Irlanda, un mismo hombre es, simultáneamente y por circunstancias especialísimas, héroe y mártir de su causa, y traidor a ella.

La expresiva concisión del estilo de Borges se manifiesta entre otros aspectos en la adjetivación, ambigua y oblicua, que ahorra frases: «cicatriz *rencorosa*» (no es *rencorosa* la cicatriz, sino el hombre que la lleva, porque a causa de ella no puede olvidar su infamia); «corredores *perplejos*» (no están *perplejos* los corredores, sino las personas que se enfrentan con el laberinto desconcertante que ellos ofrecen); «*ciego* paredón» (paredón sin ventanas, que son *los ojos* de las casas).

La forma de la espada

Le cruzaba la cara una cicatriz rencorosa: un arco ceniciento y casi perfecto que de un lado ajaba la sien y del otro el pómulo. Su nombre verdadero no importa; todos en Tacuarembó[1] le decían el *Inglés de La Colorada*.[2] El dueño de esos campos, Cardoso, no quería vender; he oído que el Inglés recurrió a un imprevisible argumento: le confió la historia secreta de la cicatriz. El Inglés venía de la frontera, de Río Grande del Sur;[3] no faltó quien dijera[4] que en el Brasil había sido contrabandista. Los campos estaban empastados; las aguadas, amargas; el Inglés, para corregir esas deficiencias, trabajó a la par de sus peones. Dicen que era severo hasta la crueldad, pero escrupulosamente justo. Dicen también que era bebedor: un par de veces al año se encerraba en el cuarto del mirador y emergía a los dos o tres días como de una batalla o de un vértigo, pálido, trémulo, azorado y tan autoritario como antes. Recuerdo los ojos glaciales, la enérgica flacura, el bigote gris. No se daba con nadie; es verdad que su español era rudimental, abrasilerado. Fuera de alguna carta comercial o de algún folleto, no recibía correspondencia.

La última vez que recorrí los departamentos del Norte, una crecida del arroyo Caraguatá[5] me obligó a hacer noche en *La Colorada*. A los pocos minutos creí notar que mi aparición era inoportuna; procuré congraciarme con el Inglés; acudí a la menos perspicaz[6] de las pasiones: al patriotismo. Dije que era invencible un país con el espíritu de Inglaterra. Mi inter-

---

[1] *Tacuarembó*   a city in northern Uruguay, capital of the Department of the same name.

[2] *La Colorada*—the name of a ranch.

[3] *Río Grande del Sur*—Spanish name of Rio Grande do Sul, a southern state of Brazil bordering on Uruguay.

[4] *no faltó quien dijera*   there were some who said

[5] *arroyo Caraguatá*—a stream in Tacuarembó.

[6] *la menos perspicaz*   the most obtuse

451

locutor asintió, pero agregó con una sonrisa que él no era inglés. Era irlandés, de Dungarvan.[7] Dicho esto se detuvo, como si hubiera revelado un secreto.

Salimos, después de comer, a mirar el cielo. Había escampado, pero detrás de las cuchillas del Sur, agrietado y rayado de relámpagos, urdía otra tormenta. En el desmantelado comedor, el peón que había servido la cena 5 trajo una botella de ron. Bebimos largamente, en silencio.

No sé qué hora sería cuando advertí que yo estaba borracho; no sé qué inspiración o qué exultación o qué tedio me hizo mentar la cicatriz. La cara del Inglés se demudó; durante unos segundos pensé que me iba a expulsar de la casa. Al fin me dijo con su voz habitual: 10

—Le contaré la historia de mi herida bajo una condición: la de no mitigar ningún oprobio, ninguna circunstancia de infamia.

Asentí. Esta es la historia que contó, alternando el inglés con el español, y aun con el portugués:

"Hacia 1922, en una de las ciudades de Connaught,[8] yo era uno de los 15 muchos que conspiraban por la independencia de Irlanda.[9] De mis compañeros, algunos sobreviven dedicados a tareas pacíficas; otros, paradójicamente, se baten en los mares o en el desierto, bajo los colores ingleses;[10] otro, el que más valía, murió en el patio de un cuartel, en el alba, fusilado por hombres llenos de sueño;[11] otros (no los más desdichados), dieron con su 20 destino en las anónimas y casi secretas batallas de la guerra civil. Éramos republicanos, católicos; éramos, lo sospecho, románticos. Irlanda no sólo era para nosotros el porvenir utópico y el intolerable presente; era una amarga y

[7] *Dungarvan*—a seaport city in Waterford County, in southern Ireland.

[8] *Connaught*—or Connacht, a province in the northwestern part of Ireland.

[9] The long struggle of Ireland for independence culminated in the twentieth century, in the Easter Sunday Rebellion of 1916. It ushered a bloody period of open insurrection against British rule and brutal repression, known as the Anglo-Irish War. Finally, at the end of 1921, a Treaty was signed by which Britain recognized Irish sovereignty in the form of Dominion status. On this basis, in 1922, the Irish Free State was established. The Republican Nationalists led by Eamon De Valera repudiated both the Treaty and the Free State and the Irish Republican Army took arms against the pro-Treaty members of the Provisional Government. This new fratricidal struggle, known as the Civil War, lasted until 1923. (This is the conflict which Borges seems to be using as the background of his story.) Eventually, national unity was achieved, and in 1937 the new Constitution of Eire paved the way for full nationhood. In 1949 all ties with the United Kingdom were severed and the independent Republic of Ireland was proclaimed.

[10] During World War II, when the story is supposed to be told retrospectively by the hero, many old Irish rebels joined the Royal Navy and fought in Africa under the British colors.

[11] This allusion may refer to either of two well-known heroes who were executed by the authorities of the Provisional Government of the Irish Free State. The first was Robert Erskine Childers, a patriot of moderate tendencies, who decided to join the Republican uprising of 1922. He was captured, tried for treason, and executed by a firing squad on November 22 of that year. The other was Rory O'Connor, a Republican fighter of long standing, who was a leader of the revolt in Dublin, and who was shot without trial on December 9.

cariñosa mitología, eran las torres circulares y las ciénagas rojas, era el repudio de Parnell[12] y las enormes epopeyas que cantan el robo de toros que en otra encarnación fueron héroes y en otras peces y montañas... En un atardecer que no olvidaré, nos llegó un afiliado de Munster:[13] un tal John
5 Vincent Moon.

Tenía escasamente veinte años. Era flaco y fofo a la vez; daba la incómoda impresión de ser invertebrado. Había cursado con fervor y con vanidad casi todas las páginas de no sé qué manual comunista; el materialismo dialéctico[14] le servía para cegar cualquier discusión. Las razones que puede
10 tener un hombre para abominar de otro o para quererlo son infinitas: Moon reducía la historia universal a un sórdido conflicto económico. Afirmaba que la revolución está predestinada a triunfar. Yo le dije que a un *gentleman* sólo pueden interesarle causas perdidas... Ya era de noche; seguimos disintiendo en el corredor, en las escaleras, luego en las vagas calles. Los juicios emitidos
15 por Moon me impresionaron menos que su inapelable tono apodíctico. El nuevo camarada no discutía: dictaminaba con desdén y con cierta cólera.

Cuando arribamos a las últimas casas, un brusco tiroteo nos aturdió. (Antes o después, orillamos el ciego paredón de una fábrica o de un cuartel.) Nos internamos en una calle de tierra; un soldado, enorme en el resplandor,[15]
20 surgió de una cabaña incendiada. A gritos nos mandó que nos detuviéramos. Yo apresuré mis pasos; mi camarada no me siguió. Me di vuelta: John Vincent Moon estaba inmóvil, fascinado y como eternizado por el terror.[16] Entonces yo volví, derribé de un golpe al soldado, sacudí a Vincent Moon, lo insulté y le ordené que me siguiera. Tuve que tomarlo del brazo; la pasión del
25 miedo lo invalidaba.[17] Huimos, entre la noche agujereada de incendios.[18] Una descarga de fusilería nos buscó; una bala rozó el hombro derecho de Moon; éste, mientras huíamos entre pinos, prorrumpió en un débil sollozo.

[12] *Charles Stewart Parnell (1846-1891)* — Irish nationalist leader and a great political organizer, who, by obstructionist's tactics in the British Parliament, effectively advanced the cause of Home Rule from 1876 to 1889. A love affair with the wife of one of his political associates led to her divorce and to her subsequent marriage to Parnell. The public outrage of this scandal brought about the end of Parnell's career, both in England and in Ireland, where he was repudiated by his followers.

[13] *Munster*—one of the four traditional provinces of Ireland, comprising most of the southwestern part of the Island.

[14] *materialismo dialéctico*—the philosophy originated by Karl Marx (1818-1883) and his associate Friedrich Engels (1820-1895), in which they adapted the dialectics—or method of logical reasoning—of Friedrich Hegel (1770-1831) to philosophical materialism. Dialectic materialism is the official dogmatic doctrine of Communism.

[15] *enorme en el resplandor* looming huge in the glare

[16] *eternizado por el terror* petrified by terror

[17] *la pasión del miedo lo invalidaba* the force of fear paralyzed him

[18] *entre la noche agujereada de incendios* through the darkness of the night, pierced by fires

En aquel otoño de 1922 yo me había guarecido en la quinta del general Berkeley. Éste (a quien yo jamás había visto) desempeñaba entonces no sé qué cargo administrativo en Bengala;[19] el edificio tenía menos de un siglo, pero era desmedrado y opaco y abundaba en perplejos corredores[20] y en vanas antecámaras. El museo y la enorme biblioteca usurpaban la planta baja: libros controversiales e incompatibles que de algún modo son la historia del 5 siglo XIX; cimitarras de Nishapur,[21] en cuyos detenidos arcos de círculo parecían perdurar el viento y la violencia de la batalla. Entramos (creo recordar) por los fondos. Moon, trémula y reseca la boca, murmuró que los episodios de la noche eran interesantes; le hice una curación, le traje una taza de té; pude comprobar que su «herida» era superficial. De pronto 10 balbuceó con perplejidad:

—Pero usted se ha arriesgado sensiblemente.

Le dije que no se preocupara. (El hábito de la guerra civil me había impelido a obrar como obré; además, la prisión de un solo afiliado podía 15 comprometer nuestra causa).

Al otro día Moon había recuperado el aplomo. Aceptó un cigarrillo y me sometió a un severo interrogatorio sobre los «recursos económicos de nuestro partido revolucionario». Sus preguntas eran muy lúcidas; le dije (con verdad) que la situación era grave. Hondas descargas de fusilería con- 20 movieron el Sur. Le dije a Moon que nos esperaban los compañeros. Mi sobretodo y mi revólver estaban en mi pieza; cuando volví, encontré a Moon tendido en el sofá, con los ojos cerrados. Conjeturó que tenía fiebre; invocó un doloroso espasmo en el hombro.

Entonces comprendí que su cobardía era irreparable. Le rogué torpe- 25 mente que se cuidara y me despedí. Me abochornaba ese hombre con miedo, como si yo fuera el cobarde, no Vincent Moon. Lo que hace un hombre es como si lo hicieran todos los hombres. Por eso no es injusto que una deso- bediencia en un jardín contamine al género humano;[22] por eso no es injusto que la crucifixión de un solo judío baste para salvarlo.[23] Acaso Schopen- 30

[19] *Bengala*—Bengal; at the time the story takes place, a province of British India; today, it is divided into West Bengal, a state of the Republic of India, and East Bengal, a province of Pakistan.

[20] *perplejos corredores* confusing corridors

[21] *Nishapur* a city on the northeast of Persia, famous as a trading place and as the birthplace of the poet Omar Khayyam (?-1123)

[22] *una desobediencia... género humano* a reference to the disobedience of Adam and Eve in eating the forbidden fruit in the Garden of Eden, an act from which all mankind was supposedly tarnished with original sin.

[23] *la crucifixión... para salvarlo* a reference to the Crucifixion of Christ, a single act intended to redeem all mankind

hauer[24] tiene razón: yo soy los otros, cualquier hombre es todos los hombres, Shakespeare es de algún modo el miserable John Vincent Moon.

Nueve días pasamos en la enorme casa del general. De las agonías y luces de la guerra no diré nada: mi propósito es referir la historia de esta
5 cicatriz que me afrenta. Esos nueve días, en mi recuerdo, forman un solo día, salvo el penúltimo, cuando los nuestros irrumpieron en un cuartel y pudimos vengar exactamente a los dieciséis camaradas que fueron ametrallados en Elphin.[25] Yo me escurría de la casa hacia el alba, en la confusión del crepúsculo. Al anochecer estaba de vuelta. Mi compañero me esperaba en
10 el primer piso: la herida no le permitía descender a la planta baja. Lo rememoro con algún libro de estrategia en la mano: F. N. Maude o Clausewitz.[26] «El arma que prefiero es la artillería», me confesó una noche. Inquiría nuestros planes; le gustaba censurarlos o reformarlos. También solía denunciar «nuestra deplorable base económica»; profetizaba, dog-
15 mático y sombrío, el ruinoso fin. *C'est une affaire flambée*,[27] murmuraba. Para mostrar que le era indiferente ser un cobarde físico, magnificaba su soberbia mental. Así pasaron, bien o mal, nueve días.

El décimo la ciudad cayó definitivamente en poder de los *Black and Tans*.[28] Altos jinetes silenciosos patrullaban las rutas; había cenizas y humo
20 en el viento; en una esquina vi tirado un cadáver, menos tenaz en mi recuerdo que un maniquí en el cual los soldados interminablemente ejercitaban

---

[24] *Arthur Schopenhauer (1788-1860)*—German philosopher who held that plurality is only an appearance and ultimate reality is the unity of all beings, each individual being identical to all the others. According to him one man's will is simply a manifestation of the collective will.

[25] *Elphin*—a village in the Irish county of Roscommon.

[26] *F. N. Maude o Clausewitz*—Frederic Natush Maude (1854-1933). English military writer, author of numerous books on tactics and strategy. Karl von Clausewitz (1780-1831), Prussian general and military strategist, whose famous book *On War* dominated military tactics until the First World War.

[27] *C'est une affaire flambée*—French for "It's a lost cause".

[28] *los Black and Tans*—Borges, here, is either oblivious of the facts of history or he is deliberately disregarding them. The notorious Black and Tans, who derived their name from the colors of the temporary uniforms issued to them, do not belong to the period of the Irish Civil War (1922-1923) during which the action of the story is supposed to take place, but to the earlier Anglo-Irish struggle (1916-1921) which preceded the Treaty and the establishment of the Free State. The Black and Tans were recruited in England in 1917 by the British Government to replace the large numbers of members of the Royal Irish Constabulary who had resigned as a result of the increasing reciprocal violence in the armed conflict between the clandestine Irish Republican Army and the British authorities. The Black and Tans, who were given a free hand, became notoriously ruthless in their retaliation against the Irish patriots. In 1922 when the Irish Free State was organized, the old Royal police force was disbanded, and a new unarmed force, the Civil Guard, formed. The Provisional Government had to recruit hastily an army in order to cope with the new rebellion of the I.R.A. Therefore, if we must adhere to history, the forces mentioned at this point in the story belong to the Provisional Government. From an artistic point of view, all this, of course, is immaterial—particularly if we remember Borges' favorite technique of "deliberate anachronisms".

455

la puntería, en mitad de la plaza... Yo había salido cuando el amanecer estaba en el cielo; antes del mediodía volví. Moon, en la biblioteca, hablaba con alguien; el tono de la voz me hizo comprender que hablaba por teléfono. Después oí mi nombre; después que regresaría a las siete, después la indicación de que me arrestaran cuando yo atravesara el jardín. Mi razonable amigo estaba razonablemente vendiéndome. Le oí exigir unas garantías de seguridad personal.

Aquí mi historia se confunde y se pierde. Sé que perseguí al delator a través de negros corredores de pesadilla y de hondas escaleras de vértigo. Moon conocía la casa muy bien, harto mejor que yo. Una o dos veces lo perdí. Lo acorralé antes de que los soldados me detuvieran. De una de las panoplias del general arranqué un alfanje; con esa media luna de acero le rubriqué en la cara, para siempre, una media luna de sangre. Borges: a usted que es un desconocido, le he hecho esta confesión. No me duele tanto su menosprecio."

Aquí el narrador se detuvo. Noté que le temblaban las manos.

—¿Y Moon?— le interrogué.

—Cobró los dineros de Judas[29] y huyó al Brasil. Esa tarde, en la plaza, vio fusilar un maniquí por unos borrachos.

Aguardé en vano la continuación de la historia. Al fin le dije que prosiguiera.

Entonces un gemido lo atravesó; entonces me mostró con débil dulzura la corva cicatriz blanquecina.

—¿Usted no me cree? —balbuceó—. ¿No ve que llevo escrita en la cara la marca de mi infamia? Le he narrado la historia de este modo para que usted la oyera hasta el fin. Yo he denunciado al hombre que me amparó: yo soy Vincent Moon. Ahora desprécieme.

[29] *los dineros de Judas*   his price as an informer. A proverbial allusion to Judas Iscariot, the disciple who betrayed Jesus for pay.

VOCABULARIO

T he following types of words have been omitted from this vocabulary: a) a few easily recognizable cognates of familiar English words; b) articles, personal, demonstrative and possessive pronouns and adjectives except in cases of special use and meaning; c) cardinal numbers; d) names of the months and days of the week; e) names of persons, places, and historical references explained in the notes; f) adverbs in *mente* when the corresponding adjective is included; g) diminutives in *ito, ita, illo, illa, uco, uca* and superlatives in *ísimo, ísima,* unless they have a special meaning; h) verbal forms other than infinitive except some uncommon irregular forms and regular and irregular past participles with special meanings when used as adjectives. Genders of nouns have not been indicated in the cases of masculines ending in *o* and feminines ending in *a, ad, id, ud, ión, umbre.*

When *ch* or *ll* is found in the body of a word, this word is placed as it would be in an English dictionary.

adj.	adjective	*Gal.*	Galician
adv.	adverb	*imp.*	imperative
Amer.	Spanish America	*imperf. subj.*	imperfect subjunctive
And.	Andalusia	*impers.*	impersonal
arch.	archaic	*inf.*	infinitive
Arg.	Argentina	*interj.*	interjection
aug.	augmentative	*interr.*	interrogative
bot.	botanic	*Lat.*	Latin
Braz.	Brazil	*lit.*	literature
coll.	colloquial	*m.*	masculine
Colom.	Colombia	*Mex.*	Mexico
conj.	conjunction	*n.*	noun
dial.	dialect	*naut.*	nautical
dim.	diminutive	*pl.*	plural
f.	feminine	*p.p.*	past participle
fig.	figuratively	*prep.*	preposition
Fr.	French	*pron.*	pronoun
		sing.	singular

A

a at, by, to, on, for, in, from, of, into; — **no** + *inf.* but for

abajo below, underneath; down; downstairs; down with; **de —** below, underneath; **de arriba —** below, underneath; from head to foot; **para arriba y para —** up and down; back and forth; **por —** below; **río —** down the river; **venirse —** to fall down

abalorio glass bead

abandonar to abandon, give up; **abandonado de** abandoned by

abarcar to embrace, take in

abate *m.* head of an abbey; abbé

abatido, -a dejected, downcast

abatimiento depression, low spirits

abatir to bring down; to diminish

abdicar to abdicate

abeja bee

aberración error, deviation from truth

abertura opening

abierto, -a *p.p.* of **abrir** sincere, frank; open; clear; **— en canal** split wide open; **ver el cielo —** to see the solution to a problem

abismarse to become absorbed in thought; to think or feel deeply

abismo abyss; immense depth; gulf

abjurar to abjure, retract under oath

ablandarse to become softened; to relent

abnegado, -a self-sacrificing

abocar to meet

abochornado, -a mortified

abochornar to shame; to embarrass; **—se** to become embarrassed or ashamed

abogado lawyer

abolengo ancestry, lineage

abolir to abolish

abominable abominable, detestable

abominar abominate, detest

aborigen *n. & adj., m.f.* aborigine; aboriginal

aborrecer to abhor

aborrecido, -a abhorred, hated; hateful

aborrecimiento hatred, hate

abovedado, -a arched, vaulted

Abraham *the first patriarch and ancestor of the Hebrews*

abrasador, -a scorching

abrasilerada, -a Brazilianized (*mixed with Portuguese*)

abrazado, -a embracing; embraced

abrazar to embrace, hug; to clasp

abrazo embrace

abrigado, -a sheltered

abrigo shelter; **de mal—**unprotected

abrir to open; to cut (open); **—se** to open, tear, extend, split (*by itself*); **— paso** to make way; *interj.* ¡ —! out of my way!

abrochado, -a fastened, clasped

abrumado, -a overwhelmed

abrumador, -a overwhelming

ábside *m.* apse; presbytery

absoluto, -a absolute; **en —** absolutely not

absorber to absorb, imbibe, assimilate

absorto, -a *p.p.* of **absorber;** *adj.* amazed; absorbed in thought or contemplation

abstemio, -a abstemious; *n.* teetotaler

abstenerse to abstain

abstracto, -a abstract

abstraído, -a absorbed in thought

abstruso, -a abstruse

absurdo absurdity, nonsense; *adj.* absurd

abuelo, -a grandfather; grandmother

abulia apathy, lack of will power

abúlico, -a apathetic

abultado, -a massive, big

abundar to abound

abundoso, -a abundant

abur good-bye

aburrido, -a bored, tired; boresome, tiresome; weary

aburrimiento boredom, weariness

aburrir to bore, tire; **—se** to get bored

abusar to abuse; **— de** to abuse, impose upon, take undue advantage of

abuso abuse

abyección abjection

acá here; to the present time; **por —** here, around here

acabado, -a worn out; finished, over with

acabar to end, finish; to be extinguished; to die; **— de** + *inf.* to have just . . . ; **— con** to put an end to, abolish; to use up, exhaust; **—se** to end, be finished

academia academy
académico academician
acaecer to happen, occur
acallar to quiet, silence
acalorado, -a excited, heated
acampar to encamp; to take up lodgings
acantilado cliff
acariciar to caress
acarrear to cause, entail, occasion
acaso perhaps
acatar to heed; to treat with great respect
acaudalado, -a rich, well-to-do
acceder to agree, consent
acceso fit, attack
accesorio, -a *adj.* accessory
accidentado, -a seized with a fit
accidente *m.* accident; seizure, sudden fit
acción action; plot; **— de gracias** thanksgiving
acechanza waylay, ambush
acechar to lie in ambush; to spy on
acecho ambush; look out; **al —** in ambush, in wait
aceite *m.* oil; **mariposa de —** oil night taper, small oil night lamp
acelerar(se) to make haste, rush, be in hurry
acento accent; voice
acentuar to accentuate, emphasize; **—se** to become accentuated, more and more marked
acepción acceptation, meaning
aceptado, -a agreed
aceptar to accept
acequia irrigation ditch
acera sidewalk
acerbo, -a tart, harsh; cruel
acerca: — de about, with regard to
acercamiento approximation; rapprochement, drawing together
acercar to approach, draw near; to bring near; **—se (a)** to approach, draw near (to)
acero steel; spirit
acertado, -a fit, proper; wise, correct
acertar (*ie*) to guess correctly
acezante panting
acezar to pant
achacar to impute, blame; **—se** to take the blame for

achacoso, -a sickly, ailing
achaque *m.* habitual indisposition
achicador *m.* scoop for bailing boats
achisparse to get tipsy
achuchado, -a *Amer.* feverish
aciago, -a fateful, unfortunate
acicalado, -a dandyish
acicate *m.* stimulus, incentive, inducement
aclamación acclamation
aclamar to acclaim
aclarar to clear up; to dawn; *n.m.* dawn
acobardar to cow, daunt, intimidate; **—se** to become cowed, intimidated
acogedor, -a friendly, warm, welcoming
acogerse (a) to take refuge (in); to resort (to)
acogido, -a received
acólito acolyte; assistant
acomodado, -a well-to-do, wealthy
acomodar to arrange, settle; to put up, take care of; **—se (a)** to make oneself comfortable; to adapt oneself (to)
acompañamiento accompaniment; company, retinue
acompañante *m. & f.* companion
acompañar to accompany; to keep one company; **—se** to accompany oneself (*on an instrument*)
acompasado, -a measured, rhythmic
acondicionar to place
acongojar to cause anguish; to afflict, grieve
acónito aconite (*type of plant*)
aconsejar to advise, counsel
acontecer to happen
acontecimiento event, happening
acordar (*ue*) to decide upon, agree upon
acordarse (*ue*) to remember
acorde *m.* chord; *adj.* in agreement, in accord; **estar —s** to be in agreement; **ponerse —s** to come to an understanding
acordeón *m.* accordion
acorralar to corner, corral
acortar to shorten
acosar to pursue, harass
acostar (*ue*) to lay down, put to bed; **—se** to retire, go to bed; **no tener donde —se** not to have a place to sleep
acostumbrado, -a accustomed, used; habitual

acostumbrarse to become accustomed

acta act or record of proceedings; **— levantada** record of proceedings drawn

actitud attitude

actividad activity

activo, -a active

acto act; ceremony; **en el —** at once, right away; right at that very moment

actuación action; proceeding; behavior

actual present

actualidad present times, present

actualmente at present

actuar (de) to act (as)

acuático, -a aquatic; water (*as adj.*)

acuchillar to cut (into)

acuciar to urge; to drive, impel

acudir to go; to come; to be present; to arrive, appear; to go to give help; to respond to a call; **—a** to resort (to)

acueducto aqueduct

acuerdo agreement; resolution; opinion; advice; **de — con** in accord with, in accordance with; **poner de —** to bring up to date

acumulación accumulation

acumular to accumulate, pile up

acumulativo, -a cumulative

acusación accusation

acusado, -a prominent, outstanding

acusar to accuse

acusica *m. & f.* tattle-tale, telltale

adaptación adaptation

adaptar(se) to adapt (oneself)

adarga shield

adecuado, -a adequate, appropriate

adelantado, -a advanced; **por —** in advance

adelantar(se) to advance; to come (step) forward; to gain

adelante forward, ahead; onward, farther on; *interj.* go on; come in; come forward; **en —** henceforth, in the future; **hacia —** forward; **salir —** to get ahead; to get out successfully; to get away (with)

ademán *m.* gesture, motion

además besides, moreover; **— de** besides, in addition to

adentrarse to get deep into

adentro within; **hacia —** in one's innermost thoughts; **tierra —** inland

aderezo set of jewelry

adeudado, -a indebted, owed; **lo —** that which is owed

adherencia adherence

adherirse (*ie, i*) to stick; to cling

adiestrar to train

adiós good-bye, farewell, adieu

adivinanza riddle

adivinar to make out, guess; to foretell

adivino soothsayer

adjectivación use of adjectives

adjunto, -a attached; enclosed

administrador *m.* manager, administrator

administrar to manage, administer; to govern

administrativo, -a administrative

admirable admirable; wonderful

admiración admiration; wonder; **con — de** to the amazement of

admirar to admire; to marvel (at); to cause admiration; **—se** to wonder; to be amazed

admitir to admit, receive; to accept; to permit

adobe *m.* sun-baked brick

adolescencia adolescence

adolescente *m. & f.* adolescent

adonde where; **de —** why

¿adónde? *interr.* where? (to)

adopción adoption

adoptar to adopt; to embrace (*an opinion*)

adoptivo, -a adopted; **madre —a** foster mother

adorar to adore, worship

adormecedor, -a dulling; dampening

adormecer(se) to become sleepy; to get drowsy

adormilado, -a sleepy; drowsy

adormilarse to doze; to drowse

adornar to adorn, decorate

adorno ornament; embellishment; finery

adquirir (*ie*) to acquire, obtain

adquisición acquisition; purchase

aduana custom house; **—s** customs

aduar *m.* Moroccan or gypsy encampment; **de —es** like a Moroccan or gypsy camp

adueñarse to take possession
adulador, -a flatterer
adular to flatter
adulterar to adulterate; to corrupt
adulterio adultery
adulto, -a *n. & adj.* adult
adunar to unite, join
adusto, -a stern, forbidding; grim, sullen
advenedizo, -a upstart, newly-arrived; foreign, smug
advenimiento advent, arrival
adverso, -a adverse, contrary
advertencia advise, warning; piece of advance information
advertir (*ie, i*) to observe, note; to warn; to inform
aelante *dial.* = **adelante**
afán *m.* eagerness; — **crítico** eagerness to criticize
afanoso, -a anxious, eager
afectar to affect; to pretend to possess
afectivo, -a affective, emotional
afecto love, fondness, affection
afectuoso, -a affectionate
aferrar to grasp, seize; —**se** (**a**) or (**en**) to persist obstinately (in)
aficionado, -a (**a**) fond (of)
aficionarse (**de**) to take a fancy (to), become fond (of)
afilamiento slenderness (of face)
afiliado, -a affiliate, member of an organization; comrade
afincarse to take up residence; to acquire real estate
afinidad affinity
afirmación affirmation
afirmar to affirm; to make secure, steady; —**se** to hold fast, take a firm hold; to assert (oneself, itself)
afligir to afflict, cause pain or injury; —**se** to grieve; to become sad, despondent or distressed
aflojar to loosen, let loose
aflorar to break out; to appear
áfono, -a aphonic, voiceless, tuneless
afortunado, -a fortunate; happy; blessed
afrentar to affront, dishonor
afrentoso, -a ignominious

africano, -a African
afroamericano, -a Afro-American
afroantillano, -a Afro-Antilian
afroespañol, -a Afro-Spanish
afrohispánico, -a Afro-Hispanic
afrontar to confront, face
afuera outside
agacharse to crouch
agarrado, -a (**a**) holding on (to), grasping, holding tight (to)
agarrar to grasp, seize; —**se de** or **a** to grasp hold (of)
agarrotar to strangle
agasajar to entertain, regale, feat
agasajo friendly entertainment, regaling
agazaparse to hide onself; to crouch
agente *m.* agent; — **de negocios** business agent, promoter, broker
ágil fast, nimble, light
agitación agitation
agitado, -a excited; fast moving, lively
agitar to shake, move; to excite; to wave; —**se** to flutter
aglomeración overcrowding, agglomeration; large and disorderly collection
agnosticismo agnosticism
agolparse to crowd; to go wrong
agonía agony
agónico, -a agonizing
agonizar to be in the agony of death, be about to die
agora *arch.* = **ahora**
agorero, -a augur, diviner
agotar to drain, exhaust; to bail; —**se** to be or become exhausted, used up
agradable pleasing, pleasant
agradecer to thank for, be grateful for; ¡**se agradece!** thanks!
agradecimiento gratefulness, gratitude
agrado agreeableness, pleasure, liking
agrandar to enlarge; —**se** to grow large
agravarse (**con**) to become aggravated (by), be made worse (by)
agravio grievance; insult
agregar to add
agrietado, -a cracked, fissured
agrimensor *m.* surveyor
agrio, -a sour, bitter, unpleasant; rude

agrupación grouping, gathering

agrupar to group

agua water; rain; — **bendita** holy water; —**s de olor** perfumes; — **oxigenada** peroxide; **a flor de** — close to the water level; on the shallow; very close to the land; **jarro de** — **fría** wet blanket; sudden discouraging or dampening factor; **las** —**s** the rains; **pasado por** — soft boiled

aguacero cloudburst, rainpour

aguada source of water

aguantar to endure, stand; —**se** to bear with patience; to keep one's temper

aguardar to wait, await; — **a** to wait for; to lie in wait for

aguardiente *m.* still brandy, firewater

agudeza acuteness, sharpness; keenness

agudo, -a sharp; keen; high pitched

agüero omen, augury

aguerrido, -a accustomed to war; warlike

águila eagle

aguja needle; spindle

agujereado, -a pierced; full of holes

agujero hole

aguzar to sharpen

¡ah! *interj.* oh!; ah!

ahí there; **¡alto** —! stop right there!; **de** — thence; **¡fuera de** —! get out of there!; **¡fuerte** —! here, here!; go to it!; **por** — around there; in that direction, that way; over there (*yonder*)

ahínco ardor; eagerness; insistence

ahogar to choke, smother; —**se** to drown

ahora now, right away; — **bien** now then; — **mismo** at once; right now; **de** — present day; present; **desde** — from now on; **hasta** — so far, up till now; **por** — for the present

ahorcado, -a hanged (*in the gallows*)

ahorrar(se) to save

ahorro thrift, economy; *pl.* savings

ahumar to smoke, cure in smoke

ahuyentar to scare away, put to flight

airado, -a angry, wrathful, irate; **mano** —**a** assault and battery

aire *m.* air, tune; aspect, look; —**s** climate;

al — (**libre**) in the open (air); **dar al** — to utter aloud, vent; **darse** —**s** to put on airs

airón *m.* crest, ornament of plumes

airoso, -a graceful, airy

aislamiento isolation

aislar to isolate

ajar to mar, disfigure

ajedrez *m.* chess

ajenjo absinth (*alcoholic drink*)

ajeno, -a another's, alien; foreign; different; — **a** foreign to, alien to; **a costa** —**a** at someone else's expense; **lo** — another's attributes; outside circumstances

ajo garlic; *pl.* cursing words, bad words

ajuntar *arch.* = **juntar**

ajustar to adjust; to fit

ala wing

alabanza eulogy, praise; **propia** — self-praise

alabar to praise

alambique *m.* still (*for distillation*)

alambre *m.* wire; cable

alameda poplar grove; public walk

alar *m.* eaves

alardear to boast

alargar to stretch out, lengthen; to extend; to stick out; —**se** to stretch out; to extend; to lengthen; to be prolonged; —**se en palabras** to say or talk too much

alarido outcry, shriek; **dar** —**s** to shriek, yell

alarmante alarming

alarmar to alarm

alba dawn

albacea executor (*as of an estate*)

albahaca sweet basil

albeante white-hot

albedrío free will; **a mi** — as I please

albergar to shelter; to lodge

albogue *m.* medieval flute

alborotado, -a disturbed, agitated; turbulent

alborotar to make a disturbance; to make a fuss

alboroto noisy disturbance, tumult

alborozo merriment, joy

albura whiteness

alcachofa artichoke

alcalde *m.* mayor
alcance *m.* reach; **(ponerse) al — de** (to get) within reach of
alcancía money box, piggy bank
alcanzar to reach; to overtake; to come up to; to suffice, be enough; to attain, obtain
alcázar *m.* royal castle
alcoba bedroom
alcor *m.* hill
aldabón *m.* large door knocker
aldea village, hamlet
aleccionar to instruct; to drill; to coach
alegar to adduce; to argue; to affirm
alegato legal allegation or summing up
alegrar to gladden; to comfort; **—se** to be glad, rejoice
alegre happy, gay
alegría joy, gaiety
alejamiento withdrawal, aloofness; distance
alejar to keep at a distance; to keep away; to draw away; **—se** to go away, depart; to remove to a distance, move off
alemán, -a *n. & adj.* German
alentar (*ie*) to encourage, cheer up
aletargamiento lethargy, stupor, dullness
aletargar(se) to put (get) in a stupor
aletear to flutter, flit
alfanje *m.* cutlass
alféizar *m.* embrasure of door or window
alfeñique *m.* sugar paste
alfiler *m.* pin; **— de seguridad** safety pin
alforja saddlebag
algarabía Arabic tongue; jargon, gabble; hubbub, noise
algazara din, noise; chatter
algo something; somewhat; **— de** some; somewhat; **en —** to some extent; **por —** for some reason; **por decir —** just to say something
algodón *m.* cotton
alguacil *m.* constable
alguacilillo petty constable
alguien someone
algún, alguno, -a some; any; one; **algún tiempo** a while; **de algún tiempo a esta parte** for some time now; **en —a parte** somewhere; **en parte —a** anywhere, nowhere; **en modo alguno** by no means
alhaja jewel, gem
aliado, -a *n. & adj.* ally; allied
alianza alliance
aliar(se) to ally, combine, fuse
Alicante *one of the three provinces of the old kingdom of Valencia*
alienista *m. & f.* alienist, psychiatrist
aliento breath; vigor, strength
alimaña animal (*small and destructive, like a fox*)
alimentar to feed, nourish
alimento food
aliviar to alleviate, relieve
alivio relief
aljibe *m.* cistern, rain water reservoir
allá there, yonder; **—arriba** up there (above); **— voy** I'm coming; **de —** from there; back there; **de aquí para —** back and forth, to and fro; **el lado de —** the other side; the far side; **más — de** farther than; far beyond; beyond
allegado, -a *n. & adj.* relative; friend; ally; related; **muy —** closely related
allí there; **— mismo** right there; **de — a poco** after a while; **por —** around there; in that direction
alma soul; strength; **— en pena** ghost; soul in need of prayers; **(de) mi —** darling; **mala —** evil person
almacén *m.* store, shop; storing place, warehouse
almíbar *m.* sugar syrup
alminar *m.* minaret
almohada pillow, cushion
almohadón *m.* large cushion or pillow
almorzar to lunch, eat luncheon
alocado, -a wild, reckless; scatter-brained
alógico, -a outside the realm of logic
alondra lark
alquilado, -a rented
alquimia alchemy
alquitarado, -a distilled; extremely refined
alrededor (de) around, round about; **— vuestro** around you; **a (su) —** around (you, her, him, them)

alrededores *m. pl.* surroundings, environs; outskirts

altar: **— mayor** high altar

alterar to alter, change; **—se** to become angered or disturbed

alternancia alternation

altisonante high flown, high sounding

altivo, -a lofty, haughty

alto, -a tall; high; eminent; exalted; in the air; **—as horas** wee hours, late; **hacia lo —** up high; *adv.* loudly¡ ;—! halt!, stop!; **— ahí** stop right there; **—a mar** high seas, open sea; **en —** raised; on high; **en lo —** on top; **pasar por —** to disregard, overlook

altozano hill, knoll

altruísta *n. & adj., m. & f.* altruist; altruistic

altura height; altitude; high point; heaven; **a estas —s** at this point

alucinación hallucination

alucinado, -a deluded; hallucinated; in a dazzle

aludir to allude, refer

alumbrar to light; to give light; to shed light upon; **—se** to light one's way

alusión allusion

aluvión *m.* flood, inundation; **tierras de —** alluvial soil or deposits

alzamiento insurrection, revolt

alzar to raise; **—se** to rise, revolt

ama mistress of the house; nurse; wet nurse; **— de llaves** governess, housekeeper

amable amiable; kind; pleasant; lovely

amado, -a *n. & adj.* loved one; beloved

amalgama fusion; mixture

amalgamación amalgamation

amanecer to dawn; to be or appear in the morning; to rise at dawn; **cómo amanece mañana** what tomorrow is like

amanecer *m.* dawn, sunrise; **al —** at dawn

amante *m. & f.* lover; *adj.* loving; **— de** fond of

amar to love

amargar to embitter

amargo, -a bitter; salty

amargor *m.* bitterness

amargura bitterness; sorrow

amarillento, -a yellowish, yellow

amarillez *f.* yellowness

amarillo, -a yellow; *n.* yellow-skinned person

amarra cable

amarrar to tie, fasten; to moor

amasar to knead; to mix

amazona amazon; mannish woman

ambicioso, -a greedy; ambitious

ambiente *m.* environment, atmosphere; *adj.* prevailing

ambiguo, -a ambiguous

ámbito area; scope

ambivalente ambivalent; conflicting

ambos, -as both

amén: **— de** besides, in addition to

amenaza threat, menace

amenazador, -a threatening, menacing

amenazar (con) to threaten (to), menace

amenguado, -a diminished; shortened; defamed

ameno, -a agreeable, pleasing

ametralladora machine gun

ametrallar to machine-gun

amigo, -a *n. & adj.* friend; friendly; **los más —s** the closest friends; **ser muy — de** to be a great friend of

amistad friendship; acquaintance

amistoso, -a friendly, amicable

amo master; owner; **Nuestro —** Our Lord

amoldar(se) to adapt, adjust (oneself)

amontonar(se) to accumulate; to gather

amor *m.* love; my love (*term of endearment*); *pl.* love affairs, amours

amoratar to make livid or purple colored; **—se** to become livid

amorfo, -a amorphous, formless, shapeless

amorillón *Gal.* wild strawberry

amoroso, -a amorous; loving

amortajar to shroud

amortecido, -a deadened; lifeless

amparador *m.* protector

amparar to protect; to help; to shelter; **—se (de)** to seek shelter (in); to take refuge in

amparo support, protection; help, aid; **al — de** under the protection of

amplio, -a roomy, large, wide, ample

amplitud ampleness; extent, scope

ampolleta hour glass

ampuloso, -a pompous

anacrónico, -a anachronistic

anacronismo anachronism

analizar to analyze

analítico, -a analytical

análogo, -a analogous, similar

anarquía anarchy

anárquico, -a anarchical

anarquista *m. & f.* anarchist

ancho, -a wide, broad; **de manga —a** easy-going, undemanding

anchura width, breadth

anciano,-a *n. & adj.* very old and respectable (man, woman)

ancla anchor

andada trail, pathway; **volver a las —s** to backslide, go back to one's old tricks; to harp on the same old thing

andaluz, -a *n. & adj.* Andalusian

andamio scaffold, platform

andanza event; wandering; **tristes —s** bad fortune

andar to walk; to go (about); to be; **—a la escucha** to be eavesdropping; **— a linternazos** to hit each other with things, be brawling; **— a tiros (con)** to shoot it up (with); to take up arms (against); **— a unas cosas y otras** to be busy with chores other things; **— con** to take, carry; **— con los dedos sobre** to run one's fingers over feel out; **— desatinado tras de** to follow around like a simpleton; **— discreto** to behave in a discreet, wise manner; **— en** to be mixed up in; to meddle with; to engage in; **— en boca** to be the talk of town; **— en coplas** to be the subject of songs; **— en dichos** to be talked about; **— en tela de juicio** to be in doubt, be debatable; **— huído** to be running away; **— por** to gad about; **—se por** to be about; **— sobre** to run after; **— tras** to run, follow after; **— unidos** to stick together; **¡anda ésta!** come now!; my goodness!; **¡anda con Dios!** God be with you, goodbye!

andar *m.* walk; way of walking, gait

ande *dial.* = **donde**

andrajo rag, tatter

andrómina fib

anduviea *dial.* = **anduviera**

anécdota anecdote

anegar (*ie*) to flood, inundate; **—se** to get submerged, covered with water; to drown

anfitrión *m.* host

angarillas stretcher

ángel *m.* angel; **el — malo** the Fallen Angel, Satan

anglosajón, -a Anglo-Saxon

angosto, -a narrow

ángulo angle

anguloso, -a angular

angustia anguish; pang

angustiado, -a anxious; anguished

angustiar to cause anguish; **—se** to feel anguish; to be distressed

angustioso, -a full of anguish; anguishing

anhelante anxiously desirous; yearning, longing

anhelar to desire anxiously; to long, yearn; to gasp

anhelo deep desire; yearning, longing

anheloso, -a deeply desirous; yearning, longing

anilla ring; mooring ring

anillo finger ring; coil

ánima soul; **la noche de —s** Halloween

animado, -a lively

animalidad animality

animalizado, -a animalized; made animal-like

animalmente like an animal: under the form of an animal

animar to animate, comfort; **—se** to become lively; to perk up

ánimo spirit; courage; mind; **estado de —** mood, frame of mind

animosidad animosity

animoso, -a brave; spirited

aniñar to make childlike

aniquilamiento destruction, annihilation

aniquilar to destroy, annihilate

anís *m.* liquorice; anisette

anoche last night

anochecer to grow dark; **está anocheciendo** it is getting dark

anochecer *m.* nightfall; **al —** at nightfall

anodino, -a trivial, insignificant; colorless
anomalía anomaly, irregularity
anómalo, -a anomalous, irregular
anonadar to overwhelm; to crush
anónimo, -a anonymous; nameless
anormal abnormal
anotar to jot down; to make notes
anque *dial.* = **aunque**
ansia strong wish, urge
ansiar to desire anxiously; to long for; to crave, covet
ansiedad anxiety
ansioso, -a (de) anxious, eager (to); greedy
antártico, -a antarctic
ante before, in front of; in the presence (face) of, confronted with; — **todo** above all, first of all
antecámara antichamber
antecedente *m.* antecedent; origin
antecesor *m.* predecessor; forefather
anteguerra prewar
anteojo spyglass, telescope
antepasado, -a ancestor
antepecho railing (*as on porch or balcony*)
anterior preceding; former
antes before; first, at first; formerly; sooner, rather; on the other hand; — **de** before, in less than; — **de poco** within a short time; — **de pocos días** in just a few days; — **(de) que** before; — **o después** sooner or later; — **que nada** before anything else
antesala antichamber
anticipación anticipation; **de —** advance notice
anticipar to anticipate; to advance; —**se** to anticipate; to act ahead of; to forestall
anticuario antiquarian
antifaz *m.* mask
antigüedad antiquity; ancient times
antiguo, -a old, ancient; former; **de —** of old, from former times; *n.* **los —s** the ancients
Antillas (las) (the) Antilles
antipatía antipathy, dislike, distaste, aversion
antipoético, -a anti-poetic
antitético, -a antithetical

antojarse to take a fancy to; **hacer lo que se le antoja (a uno)** to do as one fancies
antorcha torch
antro cavern
antropófago, -a *n. & adj.* cannibal; cannibalistic
antropológico, -a anthropological
anudar to knot, tie
anular to annul, nullify
anunciar to announce, communicate; to say, tell
anuncio announcement; advertisement
anverso obverse, front (*of a coin*)
añadir to add
añejo, -a old
año year; —**s** age; **a los (ocho) —s** at the end of (eight) years; **ayuda de mis —s** support of my old age; **irá para cinco —s** it must be five years since; **va para el (un) —** it is going on a year; **va para los doce —s** he is going on twelve; **tener ... —s** to be ... years old
añoranza homesickness; longing
aonde *dial.* = **adonde**
apaciguar to appease
apagar to stifle; to put out, snuff out, extinguish; to hush; to deaden; —**se** to go out; to be extinguished; to be quenched
apalear to cane, cudgel, beat
apañarse to contrive, manage; to be handy
aparato apparatus, machine
aparecer to appear; —**se** to appear (*as a ghost*)
aparecido ghost, apparition
aparejar to get ready, prepare
aparentar to pretend, feign
aparente apparent; showy
aparición appearance, apparition
apariencia appearance, outward aspect
apartado, -a distant, at a distance; separated, isolated
apartar to take away from, remove; —**se** to withdraw, go away; to separate from
aparte *m.* aside (*on the stage*); *adv.* to one side; separately; — **de** aside from
apasionado, -a passionate
apasionante engrossing, thrilling

apasionarse (por) to become excited (about)

apear to remove; **—se** to dismount; to alight, get off

apedrear to stone, throw stones at

apegar to attach; **—se** to become attached

apelar to appeal

apellido surname, family name

apelotonado, -a curled up; formed into a ball

apenado, -a suffering, grieving; sorrowful; of suffering, of affliction

apenas hardly, scarcely; no sooner, as soon as

apercibir to perceive, notice

aperitivo appetizer (*drink*)

apetencia desire; hunger

apetecer to desire

apetito appetite; desire

aplacar to pacify, calm

aplanar to smooth, flatten; overwhelm, crush

aplastar to crush, smash, flatten

aplaudir to applaud

aplauso plaudit; **—s** applause

aplazamiento postponement

aplazar to defer, adjourn, postpone

aplicado, -a applied, studious

aplicar (se) to apply (oneself)

aplomo aplomb

apocado, -a low-spirited

Apocalipsis *m.* Apocalypse (*the Revelation of St. John the Divine, in the New Testament, in which the horrors which will precede the end of the world are described*)

apocalíptico, -a apocalyptical, catastrophic; terrific, terrifying

apodado, -a nicknamed

apoderarse (de) to take possession (of)

apodíctico, -a indisputable

apolillado, -a moth-eaten

aporrear to beat, maul

aportar to bring; to contribute

aporte *m.* contribution

aposento room

apostarse to post oneself, lie in wait

apostólico, -a apostolic; **dignidad —a** rank of bishop, bishopric

apostura countenance, poise

apoteosis apotheosis

apoyado, -a leaning

apoyar to support, back; to aid; to rest; **—se (en)** to lean, rest (on)

apreciable respectable, worthy; sensible

apreciar to appreciate; to value

apremiar to press, urge

aprender (a) to learn (how)

aprendiz, -a apprentice

aprendizaje *m.* apprenticeship; learning

aprensión apprehension, fear

aprestar to prepare, make ready; **—se a** to get ready, be prepared for

apresurado, -a hurried, in great haste

apresurar(se) to make haste, hasten, hurry; to be hasty

apretado, -a hard, mean; confounded

apretar (*ie*) to press (down), clasp; to tighten; to harass, urge; **— con** to insist, demand

aprisa quickly, rapidly

aprisco sheepfold

apropiado, -a appropriate; **lo más —** the most appropriate thing

apropiar(se) to appropriate; to grasp

aprovechar to make use of, profit by, take advantage; **—se de** to take advantage of, profit by; to avail oneself of

aproximación approximation

aproximadamente approximately

aproximar(se) to approach

apto, -a apt, adequate, suited

apuesto, -a elegant, genteel

apuntador, -a prompter; **concha del —** prompter's box

apuntalar to prop

apuntar to note, make a note of; to aim, point; **llevar apuntado** to have noted, jotted down

apunte *m.* sketch

apurar to exhaust

apuro difficulty

aquél, aquélla that (over there); the former

aquello that (thing)

aquí here; then; in this case; **— mismo** right here and now; **— tienes** here is; **de — para allá** back and forth, to and fro; **de por —** from around here

aquilatar to assay

aquilón *m.* north wind

árabe *n. & adj.* Arab; Arabic

arácnidos *m. pl.* spiders, scorpions (*and the like*)

arado plow

araña spider

arañar scratch

arar to plow

árbitro umpire; referee; arbiter

árbol *m.* tree

arboleda grove

arbusto bush

arcaico, -a archaic

arcaísmo archaism

archipiélago archipelago; multitude, countless things

arcilla clay

arco arch; arc; bow; **— voltaico** arc light

arder to burn; to glow; to blaze

ardiente ardent, fervent; fiery, burning

ardor *m.* ardor; zeal

ardoroso, -a zealous; vibrant

arduo, -a difficult

arena sand; **reloj de —** hour glass

arenal *m.* stretch of sandy ground; desert; **— de ceniza** wasteland covered with cinders, desert of cinders

arenga speech, address; harangue

arengar to harangue

arenisca sandstone

arenoso, -a sandy, gravelly

argentado, -a silvered

Argentina (la) (the) Argentine

argentino, -a *n. & adj.* Argentinian

argucia trick, scheme

argüir to argue, dispute

argumento plot (*of story*)

aridez *f.* barrenness; emptiness; dryness

árido, -a dry, parched, withered

ariete *m.* battering ram

arisco, -a surly, aloof, shy

arista sharp edge, salient angle

aristócrata *m. & f.* aristocrat

aristocrático, -a aristocratic

arma arm, weapon; part of the Armed Forces (*Infantry, Cavalry, Artillery, etc.*)

armado, -a armed; **asaltar a mano —a** to assault with weapons

armadura armor; armor plating

armar to arm; to stir up, start; **—se un lío** to have a general mix up and confusion developed

armario cabinet, closet; bookcase; cupboard

armazón *f.* framework, hulk; *m.* shelves

armonía harmony

armónico, -a harmonious

armónium *m.* harmonium (*instrument resembling a small organ*)

armonizar to harmonize

aroma *m.* aroma, odor, fragrance; perfume

aromático, -a aromatic; perfumed

aromatizado, -a perfumed

arpía harpy, mythological monster half woman half bird; shrew

arqueología archeology

arqueta small chest; jewelry box

arquilla little chest

arquitectónico, -a architectural

arquitectura architecture; construction

arraigar to root, take root

arrancar to pull off; to tear out; to lift

arrastrar to drag (along), carry along; to attract; **—se** to crawl; *n.m.* **—se** dragging

arrastre *m.* dragging

arrear to drive or urge along; **— con** to take along; **— un estacazo** to deliver a big blow

arrebatado, -a carried away, beside oneself

arrebatar to snatch; to carry away, carry off; to grab; **— a** to snatch from

arrebolar to paint red; to blush, make blush

arrebujado, -a wrapped up; dropped carelessly

arreciar to increase in intensity

arrecido, -a shivery

arrecife *m.* reef

arreglado, -a arranged; in good order; dressed up, groomed

arreglar to arrange, settle; **—se** to settle or adjust (*a difficulty*)

arreglo arrangement, disposition; housecleaning; **con — a** pursuant to, in accordance with

arreo *adv.* successively; uninterruptedly

xiii

arrepentirse (*ie, i*) (**de**) to repent (for)
arrestar to arrest, take into custody
arriba up, upwards; above; — **de** higher up than, beyond; **allá** — up there (above); **boca** — on one's back; **de** — upstairs; **de** — **abajo** from head to foot; **hacia** — upwards; **los de** — those above; **más** — higher up; **para** — **y para abajo** up and down; back and forth; **tirar patas** — to upset
arribar to arrive (*at a port*)
arriesgar to risk; —**se** (**a**) to dare, take the risk (of)
arrimado, -a (**a**) placed (near); set (against)
arrimo nearness, closeness; protection; **al** — close to
arrinconado, -a out of the way, put away
arroba weight of 25 lbs.
arrobamiento ecstatic rapture, trance
arrobo = **arrobamiento**
arrodillarse to kneel
arrogante arrogant, haughty; proud
arrojar to throw; to hurl
arrojo fearlessness, boldness
arrollador, -a sweeping
arrollar to sweep away; to roll
arroyo small stream, brook; gutter
arroz *m.* rice
arruga wrinkle
arrugar to wrinkle
arruinar to ruin; to demolish, destroy
arrullar to lull
arrullo lullaby; lulling
arsénico arsenic
arte *f.* art; artistry; **escuela de —s y oficios** crafts and trades school, vocational school
artefacto artifact, manufacture
artero, -a artful, cunning
articular to join, articulate
artículo article
artificio trick, artifice; **fuegos de —(s)** fireworks
artificiosamente craftily, artfully; artificially
artillería artillery
arzón *m.* saddle-bow
asado roast

asaltante *m.* assailant
asaltar to (make an) assault; to assail; to storm, surprise; — **a mano armada** to assault with weapons
asalto assault
ascendencia line of ancestors; origin, descent
ascender (*ie*) to ascend, mount, climb
ascendiente *m. & f.* ancestor
asceta *m. & f.* ascetic
ascético, -a ascetic
asco loathing; nausea; **dar** — to disgust
ascua red hot, live coal, amber
asechanza waylaying, snare; stratagem, trick
asediado, -a besieged
asegurar to assure, affirm, assert; —**se** to make sure
asentimiento assent; agreement
asentir (*ie, i*) to agree, assent
aserción assertion
asesinar to murder
asesino, -a murderer; murderess
asfixiante asphyxiating
asfodelo asphodel, plant bearing lovely flower
así thus, so, like that; as follows; — ... **como** like, as well as; — **como** — anyhow; just like that; that easily; — **es** that's it, certainly; — **que** when, in the moment that; **por** — **decirlo** to express it thus, in a manner of speaking; **seguir** — not to change one's ways; **si** — **fuera** even if it should be so; **una cosa** — such a thing; **un día** — a day like this
asiento seat; **hacer** — to make a stop, halt; to settle down
asignar to assign
asimilación assimilation
asimilar to assimilate
asimismo likewise, in like manner
asistencia board
asistir (**a**) to attend; to take care of; to assist, help, serve
asmático, -a asthmatic
asno donkey
asociación association
asociarse to enter into a partnership
asomado, -a visible

asomar to appear, show; **—se (a)** to appear (at); to look out (of); to look over

asombrado, -a astonished; *n.* astonished person

asombrar to astonish, amaze

asombro wonder, amazement; surprise

asombroso, -a astonishing, amazing

aspecto aspect, look

áspero, -a harsh, hard; rough

aspillera loophole, embrasure

aspirar to aspire; to inhale; **— una fumada** to draw, inhale a puff

asta horn

astilla chip of wood; splinter

astro star, celestial body; **— diurno** day star; sun

astucia shrewdness, cunning

asumir to assume, take on

asunto matter, affair; subject; **tomar cartas en el —** to enter the affair, take part in the matter

asustadizo, -a easily frightened; scary

asustar to scare; frighten

atacar to attack

atado, -a tied, bound; *n.m.* bundle

atajar to intercept, stop

atañedero, -a (a) concerning

ataque *m.* attack

atar to tie (up)

atardecer *m.* late afternoon; sunset

atareado, -a busy

ataúd coffin

ataviar to adorn, dress up

atávico, -a atavistic

atavío finery, adornment; attire, garb

atavismo atavism, throw back

atenazar to pierce; to torture

atención attention; **en — a** in view of, considering; **llamar la —** to attract attention

atender (ie) (a) to show attention (to); to take care of (*a person*); to attend, pay attention; to heed; **— a razones** to be reasonable

ateneo athenaeum, literary and scientific club

atenerse (a) to abide (by); to rely upon

atento, -a attentive; heedful

aterrado, -a terrified, appalled

aterrar to terrify, appall

atestado, -a (de) crammed (with)

atisbar to pry, watch, spy; to scrutinize

atleta *m. & f.* athlete

atmósfera atmosphere

atolladero miry place; stumbling block; difficulty

atolondrado, -a giddy, careless

atolondrarse to become rattled, confused

atónito, -a astonished, amazed

atontado, -a stunned, dulled; stupid

atormentado, -a tormented, tortured

atormentar to torment, torture

atracado, -a moored

atracar to make land, moor

atracción attraction

atractivo attraction, charm

atraído, -a attracted

atrapar to catch, grab

atrás back; behind; **hacia —** backwards; **volverse —** to turn back; to back out; to go back on one's word; to desist

atrasado, -a backward; retarded

atravesar (ie) to cross; to go across; to pierce

atrenchilar *Mex.* to corner

atreverse (a) to dare, venture; **— a tanto** to dare to do so much, to dare to do a thing like that; **— con** to be insolent with; to bully

atrevido, -a daring, bold

atrevimiento boldness, audacity

atribución attribute; duty

atribuir to attribute

atributo attribute

atrincherarse to entrench oneself

atrio atrium, interior court; square in front of the doors of a church

atrocidad atrocity

atropellar to assault, violate, do violence to

atropello abuse, violence

atroz atrocious; cruel

aturdir to stupefy, stun

aturdirse to become dazed, bewildered, stunned

atusar to smooth (*the hair with hand or comb*)

audaz audacious, daring

auditorio audience

augusto, -a august, majestic

aullar to howl
aullido howl
aumentar to increase
aumento increase; **lente de —** magnifying glass
aun, aún still, yet; as yet; even, still more
aunque although, even if; **— sea** if possible; if necessary
áureo, -a golden, gilt
aureolado, -a haloed
aurora dawn, daybreak
ausencia absence
ausentarse to absent oneself, go off
ausente absent; **— de** deprived of
austeridad austerity
auténtico, -a authentic, genuine; *n.* the real one
auto judicial decree; *coll.* car; **— de línea** inter-city bus; **— de fe** auto-da-fe (*ceremony accompanying pronouncement of judgement by Inquisition followed by execution of sentence of those condemned to burn at the stake*)
autobiografía autobiography
autobiográfico, -a autobiographical
autóctono, -a autochthonous, native
autodidáctico, -a autodidactic, self-taught
automóvil *m.* automobile
autonomía autonomy
autónomo, -a autonomous
autor, -a author; authoress
autoridad authority
autoritario, -a authoritarian
autorizar to authorize; to allow, permit
auxiliar *m. & f.* assistant; substitute professor
auxilio help
avance *m.* progress
avanzar to advance, go (move) forward; to proceed
avaricia greed, avarice
avaro, -a miserly; *n.* miser
avasallar to enslave; to bully
ave *f.* bird
avecilla *dim. of* **ave** little bird
avecinar(se) to get near, approach
avenirse to agree, compromise
aventajar to surpass; to be superior
aventura adventure
aventurar(se) to venture

aventurero, -a adventurer; adventuress; *adj.* adventurous
avergonzarse (de) to be ashamed (of); to be embarrassed
averiguación investigation, inquiry
averiguar to investigate, find out; to solve
aviado: estar —(s) to have enough troubles
aviao *dial.* = **aviado**
ávido, -a (de) eager, anxious (to)
avieso, -a perverse
avisar to let know, give notice; to advise, inform; to call; to warn; **— los (santos) óleos** to call a priest to administer the extreme unction (*Catholic rite administered to the dying*)
aviso notice; warning; information; **dar —** to notify, tell
avispa wasp
avistarse to have an interview
avivar to revive
¡ay! *interj.* ah!; alas!; ouch!
aya governess
ayer yesterday
ayuda help, aid, support; **— de mis años** support in my old age
ayudante *m. & f.* helper, assistant
ayudar to help, aid
ayuno fast
azabache *m.* jet
azada hoe
azafata lady-in-waiting
azafate *m.* flat-bottomed basket
azafrán *m.* saffron
azafranado, -a saffron-like; saffron colored
azagaya assagai (*native spear or javelin*)
azahar *m.* orange blossom
azar *m.* change, occurrence
azaroso, -a hazardous; unfortunate
azorado, -a embarrassed; upset; confused
azoramiento embarrassment, confusion
azotar to whip, flog; to strike repeatedly
azote *m.* scourge
azúcar *m.* sugar; **caña de —** sugar cane
azucena white lily
azufrado, -a sulphured, sulphurous
azul blue
azulado, -a bluish

B

baba(s) *sing. & pl.* saliva, slubber

babor *m.* (*naut.*) port, larboard

bacanal *f.* bacchanalia; orgy, drunken feast

bagaje *m.* baggage

bailar to dance

bailarín, bailarina, dancer

baile *m.* dance

bajada receding of waters after a flood

bajar to lower, take down, bring down; to go down, descend; to come down; **— al proscenio** to go toward the front of the stage; **—se** to bend over, stoop; to alight, get out (*of a vehicle*); **—se en** to get off at (*in transportation*)

bajeza lowliness, meanness, vileness

bajo, -a low; common; vulgar, despicable; downcast; short; **en voz —a** in a low tone; **monte —** scrub, brushwood; **planta —a** ground floor; **por lo —** on the sly, under one's breath; *prep.* below; beneath, under

bajo *n.* shoal, bar

bala bullet, ball

balada ballad

balancearse to roll, rock

balanceo(s) *sing. & pl.* rocking, rolling

balanza balance, scale

balbucear to babble; to stammer

balbuceo babbling; stammering

balcánico *adj.* Balkan; Balkan-like

balcón *m.* balcony

balde *m.* bucket, pail

baldear to bail

baldío, -a idle, unused; barren, sterile

baldosa paving stone; flag stone

balido bleat

balón *m.* soccer ball

balsa raft

balsámico, -a balsamic; balsam-like

balumba bulk, heap

bambalina fly or wing prop (*theater*); scenery, theatrical effect

bambú *m.* bamboo cane

banca banking

banco bench; bank

bandada flock (*of birds*)

bandeja tray

bandera flag; **la — tricolor** the Tricolor (*banner of the French Republic*)

bandidaje *m.* banditry

bandido, -a *n. & adj.* bandit

bando faction, band, party

bandolera bandoleer, shoulder belt; **en —** over the shoulder

bandolero highwayman, robber

bandurria bandore, a string instrument popular in Spain (*with twelve double strings, plucked with a pick*)

banquero banker

bañar to bathe; to apply generously

bañista *m. & f.* bather, swimmer

barajar to shuffle; to jumble together, mix

baranda railing; balcony

barandal, -es *m. sing. & pl.* railing(s)

barba(s) *sing. & pl.* beard, whiskers

barbaridad barbarity; enormity; cruel action; wild statement; **¡qué —!** how atrocious!; how frightful!; how stupid!; **una — de** a huge amount of

bárbaro, -a brute; savage; barbarian; *adj.* barbarous; disproportionate

barbeta double chin

barbilindo dandy

barca small boat

barco ship; boat

barigüí *m.* a type of mosquito very common in the Argentinian territory of Missiones which after biting gets under the skin and lays its eggs, causing acute itching and infection

barón *m.* baron; leader

barra bar, metal rod

barraca barrack; cabin, hut; booth; show concession

barracón *m.* hut, shack

barranca ravine

barrer to sweep (over)

barrigudo, -a big bellied

barril *m.* barrel, water cask

barrio section, district (*of a city*)

barrizal *m.* mire, bog

barro mud

bartolillo Spanish variety of French cake

barullar to make noise; to create a disturbance

basar to base

base *f.* basis; base (*military*); **a — de** on the basis of

básico, -a basic, fundamental

basilisco basilisk (*a mythical lizard-like monster whose glance and breath were supposedly lethal*); **estar hecho un —** to be in a rage

bastante enough, sufficient; quite (a bit); **lo — enough**, sufficiently

bastar to suffice, to be enough; **— con** to be enough, to be enough to, be satisfied to; **—se** to be sufficient unto oneself; **¡basta!** that will do!; stop!; enough!

bastón *m.* cane, walking stick

batahola uproar

batalla battle; **dar la —** to start the battle or struggle

batallón *m.* battalion

batería limelight

batiburrillo hodgepodge

batir to beat, strike, pound; **—se** to fight

baúl *m.* trunk

bauprés *m.* bowsprit, large boom

bautismo baptism

bautizar to baptize, christen

bautizo baptism, christening party

bazar *m.* department store

beato, -a *n. & adj.* over-pious man or woman; over-zealous churchgoer; prudish, bigoted

bebé *m.* baby, infant

bebedor, -a heavy drinker, toper

beber to drink

bebida drink

bebido, -a drunk

bedel *m.* beadle, university monitor or floor porter; warden

bejuco stem of creeping or climbing plant (*used for making furniture*)

bejuqueros *pl.* undergrowth

Belén *m.* Bethlehem

beleño henbane (*poisonous herb*)

belfo thick underlip; **labio —** blubber (blob) lip

belicoso, -a bellicose

beligerancia belligerence

bellaco knave, rogue

bellacón *m. aug.* of **bellaco** big scoundrel

belladona belladonna (*poisonous plant*)

bellaquería knavery; vile expression

belleza beauty

bello, -a beautiful, fair; handsome; pretty; fine; **de más —** of greatest beauty

bendecido, -a blessed

bendecir to bless

bendición blessing: **echar la —** to bless

bendito holy, blessed; **¡— Dios!** or **¡— sea Dios!** thank God!; **dormir como un —** to sleep like a baby

beneficio benefit; benefice (*an endowed church office providing a living for an ecclesiastic*)

benevolencia benevolence, good will

benévolo, -a benevolent, kind

benigno, -a benign, kind, lenient

bergante *m.* ruffian, scoundrel

beriberi *m. a disease caused by insufficient vitamin B in the diet*

bermejo, -a bright red

berrocal *m.* rocky place

besar to kiss

beso kiss; **dar de —s** cover with kisses

bestia beast

bestiario bestiary (*medieval collection of fables, allegories, and stories, often mythical, about animals*)

besuquear to smooch, kiss repeatedly

besuqueo smooching, repeated kissing

betún *m.* pitch; boot-blacking

Biblia Bible

bíblico, -a Biblical

biblioteca library

bicho [any] small animal (*parasite, bug, reptile*)

bicloruro bichloride

bien well; right; very; readily; **¡—!** good!; **— que** although; **— que mal** so, so; more or less; reluctantly; **ahora —** now then; **decir (muy) —** to be (quite) right; **el — decir** correctness and elegance of language; **en — de** for the good of; **está —** all right, very well; **hacer — to do right**;

to do good; **hacer muy — en** to do well to; **más —** rather; **muy —** quite right, very good; **pero —** that's all right, but; **pues —** well then; **venir —** to suit; to do good

bien *m.* good, goodness; **hombre de —** upright, honest man; *pl.* property, possessions

bienaventurado, -a blessed

bienestar *m.* well-being, welfare

bienquisto, -a esteemed, in good grace

bifurcar to divide into two branches

bígamo, -a bigamist

bigote *m.* mustache; **—s** mustachio, handlebar mustache

billete *m.* bank note, bill; ticket

bilingüe bilingual

biografía biography

biológico, -a biological

bisturí *m.* surgeon's knife

bizcocho sponge cake; **bizcochito** cookie, biscuit

biznieto, -a great-grandson, great-granddaughter

blanca *coll.* money; **sin —** penniless; **sin soltar —** without paying a cent

blanco, -a white; fair (*complexion*); **poner lo — negro** to make white seem black, confuse the issue; **ropa —a** underwear; lingerie

blanco *m.* target; *coll.* glass of white wine

blancor *m.* whiteness

blancura whiteness

blandear to soften

blandir to brandish, wield, flourish

blando, -a soft, pliant; gentle; lenient

blandura softness; gentleness

blanquecino, -a whitish

blasfemar to curse; to swear, utter blasphemies

blasfemia blasphemy; **lanzar una —** to curse; to swear

blasón *m.* heraldic symbol; coat of arms, crest; motto, design

blindado, -a armored

bloque *m.* block, mass

blusa blouse

bobada foolish speech or deed

bobo, -a fool; *adj.* foolish

boca mouth; **— arriba** on one's back; **— con —** mouth to mouth; **— del estómago** pit of the stomach; **a — llena** openly; **andar en —** to be the talk of town; **callar la —** to shut up; **de manos a —** suddenly, unexpectedly

bocado bite

bocanada rush; blast; puff (*of smoke*)

bocina horn, klaxon

boda(s) *sing. & pl.* wedding, nuptials; **noche de —(s)** wedding night

bodega wine cellar

bohío *Amer.* hut, cabin

boina beret

bola ball, pellet; marble

bolón *m. aug. of* **bola** big ball

bolsa sack; stock exchange

bolsillo pocket; **— del pecho** breast-pocket; **de —** pocket (*as adj.*)

bombachas *Arg.* loose cowboy trousers fastened at the ankles

bombarda bombard (*ancient piece of artillery*)

bombero fireman

bombo bass drum

bondad kindness, goodness

bondadoso, -a kindly, good

bohemio, -a Bohemian

bonito, -a pretty, attractive, appealing

bono certificate; **— de trabajo** work certificate

boquete *m.* opening, hole; gap

borda hut, cottage; rail, gunwale

bordado embroidery

bordar to embroider

borde *m.* edge, border, brim; verge; **al — de** on the edge of

bordear to skirt

bordelés, -a from Bordeaux

bordo: a — (de) on board

bordón *m.* bass-string (*of guitar*)

borla tassel

borona corn meal, corn bread

borracho, -a drunk; *n.* drunkard

borrador *m.* draft

borrar to erase; to cross out

borrón *m.* blot; blur

borroso, -a dull, blurred; inconspicuous

boruca *Amer.* noise
boscaje *m.* cluster of trees, grove
bosque *m.* forest, wood(s)
bostezar to yawn
bostezo yawn, yawning
bota boot; — **de montar** riding boot
botánica botany
botar *Amer.* to throw away
botarate *m.* mad-cap, thoughtless person
bote *m.* small boat
botella bottle
botellazo blow with a bottle
botica pharmacy, drug-store; **mancebo de** — pharmacist apprentice
boliche *m.* soda pop, soft drink
botón *m.* button; knob of a radio
botuco African tribal chief
bóveda vault, arch
boya buoy
bozal *m.* muzzle
bracero: de — arm in arm
bramar to bellow; to roar
bramido bellowing, roar
bramío *dial.* = **bramido**
braserillo *dim.* of **brasero** small brazier
brasileño, -a *n. & adj.* Brazilian
bravío, -a wild
bravo, -a brave, manly; fierce; **lo** — forceful means
brazado armful
brazo arm; **el fusil al** — the gun hung on the shoulder; **en** —**s** in one's arms; **tomar del** — to take or pull by the arm
bregar to contend, struggle
breña bramble
breve brief, short; **en** — shortly; in short
brevedad brevity
breviario breviary
brial *m. arch.*, rich silk skirt
bribón *m.* rascal
brillante shining, glittering, resplendent
brillar to shine, sparkle, glitter
brillo gleam, brightness; splendor, magnificence
brinco leap, jump
brindar to offer
brío(s) *sing. & pl.* vigor; energy, enthusiasm; courage, ardor

brisa breeze
británico, -a *n.* Briton; *adj.* British
brizna sprig; speck
broma joke; prank
bromista *n. & adj., m. & f.* wag, prankster, practical joker
brotado, -a coming out; gushing forth
brotar to gush out, flow, come forth; to bud, come (break out), appear
brote *m.* bud, sign of growth
brujería witchcraft, sorcery
brujo, -a sorcerer, wizard; witch
brújula compass
bruma haze, mist
brumoso, -a foggy, hazy
brusco, -a harsh, rough, rude, abrupt
brutalidad brutality
bruto, -a *n.* beast; stupid; ignoramus; *adj.* brutish, brutal
bucle *m.* ringlet; curl
budismo Buddhism
buen = **bueno**
bueno, -a good; kind; fine; healthy; tasty; ¡—! or ¡— **está!** well! very well! all right!; —**a fe** honesty; ¡—**a la hicisteis!** that's a fine thing you've done!; —**as noches** goodnight; **de** —**as a primeras** suddenly, unexpectedly; **de (muy)** —**a gana** (*very*) willingly; **buenísimas tardes** a very good afternoon (*greeting*); **ponerse** — to get well; **por las** —**as** willingly; **mirar con** —**os ojos** to approve of; **pues** — well then; **ser** —**a hora de** to be high time to; **ser** — **con** to be good to
buey *m.* ox
bufón *m.* fool, jester
bufonesco, -a buffoon-like, clownish
buho owl
buhonero peddler
bulevar *m.* boulevard
bullicio bustle, noise
bullir (de) to be astir (with)
bulto bulk, form, shape
¡bum! boom! (*imitation of sound of artillery*)
burbuja bubble
burbujear to bubble
burdo, -a common, coarse, crude

burguesía bourgeoisie, well-to-do classes

burla mockery; **de —** in jest, in fun

burlar to mock, ridicule; to foil, nullify; to deceive; **—se (de)** to make fun (of), mock

burlería joke, jesting

burlesco, -a ludicrous, comical

burlón, -a mocking, jesting, scoffing

burrero keeper of donkeys

burro donkey

busca search

buscador, -a seeker; **— de tesoros** treasure hunter

buscar to look, look for, seek, seek out; **mandar a —** to send for

buscón *m.* sharper

búsqueda search

butaca easy chair; arm chair

C

¡ca! *interj.* oh, no!, nonsense!

cá *dial.* = **acá**

ca *dial.* = **cada**

cabal complete; just, exact; **no estar uno en sus —es** to be drunk; to be not all there

cabalgadura mount, saddle animal

caballeresco, -a chivalrous, gentlemanly

caballería chivalry; things pertaining to knighthood; saddle animal

caballero knight; gentleman; nobleman; sir

caballitos (los) *m.pl.* (the) merry-go-round

caballo horse; **a —** on horseback; **montar a — to** ride horseback; **pasear a —** to go riding

cabaña hut, cabin, hovel

cabecear to pitch

cabecera pillow; upper end of bed, headboard; **a la — de la cama** on the wall, above the bed's headboard

cabellera head of hair, hair

cabello(s) *sing. & pl.* hair

caber to fit, be contained; to be possible; **no cabe duda** there is no doubt; **no —le a uno en la cabeza** not to be able to conceive it

cabeza head; mind; judgement; intelligence; **estar bien de la —** to be sane; **no caberle a uno en la —** not to be able to conceive it; **quitar de la —** to dissuade; **subirse a la — to** go to one's head

cabezón, -a big-headed

cabizbajo, -a crestfallen, downcast

cable *m.* wire; **— de la luz** electric wire

cabo end; cape; **al —** after all; **al — de** at the end of; **al — de un rato** after a while; **al fin y al —** after all; **llevar a —** to carry out, through; to complete successfully

cabra goat

cabrero, -a goat herd

cabrío pertaining to goats; **macho —** he-goat, buck

cacerola pot

cacharro earthen pot

cachorro cub

cada each; every; **— cual** each one; **— quien** each one; **a — paso** frequently, repeatedly

cadáver *m.* dead body, corpse

cadena chain; **— perpetua** life term (*in prison*)

cadencia cadence, rhythm

caena *dial.* = **cadena**

caer to fall, drop, tumble down; to fall to one's lot; to hang down; **— en** to be overcome by; **— en gracia** to please, be liked; **— en la cuenta (de)** to realize; **— mal** to create a bad impression, to be unfavorably received; not to fit; not to agree with; **— redondo** to drop unconscious; **— sobre** to come or chance upon; **dejar —** to drop, let drop

café *m.* coffee; café; **— concierto** music hall, cabaret

cafetero, -a coffee (*as adj.*)

cáfila crowd, mob

cafre *m.* beastly, uncivilized person

cafuche *m. Colom.* pecary (*pig-like animal*)

caída fall; **— de la tarde** early evening

caído, -a *p.p.* of **caer** fallen

caimán *m.* alligator

caja box; coffin; **— de sobres** envelope box

cajón *m.* drawer; box

cal *f.* lime, plaster

cala hole, boring

calabacín *m.* small calabash; *coll.* fool, dolt

calabaza pumpkin; gourd, calabash

calabazo gourd

calabó African wood used to make drums

calabozo dungeon; jail

calamidad calamity, trouble, misfortune

calandria lark

calar to soak, drench

calavera skull; mad-cap, wild fellow; **las tibias y la —** the skull and cross-bones

calcetín *m.* sock, short stocking

calcinado, -a burned

calcular to figure, calculate

cálculo figuring, calculation

caldear to warm, heat

caldeo, -a *n. & adj.* Chaldean

caldera boiler

caldero caldron or boiler

calentito, -a nice and warm; cozy

calentar (*ie*) to heat, warm

calidad quality; nobility, rank; **en — de** as; **persona de —** distinguished person

cálido, -a warm; piquant

caliente warm, hot

calificar to qualify; to rate; **— de** to call, describe as

cáliz *m.* chalice; bitter cup of grief and affliction

callado, -a *p.p.* of **callar** silent; quiet

callar(se) to be silent (quiet), stop talking; to conceal, keep from being known; to silence; to hush; **— la boca** to shut up

calle *f.* street

calleja *dim. of* **calle** alley, lane, small street

callejero, -a of the streets, of the masses

calma calm; poise, composure

calmar to calm, quiet down; **—se** to calm down, die down; **llegar a —se** to become pacified

calor *m.* heat, warmth; glow; **hacer —** to be warm, hot

calumniar to slander

caluroso, -a hot, warm

calvo, -a bald

calzado, -a with shoes (boots) on

calzar(se) to put (one's) shoes on

calzón *m.* breeches; **— corto** knee breeches

calzoncillo(s) *sing. & pl.* underdrawers

cama bed; **— de matrimonio** double bed; **pagar la —** to pay for lodging; **a la cabecera de la —** on the wall, above the bed's headboard

cámara room; bedroom; parlor, drawing room; cabin (*of a ship*); chamber (*of Parliament*)

camarada *m. & f.* comrade; bosom companion

camarero, -a waiter; waitress; lady in attendance; **— del rey** chamberlain

camarote *m.* state room; berth

cambiante *m.* shade, hue

cambiar to change; to exchange, barter; **— de** to change

cambio change; exchange; bartering; **a — de** in exchange for; **casa de —** money exchange; **en —** on the other hand; in return, in exchange

camello camel

caminante *m.* traveler (*on foot*); *adj.* traveling

caminar to walk; to go

camino road; way; route; path; **andar al —** to be on the road; **de —** on the way; in the course of events; **en — de** on the way to; **ir — (de)** to be on the road (to); **ingeniero de —s** civil engineer; **llevar mejor —** to follow a better course; to take a turn for the better; **ponerse al —** to set out; **salir al —** to go out on the road; **salteador de —s** highwayman

camisa shirt; **en mangas de —** in shirt sleeves; **no llegarle a uno la — al cuerpo** to be scared out of one's pants

campamento camp, encampment

campana bell

campanario belfry

campanilla small bell; hand bell; door bell; **tocar la —** to ring the bell

campanudo, -a pompous, high sounding

campaña campaign; **tienda de —** camping tent, army tent

campeón, -a champion

campeonato championship

campesino, - a *n.* peasant; *adj.* country, rural, rustic

campiña field, meadow; countryside

campo field; country; open space; camp; **temporadita de** — a short stay in the country; — **santo** cemetery

camposanto cemetery

can *m.* dog

canal *m.* channel, canal, inlet; **abierto en** — split wide open

canalizar(se) to channel; to be channeled

canalla *m. & f.* scoundrel; rabble

canallocracia mobocracy (*government by the rabble*)

canapé *m.* couch, settee

Canarias (las) *pl.* (the) Canary Islands

canario canary bird; native of Canary Islands

canción song; ballad

cancionero song-book

candela candle, light

candelero candlestick

candente warm, intense; vital

cándido, -a white, snowy; innocent, guileless

candil small oil lamp, hand lamp

candoroso, -a innocent, guileless; naive

caney = **tambo** main shack in colony of rubber workers

canilla shin-bone

canoa canoe, dugout

canónigo canon (*ecclesiastic*)

canonjía canonry, the benefice or position of a canon; sinecure

canoro, -a musical, melodious

canoso, -a gray-haired

cansado, -a tired; tiresome

cansancio fatigue, tiredness

cansar to tire; —**se** to become tired; to grow weary

Cantábrico (el) (The) Cantabrian Sea (*on the northern shore of Spain*)

cántabro, -a *n. & adj.* Cantabrian (*a pre-Roman Iberian people*)

cantador, -a fond of singing

cantar to sing; **otro gallo me cantara** I would be better off

cantar *m.* folk song; song set to music

cántaro large pitcher

cantazo blow with a stone; **matar a —s** stone to death

cante: — **jondo** *And.* **canto hondo** deep singing (*oldest and purest form of Andalusian "flamenco" tradition of song*)

cántico canticle

cantidad quantity

canto song, chant; end piece (*of a loaf of bread*); — **del gallo** cock's crowing

cantonera corner plate (*in luggage or furniture*)

cantor, -a singer

caña cane; Spanish variety of pastry; — **de azúcar** sugar cane

cañada dell, ravine

caño *Colom.* tributary river

cañón *m.* cannon; barrel; tube, pipe

cañonazo cannon shot

cañoneo cannonade

caos *m.* chaos

caótico, -a chaotic

capa cloak, cape; layer

capacidad capacity

capacitado, -a qualified, trained, prepared

capataz *m.* overseer, foreman

capaz able, capable

capellán *m.* chaplain

capilla chapel

capirote *m.* hood, sharp-pointed medieval headdress; dunce cap; **tonto de** — complete fool, dunce

capitán *m.* captain

capítulo chapter

capote *m.* cloak with sleeves; **decir uno para su** — to say to oneself

capricho whim, caprice; ¡—**s!** it's just a notion or mood!

caprichoso, -a capricious, whimsical

captar to catch, apprehend

capucha hood

cara face; — **a** facing; — **a** — face to face; — **de Pascuas** beaming face; **dar la** — to face it, face the music; **echar a la** or **en la** — to throw to one's face; **en su** — right in front of him (her, etc.)

carabina carbine, light rifle

carabinero *member of the now extinct customs service armed guard of Spain*

caracol *m*. snail; **escalera de —** winding staircase

caracola conch

carácter character; characteristic aspect or features; mood, type

característica *n*. characteristic, trait

característico, -a characteristic, typical

caracterización characterization

caracterizado, -a characterized, distinguished, personalized

caracterizar to characterize

¡caramba! *interj*. oh, my!, gosh!

carámbano icicle, ice shoot

caramelo sweet, sugar candy

¡caray! *interj*. oh, my!, gosh!

carbón *m*. coal

carbonizado, -a charred, carbonized

carcajada outburst of laughter; **reir a —s** to burst out laughing

cárcel *f*. jail, prison

cardinal fundamental, cardinal

carecer (de) to lack; to be in need of

carencia lack, scarcity

carente lacking

careta false face; mask

carga loading; charge, attack; duty; **volver a la —** to renew the attack

cargado, -a loaded, full; charged

cargar to load, carry, burden; to obtain supply of; **— con** to bear (*as blame*)

cargo charge; burden; office; **a — de** in the hands of; **correr a (mi) —** to be (my) duty, be up to (me); **hacer —s** to charge with, blame; **hacer los —s** to point out the disadvantages; **hacerse — de** to take into consideration; to take charge of, take over

caricatural caricatural, satirically exaggerated

caricia caress

caridad charity

cariñito (*endearing term*) sweety, dearie

cariño love, affection; **tomar — a** to grow fond of; to develop an affection for

cariñoso, -a affectionate, loving

carmesí *adj*. crimson

carne *f*. flesh; meat; **— de gallina** goose pimples; **— de horca** gallows bird; **— viva** raw flesh

carnero sheep; mutton

carnicero butcher

carnívoro, -a carnivorous

caro, -a dear, expensive; *adv*. dearly, at a high cost

carpeta portfolio

carpintero carpenter

carrera career; course of study; running about

carrete *m*. *Mex*. straw hat

carretera road (*for vehicles*)

carretero *adj*. adequate for carts and other vehicles; **vado —** ford passable by carts

carretón *m*. cart; **— de una lámpara** pulley for raising or lowering a lamp

carril *m*. rail; *Amer*. cart way, narrow road

carrillo cheek

carrizo common reed-grass field

carro cart; chariot

carroña carrion; **una —** something rotten

carroza large coach; carriage

carta letter; chart; playing card; **tomar —s en el asunto** to intervene in the matter, to enter the affair

cartaginés, -a *n*. & *adj*. Carthaginian

cartel *m*. poster; *coll*. prestige; **dar —** to lend prestige

cartera portfolio; writing case

cartilaginoso, -a cartilaginous, gristly

cartón *m*. cardboard; pasteboard

cartucho cartridge; *Amer*. paper cone

casa house; home; firm, concern; **— de cambio** money exchange; **— de campo** country house; **— de juego** gambling house; **— de labor** farmhouse; **— de misericordia** alms house; **— del pueblo** trade union meeting house; **— parroquial** parsonage

casaca 18th century dress coat

casado, -a *n*. & *adj*. married (person)

casamiento marriage; wedding

casar to marry; to marry off; to unite in marriage; **—se (con)** to marry, get married (to)

cascabeleo jingling of bells

cascada cascade, waterfall

cascado, -a broken

cáscara shell; bark (*of tree*)

casco hoof; helmet; hull; skull; **levantarle los —s** to lead astray; **ligera de —s** featherbrained

caserío hamlet; isolated farmhouse

casi nearly, almost

caso case; **creerse en el — de** to think oneself called upon to; **en el — de que** in the event of, in case that; **hacer — (de)** to pay attention (to); to take notice (of); **no fuera — de** for fear that; **por ningún — on** no account, for no reason; **si — es** if it is necessary

casorio marriage (*derisive*)

casta caste, breed, race; clan; lineage; kind

castañeta castanet

castaño, -a brown; *n.m.* chestnut tree

castellano, -a *n. & adj.* Castilian; **— viejo** Old Castilian, of Old Castile

castigar to punish

castigo punishment; torture

Castilla Castile (*center region of Spain, divided into Old Castile to the north and New Castile to the south*)

castillo castle

castizo, -a pure, correct, vernacular

casto, -a chaste

casualidad chance, occurrence

casuístico, -a casuistic(al)

casulla chasuble (*ceremonial vestment worn by priest at Mass*)

cataclismo cataclysm

catalán, -a *n. & adj.* Catalan

catar *arch.* to look

catarata cataract, waterfall

catástrofe *f.* catastrophe

catastrófico, -a catastrophic

catedral *f.* cathedral

catedrático, -a university professor

categoría rank

catolicismo Catholicism

católico, -a *n. & adj.* Catholic

catre *m.* cot; bedstead

cauce *m.* bed (*of a river*)

cauchero rubber man, latex gatherer; one engaged in rubber industry or trade

caucho rubber

caución security, bond, pledge

caudal(es) *sing. & pl.* riches, wealth

caudillo leader

causa cause; law suit; trial; **hacer — con** to join the side of; **por (mi, tu, etc.) — on** (my, your, etc.) account, because of (me, you, etc.)

causar to cause, bring about

cautela caution, secrecy; **tener — to** be cautious

cauteloso, -a cautious, wary

cautivo-, a captive

cavilación worrying, fretting; deep thinking

cavilar (en) to ponder, think deeply (about)

cayado staff, shepherd's crook

caza hunting; game; **dar — to** chase, hunt for, hunt down; **marcharse de — to** go off on a hunting trip; **salir de — to** go hunting

cazador *m.* hunter

cazar to hunt, catch

cebo bait, incentive; food

cebolla onion

ceder to yield, give in; to give up

cédula slip of paper (*such as promissory note*), certificate; **— de vecindad** identification card

cegar (*ie*) to blind; to stop up, choke, close

ceguedad blindness; ignorance, obtuseness

ceguera blindness

celebrante *m.* one who officiates in church services

celebrar to celebrate; to praise; to be glad of, rejoice at; to say (*Mass*); to revere, venerate; **—se** to take place

célebre famous

celebridad renown, fame

celeste celestial, heavenly; sky-blue

celo zeal, ardor; *pl.* jealousy; **dar —s** to make jealous

celoso, -a jealous; zealous

celtíbero, -a *n. & adj.* Celtiberian

céltico, -a Celtic

célula cell

cementerio cemetery

cemento cement, concrete

cena supper

cenar to sup, have supper
cenceño, -a thin
ceniciento, -a ashy; ashen
cenit *m.* zenith (*point of the sky directly above one*); the highest point of anything
ceniza ashes, cinders; **arenal de —** wasteland covered with cinders; desert of cinders
censura censorship
censurar to censure; to disapprove (of)
centavo cent, penny
centella flash of lightning
centenar *m.* hundred
centinela *m.* sentry, sentinel
centrar to center
centro center
centroamericano, -a *n. & adj.* Central-American
centuria century
ceñir (*i*) to gird, hem in; to surround
ceño frown, scowl; **fruncir el —** to frown, scowl
ceñudo, -a frowning, grim
cepillo brush; alms box
cepo alms box
cera wax, bee's wax
cerámica ceramics; **horno de —** kiln
ceramista *m. & f.* ceramist
cerca nearby, close at hand; **— de** near, close to; **de —** closely, at close range
cerca fence
cercado, -a fenced in, enclosed
cercanía(s) *sing. & pl.* proximity; vicinity, surroundings
cercano, -a close, near
cercén: a — at the base or root
cerciorarse to verify, make sure
cerco ring; siege, besieging
cerdo hog, pig
cerebro brain
ceremonia ceremony, rite
cereza cherry
cerezo cherry tree
cerilla match; wax taper
cerrado, -a close; enclosed; thick, heavy; completely dark; **mal —** not completely closed; **noche —a** the black of night
cerradura lock; **ojo de la —** keyhole

cerrar (*ie*) to close, shut; to stop, block up; **— con llave** to lock; to lock up; **— el puño** to clench one's fist; **— un trato** to make an agreement; **—se** to grow cloudy and overcast, gather
cerro hill
cerrojo bolt, lock
certamen *m.* debate, literary contest
certeza certainty, fact
certidumbre certainty, conviction
cervantino, -a Cervantian (*in the manner of Cervantes*)
cesar (**de**) to cease, stop
César *m.* Caesar; dictator
cesarismo Caesarism, autocracy
cesto basket
cetrino, -a lemon-colored
chileno, -a *n. & adj.* Chilean
cicatriz *f.* scar
ciclo cycle
Cíclope *m.* Cyclops (*one of a race of mythical one-eyed giants*)
ciego, -a blind, sightless; windowless; **estar — por** to be blindly in love with
cielo heaven; sky; **quiera el —** may Heaven grant; **ver el — abierto** to see the solution to a problem
ciénaga mire, bog, marsh
ciencia science; knowledge; **hombre de —** scientist
cieno mud
científico, -a scientific
cierto, -a (**a**) certain; sure; true; **no por —** certainly not; **por —** certainly; as a matter of fact, indeed; by the way; *adv.* certainly
ciervo, -a deer
cifra number, sum total; cipher, symbol; key
cifrado, -a summarized
cigarrillo cigarette
celada snare; ambush
cigarro cigar; cigarette
cima summit, peak, top
cinc *m.* zinc; zinc roof
cinematógrafo moving picture show, movies
cíngulo ceremonial band or sash worn by priests (*at Mass*)

cínico, -a cynical; impudent
cinta ribbon, tie
cintura waist; belt
ciprés *m.* cypress
círculo club, circle
circundante surrounding
circunspecto, -a grave; reserved; dignified
circunstancia circumstance, condition
cirio taper
ciruela plum
ciruelo plum-tree
cirujano surgeon
cisne *m.* swan
cita appointment; summons; citation, quotation
citadino, -a pertaining to the city
citar to cite, quote
ciudad city
ciudadanía citizenship
ciudadano, -a citizen; inhabitant of the city
ciudadela citadel
civilización civilization
civilizar to civilize
clamar to cry out
clamor *m.* outcry, clamor
clamoroso, -a clamorous
claraboya skylight
clarear to grow light, dawn
claridad light; brightness
clarín *m.* clarion, bugle
clarividencia clearsightedness
clarividente clearsighted
claro, -a clear, obvious, evident; bright; transparent; illustrious; light (*in color*); ¡—! of course!, naturally!, indeed!; **— está (que)** of course, evidently; **— que** of course; **¡— que no!** of course not!; **¡— que sí!** of course!; **pasar la noche en —** not to sleep a wink
claro *m.* daylight; gap, space; clearing
claror *m. & f.* dim light
clase *f.* class, kind
clásico, -a classic(al); usual; remarkable
clasificación classification
clasificar to classify
clavar to nail (down); to fasten; to fix; to stick in; **— los ojos** to stare or look with fixed eyes
clave *f.* key, solution

clavel *m.* carnation
clavija peg of a string instrument
clavo nail; clove
clemente merciful
clérigo clergyman; **estudiante de —** seminarian
clima climate; atmosphere
coadjutor *m.* assistant, associate (*ecclesiastic*)
coalescencia coalescence
coatí *Amer.* small, racoon-like mammal
cobarde *m.* coward; *adj.* cowardly
cobardía cowardice
cobertor *m.* blanket, quilt
cobertura cover; bedspread
cobijarse to take shelter
cobrar to collect, receive (*what is due*); to get; **—se** to recover, rehabilitate oneself; **por —** still uncollected
cobre *m.* copper
cocción baking, cooking; **índice de —** baking point
cocer to bake, cook; to boil
cochambre *f.* filth
cochambrudo, -a filthy, dirty
coche *m.* carriage; coach; car
cochino, -a nasty, dirty, mean, *interj.* pig!
cocimiento decoction, extract obtained by boiling substance in water
cocina kitchen; cooking
cocinero cook, chef
coco coconut; coconut tree
cocodrilo crocodile
cocoroco high chieftain of African tribes
códeo *Gal.* piece of stale bread (*derogatory term applied to poor students at the University of Compostela*)
codicia greediness, covetousness
codiciado, -a coveted
código code
codo elbow
coerción coercion
coetáneo, -a contemporary
cofia coif, white bonnet
cofrecillo small box; jewelry box
cogedor *m.* dustpan
coger (se) to take, catch, seize; to find; **—(se) de la mano** to take by the hand; to hold hands; **— miedo a** to become fearful of

cogida goring (*in bullfighting*)
cogitación meditation, thought
cohete rocket
cohibido, -a restrained
coincidencia coincidence; concurrence, agreement
coincidir coincide, correspond exactly
cojín *m.* cushion
cola glue; tail; **hacer —** to stand in line
colaborar to collaborate
colación snack, slight repast
colarse to squeeze or sneak into a place
colcha bedspread, quilt
colección collection
colectar to collect
colectivo, -a collective
colega *m. & f.* colleague
colegio secondary school; seminary
coleóptero beetle
cólera ire, wrath; rage, burst of anger
colérico, -a irascible, irritable
colgado, -a (de) hanging (from); hanging around
colgar (*ue*) to hang
coligarse to join forces, main common cause; to be protected
colina hill
collar *m.* necklace
colmar (de) to heap upon, bestow in abundance
colmena beehive
colmillo eyetooth; tusk
colmo height; top; limit
colocar to place, set, put, station; **—se** to get set, to place oneself; to find employment
colodrillo back part of the head
colonia colony
colonización colonization
colonizador, -a colonizer; *adj.* colonizing
colono colonist, settler
color *m.* color; coloring; complexion; **bajo los —es** under the flag, in the Armed Forces; **de —** colored
colorado, -a red; **ponerse —** to blush
colorido, -a colorful; variegated
colorista *n. & adj., m. & f.* colorist; colorful
columbrar to perceive, discern at a distance
columna column; **— salomónica** twisted column

comadreja weasel
comandante *m.* commander, commandant; major
comarca region, territory
combate *m.* combat, battle
combatiente *m.* combatant, fighter
combatir to combat, fight
combativo, -a combative; belligerent
combinar(se) to combine, unite
comedia comedy; play
comedido, -a courteous, polite
comedor *m.* dining room
comentar to comment
comentario comment, commentary; side remark
comenzar (*ie*) to begin
comer to eat; **—se** to eat up; **—se con los ojos** to stare at fixedly, to devour with one's eyes
comercial commercial; business (*as adj.*)
comerciante *m.* merchant; trader
comercio trade, commerce
cometer to commit
cómico, -a *n. & adj.* actor; actress; comical
comida food; meal
comienzo beginning; **en los —s** in the beginning; at the very first
comisión delegation, deputation
comisionar to commission, appoint
comitiva retinue, party, suite
como like, as; if; that; as if; just like; as much as; since; as well as; **— de costumbre** as was customary; **— pocos** exceptionally, unusually; **— por ensalmo** suddenly, as if miraculously; **—que** apparently, just about; **—quien** just as someone; **así —** like; **tal(es) — eran** just as (they) really were; **tan pronto... —** not only ... but also; now..., now; as well ... as; **tanto —** as well as
¿cómo? how?; what?; why?; what did you say?; **¿— (si)?** what do you mean?; what is it?; **¿— va?** how are you?; how is everything?; *n.* **el —** the way, the manner
cómoda chest of drawers
comodidad comfort
compacto, -a dense, close, compact
compadecer(se) (de) to pity

compadre *m.* godfather of another's child; buddy, pal

compañero, -a companion, friend; colleague; comrade; — **de juegos** playmate; — **de viaje** fellow traveler

compañía company; **hacerle — a uno** to keep one company

comparación comparison

comparar to compare

comparecer to appear (*when summoned*)

compartir to share

compás *m.* measure, time, beat (*in music*); **llevar el —** to beat, keep time

compasión pity, sympathy

compasivo, -a compassionate, tender hearted

compenetrado, -a (**con**) pervaded (by)

compenetrarse to become one with, fuse with

compensar to counterbalance; to make up for

compinche *m.* crony, pal

complacer to please; **—se** (**en**) to delight (in)

complejo, -a complex

completar to complete

completo, -a complete, total; perfect, finished

complicado, -a complicated; complex

complicar to complicate; to mix together

cómplice *m. & f.* accomplice

complicidad complicity

componer to compose, make up; to repair, adjust; to arrange

composición poem

compostura repair

compra purchase, buy; **—s** shopping; day's marketing

comprador, -a buyer

comprar to buy

comprender to understand; to realize; to include

comprensible understandable, comprehensible

comprensión understanding

comprensivo, -a understanding, tolerant

comprobación verification

comprobar (*ue*) to verify; to witness

comprometer to compromise; jeopardize, endanger

compromiso commitment; relationship; obligation; agreement

compuesto *p.p.* of **componer**

compulsar (*law*) make authentic transcript or copy of; to compare

comulgar to commune

común common, ordinary; generally or extensively used; public

comunicación communication

comunicar to communicate; to impart; to tell of; to inform

comunidad community; commonness

comunismo communism

comunista *n. & adj., m. & f.* communist

con with; to; by (*followed by inf.*); by means of; — **provecho** to advantage, profitably; — **que** so; — **tal que** provided that; — **toda seguridad** with absolute certainty; — **todo** nevertheless, however; — **vida** alive; **para —** toward; **verse —** to have a talk with; to settle matters with

concavidad hollowness

concebir (*i*) to conceive (of)

concentración concentration

concentrar to concentrate

conceptuar to judge; to form an opinion

concepto concept

concertar (*ie*) to arrange, conclude; to suit; **—se** to agree

concha shell; tortoise shell; — **del apuntador** prompter's box

conciencia conscience; consciousness; **a —** thoroughly, conscientiously; **en —** with a clear conscience

concierto agreement, bargain; concert; **café —** music hall, cabaret

conciliábulo conspiracy, cabal

conciliar to conciliate, bring harmony

conciso, -a concise

concisión conciseness

conciudadano, -a fellow-citizen

concluir to conclude, end, finish; **—se** to end; — **de** (+ *inf.*) to finish; **a medio —** half done

concordar (*ue*) to agree

concordia concord, agreement; peace, harmony

concreción concretion, concrete manifestation

concreto, -a concrete

concretar to concretize; to give form

conculcar to break, violate; to trample under foot

concuñado brother-in-law of brother or sister

concupiscente lustful, lecherous

concurrir to concur, agree

concurso contest; gathering of group of people

condal pertaining to a count or countess

conde *m.* count

condecorado, -a decorated (*with medals, crosses, etc.*)

condenado, -a damned, confounded; sentenced; condemned; shrewd, clever

condenar to condemn; to sentence; —**se** to be damned

condensar to condense

condesa countess

condezuelo *dim.* (*derisive*) *of* **conde**

condición condition; position, rank; nature, disposition

condicionar to condition

conducir to conduct, lead; to take, carry; to drive

conducta behavior, conduct

conducto channel through which business is conducted; mediator, person through whom anything is accomplished; **por (mi)** — through (me)

conectar to connect, link

conejo rabbit

confabularse to enter into a conspiracy, conspire, connive

confeccionado, -a made, put together

confeccionar to make

conferir (*ie, i*) to confer, bestow (upon)

confesar (*ie*) to confess, avow; to acknowledge, declare; —**se** to confess, make confession; **confieso** it is my opinion

confesión confession

confesionario, confesonario confessional

confiado, -a confident, trusting, unsuspicious; entrusted, confided; — **en** confident of

confianza confidence, trust; intimacy; **con** — sincerely, frankly; **en el seno de la** — as intimate friends

confiar to trust, confide; to tell or talk about (*as a secret, story, etc.*); —**se de** to confide in; to take for granted

confidente *m. & f.* trusted person, confidant

confidencia confidence

confirmar to confirm, support, corroborate

confitería confectioner's shop

confitero, -a confectioner, pastry maker

conflictivo, -a conflicting

conflicto conflict, struggle, strife

confluencia confluence; place of meeting

conformar to conform; fit, adjust; —**se** (**con**) to resign oneself (to); to submit (to); to be in conformity (with)

conforme agreed; in agreement; — **a** according to

conformidad conformity

conformista *m. & f.* conformist; **no** — non-conformist

confortar to comfort, cheer

confundir to confuse, perplex; —**se** to fuse, blend; to become embarrassed, confused, mixed up

confuso, -a confused; indistinct

congestionado, -a congested

congoja heartache, anguish, sorrow

congraciar to win over; —**se con** to ingratiate oneself with

congregar to assemble

congreso congress, convention

congruentemente correspondingly, in accordance with circumstances

cónico, -a conical, cone-shaped

conjeturar to conjecture; to venture

conjunto whole, aggregate; **en** — as a whole

conjuración conspiracy

conjurado, -a in conspiracy; *n.* conspirator

conjurar to exercise, ward off, avert; to summon, cause to appear; to call to the mind

conjuro conjuration, incantation; exorcism; entreaty

conmigo with me

conmoción intense emotion; shock

conmover (*ue*) to touch, appeal to, move; to shake, shatter

conmutar to commute

cono cone, beam (*of light*)

conocedor, -a expert, connoisseur

conocer to know, recognize; to be or become acquainted with, be familiar with; to forecast; **darse a —** to become known; **se conoce (que)** apparently

conocido, -a well-known, common; *n.* acquaintance

conocimiento knowledge; **sin —** unconscious

conque *conj.* so then; and so; now

conquista conquest

conquistador, -a conqueror; *adj.* conquering

conquistar to conquer

consagrado, -a sacred; consecrated; **— a** devoted to

consagrar to consecrate, hallow

consciente conscious, aware; thinking

consecuencia consequence, result

conseguir (*i*) to obtain; to succeed (in), accomplish

conseja folk story, fable

consejo counsel, advice

consentido, -a spoiled

consentidor, -a coddler; conniver; *adj.* consenting, acquiescing

consentimiento consent

consentiora *dial.* = **consentidora**

consentir (*ie, i*) to consent, permit; to acquiesce in; to coddle, spoil; **—(se) en** to consent to; **—sela** to put up with it

conservar to preserve, keep; to retain, save

conservatorio conservatory

consideración reflection, meditative thought; consideration

considerar to consider, esteem; to judge; to regard; to think of

consigo with himself, herself, etc.; with him, her, etc.

consistencia consistency; solidity; stability

consistir (**en**) to consist (of); to lie (*in the fact*)

consola console

consolar (*ue*) to console

consonante *m.* perfectly rhyming word, perfect rhyme

consorte *m. & f.* consort, spouse

conspiración conspiracy

conspirar to plot, conspire

constancia record, written evidence; **dejar — ** to put on record

constante constant; apparent

constar to be recorded; to be evident

constelación galaxy

consternado, -a distressed; appalled; amazed

constituído, -a constituted, made up

constituir to constitute

construcción structure

constructivo, -a constructive

construir to construct, build

consuelo consolation

consultar (**con**) to consult (with), seek advice from; to discuss; **—se** to deliberate, consult with one another

consumar to consummate, complete, carry out

consumidor, -a consuming; *n.* consumer

consumir to consume; **—se** to wither, waste away

consumo consumption

contacto contact

contado: por de — of course

contagio contagion

contagioso, -a contagious

contaminar to contaminate

contante: moneda — cash, ready cash

contar (*ue*) to tell, recount; to count; to number; **— con** to count on, upon, rely on, upon; to possess; to take into account; **por pasos contados** step by step

contemplación beholding, contemplation

contemplar to behold, contemplate, look at; to view

contemporáneo, -a contemporary

contener (*ie*) to check, restrain; to keep off; to contain, have; **—se** to restrain oneself

contenido contents; content

contentar to content, satisfy; **—se** to be contented, satisfied

contento, -a happy, content

contestación answer, reply

contestar to answer, reply

contextura texture; basic character

contienda struggle

contigo with you

continente *m.* continent

contingencia contingency, possibility; risk

continuación continuation; **venir a —** to follow immediately after

continuar to continue, go on; to prolong

continuidad continuity

continuo, -a continuous; **de —** continually, constantly

contorno contour, outline; **—s** environs or vicinity of a place; surrounding area

contra against; **en —** (**de**) against; **en — mía** (**suya**) against me (him, her, you); **venir a dar —** to hit against

contrabandista *m. & f.* smuggler

contradictorio, -a contradictory

contraer to contract; **— matrimonio** to marry, get married

contrafuerte abutment, spur (*a wing dam to deflect a river current*)

contrahecho, -a deformed; humpbacked

contramano: a — in the wrong direction, the wrong way

contramarco (window) sash

contrapeso counterweight; counterbalance

contrariar to vex, upset; to oppose, thwart

contrariedad obstacle; inconvenience; disappointment

contrario, -a contrary; opposite; opposed; **al —** on the contrary; just the opposite; **los —s** the enemies, the people on the other side; **por el —** on the contrary; **todo lo —** quite the contrary; just the opposite

contrarrestar to counteract, offset

contraste *m.* contrast

contratación trade; **casa de —** produce exchange

contribución tax, impost; **recaudador de —es** collector of revenues

contribuir to contribute

contrito, -a contrite, repentant

convencer (**de que**) to convince (that)

convencimiento (act of) convincing; conviction; persuasion

conveniencia suitability, desirability, advisability

conveniente expedient; wise, advisable

convenir (*ie*) to agree (on); to be fitting; to be advantageous or desirable; to be wise or best; to suit; to be pleasing

convento convent

conversación conversation

conversacional conversational

conversar to converse, talk

converso, -a convert

convertir (*ie, i*) to convert; to change; **—se** to convert, change faith; to change, turn into

convicción conviction, sureness

convidado, -a table guest

convidar to invite (*to food or drink*)

convincente convincing

convivencia act of living together

convivir to live together

coñac *m.* cognac, brandy

copa treetop, branches and foliage of a tree; wineglass, goblet; drink (*of liquor*); crown of a hat; **sombrero de —** top hat

copaiba South-American tree

copero cupbearer

copiar to copy

copioso, -a abundant

copla folk song (quatrain); stanza; **andar en —** to be the subject of songs

copo bundle (*of flax*)

copudo, -a thick topped

coqueta coquette, flirt

coquetear to flirt

coquetería coquetry, flirtatiousness

coquetonamente coquettishly, in a flirting manner

coraje *m.* courage; anger, passion; **de —** in anger, in passion

coral *m.* coral; coral bead

coránico, -a pertaining to the Koran (*the sacred book of Islam*)

coraza cuirass, breastplate; armor

corazón *m.* heart; courage; kindness, compassion; **desnudar el —** to open one's heart

corbata necktie; **— de plastrón** ascot tie

corcel *m.* steed, charger

cordaje *m.* rigging, cordage

cordel *m.* cord; string

cordero lamb

cordillera mountain range

cordón *m.* cord, girdle with which monks tie their habits

cordura sanity; wisdom

corneta bugle

cornisa cornice

coro chorus; **a —** in unison

corona crown; wreath; garland; halo

coronado, -a crowned; decorated on top

coronar to crown

coronel *m.* colonel

corpiño bodice; corset cover

corpúsculo corpuscle

corral *m.* corral, poultry yard; enclosure

correcto, -a correct, proper; polite

corredera main street; promenade

corredor *m.* corridor

corregir (*i*) to correct

correligionario, -a coreligionist

correr to run, run through; to hasten, race; to glide (on, along); to move; to slide, slip; to draw; to extend; to pass; to circulate; to be common talk; to blow; **— a cargo de uno** to be one's duty; **— con** to take care of; **— de cuenta de uno** to be at one's expense; **— la misma suerte** to have the same fate; **—le a uno** to run someone out; throw someone out; **— en cuatro patas** to run on all fours; **— peligro** to run the risk; to be in danger; **—se** to be embarrassed, dismayed; **—se las proclamas** to publish the banns; **— tierras** to roam, wander

correspondencia correspondence

corresponder to correspond; to be fitting, be proper; to belong; to return (*love, favor*), reciprocate

correspondiente corresponding; belonging; proper

corretear to romp

corrido, -a ashamed; embarrassed

corriente *f.* current; trend; *adj.* common, usual

corrillo huddle, clique

corro circle of people, group

corroborar to corroborate

corrompido, -a corrupted

corrosivo, -a corrosive

corrupción corruption

corruptor, -a corrupting

corsario privateer, corsair

corto, -a short

cortacabezas *m.* head chopper

cortado, -a abashed; embarrassed

cortante cutting, sharp

cortar to cut, cut off, cut out, cut down; interrupt; **— de raíz** to nip in the bud; to eradicate; **— el pelo al rape** to shave the head

corte *m.* cut; *f.* (royal) court; **la C—** Madrid (*capital city of Spain, formerly seat of the Royal Court*)

cortejar to court, woo

cortejo cortege, procession

cortés courteous

cortesano, -a courtly; *n.* courtier

cortesía courtesy, attention; politeness

corteza bark (*of a tree*); piece of bark

cortina drape, curtain

cortinilla shade, small screen

corto, -a short; limited; **— de vista** short-sighted; **calzón —** knee breeches

corvo, -a curved; arched

cosa thing, matter, affair, question; **— ninguna** nothing; **—s de muchacho** boys will be boys; **andar a unas — y otras** to be busy with chores and other things; **gran —** very much, a great deal; **lo que son las —s** the way things are; **ni una ni otra —** neither thing; **no es — de** is not best, is not advisable; it does not warrant; **semejante —** such a thing, a thing like that; **una —** something; **una — así** a thing like that, such a thing; **una — tratada** a thing understood, agreed upon

coscorrón bump on the head

cosecha harvest, crop

cosre to sew

cosmogónico, -a cosmogonic, pertaining to the origin of the universe

cosmopolita *m. & f.* cosmopolitan, of broad international culture; non-provincial

cosquillas tickling; **hacer —** to tickle

cosquilleo tickling sensation

costa cost, price; expense; coast, shore; **a — ajena** at someone else's expense; **a toda —** at any cost

costado side; side of the chest; **por los cuatro —s** on all sides

costar (*ue*) to cost; to bother, cause much difficulty; **— trabajo** to be hard work; to be difficult

costear to pay the cost of; to skirt

costilla rib

costoso, -a costly; expensive

costumbre custom; **como de —** as was customary

costumbrista *n. & adj., m. & f.* dealing with manners; writer of sketches of manners

costura seam; sewing

cotidiano, -a daily, customary

covacha small cave or hollow underground

cráneo skull, cranium

creación creation

creado, -a created, made; **intereses —s** vested interests

creador, -a creator, originator; *adj.* creative

crear to create, make; to establish

crecer to grow (up); to increase; to rise

crecida swell of river, flood rise

crecido, -a thick; considerable; emboldened

creciente growing, increasing

crédito credit; character, good reputation; **dar — a** to believe; **hacer — a** to extend credit to

crédulo, -a credulous

creencia belief

creer to believe; to think; + *inf.* to expect; **— notar** to be under the impression; **— que (sí, no)** to think (so, not); **—se** to get the notion, make oneself believe; **—se de** to believe in; to take the word of; **—se en el caso de** to think oneself called upon to; **estar creído** to be convinced; **ya lo creo (que)** of course; yes, indeed

creolina creosote (*disinfectant extracted from mineral coal*)

crepitar to crackle; to crepitate

crepuscular twilight (*as adj.*)

crepúsculo twilight, dusk; morning dusk, first light of dawn

crescendo: in — gradually increasing in volume of sound

crespo, -a curly

creyente *m. & f.* believer

criadero bed, breeding place

criado, -a servant; maid

criao *dial.* = **criado**

criar to raise, bring up; to breast-nurse; **—se** to be raised, brought up; to grow

criatura creature; child

crimen *m.* crime

crin *f.* mane; horse hair

criollo, -a *n. & adj.* Creole (*native of pure Spanish ancestry in Latin America*)

crisol *m.* melting pot

crispar to cause muscles to contract convulsively

cristal *m.* glass; crystal; windowpane

cristalino, -a clear, transparent

cristalizar to crystallize

cristianismo Christianity

cristiano, -a Christian; **— nuevo** new-Christian (*a Jewish or Moorish convert to Catholicism, or his descendant*); **— viejo** old-Christian (*one of pure Catholic ancestry*)

Cristo Christ; crucifix

criterio judgement

crítico, -a critical; **afán —** eagerness to criticize; *n.* critic; **la —a** the critics, criticism

croar *m.* croaking

cromático, -a chromatic, pertaining to color

cromatismo keen sense of color

crónica chronical; record

cronológico, -a chronological

cronométrico, -a as a chronometer (*clocking instrument of extreme accuracy*)

crótalo castanet

cruce *m.* miscegenation, inter-racial breeding

crucero crossroads

crucifijo crucifix

crudo, -a crude; raw

crudeza crudeness

crueldad cruelty

cruento, -a cruel; bloody

crujir to crack, creak; *n.m.* creaking

cruz *f.* cross; **en —** crossed

cruzada crusade

cruzar to cross; **—se** to cross from one side to the other; **—se con** to pass, meet (*in the street*); **—sele a uno** to cross one's path

cuaderno notebook

cuadra stable

cuadrado square

cuadro picture, painting; scene, tableau; division of acts in a play; **a** or **de —s** plaid

cual who, which; **el —, la —, los (las) —es; a — ... más** which one ... most; **cada — ** each, every one; **lo —** which; *conj.* as, like; **— si** as if

¿cuál? which?; what?; which one(s)?

cualesquiera *pl. of* **cualquiera**

cualidad quality; positive trait

cualificación qualification

cualificado, -a qualified

cualitativo, -a qualitative

cualquier, -a any; whoever; whatever; whichever; anyone, anybody; **de — modo** however, in any case; **de — modo que sea** however it may be; **uno —a** someone or other, anyone whatsoever; *n.m.* **un —a** a nobody

cuando when; **— le parezca** whenever you like; **— menos** at least; **de — en —** or **de vez en —** from time to time, now and then

cuantioso, -a numerous; considerable

cuantitativo, -a quantitative

cuantito *dim.* of **cuanto; en — que** as soon as

cuanto, -a as much; as many; all that; **— antes** immediately, without delay; **— más** as much as; **— más ... más** the more ... the more; **— más se puede** to the utmost; **— menos** the least; **— menos ... menos** the less ... the less; **—s** as many as, all who; **en — (que)** as soon as; inasmuch as; **en — a** as for; **unos (unas) —s, —as** a few, several, some; **(en) unos —s días** (in) a few days

¿cuánto(s)? how much?; how many?

cuartel *m.* quarter; barracks; **— general** general headquarters

cuartilla sheet of writing paper

cuartillo pint

cuarto room; quarter; fourth

cubierta deck (*of ship*)

cubierto *p.p.* of **cubrir;** *n.m.* cover, place at the table; *pl.* silverware

cubil *m.* lair, den

cubo pail; hub of a wheel

cubrir to cover

cucaña a feast or carnival attraction consisting of a grease pole to be climbed for a prize; easy thing, child's play

cucaracha cockroach

cuchara spoon

cucharada spoonful

cucharadita teaspoonful

cucharetear to have a finger in every pie, meddle in other people's business

cuchilla *Amer.* mountain ridge

cuchillo knife; **pasar a —** to put to the sword

cuello neck; collar; **— postizo** starched detachable collar

cuenta bill; account; bead; **—s** arithmetic; **a la —** apparently; perhaps; **caer en la —** to realize; **correr de (mi, su, etc.) —** to be at (my, his, etc.) expense; to be (my, his, etc.) concern; **darse — (de)** to realize; to be aware (of); **es — mía** it is my business; **hacer —** to suppose, assume; **más de la —** too much, more than necessary; **pasar la — ** send a bill; **pedir — de** to ask an account of; **por su — ** on one's own; **tener — (con)** to take care; to beware of, to be careful with; to bear in mind; **tener —s con** to have dealings with; **tener en —** to take into account, bear in mind; **tomar por su —** to take upon oneself

cuentista *m. & f.* short story writer

cuento story, tale; piece of gossip; **— de hadas** fairy tale; **venirle a uno con el —** to bring one a piece of gossip

cuerda rope; cord; string; spring; **dar — a** to wind (*a watch*)

cuerno horn; **—s** cuckoldry

cuero pelt, rawhide; leather, skin; **en —s** stark naked

cuerpo body; force; **— de Ingenieros** Engineers Corps (*in the Armed Forces*); **no llegarle a uno la camisa al —** to be scared out of one's pants

cuesta slope; **a —s** on the shoulders; **echarse a —s** to take on one's shoulders, assume the responsibility

cuestión question, matter, affair; point

cueva cave

cuidado care; attention; worry; apprehension, fear; **¡— con...!** be careful not to...!; beware of...!; **al — de** under the care of; **darle a uno —** to cause one to worry; **estar al —** to be on the watch; to be taking care of things; **haber —** to worry; **para más —** as an additional worry; **quedar en —** to be anxious or worried; **ser de —** to be a serious, grave or dangerous affair; **tener — de** to take care to; to be charged with the task of; **tenerle a uno sin —** not to care

cuidadoso, -a careful; painstaking

cuidao *dial.* = **cuidado**

cuidar (de) to care (for); to take care (of); to execute with care

cuitado, -a unfortunate, wretched

culinario, -a culinary, pertaining to cooking

culminar to culminate

culpa fault; sin; blame; **tener la —** to be to blame; **sin —** innocent

culpable guilty; blameworthy; *n.* guilty person

culpar to blame, accuse

cultivador, -a cultivator; devoted to

cultivar to cultivate; to devote oneself to

cultivo cultivation; culture; practice

culto cult; worship; religion

culto, -a cultured, learned; sophisticated

cultura culture

cumbre summit, peak

cumpleaños *m.* birthday

cumplido, -a polite, courteous; complete

cumplir to fulfill; to perform one's duty; to accomplish; to complete one's term (*of service*); to reach (*age*); **— con** to fulfill, perform

cuna cradle

cundir to spread; to increase, multiply

cuña wedge

cuñado, -a brother-in-law, sister-in-law

cúpula cupola

cura *m.* parish priest; *f.* cure, healing; **poner en —** to put under treatment

curación cure, healing; treatment; **hacer una —** to dress or treat a wound

curar to cure, heal, take care of (*sick or wounded*); **—se** to recover from sickness

curiara *Colom.* dugout

curiosidad curiosity

curioso, -a curious; unusual, strange, rare

cursar to follow a course of study

curso course

curvaturado, -a bent over

curtido, -a experienced

curvo, -a curved; arched

cuscurro end piece of bread

cuspe *m. Gal.* spit, saliva

cúspide *f.* summit, peak

custodia monstrance

cuyo, -a whose

CH

chapotear to splash, splatter

chaleco waistcoat, vest

chamariz *m.* blue titmouse

champaña *m.* champagne

chancear to jest, joke

chanza jest, joke

chaparrón *m.* heavy shower, downpour

chaqueta coat, jacket

charanda *Amer.* liquor made of sugar cane

charca pond

charco pool, puddle

charla chat, talk

charlar to chat

charlatán, -a babbler

charloteo chatter, prattle

charolado, -a shiny

charretera epaulet

chasquear to crack, snap; to fool

chasquido cracking sound

chato, -a flat; flat-nosed; *n.* flat-nosed person

chequetico *dial.* = **chiquitico** *dim. of* **chico; el —** the youngest of all

chico, -a child; boy; girl; *adj.* little, small; **venirle — a uno** to be small for one

chiflado, -a flighty, crazy

chile *m. Mex.* hot pepper

chileno, -a *n. & adj.* Chilean

chillar to screech, scream, shriek

chillido screech, shriek

chillón, -a loud; shrieking

chimenea smokestack; chimney

chinero cupboard, china closet

chino, -a *n. & adj.* Chinese

chiquillería mass of small children

chiquillo, -a *dim.* of chico; little one, kid

chiquirritín, -a, chiquitico, -a chiquitito, -a, chiquito, -a *dim.* of chico *n. & adj.* tiny little one; the very youngest

chirriante squeaking

chirriar to squeak, creak

chirrido chirping, chattering; squeaking

chisme *m.* piece of gossip

chispa spark

chispeante sparking; sparkling

chispear to spark; to sparkle

chisporrotear to spark, sputter

¡chist! *interj.* hush! silence!

chiste *m.* joke, anecdote

¡chito! *interj.* hush!

¡chits! *interj.* hush!

chivo, -a billy goat; goat

chocar to collide

chocarrero, -a coarse, crude

chochear to dote, to act childishly due to old age

choque *m.* collision; struggle, conflict

choquezuela knee-cap

choreado, -a striped

chorrear to drip; to spout

choza hut, hovel

chubasco squall, shower

chupar to suck; *coll.* to drink liquor

D

daca: toma y — give and take

dádiva gift

dados *m. pl.* dice; jugar a los — to play dice

dahomeyano, -a native of Dahomey (*in West Africa*)

dalia dahlia (*flower*)

dama lady; lady-in-waiting; tablero de —s checkerboard

damasco damask

danés, -a *n. & adj.* Dane; Danish; perro — Great Dane

danta *Colom.* tapir (*South and Central American animal*)

danza dance; — del vientre belly dance

danzante *adj.* dancing; *n. m. & f.* fickle, airy person; té — tea dance

danzar to dance

dañino, -a harmful; viejo — mean old man

daño harm, injury; damage; hacer — to hurt, harm

dar to give; to strike (*the hour*); to admit (*as heat, light*); to yield; to show; — a to open on, face; — a entender to insinuate, imply; — al aire to utter aloud, vent; — alaridos to shriek, yell; — a luz to give birth to; — asco to disgust; — caza to hunt down; — celos to make jealous; to feel jealous; — con su destino to meet one's fate; — crédito a to believe; — cuerda a to wind (*a watch*); — de beber (comer) to serve something to drink (to eat); — de besos to cover with kisses; — de cenar to serve supper; — de plano to hit squarely; — de puñaladas to stab repeatedly; — de vestir to help dress; — dinero a préstamos to lend money; — duro to hit hard; — el parabién to congratulate; — en to take to; to chance upon; to happen to; to make the mistake of; — en tierra to fall to the ground; — frente to face; — garrotazos to give a sound beating; — golpes to strike blows; — (grandes) disgustos to cause (great) grief and sorrow; — gritos to shout; — gusto to be a pleasure; to give pleasure; — la batalla to start the battle or struggle; — la cara to face or confront the situation, "face the music"; — la espalda to turn one's back; — la estampida to run away fast, disappear (*in debt*); — la razón a to agree with; to lend support to; to decide in favor of; — (la) vuelta (a) to turn back; to turn around; to turn or twist (*something*); — las buenas noches (buenos días) to say goodnight (good morning); — las gracias to thank; —le a uno fiebre(s) to contract a fever, to run a temperature; —(le a uno) lo mismo to be all the same (to one); —le a uno un no sé qué to feel apprehensive; to have a strange feeling; — lugar a to cause, give rise to, give an opportunity to; — miedo to frighten, cause fear; — muerte to kill; — paso (a) to afford the passage; to make way for; — patadas to kick; — pena to hurt; to cause sorrow; — por to consider; — razón de to account for; — **saltos** to jump, leap; **—se a** to devote oneself to; to begin to; **—se a conocer** to make oneself known; **—se con** to come upon, find; to strike; to have dealings with; to have to do with; **—se cuenta (de)** to realize; to be aware (of); **—se por** to consider oneself, admit oneself; **—se por sentido** to feel offended; to show resentment; **—se preso** to give oneself up; **—se tono** to put on airs; **— su parte a** to give somebody or something his, its due, recognize the importance of; **— suelta a** to give free rein to; **— tregua a** to rest, stop using; **— tristeza** to make one sad, cause sadness; **— una palmada** to clap hands; **— una puñalada** to stab; **— una vuelta a** to go around; **— un paseo** to take a walk, take a ride; **— un paso** to take a step; **— un vértigo a uno** to have a dizzy spell; **— vivas a** to cheer, acclaim; **— vueltas** to turn, go around and around; **— zancadas** to take long strides; **¿qué le dio?** what is the matter with him?; **¡qué más da!** what does it matter!; **venir a — contra** to hit against

dato datum; factual detail, information

de of; in; from; by; as; with; to; +*inf.* on...; if...; **— aquí para allá** around; back and forth; to and fro; **— frente** from the front; **— por sí** by itself (himself, etc.); on his (her, etc.) own accord; **— pronto** or **— repente** suddenly; **— siempre** everlasting; as usual; **— sobra** well enough; more than enough

debajo beneath; **— de** under, beneath; **por — (de)** underneath

debatir to discuss; **—se** to writhe

deber must, ought; to owe; **— de** + *inf.* ought, must; *n.m.* duty

debidamente duly; properly

debido, -a due; rightful

débil weak, feeble; fragile

debilidad weakness; **sentir — por** to have a weakness for

debilitar to weaken

debutar to make one's debut

década decade

decadencia decadence, decline

Decálogo Decalogue, Ten Commandments

decano dean

decente decent; proper

decepcionado, -a disillusioned

dechado model

decidido, -a determined, resolved; resolute; devoted

decidir to decide, determine; **— de** to decide, determine; **—se** to decide, be determined; to make up one's mind

decir to say, tell; to declare; to call; to denote; to represent; to indicate, show; to ask; to read; **— (muy) bien** to be (quite) right; **— entre dientes** to mumble; **— (se) (uno) para su capote** to say to oneself; **— relación a** to relay to; to give a report to; **es —** that is to say; **por así —lo** as it were, in a manner of speaking; **por — algo** just to say something; **querer —(se)** to mean; **¡qué vas a —me!** are you telling me!; you might just as well say it; **diríase** one should say; **¡no se diga!** it goes without saying!; there is no denying it; **que lo diga usted** you can say it again; **según se dice** according to report

decir *m.* speech, expression; **el bien —** correctness and elegance of speech

declaración deposition, statement; declaration; **rendir —** to make a deposition

declarar to declare; **—se** to admit

declinar to decline, approach the end

decoración setting, scenery, stage

decorado scenery, background

decorrer to pass; *n. m.* passing

decrepitud decrepitude

decreto decree

dedicar to dedicate; **—se (a)** to devote oneself (to); to busy oneself (with)

dedo finger; **— del pie** toe; **andar con los —s sobre** to run one's fingers over, feel out; **poner el — en la llaga** to hit on the truth, hit the nail on the head; **yemas de los —s** fleshy tips of the fingers

deducir to deduct

defección defection

defender(se) (*ie*) to defend (oneself)

defensa defense

defensor, -a defender; supporter

deficiencia deficiency
definido, -a definite
definidor, -a defining
definir to define; to establish
definitivamente definitely; definitively
definitivo, -a definitive, final; **en —a** in conclusion; in short
deformado, -a deformed, misshapen
deformar to deform
degenerado, -a degenerate
degenerar to degenerate
degollado, -a beheaded
dehesa pasture ground(s); cattle ranch
dejar to leave, leave alone; to abandon; to put to one side; to allow, let; to give over (up); to let go; **— caer** to drop, let drop; **— constancia** to put on record; **— de** to stop, cease; to fail to; **— de lado** put aside; **— encargado** to urge **— herido** to wound; **— mal** to disappoint, let down; **— mal a alguien** to prove somebody wrong; **— plantado** to jilt; **¡—se estar!** never mind! don't bother!; **—se ver** to appear in public, be seen; **dejadnos de ...** spare us ...; **¡deja!, ¡déjate estar!** never mind!
dél *dial.* = **de él**
delante before, out in front; present; **hacia — forward**, towards the front; **— de** in front of, in the presence of, from in front; **por — de** before, in front of; **quitarse de — to** get out of the way; to get out of sight; to remove oneself
delatar to denounce, to inform on
delator, -a informer, stool-pigeon
deleite *m.* delight
deletrear to read by spelling; to spell out
delgado, -a thin; delicate
deliberado, -a deliberate, planned
deliberar to deliberate
delicá *dial.* = **delicada**
delicadeza delicacy, refinement; politeness, courtesy; consideration; **por — out** of consideration
delicado, -a delicate; lady-like; sensitive; sick; sickly
delicia delight, pleasure; comfort
deliciosamente delightfully
delicioso, -a delicious

delincuente delinquent; criminal
delirio delirium, rave; **— alcohólico** delirium tremens
delito crime
demanda demand, request; **en — de** calling for
demás (los, las) (the) others, rest; **lo —** the other things; *adj.* other, remaining, the rest of the; **por lo —** aside from this, as to the rest
demasiado too; too much
demasiao *dial.* = **demasiado**
demente *m. & f.* insane person
democracia democracy
demolido, -a demolished
demoniá *dial.* = **demoniada**
demoníaco, -a demoniac
demoniado, -a possessed by the devil
demonio devil; demon; *interj.* by Jove!, the devil!; **— de...** devil of a..., confounded...
demora delay
demorar to delay; **—se** to tarry, linger; to be delayed
demostrar (*ue*) to demonstrate, show, prove
demostración demonstration, proof
demudarse to change or alter suddenly the color or expression of the face
denguna *dial.* = **ninguna**
denigrar to revile, defame
denominación name, denomination
denominar to call, give a name to
denotar to denote
densidad density, compactness
denso, -a dense; close, compact; rich
dentro within, inside; **— de** within, inside of, in; **— de poco** soon, shortly; **por —** on the inside
denuedo daring, courage
denuncia denunciation; accusation; **poner las —s** to sue for; to give away
departamento compartment; section
depender (de) to depend (on)
dependiente *m. & f.* clerk; salesman, saleswoman
deplorar to deplore, lament
deponer to put aside; to depose; to give testimony
deporte sport; pastime

deportivo, -a pertaining to sports, sporty; **locutor —** sports broadcaster

depositar to deposit, place; to entrust, confide

depósito depository, store-house

depresivo, -a depressive

deprimente depressing

depuración purification

depurar to purify

derecha right side, right hand; **de la —** from (on) the right; of the rightist party; **en la — on** (to) the right

derechamente directly, straight

derecho, -a right; straight; upright; **en — rightfully; por —** straight across, at the right angle

derecho right; **de —** by right; **en su —** within your rights; **tener — a** to have the right to; **—s** fees; **—s de justicia** court fees

deriva drift; **ir a la —** to drift along with the current; to be drifting

derivar to derive, proceed; to evolve

derogado, -a annulled

derramar to shed, spill; to spread

derribar to throw down, knock down; to bring to the ground

derrocado, -a overthrown

derrochar to waste, squander

derrota defeat; **ponerse en —** to set sail

derrotado, -a defeated; driven back

derrotero route, course

derruído, -a demolished

derrumbarse to sink down, crumble

desabrido, -a rude, sharp; disagreeable

desacreditar to discredit, injure the reputation of; to disparage

desacuerdo disagreement; discord

desafiar to challenge

desagotar to bail

desagradable disagreeable, unpleasant, uncomfortable

desagrado displeasure

desagravio satisfaction for an injury; compensation

desahogar to unburden one's heart; to vent one's feelings

desahogo ease, frankness; unburdening of one's heart; venting of one's feelings

desairado, -a graceless, awkward

desaliento discouragement, dejection

desalojar to dislodge

desamparar to abandon, leave without protection

desamparo helplessness; abandonment; lack of protection

desangrado, -a bled out, bled white

desaparecer to disappear; to be extinct

desaparecido, -a extinct, extinguished

desapartar *dial.* = **apartar**

desaprovechar to waste; to make no use of

desarrollar to develop; **—se** to evolve; to develop, to grow

desarrollo development, growth

desarrugar to smooth out, unwrinkle

desarticulado, -a disjointed

desaseo uncleanliness, untidiness

desasirse to free oneself; to let go of

desasosegado, -a restless, upset, uneasy

desasosiego restlessness, uneasiness

desastre *m.* disaster; misfortune

desastroso, -a disastrous

desatar to untie; to unloose

desatento, -a discourteous; unattentive

desatinado, -a confused; foolish; **andar — tras de** to follow around like a simpleton

desayunar to have breakfast

desazón *f.* uneasiness, restlessness; **entrarle a uno una —** to become restless, uneasy

desazonado, -a restless, uneasy

desbaratarse to break up, go to pieces

desbastado, -a polished by education

desbordar to pour forth; to overflow

desbrozado, -a cleared, clean

descalabrar to wound in the head

descalificado, -a disqualified; *n.* disqualified person

descalzo, -a shoeless, barefoot

descaminado, -a ill-advised; mistaken; **ir —** to be on the wrong track

descansar to rest, relax; to be at ease; to be content

descanso rest

descarga volley, round; **— cerrada** a full round (*all guns firing at the same time*)

descargar to unload; to discharge; to inflict, strike (*a blow*)

descarriado, -a astray, gone astray

descarnar to eat the flesh of

descartar to discard

descender (*ie*) to descend, go down

descendiente *m. & f.* descendant

descenso lowering

descifrar to decipher

descolorido, -a discolored, pale

descomedido, -a rude

descomponerse to decompose

descompuesto, -a upset; out of sorts; out of order

descomunal huge, enormous

desconcertado, -a disconcerted

desconcertante disconcerting

desconcertar to disconcert

desconcierto confusion; disagreement

desconfiado, -a mistrustful, distrustful

desconfianza distrust, mistrust

desconformidad non-conformity, disconformity

desconocer to ignore, disregard; to fail to recognize

desconocido, -a unknown

desconsiderado, -a inconsiderate, thoughtless

desconsolado, -a disconsolate, sad

desconsolador disheartening

desconsuelo affliction; distress

descontar to discount; to take for granted

descontentadizo, -a readily discontented or displeased

descorrer to draw (*as a curtain*)

descortesía discourtesy; uncouthness

descoserse to unravel; to burst out talking

descrédito discredit

describir to describe; to sketch, delineate

descripción description

descriptivo, -a descriptive

descrito, -a *p.p.* of **describir**

descubierto, -a *p.p.* of **descubrir**

descubridor, -a discoverer

descubrimiento discovery

descubrir to discover, uncover, find; to reveal, disclose; **—se** to give oneself away

descuidado, -a careless; carefree; ¡esta —!, ¡vaya —! don't worry!

descuidar to be at ease, not to trouble oneself; **—se** to be negligent or careless; ¡descuida! don't worry!

desde from, since; **— ahora** from now on; **— entonces** since then, thence; **— hoy** from now; this very day; **— luego** of course; **— niño** ever since childhood; **— que** since, from the time that; **ya — hoy** from today on

desdén *m.* disdain; disdainful remark

desdeñar to disdain, scorn

desdicha misfortune

desdichado, -a unfortunate, wretched; unhappy; *n.* unfortunate one; good-for-nothing

desdoblamiento unfolding; splitting

deseandito *dim. of* **deseando;** very eager, extremely anxious

desear to wish, desire

desecarse to dry up

desembarcadero landing-place

desembarcar to land; to go (come) ashore

desembarco landing; going (coming) ashore; disembarkation

desembocadura mouth (*of river*); outlet

desembocar to flow; to burst out, come out

desempeñar to perform, discharge (*a duty*); to fill (*an office*); to perform, play (*a role*)

desencadenar to unchain; to unleash

desencajado, -a looking pale and haggard, completely upset

desencantar to disappoint, disillusion, disenchant

desencanto disappointment, disillusionment, disenchantment

desencuadernado, -a without binding or the binding off or badly damaged

desenfrenado, -a unbridled, wild

desengaño disillusionment, disappointment

desenlace *m.* outcome

desenredar to disentangle

desentendido, -a unmindful; **hacerse el (la) —o, (-a)** to play dumb

desenterrar (*ie*) to unbury, dig up

desenvainar to unsheathe (*blade weapons*)

desenvolver(se) (*ue*) to develop; to unwind

deseo desire, wish; eagerness

xli

desesperación desperation; despair; despondency

desesperado, -a desperate; **a la —a** desperately, in desperation

desesperanza despair; hopelessness

desesperar(se) to discourage; to despair

desespero despair, desperation; hopelessness; rage

desfallecer (en) to swoon, fall (into)

desfilar to march, parade

desfile *m.* filing, marching by; parade

desgajado, -a torn off, broken off

desgaritado, -a stray

desgarrar to tear, rend

desglosado, -a (*pages*) separated from notebook

desgracia misfortune; **por —** unfortunately

desgraciado, -a *n. & adj.* unfortunate (one); unhappy (one)

desgranar to shell (*peas, etc.*); **—se** to be separated

deshacer to destroy; to undo; **—se** to break up; to dissolve; **—se de** to get rid of

deshecho, -a *p.p.* of **deshacer** undone; completely consumed; exhausted

desheredado, -a disinherited; **los —s** the have-nots

deshielo thaw

deshilada: a la — in file, one after another

deshojar to strip; to pluck

deshonra dishonor, disgrace

deshonrar to dishonor, to disgrace

deshora inconvenient time; **a —** at the wrong moment, at an unseasonable time

deshumanizar to dehumanize

desidia untidiness, carelessness, negligence

desierto, -a deserted, empty; barren; *n.m.* wilderness, desert, deserted place

designio design, purpose

desigual unequal; uneven

desilusionado, -a disillusioned

desintegración disintegration

desinteresado, -a uninterested; indifferent

desistir (de) to give up; to withdraw (from)

desjarretar to cripple, disable

desligado, -a untied, loose

desligarse to untie oneself, get loose

deslizar to slip, glide; **—se** to glide, skim

deslucir to tarnish; to discredit; **— con** to discredit in the eyes of

deslumbrador, -a dazzling

deslumbrar to dazzle

desmalazado, -a withered, wilted; spiritless

desmantelado, -a dismantled; dilapidated

desmayado, -a faint, in a faint; won; weak, spiritless

desmayar to lose ardor, be discouraged

desmedrado, -a stunted; wasted

desmenguarse to be lessened or diminished

desmesura lack of measure, disproportion

desmentir to belie; to give the lie to

desmerecer to compare unfavorably

desmoronarse to fall; to crumble

desnaturalizado, -a foreign-loving

desnivelado, -a out of balance

desnudar(se) to bare, uncover; to undress; **— el corazón** to open one's heart

desnudez *f.* nakedness, nudity, bareness

desnudo, -a naked, bare; essential; free from adornment

desobediencia disobedience

desobediente disobedient, unruly

desolación desolation

desolado, -a desolate, laid waste; disconsolate

desolador, -a desolating, distressing, grievous

desorden *m.* disorder

desorganizado, -a disorganized

desorientado, -a lost; disoriented; confused

despachar to dismiss, send away; to wait on

despacho office; studio; den

despacio slowly

despacioso, -a slow, sluggish

despanzurrado, -a burst open

desparramado, -a spread around, scattered; wide open

despatarrado, -a lying motionless on the ground with legs split apart

despavorido, -a aghast

despecho spite; resentment

despectivo, -a contemptuous, scornful

despedazar to tear to pieces

despedida leave-taking, good-bye

despedir (*i*) to discharge, dismiss; **—se (de)** to take leave (of), say good-bye (to)

despegado, -a (de) distant, indifferent (toward)

despegar to detach, free; **—se** to come off

despejarse to clear up

despensa pantry, larder

despeñarse to fall over a cliff; to hurl oneself over a cliff

desperdiciar to waste

despertar(se) (*ie*) to awaken, wake up; *n.* awakening, waking up

despiadado, -a unmerciful, pitiless

despierto, -a awake

desplazarse to move to another location

desplegar (*ie*) to unfold

despliegue *m.* display; unfolding

despojado, -a stripped; despoiled

despojarse (de) to take off (*clothing*)

despojo spoils, plunder; remains; plundering expedition or action

desposado, -a newly-wed person; **—s** bride and bridegroom

déspota *m. & f.* despot, tyrant

despreciable despicable, contemptible; *n.* contemptible person

despreciar to scorn, despise; **sin —** present company excluded

despreciativo, -a scornful

desprecio contempt; **hacer (un) —** to show contempt; to slight

desprenderse (de) to extricate oneself, free oneself; to be detached (from), part (with), get rid (of)

desprendido, -a detached

desprendimiento disinterest, generosity; indifference

despreocupado, -a unworried, carefree; unconventional

desprestigiar to bring into disrepute

desprestigio loss of reputation or prestige

desprovisto, -a (de) lacking (in)

después afterwards; then; later; **— de (que)** after; **poco —** a little after; **antes o —** sooner or later

desquitarse to take revenge, retaliate

destacar to detach; to stand out; **—se** to stand out, loom, be outlined

destapar to unstop, uncork; to uncover; *n.m.* uncovering

destartalado, -a dilapidated; jumbled; scantily supplied

destello flash, sparkle; **lanzar —s** to scintillate

destemplanza over-indulgence, lack of moderation

desterrado, -a *adj.* exiled; *n.* exile, outcast

destierro exile; remote and solitary place

destinado, -a (a) destined (for); picked out (for)

destinar to destine

destino destiny, fate; destination; **dar con su —** to meet one's fate

destitución dismissal

destreza skill, dexterity

destrozar to destroy

destrozo destruction, damage

destructor, -a *n. & adj.* destroyer; destructive

destruir to destroy

desunión discord, lack of union

desunir to disunite, occasion discord

desvaído, -a (*of colors*) dull, faded

desvalido, -a helpless, defenseless

desvanecerse to vanish, disappear

desvelar(se) to keep awake; to be sleepless

desventura misfortune

desventurado, -a unfortunate, wretched

desvergonzado, -a shameless, impudent; *n.* shameless person

desvergüenza shamelessness, impudence

desvestirse to undress

desviar to turn aside, shift, divert; **—se** to deviate

desvivirse (por) to love excessively, long (for); to undo oneself (for)

detalle *m.* detail

detención delay; arrest; **con —** slowly, deliberately

detener(se) (*ie*) to arrest; to stop

detenido, -a retained; reserved

detenimiento close and unhurried attention

deteriorado, -a deteriorated, worn out

determinación determination; conclusion

determinado, -a fixed, definite; certain; determined

determinar to determine

detrás (de) behind; after; **por —** from behind; **venir —** to follow

deudo relative (*family*)

deudor, -a debtor

devanar to spin; to think out

devastar to devastate, lay waste

devoción devotion

devolver (*ue*) to return, give back

devorar to devour, consume, swallow

devoto, -a *n. & adj.* pious person; devout, devoted

devuelto, -a *p.p.* of **devolver**

día *m.* day; **— a —** day after day, without letup; **al — siguiente** (on) the following day; **a los pocos —s** a few days after; **al rayar el —** at daybreak; **antes de pocos —s** in just a few days; **de —** by day; **el mejor —** some fine day; **en el — de hoy** today, nowadays; **luz del —** daylight; **todo el —** all day long; **todos los —s** every day; **uno y otro —** all the time, every day; **un — es un —** today is a very special day; for one day it won't hurt

diablo devil; **¿por qué —s?** why the devil?

diabólico, -a diabolical, devilish

diáfano, -a diaphanous, transparent

dialecto dialect

diálogo dialogue; **trabar —** to start a conversation

dialogar to converse

diamante *m.* diamond

diariamente daily

diario, -a daily; **a —** daily; **para —** for daily use

dibujar to draw; to sketch; to outline

dibujo drawing, sketch, outline

dicción diction

diccionario dictionary

dicha good fortune; joy, happiness

dicho, -a *p.p.* of **decir**; **—s** the same (*characters in a play*); *n.* saying, statement; **andar en —s** to be talked about; **el —** the aforementioned

dichoso, -a happy, fortunate

dictador *m.* dictator

dictadura dictatorship

dictaminar to dictate, pass judgement

dictar to dictate; to inspire, prompt

dieciochesco, -a in the style of the 18th century

diente *m.* tooth; **decir entre —s** to mumble

diestra right hand

diestro halter or bridle

diferencia difference

diferencial distinctive, distinguishing

diferenciarse to differ, be different; to distinguish oneself

diferente different

difícil difficult

dificultad difficulty

difundir to spread

difunto, -a dead; *n.* deceased person

dignamente worthily; with dignity

dignarse to deign, condescend

dignatario dignitary

dignidad dignity; honor; rank; **— apostólica** appointment to the rank of bishop

digno, -a worthy

dilación delay

dilatado, -a dilated, expanded; extensive, vast

diligencia stage-coach; legal proceeding

dilucidar to determine, clarify

diluir to thin, dilute

diluvio deluge; downpour

diminuto, -a tiny, diminutive

dinámica dynamics

dinámico, -a dynamic

dinamismo dynamism

dinamita dynamite

dinastía dynasty

dinero money; **dar — a préstamos** to lend money

Dios *m.* God; **¡(anda) con —!** God be with you!, good-bye!; **¡bendito —!** thank God!; **¡— nos valga!** God help us!; **¡con — todos!** good-bye everybody!; **¡gracias a —!** thank God!; **¡no permita —!** God forbid!; **¡por —!** for heaven's sake!; **¡quedar con —!**, **¡quede(n) usted(es) con —!** God be with you, good-bye!; **valga — que** thank God that; **¡valgame —!** God help me!; **¡vaya usted con —!** God be with you, good-bye!

diosa goddess

diosecillo *dim.* of **dios**

diplomacia diplomacy

diplomático, -a *n. & adj.* diplomat; diplomatic

diputado deputy, congressman; representative

dirección direction; management

directo, -a direct; through

dirigir to direct; — **la mirada a** to look at; to cast a glance in the direction of; — **la palabra a** to address; —**se a** to address; go toward; —**se contra** to be directed at

disciplinar to discipline

disciplinado, -a obedient; disciplined; trained

disciplinario, -a disciplinary (*formed of soldiers condemned to punishment*)

discípulo, -a disciple, follower

disco disk, record

díscolo, -a unruly; wayward

disconformidad disagreement, non-conformity

discordancia clash, discordance

discordia discord, disagreement; clash

discreción discretion

discrepante discrepant, disagreeing; different

discreto, -a discreet, wise; **andar —** to act discreetly

discriminado, -a clarified

disculpa excuse

disculpar to excuse

discurrir to reason; to discourse

discurso speech, lecture

discutible debatable

discutir to argue, debate

disecar to stuff (*animals*)

disentir (*ie, i*) (**en**) to disagree (on)

disfrazado, -a (**de**) disguised (as)

disfrazar(se) to disguise (oneself); to masquerade

disfrutar (**de**) to enjoy

disgustar to displease, disgust; to anger; to make unhappy

disgusto displeasure; grief, sorrow; **dar (grandes) —s** to cause (great) grief and sorrow

disimular to hide; to overlook, tolerate

disipación licentiousness; dissoluteness

disipar to dissipate, squander

dislacerante heart-breaking

disminuir to diminish, decrease

disociado, -a dissociated, separated

disoluto, -a licentious; dissolute

disolvente dissolvent, having power to dissolve

disparar to shoot, fire

disparatado, -a foolish, nonsensical

disparate *m.* nonsense, absurdity; blunder; crazy action

disparo firing, discharge, report (*of guns*)

dispensar to excuse

dispersar(se) to disperse, scatter

disponer to direct, order; to arrange, prepare; to decide; —**se a** to get ready to, start

dispuesto, -a (**a**) *p.p.* of **disponer** ready (to, for)

disputar(se) to dispute, contend, fight for

disquisición dissertation, long detailed discussion

distancia distance

distante distant, faraway

distar to be far apart; to be far different

distendido, -a distended, stretched; swollen

distinguir to distinguish, see clearly; to differentiate; —**se** to excel

distintamente clearly

distintivo, -a distinctive, different; *n.m.* distinctive feature

distinto, -a different, distinct

distraer to distract; to amuse; —**se** to be distracted; to amuse oneself

distraído, -a absent-minded; inattentive; preoccupied

ditirambo dithyramb (*poetical composition in praise of something or someone*); exaggerated eulogy

diurno, -a daily; **astro —** sun; day star

diván couch

divergencia divergence

diversión amusement

diverso, -a different, diverse

divertido, -a amusing, entertaining

divertir (*ie, i*) to amuse, entertain, while away (*time*); —**se** to have a good time

dividir to divide

divinidad divinity

divino, -a divine

divisar to see, make out at a distance

divisorio, -a dividing

doblar to bend; to fold; to round; to toll; **—se** to bend, get bent; *n.m.* tolling (*of bells*)

doble double, two-fold

doblegar to subject to one's will

docena (de) dozen

dócil docile, gentle

docto, -a learned

doctrina doctrine, dogma; theology, theological doctrine

documento document

dogmático, -a dogmatic

dolencia sickness, disease

doler (*ue*) to ache, hurt; to grieve; **—le a uno las tripas** to have a belly-ache **—se de** to regret; to note sadly

doliente *m. & f.* sick person

dolo deceit, trickery

dolor *m.* pain, sorrow; **buenos—es** great pains

dolorido, -a aching; afflicted

doloroso, -a sorrowful, sad; pitiful; painful, aching

domeñar to tame, subdue

doméstico, -a domestic; *n.* house servant or maid

dominador, -a dominating, domineering; commanding

dominar to dominate

dominio domain; control, command

dominó dominoes

don *m.* gift; title used before first name

donación donation, gift

donaire *m.* witticism; gracefulness

donas *pl.* wedding present given by bridegroom to bride

doncella maiden, damsel; servant, chambermaid

donde where, in which; **de — quiera** from wherever; **en — where**, in (on) which; **hacia —** toward which; **no tener — acostarse** not to have a place to sleep; **por —** where, through (along) which

¿dónde? where?; **¿en —?** where?; **¿hacia —?** whereabouts?, where?; **¿por —?** from what direction?

dondequiera wherever; everywhere; **— que** wherever; **por —** everywhere, in every place

donjuanesco, -a Donjuanesque (*in the manner of Don Juan*)

doña *f.* of **don** (*title*)

doquier = **dondequiera**

dorado, -a gilt, golden; *n.* gilt work

dormir (*ue, u*) to sleep; **— como una piedra** to sleep like a log; **— como un bendito** to sleep like a baby; **—la** to sleep it off; **— la(s) siesta(s)** to take an afternoon nap; **—le a uno** to put one to sleep; **—se** to go to sleep, fall asleep; **traje de —** nightgown

dormitar to doze, nap

dorso back

dosel *m.* canopy

dosis *f.* dose

dotar to endow, provide with a dowry

dote *f.* dowry; gifts, **—s** talents

dramático, -a pertaining to plays or the theatre; dramatic

dramaturgo dramatist; playwright

droga drug; narcotic

dromedario dromedary

dualidad duality

dubitativo, -a doubtful

duda doubt; **no tiene —** there is no doubt; **poner en —** to question, doubt; **sin —** without any doubt

dudar (de) to doubt; **— en** to hesitate to

dudoso, -a doubtful; dubious

duelista *m.* duelist

duelo duel; mourning

duende *m.* elf, hobgoblin

dueña attendant, lady-in-waiting; **— de casa** housewife

dueño master; owner

dulce sweet, pleasant; soft, gentle; *n.m.* candy

dulcificado, -a sweetened; softened, mellowed

dulzura sweetness, gentleness, mellowness

duque *m.* duke

duradero, -a lasting

durante during; for

durar to last

duro, -a hard; severe, strict, cruel; *n.m.* dollar; five peseta unit; *adv.* hard, unmercifully

E

e *dial.* = **de**

¡ea! *interj.* come on there!

ebajo *dial.* = **debajo**

ébano ebony

Ebro *a river flowing from northern Spain into the Mediterranean*

ecir *dial.* = **decir**

ecía *dial.* = **decía**

económico, -a economic(al)

echar(se) to eject, throw out; to throw, emit, shoot forth, spout; — **a faltar** to miss, feel or notice the absence of; — **a la** or **en la cara** to throw to one's face; — **a presidio** to condemn to a long jail term; — **a rodar** to spoil or upset; —**se** to accept; to obtain; to stretch oneself out; to lie down; —**se (a)** to start (to); —**se a cuestas** to take on one's shoulders, assume; —**(se) a perder** to ruin; to get spoiled; —**se de** to jump out of; —**se de ver** to be evident; —**(se) la escopeta a la cara** to raise one's gun to fire; —**selas de** to put on the airs of; —**se novios** to get boy friends; — **un sueño** to get some sleep; — **un trago** to get a drink

eclesiástico, -a ecclesiastical

eco echo

edad age

edénico, -a Edenic, paradisiacal

edificar to build, erect

edificio building, structure

educación education; upbringing, manners

educado, -a well-bred; **mal** — rude, ill-mannered

educador, -a educator

educando, -a pupil

educar to educate; to bring up

efectivamente actually; indeed; as a matter of fact, in fact

efectividad effectiveness

efectivo, -a effective; real; substantial

efecto effect; **en** — in fact; so it is; **hacer** — to have an effect; to produce results

eficacia efficacy, efficiency

eficaz effective, efficacious, efficient

efímero, -a ephemeral

egipcio, -a *n. & adj.* Egyptian

egocéntrico, -a self-centered

egoísmo selfishness; self-love; egoism, egotism

egoísta *m. & f.* egoistic, egotistic; selfish

egolátrico, -a self-worshipping; egotistical

egregiamente egregiously; very badly (*ironical*)

egregio, -a eminent

¡eh! *interj.* eh!, here!, there!

eje *m.* axle; axis

ejecución execution; carrying out

ejecutado, -a executed; carried out, performed

ejecutoria pedigree (*nobility*)

¡ejem! *interj.* ahem!

ejemplar exemplary; *n.m.* copy

ejemplaridad exemplariness

ejemplificar to exemplify; to illustrate

ejemplo example; **por** — for instance

ejercer to exert; to practice; — **justicia** to dispense justice

ejercicio exercise; performance or practice

ejercido, -a exercised, performed

ejercitar to exercise, practice

ejército army

elaboración elaboration

elante *dial.* = **delante**

elástico, -a elastic

elección election; choice

electrizar to electrify

electrocutar to electrocute

elefante *m.* elephant

elegancia elegance

elegía elegy

elegíaco elegiac, mournful, plaintive

elegir (*i*) to choose, select

elementalidad elementality

elevado, -a high; lofty, elevated

elevar to raise; —**se** to rise, ascend

eliminar to eliminate

elixir strong potion (*sometimes magic*)

elle it; — **es que** the fact is that

elocuencia eloquence

elocuente eloquent

elogiar to praise

elogio praise, eulogy

eludir to elude, evade

emanar to emanate, issue

emancipador, -a *n. & adj.* emancipator; emancipating

emancipar to emancipate, free

embajador *m.* ambassador

embalsamado, -a balmy

embalsarse to form a pool

embarazoso, -a embarrassing, awkward

embarcadero pier, landing place

embarcarse to embark; to sail

embargar to attach, seize (*legal*)

embargo: sin — however, nevertheless

embeber to absorb, soak up

embellecer beautify

embestir (*i*) to attack, charge

emblema *m.* emblem, symbol

embobar to fascinate, enchant; to stultify, stupefy

embobecimiento stupefaction; open-mouthed wonder

emborracharse to get drunk

emboscada ambush

embozado, -a muffled up

embozo fold of a cape

embravecerse to rage, reach angry pitch

embriagado, -a intoxicated

embriaguez *f.* intoxication; rapture

embrocarse *coll.* to put on

embrollo embroilment, confusion; involved story

embromar to play jokes on; to make fun of

embrujamiento (*act of*) bewitching

embrutecer to stupefy, make stupid

embudo funnel

embuste *m.* lie, fib

emerger emerge, surface; to come out of

emigrado, -a emigrant; émigré

emigrar to emigrate

eminencia eminence

eminente eminent; high

emitir to utter, emit

emoción emotion

emocionado, -a moved, touched

emocionante moving, touching; thrilling

emotividad emotion; proneness to emotion

emotivo, -a tender, touching

empalidecer to grow pale

empanada meat pie

empañar to dim, blur; to tarnish

empapado, -a saturated; soaked

empaparse to absorb, imbibe, soak up

emparejar to couple, pair off

emparentar to become related by marriage

emparrado vine; arbor

empastado, -a *Amer.* covered with underbrush

empate *m.* tie, draw

empecinado, -a stubborn

empellón *m.* push; **a —es** by pushing rudely; **sacar a —es** to kick out

empenachar to adorn with plumes

empeñarse (**en**) to persist, insist (in); to go into debt

empeño effort, insistence, persistence; pledge; influence, "pull"; **poner uno todo su — en** to direct all one's efforts towards

empeorar to grow worse

empequeñecer to belittle

emperador *m.* emperor

emperrarse (**en**) to persist obstinately (in); to become stubborn (about)

empezar (*ie*) to begin; **para —** to begin with

empinar to tip up

empleado, -a *n. & adj.* employee; employed

emplear to use; to employ; **—se** (**de**) to obtain work, be employed (as)

empleo job; employment

emprender to undertake; to set out on; **—la con** to pick on, attack

empresa cause; enterprise, undertaking

empujar to push, drive one into

empujón *m.* push, violent shove

empuñar to clutch; to wield

en in; on; into; at; to; about; **— adelante** from now on; **— brazos** in one's arms; **— cruz** crossed; **— fin** finally, at last; in short; after all; **— punto a** regarding, concerning; **— son de** as, like, in an attitude of

enaltecer to extol, praise

enaltecido, -a high, exalted

enamorado, -a in love, enamored; *n.* lover, sweetheart

enamoramiento love; state of being in love

enamorar to inspire love in; to court; to cause to fall in love; **—se** (**de**) to fall in love (with)

enano, -a dwarfish; *n.* dwarf

enarbolar to hoist, raise high

encaje *m.* lace

encalado, -a whitewashed

encaminarse to go toward

encantador, -a charming; *n.* enchanter, sorcerer

encantar to charm, enchant

encanto charm; dearest, darling

encaramado, -a perched

encarar(se) (con) to face, confront

encarcelamiento imprisonment

encarcelar to jail, imprison

encargar to entrust, put in charge of; to charge; to place, impose (upon); to recommend, urge; **—se** to take charge; **dejar encargado** to urge

encargo order; request

encariñarse (con) to become fond (of), develop an affection (for)

encarnación incarnation

encarnado, -a deep red

encarnar to incarnate; to embody

encarnizado, -a bloody; pitiless

encelado, -a (con) jealous (of)

encendedor *m.* (*cigarette*) lighter

encender (*ie*) to light, kindle; **—se** to take fire

encendido, -a lighted; on fire; glowing; flaming; red (*in the face*)

encerado, -a waxed

encerrar (*ie*) to lock up, closet; to confine; to commit (*to an institution*)

encierro locking up; confinement

encima on; above; on top; **— de** on, upon, on top of; **llevar —** to wear; to have on; **poner la mano —** to lay hands on, beat up; **por — de** over (the top of); **quitarse de —** to shake off; to get rid of

encinar *m.* oak grove

encinta pregnant; **saberse —** to know oneself to be pregnant

enclavijar to fasten; to join, pin

encoger to shrink; **—se de hombros** to shrug one's shoulders; **—se el corazón** to make one's heart cringe

encogido, -a huddled, crouched; timid

encomendado, -a commended; entrusted

encomendar(se) (*ie*) to commend someone (oneself) to another's protection

encontrar (*ue*) to find; to encounter, meet; to feel; to think; **—se** to be; **—se con** to meet, chance upon

encorvar(se) to bend (over)

encrespado, -a boisterous; rough

encubridor, -a concealer; accomplice, accessory after the fact

encubrir to hide, conceal

encuentro encounter, chance meeting; scheduled game, match; **salir al —** to go to meet

encumbrar to raise, elevate

ende *dial.* = **desde**

endecha doleful little poem or song

endemoniá *dial.* = **endemoniada**

endemoniado, -a possessed by the devil; perverse

enderezar to straighten, right

endiablado, -a devilish

endulzado, -a sweetened

endurecido, -a hardened

enemigo, -a enemy; **el — malo** the devil; *adj.* inimical, hostile

enemistad enmity, animosity; **— tradicional de familia** family feud

energía energy, force

enérgico, -a energetic, forceful

enfadarse to get angry

enfático, -a emphatic

enfermedad illness, disease

enfermería first-aid station and operating room in the bullring

enfermizo, -a sickly

enfermo, -a ill, sick; *n.* sick person

enfoque *m.* focusing

enfrascarse to become deeply engaged or absorbed in something

enfrentar(se) (con) to face, confront

enfrente opposite, in front; across; **de —** opposite, in front

enfriarse to get cold

enfurruñado sulky

engalanar to adorn

engañador, -a deceitful, deceiving

engañar to deceive; **—se** to deceive oneself; to be mistaken

engañifa coarse trick, deceit

engaño deceit, deception

engarabitamiento scrolling

engarzado, -a linked; strung; set (*as a stone in a jewel*)

engendrar to engender; to produce, create

engrasar to grease

engullir(se) to gulp (down); to devour

enhoramala at an unlucky hour; with unhappy results; with wishes for unhappiness

enigmático, -a enigmatic

enjambrado, -a swarming

enjambre *m.* swarm; crowd

enjuague *m.* mouthwash(ing)

enjugar to dry, wipe

enjuiciar to try (*law*); to pass judgement on, to make a judgement about

enjuto, -a lean, skinny

enlazar to bind; to catch (*with some bond*); to unite; to connect

enloquecer to become insane

enloquecimiento madness

enlutar(se) to darken; to cover with black (*as in mourning*)

enmarañado, -a tangled

enmascarado, -a masked; *n.* masked person

enmienda amendment, correction

enojar to annoy, anger; **—se** to get angry, be cross

enojo annoyance, anger

enojoso, -a bothersome, annoying

enorgullecerse to feel proud, swell with pride

enorme enormous, huge; vast, endless

enraizado, -a rooted

enramada bower, arbor; grove

enreaora *dial.* = **enredadora**

enredado, -a entangled, involved

enredador, -a meddler; busybody; tattler

enredarse to become entangled, involved; to become involved in difficulties; **— con** to have an affair with

enredo entanglement, love affair; falsehood

enrevesado complicated, difficult; hard to make out

enriquecer(se) to enrich; to become rich

enriquecimiento enrichment

enrojecido, -a reddened

enroscar(se) to twist, coil; to twirl

enrarecido, -a rarefied

ensalada salad

ensalmo spell, enchantment; **como por —** suddenly, as if miraculously

ensalzado, -a exalted

ensancharse to widen out, broaden out

ensangrentado, -a bloody, stained with blood

ensayar to try; to practice; to rehearse

ensayista *m. & f.* essay writer; experimenter

ensayo trial, attempt; essay; rehearsal

ensenada cove, inlet; small bay

enseñanza teaching, education

enseñar to show (how); to teach

ensuciar to soil, dirty

ensueño fantasy; vision; sleep

entablar to start, begin

entavía *dial.* = **todavía**

ente *m.* being, entity

entender (*ie*) to understand; to know of, know about; **— de** to be familiar with; to be knowledgeable of; **— en** to be in charge of; to have a hand in; **—se** to be understood; to be meant; to understand one another; to come to an understanding; **— se con** to deal with; to have an understanding with; to get along with; **¡entendido!** I understand!, it's agreed!

entendimiento understanding; mind

enterado, -a informed

enterarse (de) to find out (about); to be aware (of)

entereza integrity; firmness; presence of mind

entero, -a whole, entire

enterrar (*ie*) to bury

entibiarse to cool

entidad entity

entierro funeral; burial

entoavía *dial.* = **todavía**

entonar to entone

entonces then; in that case; **de —** at that time; of that time; **desde —** from then on, since then; **por —** around that time

entornado, -a ajar, half open

entornar to leave a door or window ajar, half open

entorno half opening (*of doors, windows, etc.*)

entorpecimiento torpor, numbness; delay

entrada entrance; arrival; **puerta de —** front door, entrance

1

entramparse to become indebted; to become involved in difficulties

entraña(s) entrail(s), insides; heart; **hijo de mis —s** flesh of my flesh; **lo más hondo de las —s** one's innermost being

entrañable innermost, intimate; deep; most dear

entrañado, -a deep in the heart

entrar to enter, come (in); to go (into), get into; **— de monja** to become a nun; **— en** to enter; **—le a uno desazón** to become uneasy, restless; **ya entrada la mañana** at mid morning

entre among; between; within; amidst; **— sueños** half asleep; **por —** through; **decir — dientes** to mumble

entreabierto, -a partly opened

entreacto intermission

entrecano, -a greyish haired

entrecejo space between eyebrows; **bajo el —** beneath his eyebrows; **fruncimiento de — **frown, scowl

entrecortado, -a hesitating; halting; panting

entrecruce *m.* crisscrossing

entredós lace insert

entregar to give, give over; to hand over; **—se** to give up; to surrender; to abandon oneself; to devote oneself

entremés *m.* interlude (*one act farce*)

entrenar to train

entrenamiento training

entretanto meanwhile

entretener (*ie*) to amuse, entertain; **—se (en)** to amuse, entertain oneself (by)

entretenido, -a busily engaged; entertained, amused

entretenimiento amusement, pastime

entrever to have a glimpse of

entrevista meeting, interview

entrevistarse (con) to meet; to have an interview (with)

entristecer to sadden, grieve; **—se** to become sad

enturbiado, -a muddy; muddled

entusiasmado, -a enthusiastic

entusiasmar to fill with enthusiasm; **—se** to become enthusiastic

entusiasmo enthusiasm

entusiasta *m. & f.* enthusiast

enumeración enumeration

enumerar to enumerate

enumerativo, -a enumerative

enunciar to state; to enunciate

envanecerse (de) to boast (about)

envejecer to grow old

envenenar to poison

enviado envoy; messenger

enviar to send

envidia envy

envidiar to envy

envidioso, -a envious

envilecer to debase, degrade

enviudar to become a widow, a widower

envoltura wrapping, cover

envolver (*ue*) to wrap, envelop; to implicate

envuelto, -a *p.p.* of **envolver**

épico, -a epic

epidemia epidemic

epígrafe *m.* epigraph, heading; prelude

epílogo epilogue

episodio episode

episódico, -a episodic, divided into episodes

epitalamio nuptial song or poem

época epoch, time, era

epopeya epic poem

equidad equity

equilibrar to balance; compensate

equilibrio balance, equilibrium

equipaje *m.* baggage, luggage

equipal *m. Mex.* crude native stool made with reeds and a leather seat

equipo team (*sports*)

equitación horsemanship

equitativo, -a equitable, reasonable

equivaler to be equivalent

equivocarse to make a mistake; to be mistaken

equívoco, -a dubious; equivocal

era threshing field

erguido, -a erect

erguir (*ie, i*) to stand straight; rise straight; **—se** to rise; to straighten up; to get up

erizar to bristle; to set on end

ermita chapel; hermitage

ermitaño hermit

erótico, -a erotic

li

erotismo eroticism

errante errant, roving, wandering

erróneo, -a erroneous

errar to wander, roam; *n.m.* wandering, roving

erudición erudition

erudito, -a erudite

ésa that; that thing; that person; **— es otra** that's another thing; **— es la mía** that is the way with me

esbelto, -a slender

esbozar to sketch

escabroso, -a rough, abrupt; difficult

escala (rope) ladder

escalar to scale, climb

escalera stairs; ladder; **— de caracol** winding staircase

escalofriante chilling, terrifying

escalofrío chill, shiver

escalón *m.* step (*of a stair*); stepping stone

escama scale, scale-like formation

escampar to stop raining

escampo cessation of rain

escandalizado, -a shocked; scandalized

escándalo scandal, disgraceful thing

escandinavo, -a *n. & adj.* Scandinavian

escapar(se) to escape, flee, run away; **—sele a uno** to get away from one; to miss, fail to perceive or notice

escapulario scapulary, small devotional square of cloth worn under the clothing

escarabajo scarab, black dung beetle

escarcha frost

escarmentar (*ie*) to punish, teach a lesson; to become wise by experience, learn one's lesson

escarnecer to scoff, mock

escarnio jibe, jeer

escarpidor *m.* large-toothed comb

escasamente hardly, scarcely

escasear to diminish; to be scarce

escasez *f.* scarcity, scantiness

escaso, -a small, limited; scanty, scarce; *pl.* few

escena scene; stage

escenario stage; scene of action

escénico, -a pertaining to the stage; theatrical

escepticismo skepticism

escéptico, -a skeptical

escindir to split, break asunder

esclavitud slavery

esclavo, -a slave

escoba broom; **palo(s) de —(s)** broomstick(s)

escocer to smart

escocés, -a *n. & adj.* Scot; Scotch, Scottish

Escocia Scotland

escoger to choose, select

escolta escort, guard

escoltar to escort, guard

escombro(s) debris, rubbish

esconder(se) to hide, conceal (oneself); **ver de —se** to look for a place to hide

escondrijo hiding place

escopeta shotgun

escotadura cut, indentation; arm hole (*in armor*)

escotilla hatchway

escribanía elaborate inkstand

escribano clerk (*in court of justice*)

escribir to write

escrito, -a *p.p.* of **escribir**; *n.* writing; writ

escritor, -a writer

escritura document; deed; writ; *pl.* scriptures; **—s forales** written agreements between manor lord and tenant farmer

escrutador, -a investigating, scrutinizing

escrúpulo scruple

escrupuloso, -a scrupulous, conscientious; **de puro —** out of pure conscientiousness

escuadra fleet; navy

escuálido, -a squalid, filthy; skinny

escucha listening hole; **andar a la —** to be eavesdropping

escuchar to listen (to); to harken (to)

escudo shield, coat of arms; coin

escuela school; movement (*lit.*); **poner —** to hold school; **— de artes y oficios** crafts and trades school, vocational school

escueto, -a lean

esculpir to sculpture

escultura sculpture

escupir to spit

escurrirse to slip; to sneak out, escape

esencia essence; concentrated perfume

esencial essential; **lo —** the most important thing

esfinge *f.* sphinx

esforzado, -a strong; courageous

esforzarse (*ue*) (**por, en**) to strive (to), try hard (to)

esfuerzo effort

esfumación vanishing

esmeralda emerald

eso that; that thing; **— de** that matter of; **¡— (es)!** right!, that's it!, that's what I say!; **— mismo** that very thing; that's exactly it; **— no** not that; **a —** for that reason; **a — de** about, around (*time*) **¡— sí!** that's it!; **por —** therefore, for that reason; **si — fuera ...** if that were so ...

esotérico, -a esoteric

espabilar to snuff (*a candle*)

espacio space

espacioso, -a spacious

espada sword

espadachín *m.* swordsman; bully

espalda shoulder, back; **dar la —** to turn one's back

espantar to scare, frighten away

espanto fright, terror, horror

espantoso, -a frightful, dreadful

español, -a *n. & adj.* Spaniard; Spanish

españolizado, -a Hispanicized, Spanish-like

esparadrapo adhesive bandage

esparcimiento amusement, relaxation, recreation

esparcir to scatter, spread

espasmo spasm

especial special

especie *f.* species, kind

específico, -a specific

espectáculo spectacle; show

espectador, -a spectator

espectralmente ghostly, like a specter

especulación speculation

especular to speculate

especulativo, -a speculative

espejo mirror

espera wait, waiting; **a** or **en — de** in the expectation of, expecting

esperma sperm

esperanza hope

esperar to hope; to expect; to wait (for), await; **— a que** to wait for (until)

espesarse to become thicker, darker

espeso, -a thick, heavy; close; dull

espesura thicket, dense wood

espetado, -a stiff; haughty; majestic

espía *m. & f.* spy

espiar to spy, watch

espiga tassel (*of grain*)

espigador, -a gleaner

espigar to glean

espina thorn

espinarse to prick oneself (*with a thorn*)

espino hawthorn

espíritu *m.* spirit, soul; mind; **en mi —** to my mind; in my state of mind

esplendidez *f.* splendour; liberality

espléndido, -a splendid, magnificent

esplendor *m.* splendour

esplendoroso, -a splendid, radiant

espliego lavender

espolique footman, stable boy

espontaneidad spontaneity

esposo, -a husband; wife

espulgarse to pick off fleas or lice (*from one's own body*)

espuma foam, froth, lather; **—s** sparkling waters

espumoso, -a foamy, frothy

esqueleto skeleton

esquema *m.* pattern

esquemático, -a schematic

esquila bell, sheep-bell

esquina corner; **volver la —** to turn around the corner

estabilidad stability

establecer to establish, found, set up; **—se** to settle

establecido, -a established; **lo —** the established order of things

establecimiento establishment

establo stable

estaca cudgel

estacazo blow with stick; **arrear un —** to deliver a big blow (*with a stick, cudgel, etc.*)

estación season

estado state; condition; position; **— mayor** general staff; **— de ánimo** mood, frame of mind

estafado, -a swindled

estafador *m.* swindler, con man

estafermo wooden figure; idle person

estallar to explode, burst; blast; break out; **hacer —** to detonate; to blow to pieces

estallido outburst; blast; outbreak

estameña tammy cloth, serge

estampa print, engraving; picture

estampida stampede; **dar la —** to run away fast, disappear (*in debt*)

estancia room; stay; cattle ranch

estanciero, -a cattle rancher

estandarte *m.* standard; banner

estao *dial.* = **estado**

estar to be; **— acordes** to agree; **— a gusto** to like it, be contented; **— a la mira** to be on the watch; **— bien de la cabeza** to be sane; **— con** to have; **— creído** to be convinced; **— de** to be; **— de vuelta** to be back; **— en** to agree to (on); **— en juego** to be at stake; **— en poco (que)** to be on the verge of; to be about; **— en su punto** to be at its height; **— hecho a** to be used to, accustomed to; **— hecho un** to have turned into; to look like a; **— magníficamente** to get along famously; **— mal** to be badly off; **— malo** to be sick; **— para** to be about; **—se** to be; to stand; to stay; **— sin acostarse** to have been up all night; **— unidos** to stick together; **no — en tren** to be out of training; **no — para** not to be in the mood for or conditioned for; **está bien** (it's) all right, very well; **¿estamos?** is it agreed?; do you understand?; **¿están todos?** is everyone here?, are they all here?; **(que) esté en gloria** may he (she) rest in peace

estatua statue

estatura stature, height

estatuto statute

éste, -a; -os, -as the latter

estela wake; track

estentóreo, -a very loud, stentorian

estercolero dung heap

estéril sterile; barren; fruitless

esternón *m.* breastbone

estertor *m.* rattle in the throat, stertor

estética esthetics

esteticista *m. & f.* esthetician

estético, -a esthetic

estiércol *m.* dung, manure

estigma *m.* stigma

estilista *m. & f.* stylist

estilizar stylize

estilo style; **a — de** after the fashion of; in the style of

estimable worthy, estimable

estimar to esteem; **—se en** to value oneself

estimular to stimulate

estimulante stimulant, provocative

estímulo stimulus, incitement

estipendio stipend

estipulado, -a stipulated; specified

estirar to stretch; **— las orejas** to strain one's ears

estirpe *f.* stock, lineage

esto this; **— de** this matter of; **— es** that is, that is to say; **en —** at this point; **nada de —** none of this; **por —** for this reason

estofa condition, quality

estofado, -a stewed

estola stole (*priest's garment*)

estómago stomach; **boca del —** pit of the stomach

estorbar to hinder, impede

estorbo hindrance, obstruction

estrada roadway

estrado dais; platform; drawing room

estrafalario, -a outlandish, eccentric, odd

estrambote *m.* two or more verses appended to a sonnet for humorous or graceful effect

estramonio common thorn apple

estrangular to strangle

estratagema *f.* stratagem, trick

estrategia strategy

estrecharse to narrow

estrechez *f.* narrowness; poverty; austerity

estrecho, -a narrow; close

estrella star

estrellado, -a starry

estremecer to shake, make tremble; **—se** to shudder, shake; **estremecido (de)** trembling (with)

estremecimiento shudder

estrenar to present for the first time (*a play*); to wear for the first time (*clothes*)

estrépito din, racket, deafening noise

estrepitoso, -a noisy
estribación spur or projection of a mountain
estribar (en) to lie (in), be based (on)
estribillo refrain
estribor *m.* starboard
estricto, -a strict, stern
estridente strident
estridor *m.* creak, screech
estrofa stanza
estropear to ruin, damage, injure
estructura structure
estruendo noise
estrujar to squeeze
estudiante *m. & f.* student; — **de clérigo** seminarian
estudiantillo *dim.* of **estudiante** (*derogatory*) young and poor student
estudiar to study; to ponder, consider carefully; to test; — **para** to study to be
estudio study
estudioso, -a studious
estupefaciente stupefying; *n.m.* narcotic
estupendo, -a stupendous
estupidez *f.* stupidity, foolishness; stupid thing or saying
estúpido, -a stupid; *n.* stupid person
estuviea *dial.* = **estuviera**
estuviean *dial.* = **estuvieran**
etapa stage
éter *m.* ether; sky, space
etéreo, -a ethereal
eternidad eternity
eternizar to eternize; to perpetuate
eterno, -a eternal
ética ethics
ético, -a ethical
etiqueta label
étnico, -a ethnic
etrás *dial.* = **detrás**
eufemismo euphemism
eunuco eunuch
europeo, -a *n. & adj.* European; **a la — a** in the European manner
evangelio gospel
evaporarse to evaporate
evidencia evidence
evidenciar to evidence
evidente evident, obvious

evitar to avoid; to prevent
evocación evocation, recalling
evocar to evoke, call forth
evocativo, -a evocative
evolución evolution
exacerbar to irritate, exasperate; —**se** to get irritated; to get worse
exactitud exactness; punctuality
exacto, -a exact; *adv.* exactly
exageración exaggeration
exageradamente excessively
exaltación exaltation
exaltado, -a uplifted; extremist
exaltar to exalt, praise; to elevate; —**se** to become excited
examinar to examine
exánime spiritless, lifeless; weak
exasperar to exasperate
exceder to exceed, surpass
excelencia excellence; **por —** par excellence
excelente excellent
excelso, -a elevated, lofty
excéntrico, -a eccentric
excepcional exceptional
exceso excess
excitación excitement
excitante exciting; *n.m.* excitant, stimulant
excitar to excite, rouse
exclamar to exclaim
excluir to exclude
exclusivo, -a exclusive
excusado toilet
excusar to excuse; to avoid
execrar to execrate, abominate
exento free, exempt; clear
exhalar to exhale, emit
exhibir to exhibit, display
exhortar to exhort, admonish
exigencia demand; requirement
exigible exigible, requirable
exigir to demand, urge; to ask
exilio exile (*place of*)
existencia existence, life; **en —** in stock
existir to exist
éxito success
éxodo exodus, migration in mass
exótico, -a exotic
expansivo, -a sociable, communicative

expectativa expectation; expectancy
expedicionario, -a expeditionary
expediente *m.* law proceeding; file of papers bearing on a case
expensas *pl.* expenses, costs; **a —** at the expense; **a sus —** at his (her, your, their) expense
experiencia experience
experimentar to experience; to experiment
experimento experiment
explicación explanation, explication
explicar to explain; **—se** to figure; to account for
explícito, -a explicit, clear
exploración exploration, probing
explorador, -a explorer; *adj.* exploring
explorar to explore
explotación exploitation
explotador, -a exploiter
explotar to exploit
expoliación spoliation, plundering
exponente *m.* exponent
exponer to explain, disclose; to expose; **—se** to expose oneself
expresar to express
expresión expression; *pl.* regards; **muchas —es** best regards
expresividad expressiveness
expresivo, -a expressive; **medios —s** means of expression
expulsar to expel
exquisito, -a exquisite, delicious
éxtasis *m.* ecstasy
extático, -a ecstatic
extemporáneo, -a extemporaneous; untimely, unseasonable
extender(se) (*ie*) to stretch out, extend
extensión extension; extent; expanse
extenso, -a extensive; extended
exteriorizar to reveal; to give outward evidence
externo, -a external, outward
extinguir to extinguish
extracción extraction
extraer to extract, remove
extranjero, -a foreign; *n.* foreigner
extrañar(se de) to wonder at; to find strange, surprising

extrañeza surprise; wonder; oddity
extraño, -a strange peculiar; **nada tiene de —** it is not at all strange; *n.* stranger, foreigner
extraordinario, -a extraordinary, unusual; amazing
extravagancia eccentricity; absurdity
extraviado, -a lost; gone astray; *n.* person gone astray
extraviar to mislead; to lead astray; **—se** to be misplaced, misled; to go astray
extravío act of going astray, getting lost or misplaced
extremar to carry to an extreme
extremo, -a extreme, farthest; utmost; *n.* end, utmost point, extremity
exuberancia exuberance
exultación exultation

F

fábrica factory
fabricante *m.* manufacturer
fabricar to manufacture, make
fabuloso, -a fabulous
faceta facet, side
facha looks, appearance
fachada façade, front
fácil easy
facilidad ease, facility
facilitar to facilitate; to supply, furnish
factible feasible
facultad faculty; *pl.* mental faculties
facultativo *n.* physician
faena task
faja sash; girdle
fajo bundle, sheaf
falange phalanx (*of the fingers*)
falda skirt; slope; lap
faldero pertaining to the skirt or lap; **perro —** lap-dog
falla failure; fault
fallecido, -a deceased
falleciente dying; failing; fading
fallido, -a thwarted, failed; bankrupt
fallo judgement, decision; failure
falsear to falsify
falseamiento falsifying, falsification
falsificar to falsify; to adulterate

falso, -a false

falta fault; failing; absence, lack

faltar to be lacking; to be absent; **— a** to be absent from; **—le a uno** to be unfaithful to one; **—le a uno algo** to lack something; **— mucho** to take long; **— poco para** not to be long before; **echar a —** to miss; **no —le a uno nada** to have everything; **¡(pues) no faltaba más!** or **¡no faltaba otra cosa!** the idea! nonsense!

falto, -a (de) defective, wanting, lacking (in)

fama fame, reputation

familia family; **ser de la —** to belong to the family; **en el seno de la —** within the family

familiar familiar; domestic; well-known; intimately acquainted with; family (*as adj.*)

familiarizar(se) to familiarize (oneself)

famoso, -a famous, well-known

fanático, -a fanatic

fanatismo fanaticism

fangal *m.* marsh, quagmire

fango mire, mud

fantasía fancy; fantasy, imagination; **de —** fancy; fantastic

fantasma *m.* phantom, ghost

fantasmal ghostly; ghost-like

fantasmático, -a ghost-like, spectral

fantástico, -a fantastic; whimsical

fantoche *m.* insignificant fellow; puppet, marionette

fariseo Pharisee; hypocrite

farol *m.* lantern, light; street light; **— de viento** hurricane lamp; kerosene lamp

farragoso, -a full of confused and disordered ideas; boring

farsa farce

farsante *m. & f.* fraud; fake, phony; *adj.* given to pretense

fascinante fascinating

fascinar to fascinate, charm

fase phase

fastidiar to annoy, vex; to offend; to impose upon

fastuoso, -a magnificent, luxurious; ostentatious

fatal fatal, fateful; unavoidable

fatalidad fatality; necessity; calamity

fatalista *m. & f.* fatalistic; *n.m. & f.* fatalist

fatídico, -a fateful

fatiga fatigue; hard work

fatuo fatuous, vain; stupid; **fuego —** will-o'-the-wisp

favor *m.* favor; **a — de** on behalf of; *interj.* help!

favorecer to favor, help

favorecido, -a favored person

favorito, -a favored, favorite

fayado *Gal.* garret; attic (*storing place for agricultural produce*)

faz *f.* face

fe *f.* faith; **auto de —** ceremony accompanying pronouncement of judgement by Inquisition followed by execution of sentence of those condemned to burn at the stake

fealdad ugliness

febricitante slightly feverish

febril feverish

fecha date

fechoría misdeed, villainy

fecundación fecundation, fertilization

fecundo, -a fertile, fruitful

felicidad happiness

felino feline

feliz happy; *adv.* happily

femenino, -a feminine

fémur *m.* thigh bone

fenicio, -a *n. & adj.* Phoenician

fenómeno phenomenon

feo, -a ugly; nasty

feria fair, carnival; **tablado de —** barker's platform in a carnival or concession

fermento ferment

ferocidad ferocity

feroz ferocious, barbarous

férreo, -a iron-like; harsh, stern

ferrería foundry, ironworks

ferrocarril *m.* railroad

ferrón *m.* workman in ironworks

fértil fertile, fruitful

fervor *m.* fervor, zeal

fervoroso, -a fervent

festejar to fete, entertain

festejo(s) fete, entertainment; feast, festival

fetiche *m.* fetish (*image or charm worshipped by African natives*)

fetichismo fetishism; blind devotion

feúcho, -a plain, homely

fiado, -a, *p.p.* of **fiar; — en** trusting in, relying upon

fiador, -a guarantor

fiambre *m.* cold-cut; *adj.* served cold

fianza bond, security; deposit

fiar to sell on credit; to trust; **—se (de, en)** to trust (in), rely (on); to trust (to), confide (to) **fíese de** (*ironically*) never (you can't) trust; **no me fío** I have no confidence

ficción fiction

fidelidad faithfulness

fiebre *f.* fever; **—s de Malta** undulating fever; **darle a uno —** to contract a fever; to run a temperature; **tener —** to run a fever, temperature

fiel faithful; *n. m. & f.* churchgoer, worshipper

fiel *m.* pointer of a scale

fiera wild beast

fiereza ferocity

fiero, -a fierce, fiery; high-spirited; courageous

fiesta feast, celebration, festivity; **— de los toros** bullfight

figura figure, shape, build, physique

figurar to figure, be in the public eye

figurarse to imagine; to fancy; **¡figúrate!** just imagine!, fancy that!

fija *arch.* = **hija**

fijación fixing

fijado, -a set

fijador *m.* hair setter

fijarse to become fixed, stable; **— en** to notice, be aware of; to pay attention to

fijo, -a fixed, steady; exact; **a punto —** with certainty, exactly; *adv.* fixedly

fila line, row; rank

filiación personal description; connection, relationship

filípica invective; sermon

filo cutting edge

filón *m.* vein, lode

filosofía philosophy

filosófico, -a philosophical

filósofo philosopher

filtrar to filter

filtro filter; love potion

fin *m.* end; aim, purpose; **a — de que** so that; **al** or **en —** finally; at last; in short, after all; **al — y al cabo** after all; **por —** finally, at last; **sin —** no end; great number

final *m.* end; **al —** in the end, finally; *adj.* last

finalidad finality, end pursued or obtained

finanza public finances; financial world

finar to die

finca land, country property

fingir to pretend, feign

fino, -a fine, delicate; nice, polite; thin; pure

finura fineness; purity; politeness; delicateness; thinness

firma signature

firmamento sky, firmament

firmar to sign

firme firm, solid, steady; **de —** hard, constantly; **tierra —** mainland

firmeza firmness, strength, steadiness

fiscal *m.* district attorney; prosecutor

físico physical

fisiólogo physiologist

fisonomía physiognomy, appearance

fisura fissure, crack

flaco, -a thin, lean; skinny; weak

flacura thinness

flanco flank

flanquear to flank

flauta flute

flecha arrow

flequillo bangs

flete *m.* cargo, load; **hacer —s** to cart, transport merchandise

flexibilidad flexibility

flojedad weakness

flojo, -a loose; weak

flor flower, blossom; **a — de agua** close to the water level; on the shallow; very close to the land

florecer to flower, bloom; to flourish

floresta woodland, forest area

florido, -a flowery

flotante floating

flotar to float

flote: a — floating, afloat

fluidez *f.* fluidity; fluency
fluir to flow
fofo, -a spongy; soft, bland
fogoso, -a fiery, spirited; passionate
folklórico, -a folkloric
follaje *m.* foliage
folleto pamphlet, booklet
fomentar to encourage, promote
fonda inn
fondear to cast anchor
fondo depth; back, background; bottom; rear; **a —** thoroughly; **en el —** in substance; at heart (bottom); **los —s** the rear of a house; **muy en el —** way into the background
fónico, -a phonic, pertaining to sound
fontana fountain, spring
foragido, -a outlaw
foral pertaining to farm tenantry; **escrituras —es** written agreements between manor lord and tenant farmer
forastero, -a stranger in town
forcejeo struggle
forense forensic; *n.m. & f.* court attorney; **médico —** coroner
forjador *m.* forger, smith; creator
forjar to forge, work iron; to invent, create
forma form, shape; manner, way; **de —s opulentas** shapely, sexy
formación formation, education, training
formal serious, grave, steady; truthful, reliable; well-behaved
formalidad formality; punctuality; seriousness; reliability
formalizar to formalize; to legalize (*a contract, deed, etc.*)
formar to form, constitute; to draw up; **—se** to take form, develop
formol *m.* formol, mild disinfectant
formulación formulation
formular to formulate
fornido, -a robust, powerful
foro back (*in stage scenery*); **—s** payments from tenant farmers; **al —** in the rear of the stage
fortalecer to fortify, strengthen; **—se** to get or gather strength
fortaleza fortress; strength

fortificar to fortify
fortuna fortune, good fortune, luck; wealth, means of fortune; **hacer —** to make money, amass a fortune; **fraguar una —** to amass a fortune; **hombre de —** adventurer, soldier of fortune; **probar —** to take one's chances
forzar (*ue*) to force, break in; to compel, violate
forzoso, -a necessary, unavoidable
fosco, -a sullen, cross, frowning
fosforecer to phosphoresce
fósforo match
foso ditch, moat
fotografía picture, photo; photography
frac *m.* white tie and tails, dress coat
fracasar to fail, come to naught
fracaso failure
fraccionario, -a fractionary
fragancia fragrance
frágil fragile, delicate
fragua forge, smith shop
fraguar to forge (iron); **— una fortuna** to amass a fortune
fragmento fragment
fraile *m.* friar, monk
frailuno monk-like, monkish
francés, -a *n. & adj.* Frenchman, Frenchwoman; French; **vasco- —** French Basque
franciscano, -a Franciscan
franco, -a frank, open
franja fringe, border strip
franquear to open, go through
franquicia franchise, privilege
franquista *m. & f., n. & adj.* follower of Generalísimo Franco; Francoist
frasco flask, bottle
frase *f.* sentence; phrase; **— hecha** hackneyed expression
fraseología phraseology
fraternidad fraternity, brotherhood
fratricida *n. & adj., m. & f.* fratricide (*murderer*); fratricidal
fratricidio fratricide (*murder*)
frecuencia frequency; **con —** frequently
frecuentar to frequent, visit often
frecuente frequent
fregar to scour; to wash, scrub

lix

frenesí *m.* frenzy, fury
frenético, -a frantic, furious
freno restraint
frente *m.* front; **— a** before, facing; opposite to; opposed to; **al — de** in charge of; at the head of; **dar — a** to face; **de —** from the front; **en —** opposite, facing, across; *f.* forehead, brow
fresa strawberry
fresco, -a fresh, cool; luscious
frescor *m.* freshness, coolness
fresquillo *dim.* of **fresco** cool breeze
frío, -a cold; *n.m.* cold, coldness; **jarro de agua —a** wet blanket, sudden discouraging or dampening factor
frivolidad frivolity
frívolo, -a frivolous
fronda leaf; foliage
frondoso, -a luxuriant
frontal *m.* frontal (forehead) bone
frontera frontier, boundary
fronterizo, -a frontier (*as adj.*)
frotar(se) to rub
fruncimiento gathering; **— de entrecejo** frown
fruncir to gather; **— el ceño** to knit one's brow, frown
frustración frustration
frustrado, -a frustrated, disappointed
fruta fruit
frutal *n.m.* fruit tree; *adj.* fruit
fruto fruit, benefit; result, product
fuea *dial.* = **fuera**
fuéamos *dial.* = **fuéramos**
fuego fire; **— fatuo** will-o'-the-wisp; **—s artificiales** or **—s de artificio(s)** fireworks
fuelle *m.* bellows, blower
fuente *f.* fount, fountain; source
fuera outside; **— de** out (outside) of, beyond; besides; unlike; **¡—!** or **¡— de ahí!** get out (of there)!; **— de sí** beside oneself; **por —** on the outside; **tirar —** to throw away
fuero law; jurisdiction; right
fuerte strong; severe; loud; heavy; potent; efficacious; sure; **¡— (ahí)!** hear, hear!, that's the stuff!; **hacerse —** to entrench oneself; to act boldly
fuertemente vehemently

fuerza strength, power, force; *pl.* strength, power, (military) force(s); **a — de** by dint of, on account of; **ser —** to be necessary; **tener —s** to keep up one's strength
fuga flight; elopement; **poner en —** to put to flight, rout
fugacidad brevity, transience
fugarse to flee, run away
fugaz brief, fleeting
fugitivo, -a brief, fleeting
fulgor *m.* brilliancy, fulgency; bright light
fulminar to fulminate
fumada puff (*of smoke*); **aspirar una —** to draw a puff, to inhale
fumar to smoke
fumigado, -a fumigated
función function; duty; performance; **en—se de** while discharging the duties of
funcionar to work, function
funcionario, -a civil servant, functionary
funda case; sheath; cover; slip; envelope
fundación origin; founding, establishment
fundar to found, found basis for
fundir to melt, fuse; to blend, mix
fúnebre funereal
funerario, -a funeral, pertaining to tombs or graves
funesto, -a woeful, fateful
furia fury, rage, fit of madness
furioso, -a furious, raging
furor *m.* fury, rage
fusil gun, rifle; **— al brazo** with gun hung over shoulder
fusilar to execute by shooting
fusilería gunnery; rifle fire
fusionarse to unite, merge
fútbol *m.* soccer
futbolista soccer player
fútil futile, trivial
futuro, -a future, yet to come

G

gabán *m.* overcoat
gacetillero newspaper reporter
gafas *f. pl.* eyeglasses
gajo branch of a tree

gala ornament; **uniforme de —** dress uniform; **—s** finery
galaico, -a Galician
galán *m.* courtier; lover
galante gallant, polished
galanteo wooing; flirting
galantería gallantry; compliment to a lady
galaxia galaxy
galeón *m.* galleon (*old Spanish warship*)
galera galley (*ship manned by slaves*)
galería lobby; tunnel; gallery
galerna stormy northwest wind
gallardo, -a graceful; gallant, genteel; high-spirited
gallego, -a *n. & adj.* Galician
galleta cookie; ships biscuit, hardtack
gallina hen, chicken; **carne de —** goose-pimples
gallinácea bird of the gallinaceous order, barnyard fowl; **— vulgar** common barnyard hen
gallinero hen-coop, hen house
gallo cock, rooster; **canto del —** cock's crowing; **otro — me cantara** I would be better off
galoneado, -a trimmed with braid or tape
galopar to gallop
galope *m.* gallop; **al —** galloping
gana(s) desire; urge; willingness; **darle a uno —s de** to have a wish to; **de (muy) buena —** (very) willingly; **de mala —** unwillingly, reluctantly; **entrarle a uno —s de** to have an urge to; **tener —s de** to feel like
ganado cattle
ganacia gain; earning; profit
ganao *dial.* = **ganado**
gancho hook; **su — correspondiente** the proper hook in it
gangoso, -a nasal, twangy
gangrena gangrene
ganso goose
gañán *m.* farm laborer; boor
garantía guaranty, security
garantizar to guarantee
garboso, -a graceful, spruce, jaunty
garduño, -a filcher, petty thief
garfio sharp metal hook

garganta throat
gargantilla collarband, neckband
gárgola gargoyle
garra claw
garrido, -a graceful; handsome
garrotazo blow with a cudgel; **dar —s** to give a beating
garrote *m.* cudgel, club, truncheon
garzo, -a blue
gasa gauze
gastado, -a worn out, spent
gastar to spend; to use; to wear
gasto expense; **hacer —** to incur expense; **no reparar en —s** to not to care about expenses
gatillo trigger
gatito kitten
gato, -a cat
gaznate *m.* windpipe
gelatinoso, -a gelatinous, jelly-like
gemido moan, groan; whimper
gemir (*i*) to groan, moan; to wail, whimper
generación generation
genérico, -a generic
generar to generate; to engender
género kind, sort, class; genus; type; species; genre, literary form; **— humano** mankind
generosidad generosity
generoso, -a generous; kind
genio genius; temper, spirit
gente(s) *f.* people, folk; **la —** everybody; **la demás —** everybody else
gentecilla *dim.* of **gente** (*derogatory*) people of no account; **— de poco más o menos** people of little or no account
gentil elegant, graceful; kind
gentileza elegance, gracefulness; kindness; politeness
gentilhombre *m.* gentleman
gentío big crowd
geografía geography
geográfico, -a geographical
geología geology
geólogo geologist
geranio geranium
germen germ; spring source; **—es morbosos** disease germs

gestación gestation, pregnancy; preparation, incubation

gestar to generate; **—se** to be generated

gesto gesture, gesticulation; look; air, mien; **torcer el —** to make a wry face; **poner el — (de)** to make a gesture (of)

gigante gigantic; *n.m.* giant

gigantesco, -a gigantic

gimnástico, -a gymnastic

gineceo gynaeceum (*women's quarters in the houses of ancient Greece and Rome*)

girar to turn, revolve

girasol *m.* sunflower

giro turn; course; turn of speech

gitano, -a gypsy

glicerina glycerine

gloria glory, honor; heaven; **en — esté** may he (she) rest in peace; **por la — de** in the name or for the sake of; **tenerlo a —** to consider it a great honor; to boast about it

glorificar to glorify, worship

glorioso, -a glorious; **los —s** those in Heaven, the blessed ones

gobernar (*ie*) to rule, govern

gobierno government

goce *m.* enjoyment, pleasure

godo, -a *n. & adj.* Goth, Gothic (*of the Goths*)

gol *m.* goal (*in sports*)

goleta schooner

golfo gulf

golondrina swallow

golosón, -a sweet tooth

golpe *m.* blow; beat; **— de sangre** rush of blood; **— de teatro** dramatic effect; **a —s** by means of blows; **cerrar de —** to slam; **dar —s** to strike blows; **de —** all at once; suddenly; heavily; **parar el —** to ward off the blow

golpear to beat, strike, pound

goma rubber; gum; mucilage; rubber band; **pastillas de —** gum drops

gomero rubber man (*one engaged in extraction of rubber or rubber business*)

gongo gong, drum

gordo, -a fat; big; thick; *n.* fat, fleshy person

gorguera ruff collar

gorro, -a cap

gota drop; gout; **— a —** drop by drop

gotear to drip

gótico, -a Gothic (*style*)

gozar to enjoy; **— de** to have possession or enjoyment of

gozo joy

gozoso, -a joyful

gozquecillo *dim.* of **gozque** small cur, dog

grabar to engrave; to carve

gracia grace, kindness, favor; wit, witty saying; **caer en —** to be very well liked; to make a very favorable impression; **hacerle — a uno** to strike one as funny; to please one; **ser una triste —** to be a sad joke, a real pity

gracias *f. pl.* thanks; **acción de —** thanksgiving

graciosamente facetiously

gracioso, -a gracious; graceful; funny; witty

grada grading, row of seats; stone steps

grado grade, stage; degree; **al — de que** to such a degree that

gramática grammar

gramático grammarian

gramófono phonograph

gran, -de big; great, grand; important; generous; **el Gran Turco** the Great Turk, the Sultan; **gran cosa** very much; a great deal; **a grandes rasgos** in outline, roughly; *n.* great person; **los grandes** the great; the grownups

granada grenade, shell

granadino, -a *n. & adj.* native of Granada (*in Spanish Andalusia*); pertaining to Granada

granate garnet-colored

grande = **gran**

grandeza greatness

grandilocuencia grandiloquence, bombast

grandiosidad grandeur, magnificence

grandioso, -a grandiose, magnificent

granero granary, barn

granizado, -a (**de**) sprinkled (with)

granuja *m.* rogue, scoundrel

grato, -a pleasant; grateful

grave serious, dignified; low, deep (*of sound*)

gravedad gravity, seriousness

greda chalk, marl

gremial pertaining to a guild or trade union; pertaining to employers' association

greña long tangled or matted hair
greñudo, -a shaggy; dishevelled
griego, -a *n. & adj.* Greek
grieta crevice, crack
griferría mulattoes with blond hair and Negro features
grillo cricket
gripe *f.* influenza
gris gray
gritar to cry out, shout
grito cry, scream; **a —s** in a loud voice, shouting
grosería rudeness, discourtesy; rude or discourteous act
grosero, -a coarse, rude, uncouth; thick
grotesco, -a grotesque, ridiculous; extravagant
grueso, -a thick; stout; **-a palabrota** a shockingly obscene word
grumete *m.* mast boy, ship boy
gruñido grunt
gruñir to grunt, growl
grupo group
gruta cavern
gualdo, -a yellow or gold-colored
guante *m.* glove
guapetón *aug.* of **guapo** daring, bold; tough, bullying
guapetona *aug.* of **guapa** lusciously handsome
guapo, -a goodlooking, handsome
guarda sheath, scabbard
guardar to keep, retain, store; to guard; **— la lengua** to hold one's tongue; **— respeto** to show respect; **—se** to take care of oneself; **—se de** to guard against; to avoid; **— silencio** to keep quiet, silent; **saber —se** (*for a woman*) to know how to protect her honor
guardia guard, watch; **médico de —** resident physician
guardilla garret, attic
guarecer to shelter; to give cover; **—se** to take cover or shelter
guarida lair, den
guasón, -a *n. & adj.* wag; waggish
guatín *m. Colom.* tropical rodent
¡guau! arf! (*dog's barking*)
guedeja long lock of hair

guerra war; **bajel de —** Turkish warship; **marino de—** navy officer
guerrear to wage war, fight
guerrero warrior, fighter; *adj.* warlike
guía *m.* guide; leader
guiado, -a guided
guiño wink
guirnalda garland
guisar to cook
guitarra guitar
guitarrista *m. & f.* guitar player
gusano worm
gustar to like; to please; **— de** to be fond of; to enjoy
gusto taste; liking; pleasure; **a —** to one's liking; at will; **a su —** to his own taste; according to his own wishes; **dar —** to give pleasure, satisfy a wish; to be a pleasure
gustoso, -a willing; cheerful; *adv.* willingly

H

haber to have; **— cuidado** to worry; **— de** to be to; to have to, must; will, should; **— lugar** to be occasion for, room for; to take place; **—que** to be necessary, must; **—selas con** to deal with; to confront; **— temor** to be afraid, fear; **de nada ha de servirle** it will do him no good; **hay de todo** there's a bit of everything; **¡no ha de —!** won't there be; **no ha mucho** not long ago; **¿no hay...?** is there not good cause?; **no hay más que** we need only, we can just; **¿qué hay?** what's up?; what is the matter?; **quién había de** who would have
habichuela bean; kidney bean
hábil able; skillful
habilidad ability, skill; accomplishment
habitaciòn room
habitante *m. & f.* inhabitant
habitar to inhabit, dwell
hábito robe, habit; custom; **— nazareno** long purple-colored robe (*worn in the processions of Holy Week*)
habla speech, language; **de — inglesa (española)** English (Spanish) speaking
habladuría gossip, empty talk

hablar to speak, talk; **— entre dientes** to mumble one's words; **— con** to speak with; to "go steady" with; **—se** to speak to one another; to be on speaking terms; **no se hablaba nada** no one spoke; *n.m.* speech

hablilla rumor, gossip

hacendado landowner

hacendoso, -a industrious

hacer to do, make; to lead (*a certain type of life*); to arrange, prepare; to have: to perform, carry out; **— asiento** to make a stop, halt; to settle down; **— burla (de)** to poke fun (at); **— calor (frío)** to be hot (cold); **— caso (de)** to pay attention (to); to heed, follow the advice (of); **— causa con** to back, take the side of; **— cola** to stand in line; **— como que** to pretend that; **— como si** to act as if; **— cosquillas** to tickle; **— crédito a** to extend credit to; **— cuenta** to suppose, assume; **daño a** to do harm; to hurt, harm; **— de** to play the role of; to act as; **— efecto** to have an effect, produce results; **— el resumen** to summarize; **— estallar** to detonate; to blow to pieces; **— falta** to be necessary; **— fletes** to cart, transport merchandise; **— fortuna** to make money; to amass a fortune; **— gasto** to incur expense; **— heredero** to name as heir; **— la maleta** to pack one's suitcase; **— lo que a uno se le antoja** to do as one fancies; **—le compañía a uno** to keep one company; **—le gracia a uno** to strike one funny; to please; **—le mala obra a uno** to do someone a bad turn; to bother; **— los cargos** to point out the disadvantages; **— mal a** to harm, hurt; **— matar a alguien** to have someone killed; **— (la) merced de** to be kind enough to, please; **— mérito de** to make a show of; **— noche en** to stop overnight at; **— ostentación de** to flaunt; **— pedazos** to tear to pieces, to break into pieces **— preguntas** to ask questions; **— preso** to arrest, take into custody; **— propósito** to resolve, determine; **— pucheros** to pout, be about to cry; **— que** to have, make, cause, order, see to it; **—se** to become; to pretend to be; **—se a** to become

accustomed to; **—se cargo de** to take charge of; to take into consideration; **—se como** to act as if; **—se cuenta** to figure it out for oneself; **—se de noche** to grow dark, be nightfall; **—se el tonto** to play dumb; **—se ilusiones** to delude oneself; **—se la desentendida** to play dumb; **—se tarde** to grow late; **—se valer** to make one's value count; **— silencio** to have silence, have people keep quiet; **— tiros** to fire shots; **— una curación** to treat or dress a wound; **— una muerte** to kill a man; **— una sonada** to raise hell; **— un viaje** to take a trip; **— versos** to write poetry; **— vida propia** to build a life of your own; **¡buena la hicisteis!** that's a fine thing you have done!; **hace años** years ago; **hace poco** a short while ago; **hace tiempo** some time ago; **hará ya unos meses** some months ago now; **lo malo que hice** how badly I acted; **lo que hace a mí** as for me; **lo que se hace** what is going on; **no saber que —se con** to be all attention towards

hacha axe; **— de viento** torch

hacia towards; **—adelante** forward; **—adentro** in one's innermost thoughts; **— arriba** upwards; **— atrás** backwards; **— delante** forward, towards the front; **¿— dónde?** whereabouts?, where?; **— donde** towards which; **— lo alto** up high; **tomar — to** make for; to take to

hacienda estate, property; wealth; ranch

hada fairy; **cuento de —s** fairy tale

hado fate

haekeliano Haeckelian, follower of Haeckel

haiga(s) *dial.* = **haya(s)**

halagar to cajole, flatter

halago cajolery, flattery; coaxing

halar to pull

hallar to find; **—se** to be

hambre *f.* hunger

hambriento, -a (de) hungry, starved (for); *n.* hungry person

hampa rogue's world, underworld

hampón *m.* underworld character

harapiento, -a ragged

harén *m.* harem

harpía harpy

hartar to satiate; **—se de** to gorge oneself with, fill to excess with; to get fed up with

harto, -a (de) stuffed, filled; fed up (with); tired of; *adv.* enough; more than enough; quite; full well; **— mejor** a great deal better

hasta even; as far as; up to; until, to; **— ahora** so far; **— luego** so long, see you later; **— mañana** good-bye, see you tomorrow; **— que** until

hato bundle; herd, flock; gang; band

haz *m.* bunch; group of rays of light (*diverging from, or converging to, a central point*)

hazaña deed

hazmerreír *m.* laughing stock

he aquí behold, lo and behold; here is; there is

hebra fiber; **una — de voz** a thread-like voice

hebreo, -a *n. & adj.* Hebrew

hechicero, -a wizard, witch

hechizar to bewitch, enchant

hechizo bewitchment, enchantment

hecho, -a *p.p.* of **hacer** made, done; accustomed; **— a** accustomed to; **— un** like a; turned into; looking like a; **estar — un basilisco** to be furious, in a rage; **frase —a** hackneyed expression; **lo —** what you have done; *n.m.* fact; deed; event; **de —** in fact, in reality

hediondo, -a repulsive; stinking

hedor *m.* stink, stench

helado, -a icy; frigid

helar (*ie*) to ice; to freeze

helecho fern

hembra female

hemisferio hemisphere

hemoptisis *f.* expectoration of blood

henchido, -a full; **— de** full of; bursting with

henchir (*i*) to fill, stuff

hendedura crack, crevice, narrow opening

herbívoro, -a herbivorous

heredar to inherit

heredero, -a heir; inheritor, **hacer —** to name as heir

herejía heresy

herencia inheritance; heritage

herida wound

herido, -a wounded man (woman); *adj.* wounded, hurt; **dejar —** to wound, hurt

herir (*ie, i*) to wound; to cut into (*as rubber trees*); **— de muerte** to wound mortally

hermanar to match; to harmonize

hermano, -a brother, sister

hermético, -a reserved; impregnable

hermoso, -a beautiful, handsome

hermosura beauty

héroe *m.* hero

heroico, -a heroic

heroicidad (act of) heroism

heroísmo heroism

herradura horseshoe

herramienta tool, implement

herrén cattle fodder; **—es** fields of grain; piles of fodder

herrero blacksmith

hervir to boil

heterónimo heteronym (*an "alter ego" of a different name*)

hidalgo, -a *n. & adj.* noble (man), noble (woman)

hiedra ivy

hiel *f.* gall, bile; bitterness

hielo ice; coldness

hiena hyena

hierba grass; herb; **— mate** maté (*Argentinian tea*); **mala —** weed; **pisar una mala —** to get into an ugly mood, to be in a bad disposition

hierofante *m.* hierophant (*chief priest and teacher of sacred mysteries, in ancient Greece*)

hígado liver

higo fig

higuera fig tree

hijastra stepdaughter

hijito, -a *dim.* of **hijo** dear one

hijo, -a child; son; daughter; fruit, result; **—a** dear (*term of endearment*); **¡— a de mis entrañas!** flesh of my flesh!; **¡— a de mi vida!** my darling!, dearest!; poor child!; **una —a suya** his own daughter

hilar to spin

hilaridad hilarity

hilo thread; linen; **— a —** continuously, without letup

himno hymn
hinchado, -a swollen
hinchar to swell up; to blow
hinojo knee; **puesta de —s** on bended knees
hipertrofia hypertrophy (*abnormal or dispro-portionate growth*)
hipo hiccups
hipócrita *m. & f.* hypocrite; *adj.* hypocritical
hipoteca mortgage; pledge
hirsuto, -a hairy; bristly
hirviente boiling
hispánico, -a Hispanic
hispanoamericano, -a Spanish-American
hispanomarroquí Spanish-Moroccan
historia story; history; gossip, talk
historiador, -a *n.* historian
histórico, -a historical
hocico snout; (*derisive*) mouth
hogar *m.* home; hearth, fireplace
hogaza loaf of bread
hoguera bonfire; stake (*for burning*)
hoja leaf; page, sheet
hojalata tin plate
hojarasca dead leaves; foliage; undergrowth
hojear to turn the leaves (*of a book*); scan
hojuela flake, cake
¡hola! *interj.* hi!, hello!
holanda fine linen
holandés, -a *n. & adj.* Hollander; Dutch
holagazán, -a lazy; *n.* loafer, idler
hombre *m.* man; (*in addressing a friend*) man; dear fellow; my dear man; **¡hombre!** indeed!, you don't say!, goodness!, man alive!; **— de bien** honest, upright man; **— de ciencia** scientist; **— de fortuna** adventurer, soldier of fortune; **— medio** average man; **muy —** real he-man; tough man; **ser — para** to be man enough to
hombrecillo *dim.* of **hombre** man of no account, little fellow
hombretón, hombrón *augs.* of **hombre** big husky fellow
hombro shoulder; **encogerse de —s** to shrug one's shoulders
hombruno, -a mannish
homicida *m. & f.* homicide; murderer; *adj.* homicidal
homicidio homicide; murder

honda sling
hondo, -a deep; deep-sounding
hondura depth
hongo mushroom
honra honor; reputation
honrá *dial.* = **honrada**
honradez *f.* honesty, uprightness
honrado, -a honest; honorable, upright; honored; pure, chaste
honrar to honor, glorify; to do credit to
honroso, -a honorable
hora hour; time; **a estas —s** at this time, now; **a las pocas —s** in a few hours; **altas —s** wee hours, late at night; **a primera —** at dawn; early in the morning; **a su —** on time; **a última —** at the last minute; **mismo a la —** exactly at the time; at the very same time; **ser buena — de** to be high time to
horadar to perforate; to bore into
horca gallows; **carne de —** gallows bird
horizonte *m.* horizon
hormiga ant
horno furnace; **— de cerámica** kiln
horqueta *dim.* of **horca** forked branch
horrendo, -a horrible
hórrido, -a horrid
horripilante horrifying
horrorizado, -a horrified
horroroso, -a horrible, frightful
hosco, -a stern; hostile; harsh
hospedar to lodge; **—se (en)** to lodge (at); stop (at)
hospedería hostel
hostelero innkeeper
hostería hostel, inn
hostil hostile
hostilidad hostility
hoy today; nowadays; **— mismo** or **mismo —** this very day; **— por —** for the present; **desde —** from now on; this very day; **ya desde —** from today on
hoyo hole
hubiea(s) *dial.* = **hubiera(s)**
hubiéamos *dial.* = **hubiéramos**
hueco, -a hollow; *n.* hollow, gap
huella track, footprint; trace, vestige; impression

huérfano, -a orphan; motherless child; fatherless child

huerta large vegetable garden; garden land; produce farm

huerto orchard, fruit garden

hueso bone; pit (*fruit*)

huésped *m.* guest

hueste *f.* host, legion

huevera egg cup

huevo egg; **— pasado por agua** soft boiled egg

hugonote, -a Huguenot, French Protestant

huída flight, escape; way of escape

huído, -a escaped, run away; **andar —** to be fleeing, running away

huir to flee, escape, run away; to avoid, shun

hule *m.* oil cloth

humanidad humanity, mankind; humaneness

humanizar to humanize (*attribute human qualities and behavior to animals or objects*)

humano, -a human, humane; **género —** mankind

humeante fuming, smoking

humedad humidity, moisture, dampness

húmedo, -a humid, damp

húmero humerus, arm-bone

humilde humble; poor; lowly

humillante humiliating

humillar to humiliate; to humble, subdue

humo smoke; fume; vapor

humor *m.* humor, disposition

humorada humorous saying; whim, fancy

humorismo (*lit.*) humor

hundir to sink, submerge; **—se** to disappear; to plunge down, collapse; to cave in

húngaro, -a *n. & adj.* Hungarian

huracán hurricane

huraño unsociable, shy; diffident

hurtadillas: a — on the sly

hurtar to steal; **— los ojos** to avert one's eyes

hurto theft, robbery

huso spindle

I

ibérico, -a Iberian

ibero, -a *n.* Iberian

iberoamericano, -a Ibero-American

icen *dial.* = **dicen**

idea idea; **mala —** evil nature; evil thought

ideado, -a conceived (*as an idea*)

idealidad ideality

idealismo idealism

idem ditto, the same

idéntico, -a (a) identical (with)

identidad identity

identificar to identify; **—se** to become identified

ideología ideology

idílico, -a idyllic

idilio idyl

idioma *m.* language

idiomático, -a idiomatic; pertaining to language

idiota *m. & f.* idiot

idiotizar to stupefy; **—se** to become stupefied

iglesia church

ignorado, -a ignored; unknown

ignorancia ignorance

ignorar to ignore; to be ignorant of, not to know

igual equal, the same; like, similar; **— que** the same as; **es —** it is the same thing; it doesn't make any difference; *n.m.* equal; **por —** equal; equally

ilimitado, -a unlimited; unrestricted

ilógico, -a illogic

iluminado, -a *n.* one having or claiming enlightenment; seer, illuminate

iluminar to illuminate, light; to enlighten

ilusión illusion; **hacerse —es** to delude oneself

ilusionar to cause illusion; to fascinate

ilusorio, -a imagined, unreal

ilustrado, -a learned, well-informed

ilustrar to explain, illustrate; to ennoble

ilustre illustrious, distinguished, celebrated

imagen *f.* statue; image, metaphor

imaginación imagination

imaginar to imagine; to think; to suspect; **—se** to imagine, picture to oneself; **¡imagínese!** just imagine!

imaginario, -a imaginary

imaginativo, -a imaginative

imaginismo imagism, wealth of images

imbuir to imbue
imitación imitation
imitar to imitate
imitativo, -a imitative
impaciencia impatience
impacientarse to become impatient
impaciente impatient
impacto impact
impartir to impart
impasible impassive
impedir (i) (a) to prevent; to hinder
impeler to impel, drive; to spur, incite
imperar to reign, rule; to command; to predominate
imperativo, -a imperative
imperfecto, -a imperfect, faulty; unfinished
imperio empire; power; command
imperioso, -a imperious; necessary
impermeable *m.* raincoat
impertérrito, -a imperturbable
impertinencia impertinence; impertinent remark
impetrar to entreat, obtain by entreaty
ímpetu *m.* impetus, impulse
impetuoso, -a impetuous, impulsive
implantar to establish, introduce, inaugurate
implicar to involve; to imply
implícito, -a implicit
imploración imploration, beseeching
implorador, -a imploring, beseeching
implorar to implore, beseech, entreat
imponente imposing
imponer to impose, lay upon; to inspire, arouse; to respect, fear
importancia importance; **sin mayor —** without any great importance
importar to matter, be of importance; **nada importa** or **no importa nada** it doesn't matter at all
importe *m.* price, cost; amount
importunar to bother, trouble
imposición imposition, injunction: obligation imposed (by)
impotente powerless
imprecación imprecation; curse
impregnar to impregnate, pervade
impresentido, -a unforeseen
impresionante impressive

impresionar to impress
impresionismo impressionism
impreso, -a printed
imprevisible unforeseeable, unpredictable
imprevisto, -a unforeseen, unexpected
improperio insult, outrage, abuse
improvisar to improvise
improviso: de — unexpectedly, suddenly
imprudencia imprudence
impúdico, -a immodest, shameless
impulsar to impel, drive
impulso impulsion, impulse; **a —(s) de** driven by
impune unpunished
impunemente with impunity
impureza impurity
inacabable unending; interminable
inadaptado, -a maladjusted
inadvertido, -a unseen, unnoticed
inaguantable unbearable
inanidad inanity
inapelable hopeless, without appeal
inarticulado, -a inarticulate
inaudito, -a unheard of, astounding; extraordinary
inaugurar to inaugurate, initiate
incaico, -a of the Incas
incalculable immeasurable, vast; incalculable
incalificable most reprehensible; beyond judgement
incapaz incapable; *n.m. & f.* incompetent person
incansable indefatigable, untiring
incauto, -a unwary; gullible
incendiar to set on fire
incendio fire, blaze; conflagration
incentivo incentive
incensario censer (*ritual vessel in which incense is burned in church*)
incertidumbre uncertainty
incesante incessant, continual, unceasing
incesto incest
incidencia incident
incidente *m.* incident
incierto, -a uncertain
incipiente beginning, starting
incitación incitement

incitante inciting, exciting, stimulative

inclinación tendency, bent, inclination

inclinado, -a inclined, disposed; bent

inclinarse to bend; to bow

incluir to include

incluso *adv.* even

incomodarse to be angry

incómodo, -a uncomfortable

incomprensible incomprehensible

incomunicado, -a without communication, isolated

incondicional unconditional

inconduncente nonconducive, leading nowhere

inconexo, -a unconnected; incoherent

inconformista *m. & f.* nonconformist

inconfundible unmistakable

incongruente incongruous

inconsciencia unconsciousness; (unaffected) naturalness

inconsciente unconscious

incontable numberless, uncountable

inconveniente *m.* difficulty, obstacle; objection

incorporado, -a sitting up

incorporar to bring into; **—se** to sit up, straighten up; to join

incorrupto, -a uncorrupted, chaste, pure

incrédulo, -a *n.* unbeliever

increíble incredible

incualificado, -a unqualified

incubador, -a incubator, hatching place

incuestionable unquestionable

inculpación accusation, blaming

incurrir to incur

indagar to investigate, inquire into; to find out through investigation

indecente indecent; vile

indeciso, -a hesitant; undecided

indecoroso, -a indecorous, unbecoming

indefectiblemente unfailingly

indefenso, -a *n. & adj.* defenseless (person)

indefinible undefinable

independencia independence

independiente independent

indianista *n. & adj., m. & f.* extoller of the native Indian cultures; exalting these cultures

indiano one who returns to Spain with wealth earned in the Americas

indicación indication, sign; **por — de** at a word from, under the instructions of

indicar to indicate, show, point out; to suggest; to tell

indicio sign, indication

índice *m.* forefinger, pointing finger; **— de cocción** baking point (*ceramics*)

indiferencia indifference

indiferente indifferent

indígena *n. & adj., m. & f.* native; Indian

indigenista *n. & adj., m. & f.* extoller of the native Indian cultures; exalting these cultures

indigestarse to cause indigestion; to get indigestion

indignación indignation

indignado, -a (de) indignant (at)

indignidad indignity

indigno, -a unworthy, undeserving

indio, -a *n. & adj.* Indian

indirecto, -a indirect

indiscreto, -a *n. & adj.* indiscreet (person)

indiscutible unquestionable, indisputable

indisoluble inseparable

indispuesto, -a indisposed

indisputado, -a undisputed

indistinto, -a indistinct, not clear

individualidad individuality

individualista *n. & adj., m. & f.* individualist; individualistic

individualizar to individualize

individualmente individually

individuo *n.* individual, person

indocto, -a uneducated, ignorant

indoespañol, -a of mixed Indian and Spanish blood

indohispánico, -a of mixed Indian and Spanish blood

indomable indomitable

indómito, -a wild, untamed; unconquered

indudable indubitable, certain

indulto pardon (*from court sentence*)

industrioso, -a industrious

inédito, -a unpublished; unknown (*of authors*)

inefable ineffable, unutterable
ineludible unavoidable
inequívoco, -a unequivocal, unmistakable
inerte inert, lifeless, passive; languid
inescrutable inscrutable
inespacial out of space
inesperado, -a unexpected
inexistente inexistent, nonexistent
inexplorado, -a unexplored
infame infamous; base
infamia infamy; baseness; infamous act
infancia infancy
infante *m.* child; prince
infantil pertaining to children; childish
infatigablemente untiringly
infección infection
infeccioso, -a infectious; contagious
infectar(se) to infect; to become infected
infecto, -a fowl, corrupt
infeliz *n. & adj., m. & f.* unhappy (one); poor devil
inferior lesser, inferior
inficionar to infect
infiel unfaithful
infierno(s) hell
infinito, -a infinite, limitless; *n.m.* infinity
inflamarse to catch fire
inflar to inflate
influencia influence
influir to influence
influjo influence
informal unreliable
informar to inform, advise; to make a report
informe *m.* information; report; *adj.* formless, shapeless
infortunio misfortune
infranqueable insurmountable, impassable
infructuoso, -a fruitless
infundir to imbue, instill
ingeniero engineer; **— de caminos** civil engineer; **cuerpo de —s** Engineers Corps (*in the Armed Forces*)
ingenio talent, brains; wit, cleverness, skill; talented person
ingenioso, -a ingenious
ingénito, -a inborn, innate
ingerencia meddling, interference

ingerir (*ie, i*) to take in, eat or drink; to insert; to graft into; **—se (en)** to interfere, meddle (in)
ingle *f.* groin (*part next to thigh*)
inglés, -a *n. & adj.* Englishman; English; Englishwoman; **de habla —a** English-speaking
ingratitud ungratefulness
ingrato, -a ungrateful, thankless; harsh
ingrediente *m.* ingredient, component; factor
ingresar to enter, join; to be admitted
inherente inherent
inhibirse to refrain from, hold oneself back
inhóspito, -a inhospitable; unfriendly
inhumano, -a inhuman, cruel
iniciador, -a initiator
inicial *f.* initial; *adj.* initial
iniciar(se) to begin, start to form
inicuo, -a iniquitous, wicked
ininteligible unintelligible
injertar to graft, join by grafting
injerto, -a *p.p.* of **injertar**
injuria insult, offense
injusticia injustice
injustificado, -a unjustified
injusto, -a unjust, unfair
inmaculado, -a immaculate, pure; flawless, spotless
inmediatamente at once, immediately; **— de leer** right after reading
inmediato, -a close, immediate
inmensidad immensity; limitless space
inmenso, -a immense; limitless, infinite
inminente imminent, impending
inmóbil motionless, still
inmundo, -a filthy, foul
inmune immune
innovador, -a innovator
inocencia innocence
inocente pure, without sin; naive; innocent; *n.m. & f.* innocent man, woman
inolvidable unforgettable
inoportuno, -a inopportune, untimely
inquebrantable unbreakable; irrevocable
inquietante disquieting, troubling
inquietar to disquiet, trouble; **—se** to worry
inquieto, -a restless; worried

inquietud anxiety

inquilino, -a tenant (*in a house*)

inquirir to inquire, investigate

inquisición inquest, inquiry; Inquisition

inquisidor *m.* Inquisitor (*member of the Holy Office*)

insaciable insatiable, craving; unquenchable

insatisfacción dissatisfaction

insatisfecho, -a dissatisfied, discontented

inscribir to inscribe

insecto insect

inseguridad insecurity

insensato, -a stupid, mad

inseparabilidad inseparability

insigne famous, renowned

insignia symbol, emblem; badge; standard

insinuar to insinuate, suggest

insistencia insistence

insistir (en) to insist (on)

insolencia insolence

insolentarse to become insolent

insólito, -a unusual, unaccustomed; surprising

insoluble insolvable

insomne sleepless

insomnio, -a sleeplessness

insondable unfathomable

insoportable unbearable, intolerable

insospechado, -a unsuspected; unusual

insostenible unsustainable, indefensible

inspiración inspiration

inspirar to inspire

instalar to install, set up; **—se** to establish oneself

instantáneo, -a momentary, instantaneous

instante *m.* instant, moment; **a cada —** continually; **al —** immediately, right away; **en estos —s** at any moment

instar to urge

instaurar to found, establish; to restore

instintivo, -a instinctive

instinto instinct

instituir to institute, establish

instruir to instruct, teach

instrumento instrument; utensil; agent, means

insubstancial inane; unsubstantial

insultar to insult, offend

intacto, -a intact

integración integration

integral whole, complete; thorough

integrante integral; integrant; integrating

integrar to integrate; to make up; to complete

integridad integrity; wholeness, completeness

intelecto intellect

intelectualismo intellectualism

inteligencia intelligence, mind; understanding

intemperie: a or **en la —** outdoors, in the open air, unsheltered

intemporal timeless, outside of time

intención intention

intencionado, -a intentional

intensidad intensity

intensificarse to become intensified

intenso, -a intense

intentar to try, attempt

intento intent, purpose; attempt

interceder to intercede

interceptado, -a intercepted, cut off

interferir to interfere

interés interest; gain; **—es creados** vested interests; **tener un gran —** to be very interesting

interesante interesting

interesar to interest; **—se (por)** to be interested (in)

ínterin *m.* interim; meanwhile

interioridad inwardness; secret; **—es** personal or family secrets

interlocutor, -a interlocutor, party to a conversation

intermedio interval; intermission; intervention; **por — de** through, by means of, through the conduct of; *adj.* intermediate

intérmino, -a endless

internar to commit, intern; to hospitalize

interpelar to interpellate; to appeal to

interponer to interpose; **—se** to intervene, come between

interpretar to interpret

intérprete *m. & f.* interpreter

interrogar to ask; to question; to interrogate

interrogatorio interrogation; cross-examination

interrumpir to interrupt

intervalo interval; **sin —** incessantly

intervenir (*ie*) to intervene; to intercede

intimidad inner zone of self; intimacy

intimidarse to be intimidated, cowed

íntimo, -a intimate, inner; **en lo —** down in one's heart

intoxicado, -a intoxicated, poisoned; drunk

intranquilizador, -a disturbing, disquieting

intranquilizar to disquiet, disturb, make uneasy

intransferible untransferable, unalienable

intriga intrigue

intrigado, -a intrigued

intrincado, -a intricate, confused

intrínseco, -a intrinsic

introducir to introduce

introspección introspection, self-analysis

intruso, -a *n. & adj.* intruding; intruder

intuición intuition

inundación flood, inundation

inundador, -a flooding, inundating

inundar to flood, inundate; **—se** to become flooded, inundated; to overflow

inusitado, -a unusual

inusual unusual, unaccustomed

inútil useless

invadir to invade

invalidar to render useless; to paralyse

invasor, -a invading

invencible invincible

invención invention

inventar to invent; to imagine (things)

inventario inventory

inventivo, -a inventive; *n.f.* inventiveness

invento invention

inverso, -a inverse

invertebrado, -a invertebrate; spineless

invierno winter

invitar to invite

invocación invocation

invocar to invoke; to adduce

involucrar to involve; to mix things

ir to go, go on; to be; **— a la deriva** to drift along with the current; to be drifting; **—**
de la mano de to be taken by the hand by, be led by the hand by; **— de veras** to be serious; to be for real; **— para** to go to the trouble to; **— para viejo** to be getting old; **—se** to go, go away, depart; **—se de la lengua** to talk too much; to say more than one should; **— y venir** (to be) moving back and forth; **¿cómo (te, le) va?** how are you?; **ira para cinco años que** it must be five years since; **nada nos va en...** we are not at all concerned with . . . ; **no se va mal** it isn't bad; **¡qué le vamos a hacer!** there's nothing we can do about it! what can be done about it?; **¡qué vas a decirme!** what are you telling me!; **¡que voy a...!** why should I!; **¿quién va?** who is there?; **va a** starts to; **va mejor** he is better; **vamos a** + *inf.* let's; **¡vamos, vamos, que...!** well, well, come now!; **¡vaya un...!** what a...!; you certainly have a...!; such a...!; **¡vete tú a saber!** God knows!; who knows!; **¡voy!** coming!; **voy a que** I am going to see that; **¡ya va otro!** there goes another one!

ira ire, wrath

iracundia fury, rage; irascibility

iracundo, -a enraged, furious; irascible

irisar to be iridescent, be rainbow-hued

Irlanda Ireland

irlandés, -a *n. & adj.* Irish; Irishman, Irishwoman

ironía irony

irónico, -a ironical, sarcastic

irracional irrational

irracionalista *m. & f.* irrationalist

irradiar to radiate

irreal unreal

irrealidad unreality

irrealizable unrealizable, unattainable

irregularidad irregularity

irreparable irreparable, irretrievable; hopeless

irrisorio, -a laughable

irritado, -a irritated, angered

irritante irritating

irrumpir to burst in, break into; to invade suddenly

isla isle, island

israelita *n. & adj., m. & f.* Israelite; Jew, Jewish

italiano, -a *n. & adj.* Italian

itinerante wandering, itinerant; of the road

izar to hoist, raise

izquierdo, -a left, left side; *n.f.* left hand; **a la — a** on the left hand side

J

jactancia boastfulness; boasting, boast

jactancioso, -a boastful

jactarse to boast, brag

jadeante out of breath, panting

jadear to pant

jadeo panting

jaez *m.* manner

¡ja, ja! *interj.* ha, ha!

jamás never

jardín *m.* garden

jardinero, -a gardener

jarro, -a jug, pitcher; **un — de agua fría** a wet blanket, a sudden discouraging or dampening factor

jaula cage

jazminero jasmine plant

¡je, je! *interj.* ha, ha!

jefe *m.* head, leader, chief; commanding officer

Jehová Jehovah

jerarquización establishment of hierarchies: arrangement in order of rank or quality

jerga jargon

jersey *m.* sweater; pullover; cardigan

Jesucristo Jesus Christ

¡Jesús! *interj.* My Lord!

jícara chocolate cup

jilguero linnet

jineta: a la — astride a horse, on horseback

jinete *m.* horseman, rider

jipar to sob, cry, pant

jirón *m.* shred (of clothing)

jornada one day march; journey, trip

joroba hump, hunch

joven *n. & adj., m. & f.* young (man, woman)

joya jewel, gem

júbilo joy, rejoicing

judaizante *m. & f.* Judaizer (*a new-Christian who continued to practice Judaism secretly*); *adj.* Judaizing

judaizar to Judaize (*for a new-Christian to continue to practice Judaism secretly*)

judería Jewry; Jewish quarters

judío, -a *n. & adj.* Jewish; Jew, Jewess

juego game, play; match; **casa de —** gambling house; **estar en —** to be at stake; **compañero de —(s)** playmate; **mesa de —** game table; **poner en —** to bring into play, make use of

juez *m.* judge

jugar (*ue*) to play; **— a la rueda** to play ring around the rosy; **— a los dados** to play dice

juglar *m.* juggler, minstrel

jugo juice

jugoso, -a succulent; lively, full of sap

juguete *m.* toy, plaything

juguetear to frolic, gambol, sport

juicio good sense, judgement, wisdom; reason; prudence; mind; trial; **andar en tela de —** to be in doubt; to be debatable **perder el —** to lose one's mind

junco *bot.* rush

junjún African musical instrument (*a kind of primitive violin*)

juntamente jointly, together

juntar to join, bring together; to collect, gather; **— las manos** to join one's hands (in prayer); **—se** to unite

junto, -a joined, united; together; **— a** near, next to; **— con** with

juramento oath, curse

jurar to swear, curse; to take an oath

jurídico, -a legal, juridical

jurisdicción territory, neighborhood; township; jurisdiction

justeza accurateness

justicia justice; law; police; **derechos de —** court fees; **ejercer —** to dispense justice; **los de —** the officers of the law; **tomarse — por su mano** to take the law into one's hands

justiciero, -a just, fair

justificar to justify

justo, -a exact; fair, just; right; good; **al mes
— in** exactly one month; *n.* just and pious
man, woman
juventud youthfulness; youth
juzgar to judge, pass judgement on

K

kilo kilogram (*about 2 lbs.*)
kilómetro kilometer (*about ⅝ of a mile*)

L

laberinto labyrinth, maze
labio lip; **— belfo** blubber (blob) lip
labor *f.* task, work; housework; **casa de —**
farmhouse
laboratorio laboratory
laborioso, -a industrious, hard-working
labrador, -a *n. & adj.* farming; farmer,
woman of the farming class
labranza farming; cultivation
labrar to cultivate, work the land; to build;
to carve
labriego, -a *n. & adj.* peasant
lacayo lackey; footman
lacio, -a withered, flaccid; straight (*as hair*)
lacónico, -a laconic
lacra fault
ladino, -a cunning, crafty
lado side; flank; part; direction; **al — (de)**
nearby, near at hand; by the side (of); **a los
—s** on both sides; **de —** sideways, from
the side; **dejar de —** to put aside; **del** or **al
otro —** on the opposite side; on the other
side; **de otro —** on the other hand; moreover; **de un — a otro** back and forth;
from one place to another; **por su —** for
his own part; in his own way; **tirar por su
—** to go (have) one's own way; **salir de su
—** to get away from him (her, you, etc.)
ladrar to bark
ladrón, -a thief, robber
lagartija small lizard
lagarto lizard
lago lake
lágrima tear
lagrimón *m.* large tear
laguna lagoon; lake
laja rocky ledge

lamentación lamentation, wail
lamentar to feel sorry on account of, lament,
regret; **—se de** to cry, weep over
lamento moan, weeping, wailing
lámpara lamp; **carretón de una —** pulley
for raising or lowering a lamp
lana wool; **—s** shaggy coat of a dog; **perro
de —s** poodle
lance *m.* incident, event
lancero lancer
lanceta lancet
lancha launch, boat
languidecer to languish; to lag
lanza lance
lanzar to launch, send forth; to hurl, throw;
to cast; **— destellos** to scintillate; **—se** to
rush or launch forth; to charge, leap
lao *dial.* = **lado**
lápida tablet; memorial stone
lapislázuli *m.* rich azure blue tone
lapo blow with a cane or whip; buffet, slap;
llevar (un) — to get a slap
largamente for a long time
largar to let go (of); *naut.* to drop, leave
behind; **—se** to go off; to quit; **— para** to
leave, set out for, go to
largo, -a lengthy; long, prolonged; **— de**
or **de —** in length, long; **¡— (de aquí)!**
get out (of here)!; **a lo —** lengthwise; **a lo
— de** along, the length of; **a todo lo — de**
the complete length of
largueza generosity
lástima pity; **tenerle — a uno** or **tener —
de uno** to pity someone
lastimoso, -a pitiful, sad
lata tin can
latido throb, beating
látigo whip, scorch
latinidad Latinity
latinizado, -a Latinized
latir to beat, throb
latitud latitude; extent, scope
lato, -a extensive
latón *m.* brass
laúd *m.* lute
laudo award; decision
laurel *m.* laurel; laurel wreath; honor
lavabo washbasin, washstand

lavar to wash
laxitud laxity
laxo, -a lax, lenient; undemanding
lazo bow, loop, lover's knot; snare, bond
leal loyal
lealtad loyalty
lección lesson
leche *f.* milk
lecho bed
lechuga lettuce
lechuza owl
lector, -a *n. & adj.* reader; reading; **— medio** average reader
lectura reading
leer to read
legajo bundle of papers; file, docket
legar to bequeath
legendario, -a legendary
legítimo, -a legitimate, lawful
legua league; **a dos —s** two leagues away
lejano, -a distant, far-away; far removed
lejos far, away, far-away; **— de** far from; **a lo — ** in the distance; **de —** from afar; **más —** farther on, farther away
lema *m.* motto
lengua language; tongue; **guardar la —** to hold one's tongue; **irse de la —** to talk too much; to say more than one should; **sacar la —a a** to stick one's tongue out
lenguaje *m.* language
lenidad leniency
lente *m. & f.* lens; monocle-like eye (*of owl*); **— de aumento** magnifying glass; *m. pl.* eyeglasses
lentejuela sequin
lentitud slowness
lento, -a slow
lenzuelo small linen sheet
leña firewood
león, -a lion; lioness
leopardo leopard
leproso, -a leper
lerdo, -a slow, stupid
letal deadly
letanía litany
letra letter (of the alphabet); writing, handwriting; **— procesal** old legal handwriting; **al pie de la —** exactly, literally;

—s letters, learning; **—s sagradas** theology and Scriptures
letrero sign
levadizo, -a that can be raised; **puente —** drawbridge
levantado, -a raised, high; **acta —a** drawn record of proceedings
levantamiento uprising, rise
levantar to raise; **— la vista** to raise one's eyes; **—le a uno los cascos** to lead one astray; **— lea uno proceso** to indict, bring one to trial; **—se** to get up; to rise; to rebel
levantino, -a *n. & adj.* native of the Mediterranean regions of Valencia and Murcia, in Spain
leve light; slight; delicate
levita frock coat
licencia permission; **con —** with your permission; excuse me
limpio, -a clean, clean-cut; fair; pure, unmingled; right and left (*qualifying blows*)
linaje *m.* lineage, ancestry; class
linajudo, -a of noble ancestry; boasting of noble descent
lindar to border, limit
linde *m.* border, boundary; landmark; margin, bank
lindo, -a pretty, fair; fine; charming; **de lo —** a great deal
línea line; **auto de —** inter-city bus
linfa spring of water
lingüístico, -a linguistic
lino flax
linterna lantern
linternazo a big blow with any hard thing; **andar a —s** to brawl
lío mess, tangle, confusion; scrape, entanglement; love affair; intrigue, conspiracy; **armarse un —** to raise hell
liquen *bot.* lichen
lírica lyric poetry
lírico, -a lyric(al)
lirio lily; iris
lirismo lyricism
liso, -a smooth, even; plain, unadorned
lisonja(s) flattery
lisonjero, -a flatterer

listo, -a bright, clever, quick; **estar —** to be ready

literalmente literally

literario, -a literary

lívido, -a livid, purplish

lobanillo wen, benign skin cyst

lobo wolf

lóbrego, -a sad, lugubrious; murky

local *m.* place, site, premises

localidad location; seat (*in theater*)

localista *m. & f.* of narrow, local views, provincial

localizar to locate

loco, -a insane, mad; excessive; **— de remate** completely insane; **volverse —** to go crazy; *n.* insane person, lunatic

locura madness, insanity; folly

locutor *m.* speaker, announcer, commentator (*radio*); **— deportivo** sports broadcaster

locutorio locutory, reception room

lodo mud

lógica logics

lógico, -a logical

lograr to succeed in, attain, procure

logro success, attainment, accomplishment

lombriz *f.* earthworm

lomo back (of an animal)

Londres London

lonja old shop; exchange; **— de contratación** produce exchange

loro parrot

losa flagstone

lozanía vigor

lucero first bright star, bright star

lucha fight, struggle, contest

luchar to fight, struggle

lúcido, -a lucid, clear; brilliant

lucido, -a successful; splendid

lucir to display, exhibit; to shine

luego then; later, afterwards; immediately; presently; therefore; —— right away; **— que** as soon as; **desde —** of course; **hasta — good-bye; ¿pues —?** what?

lugar *m.* place; spot; small town, village; **dar — a** to cause, give rise to, give an opportunity to; **haber —** to be occasion for; to take place; **tener —** to take place

lúgubre gloomy, dismal

lujo luxury

lujoso, -a luxurious, lavish; showy

lumbre fire; light

luminaria illumination, festival lights

luminosidad luminosity

luminoso, -a luminous, brilliant

luna moon; moonlight; **plata de —** quicksilver

lunar *m.* mole, blemish; beauty mark; *adj.* moon-like

lunático, -a lunatic, mad

lustroso, -a lustrous, shiny

luto mourning; black dressing; **pañuelo de —** handkerchief with black border

luz *f.* light; splendor, glory; **— del día** daylight; **a la — de** by the light of; **a poca —** by a dim light; **cable de la —** light wire, electric wire; **dar a —** to give birth

LL

llaga open sore; **poner el dedo en la —** to hit the nail on the head, hit on the truth

llama flame

llamada call

llamado, -a so-called; **— a** destined to

llamar to call; to knock; to send forth; **— la atención** to attract; to attract attention; **—se** to have as a name; **—se (de) tú** to address one another as **tú** (*that is to say, in terms of familiarity equivalent to first name addressing in English*)

llaneza naturalness, lack of affectation; plainness, simplicity

llano, -a smooth, flat; plain; *n. m.* plain

llanto weeping, crying, flood of tears; wail

llanura plain(s); evenness, flatness

llave *f.* key; **ama de —s** housekeeper; **cerrar con —** to lock, lock up

llegar (a) to arrive (in); to reach, reach (the point of); to succeed in; to come; to go; **— a calmarse** to come down, become pacified; **— a ser** to become; **— hasta** to come to the point of, go as far as, reach the point of; **— por** to pass by, drop by; **—se a** to go to; to come near; to come up to; to touch; **no —le a uno la camisa al cuerpo** to be scared out of one's pants

llenar to fill, fill up; — **de** to cover with; besiege with

lleno, -a (de) full (of), filled (with); covered (with); **a boca —a** openly; *n.m.* fullness

llevar to carry (away), take (away); to wear; to have; to bear, endure; to lead; — **a cabo** to carry through, complete successfully, carry out; — **apuntado** to have noted, jotted down; — **el compás** to keep (beat) time; — **el rosario** to direct the prayers in the rosary; — **encima** to wear, have on; — **en vilo** to carry in the air; to drag; — **le la contraria a uno** to oppose, contradict, antagonize (one); to take the opposite position; — **mejor camino** to follow a better course; to take a turn for the better; — **mucho tiempo callado** to have kept silent for a long time; — **puesto** to have on; — **razón** to be right; —**se** to carry away, take away (out, off); —**se por delante** to carry forward; to push, drag forward; — **una vida** to lead a life

llevadero, -a bearable, tolerable

llorar to cry, weep (for)

lloro crying, weeping

lloroso, -a tearful, weeping

llover (*ue*) to rain

llovizna drizzle, sprinkling

lloviznar to drizzle, to sprinkle

lluvia rain, shower

M

macabro, -a gruesome, macabre

macarrónico, -a confused, jumbled, faulty (*speech*)

machacado, -a crushed, pounded

machete *m.* large heavy knife

macho male; — **cabrío** he-goat, buck

macilento, -a lean, emaciated

macizo, -a solid; massive

macundales *m. pl. Colom.* equipment

madeja hank; skein

madera wood; *pl.* lumber

madero beam, piece of timber

madre *f.* mother; — **adoptiva** foster mother; *interj.* ¡—! Lord!

madrileño, -a Madrilenian (*native of Madrid*)

madrugada dawn, early morning

madrugador, -a early riser; **ser poco —** to be a late sleeper

madrugar to rise early; to be ahead, beat to the draw

madurado, -a ripened, matured; reaching maturity

madurez *f.* maturity, ripeness

maduro, -a ripe, mature

maestría mastery, accomplished skill

maestro, -a master, teacher; *adj.* expert, learned

magia magic

mágico, -a magical; bewitching

magistrado magistrate

magistral masterly

magnánimo, -a magnanimous, generous

magníficamente magnificently; **estar —** to get along famously

magnificar to magnify, extol, exalt

magnífico, -a magnificent, splendid

magnitud magnitude

magno, -a great, grand; of great proportions

mago, -a magician, wizard; **Reyes —s** Magi, Three Wise Men

magro, -a meager; lean, very thin

magullado, -a mangled, bruised

mahdi Moslem Messiah (*the last to assume this title was Mohammed Ahmed, who led the revolt in the Egyptian Sudan in 1883*)

Mahoma Mohammed (570-632) (*founder of the Moslem religion*)

mahometano, -a *n. & adj.* Moslem, Mohammedan

mahometismo Mohammedanism, Islam

maíz *m.* maize, Indian corn

majadería foolishness

majadero, -a silly, foolish; *n.* whippersnapper; bore

majestad majesty

mal *adv.* bad, badly; ill, wrongly; — **cerrado** not completely closed; **andar —** to feel sick, under the weather; **bien que —** so, so; more or less; **dejar —** to disappoint, let down; to prove somebody wrong; **estar —** to be badly off; **lo — que hice** how badly I acted; ¡**menos —**! it could be worse!; ¡**no se va —**! it isn't bad!

mal *n.m.* illness, disease; trouble; evil; harm; *adj.* bad

malamente badly; seriously, gravely; treacherously; **andar —** to feel sick, under the weather; **sentar a uno muy —** to resent it very much

malandrín *m.* rascal, scoundrel

maldá *dial.* = **maldad**

maldad wickedness; evil deed

maldecir (de) to damn, curse

maldiciente defaming, slanderous; *n.m. & f.* defamer, slanderer

maldición curse, malediction; **— para** a curse on

maldito, -a damned, cursed

maledicencia slander, evil gossip

malediciente defaming, slandering

maleficio evil spell, bewitching

maléfico, -a malefic, baleful

malestar *m.* malaise, uneasiness

maleta suitcase; **hacer la —** to pack one's suitcase

maleza thicket, underbrush; weeds

malgastar to waste, squander

malhechor malefactor, evildoer

malherido, -a badly wounded

malicia malice; *pl.* malicious remarks

maligno, -a malign, perverse

malo, -a bad, wicked, evil; sick; dirty; **a la — a** the wrong way; by force; **de — a gana** reluctantly; **el ángel —** the Fallen Angel, Satan; **el enemigo —** the Devil; **estar —** to be sick; **lo —** the trouble; the worst; **pisar una —a hierba** to get into an ugly mood, be in a bad disposition; **por las —as** by force; **tan — para** bad enough to; **una —a voluntad** an enmity, ill will

malogrado, -a thwarted, failed

malograr to thwart; to waste

maloliente foul, evil smelling

malquerer to hold ill will; to feel animosity or hate

malsín *m.* talebearer, backbiter

malta: fiebres de — undulating fever

maltratar to abuse, mistreat

malvado, -a wicked, fiendish; *n.m.* knave, scoundrel

malvender to sell at a loss, sacrifice

mamá mom, mummy

mamar to suck, take the breast

mamparo shack; bulkhead

mampostería masonry (*stone*)

manantial spring, source

manar to spring forth, issue

mancebo *m.* lad, youth; **— de botica** pharmacist's apprentice

mancha spot, stain

manchar to stain, spot, soil

mandado errand

mandao *dial.* = **mandado**

mandar to order, direct, command; to have; to send, send for; to send off; **— en** to rule over; **— razón** to send word, instructions; **¿quién te manda a ti . . . ?** what business (right) have you . . . ?

mandato order, command; mandate

mandíbula jaw, jawbone

mando command; power, authority; **al —** under the command

mandrágora mandrake

manea shackle, fetter

manejar to handle, wield

manejo handling

manera manner, way, fashion; **a (la) — de** like, in the manner of; **de — de** so as to; **de — que** so then; **de esa** or **esta — in** that (this) way; **de otra —** in any other way; **de tal —** in such a way; **de todas —s** in any case, at any rate

manga sleeve; **de — ancha** easy-going, undemanding

manía mania, fixed idea

manicomio insane asylum

manifestar (*ie*) to manifest, show; to notify

manifiesto, -a evident; exposed (*as the Host in church*)

maniobra maneuvering, trick

maniquí *m.* dummy; manikin; puppet

mano *f.* hand; **— a —** together; **— airada** assault and battery; **— de tortas** handful of blows, sound beating; **¡—s a la obra!** let's get to work!; **a la — near**, at hand; **asaltar a — armada** to assault with weapons; **de la —** by hand, hand in hand; **de —s a boca** suddenly, unexpectedly; **echar — de** to use; to grasp at; **juntar las**

—s to join one's hands (in prayer); **petición de —** asking of hand in marriage; **poner la — encima** to lay one's hands on, beat up; **por mi —** with my own hands, myself; **tomarse justicia por su —** to take the law into one's own hands; **trae las —s** hold out your hands; **traer a —** to carry by hand

manojo handful, bunch

manotear to gesticulate

mansalva; a — without risk, in a cowardly manner

mansión residence, abode

manso, -a gentle, meek, tame

manta blanket

manteca lard; butter

mantener (*ie*) to maintain, support, provide for; **—se** to continue; to remain; to persist

manteo long cloak

mantilla shawl, mantilla

manto cloak, mantle; cover

manzana apple

mañana morning; tomorrow; **— a la —** tomorrow morning; **cómo amanece —** what tomorrow is like; **de la noche a la —** overnight, suddenly, unexpectedly; **hasta —** good-bye, see you tomorrow; **pasado —** day after tomorrow; **por la(s) —(s)** in the morning(s); **ya entrada la —** at mid-morning

máquina machine

maquinalmente unconsciously

maquinar to scheme

maquinaria machinery

mar *m. & f.* sea; **alta —** high seas, open sea; **mucha —** heavy sea; **por esos —es** on the high seas

maragato, -a native of a region in the Spanish province of León called Maragatería

maravilla marvel

maravillar(se) to marvel

maravilloso, -a marvelous

marca mark

marcadamente markedly

marcar to mark, indicate clearly; to register

marcha march, marching; working order; **orden de —** order to go; **sobre la —** at once, right off

marchante *m. & f. Mex.* customer, buyer

marchar to march, walk; to go away; **—se** to go away, leave; **—se de caza** to go off on a hunting trip

marchitarse to wither away, fade away, wilt

marchito, -a withered, wilted

marcial martial

marco frame

mareado, -a seasick; car-sick; dizzy

mareante dizzying; nauseous

marearse to get dizzy; to get seasick, car-sick

mareo dizziness; seasickness; car-sickness

margen *m.* margin; *f.* border, edge, bank

marido husband

marinería seamanship; seamen

marinero, -a seagoing; pertaining to sailors; *n.m.* sailor, seaman, mariner; **traje de —** sailor suit

marino mariner; **— de guerra** navy officer

marío *dial.* = **marido**

marioneta puppet, marionette

mariposa butterfly; **— de aceite** oil night taper, small oil lamp

mariyandá a Puerto Rican Negro dance of African origin

marmitón *m.* scullion, cook's assistant

mármol *m.* marble (*material*)

marmóreo, -a marble-like, marble

maroma rope

marouca *Gal.* small cherry

marqués *m.* marquis

marrón brown

marroquí *n. & adj.* Moroccan

martillar to hammer

martillazo stroke with a hammer

martillear to hammer

martillo hammer

mártir *m. & f.* martyr

martirio martyrdom; torture; deep grief

marxismo Marxism

mas but

más more, plus, in addition to, besides; most; any more; **— allá de** beyond; **— arriba** higher up; **— bien** rather; **— de** more than; **— de espacio** in a more leisurely fashion; in more detail; **— lejos** farther on; **— puede** has more power; **— que** more than; rather than; except; **— tarde** later (on); **a — de** at (a distance of) more than; in addition to, besides; **a poco —** almost, a little more and...; **cuanto —** as much as; **los —** the many; most of, the majority of; **no hay — que** we need only, we can just; **no ... — ... que** only; **no ... — sino que** nothing except that, only; **poco — o menos** just about; **por — que** however much, although; **gentecilla de poco — o menos** people of little or no account; **no (tener) — que** (to have) only; **nunca —** never again

masa mass (*of people*)

máscara mask

mascarada masquerade

mascarón *m. aug.* of **máscara** grotesque face (*in architecture*)

masticar to chew

mastín *m.* mastiff

mata plant, bush

matar to kill

mate dull, flat; *n.m.* gourd; maté (*Argentinian tea*)

matemática(s) *s. & pl.* mathematics

matemático, -a mathematical

materia subject matter; matter; pus; material; **— prima** raw material

materialismo materialism

materialista *adj. m. & f.* materialist

maternidad motherhood, maternity

materno, -a maternal

matinal morning

matiz *m.* shade or variety of colors; hue; subtle distinction

matizado, -a full of shades; hued

matorral *m.* thicket, heath, brake

matrícula register; **de la — de** out of

matrimonio married couple; marriage; **cama de —** double bed; **contraer —** to marry, get married

matrona matron; matriarch

maullar to mew

maullido mewing

máxime *adv.* chiefly, principally

máximo maximum

mayor greater; bigger, larger; older; greatest; biggest, largest; oldest; **altar —** high altar; **de —** as an adult; **estado —**

general staff; **palo —** mainmast; **persona —** adult, grown-up; **sin — importancia** without any great importance; **—es** elders; ancestors; grown-ups

mayorazgo oldest son (*possessing right of primogeniture*); entailed estate

mayorcito, -a *dim.* of **mayor** a little older

mayoría majority, greater part

mayormente principally, chiefly; **— que** particularly considering that, besides

maza war club; mace

mazmorra underground dungeon

mecanizar to mechanize

mecer to rock, swing, pitch

mecha wick; fuse

medalla medal, coin; **el reverso de la —** the other side of the coin

mediación mediation, intercession

mediado, -a half-full; half-over; **a —s de** about the middle of

mediano, -a medium; mediocre; middling

mediar to mediate; to intervene

medicamento medicine, medicament

medicina medicine, remedy

médico, -a medical; *n.* physician; **— de guardia** resident physician; **sala de —** doctor's office

medida measure, measurement; moderation, prudence; **a — que** as; **tomar —s** to take measurements; to take steps

medio middle, center; environment, atmosphere; means; **—s expresivos** means of expression; **de por —** in between; **en — de** in the midst of; **por — de** by means of; **quitar de en —** to put out of the way, remove; to kill, bump off

medio, -a half; average; median, mean; **—a noche** midnight; **—a tarde** the middle of the afternoon; late afternoon; predusk hours; **a — concluir** half finished; **a —a voz** in a whisper; **hombre (lector) —** average man (reader); "**siete y —a**" a game of cards; **— día** *m.* noon, midday

medir (*i*) to measure; to ponder; **— las palabras** to weigh one's words

meditar to meditate, ponder

medroso, -a faint-hearted; terrible, fearful

medular *m. & f.* innermost; essential

mefítico, -a foul, noxious

mejilla cheek

mejor better, best; ¡—! *interj.* good !, I am glad !; **a—cuenta** with better expectations; **a lo —** maybe; when least expected, at any moment; **el — día** some fine day; **llevar — camino** to follow a better course; to take a turn for the better; **querer —** to prefer, rather have; *adv.* rather

mejora betterment, improvement

mejorar to improve, enhance; **—se** to get better, recover

mejorcito *dim.* of **mejor** a little better; **lo —** the very best

melancolía melancholy

melancólico, -a melancholy, sad

melena long locks, head of hair

melinita melinite (*high explosive used by the French army*)

melocotón peach

melodía melody

melódico, -a melodious

membrillero quince tree

memoria memory, recollection; memorial; homage; *pl.* memoirs

mencionar to mention

mendigo, -a beggar

menear to wag, shake

menester *m.* need, want; occupation; **ser —** to be necessary

menesteroso, -a needy person

menestral *m.* workman, craftsman

menor minor, lesser; least; less; **la — cosa** the slightest thing; **no oponer el — reparo** not to raise the slightest objection

menos less; **— de** less than; ¡**— mal!** it could be worse !; **— que** less than; **al —** at least; **cuando —** at least; **cuanto —** the least; **gentecilla de poco más o —** people of little or no account; **lo — mal** the best thing; **los —** the few, the minority; **ni mucho —** not anything like it; **no poder — de** cannot fail to; **poco más o —** just about; **por lo —** at least; **venir a —** to come down in the world

menospreciar to disdain, despise

menosprecio contempt, disdain

mensaje *m.* message

mensualmente monthly

menta mint

mentar to mention, name

mente *f.* mind

mentecato, -a fool

mentir (*ie, i*) to lie

mentira lie; **parece —** it seems impossible

mentirosillo, -a *dim.* of **mentiroso** deceitful, deceptive

mentón *m.* chin

menudo, -a small, little; **a —** often

meñique little finger; little toe; *adj.* minute, very small

mequetrefe *m.* coxcomb

meramente merely, solely

mercader *m.* merchant, dealer

mercado market

mercancía merchandise, goods, wares

merced favor, grace; mercy; **— a** thanks to; **hacer (la) — de** to be kind enough to, please; **su —** Your Grace

merecer to deserve, merit

merendar to have a snack in the afternoon

merienda afternoon snack

mérito merit, worth, virtue; **hacer — de** to make a show of

mermar to lessen, reduce

mes *m.* month

mesa table; **poner la —** to set the table; **— de trabajo** desk; work table

mesarse to tear (*one's own hair*)

meseta plateau, tableland

mesiánico, -a Messianic

mesías *m.* Messiah

mesón *m.* low class inn

mestizaje *m.* miscegenation, interbreeding

mestizo, -a *n. & adj.* half-breed; of mixed Spanish and Indian ancestry

mesurado, -a restrained, polite

meta goal, aim; (*sports*) finish line, crossbar, net

metafísico, -a metaphysical

metáfora metaphor

metafórico, -a metaphorical

meter to put, place; to set among; to enclose; to stick; to sink; **— ruido** to make noise; **—se** to enter; to meddle, interfere;

—se a to become; to set oneself as; **—se con** to interfere with; to pick on; **— (un) gol** to score a point, make a goal

método method

metro meter

metrópoli *f.* mother country (*Spain*)

mezcal cactus brandy

mezcla mixture

mezclar (a) to mix, blend (with)

mezquino, -a mean, petty, paltry; miserable; minute

mezquita Mosque

mía *dial.* = **mira** (*imp.* of **mirar**)

miaja little bit

michino kitten, pussy

mico monkey

miedo fear; **coger — a** to become fearful of; **dar —** to cause fear, frighten; **entrarle a uno —s** to become apprehensive, fearful; **por — no** for fear lest; **tener —** to fear, be afraid; **tomar —** to become afraid

miedoso, -a faint-hearted; fearful

miel *f.* honey

miembro limb; member

mientras while; as long as; **— que** while; **tan —** while, as long as; **— tanto** meanwhile, in the meantime

mientes: acudir a las — to come to one's mind

mil thousand

milagro miracle

milenario, -a millenary, of a remote past

milímetro millimeter

militante militant

militar military; *n.m.* military man

milla mile

millar *m.* thousand

millón *m.* million

millonario, -a millionaire

mimar to pet, fondle; to spoil, pamper

mimo caress, fondling; indulgence, pampering

mimoso, -a spoiled, pampered; tender, affectionate

mínimo, -a minimal; *n.* minimum

minio minium, red lead

ministerio ministry, office of a cabinet minister

ministro minister (*of Cabinet*); **primer —** prime minister

minoría minority

minucia petty detail, trifling thing

minucioso, -a conscientious, precise, thorough

minúsculo, -a tiny, minute; insignificant; *f.* lower-case (*letter*)

minuto minute

míope near-sighted, myopic

miopía near-sightedness

mira care, vigilance; **estar a la —** to be on the watch

mirada look, glance

mirador *m.* belvedere, bay window; closed porch; watchtower

miramiento consideration, courtesy; *pl.* scruples, punctiliousness

mirar (a) to look (at), look, see; to watch, contemplate; to consider, be mindful; **— con buenos ojos** to approve of, like; **— de** to consider; **— por** to take care of, look after; **—se en** to be careful to, see to it that; **no — nada** to stop at nothing; **bien mirado** carefully considered; **mira si** if only; **mírate bien en** be careful with; **¡mira tú!** look here! *n.m.* look, glance

miríada myriad

mirlo blackbird

misa Mass

misal *m.* Mass book

miseria misery, poverty

misericordia mercy; **casa de —** alms house

mísero, -a wretched

misión mission

misionero, -a endowed with a sense of mission; *n.* missionary

mismamente exactly, to a tee; exactly as if

mismito *dim.* of **mismo; ahora —** right now, at this very moment

mismo, -a same; (the) very; (one's) own; myself, yourself, himself, etc.; **— a la hora** exactly at the time; **ahora —** at once, right now; **allí —** right there; **aquí —** right here; **darle a uno lo —** to be all the same to one; **hoy — or — hoy** this very day; **eso —** that very thing, that's it! **la —a or lo —** the same, the same thing; **lo**

—... que the same as; **parecerle a uno lo —** to be of the same opinion; **por lo —** for that very reason; **un —** one and the same; **uno —** one and the same person; **volver a las —as** to harp on the same old thing

misógino misogynist, woman-hater

misterio mystery, secrecy

misterioso, -a mysterious

misticismo mysticism

místico, -a *adj. & n.* mystic

mitá *dial.* = **mitad**

mitad half; middle, midst

mítico, -a mythical

mitigar to extenuate; to minimize

mitin *m.* political gathering

mito myth

mitología mythology

mitra mitre; bishopric

mixtificación deceit, deception; hoax

mocedad youth, youthfulness

mocho, -a cut off

mocito, -a *dim.* of **mozo, -a**

moda fashion; **poner de —** to bring into style

modales *m.pl.* manners, breeding

modalidad kind, sort, type

modelar to mold (*ceramics*)

modernismo modernism

modernista modernistic

modestia modesty, unpretentiousness

modificar to modify

modisto, -a fashion designer; dressmaker

modo way, manner; **a su —** in his (hers, yours, etc.) own way; **decu alquier —** however, in any case; **de cualquier — que sea** however it may be; **de este (ese) —** in this (that) way; **de — que** an so; so that; **de — y manera que** so that; **de otro —** otherwise; **de tal —** in such a way; **de todos —s** anyhow; **no ... en — alguno** by no means; **por** or **de ningún —** by no means

mofa mockery, jeering

mofarse to ridicule, jeer, mock

mohoso, -a rusty

mojar to moisten, wet, soak; **—se** to get wet

molde *m.* pattern

moldura molding

molestar to bother, annoy, disturb; **—se en** to bother to, take the trouble to

molestia annoyance, bother

molinero miller

molinete *m.* pin wheel; whirling motion

molino mill

molusco mollusc

momentáneamente momentarily

momento moment; **al —** immediately; **de un — a otro** any moment now; **en el — de** when, as soon as

monaguillo acolyte, priest's assistant at Mass

monárquico, -a monarchist

moneda coin; money; **— contante** cash, ready money; **— de a peso** one peso (or dollar) coin

monigote *m.* grotesque figure

monja nun; **entrar de —** to become a nun

monje *m.* monk

monjil pertaining to nuns

mono, -a monkey; **"la —a"** (*a game of cards*)

monocorde of a single chord, of the same sound

monopolio monopoly

monopolizar to monopolize

monótono, -a monotonous

monstruo monster; giant; marvel

montaña mountain; **— rusa** roller coaster, scenic railway

montañés, -a of or from the mountains; *n.m.* mountaineer

montañoso, -a mountainous

montar to mount; to raise up; to ride horseback; **— sobre** to ride on; **bota de —** riding boot

monte *m.* mountain; woods, backwoods; *Colom.* thicket, jungle; **— bajo** scrub, brushwood

montera old peasant cap

montés, -a wild, undomesticated; *Amer.* in the jungle, wilderness

montón *m.* heap, mound, pile

montura saddle, saddle trappings

moño topknot

morado, -a purple, violet-colored

morador, -a inhabitant, dweller

moral *f.* ethics, morality

moralidad morality, moral sense

moralista *n. & adj., m. & f.* moralist

moralizar to moralize

mórbido, -a morbid; soft, delicate

morboso, -a diseased, morbid; **gérmenes —s** disease germs

morder (*ue*) to bite

moreno, -a brown; dark, swarthy

morfología morphology

moribundo, -a *n. & adj.* moribund, dying (person)

morir (*ue, u*) to die; **—se** to become extinguished; to be dying, die; *n.m.* death

moro, -a *n. & adj.* Moor, Moroccan; Moorish

moroso, -a slow; sluggish

mortaja shroud

mortal deadly, mortal

mortecino, -a fading, pale, dim; spiritless, lifeless

mortífero, -a death-dealing, fatal, deadly

mortuorio, -a mortuary, pertaining to the dead

mosca fly

mosquetero musketeer

mosquitero mosquito net

mostrar (*ue*) to show, exhibit; to point (out); **—se** to appear; to prove to be

motivo theme, subject, motif; motive, reason

movedizo, -a moving, shifting; unsteady; movable

mover (*ue*) to move; to prompt, incite; **—se** to move, stir; to go quickly

movido, -a lively, restless

móvil *m.* motive, incentive, motivation

movimiento movement

mozo, -a peasant lad or lass; servant, waiter; porter; *adj.* young; **buen —** handsome, good-looking; tall

mozuelo, -a *dim.* of **mozo, -a** young lad or lass

mu *dial.* = **muy**

muchacho, -a boy; girl; domestic, maid servant; **cosas de —(s)** boys will be boys

muchedumbre multitude, crowd

mucho, -a much, a lot; a great deal; very much so; *pl.* many; **— fuera que** it would

be very strange if; **—a mar** heavy sea; **con —** a great deal, considerably; **faltar — para** to be still a long time before; **ni — menos** not by a long shot, not anything like it; **ni poco ni —** nothing at all

mudanza change

mudar to change

mudo, -a silent, mute, speechless

mueble *m.* piece of furniture

mueca grimace

muecín *m.* muezzin (*a crier in a minaret or other lofty place in the Mosque who calls the faithful to prayers at certain hours*)

muela tooth, molar

muelle *m.* pier, wharf

muérdago mistletoe

muerte *f.* death; **dar —** to kill; **hacer una —** to kill a person; **herir de —** to wound mortally

muerto, -a *p.p.* of **morir**; **— de risa** dying with laughter; **obra(s) — a(s)** upper works of a ship; *n.* dead person

mugier *arch.* = **mujer**

mugir to low, bellow

mugroso, -a dirty, filthy

mujer *f.* woman; wife

mujercita *dim.* of **mujer** little girl

mula mule

multa fine

multiplicar to multiply

multiplicidad multiplicity

multitud multitude, crowd; **— de** large number of

multitudinario, -a multitudinous, great in number

mundial world (*as adj.*), global, universal

mundo world; great multitude; people; **otro —** next world, after life; **todo el —** everybody

muñeca wrist; (*female*) doll

muñeco puppet; (*male*) doll

muralla wall, rampart

murallón *m.* large wall, heavy wall

murciélago bat

murmullo murmur, whisper

murmurar to murmur, mutter, whisper; to gossip

muro outside wall, load-bearing wall

museo museum

música music

musicalidad musicality, melodiousness

músico, -a musician

musiú (*corruption of French "monsieur"*) Mr., Sir (*addressing foreigners*)

muslo thigh

mustio, -a withered, wilted

mutación change of scene (*in play*)

mutilado, -a mutilated, defaced or marred physically

mutis exit (*of character in a play*)

mutuo, -a mutual

muy very; very much

N

nacer to be born; to begin, start, originate; to appear, come forth

na, náa *dial.* = **nada**

naciente rising, growing

nacimiento birth

nacionalidad nationality, citizenship

nadar to swim

nada nothing; nothingness; not at all; — de ...no...; — **de eso** not at all; — **de esto** none of this; — **importa** or **no importa** — it does not matter (at all); — **nos va en** we are not at all concerned with; — **que fuera** anything which was; — **tiene de extraño** it's not at all strange; **antes que** — before anything else; **de** — **ha de servirle** it will do him no good; **de** — **servir a** to be of no use to; **no poder** — to be powerless; **para** — at all; **pizca de** — next to nothing

nada *n.* nothingness; void

nadie nobody, no one; (*after negative*) anybody, anyone

naide *dial.* = **nadie**

napa *Amer.* sheet of underground water

naranja orange; — **mandarina** tangerine; **agua de** — orangeade

naranjo orange tree

nardo tuberose; fragrant ointment

nariz *f.* nose; **con la puerta en las narices** the door slammed in one's face; **ventana de la** — nostril

narración story, account

narrador, -a narrator, storyteller

narrativo, -a narrative

nascimiento *arch.* = **nacimiento**

natal *adj.* natal, native

natillas *f.pl.* custard

natividad nativity; Christmas

nativo, -a natal, native

nato, -a born, inherent

natural *n. & adj., m. & f.* native; natural, native

naturaleza nature

naturalidad naturalness

naturalismo naturalism; realism

naufragar to be shipwrecked; to fail, be unsuccessful; to sink

naufragio shipwreck; disaster

náufrago, -a *n. & adj.* shipwrecked (person)

navaja razor; clasp knife

navarro, -a *n. & adj.* Navarrese (*of Navarre, a region and old kingdom of Spain*)

nave *f.* ship, vessel

navegación navigation; sea voyage; sailing

navegar to navigate, sail; to travel (*on water*)

nazareno, -a *n. & adj.* Nazarene; **hábito** — long purple-colored robe (*worn by penitents in the processions of Holy Week*)

neblina mist, fog

nebuloso, -a hazy, misty; nebulous

necedad foolishness, nonsense

necesario, -a necessary

neceser *m.* dressing case, toilet case

necesidá *dial.* = **necesidad**

necesidad necessity, need; **tener** — **de** to be in need of; to be obliged to

necesitado, -a poor, needy person

necesitar to need, to necessitate

necio, -a *n. & adj.* fool; foolish, stupid

nefasto, -a ill-omened; unlucky; disastrous

negado, -a inept, unfit; dull, stupid

negar (*ie*) to refuse; to deny; **—se (a)** to refuse (to)

negativo, -a negative

negociante *m.* business man, dealer

negocio(s) business; commercial affair; **agente de —s** business agent, promoter, broker

negrazo *n. aug.* big Negro

negrista *n. & adj., m. & f.* Negrophile; Negrophilic; *lit.* dealing with Negro themes

negro, -a black; *n.* Negro; **poner lo blanco — ** to make white seem black, try to confuse the issue

negrófilo, -a Negrophilic, extolling Negro values

negroide *m. & f.* Negroid

negrura blackness

nene, -a baby, infant; dear

nenguno *dial.* = **ninguno**

neno, -a *Gal.* child

neobarroco, -a neo-Baroque

neosófico, -a neosophic (*pertaining to the New Wisdom*)

nervio nerve

nervioso, -a nervous; **poner — ** to make nervous, upset

netamente clearly

neurastenia neurasthenia, a type of neurosis

neutro, -a neutral

nevada snowfall

nevado, -a *p.p.* of **nevar** snowy white

nevar to snow

ni neither, nor; not even, not; **— ... —** neither ... nor; **— poco — mucho** nothing at all; **— que fuera** not even; **— una — otra cosa** neither thing

nicaraguense *n. & adj., m. & f.* Nicaraguan

nicho niche, recess

nido nest

nidada nestful of eggs; brood, covey

niebla haze, mist, fog

nieto, -a grandson, grand-daughter; *pl.* grand-children

nieve *f.* snow

nihilismo nihilism (*advocacy of total destructiveness or total denial*)

nimio, -a negligible, trivial, insignificant

ningún, ninguno, -a no, none; no other; **—o de los dos** neither of the two; **a —a parte** nowhere; **de — modo** by no means

niñera nurse, nursery maid; baby sitter

niñería childish action; child's play

niñez *f.* childhood

niño, -a child; boy; girl; **—a del ojo** pupil of the eye; **de — ** as a child; **desde — ** from a child, ever since childhood; **siendo — ** as a child; *adj.* young

níquel *m.* nickel

níspero medlar; medlar tree

nítido, -a nitidous, bright; sharp, clear

nitroglicerina nitroglycerine

nivel *m.* level, plane

noble *m.* nobleman

nobleza nobility; nobleness

noche *f.* night; **— de boda** wedding night; **— a — ** night by night; **— cerrada** dead of night, full darkness; **a la — siguiente** the following night; **buenas —s** good night, good evening; **dar las buenas —s** to say good night; **de la — a la mañana** overnight; suddenly, unexpectedly; **de — ** at night; **esta — ** tonight; **hacer — ** to spend the night; **hacerse de — ** to grow dark, be nightfall; **Las mil y una —s** The Arabian Nights; **media — ** midnight; **pasar la — en claro** not to sleep a wink; **por la(s) —(s)** in the evening(s); **ser de — ** to be night

noción notion

nocturno, -a nocturnal; nightly

nodriza wet-nurse

nogal *m.* walnut tree; walnut wood

nombrar to name, appoint; to mention

nombre *m.* name; **poner — a** to give a name to

nordeste *m.* northeast

norma norm, standard

normalidad normality

normalmente normally

norte *m.* north

norteamericano, -a North-American, U.S.

nostálgico, -a nostalgic

nota note; feature, trait

notar to notice, observe; **creer — ** to be under the impression; **—se** to be noticeable; **no —se nada** to be completely unnoticeable

notario notary public

noticia (piece of) news, information

notorio, -a evident; well-known

novedad newness; novelty; latest news

novela novel, fiction

novelería silly, fictitious, novel-like idea; *pl.* romantic ideas or behavior

novelesco, -a novel-like; pertaining to the art of the novel

novelista *m. & f.* novelist

novelística fiction; novel writing

noventayochista *n. & adj., m. & f.* pertaining to the "generation of 98" in Spanish literature

noviazgo steady dating; engagement, betrothal; *pl.* boyfriends, dating

novio, -a bridegroom; bride; steady boy or girl friend; — **(-a) formal** fiancé(e); **—s** engaged couple; **echarse —s** or **salirle a una —s** to get boy friends

nubarrón *m.* large threatening cloud

nube *f.* cloud

nublarse to become cloudy

nuca nape of the neck

núcleo nucleus, core

nudo knot

nudoso, -a knotty

nuestro: lo — our own troubles

nueva (piece of) news

nuevo, -a new; young, well preserved; **cristiano —** new-Christian (*Jewish or Moorish convert to Catholicism or his descendant*); **de —** again

nuez *f.* nut; Adam's apple

número number; copy (*of periodical*); **en — de** to the number of

numeroso, -a numerous

nunca never; (not) ever; **— más** never again

nuncio forerunner, harbinger

nupcial nuptial, bridal

nutrido, -a *p.p.* of **nutrir** numerous, considerable

nutrir to nourish; **—se** to be nourished

Ñ

ñoño silly, ninny

O

o or, either

obcecación blindness, obfuscation, obsession

obedecer to obey

obediencia obedience

obediente obedient

obispo bishop

objeción objection

objetividad objectivity

objetivo, -a objective; *n.m.* objective, aim

objeto object; aim, purpose; thing

oblicuo, -a oblique, indirect

obligación obligation, duty; binding promise; bond

obligar to oblige, compel; to do a favor for

obra work; works (*of an author*); **— maestra** masterpiece; **—(s) muerta(s)** upper works of a ship; **hacerle mala —a uno** to do someone a bad turn, bother; **¡manos a la —!** let's get to work!; **por — de** by virtue of

obrar to work, act

obrero, -a working-class; *n.* worker

obscurantismo = oscurantismo

obscurecer = oscurecer

obscuridad = oscuridad

obscuro = oscuro

obsequiar to treat, entertain, pay attentions to

obsequioso, -a obsequious; obliging

observación observation

observador, -a observer

observar to observe, watch; to notice

obsesionado, -a obsessed

obstáculo obstacle, difficulty; objection

obstante: no — nevertheless, notwithstanding

obstinación obstinacy, stubborness

obstinado, -a obstinate, stubborn, headstrong

obstinarse (en) to be obstinate (about); to persist (in)

obtener to obtain, procure

ocasión opportunity; occasion; **dar — a** to give rise to; **ponerse en — de** to give occasion to; to have the opportunity to

ocaso decline; sunsetting

occipital *m.* occipital bone (*on the back of the skull*)

océano ocean; **Grande —** Pacific Ocean

ocio leisure, idleness; *pl.* spare time, leisure moments

ocote *m. Mex.* kindling wood

ocre *m.* ochre, brown or yellow earth

ocultar(se) to hide, conceal

oculto, -a hidden, concealed, secret

ocupado, -a busy; engaged

ocupar to occupy; to engage the attention of, preoccupy; **—se (de, en)** to pay attention (to); to devote oneself (to), busy oneself (with)

ocurrencia witticism, clever idea; notion

ocurrir (a) to go (to); to happen; **—se** to occur (to one), strike one (*as an idea*); **¿que le ocurre?** what's the matter with him

oda ode

odiar to hate

odio hatred

odioso, -a odious, hateful

ofender to offend; to make angry; **—se** to take offense; to become angry

ofendido offended party (*in a duel*)

ofensa offense; **—s de palabra** spoken insults

ofensivo, -a offensive

oficial *m.* officer; *adj.* official

oficiante *m.* officiator

oficina office, bureau

oficio trade, skilled work, craft; *pl.* offices, services; **de —** skilled, professional; **escuela de artes y —s** crafts and trades school, vocational school; **Santo —** Holy Office (*of the Inquisition*)

ofrecer to offer; to present (*as entertainment*)

ogro ogre

oído (inner) ear; **al —** in one's ear; **poner el — (a)** to listen carefully (for), strain one's ear (for); **prestar —s** to lend an ear; to believe

oír to hear; to listen (to); **lo que usted oye** just what you hear, merely the truth; **¡oye!** listen!, say!, say now!

ojal *m.* buttonhole

ojival ogival (*having the form of a Gothic pointed arch*)

ojo eye; hole, opening; **— (a)** keep your eye (on); watch, look out; **— (con)** (*warning*) watch out (for); **— de la cerradura** keyhole; **clavar los —s (en)** to stare (at), look with fixed eyes (at); **delante (de) los —s** right before one's eyes; **mirar con buenos —s** to approve of, like; **niña del —** pupil of the eye

ola wave, billow

olaje *m.* surf, succession of waves

oleada great wave; swell of a body of water

oleaje = olaje

óleo oil; **avisar los (santos) —s** to call a priest to administer extreme unction (*Catholic rite for the dying*)

oler (*hue*) **(a)** to smell (of); to sniff; to stink

olfato sense of smell; scent

oliente (a) smelling (of)

oliscar to smell, scent, sniff; to investigate, ascertain

oliva olive

olivo olive tree

olla pot

olor *m.* smell; odor; **aguas de —** perfumes

olvidar(se de) to forget

olvido forgetfulness; oblivion

ombligo navel

onda wave

ondear to wave, undulate

ondulante everchanging, fluid

ondular to wave, undulate

onza ounce; **— de oro** Spanish doubloon, piece of eight; **— de plomo** bullet

opacidad opacity

opaco, -a opaque; dark, gloomy

ópalo opal; *adj.* opalescent

operación operation

operar to operate; to work, act

oponer to oppose; **no — el menor reparo** not to raise the slightest objection; **—se (a)** to oppose, object (to), resist

oportunidad opportunity; propitious moment

opresión oppression, pressure

oprimir to press, crush; to oppress

oprobio infamy, ignominy

optimista *n. & adj., m. & f.* optimist; optimistic

opuesto, -a opposite

opulento, -a opulent; **de formas —as** shapely, sexy

oración prayer; **toque de —es** church bells call for Angelus or Vespers (*evening prayers*)

oráculo oracle

orar to pray

oratorio, -a oratorical

orbe earth; globe surmounted by a cross (*an imperial symbol of universal power*)

órbita orbit

orden *m.* order; nature, manner; kind; situation; **poner —** (**en**) to put in order, set straight; *f.* order, command; order (*religious*); **— de marcha** order to go; **—es menores** lesser orders; **a la —** at your service; **a las —es** under the order

ordenado, -a in order

ordenanza decree, law, statute; (*military, police*) regulations

ordenar to order; **—se** to be ordained

ordinariez *f.* coarseness, vulgarity

ordinario, -a ordinary; **de —** usually

oreja (outer) ear; **estirar las —s** to strain one's ears

orejón *m.* piece of dried peach

orfebre goldsmith; silversmith

orfeón *m.* choral society, choir, glee club

organizar to organize

orgía orgy

orgiástico, -a orgiastic

orgullo pride

orgulloso, -a proud

orientación orientation, bearings

orientar to orient; **—se** to find one's bearings

oriente *m.* Oriente, East: **— próximo** Near East; **remoto —** Far East

origen *m.* origin, beginning, source

originalidad originality

orilla side, edge, border; bank, shore; **a —s de** on the shore of

orillar to edge; to evade; to surmount

orinar(se) to urinate

orlar to border

ornamentación ornamentation

oro gold; **— de ley** gold of legal standard; **onza de —** Spanish doubloon, piece of eight; **siglo de —** golden age

orquestión *m.* orchestrion (*large music box, like barrel organ, with stops imitating orchestral instruments*)

ortiga nettle

ortodoxia orthodoxy

ortodoxo, -a orthodox

ortografía orthography, spelling

ortopédico, -a orthopedic

oruga caterpillar

orzar to luff, sail close to the wind

osadía daring, audacity, boldness

osado, -a daring, bold; **ser — a** to be bold enough to, dare to

osar to dare

oscurantismo obscurantism (*anti-intellectual reactionary movement or forces*)

oscurecer to darken, grow dark

oscuridad darkness

oscurillo *dim.* of **oscuro; lo —** the little dark corners

oscuro, -a dark, gloomy; obscure; **a oscuras** in the dark; **viene —** it is getting dark

óseo, -a osseous, bony

ostentación ostentation, vain display; **hacer — (de)** to flaunt

ostentar to display, exhibit; to boast, show off

ostra oyster

otear to look over, scan

otero hill, knoll

otoñal fall, autumnal

otoño autumn, fall; aftermath

otorgar to grant, concede

otro, -a other, another; any other; *n.* other person; another thing; **—a vez** again; **—s (-as) tantos (-as)** as many more; **—as veces** in other times; **—s tales** the same kind of; **— tanto** as much; the same; **— tiempo** former times; **de —a manera** in any other way; **de — lado** on the other hand, moreover; **de — modo** otherwise; **del** or **al — lado** on the other side; **de un lado a —** back and forth; **de un momento a —** any moment now; **lo —** the other thing; **los unos a los —s** each other; one another; **ni unos ni —s** neither one nor the other, neither party; **por —a** (**parte**) on the other hand; **ser —** to be different; **una y —a vez** time and time again, many times; **unos con —s** with each other

oveja ewe, sheep

óxido rust

P

pa *dial.* = **para**

pabellón *m.* pavilion

pábilo wick, snuff (*of a candle*)

paciencia patience
pacífico, -a peaceful
pacto pact, covenant
padecer (de) to suffer (from)
padrastro stepfather
padre *m.* father; *pl.* parents
padrino godfather; second (*in a duel*)
padronés, -a *n. & adj.* (native) of Padrón (*a town in Galicia*)
paece(s), paecen; paeciera *dial* = **parece(s), parecen; pareciera**
paeres *dial.* = **paredes** (*pl.* of **pared**)
pagano, -a pagan
pagar to pay (for); — **la cama** to pay for lodging
página page
pago payment
país *m.* country
paisaje *m.* landscape
paisano countryman
paja straw
pajarita *dim.* of **pájara** little bird
pájaro bird
paje *m.* page, pageboy
pajonal *Amer. m.* field covered with tall grass
palabra word; language; **alargarse en —s** to say or talk too much; **dirigir la — a** to address; **don de la —** gift of words; **ofensas de —** spoken insults; **pedir (tener) la —** to ask for (to have) the floor
palabrota vulgar, obscene or profane word; **gruesa —** shockingly obscene word
palaciego, -a courtier
palacio palace
paladín *m.* champion, defender
palada spadeful; stroke of the oar
palanca pole; lever; crowbar
palanquín *m.* palanquin, covered litter
paliacate *m. Mex.* neckerchief
palidecer to turn pale
palidez *f.* paleness, pallor
pálido, -a pale
paliza beating
palmachonta a type of tropical palm tree
palmada pat; slap; hand, applause; clapping of hands; **dar una —** to clap one's hands
palmera palm tree; — **de cananguche** cananguche palm tree

palmeta rod, piece of wood formerly used to punish children in school
palo stick; wood; mast; — **mayor** mainmast; —**(s) de escoba(s)** broomstick(s)
paloma pigeon; dove
palpar to feel (of), touch; to become palpably aware of
palpitación throb, beating
palpitante throbbing, palpitating
palpitar to throb, beat, palpitate
palúdico, -a malarial
palurdo, -a *n. & adj.* boor; rustic, uncouth
pampa South American plain
pan *m.* bread; loaf of bread
pandereta small tambourine
pandero big tambourine
panoplia panoply, collection of arms
pantalla screen
pantalón(es) *m. s. & pl.* trousers; **unos —es** a man
pantano swamp, marsh
panteísta *n. & adj., m. & f.* pantheist
panteón *m.* pantheon
pantomima pantomime
pantorrilla calf of the leg
pañal *m.* swaddling-cloth; diaper
paño cloth
pañolito *dim.* of **pañuelo**
pañuelo handkerchief; kerchief; — **de luto** mourning handkerchief with black border
papagayo parrot
papel *m.* paper; document; part, role; pamphlet
papelón *m. aug.* of **papel** large paper
papelote *m.* scurrilous article
paquete *m.* package
par *m.* pair; peer, equal; **a — de** on a level with; **a la —** alongside; equally; **de — en —** wide open (*of doors, windows, etc.*)
para for; to; in order to; by; — **arriba y — abajo** up and down; back and forth; — **nada** at all; — **no despertar** not to awaken; — **que** so that, in order that, to; ¿— **qué?** what for?, why?; ¿— **qué sirve?** what good is it for?; — **siempre** for ever; **como — sí** as if to himself; **estar —** to be about; **no estar —** not

to be in the mood for; not to be conditioned for; **estudiar —** to study to be; **ir —** to be about; to go to the trouble of; **ir — viejo** to be getting old; **irá — cinco años** it must be five years since; **ser — to be sufficient to; va — el año** it's going on a year now; **va — los doce años** he's going on twelve

parabién *m.* felicitation; **dar el —** to congratulate

parábola parable

parada stop

paradero whereabouts

parado, -a speechless, dumbfounded

paradoja paradox

Paradóxidas (los) the Paradoxes, descendants (dynasty) of Paradox

paraguas *m.* umbrella

paraíso paradise

paralelismo parallelism

paralelo, -a parallel

paralizar to paralyse

páramo high and cold plateau region

parangonar to compare

parar to stop; to lodge, stay; **—se** to stand still; to hesitate; **¿adónde va usted a —?** what are you getting at?; **venir a —** to end in, finally to get to

parásito, -a parasitic; *n.m.* parasite

parcial partial, incomplete

parco, -a sparing, scanty; **— maíz** a bit of corn

pardillo *coll.* bounder, hillbilly

pardo, -a brown

parecer to seem, appear, look; to show up; **— le bien a uno** to like, agree, give approval; **— ser** to seem, appear; **al —** apparently; **cuando le parezca** whenever you like; **me parece lo mismo** I think so too; **me parece que...** I think that...; **¿no le parece a usted?** don't you think so?; **no parece sino que** it seems as if; **parece mentira** it seems impossible; **parece que** apparently; it seems that; it seems as though; **si le parece** if it seems all right to you; if you agree

parecer *n.m.* opinion, judgement; appearance, look

parecido, -a similar, resembling; **algo —** something like that; *n.m.* resemblance, likeness, similarity

pared *f.* wall

paredón *m.* thick wall, standing wall

pareja dancing partner; couple, pair

parentela relatives, family

parentesco kinship, family relationship

paréntesis *m.* parenthesis

parido, -a born, delivered

parietal *m.* parietal bone (*on side and top of cranium*)

pariente *m. & f.* relative

parietaria pellitory, wall plant

parihuela stretcher

pario, -a Parian (*from Paros, in Greece, an area noted for its beautiful marble*)

parisiense *n. & adj., m. & f.* Parisian

parlamentario, -a parliamentary

parloteo chatter, prattle, jabber

parpadear to blink, wink

párpado eyelid

parque *m.* park

parra arbor, grapevine

parroquia parish

parroquial parochial; **casa —** parsonage

parte *m.* communique, dispatch; report; *f.* part; place; side, party; **dar su — a** to give something (somebody) its (his) due, recognize the importance of; **de algún tiempo a esta —** for sometime now; **de — de** in the name or on behalf of; **de — mía (suya, etc.)** or **de mi (su, etc.) —** in my (his, etc.) name; on my (his, etc.) behalf; **de una —** on the one side; **de una — y otra** or **a todas —s** all around, in all directions; **en alguna —** anywhere; somewhere; **en — alguna** anywhere; nowhere; **estar de — de** to side with; **otra —** elsewhere; **para** or **a, por, en todas —s** everywhere, on all sides; **poner de su —** to do on one's part; **por** or **a ninguna —** nowhere; **por — de** on the part of; the side of; **por su —** on his part; **por una —** on the one hand; **ser — en** to be a party to, have a hand in; **tomar — to participate**

participar (de) to share (in); to partake (of); **— (en)** to participate; to take part (in)

particular peculiar, special; **¿qué — tiene?** what's strange about it?

particularidad peculiarity

partida game (*played at table*)

partidario, -a partisan, supporter

partido match, game (*sports*); (political) party; matrimonial "catch"; **tomar —** to take sides

partido, -a cleft, divided, split; broken

partío *dial.* = **partido**

partir to split, divide; to break; to depart, leave; to start; to proceed; to hurt; **a — de** beginning with, since

parva mound of unthrashed grain

párvulo, -a small child; kindergarten pupil

pasa *Amer.* kinky hair

pasado, -a passed; last; **— mañana** day after tomorrow; **— por agua** soft boiled; *n.m.* past

pasaje *m.* passage

pasajero, -a *n. & adj.* passenger; passing, fleeting

pasante *m.* tutor (*teacher*)

pasar to pass (by); to cross, go across; to move from place to place; to go; to enter, come in; to provide, give; to happen; to spend; to undergo; **— a cuchillo** to put to the sword; **— a ser** to become; **— con los ojos (sobre)** to gaze (upon); **— cuidado** to worry; **— el rato** to while the time away; **— la cuenta** to send the bill; **— la noche en claro** not to sleep a wink; **— la vida** to spend one's time; **— por** to be considered as, be taken for; to stand for; **— por alto** to overlook; **—se** to pass by (over); to spend; **— una temporada** to spend some time; **lo que tengo pasado** what I have gone through; **¿qué le pasa?** what is the matter with him?; how is he doing, (getting along)?

pasar *m.* passing, parading, procession

Pascua(s) *s. & pl.* Christmas (*holiday*); **cara de —s** merry, beaming face

pase *m.* pass, permit

pasear to walk, walk up and down, take the air; to take a walk, stroll; **— a caballo** to ride horseback; **—se** to walk back and forth, to and fro

paseo walk, stroll; **dar un —** to take a walk; to take a ride; **sacar de —** to take out for a walk; **salir de —** to go out for a walk

pasillo passage; corridor

pasioncilla *dim.* of **pasión** infatuation

pasivo, -a passive; inactive

pasmado, -a astounded, dumbfounded

pasmarote *m.* stunned, flabbergasted person

pasmo astonishment; wonder

paso step; passage; way; **— a —** step by step; **— de** passage to; **a cada —** frequently; **dar —** to afford a passage; **dar un —** to take a step; **de —** on the way; **muy —** very quietly, softly; **por —s contados** step by step; gradually

pasta batter; dough; matter; **hay — abundante** there is a lot of raw material here, there are plenty of them

pastel *m.* pie

pastilla tablet, lozenge; drop; **—s de goma** gum drops

pasto pasture, grazing ground; food; **a —** in abundance, aplenty

pastor *m.* shepherd; clergyman

pastoreo pasturing, tending flocks

pastoril pastoral, pertaining to the shepherds

pata leg, foot (*of animals or furniture*); **tirar —s arriba** to upset

patada kick; **a —s** with kicks; **dar —s** to kick

patalear to kick about violently

patán *m.* boor, rustic

patente patent, manifest, evident

patentizar to make evident

paterno, -a father (*as adj.*); paternal

patético, -a pathetic, touching

patetismo pathos

patio yard, court-yard

pato, -a duck

patológico, -a pathological

patraña fabulous story; humbug, fake

patria native country, fatherland, homeland

patriarca *m.* patriarch

patrimonio inheritance; patrimony, heritage

patriotería flag-waving patriotism

patriotero, -a flag-waving, exaggeratedly patriotic

patriotismo patriotism

patrón *m.* boss; pattern

patrullar to patrol

pausa pause

pausado, -a calm; slow, deliberate; *adv.* slowly

pava turkey hen

pavada *Arg.* nonsense, foolishness

pávido, -a fearful

pavor *m.* fear, dread

pavoroso, -a awful, frightful

paz *f.* peace, quiet; **en —** at peace; **tener la fiesta en —** to keep things nice and peaceful

peazos *dial.* = **pedazos**

pebetero perfume censer

pecado sin

pecador, -a sinner

pecar to sin

pechera shirt front; shirt frill

pecho breast, chest, bosom; **bolsillo del —** breast-pocket

pecuniario, -a pecuniary, monetary

pedagógico, -a pedagogical

pedagogo pedagogue; educator

pedantería pedantry

pedantescamente pedantically

pedazo piece; **hacer —s** to tear to pieces

pedernal *m.* flint

pedir (*i*) to beg; to ask (for); **— cuenta de** to ask for an account of; **— la palabra** to ask for the floor

pedrada throw of stone; blow from a stone

pedrería precious stones; jewelry

pegado, -a fastened; holding fast

pegar to beat, strike, hit; to stick, glue; **— patadas** to kick; **—se** to be contagious; to fit, match; **—sela a uno** to fool one, make one swallow a story; **— una pedrada** to hit with a stone throw; **— un tiro** to shoot; **— tortas** to deliver hand blows

Pegaso Pegasus

pegujal *m.* small land holding

peine *m.* comb

pelambrera mass of messy hair; mane

pelar to pluck; to skin

pelear to fight, quarrel violently; to brawl, scuffle

peligro danger, peril; **correr —** (**de**) to be in danger; to run the risk (of)

peligroso, -a dangerous

pellejo skin, pelt, hide

pellizco pinch; small bit, share

pelo hair; **— de punta** hair standing on end; crew cut; **cortar el — al rape** to shave the head; **lunares de —** hairy moles; **no tener — de tonto** to be very bright; really clever, **tirar(se) de los —s** to pull one's hair; to tear one's hair out

pelota ball

peluca wig

peluche *m.* plush

peludo, -a hairy, shaggy

pelusa jealously; **tener —** to be jealous (*among children*)

pena pain, affliction, sorrow, suffering; **valer la —** to be worthwhile; **alma en —** ghost; soul in need of prayers

penacho tuft of feathers; plume, crest

pendiente *m.* earring; *f.* slope

pendón *m.* standard, banner

péndulo pendulum

penetrante penetrating, piercing; keen, acute

penetrar to enter, get into; to penetrate

penoso, -a painful; arduous; unpleasant

pensador, -a thinker

pensamiento thought, idea; plan; mind

pensante thinking, given to thought

pensar (*ie*) to think (about), consider; to plan; to intend; to expect; to believe; **— de** to have an opinion of; **— en** to think of; to plan

pensativo, -a pensive, thoughtful

penúltimo, -a next to the last

penumbra partial shadow, semi-darkness

penuria poverty; suffering, misery

peña rock, boulder

peón *m.* laborer

peor worse; worst

pepa *Colom.* berry

pequeñez *f.* trifle; pettiness

pequeño, -a small, little; young; *n.* little one

pequeñuelo, -a *dim.* of **pequeño, -a** little, small; *n.* little child

peral *m.* pear tree

percal *m.* percale, calico

percance *m.* mischance; accident

percatarse to take notice, be aware (of); **— de** to realize; to figure out

perceptivo, -a perceptive

percibir to perceive; to make out; to hear

percusivo, -a percussion (*as adj.*), percussive

perder (*ie*) to lose; to ruin, destroy; to dishonor; **— de vista (a)** to lose sight (of); **— el juicio** to lose one's mind; **— el sentido** to lose consciousness; to lose one's mind; **—se** to be lost; to come into disfavor; to be dishonored; **echar(se) a —** to ruin; to become infected

perdición perdition, ruin; **una —** a terrible condition

pérdida loss

perdido, -a lost; absorbed, engrossed; *n.* misguided individual; good-for-nothing

perdiz *f.* partridge

perdón *m.* pardon

perdonar to forgive, pardon

perdonavidas *m.* bully, hector

perdurar to last long; to survive

perecer to perish

peregrinación pilgrimage

peregrino, -a pilgrim; wayfarer, wanderer; *adj.* rare, extraordinary

perenne perennial, perpetual

perentorio, -a urgent, peremptory

pereza laziness, sloth; slowness

perezoso, -a lazy, indolent

perfección perfection

perfeccionarse to be perfected

perfecto, -a perfect, flawless

pérfido, -a treacherous, perfidious

perfil *m.* profile, contour, outline; **de —** sideways

perfilar to outline

perforar to perforate, bore

perfumar to perfume

pergamino parchment, vellum; diploma; old document

perilla goatee

periódico, -a periodical, periodic; *n.m.* newspaper

periodista *m. & f.* journalist

período period, era

peripecia adventure, incident, episode

peripuesto, -a dolled-up, spruced-up, dapper

periquillo parakeet; little Peter

perjudicar to damage, impair, injure, harm

perjudicial harmful, injurious, pernicious

perjuicio damage, harm

perla pearl

perlado, -a beaded

permanecer to remain

permear to permeate

permiso permission

permitir to permit, allow; **¡no permita Dios!** God forbid!

pero but; **— bien** that's all right, but

perogrullesco, -a obviously true, as a truism or platitude

perorar to deliver a speech or oration; to declaim

perpetuo, -a perpetual, everlasting; **cadena — a** life term (*in prison*)

perplejidad perplexity

perplejo, -a perplex

perra Spanish copper coin; **— chica** five cent piece; **— grande** ten cent piece

perrito, -a puppy

perro dog; **— danés** Great Dane; **— de lanas** poodle; **— faldero** lap-dog

persa *n. & adj., m. & f.* Persian

perseguidor, -a persecuting, pursuing

perseguir (*i*) to pursue; to persecute

perseverante persevering

persignarse to make the sign of the Cross

persistir to persist

persona person; **— de calidad** distinguished person; **— de valimiento** influential person; **— mayor** grown-up

personaje *m.* character (*lit.*); personage, person of importance

personificar to personify

personalidad person; personality; legal capacity

perspectiva perspective

perspicaz perspicacious, keen

persuadir to persuade

persuasivo, -a persuasive

pertenecer to pertain, belong

pertinacia stubbornness, obstinacy, insistence

pertinaz pertinacious, obstinate, insistent

pertrechado, -a equipped, prepared

pertrechos *pl.* military supplies; tools

perturbado, -a disturbed; mentally unbalanced

perturbar to disturb

peruano, -a *n. & adj.* Peruvian

perverso, -a perverse; mischievous

pervertir (*ie, i*) to pervert, corrupt

pesadamente heavily, massively

pesadez *f.* heaviness, boringness

pesadilla nightmare; **de —** nightmarish

pesadumbre weight, heaviness; affliction, sorrow, grief

pesado, -a heavy, tedious, tiresome; deep (*in sound*)

pesar to weigh; to bear down; to cause regret, sorrow, grief; **— sobre** to grieve; **a — de** in spite of; **a — de que** in spite of the fact that; **a — mío (suyo, etc.)** to my (his, etc.) regret; against my (his, etc.) wishes; **pese a** in spite of

pesar *m.* sorrow, regret

pesaroso, -a (**de**) sorry (for)

pescado fish

pescar to fish

pescuezo neck

pesimismo pessimism

pesimista *n. & adj., m. & f.* pessimist; pessimistic

peso weight; heaviness; worry; monetary unit of several Spanish-American countries; dollar; **moneda de a —** one peso (*dollar coin*)

pestaña eyelash

pestañear to blink; to bat one's eyelashes

pestilente stinking, pestiferous

petición petition; **— de mano** asking for hand in marriage

petifoque small jib or triangular sail

petróleo oil

pétreo, -a stony; stone-like

petulancia petulance, flippancy

petulante petulant, pert, flippant

pexego *Gal.* small peach

pez *f.* pitch, tar; *m.* fish (*alive*)

piadoso, -a pious, religious; merciful

piápiá *Arg.* daddy

piar to chirp

picada *Amer.* temporary footpath in the forest

picadura bite (*of an insect*)

picar to bite, prick; **—se** to become offended

picardía knavery, roguery; craftiness

picarito *dim.* of **pícaro** little rogue or rascal

picaresco, -a roguish; picaresque

pícaro, -a roguish, rascally; *n.* rogue, knave

pichicatería stinginess

pichón *m.* (young) pigeon

pico beak; bill; bit; peak; sharp point; **sombrero de tres —s** three cornered hat

picudo, -a pointed

picurearse *Colom.* to escape

pie *m.* foot; **a —** on foot; **al — de la letra** exactly, to the letter; **en** or **de —** standing; up and around, busy; **ponerse en** or **de —** to get up; to be up and around

piedad pity

piedra stone; gem, jewel; **— de toque** touch stone; **dormir como una —** to sleep like a log

piel skin; hide, pelt; **—es rojas** American Indians

pierna (*human*) leg

pieza piece; play (*theatre*); room; **todo en una —** solid

piloto pilot, first mate

pillar to apprehend, get hold of; *coll.* to catch, surprise

pincelada brushstroke

pingo rag, tatter; person dressed in rags; slut

pingüinillo *dim.* of **pingüino** helpless baby bird, little penguin; stupid being of no consequence

pino pine tree

pintado, -a (**de**) painted; mottled; heavily rouged

pintar to paint; to describe

pintarrajeado, -a daubed, bedaubed with paint; heavily made-up

pintoresco, -a picturesque, colorful; bizarre

pintoresquismo picturesqueness; colorful style (*in writing*)

pintura painting; picture; depiction

piña pine cone

pique *m. Arg.* chigger

piquera outlet

piquete *m.* stake, picket

pirenaico, -a Pyrenean, of the Pyrenees

Pirineo(s) Pyrenees

pisada footstep

pisar to step on, tread on; **— una mala hierba** to get into an ugly mood; to be in a bad disposition; *n.m.* step, tread

piso story, floor; ground; **— bajo** ground floor; **primer —** second floor

pista scent, trail; trace, clue; **tomar la —** to pick up the trail

pita agave cactus, maguey plant

pitillo *coll.* cigarette

pito fife; whistle; **el — doble** the double-one piece (*in dominoes*); **el — seis** the one-six piece (*in dominoes*)

pizca mite, bit, tiny portion; **— de nada** a teeny weeny bit, next to nothing

placa star, decoration (*insignia of an order of knighthood*)

placentero, -a pleasant

placer to please; **—se** to take pleasure; *n.m.* pleasure

placeta *dim.* of **plaza**

plagado, -a plagued, infested

plan *m.* plan, scheme; **¡—!** (*sound of drum*)

planchar to iron, press

planear to plan

planeta *m.* planet

planetario, -a planetary

plano, -a plane, level; **dar de —** to hit squarely

planta plant; sole (of the foot); **— baja** ground floor; **a las —s de** at the feet of

plantador *m.* planter

plantar to plant; to jilt, fool; **—se (a)** to stand in front (of), challenge; **dejar plantado a** to break off with, jilt

planteamiento stating or tackling (*a problem*); raising (*an issue*); setting forth; putting into execution

plantear to plan, set forth; to bring forth; to state or tackle (*a problem*); to raise (*an issue*)

plañir to lament, bewail

plasmador, -a shaping; molding

plasmar to mold, shape, give form

plástico, -a plastic

plata silver; **— de luna** quicksilver

plateado, -a silvered, silvery

platería silversmith shop

plática conversation

platicar to chat, talk

platillo cymbal

plato dish, plate

playa beach

plaza square, plaza; bullring; **— fuerte** fortress, stronghold

plazo lapse of time, time limit

plazuela *dim.* of **plaza**

plebeyo, -a plebeian, of low class in origin and behavior, vulgar, coarse

plectro metal pick used to pluck the strings of the lyre

plegaria prayer; supplication

plenitud abundance, fullness, plenitude

pleno, -a full; **en —** in the middle of, squarely

pliego fold; (folded) sheet of paper

pliegue *m.* fold

plomo lead; **una onza de —** a bullet

pluma pen; feather; plume

plumero plume, bunch of feathers; feather duster

plumón *m.* down, featherbed

po *dial.* = **por**

población population

poblar to populate

pobre poor; unfortunate, wretched; modest; *n.m. & f.* poor person; unfortunate person; **— de** poor, lacking in

pobrecito, -a, pobrecillo, -a *dim.* of **pobre** poor thing; **¡— de ...!** poor little ...!

pobrete *m. & f. dim.* of **pobre** poor person (*derogatory*); **los —s** the poor, the beggars

pocillo small cup

poco, -a little, small; not much; **— a —** little by little, slowly, gradually; **— después** a little after; **— más o menos** just about; **a —a luz** by a dim light; **a — más ...** almost, a little more and ...; **a — que** little though; *pl.* few; **a las — as horas** in a few hours; **a los —s días** a few days after; **al — rato** after a little while; **al — tiempo** after a short time; **antes de —** within a short time; **como —s** exceptionally, unusually; **de allí a —** after a while; **dentro de —** soon, shortly; **en —** almost; **estar en — de** to be on the verge of;

gentecilla de — más o menos people of little or no account; **hace —** a short while ago; **ni — ni mucho** nothing at all; **ser — madrugador** to be a late sleeper; **un —** a little while; **un — de** a little

poco little thing, unimportant thing; **los —s** the select, privileged few

poder (*ue*) to be able; can; to be a match for; **a — ser** if possible; **no — con** to be unable to stand; **no — con más** not to be able to take anymore; **no — más** not to be able to stand it anymore; **no — (por) menos de** cannot but, cannot fail to; can't help; **no — nada** to be powerless; **cuanto más se puede** to the utmost; **tanto —** to be so powerful; **más puede** has more power; **puede (que)** perhaps, maybe; **puede ser (que)** perhaps, it may be

poder *m.* power; influence

poderío power, might

poderoso, -a powerful

podrido, -a rotten, rotted, decayed

poema *m.* poem

poemático, -a poematic, poem-like

poesía poetry; poem

poeta *m.* poet

poético, -a poetic(al)

poetisa poetess

polémica debate, controversy; polemics

polémico, -a polemic

polichinela *m.* Punch, puppet; *pl.* stock characters of the masked Italian comedy

policía *m.* policeman; *f.* police

policíaco, -a pertaining to the police; **relato —** detective story

políglota *n. & adj., m. & f.* polyglot, many-tongued

politeísta *n. & adj., m. & f.* polytheist

política politics; policy

político, -a political; *n.m.* politician

pollera *Arg.* skirt

polo pole

pólvora gunpowder

polvoriento, -a dusty

pomo vial, small bottle

pompa pomp; pompousness; ostentation

pomposo, -a pompous, showy, inflated

pómulo cheekbone

ponderación consideration; deliberation; exaggerated praise

ponderar to ponder, consider; to praise highly

poner to put, place; to make, cause one to become; to start; to open; to put in charge of; to lay; to employ; to get (into); to suppose, assume; **— a** to put on; **— al tanto de** to bring up to date concerning; **— de acuerdo** to bring up to date; **— de moda** to bring into style; **— de su parte** to do on one's part; **— el dedo en la llaga** to hit on the truth, hit the nail on the head; **— el gesto de** to make the gesture of; **— el oído (a)** to listen carefully (for), strain one's ear (for); **— en cura** to put under treatment; **— en duda** to question, doubt; **— en fuga** to put to flight, rout; **— en juego** to bring into play; to make use of; **— en la calle** to set free; **— la mano encima** to lay one's hands on, beat up; **— la mesa** to set the table; **— lo blanco negro** to make white seem black, confuse the issue; **— nervioso** to make nervous; **— nombre a** to give a name to; **— orden (en)** to put in order, set straight; **— preso** to arrest, hold under custody; **—se** to put on; to set (*as sun*); to become; **—se a** to begin (to); **—se acordes** to agree; **—se al alcance de** to get within reach of; **—se al camino** to set out; **—se a riesgo de** to run the risk of; **—se bueno** to get well; **—se colorado** to blush; **—se de** or **en pie** to stand up; **—se de por medio** to come between, intervene; **—se de su parte** to stand up for him, take his side; **—se de rodillas** to kneel; **—se en derrota** to set sail; **—se en ocasión de** to give occasion to; to have the opportunity to; **—se en pie** to get up; to be up and around; **— sospechas en** to cast suspicion upon; **— uno todo su empeño (en)** to direct all one's efforts (towards)

poniente setting (*as sun*)

ponzoña poison

popa poop, astern; **de —** aft

popular traditional, pertaining to the folk; popular

popularidad popularity

popularista *m. & f.* fond of folk tradition

populoso, -a populous

por for; along; in order to; through; by; in; because of; near; as; across; during; per; out of; over; **— adelantado** in advance; **— ahí** around here (there); that way; over there (yonder); **— ahora** for the time being; up until now; just now; **— algo** for some reason; **— allí** around there; that way; over there (beyond); **— así decirlo** to express it thus, in a manner of speaking; **— cierto** certainly, as a matter of fact, indeed; by the way; **— decir algo** just to say something; **— de contado** taken for granted; of course; **— delante** before; ahead; **— dentro** on the inside; **— derecho** straight across, at a right angle; **— desgracia** unfortunately; **— detrás** from behind; **— donde** where; through (along) which; **— el contrario** on the contrary; **— entre** through, in between; **— eso** for that reason, therefore; **— esta suerte** in this way; **— esto** for this reason; **— fin** at last, finally; **— fuera** on the outside; **— igual** equal, equally; **— la(s) noche(s), tarde(s), mañana(s)** in the evening(s), afternoon(s), morning(s); **— lo demás** aside from this, as to the rest; **— lo menos** at least; **— lo que** the reason why; **— lo que fuera** whatever the reason was; **— lo regular** usually, as a rule; **— lo visto** apparently, evidently; **— mas que** however much; although; **— medio de** by means of; **— mi causa** because of me, on my account; **— muchos (miliones) que (tenga)** no matter how many (millions) (he may have); **— otra (parte)** on the other hand; ¿ **— qué?** why?; **— si** (*just*) in case; **— sobre** above; **— tanto** for that reason, therefore; **— una parte** on the one hand; **— ventura** by any chance; ¡**— vida que...!** my word...!; **de — medio** in between; **de — si** by itself (himself, etc.); on his (her, etc.) own accord; by itself; **llegar —** pass by, drop by; **yo — mi**... as for me

porción portion; **una — de** a lot of

porfiar to persist, argue; to struggle

pormenor *m.* detail, particular

poro pore

porque because; in order that; **— no** because it can't; just because; **— sí** because it is, has, etc.; just because

porquería filth, filthiness; swinishness; dirty brutish thing

portal *m.* house gate, entrance hall

portarse to conduct oneself, behave

porte *m.* bearing; manner; attitude, demeanor

portento prodigy, wonder, marvel

portentoso, -a prodigious, marvelous

portero, -a janitor, doorman; (*soccer*) goalkeeper, goalie; *f.* janitress, concierge

portón *m.* gate

portugués, -a *n. & adj.* Portuguese

portuguesismo Portuguese word or turn of phrase used in another language

porvenir *m.* future

posada inn

posar(se) (en) to rest softly, light (on); to alight

poseedor, -a possessor

poseer to possess

posesionado, -a in possession

poseso, -a possessed

posguerra postwar

posibilidad possibility; *pl.* resources, means

posible possible; **lo más —** as much as possible; **lo mejor —** in the best possible manner

positivo, -a positive

postergar to delay

posterior subsequent

posteriori: *Lat.* **a —** after the facts

postizo, -a artificial, not natural; **cuello —** detachable collar

postrarse to prostrate oneself, kneel down

postre *m.* dessert; **a la —** at last, in the end

postrero, -a last

postulado postulate, principle

póstumo, -a posthumous

postura position, posture; manner of life

potaje *m.* soup; stew

potencia power

potentado, -a very rich, extremely wealthy

potente potent, powerful

potro rack (*implement of torture*)

pozo well
práctica practice
practicable feasible, practicable; **puerta —** door that opens and shuts (*in stage setting*)
practicar to practice; to perform; to go to church
práctico, -a practical; *n.m.* harbor pilot
prado field, meadow
preámbulo preamble
precario, -a precarious
precaución precaution; **con —** cautiously
precedido, -a (de) preceded (by)
preceptor *m.* tutor, private teacher
precio price
preciosamente richly, beautifully
precioso, -a precious, valuable; pretty
precipitadamente hastily
precipitado, -a rushing headlong
precipitar to precipitate, rush
precisamente precisely, exactly; just, to be exact
preciso, -a necessary
precoz precocious
predestinado, -a foreordained
prédica sermon, preaching
predicar to preach
predilecto, -a favorite
predio land, piece of property
predominar to predominate
predominio predominance; superiority
preexistir to preexist
preferencia preference
preferente preferable; preferential
preferible preferable
preferir (*ie, i*) to prefer
pregón *m.* cry, publication by the crier
pregonar to proclaim
pregunta question; **hacer —s** to ask questions
preguntar to ask, question; **— por** to ask about
prehistórico, -a prehistoric
prejuicio prejudice, bias
prelado prelate (*high church official*)
premeditado, -a premeditated, planned beforehand
premio prize, award
premioso, -a slow

premonitorio, -a premonitory
prendado, -a charmed; **quedar — de** to be charmed by
prendarse (de) to be smitten, charmed (by)
prender to take root; to seize, apprehend, arrest; to catch fire; **—se** to grasp hold
prendido, -a caught
prendimiento arrest, apprehension
prensa press; copying press
preocupación preoccupation, worry; prejudice, bias
preocupar to preoccupy, worry; to cause concern; **—se (por)** to worry (about), be preoccupied (with)
preparar to prepare, make ready; to plan; **—se** to get ready, make preparations for
preparativo preparation
prepotente overwhelming
presa prey; dam
presbiteriano, -a Presbyterian
presbiterio priest's residence, parsonage
prescindir (de) to dispense (with), do (without)
presencia presence, appearance
presenciar to witness; to be present
presentación presentation
presentar to present, introduce; **—se** to appear, present oneself
presente *adj.* present; **de —** present, now; **tener —(s)** to bear in mind, remember at the present moment; *n.m.* present time
presentimiento presentiment, premonition
presentir (*ie, i*) to have a presentiment of
preservar to preserve; to protect
presidencia presidency
presidente *m. & f.* president
presidido, -a presided over
presidio prison, penitentiary; **echar a —** to condemn to a long jail term
presidir to preside; to govern
presión pressure
preso, -a *p.p.* of **prender;** seized, imprisoned; **darse —** to surrender, give oneself up; **poner —** to arrest, hold under custody; *n.* prisoner, captive, arrested man; convict
prestamista *m. & f.* money lender
préstamo loan; **a —s** on loan; **dar dinero a —** to lend money

prestancia good presence

prestar to lend; to give, render; — **oídos** to lend an ear, give credence; **—se (a)** to lend oneself (to), take part (in); to be willing (to); **— un (gran) servicio** to do a (great) service; **tomar prestado** to borrow

presteza quickness, speed

prestigio prestige

presto, -a quick, prompt

presumible presumable

presumir to presume; **— de** to boast of; to be vain about

presunción presumption, conceit

presuroso, -a fast, swift; hurried

pretender to try, endeavor; to woo, court; to pretend, seek after; to expect

pretendido, -a pretended, phony

pretendiente *m.* pretender, candidate; suitor

pretérito, -a past

prevalecer to prevail

prevalerse to take advantage; **— de que** to take advantage of the fact that

prevenir (*ie*) to prepare, notify

previo, -a previous, prior, preliminary

previsión foresight

previsto, -a foreseen, anticipated

prieto, -a hard

primario, -a chiefly, main; primary, primitive

primavera spring

primer = **primero**

primeramente firstly, in the first place

primerito, -a *dim.* of **primero** very first

primero, -a first; **a —a hora** at dawn; **a lo —** in (from) the beginning; **de buenas a —as** unexpectedly, without warning; **los —s tiempos** the early period, the very beginning; **primer ministro** prime minister; **primer término** foreground, front (*of stage*)

primigenio, -a primeval

primo, -a cousin; **— carnal** first cousin; **materia —a** raw material

primordial primal, basic

princesa princess

principado princedom, principality

principalmente principally, mainly

príncipe *m.* prince; leader; first

principiar to begin; **— por** to begin with

principio beginning; principle; **a —s de** at the beginning of, about the first of; **al —** in the beginning, at first; to begin with

pringue *m. & f.* grease, fat, (sticky) dirt

prisa haste; **de —** rapidly, quickly; **entrarle a uno —** to be in a sudden hurry; **tener —** to be in a hurry

prisión seizure, capture, arrest; imprisonment; jail, prison

prisionero, -a prisoner

prisma *m.* prism

privado, -a private

privanza favor, protection (*at court*)

privar to deprive; **—se (de)** to deprive oneself (of)

privilegio privilege; faculty

pro: en — for, in favor of

proa prow, bow; **de —** in the bow, forward

probar (*ue*) to try, test, prove; **— fortuna** to take one's chances

problema *m.* problem

procedencia origin

proceder (**de**) to proceed, originate, be descended (from)

procedimiento procedure, method; (*law*) indictment

procesado, -a defendant

procesal legal; **letra —** old legal handwriting

procesamiento indicting, indictment

procesar to accuse, indict, bring to trial

proceso proceedings of law suit, case; indictment; process; **levantarle — a uno** to bring one to trial

proclamas *pl.* banns of marriage; **correrse las —s** to publish the banns

proclamar to proclaim, declare

proclive prone, inclined

procurar to try

producir to produce, cause; **—se** to happen

productividad productivity

producto net produce; product, result

profecía prophecy

proferir to utter

profeta *m.* prophet

profetizar to prophesy, predict

prófugo, -a fugitive, escapee (*from justice*)

profundidad depth
profundizar to go deep into; to fathom
profundo, -a profound, deep; low; great; fathomless
profuso, -a profuse; lavish
progresivo, -a progressive; advancing
prohibir to prohibit, forbid
prójimo fellow being, neighbor
prole *f.* offspring, progeny
proliferación proliferation
prólogo prologue
prolongar to prolong; to continue
promesa promise
prometer to promise
prometido, -a fiancé(e)
promocion generation, group
promontorio promontory, headland
promover (*ue*) to promote, further
pronosticar to predict
pronto soon; quick; quickly; ready; **al —** at first; **de —** suddenly; **hasta —** till later, see you later; **lo más —** as soon as possible; **más —** sooner; **por — que** no matter how soon; **tan — ... como** not only ... but also; now ... now; as well ... as
pronto sudden irreflexive impulse; **en un —** suddenly
pronunciar to pronounce; to deliver
propagandista *n. & adj., m. & f.* propagandist
propagar to propagate, spread
propalar to publish, divulge
propender (**a**) to tend (to, toward), be inclined (to)
propicio, -a propitious, favorable
propiedad property
propietario, -a owner
propina tip, gratuity
propio, -a (one's) own; himself, herself, etc.; proper; **—a alabanza** self-praise; **— de** characteristic of; **de —** natural, in itself; **de —s** communal, town's; **hacer vida —a** to build a life of one's own; **lo —** one's own characteristics; **serle —a uno** to be characteristic of one; **si —** oneself, himself, etc.; *n.m.* messenger
proponer to propose, nominate; **—se** to plan, intend

proporción proportion; *coll.* prospective husband; chance to get married
proporcionado, -a well-proportioned; in proportion to
proporcionar to furnish, provide
propósito purpose, intention; **a —** on purpose; by the way; **a — de** with regard to; **hacer —** to determine
propuesto, -a *p.p.* of **proponer**
propugnar to advocate, defend
prorrumpir to burst into (*cries, sobs, etc.*)
prosa prose
prosaísmo prosaism; prosiness, dullness
prosar to write prose; *arch.* to write poetry
proscenio proscenium, part of stage in front of curtain; **bajar al —** to come to the front of the stage
proscrito, -a exiled; prohibited
proseguir (*i*) to continue; to pursue, follow
prosista *m. & f.* prose writer
prosodia prosody
prosperar to prosper, thrive
prostíbulo brothel, house of prostitution
prostituir to prostitute, debase
protagonista *m. & f.* protagonist, main character in a literary work
protección protection
proteger to protect
protesta protest
protestante *n. & adj., m. & f.* Protestant
protestar to protest
protestatario, -a protesting
protocolo protocol, registry; **—s de curia** judicial records
provecho profit, benefit; advantage; **buen — te haga** may it benefit you; **con — to** advantage, profitably; **en su propio —** for his own profit or advantage
proveer to provide; to resolve
provenir (de) to arise (from); to originate (in); to be due (to); **de ahí proviene** this is the reason
provenzal *n. & adj., m. & f.* Provençal, of Provence
proverbio proverb
provincia province
providencia decision, judgement; sentence; **P—** Divine Providence

provisión provision; supply; collection

provisto, -a *p.p.* of **proveer; —de** provided with

provocar to provoke, arouse, incite; *Colom.* **—le a uno** to like

proximidad proximity; closeness; vicinity

próximo, -a near, nearby, close; next; **— a** on the verge of; **Oriente —** Near East

proyección projection

proyectar to project; to plan

proyecto project, plan, undertaking

prudencia prudence, caution

prueba proof; trial; **en — de** as proof of

prusiano, -a *n. & adj.* Prussian

¡pse! *interj. (of contempt or indifference)* pche!, pshaw!, bah!

psicología psychology

psicológico, -a psychological

psíquico, -a psychic(al); psychological

púa point, prong, prickle; pick

publicar to publish

público, -a public; *n.m.* public, audience, crowd

puchero cooking pot; **hacer —s** to pout, be about to cry

púdico, -a chaste, modest, decorous

pudiea; pue, pué; puea, pueas *dial.* = **pudiera; puede; pueda, puedas**

pueblo town, home town; people, folk; population; nation, **casa del —** trade union meeting house

puen *dial.* = **pueden**

puente *m.* bridge; **— levadizo** drawbridge

pueo *dial.* = **puedo**

puer *m. Lat.* child

pueril puerile, childish

puerta door; doorway; **— de entrada** entrance, front door; **— practicable** door that opens and shuts *(in stage setting)*; **con la — en las narices** the door slammed in one's face

puerto port, harbor; mountain pass

puertorriqueño, -a *n. & adj.* Puerto Rican

pues then; well; since; but; **— bien** or **bueno** well, then; **— claro** but of course; **¿— qué?** then what?; after all!

pues *dial.* = **puedes**

puesto, -a *p.p.* of **poner; —a de hinojos** on bended knees; **— que** since; **llevar —** to have on

pugna struggle, combat

pugnar (por) to strive (for)

pulido, -a refined, polished; burnished

pulir to refine, polish; to burnish

pulla barb, left-handed remark

pulsación pulsation, beat

pulso pulse

pulverizado, -a atomized, sprayed

pungencia pungency

punta point, tip; end, edge; **— de los pies** tiptoe; **pelo de —** hair standing on end; crewcut

puntada stitch

puntapié *m.* kick; **tratar a —s** to kick about

puntería aim; marksmanship; pointing of a weapon

puntiagudo, -a sharp, sharp-pointed

puntilla lace edging

puntillas; de — on tiptoe

punto point; period; place, spot; **a — fijo** exactly, with certainty; **de todo —** absolutely; **en —** punctually, on the dot, sharp; **en — a** as for, regarding, concerning; **(estar) a — de** (to be) about to; **estar en su —** to be at its height; **hasta ese —** to that extent, that much

puntuación punctuation

puntualidad punctuality

puntualizar to give a detailed account of

puntuar to punctuate

punzante sharp, pointed, pricking

punzar to prick, puncture

puñal *m.* dagger; **a —** with a dagger

puñalada stab *(with a dagger)*; **dar de —s** to stab repeatedly; **dar una —** to stab

puño fist; handle; hilt *(of a blade weapon)*; **a —** by strenuous effort; **cerrar el —** to clench one's fist

pupila pupil *(of the eye)*

puramente purely, simply, merely

pureza purity, pureness

purgatorio purgatory

puro, -a pure; *n.m.* cigar

Q

que *pron.* who; which; that; **el (la, los, las)** — he (she, those) who, the one(s) that; **lo** — that which; what

que *conj.* that; for; whether; *adv.* than, as; — **no** rather than; not; **¡a — no!** I bet you don't . . . !; — **si** whether; **claro** — of course; it is evident that; **con** — so; so then; **sí** — certainly, truly, indeed; **ya** — since

¡(¿)qué!(?) what!; what a . . . !; what way?; how?; **¡— de. . . !** how many . . . !; **¿— hay?** what's up?; **¡— ridiculez!** how ridiculous!; **¡— vas a decirme!** are you telling me!; **¿— voy a. . . ?** why should I . . . ?; **¿a —?** for what reason?; **¿para — . . . ?** what for . . . ?; **¿por —?** why?; **¿pues —?** then what, after all!; **¿y —?** well?; so what!

queará *dial.* = **quedará**

quebradizo, -a brittle, frail

quebrantar to break; to weaken

quebrar to break

quedar to remain, stay; to be left (*in state or condition*); to become; to be; to agree; **¡— con Dios!** God be with you!, good-bye!; — **en cuidado** to be anxious, worried; — **prendado (de)** to be charmed (by); **—se** to remain, linger, stay; **—se con** to take, keep; to inherit; **—se con el santo y la limosna** to get everything, make a clean sweep; **—se dormido** to fall asleep; **—sele a uno** to have left; to have it clearly in one's memory, remember it very clearly; **—se rezagado** to stay behind; **¡quede(n) usted(es) con Dios!** God be with you, good-bye!

quedo, -a soft, low (*as voice*)

queja complaint

quejarse (contra) to complain (about, against)

quema fire, burning

quemadura burn, scald

quemar to burn, scorch; **—se** to be burned; to burn; to be set off (*of fireworks*)

quepo *1st person present indicative of* **caber**

querella plaint, complaint; quarrel

querellante *m. & f.* complainant, plaintiff

querer (*ie*) to wish, want; to be willing; will; to love; — **decir** to mean; — **mejor** to prefer; **sin** — involuntarily, not on purpose; **de donde quiera que sea** from wherever it may be; **quiere decirse** it means; **¡qué quieres!** what do you expect!; **quiera el cielo** may Heaven grant; *n.m.* love, affection

querido, -a dear; *n.* dear one, darling; *n.f.* mistress

queso cheese

quicio door hinge

quie, quié, quien; quiea, quiéa *dial.* = **quiere, quieren; quiera**

quien who, whom; whoever, whomever; one who; the one who; **cada** — each one; **como** — just as someone

¿quién? who?, whom?; **¿— va?** who is there?

quieo, quiéo, quies, quiés *dial.* = **quiero, quieres**

quieto, -a quiet, still

quietud quietness, quiet, rest, tranquility

quimérico, -a chimerical, fabulous, fantastic, unreal

quincallería hardware; hardware store

quinqué *m.* wick-lamp

quinto, -a fifth; *n.f.* country home; manor

quirúrgico, -a surgical

quisiea(s) *dial.* = **quisiera(s)**

quitado except for, exception made of

quitar to take away, remove, get out of the way; — **de la cabeza** to dissuade; — **de en medio** to put out of the way; to bump off; **—se** to take off, remove (*clothing*); to quit, get out of the way; **—se de encima** to throw off, get rid of; to shake off; **—se de delante** to get out of the way; to get out of sight; to remove oneself

quizá(s) perhaps

R

rabia rage, anger

rabiar to rage; — **por** to long eagerly for

rabino rabbi

racimo cluster, bunch; group

racional rational

racionalidad rationality, clear thinking

racionalismo rationalism

ráfaga gust; gleam; flash

raigón *m.* large root

raíz *f.* root; **cortar de —** to nip in the bud

rama branch, bough, twig

ramaje *m.* mass of branches; foliage

ramo bunch; branch, cluster; bouquet; wreath

rana frog

rancho homestead, ranch; messhall; chow

rancio, -a rancid, stale; antiquated

rango rank; high position

ranura groove, slot

rapacejo border, edging

rapaz *m.* young boy, lad; *adj.* rapacious

rape *m.* close shaving or cropping of hair; **cortar el pelo al —** to shave the head

rapidez *f.* rapidity, swiftness

rápido rapids

rapiña rapine, plundering

raposo, -a fox

rareza rarity; peculiarity, oddity

raro, -a rare; peculiar, odd

ras *m.* evenness; **a — de** even with, flush with

rascar(se) to scratch

rasgar to tear (up)

rasgo trait, feature; **a grandes —s** in outline, roughly

rasguear to write, scratch on paper with pen

rasguñar to scratch

raso, -a clear, unobstructed; **al —** in the open air

raspar to scrape

rastra trail, track; **a la —** dragging; **traer a la —** to drag

rastrear to trace, track down; to rake; to fly very low, skim the ground

rastrero, -a creeping, groveling

rastro track, trail; trace

rasurado, -a shaved

rata rat

rataplán (*sound of drum*) ra-ta-tat

rato space of time, while, moment; **al cabo de un —** after a while; **a —s** at times, from time to time; **al poco —** after a little while; **buen —** a long while; a great quantity; **pasar el —** to while away the time

ratón *m.* mouse

raudo, -a rapid, swift

raya streak, stripe, line; **traje de —s** striped dress or suit

rayar to streak, draw lines, scratch; to border on; **(al) — el día** or **el alba** (at) daybreak, (at) dawn

rayo ray, beam; flash of lightning; thunderbolt

raza race; **de —** pure breed; thoroughbred

razón *f.* reason; reasoning; **—es** words, talk; excuses; **atender a —es** to be reasonable; **dar (la) — a** to agree with; to lend support to; to give the victory to, decide in favor of; **dar — de** to account for; to explain; to give information about; **en —** sensibly, logically; **llevar —** to be right; **mandar —** to send word, instructions; **ser —** to be right, fair, just; **tener (la) —** to be right

razonable reasonable, fair, just

razonador, -a *n. & adj.* reasoner; reasoning

razonar to reason; *n.m.* reasoning

reacción reaction; reactionary political forces

reaccionarismo reactionary political doctrine or movement

reaccionar to react

real real; royal

realidad reality; **en —** in fact, actually

realismo realism

realista *n. & adj., m. & f.* realist; realistic

realizar to carry out, fulfill

realmente really, in reality

realzar to heighten, enhance

reanudar to renew, resume; **—se** to be renewed, resumed

reatar to retie, tie anew

rebajarse to stoop down, humble oneself

rebalse *m.* swamp

rebanado, -a cut off

rebaño flock

rebasar to overflow

rebelde (a) rebellious (against)

rebeldía rebelliousness; rebellion

reborde *m.* border, edge

rebosar to overflow

rebotar to rebound, bounce back; to bounce off

rebrote *m.* sprout, shoot; reappearance

rebullir stir, begin to move

rebuscar to search carefully

recado message

recapitular to recapitulate

recatado, -a shy, restrained

recatarse to be cautious; to be modest

recato caution; modesty; restraint

recaudador, -a collector; **— de contribuciones** collector of revenues; collecting

recelar (de) to fear, be afraid (of)

recelo fear, misgiving

receptor *m.* (radio) receiver

receta prescription

rechazar to reject; to repulse, repel, push back

rechazo ricochet, rebound, rejection

rechinar to creak

recibir to receive; to accept; to welcome (*a visitor*)

recién recently, newly

reciente recent

recio, -a strong, vigorous; arduous; thick

recíproco, -a reciprocal

recitar to recite

reclamación complaint, claim; objection, remonstrance

reclamar to claim, demand; to complain; to put in a claim

reclinar to recline, lean back; **—se en** or **sobre** to lean on (upon)

recluir(se) to shut up (oneself), seclude (oneself)

recobrar(se) to recover, recuperate

recoger to gather (up), collect, pick up, take in (back); to receive; **— el brazo** to draw one's arm in

recolector, -a reaper

recomendar (*ie*) to recommend

recomenzar (*ie*) to begin again, start anew

recompensa compensation, reward

recompensar to compensate, reward

reconcentrado, -a self-centered; oblivious, absorbed; reduced to its purest essence

reconciliar to reconcile; to confess

recóndito, -a recondite; deeply hidden, mysterious

reconocer to recognize, acknowledge; to realize; to examine (*medical*)

reconocimiento examination (*medical*); gratitude

reconquista reconquest

reconstruido, -a rebuilt

reconvenir (*ie*) to reproach

recopilar to compile, abridge; to collect

recordar (*ue*) to remind; **—se (de)** to remember, recall; *n.m.* remembrance, remembering

recorrer to go over (through); to travel over, traverse; to examine, peruse; to feel of

recorrido course, space of distance traveled over; run, sweep

recortado, -a paired away; cut out; outlined

recortar to cut away, pair off

recorte *m.* outline, profile

recostado, -a reclined, recumbent

recreación remaking, rehandling

recrear to recreate; **—se** to amuse oneself, divert oneself

recreo recreation, amusement, diversion

recrudecer(se) to recur, increase

rectificarse to become rectified or corrected

recto, -a straight

rector *m.* rector, president of a university

recuerdo memory, remembrance

recuperar to recover, regain; to retrieve

recurrir to resort, apply

recurso recourse; *pl.* resources, means

red *f.* net, network

redacción editing; editorial room; editorial staff

redactar to edit; to write, draw up

redondeamiento rounding; perfecting

redención redemption

redentor, -a redeemer

redimir to redeem, rescue, liberate

redondel *m.* circle; bullring

redondo, -a round; rotund; decided; clear; **a la —a** around, in the neighborhood; **caer —** to fall flat, tumble to the ground

redrojo puny child, runt

reducido, -a diminished; small

reducir to reduce, decrease; to condense (*in size*)

reedificado, -a rebuilt
reelaborar to re-elaborate
reemplazar to replace; to supersede
reencontrar (ue) to find again
referencia reference
referir(se) (ie, i) (a) to tell, relate; to refer (to), allude (to)
refinado, -a refined; artful
refinamiento refinement; refining
reflector m. reflector; searchlight
reflejar to reflect
reflejo reflection, reflected light
reflexionar to think, reflect
reflexivo, -a reflective, introverted, thoughtful
reforma reform, improvement, change in the state of things
reformador, -a reformer
reformar to correct, alter, mend
reforzar (ue) to strengthen, reinforce
refractar to refract
refrán m. proverb, saying
refrescar to refresh
refugiarse to take refuge
refugio refuge
refulgente refulgent, shiny
refunfuñar to grumble
regalar to entertain, regale; to delight; to treat; to pet, caress; to present, give as present
regalo gift; comfort
regañar to scold
regar (ie) to water, irrigate
regato small stream
regenerar to regenerate
regentar to rule, govern
regente m. & f. regent
régimen m. regime; organization
regir (i) to rule, govern, control; to conduct; to inform
registrar to search; to survey carefully
regla rule; en — in due form
regocijado, -a merry, joyful
regocijarse to rejoice
regocijo joy, merriment
regodearse to take delight
regresar to return, come back
regreso return

reguero trickle
regular regular; por lo — usually, as a rule
rehabilitado, -a reinstated, rehabilitated
rehacer to rebuild, remake
rehuir to avoid
rehusar to refuse
reidor, -a jolly, full of laughter
reina queen
reinado reign
reinar to reign
reineta reinette (a variety of apple)
reino kingdom
reinterpretar to reinterpret
reir(se) (i) to laugh; — a carcajadas to cackle, guffaw; —(se) de to laugh at; not to care a bit about
reiterar to reiterate, repeat
reiteración reiteration, repetition
reiterativo, -a reiterative, repetitive
reivindicación revindication (claiming of rights denied to one entitled to them)
reja iron-grating; iron-grated window
relación relationship; relation; story, account; —es acquaintances; connections; courting; con — a as regards to; decir — a to relate to
relacionado, -a related
relamer to lick again; —se to lick one's lips; to relish
relámpago flash of lightning
relampaguear to lighten; to flash
relatar to tell, relate, narrate; to make a report of a law suit
relativamente relatively
relato narration, story
relegado, -a relegated
relieve m. prominence
reliquia relic
religiosidad religiosity; religiousness
religioso, -a religious
relinchar to whinny, neigh
reló dial. = reloj
reloj m. clock; watch; — de arena hourglass
reluciente shining, glittering
relucir to shine, glisten, glow; salir a — to come to light
relumbrar to shine, sparkle, glitter
remada stroke of an oar

remalo, -a wicked

remangar to tuck up (*sleeves, etc.*)

remanso backwater; dead water

remar to row, paddle

rematar (*soccer*) to cap a pass

remate *m.* end, conclusion; **de —** utterly, hopelessly

remedar to imitate; to mimic, mock

remedio help; remedy; **¡no hay —!** nothing doing!; **no tener más — que** to have no choice but to, simply have to; **no tenía —** it could not be helped

remediar to remedy

rememorar to remember, recall

remendar (*ie*) to patch, mend

remero rower, oarsman

reminiscencia reminiscence

remitir to remit; to refer

remo oar

remolino whirl; whirlpool

remolque *m.* towing; **a —** towed by

remontar to go up (*river, current*); to trace back, take back (*in time*)

remordimiento remorse

remoto, -a remote, far-off; **— Oriente** Far East; **ni por lo más —** not the slightest

remover (*ue*) to shift, move

remozar to rejuvenate, put new life into

renacido, -a reborn

renacimiento rebirth; Renaissance

renatense *n. & adj., m. & f.* (native) of Renada

rencor *m.* rancor, spite, animosity

rencoroso, -a rancorous, spiteful

rendido, -a submissive; surrendered, devoted; worn out

rendija crevice, crack

rendir (*i*) to overcome; to tire; **—se** to yield, surrender; **— declaración** to make a deposition

renegar (*ie*) to blaspheme, curse; **— de** to curse; to deny, disown

renegrido, -a blackish

renglón *m.* written or printed line; **a — seguido** immediately after; the next moment

rengo, -a lame

renombre *m.* renown

renovación renovation, renewal, change

renovar (*ue*) to renovate, change; to replace, reform

renta income, source of funds; rent

renovador, -a renovating

rentista *m. & f.* person with an independent income

renunciar to renounce, give up

reñir (*i*) to scold; to quarrel; to fight

reojo: mirar or **ver de —** to look askance, out of the corner of one's eye

reorganizar to reorganize

reparación reparation, amends

reparar; — en to compensate for, indemnify, make amends for; to stop (for); **no — en gastos** not to care about expenses

reparo objection; **no poner el menor —** not to raise the slightest objection

repartición division, distribution

repartido, -a divided, distributed

reparto cast of characters (*in play*)

repasar to review, peruse

repeinado, -a well-groomed

repente *m.* sudden impulse, sudden movement; **de —** suddenly

repentino, -a sudden

repertorio repertory

repetición repetition

repetido, -a repeated; **—as veces** time after time, many times

repetir (*i*) to repeat

repetitivo, -a repetitive

repleto, -a replete, very full

replicar to reply

reponer to replace, restore; **—se** to recover, get better

reportar(se) to control (oneself), restrain (oneself)

reportaje *m.* reporting; newscasting

reposado, -a quiet, peaceful, calm

reposar to repose, rest

reposo rest, repose

reprender to reprimand, admonish

reprensión reprimand, reprehension

represado, -a stopped up, dammed up

representación representation; performance, production (*theater*)

representante *m. & f.* representative

representar to represent, depict; to perform, produce (*theater*)
reprochar to reproach, blame
reptante crawling (*as a reptile*)
república republic; **en —** in a chaos, in utter disorder
republicano, -a republican
repudio rejection, repudiation
repugnancia repugnance, aversion
repugnar to cause disgust; to be repugnant
repulgo border, hem
repulsa rebuke, rejection
repulsivo, -a repulsive
reputación reputation; fame, repute
requerir (*ie, i*) to require
requerimiento request
resaber to know very well
resaltar to stand out, be evident
resbaladizo, -a slippery
resbalar(se) to slip; to slide, glide
reseco, -a thoroughly dry, arid
resentido, -a resentful; offended
resentimiento resentment, grudge
reseña (book) review
reservado, -a reserved, withdrawn
reservar to reserve; to keep
residuario, -a residuary, cast away
residuo remainder
resignación resignation
resignado, -a resigned
resignarse (**con**) to resign oneself (to); to be resigned (to)
resinoso, -a resinous
resistente strong
resistir(se) to resist, offer resistance; to withstand; to endure
resolución decision
resolver (*ue*) to resolve, determine, decide; to solve
resonancia resonance
resonar (*ue*) to resound, echo
resoplido huff; snort; audible breathing
resorte *m.* spring; mainstay
respaldo endorsement; backing; back of a chair or seat; headboard
respecto; — a or **de** with respect to, with regard to
respetable respectable

respetar to respect
respeto respect; **guardar —** to show respect
respetuoso, -a respectful
respiración breathing
respirar to breathe; to get a breath of fresh air; to rest
respiro breathing; respite, breather, relief
resplandecer to shine, glisten
resplandeciente resplendent, glittering
resplandor *m.* light, brilliancy, radiance
responder to answer, reply, respond; to correspond; to guarantee
responsabilidad responsibility
respuesta answer, reply, response
resquicio opening, crack
resto rest, remainder, remnant; *pl.* remains
restregar (*ie*) to rub; to scrub
resucitar to resurrect, revive, resuscitate
resuelto, -a *p.p.* of **resolver; — a** determined to
resulta result; **a — de** as a result of
resultado result(s)
resultar to result, turn out: to be
resumen *m.* summary, brief survey; **hacer el —** to summarize
resurgimiento reappearance, springing up again, revival
retablo retable, altarpiece
retal remnant, piece (*of cloth*)
retar to challenge
retazo piece, fragment, remnant
retener (*ie*) to retain, hold, hold back
reticencia innuendo, sly remark; reticence
retirar to withdraw, retire; **—se** to retire, withdraw; to retreat, go back
reto challenge, dare
retorcer (*ue*) to twist, wring; **—se** to writhe, be contorted
retórica rhetoric
retoricismo rhetoricalness
retórico, -a rhetorical
retorno return; **de —** upon returning, having returned
retozón, -a frolicsome, rumpish
retractarse to retract, disavow, renounce (*former opinions or actions*)
retraerse to withdraw; to keep aloof

retrasado, -a *n. & adj.* (*mentally*) retarded (person)

retrasar to delay, defer, postpone

retrato portrait

retrepado, -a leaning backwards; reclining on a chair

retrete *m.* toilet

retribución remuneration, fee; payment

retroceder to go back, fall back, retire; to go backwards

retroceso backward motion; — **evocativo** flashback

retumbar to resound, sound loudly

reunido, -a (**con**) together (with), allied (to)

reunión meeting, gathering

reunir to gather, collect; to reunite; —**se** to get together, join, meet, gather, assemble

revelación revelation

revelar to reveal, disclose; —**se** to become known

revenido, -a soured, fermented

reventar (*ie*) to burst, burst forth; to go to pieces; to break loose; to go off suddenly; to die

reventón *m.* bursting; blossoming forth

reverencia reverence; curtsey, bow

reverenciar to revere, venerate

reverencioso, -a revering, reverent; hallowed

reverente reverent

reverso rearside, wrongside; reverse; back; **el — de la medalla** the other side of the coin; the very opposite

revertir to revert

revés: al — contrariwise, on the contrary; backwards; wrong side out

revestirse (*i*) to dress in ceremonial clerical robes

revisar to revise; to examine, inspect

revista review, magazine, journal

revivir to revive

revocar to revoke

revolar (*ue*) to hover, fly around

revoltoso, -a turbulent

revolución revolution

revolucionario, -a revolutionary

revolver (*ue*) to turn over; to stir; to mess up; —**se** to move to and fro

revólver *m.* revolver, gun

revuelo commotion, disturbance

revuelta turn, bend

revuelto, -a *p.p.* of **revolver** disheveled; mixed; topsy-turvy

rey *m.* king, monarch; **camarero del —** chamberlain

rezagarse to lag, stay behind; to loiter, tarry behind; **quedarse rezagado** to lag behind

rezar to pray; — **el rosario** to say the rosary

rezo prayer, praying

rezongar to grumble, mutter

rezumar to ooze, exude

riacho small river

riachuelo small stream

riada freshet, flood; overflowing

ribazo sloping bank; hillock

ribera shore, bank

ricamente richly, splendidly; **estar** or **quedarse —** to be sitting pretty

rico, -a rich, wealthy; fine; tasty, delicious; *n.* rich person

ridiculez *f.* ridiculousness; absurdity; **¡qué —!** how ridiculous!, how absurd!

ridiculizar to ridicule

ridículo, -a ridiculous, absurd

riendas reins

riesgo risk, danger; **ponerse a —** to run the risk

rígido, -a stiff, rigid; stern, inflexible

rigor *m.* rigor; sternness; **en —** strictly speaking, in fact

riguroso, -a rigorous, strict

rima rhyme

rimar to rhyme

rincón *m.* corner, nook

riña quarrel; brawl, scuffle

río river; — **abajo** down the river; **por el — arriba** up-river

riqueza(s) riches, wealth

risa laugh, laughter

risco crag, cliff

ristra string (*of onions or garlic*); row, file, bunch

ristre *m.* rest or socket for a lance; **en —** ready to attack

risueño, -a smiling; pleasing, agreeable; *n.* smiling, merry person

ritmo rhythm
rítmico, -a rhythmic
rivalidad rivalry
rivalizar to rival, vie, compete
rizado, -a curled, curly
robar(se) to abduct, kidnap; to rob, plunder, steal
robo robbery
robustecido, -a made strong, strengthened
roca rock
roce *m.* friction, rubbing
rociar to sprinkle, spray
rocío dew
rodar to roll, run, wheel; to wander about; **echar (todo) a —** to spoil, upset (everything)
rodear to surround, encircle, encompass; to go around; to make a detour
rodilla knee; **de —s** kneeling; **ponerse de —s** to kneel
roedor *m.* rodent
roer to gnaw, eat away
rogar (*ue*) to request, beg, entreat; to pray
rojizo, -a reddish
rojo, -a red; *n.m.* red-man; **pieles rojas** American Indians
rollo roll, anything rolled up; circle
Roma Rome
romance *m.* ballad (*Spanish poem in octosyllabic meter, with alternate assonance*)
romancero collection of old Spanish ballads; ballad book
romancesco, -a novelistic, romantic
romántico, -a *n. & adj.* romantic; romanticist
romería pilgrimage; picnic, excursion
romper to break, break off; to smash; to interrupt; to tear up; **— a** to begin to, burst out; **—se** to break
ron *m.* rum
ronda *Colom.* swarm, wave
rondar to hover about one place; to court
ronquido snore; harsh, raucous sound
ronzal *m.* halter
ropa(s) clothes, clothing; **— blanca** lingerie; underwear; **— talar** ecclesiastical street garments (*cassock, robes*)
ropaje *m.* robe, vestment

ropero wardrobe, closet
rosa rose; *adj. m. & f.* rose-colored; **— de vidriera** rose-window
rosado, -a rose-colored
rosal *m.* rosebush
rosario rosary; **rezar el —** to say the rosary
rostro face
roto, -a *p.p.* of **romper** torn; ragged; broken; pierced
rótulo label; sign
rotundo, -a round, unmistakable, plain
rozar to rub against; to graze
rubio, -a blond
ruborizar to cause to blush; to shame
ruboroso, -a blushing; bashful
rubricar to mark or sign (*with an identifying personal flourish of the pen*)
rudimental rudimentary, elementary
rudo, -a rude; rough; stupid
rueca distaff
rueda wheel; **sillón de —s** wheel chair
ruedo bullring
ruego plea
rugido roar, roaring
ruido noise, sound; **meter —** to make noise
ruidoso, -a noisy, loud
ruin vile, despicable, base
ruina ruin
ruindad meanness, baseness; base action, ill turn
ruinoso, -a ruinous; worthless
ruiseñor *m.* nightingale
rumbero guide, trail breaker (*in the jungle*)
rumbo course, direction, orientation; route, trail; **— a** head toward, in the direction of
rumor *m.* rumor, report; sound of voices; murmur
runrún *m.* rumor, report; gossip
ruso, -a *n. & adj.* Russian; **montaña —** roller coaster
ruta route, way, avenue; byways
rústico, -a rustic; rude, coarse

S

sábana sheet
sabeísmo Sabianism (*a religion which worships astral bodies*)

saber to know, know how; to be able; to find out (about); to arrange; **— a** to taste like; to be a foretaste of; **— de** to inquire about; to find out about; to hear of (from); **no — que hacer con** to undo oneself for, be all attentions toward; **¿puede —se?** will you please tell me; **¡vete tú a —!** who knows!, God knows!; **¡qué sé yo!** or **¡lo sé yo!** how could I know!, I don't know!; **sépalo usted** for your information

saber *m.* knowledge; learning

sabiduría wisdom; source of wisdom

sabiendas: a — knowingly; on purpose

sabio, -a learned, wise; *n.* wise person, scholar, sage

sable *m.* saber

sabor *m.* taste, flavor; **a —** at pleasure

saborear to taste, savor

sabroso, -a savory, tasty; delicious

sacadineros, *m. sing. & pl.* catchpenny; bamboozler

sacar to take out, draw out; to lead out; to pull out, bring forth; to free; to remove; to discover, reveal; **— de paseo** to take out for a walk; **— la lengua** to stick out one's tongue at; **—le a uno de trampas** to get one out of debt; **— testimonio de** to take testimony of, put on record

sacerdote *m.* priest

sacerdotisa priestess

saciar to satiate; **—se** to be satiated

saciedad satiety; excess

saco bag

sacrificar to sacrifice

sacrificio sacrifice; offering; **Santo —** Holy Mass

sacristán *m.* sexton

sacristía vestry

sacudida shaking, shake; jolt, jerk; shock

sacudir to shake; to jolt; to disturb by agitating (*as water*)

sagaz keen, discerning

sagrado, -a sacred; **letras —as** theology and Scriptures

sajón ,-a *n. & adj.* Saxon

sajonismo Saxonism

sal *f.* salt; wit; grace; **echar —** to salt, put salt on

sala parlor, hall; living room; **— de médico** doctor's office

salida exit; way out; outskirts; departure; rising (*of sun or moon*); **a la — de** coming out of

salido, -a spilled; shed (*as blood*); run out

saliea *dial.* = **saliera**

salir (de) to go out, get out, leave; to go, depart; to come out, appear; to turn out to be; to rise (*as sun*); to enter, exit (*stage*); **— a** to resemble, look like; to take after; to go (appear) on, come out (on); **— adelante** to get out successfully; to get ahead; **— al camino** to go out on the road; **— al toro** to engage the bull, enter the bullring to fight the bull; **— a mi (nuestro, etc.) encuentro** to come out to meet me (us, etc.); **— de** to get rid of, dispose of; **— de paseo** to go out for a walk; **—le a una novios** to get boy friends; **—se uno con la suya** to have one's own way

saliva spit, saliva

salmodiar to singsong, chant monotonously

salobre briny, salty

salomónico, -a Solomonic; **columna —a** twisted column

salón *m.* parlor, large hall, assembly room

salpicado, -a splashed

saltamontes *m.* grasshopper

saltar to leap, jump; to dash; to break

salteador *m.* highwayman, holdup man; **— de caminos** highway robber

salto jump, leap, bound; **dar —s** to jump, leap

saltón, -a leaping

salud health; **¡—!** to your health!, hail!; hello!, greetings!

saludable healthy, wholesome

saludar to greet, pay one's compliments; to salute

saludo greeting, bow; salute

salvación saving, deliverance

salvado bran

salvador savior, rescuer

salvaje *n. & adj., m. & f.* savage; wild, untamed

salvar to save, safeguard; **—se** to save oneself, escape; **¡sálvese quien pueda!** everyone for himself!

salvo, -a safe; *adv.* saving, except for
san = **santo**
sanchopancesco, -a in the manner of Sancho Panza in the Insula Barataria
sancionar to sanction, ratify
sandalia sandal
sangrar to bleed
sangre *f.* blood; lineage; race
sangriento, -a bloody; vivid red
sanguijuela leech
sanguinario, -a bloody; bloodthirsty
sanguíneo, -a sanguinous, red
sanguinolento, -a bloody; gory
sano, -a sound; health, wholesome
santificar to sanctify, hallow, consecrate
santiguarse to make the sign of the Cross
santo, -a holy, sacred, blessed; *n.* saint; religious image or statue; — **Sacrificio** Holy Mass; **campo** — cemetery; **quedarse con el — y la limosna** to get everything; to make a clean sweep
santuario shrine, sanctuary
sapo toad
saquear to plunder, loot
sarcasmo sarcasm, sarcastic remark
sarcástico, -a sarcastic
sardónico, -a sardonic, bitterly mocking
sargento sergeant
sarmentoso, -a creeping, twining
sarniento, -a itchy, mangy
sastre *m.* tailor
Satanás *m.* Satan
satánico, -a satanic, devilish
sátira satire
satírico, -a satiric(al)
satirizar to satirize
satisfacción satisfaction; amends; apology
satisfacer to satisfy
satisfecho, -a *p.p.* of **satisfacer** satisfied, content
saturar to saturate; to fill to overflowing
savia sap; blood; life; force
sayo loose garment, small frock
sayón *m.* executioner, torturer; cruel person
sazón *f.* season; **a la** — then, at that time
sazonar to season
secar to dry; —**se** to dry up

seco, -a dry, dried up; withered, dead; lean, lank; abrupt, curt; **en** — abruptly
secretario, -a secretary
secreto, -a secret; secretive; *n.m.* secret
sector *m.* section, segment
secundario, -a secondary, subordinate
sed *f.* thirst
seda silk
sedentario, -a sedentary
sediento, -a thirsty; dry
sedoso, -a silky
seducir to seduce
seguía *dial.* = **seguida**
seguida: en or **de** — at once; immediately; **en** — **de** immediately after
seguido, -a continued, successive; — **de** or **a** followed by; **a renglón** — immediately after, the next moment; **lo** — **que** how continuously
seguidor, -a follower
seguir (*i*) to follow; to continue, go on (with); to pursue; to proceed; to remain; — **así** not to change one's ways; —**se** to ensue
según as, according to (what); it depends; — **se dice** according to report
segundo, -a second; *n.m.* second (*time*)
seguridad sureness, certainty; security, confidence, assurance; **alfiler de** — safety pin; **con toda** — with absolute certainty; **tener la** — to be sure
seguro insurance, insurance policy
seguro, -a sure, certain; safe; **de** — surely, undoubtedly; **tener por** — to be sure; to rest assured
seleccionar to select, choose
selecto, -a select; chosen
sellar to seal; to close
sello stamp; rubber stamp; mark
selva forest, jungle
selvático, -a wild, untamed; abounding in forests
semana week; **a la** — at the end of a week
semblante *m.* face, countenance
sembrado, -a sown; — **de** covered with, studded with; *n.m.* sown ground, cultivated field
sembrar (*ie*) to sow, spread

semejante similar, like; **cosa —** such a thing, a thing like that; *n.m.* fellowman, neighbor

semejanza similarity, likeness, resemblance; **a —** like . . .

semejar to be like, resemble

semilla seed

semillero hot-bed

seminarista *m.* seminarian (*student for priesthood*)

semita *n. & adj., m. & f.* Semite; Semitic

senador *m.* senator

sencillez *f.* simplicity, simpleness

sencillo, -a simple; plain; unaffected

senda path

sendero footpath

senil old, senile

seno breast, bosom; heart; **en el — de la confianza** as intimate friends; **en el — de la familia** within the family

sensacionismo emphasis on sensations

sensato, -a sensible, level-headed

sensibilidad sensibility, sensitiveness

sensible sensitive, sensible; conscious; noticeable; considerable

sensitivo, -a sensitive, keen of perception

sensorial sensory

sensual sensuous

sentar (*ie*) to seat, sit down; to suit, fit, be becoming; to agree with; **— a** to become, suit; **—le a uno muy malamente** to resent it very much; **—le bien a uno** to be beneficial to one, agree with one (*as food, climate*); **—se** to sit down, be seated

sentencia sentence, judgement, penalty

sentenciar to pass judgement (on)

sentencioso, -a sententious, pithy; forceful, terse

sentido sense, meaning; consciousness; **perder el —** to lose consciousness; to lose one's mind, control of oneself; **sin —** unconscious; meaningless, without any sense

sentido, -a felt, sensed; offended, resentful; **darse por —** to feel offended, show resentment

sentimiento sentiment, feeling

sentío *dial.* **= sentido**

sentir (*ie, i*) to feel; to hear; to regret; to resent; **— debilidad por** to have a weakness for; **—se** to become offended, resentful; **—se avergonzado** to be embarrassed, ashamed

sentir *m.* feeling; resentment; belief, opinion

seña sign, signal; gesture

señal *f.* sign, identifying mark; signal

señalar to point out, designate, fix (*as date*); to stamp, mark; to note; **—se** to appear; to make oneself noticeable

señor, -a mister, Mr.; lord; God; master; gentleman; sir; madam, Mrs.; wife; lady; mistress (*of the house*)

señoría: su — Your Lordship

señorío dominion, rule, mastery (*as of passions*); stateliness, grandeur

señorita young lady, Miss

señorón *m.* big shot, bigwig

señuelo decoy, bait

separado, -a separate

separar to separate; **—se (de)** to withdraw, move to one side; to break (with); to leave; to part (with)

sepulcro tomb, sepulchre

sepultado, -a buried

sepultura tomb, grave

sequedad aridity, barrenness, sterility; gruffness, surliness

ser to be; **— dado a** to be prone to; to be fond of; **— de** to belong to; **— de mal efecto** to look badly; **— fuerza** to be necessary; **—le propio a uno** to be characteristic of one; **— menester** to be necessary; **— osado a** to dare to, be bold enough to; **— para** to be enough to; **— parte en** to be a party to, have a hand in; **— poco madrugador** to be a late sleeper; **— razón** to be fair, just; **— una suerte** to be a fortunate thing; **a no — (que)** had it not been that; unless that; **a poder —** if possible; **deber (de) —** ought, should; must; **llegar** or **pasar a —** to become; **como si fueran** as if they were; **de cualquier modo que sea** however it may be; **de donde quiera que sea** from wherever it may be; **ello es que** the fact is that; **era** or **érase de** (once upon a time) there was; **es igual** it is the same thing; it is all the same; **es que** the fact is that; **fuese como fuese** by whatever means; **(fuese**

por lo que fuera whatever the reason was; **lo que son las cosas** the way things are; **lo que haya sido** whatever it was; **mucho fuera que** it would be very strange if; **nada que fuera** anything which was; **ni que fuera** not even if it were; **o sea** in other words, that is to say; **¿qué será de usted?** what will become of you?; **que sea para bien** may it be for the best; **sea como sea** come what may; in whatever way it may be; **sea lo que fuera** be it as it may; **sea quien sea** whoever it may be; **si así fuera** even if it were so; **siendo niño** as a child; **¡si eso fuera . . . !** If that were so . . . ! **todo será (que) . . .** it all will end up (by)

ser *m.* being, entity

serenata serenade

serenidad serenity, calmness

sereno, -a serene, calm; clear, cloudless; *n.m.* night watchman

serie *f.* series

seriecito, -a *dim.* of **serio** well-behaved (*for children*)

serio, -a serious, grave

serpiente *f.* serpent

servicial obliging, serviceable

servicio service; servants; **prestar un (gran) —** to do a (great) service

servidor, -a servant

servidumbre service; servants; servitude

servilismo servility, subservience

servir (*i*) to serve, be of use; **— a** to serve; **— de** to serve as, be of use or benefit for; **— para** to be useful for, be good for, serve to, be suited for; **de nada ha de —le** it will do him no good; **de nada — a** to be of no use to; **para —la** at your service, if you please; **¿para qué sirve . . . ?** what good is . . . ?

sesión session; assembly

seudo- pseudo-

seudointelectual *n. & adj., m. & f.* pseudo-intellectual

seudónimo pseudonym, pen name

severidad severity, sternness

severo, -a severe, stern, strict; serious; sharp

sexo sex

si if, whether; **¡— es verdad!** I should say it is true!; **— no** if I (you, etc.) don't, unless I (you, etc.) do; otherwise; **— es que** but the fact is; **— no es que** unless; **cual —** as if; **mira —** if only; **por —** (just) in case; **que —** whether

sí yes; certainly, to be sure; **— que** certainly, truly, indeed; **claro que —** of course; **creer que —** to think so; **porque —** because it is (has, etc.) so; just because

sí itself, herself, himself, oneself, themselves; **— mismo** oneself, etc.; **— propio** oneself, etc.; **de por —** by itself (himself, etc.); of his (her, etc.) own accord; **fuera de —** beside himself (*oneself, herself, themselves*)

sibila sibyl, prophetess

sibilante hissing

siega reaping-time, harvest

siempre always, ever; **— que** whenever; provided that; **de —** usual; everlasting; **para —** forever, everlasting

sien *f.* temple

sierra mountain range

siesta afternoon nap; **dormir la(s) —(s)** to take an afternoon nap

siete: — y media "seven-and-a-half" (*a game of cards*)

sífilis *f.* syphilis

sifilítico, -a syphilitic; *n.* case of syphilis

sigilo secrecy

siglo century; **— de oro** golden age; **por los —s de los —s** for ever and ever; **tránsito del —** turn of the century

significado meaning

significación meaning, significance

significar to mean, signify

significativo, -a meaningful, significant

signo sign, indication; mark, symbol

siguiente following, next; **al día —** (on) the following day

sílaba syllable

silbar to whistle; to hiss

silbido whistling; hissing

silenciar to keep silent about; to silence

silencio quietness, silence; **hacer —** to keep quiet; to quiet; **guardar —** to keep quiet

silencioso, -a silent, quiet

silla chair

sillón *m.* armchair; **— de ruedas** wheelchair

silueta silhouette, profile, outline

silvestre wild, savage; nature-bred, sylvestrian

sima abyss

simbólico, -a symbolic(al)

símbolo symbol

simiente *f.* seed; progeny

simpatía liking; congeniality; fellow feeling; *pl.* preferences, likes, tastes

simpático, -a congenial, agreeable, pleasant; **hacerse — a** to gain the good graces of

simpatizar to like one another, get along well together

simple simple; plain; artless

simplemente simply, merely

simplificar to simplify

simultáneo, -a simultaneous

sin without; **— despreciar** present company excluded; **— embargo** however, nevertheless; **— fin** endlessly; no end; in great number; **— que** without; **— querer** unwittingly, involuntarily; **— sentido** unconscious; **— tino** foolishly; without sense; at random

sinagoga synagogue

sincerarse to justify, excuse oneself

sinceridad sincerity

sincero, -a sincere

sindicato trade union; syndicate

sinfín *m.* endless number; endless amount; no end of; **un — de** innumerable

sinfonía symphony

singular singular; extraordinary

singularidad singularity, distinctness

singularizador, -a distinguishing

singularizarse to distinguish oneself

siniestro, -a sinister

sino but; except; **— que** but; **no ... más — que** nothing except that, only; **no ... — que** only; **no sólo ... — también** not only ... but (also)

sino *m.* fate, destiny

sinónimo synonym

sintaxis *f.* syntax

sintetizador, -a synthesizing

sinuoso, -a wavy; tortuous, sinuous

sinvergüenza *m. & f.* scoundrel; shameless person

siquiera even; at least; **ni ... —** not even ...; **ni tan —** not even

siringal *m. Braz.* rubber forest

sirviente, -a servant; maid servant

sistema *m.* system

sistemático, -a systematic

sitial *m.* seat of honor; presiding chair

sitio place, site, location; space, room

situación location; situation

situado, -a situated, located

situar(se) to place (oneself)

soberanamente royally; supremely

soberanía sovereignty, rule

soberano, -a sovereign; preeminent

soberbia excessive pride, arrogance

soborno bribe

sobra surplus, excess; left-over, leaving; **de —** more than enough; some to spare

sobrar to remain, be left; to be more than enough, have to spare; **—le a uno todo** to have more than enough of everything; **le sobra** he doesn't want, need; **tener uno razón que le sobra** to be more than right

sobre over; on; to; about; **— la marcha** at once, right off; **— todo** above all; **caer —** to come or chance upon; to fall upon; **por — ** above

sobre *m.* envelope; compartment in briefcase; **caja de —s** envelope box

sobrecoger to scare, terrify; to overtake, surprise

sobrehaz *f.* surface

sobrehumano, -a superhuman

sobrenatural supernatural

sobrepasar (de) to exceed; to excel, surpass; to go beyond

sobreponerse (a) to overcome; to win over; to triumph over

sobresalir to excel, stand out

sobresaltarse to get frightened, scared

sobresalto sudden dread, fright, scare, start

sobretodo overcoat

sobrevenir (*ie*) to happen, take place

sobrevalorar to overestimate

sobreviviente *n. & adj., m. & f.* survivor; surviving

sobrevivir to survive

sobriedad austerity; frugality; simpleness

sobrino, -a nephew; niece

sobrio, -a frugal, austere; unadorned

sobrón m. leavings, leftovers; refuse

socavar to excavate, dig; to undermine

socialista n. & adj., m. & f. socialist; socialistic

sociedad society

sociológico, -a sociological

sociólogo, -a sociologist

socorrer to help, aid

socorro help

soez crude, coarse, vile

sofá m. sofa, divan

sofocar to choke, suffocate; to cause embarrassment, make blush

sofocado, -a embarrassed; choked (with emotion); **cómo viene de** — he's really out of breath

soga rope

sojuzgar to conquer, subjugate

sol m. sun; sunlight; **de** — **a** — from sunrise to sunset; **el** — **poniente** the setting sun, sunset

solamente only, solely

solapado, -a cunning, artful

solar m. lot, ground; ancestral land; manor; adj. solar, of the sun

soldado soldier

soledad solitude, loneliness

solemne solemn

solemnidad solemnity, religious ceremony

soler (ue) to be wont, be accustomed (to)

solicitar to court; to solicit, ask for

solidaridad solidarity

solidario, -a solidary

solidarizado, -a solidarized

sólido, -a solid, strong; sound

solitario, -a solitary, alone; lonely; abandoned; n. lone person, hermit

soliviantado, -a roused, excited

soliviantar to incite, arouse

sollozar to sob

sollozo sob, sobbing

solo, -a alone, sole; single; lonely; **una —**

familia one family; **a —as** alone, by oneself, privately

sólo only; — **que** only; **con** — **que** if only

solsticio solstice

soltar (ue) to let loose; to let go, let out; to untie; to utter; —**se a** to burst out, start to; **sin** — **blanca** without paying a cent

solterón, -a confirmed bachelor; spinster

solución solution

solucionar to solve, meet (a difficulty)

sombra shadow; shade; darkness; **a la** — in the shade, shadow; **en** — dark; **voz de** — ghost-like voice

sombreado, -a shaded, shadow-covered

sombrero hat; — **de copa** top hat; — **de tres picos** three-cornered hat

sombrío, -a somber, gloomy, dark

someter(se) to subject, submit; — **a tratamiento** to put under treatment

somnolencia drowsiness, sleepiness, somnolence

son m. sound; tune, music; manner; **en** — **de** as, like; in an attitude of

sonada scandal; **hacer una** — to raise a scandal; to raise hell

sonámbulo, -a n. & adj. somnambulist, sleepwalker; sleep-walking

sonar (ue) to sound; to ring; to be heard; to shake

sondaje m. sounding, probing

soneto sonnet

sonido sound

sonoridad sonority, sonorousness

sonoro, -a sonorous, sounding, clear, loud

sonreír(se) (i) to smile

sonriente smiling

sonrisa smile

soñar (ue) to dream; — **en** or **con** to dream of

soñador, -a dreaming

sopa soup

soplar to blow

soplo blowing, blast; gust; tip, secret warning

sopor m. slumber, lethargy

soportar to endure, suffer

soporte m. support

sorbo sip

sórdido, -a sordid

sordina: a la — quietly, in a hushed voice

sordo, -a deaf; muffled

sorprendente surprising, amazing

sorprender to surprise, catch; to find unexpectedly

sorpresa surprise

sortija ring

sortilegio sorcery, sortilege

sosa soda

sosiego tranquility, calm, quiet

soslayo: de — on the sly, askance

sospecha suspicion; **poner —s (en)** to cast suspicion (upon)

sospechar (de) to suspect; to imagine

sostén *m.* support

sostener to sustain, support, hold up; to defend; to maintain, mean

sostenido, -a carried on

sotana cassock

sótano basement, cellar

soterrado, -a buried; hidden

suave soft, smooth; gentle, delicate

suavidad softness, smoothness; gentleness, delicateness

suavizar to soften

subastar to auction, sell at auction

subconsciente *n.m.* subconscious, subconsciousness; *adj.* subconscious

súbdito, -a subject

subía *dial.* = **subida**

subida ascent, climb; slope, hill

subir to go (come) up; to lift up; to carry up; **— a** or **en** to climb (get) to, into; to get on; to mount; **—se a la cabeza** to go to one's head

súbito, -a sudden

subjetivo, -a subjective

subjetivismo subjectivism

sublevado, —a rebel

sublevarse to revolt, rise in rebellion

sublimarse to sublimate oneself; to become exalted

sublimidad sublimity

subordinado, -a subordinate

subrayar to underscore, underline

subsistir to remain, last

substancia substance

substituir to substitute for, replace; **—se** to relieve one another

substrato substratum; undercurrent

subversión subversion; overthrow

subyugante captivating

subyugar to subjugate, captivate

suceder to happen; to succeed, follow; **— a** to follow, succeed; **¿qué os sucede?** what is the matter with you?; **suceda lo que suceda** whatever may happen, come what may

sucesión succession

sucesivo, -a successive

suceso event, happening

sucio, -a dirty

sucumbir to succumb

sudar to sweat, perspire

sudario shroud

sudor *m.* sweat, perspiration

sudoroso, -a sweating, perspiring freely

suegro, -a father-in-law; mother-in-law

suelo floor; ground

suelta loosening; **dar — a** to give free rein to, let . . . run away with one

suelto, -a loose, unattached

sueño sleep; dream; **echar un —** to take a nap; **en —(s)** dreaming; **entre —s** half asleep; **por —** as if in a dream; **tener —** to be sleepy

suerte *f.* luck, fortune; fate; **correr la misma —** to have the same fate; **de** or **por esta —** in this way; to this point; **ser una —** to be a fortunate thing; **tener —** to be lucky, in luck; **tener mala —** to be unlucky; to be out of luck

suficiente sufficient

sufrimiento suffering

sufrir to suffer; to undergo; to permit, tolerate

sugerir (*ie, i*) to suggest

sugestividad suggestiveness

sugestivo, -a suggestive

suicida *n. & adj., m. & f.* one who commits suicide; suicidal

suicidarse to commit suicide

sujetar to hold fast, fasten, make fast; to subject

sujeto, -a *p.p. irreg.* of **sujetar;** *n.m.* person, individual, fellow
sulfúrico, -a sulphuric
sultán *m.* sultan
suma sum; aggregate
sumar to add; to amount to
sumergir to submerge; **—se** to be submerged
sumido, -a sunken
sumir to sink, submerge
sumisión submission
sumiso, -a submissive
sumo, -a great; highest, supreme; **a lo —** at most
suntuosidad splendor, luxury, magnificent
suntuoso, -a sumptuous
superar to overcome
superficie surface
superfosfato acid phosphate
superhombre *m.* superman
superior upper; better; superior
supersticioso, -a superstitious
superviviente *n. & adj., m. & f.* survivor; surviving
supiean *dial.* = **supieran**
supino, -a supine
suplantar (a) to supplant, replace
súplica supplication, entreaty
suplicante supplicating, entreating, imploring
suplicar to beg, implore; to pray
suplicio torture; anguish
suplir to supply; to replace
suponer to suppose, assume; to take for granted; to hold promise
suprimir to suppress; to overcome; to omit; to abolish; to cut out
supuesto, -a *p.p.* of **suponer; por —** of course, naturally
sur *m.* south
surco furrow
surgir to appear, come forth
surrealista *n. & adj., m. & f.* surrealist; surrealistic
surtidor *m.* jet, spout, fountain
surtir to supply; to stock
susceptibilidad susceptibility; sensitiveness
suscitar to suggest; to stimulate; **—se** to come up (*subject in conversation*)

suscribir to subscribe, underwrite; to agree (*by putting one's signature*); **—se** to subscribe (*by publications*)
suspender to suspend, stop
suspenso, -a astonished, perplexed; absorbed, engrossed
suspirar to sigh
suspiro sigh
susto fright, scare, start; **dar —** to frighten, give a start, startle; **tener —** to be frightened
sustraerse (a) to elude
susurrante whispering
susurrar to whisper, murmur
susurro whisper, murmur
sutil subtle; acute, keen, discerning; light, volatile; fine, slender
sutileza subtlety, nicety; fine point
suyo, -a his, hers, yours, theirs; **cosa —a** something of her own; matter of her exclusive concern; **los —s** their men, their people; **salirse uno con la —a** to have one's way

T

tabaco tobacco; **— mije** coarse brand of tobacco (*made of sweepings of cigar workshops*)
tábano horse-fly, gadfly
taberna saloon, bar
tabernero saloon keeper
tabla board; tablet; *pl.* **las —s** the stage; **librarse por —s** to have a narrow escape
tablado wooden platform; improvised stage; **— de feria** barker's platform (*in a carnival concession*)
tablero board, panel; **— de damas** checkerboard
tac: hacer — to go "tac"
tacaño, -a stingy
tachonado, -a (de) studded (with)
taciturno, -a taciturn, silent, reserved; melancholy
táctica tactics, strategy
tacuara *Amer.* (a kind of) hard bamboo
tagua ivory nut
tahur *m.* professional gambler
tajo cut; stroke (*with a blade weapon*)
tajuela rustic seat, three-legged stool

tal such (a); so; so outstanding; **— vez** perhaps; **—(es) como (eran)** just as (they really were); **con — que** provided that; **de — modo** in such a way; **el** or **la —** that + *proper noun*; **otros —es** the same kind of; **un — . . .** one . . ., a certain . . .

taladrar to bore, drill; to pierce

talar: ropa — ecclesiastical street garments (*cassock, robes*)

talento talent, intelligence; cleverness, shrewdness; **tomar —** to acquire cleverness

talión m. talion, retaliation in kind

taller m. factory; workshop; laboratory

tallo stem, stalk

talmente in the same way; indeed; just like

talón m. heel (*of the foot*)

talud m. slope

tamaño- a so large a, so wide a, so great a; large, big; *n.m.* size

también also, too; **yo —** so do I; me too

tambo *Amer.* main shack in colony of rubber workers in the forest

tambocha *Colom.* ant (*migratory, carnivorous and poisonous species of the Amazon jungle*)

tambor m. drum

tamborete m. timbrel, small drum

tamboril m. little drum

tamborilero one playing a small drum, drummer

tampoco either, neither; not (nor) that either

tan so; such; as; such a; **— . . . como** as . . . as; **— mientras** while; as long as; **— pronto . . . como** now . . . now; as well . . . as; not only . . . but also; **— siquiera** at least

tanda turn; order

tanque m. tank

tan-tan m. tom-tom

tantear to feel out; to feel to; to scrutinize

tanto, -a so much; as much; such; very great; **— . . . como . . . . . .** as well as . . .; . . . as much as . . .; **—s (-as)** so many; **— es así que** so much so that; **— poder** to be so powerful; **a —s** at such and such a date; **atreverse a —** to dare to do (so much) a thing like that; **en —** meanwhile; **en — que** while; **no ser para —** not to be a matter of so much importance; **mientras**

— in the meantime, meanwhile; **otros (-as) —s (-as)** as many more, just as many; **otro —** as much, the same; **poner al — de** to bring up to date concerning; **por lo —** therefore, for that reason; **un —** somewhat

tañer to play (*instrument*)

tapa lid, cover

tapar to cover, hide; *n.m.* covering

taparrabo loincloth

tapia wall, fence; mud wall

tapiz m. tapestry

tapujo secret, concealment

tarambana m. & f. madcap; scatterbrain

tararí sound of bugle

tardanza delay

tardar to delay; to take long; to be late; to take (time); **—sele a uno en** to long to; to be anxious to

tarde f. afternoon; early evening; **buenísimas —s** a very good afternoon; **caída de la —** early evening; **media —** middle of the afternoon; late afternoon; predusk hours; **por la —** in the afternoon; *adv.* late; **hacerse —** to grow late; **más —** later

tardío, -a late, belated

tardo, -a slow

tarea task

tarima low wooden platform

tarjeta card; post-card

tarro jar

tatú m. *Amer.* armadillo

taza cup

té m. tea; **— danzante** tea dance

teatro theater; **golpe de —** dramatic effect

techado roof

techo ceiling; roof; shelter

techumbre roof, covering

técnico, -a n. & adj. m. technician; f. technique; technical

tedio boredom; tediousness

teja roof tile; **de —s abajo** in this world; **de —s arriba** in heaven (*in the realm of the supernatural*)

tejado (*tiled*) roof

tejar m. tile-kiln

tejer to weave

tejuelo binder's title (*on book*)

tela cloth, fabric, material; **andar en — de juicio** to be in doubt, be debatable
telaraña cobweb
teléfono telephone
telón *m.* curtain (*theater*)
tema *m.* theme, subject, subject matter
temático, -a thematic, subject (*as adj.*)
temblar (*ie*) to tremble
temblón, -a trembling, tremulous
temblor *m.* trembling, tremor, shaking
tembloroso, -a trembling, shaking
temer to fear
temeroso, -a fearful
temible fearsome
temor *m.* fear; **haber —** to fear, be afraid
temperamento temperament, constitution
tempestad tempest, storm
tempestuoso, -a tempestuous, turbulent
templado, -a temperate; brave; calm
templar to calm, soften, moderate
temple *m.* mettle, temper; courage
templo temple, church
temporada season; spell; stay or visit (*lasting for some time*); **pasar una —** to spend some time; **temporadita de campo** a short stay in the country
temporal *m.* temporal (temple) bone; storm, long wind and rain storm; *adj.* temporal, pertaining to time (as distinguished from *spatial*)
temporalidad temporality
temprano *adv.* early
tenaz tenacious
tendencia tendency, trend; proneness
tender (*ie*) to spread out, stretch (forth); to extend; to lower (*a drawbridge*)
tendido, -a lying down; extended
tenebroso, -a dark, gloomy
tener (*ie*) to have; to hold; to maintain; to keep; to entertain; **— (cien) años** to be (100) years old; **— cautela** to be cautious, act cautiously; **— cuenta (con)** to bear in mind; to take care (with), to beware (of); **— cuenta(s) con** to have dealings with; **— cuidado de** to take care to; to be charged with the task of; **— de** to have to, must; **— derecho a** to have the right to; to be entitled to; **— en cuenta** to take into account, bear in mind; **— fiebre** to run a temperature; **— fuerzas** to keep up one's strength; **— la culpa** to be to blame; **— la fiesta en paz** to keep things nice and peaceful; **— la palabra** to have the floor; **— (la) razón** to be right; **— la seguridad** to be sure; **—le a uno por** to consider, think one (to be); **— a uno sin cuidado** not to care at all; **—(le) lástima (a alguien)** to pity (someone); **— le miedo a uno** to fear someone; **—lo a gloria** to consider it a great honor, boast about it; **— lugar** to take place; **— mala suerte** to be unlucky, out of luck; **— miedo** to be afraid; **— necesidad de** to be in need of; to be obliged to, have to; **— pensado** to have planned; **— por seguro** to be sure, rest assured; **— presente(s)** to bear in mind; to remember vividly; **— prisa** to be in a hurry; **— que** to have to, must; **— que ver en (para)** to have to do (with); **— reputación de** to be reputed as; **—se** to stop; **— sueño** to be sleepy; **— suerte** to be lucky, in luck; **— tristeza** to be sad; **— un gran interés** to be very interesting; **— un tipo (semita)** to be a (Semitic) type, have (Semitic) traits; **no — donde a acostarse** to have no place to sleep; **no — más remedio que** to have no choice but to, simply have to; **no — pelo de tonto** to be very bright, clever; **nada tiene de extraño** it is not at all strange; **no tiene duda** there is no doubt; **si tienen (con) qué** if they have anything to do so (with)
teniente *m.* lieutenant; (first) mate
tenorio Don Juan
tenso, -a tense
tentación temptation
tentar to tempt
tenue tenuous, delicate
teñir to dye
teología theology
teológico, -a theological
teólogo theologian
teoría theory
teórico, -a theoretical
tequila *m.* distilled liquor of maguey cactus
terapéutica therapeutics

tercero, -a third

tercio one third; one third of a bag (*holding a third of a quintal*)

terciopelo velvet

tergiversar to equivocate, twist things around; to shift, change subtly

terminar (de) to finish, end

término end; term; **primer —** foreground, front (*of the stage*)

terminología terminology

terneza tenderness; endearing term or phrase

terno suit of clothes

ternura tenderness, softness

terraza terrace

terremoto earthquake

terrenal earthly

terreno land, terrain; area; surface of the ground; *adj.* earthly

terrestre terrestrial

territorio territory

terrón *m.* lump (of earth, sugar)

terroso, -a covered with soil, dirty

terso, -a terse

tesis *f.* thesis, proposition

tesoro treasure; **buscador de —s** treasure hunter

testigo *m. & f.* witness

testimonio testimony; **sacar — de** to take testimony of, put on record

tetera tea-kettle

tétrico, -a somber, sinister, gloomy

tibia shin-bone; **las —s y la calavera** the skull and cross-bones

tibiamente lukewarmly, coolly; softly

tibieza tepidity, coolness; negligence

tibio, -a tepid, lukewarm

tiempo time; weather; **a —** in time; **algún — a while; al poco —** after a short time; **a — que** just as; **aquellos —s** former times, other days; **a su —** at the proper time; in due time; **de algún —a esta parte** for some time now; **de — en —** from time to time; **en — de** at the time of; **hace — some time ago; los primeros —s** the very beginning; **otro —** former times; **poco —** a short time; **un —** formerly

tienda shop, store; tent; **— de campaña** army tent, camping tent

tienta: a —s groping; in the dark

tiento feeling, touch

tierno, -a tender

tierra land, piece of land; earth; ground; region; country; **— adentro** inland; **— firme** mainland; **—s** landed property; **—s de aluvión** alluvial soil or deposits; **dar en —** to fall to the ground; **de —** dirt, earth-paved; **en —** on land, ashore

tieso, -a stiff, rigid; solemn

tigre *m.* tiger

tijeras *pl.* scissors

tila essence of linden flowers (*a sedative*)

timbre *m.* tone, timbre

timidez *f.* timidity, shyness

tímido, -a timid, shy

timón *m.* helm, rudder

timonel *m.* helmsman, steersman

tinaja large earthen jar

tino judgement; aim; **sin —** foolishly; without sense; at random

tiniebla(s) darkness

tinta ink

tintero inkwell

tintineo clinking, jingling

tintinear to clink; to jingle

tintura tincture; **— de yodo** iodine

tío, -a uncle; aunt; old man, fellow; guy; **--abuelo** great-uncle; **¡qué —!** what a guy!

tiovivo merry-go-round, carrousel

típico, -a typical; characteristic

tipo type, figure, appearance; **tener un — (Semita)** to be a (Semitic) type, have (Semitic) traits

tirador *m.* marksman, rifleman

tiranía tyranny; tyrannical act

tiranizar to tyrannize

tirano tyrant

tirar to pull; to throw, cast, fling; to shoot; **—(se) de los pelos** to pull one's hair; to tear one's hair out; **— fuera** to discard, throw away; **— patas arriba** to upset; **— por su lado** to have one's own way; **— unos tiros** to do some shooting, some hunting

tiro shot; firing; blow; **andar a —s (con)** to take arms (against); to shoot it up (with); **hacer (unos) —s** to fire shots; **tirar unos —s** to do some shooting, some hunting

tiroteo shooting-up; skirmish
titánico, -a gigantic; of great physical power; immense, very great (*pertaining to the Titans, pre-Olympian deities*)
tití *m.* very small monkey
titubeante stuttering; hesitating, hesitant
titubear to stutter; to hesitate
titulado, -a entitled
titularse to be entitled
título title
tizne *m. & f.* soot, grime
tó; toa(s), tóa(s) *dial.* = **todo; toda(s)**
tobillo ankle
toca bonnet, head-dress
tocante: — a concerning, as for
tocar to touch; to play; to ring (bells); **— en** to touch at; **—le a uno (su turno)** to be one's turn
tocata piece of music
tocino bacon
todavía still, yet; nevertheless
todo, -a all, every; whole; everything, anything; the whole thing; entirely; **— el mundo** everybody; **— el prójimo** every fellow being; **— lo de** all that belonging to; **— lo contrario** quite the contrary, just the opposite; **—s ellos** all of them; **— un . . . a** whole . . ., a fully grown . . .; **a —a costa** at any cost; **a** or **por — as partes** everywhere; **a — lo largo de** along; the complete length of; **ante —** above all, first of all; **con —** nevertheless, however; **con —a seguridad** with absolute certainty; **de —as maneras** at any rate; **de — punto** absolutely; **de —s modos** anyhow; **del —** entirely, completely; all; at all; **hay de —** there is a bit of everything; **sobre —** above all
tojo whin, furze (*type of shrub*)
Toledo *an old city in the region of New Castile, capital of the province of the same name*
tolerante tolerant
tolerar to tolerate, endure
tomar to take; to take on, acquire; to drink; to eat; **— a** to turn to; **— cariño** to grow fond of, develop an affection for; **— cartas en el asunto** to intervene in the matter, enter the affair; **— del brazo** to take or

pull by the arm; **— hacia** to make for; to go towards; **— la pista** to pick up the trail; **— medidas** to take steps; to take measurements; **— miedo** to become afraid; **— parte** to participate; **— partido** to take sides; **— por su cuenta** to take upon himself (herself, etc.); **— prestado** to borrow; **—se (la) justicia por su mano** to take the law into one's hands; **— talento** to acquire cleverness; **toma y daca** give and take
tomate *m.* tomato
tomillo thyme
tonadilla tune; popular song
tonalidad tonality
tonelada ton
tono tone; shade, mood; temper, style; personality; **a —** in harmony; in style (*socially*); **darse —** to put on airs
tontería foolishness; silly thing
tonto, -a foolish, stupid; *n.* fool; **— de capirote** a complete fool, blockhead; **hacerse el —** to play dumb; **no tener un pelo de —** to be very bright, clever
too, tóo; toos, tóos, tos *dial.* = **todo; todos**
topacio topaz
topar to bump into; to come upon unexpectedly; **tope donde tope** strike where it will
topónimo toponym (*name of a place*)
toque *m.* touch; ringing (*of bells*); **piedra de —** touchstone
torbellino whirlwind
torcer to twist; to bend; **— el gesto** to make a wry face
torero bullfighter
tormenta storm, tempest
tormento torture, torment; agony
tornar to turn; to return; to make; **— a +** *inf.* to do it again; **—se** to become
torno: en — (de) around, about
toro bull; **fiesta de los —s** bullfight; **salir al —** to engage the bull, enter the bullring to fight the bull
torpe awkward, clumsy; lewd, bawdy; heavy; dull, stupid
torpeza stupidity; awkward, clumsy action
torre *f.* tower

torrencial torrential

torrente *m.* current, onrush, torrent

tórrido, -a torrid

torta blow, slap, buffet; **mano de —s** handful of blows, sound beating

torturador, -a torturing, tormenting

torturar to torture, torment

torvo, -a fierce; stern, severe, grim

toser to cough

tostado, -a toasted; tanned; dark

tostón *m. Mex.* fifty-cent coin

total total, whole; **(en) —** to sum up, all in all

totalizador, -a totalizing

totalidad totality; whole, wholeness; **en su — ** as a whole

totovía wood lark

tozudo, -a stubborn, obstinate

traba fetter; hindrance

trabajador, -a hard working; *n.m.* worker, laborer

trabajaor, -a *dial.* = **trabajador, -a**

trabajar to work, labor

trabajo work, piece of work, task; trouble, difficulty; *pl.* hardships, misery; **bono de — ** work certificate; **costar —** to be hard work; to be difficult; **mesa de —** desk, work table

trabajosamente laboriously; with difficulty

trabar to bind; to begin; **— diálogo** to start a conversation

traducción translation

traducir to translate

traer to bring; to fetch; to have; to be engaged in; to wear; to cause, bring about; **— a la rastra** to drag; **— a mano** to carry (by hand); **trae las manos** hold out your hands

traficante *m.* trader, dealer

traficar to traffic, deal, trade

tragar(se) to swallow (down)

tragedia tragedy

trágico, -a tragic

trago swallow, gulp; drink; **echar un —** to take a drink

traguete *m. coll.* shot, little drink

traición treason, betrayal; act of treachery; **a —** treacherously

traicionar to betray

traidor, -a treacherous; *n.* traitor

traje *m.* suit of clothes; dress; manner of dress; **— de dormir** nightgown; **— de marinero** sailor suit; **— de rayas** striped dress or suit

trajinante *m.* carrier; humble traveler; person engaged in the carrying trade

trajinar to carry from place to place; to fidget about; **— en** to bother about

trama plot (*of a story*); intrigue

tramar to plot, scheme

trámite *m.* proceeding, procedure (*law*)

tramo shelf

trampa trap; bad debt; **sacarle a uno de trampas** to get one out of debt

tramposo, -a deceitful; swindling

trance *m.* critical moment; peril

tranquero cross-piece of wood used for barring windows

tranquilidad tranquility, quiet; reassurance

tranquilizar to quiet, calm; to reassure

tranquilo, -a calm, quiet, tranquil; **estar —** not to worry

transcribir to transcribe

transcurrir to pass (*time*); to take place

transeúnte *m. & f.* passer-by; sojourner

transformar to transform

transigencia tolerance; reasonableness

tránsito passage, transition; **— del siglo** turn of the century

transitoriedad transitoriness

transmitir to transmit

transparente transparent

transpirar to perspire; to give off

transplanteado, -a = transplantado, -a transplanted

transportar to transport

transporte *m.* transportation; transport, display of intense emotions

transposición transposition

tranvía *m.* streetcar

trapo rag; piece of cloth; *pl. coll.* woman's clothes

tras after; behind; beyond; **— de** after, behind; **andar** or **venir —** (**de**) to follow,

trascendencia transcendency; result

trascendental transcendental; highly important

cxxiii

trascender (*ie*) to spread; to become known; to go beyond; **— a** to have a strong odor (of)

trasfondo background

trasladar to move; **—se** to move, transfer

traspasar to pierce; to pervade

trasplantador transplanter

traspuesto, -a half asleep; drowsy

trasquilado, -a shorn, clipped

trastienda back room (*of a store*)

trastornar to upset, confuse; to disturb; to turn aside

trastorno disturbance, trouble

tratado treaty

tratamiento treatment; **someter a —** to put under treatment

tratar to treat, deal; to have friendly relations; **— a puntapiés** to kick about; **— de** to try, endeavor to; to handle; to discuss; **—se de** to be a question, a matter of

trato dealings; friendly intercourse; love affair; **abrir —** to begin negotiations; **cerrar un —** to close a deal; **mal(os) —(s)** maltreatment

través: a — de across, through; **de —** crosswise, from the side

travesía crossing, passage, sea trip

travesura prank; mischievousness

travieso, -a prankish; mischievous

trayectoria trajectory (*curve path of something hurtling through space*); career, progress

traza(s) design, ruse; looks, appearance

trazar to trace, mark out, outline; to draw, sketch

trazo trait, feature, characteristic

trecho distance; lapse of time

tregua rest, respite; **dar — a** to rest, stop using

tremendismo tremendism

tremendo, -a tremendous, dreadful

tremolar to wave (*as flag*)

trémulo, -a tremulous, quivering

tren *m.* train; training; **no estar en —** to be out of training

trenza tress, braid (*of hair*)

trepar(se) (por) to climb up, mount; to crawl up

trepidar to shake, vibrate, jar

treta wile, craft, trick; thrust, feint

triángulo triangle

tribu *f.* tribe

tribuna tribune; platform

tribunal *m.* court

tributo tribute; burden

tricolor three-colored; **la bandera —** the Tricolor (*banner of the French Republic*)

trigal *m.* wheat field

trillar to thrash, beat (*cereals*)

trinar to trill

trinchera trench

trinidad trinity

trino trill (*as in music*)

tripa intestine; belly, stomach; **dolerle a uno las —s** to have a belly-ache

tripartito, -a three-pronged, split into three; involving three persons

triplicar to triple

tripudo, -a pot-bellied

tripulación crew

triste sad, sorrowful, gloomy; **¡— de. . .!** sad . . .!; **—s andanzas** bad fortune; **ser una — gracia** to be a sad joke

tristeza sadness, sorrow; **dar —** to cause sadness, make one sad; **la — del mundo** a world of sadness; **tener —** to be sad

triturador, -a crushing

triunfador, -a triumphant, victorious

triunfante triumphant

triunfar (de) to triumph (over)

triunfo triumph

trivialidad triviality

triza shred; **volver —s** to tear to shreds

trocha rough road; trail

trompa trunk (*of elephant*); horn (*mus. instrument*)

trompada blow, punch in the nose; **a —s** with blows, punches

trompeta trumpet

tronar to thunder

tronco trunk (*of tree or body*)

tronido rumble

trono throne

tropa troop; large group, multitude

tropel *m.* large disorderly group, crowd

tropezar (*ie*) (**con**) to come upon, meet

trópico tropic(s)

trotecillo *dim.* of **trote** little trot

trova medieval song, poem set to music

trovador troubadour

trozo selection, passage, excerpt; piece, bit

trueno thunder, clap of thunder

truhán, -a rascal, scoundrel

truhanería rascality, roguishness

truncar to truncate, cut off; **—se** to break, deviate; **—se con** to be maimed by

trunco, -a interrupted, cut off

tubo tube, cylinder; chimney (*of a lamp*)

tullido, -a crippled

tumba tomb

tumbar to knock down; to fell, kill; **—se** to stretch out, lie down

tumefacto, -a swollen

tumultuosamente tumultuously

tundieas *dial.* = **tundieras**

tundir to beat, whip; **— a golpes** to give a sound beating

túnica robe, gown

tuntún *m.* rhythm, beating

tupido, -a dense, thick

turba rabble, mob

turbar to disturb; to blur (*the mind*)

turbador, -a disturbing, blurring

turbamulta rowdy crowd

turbio, -a muddy; troubled; obscure, indistinct

turbulento, -a turbulent

turco, -a *n. & adj.* Turk; **el Gran —** the Great Turk

turdetanos Turdetans (*pre-Roman tribe in Spain*)

túrdiga strip of hide; strip

turista *m. & f.* tourist

turno turn; **(el) de —** he whose turn it is; **tocarle a uno el —** to be one's turn

tutear to treat with familiarity (*using the intimate form of address* **tú**)

tutela tutelage, guardianship

U

ubre *f.* udder, teat

ufanarse to boast

ulterior subsequent

último, -a last, final; latter; latest; **—a voluntad** last will and testament; **a —a hora** at the last minute; **al —** in the end; **por —** lastly, finally

umbral *m.* threshold

umbrío shadowy, shady

unánime unanimous

unanimidad unanimity

uncir to yoke; **—se a** to tie oneself to

ungüento ointment

únicamente only, simply

único, -a only; unique; peerless; **el —** the only one; **lo —** the only thing

unidad unity; unit

unido, -a (a) together (with); united, joined; strung; **andar** or **estar —s** to stick together

uniformador, -a standardizing

uniformar to standardize

uniforme *m.* uniform; **— de gala** dress uniform

unilateralidad unilaterality, one-sidedness

unirse (a) to be joined (to); to join; to be made a part of

universalidad universality

universidad university

universo universe

uno, -a one, someone; **— a —** one by one; **— cualquiera** someone or other, anyone whatsoever; **—s (-as)** a few, several, some (people); **—s con otros** with each other; **(de) —s y otros** by (of) everybody; **lo —** the first thing; the former; on the one side; **los —s a los otros** each other, one another; **ni —s ni otros** neither one nor the other, neither party

untar to anoint; to coat; to spread (*like butter*)

uña fingernail; toenail

¡upa! *interj.* up, up!

ura *Amer.* larva (*which develops under the skin producing itching and intense pain. The eggs are laid by a large black fly*)

urbanidad urbanity

urbano, -a urban

urbe *f.* urb, (big) city

urdir to plot, plan

urgencia urgency, necessity

urgir to be urgent, imperative

uruguayo, -a *n. & adj.* Uruguayan

usar to use, employ, make use of
uso use; usage; custom
usté *dial.* = **usted**
ustedes: de — yours truly
usufructuar to enjoy the use, the fruit or profit of
usurario, -a usurious, at an exorbitant rate of interest
usurpación usurpation (*undue seizure of power belonging to somebody else*)
usurpador, —a usurper
usurpar to usurp
utensilio utensil, tool, device
útil useful; *n.m.pl.* **—es** utensils, tools, equipment
utópico, -a Utopian
uva grape

V

vaciar to empty; **a medio —** half empty
vaciedad inanity, nonsense; emptiness
vacilante hesitant; unstable
vacilar (en) to hesitate (to), vacillate (in)
vacío, -a empty, vacant; *n.m.* emptiness, void, vacuum
vacunado, -a (para) vaccinated (against)
vado ford; **— carretero** ford passable by carts
vagabundaje wandering, roaming, roving
vagabundo, -a vagabond, wanderer, rover
vagar to roam, wander
vagido cry, whimper (*of a child*)
vagilla table service; dinnerware
vago, -a vague, hazy; wandering, roving
vagón *m.* passenger car (*railroad*)
vagoneta dump car; tilting car; mining truck; small load car
vaguada water course
vaivén *m.* coming and going, wavering; backward and forward motion
valer to be of value, be worth; to protect, defend, help; **— la pena** to be worthwhile; **—se** to take care of oneself, protect oneself; **—se de** to avail oneself of; to make use of; **hacerse —** to make one's value count; **no — para** not to be good enough for, not to be able to stand (something); **¡Dios nos valga!** God help us!; **más vale**

it is better; **¡valga Dios que. . .!** thank God that . . .!; **¡válgame Dios!** God help me!
validez *f.* validity
válido, -a valid; worthy
valido favorite (*at court*)
valiea *dial.* = **valiera**
valiente valiant, brave, courageous; *n.m. & f.* brave person
valimiento value; influence; **persona de —** influential person
valioso, -a valuable; of great influence
valla stockade, fence
vallado stockade, enclosure
Valladolid *a city in the region of Old Castile, capital of the province of the same name*
valle *m.* valley
valor worth, value; asset; courage
valoración appreciation
valorar to appraise, evaluate; to value, appreciate
valorizar to value
¡vamos! *interj.* well!; come now!; go on!; let's go!; oh, I see!
vanidad vanity
vano, -a vain; empty; hollow, shallow
vapor *m.* vapor; steam; steamer; stomach gas; **a —** by steam
vapulear to whip, flog
vara shaft (*of a carriage*)
varado, -a aground, grounded; stranded
varetazo blow with a rod
variación variation
variado, -a varied, varying; heterogeneous; assorted
variar to change, alter
variedad variety; variation
vario, -a varied; *pl.* several; various, diverse
varioloso, -a variolous, afflicted with small-pox; *n.* small-pox patient
varón *m.* male, man; real man; *adj.* male
varonil virile, manly
vasco *n. & adj.* Basque; **— francés** French Basque
vascuence *m.* Basque language
vaselina vaseline
vaso glass; (blood) vessel
vástago bud, shoot; scion
vasto, -a vast

¡vaya! *interj.* well!; **¡— un. . .!** what a . . .!

vecindad neighborhood, vicinity, area; **cédula de —** identification card

vecino, -a neighboring, adjoining, next; *n.* neighbor

vedado, -a forbidden

vehículo vehicle

vejación humiliation, indignity; oppression

vejez *f.* old age, age

vela candle; sail

velada watch, evening vigil

velado, -a veiled

velador *m.* small pedestal table

velar to watch, keep vigil; to cover, hide; **— por** to watch over, protect

velero sail boat, sailing ship

veleta weather-vane; fickle person

vello down, fuzz; body hair

vellón *m.* fleece

velocidad speed, velocity

veloz swift, quick

vena vein

venado deer, venison

vencedor, -a victor, victorious, conquering

vencer to win, prevail; conquer, defeat

vencido, -a vanquished, conquered; submissive; leaning

venda bandage

vendaval *m.* strong wind, windstorm

vender to sell

veneno poison

venenoso, -a poisonous, venomous

venezolano, -a *n. & adj.* Venezuelan

¡venga! *interj.* come!, come on! let's have it!

venganza revenge, vengeance

vengarse to avenge oneself; to take revenge

venia permission

venida coming, arrival

venir *(ie)* to come; to arrive; to be; **— a continuación** to follow immediately after; **— a dar contra** to hit against; **— a menos** to come down in the world; **— bien** to suit; to do good; **—le a uno con el cuento** to bring one a piece of gossip; **— le chico a uno** to be small for one; **—se** to come; **—se abajo** to fall down; **ir y —** moving back and forth; **como viene de sofocado** he's really out of breath

venta sale; country inn

ventaja advantage

ventajoso, -a advantageous, profitable

ventana window; **— de la nariz** nostril

ventanal *m.* large window

ventolera gusts of wind; strong whim, wild idea

ventrudo, -a big-bellied

ventura good fortune, luck; **por —** luckily, by chance; perchance, perhaps

ver to see; **— el cielo abierto** to see the solution to the problem; **—se** to find oneself; to be; **—se con** to face, confront, settle matters with; to have a talk with; to meet with; to deal with; **—se de** to try to; **— visiones** to see things; to build castles in the air; **¡a —!** let's see!; **echarse de —** to be noticeable or evident; **ser de —** to be worth seeing; **tener que — en** to have to do with; **¡habráse visto!** have you ever seen something like that (this)!; **¡usted verá!** naturally!, of course!, what do you think!, believe me!; **véase** see; **¡ya lo ve!** you can see for yourself!; **ya ve usted** you see, you know; **¡ya verás!** you will see!

veracidad veracity; faithfulness

verano summer

veras: de — in earnest, really, truly; **ir de —** to be serious, for real

veraz truthful, veracious

verbal verbal; oral

verbalismo empty use of words; verbosity

verbo verb, word; language; spirit

verdá *dial.* = verdad

verdad truth; fact; **¿— (usted)?** isn't it true?, isn't that so?; **— que** the truth is that; **con toda —** truly, in all seriousness; **de —** in earnest, really; **es —** so it is; **la —** to tell the truth; **¡si es verdad!** I should say it is true!

verdadero, -a true; real

verde green; immature, undeveloped

verderol *m.* green finch

verdugo executioner; very cruel person

vergel *m.* garden

vergonzoso, -a shameful; ashamed; modest; timid

vergüenza shame

vernáculo native, local; vernacular
verosímil true to life, probable
verosimilitud probability, credibility
versátil changeable, fickle; versatile
verso verse, line; **hacer —s** to write poetry
verter (*ie*) to pour forth; to shed; to spill
vertiente *f.* slope
vertiginoso, -a giddy; dizzying
vértigo dizziness; fit, delirium; **darle a uno un —** to have a dizzy spell; **de —** dizzying
vespertino, -a evening (*as adj.*)
vestido clothing, garment, dress
vestidura(s) clothing, clothes
vestigio vestige, trace
vestir (*i*) (**de, con**) to dress (in), put on, wear; to clothe, adorn; to lend glamor, "class"; **—se** to dress, put on; **dar de —** to help dress
veta vein, grain; lode
vez *f.* time; **a la —** at once; at the same time; **alguna —** sometimes, occasionally; **a su —** in his (hers, etc.) turn; **cada —** every time; **cada — más** more and more; **ceder la —** to give up one's turn (place); **de una —** at once; once and for all; **de — en cuando** from time to time; **en — de** instead of; **otra —** again; **tal —** perhaps; **una y otra —** many times, time and time again; **a veces** sometimes; **las más veces** most of the times; **más de cuatro veces** quite a few times; **repetidas veces** time after time
via way
viajar to travel
viaje *m.* trip, journey, traveling; passage; **hacer un —** to take a trip; **compañero de —** fellow traveler
viajero, -a traveler
vían *dial.* = **veían**
vianda(s) food, victuals
viandante *m.* traveler
víbora viper, snake
vibración vibration
vibrante vibrant; vibrating; shaking
vibrar to vibrate; to feel deeply
viciado, -a contaminated, fouled, impure
vicio vice
víctima victim
victoria victory
vid *f.* vine, grapevine

vida life; living, sustenance; **con** or **en —** alive; (**de**) **mi —** darling; **en —** while alive; **en su (mi,** etc.) **—** never in his (mine, etc.); **hacer — propia** to build a life of one's own; **llevar una —** to lead a life; **pasar la —** to spend one's life
vidriera glass window; **rosa de —** rose-window
vidrio glass
viea, viéamos *dial.* = **viera, viéramos**
viejo, -a old; worn; *n.* old man; old woman; **castellano —** Old Castilian, of Old Castile; **cristiano —** old-Christian (*one of pure Catholic descent without Jewish or Moorish converts in his ancestry*); **ir para —** to be getting old
viento wind; **hacha de —** torch; **farol de —** kerosene lamp, hurricane lamp
vientre *m.* stomach, abdomen; **danza del —** belly-dance
vigía watchman
vigilancia vigilance, watchfulness
vigilante watchful, vigilant
vigilar to watch (over), keep guard
vigilia vigil; wakefulness
vigoroso, -a vigorous, strong
vihuela old style guitar
vil vile, despicable
vileza vileness, baseness
vilo: llevar en — to carry in the air, drag
villa small town
villanamente villainously
villano, -a base, contemptible; *n.* base, contemptible person; rustic, peasant
vinagre *m.* vinegar
vinajera wine vessel for the Mass
vincular to tie, link
vino wine
viñeta vignette
violáceo, -a violet-colored; livid
violado, -a violated, ravished
violar to rape, ravish; to violate
violencia violence
violentamente violently, forcibly
violentar to violate; to enforce by violent means; **no se violentará** it will not be forced upon him
violento, -a violent

virar to veer, put about; **— de proa** to turn about

virgen *f.* virgin; **¡—!** good Heavens!; **por la —** on the day of the feast of the Virgin; **¡Santísima — del Carmen!** may the Virgin protect us!

virtud virtue; value, quality; effectiveness

virtuosismo virtuosity

virtuoso, -a *n. & adj.* virtuoso; virtuous

viruela small-pox

viscoso, -a slimy

visera visor

visión vision; sight; **ver —es** to see things; to build castles in the air

visionario, -a visionary

visita social call, visit; rounds (*inspection*)

visitante *m. & f.* visitor

visitar to visit

vislumbre glimpse; inkling

viso appearance; color

víspera eve, day before

vista sight; eyesight; glance; **corto de —** shortsighted; **en — de** considering; **levantar la —** to raise one's eyes; **perder de — (a)** to lose sight (of)

visto, -a *p.p.* of **ver; por lo —** apparently; evidently

vistoso, -a beautiful; showy

vitalidad vitality

vitalmente vitally

vitrificación glazing (*in ceramics*)

vituperio vituperation, insult

viudez *f.* widowhood

viudo, -a widower; widow

viva *m.* cheer, hurrah; **dar —s a** to cheer, acclaim; **¡— ...!** long live ...!, hurrah for ...!

vivamente vividly; quickly

vivaracho, -a lively, sprightly; *n.* lively person

víveres *m. pl.* provisions

vivero nursery (*for trees and fishes*)

viveza liveliness, sprightliness

vívido, -a vivid

vivienda dwelling

viviente living

vivir to live; *n.m.* life

vivo, -a alive, lively; bright (*eyes*)

vocabulario vocabulary

vocación avocation

vociferar to shout

volandas: en — in the air, as if flying; carried on people's shoulders

volar (*ue*) to fly; to soar; to act quickly; to move fast; **volando** in a jiffy, right away

volatilizarse to volatilize

volcado, -a overturned

volcán *m.* volcano

volcánico, -a volcanic

voltaico: arco — arc light

voluble fickle

volumen *m.* volume

voluntad will (power), volition; purpose; will; **última —** last will and testament; **una mala —** enmity, ill will

voluntario, -a voluntary, deliberate; purposeful

voluntarioso, -a willful, self-willed

voluptuosidad voluptuousness, pleasure

voluptuoso, -a voluptuous, sensuous

volver (*ue*) to turn; to return; **— a** + *inf.* to do again; **— a la carga** to renew the attack; **— a las andadas** to backslide, go back to one's old tricks; to harp on the same old thing; **— en sí** to come to one's senses; **— la esquina** to come, turn around the corner; **—se** to return; to turn about, turn; to become; **—se atrás** to back out; to go back on one's word; to desist, turn back

vorágine *f.* vortex; whirlpool

vos *arch.* you

votar to vow; to swear

voto vote; vow, oath; **¡— a!** I'll swear!

¡voy! coming!

voz *f.* voice; shout, cry; **a media —** in a whisper; **dar una —** to shout; to call; **en — alta** aloud; **en — baja** in a low tone; **una hebra de —** a thread-like voice; **a voces** with shouts, shouting

vuelo flight; power of flight

vuelta turn; return, return trip; **dar —s** to turn, go around and around; **dar(se) la —** to turn, go around; to turn back; **dar una — a** to go around; to have a look at; to take a stroll; **estar de —** to be back; **— a** back again to

vuelto, -a *p.p.* of **volver** *n.m. Mex.* small change

vulgar common, plain; dull; vulgar; **gallinácea —** common barnyard hen

vulgaridad vulgarity; plainness

vulgo common people

Y

y and; (*used as a connecting expletive in rural and colloquial speech*)

ya already; now; presently, in time; surely; certainly; yet; later; then (*used for emphasis in exclamation*); **ya. . .ya. . .** now . . . now; ¡**—**! I see!; oh, yes!; yes, yes!; **— desde hoy** from today on; ¡**— lo creo (que). . .!** of course . . .!; yes, indeed . . .!; **—no** no longer; not any more; not; **— que** since; ¡**— va otro!** there goes another one!; **— ve usted** you see, you know; **no —** not only; **no (poder) —** not (to be able) any longer

yacente *n. & adj., m. & f.* (person) lying down (*as in tomb*)

yacer to lie, rest (*in the grave*); to be dead

yacimiento bed, deposit, field (*of mineral ore*)

yanqui *n. & adj., m. & f.* American, Yankee

yaro arum (*type of plant*)

yel = hiel

yelmo helm, helmet

yema center, middle; yolk (*of egg*); **— de los dedos** fleshy tip of the fingers

yerba = hierba

yergo *first person indicative of* **erguir**

yerto, -a motionless, lifeless; dead cold

yerno son-in-law

yesca tinder

yo *m.* ego

yodo iodine; **tintura de —** tincture of iodine

yunta pair, team (*of draft animals*)

yuxtapuesto, -a superimposed

Z

zafio, -a coarse, uncouth, ignorant

zagal *m.* boy; shepherd's helper

zaguán *m.* entrance; entrance hall, hallway; paved patio of manorial houses

zalema salaam, bow, courtesy

zambullir(se) to duck; to plunge (*in water*)

zancada long stride; **dar —s** to take long strides

zángano idler, lazybones

zapato shoe

zapatero shoemaker

zarandear to shake

zarcillo drop earring; ringlet, curl

zarza bramble, blackberry bush

zarzal *m.* brambles, mass of blackberry bushes

¡zas! *interj.* bam!

zócalo wainscot (*wood lining or paneling on the lower part of a wall*)

zona zone

zoológico, -a zoological

zorro, -a fox; *adj.* astute, sly, cunning

zonzo, -a *Amer. n. & adj.* fool, idiot; silly stupid

zozobrar to sink, founder, capsize

zumba raillery, mockery

PERMISSIONS AND ACKNOWLEDGMENTS

We wish to thank the authors, publishers, and holders of copyright for their permission to use the reading materials in this revised edition.

Ayala, Francisco: *El Inquisidor*, by permission of the author. (J)

Benavente, Jacinto: *La Malquerida*, by permission Luis Hurtado Girón. (IJJ)

Borges, Jorge Luis: *La forma de la espada*, by permission of the author. (J)

Cela, José Camilio: *La Cucaña*, by permission of the author. (J)

Celaya, Gabriel: "Todas las mañanas cuando leo el periódico", by permission of the author. (J)

Delibes, Miguel: *El campeonato*, by permission of the author. (J)

García Lorca, Federico: *Amor de Don Perlimplín con Belisa en su jardin*, (FJ); "La guitarra", (E); "Balada de la placeta", (E); "Romance sonámbulo", (FJ); "La aurora", (HJ); "La cogida y la muerte" from "Llanto por Ignacio Sánchez Mejías", (HJ); and "Alma ausente" from "Llanto por Ignacio Sánchez Mejías", (HJ), from Federico García Lorca, OBRAS COMPLETAS. Copyright © Aguilar. Reprinted by permission of New Directions Publishing Corporation, Agent for the Estate of F. G. Lorca.

Guillén, Jorge: "Perfección" and "Amor dormido", by permission of the author. (J)

Hernández, Miguel: "Bocas de ira", by permission of Josefina Manresa. (GJ)

Jiménez, Juan Ramón: "Vino, primero, pura..." and "No era nadie...", by permission of Francisco H.-Pinzón Jiménez. (J)

Matute, Ana María: *La rama seca*, by permission of the author. (J)

Neruda, Pablo: "Oda al gato", by permission of the author. (J)

Palés Matos, Luis: "Danza negra", by permission of Angélica de Palés. (J)

Quiroga, Horacio: *El desierto*, by permission of María Elena Quiroga de Cunill. (IEJ)